《列宁全集》第二版是根据中国共产党中央委员会的决定，由中共中央马克思恩格斯列宁斯大林著作编译局编译的。

列宁全集

第二版增订版

第五十五卷

哲学笔记

1895—1916年

中共中央　马克思　恩格斯　著作编译局编译
　　　　　列　宁　斯大林

人民出版社

全世界无产者，联合起来！

凡　　例

1. 笔记卷的文献编排，根据各卷的具体情况，采取不同方式：有的卷系按时间顺序排列，有的卷分类后各按时间顺序排列，而另一些卷则保持列宁原笔记本的顺序。

2. 文献标题下括号内的日期是编者加的。编者加的日期，公历和俄历并用时，俄历在前，公历在后。

3. 1918年2月14日以前俄国通用俄历，这以后改用公历。两种历法所标日期，在1900年2月以前相差12天（如俄历为1日，公历为13日），从1900年3月起，相差13天。

4. 列宁笔记原稿中使用的各种符号，本版系根据俄文版本照录。原稿中的不同着重标记，在俄文版本中用多种字体表示，本版则简化为黑体或黑体加着重号。

5. 笔记卷中列宁作批注的非俄文书籍、报刊以及其他文献的摘录或全文，本版系根据俄译文译出，有的参考了原文。

6. 目录中凡标有星花＊的标题，都是编者加的。

7. 在引文中尖括号〈　〉内的文字和标点符号是列宁加的。

8. 未说明是编者加的脚注为列宁的原注。（本卷第三部分《批注》中未说明是编者加的脚注是列宁批注的原著作者加的。）

9.《人名索引》、《文献索引》、《名目索引》条目按汉语拼音字母顺序排列。在《人名索引》条头括号内用黑体字排的是真姓名；在《文献索引》中，带方括号［　］的作者名、篇名、日期、地点等等，是编者加的。

目　　录

前　　言

　　本卷收载列宁在 1895—1916 年期间研读哲学著作和探讨马克思主义哲学问题时所写的摘要、短文、札记和批注,通称《哲学笔记》。

　　这些笔记在列宁生前没有发表,1929—1930 年在《列宁文集》俄文版第 9 卷和第 12 卷中发表了 1914—1915 年间列宁所写的题为《哲学笔记本。黑格尔、费尔巴哈及其他》的 8 册笔记,同时发表了列宁在其他时期写的一些零星笔记。1933 年这些笔记被编成《哲学笔记》俄文单行本出版,并多次再版。1958 年《列宁全集》俄文第 4 版编者对这些笔记作了补充并重新编排,编为第 38 卷。1963 年《列宁全集》俄文第 5 版编者又对这些笔记作了重新编排,编为第 29 卷,并增加了列宁对约·狄慈根《短篇哲学著作集》和尤·米·斯切克洛夫《尼·加·车尔尼雪夫斯基的生平和活动》这两本书的批注。

　　列宁的理论活动始终是与革命实践活动紧密地结合在一起的。他为指导革命实践而研究马克思主义,又在革命实践中丰富和发展马克思主义。他在各时期的哲学研究工作都是本着这个精神进行的。俄国 1905 年革命失败后,为了揭穿俄国哲学修正主义者对马克思主义哲学的歪曲,击退唯心主义对唯物主义的进攻,列宁写了《唯物主义和经验批判主义》,捍卫和发展了马克思主义的哲学唯物主义,特别是辩证唯物主义认识论的基本原理。1914 年由于资本主义矛盾空前尖锐化而爆发了世界帝国主义战争,第二国际的领袖纷纷背叛,堕落成社会沙文主义者。面对变幻的政治风云和错综复杂的矛盾,唯物主义辩证法具有了特殊意义。只有运用唯物主义辩证法这个伟大的认识工具,才能对帝国主义的矛盾作出科学分析,才能揭示战争的帝国主义性质,才能揭露第二国际领袖们的机会主义和社会沙文主义、诡辩和折中主义,才能阐明新历史环境下社会主义革命的前途并制定无产阶级革命斗争的正确的战略和策略。因此列宁在 1914—1915 年期间把主要精力用于研究唯物主义辩证法。

列宁在这一时期致力于辩证法的研究,不仅是为了解决当时革命斗争面临的迫切问题,也是为了发展和深化唯物主义辩证法这门科学。1913 年他在研读《马克思和恩格斯通信集》时就把注意力集中于辩证法。他认为整个通信集的核心思想就是辩证法。1914 年他在《卡尔·马克思》一文中专门写了《辩证法》一节,扼要地介绍了马克思和恩格斯所阐发的唯物主义辩证法的基本思想。在这篇文章完稿后,他认为有必要更深入地系统地研究辩证法,实现马克思想"把黑格尔所发现、但同时又加以神秘化的方法中所存在的**合理的东西**阐述一番"(《马克思恩格斯文集》第 10 卷第 143 页)的夙愿,于是开始钻研黑格尔的《逻辑学》等著作,用辩证唯物主义观点对黑格尔的辩证法进行改造。当时他虽然没有写成唯物主义辩证法的专著,但留下了大量笔记。这些笔记反映了列宁为发展唯物主义辩证法这门科学所进行的创造性的探索,字里行间闪烁着深邃的哲学智慧的光芒。

《哲学笔记》涉及的问题非常广泛,主要涉及唯物主义辩证法、哲学史、自然哲学等方面的问题。其中心内容是唯物主义辩证法。《哲学笔记》与《唯物主义和经验批判主义》是集中反映列宁在发展马克思主义哲学方面的成就的主要著作。《唯物主义和经验批判主义》以批判唯心主义、阐发辩证唯物主义认识论的基本原理为重点，而《哲学笔记》则以全面阐发包括认识论在内的唯物主义辩证法为重点，把马克思主义哲学进一步向前推进和深化了。这两部著作的侧重点虽有不同，但它们的思想紧密相联，相互补充，构成列宁哲学思想的有机整体。

本卷分为三个部分：第一部分是摘要和短文；第二部分是关于书籍、论文和书评的札记；第三部分是批注。第一部分是最重要的部分，其中收载了列宁在研读卡·马克思、弗·恩格斯、路·费尔巴哈、乔·黑格尔、斐·拉萨尔、亚里士多德和乔·诺埃尔的有关哲学著作时所作的摘要。这一部分还收载了列宁的两篇短文《黑格尔辩证法（逻辑学）的纲要》和《谈谈辩证法问题》。

《马克思和恩格斯〈神圣家族〉一书摘要》是笔记中最早的一篇，写于 1895 年。列宁在这里研究了马克思和恩格斯的科学共产主义世界观的形成问题。他说："在这里，马克思由黑格尔哲学转向社会主义：这个转变是显著的，——可以看出马克思已经掌握了什么以及他如何转到新的思想领域。"（见本卷第 6 页）从他摘录的内容来看，列宁注意的重点是：马克思和恩格斯关于物质生产在社会历史发展中的决定作用的思想；他们对资本主义私有制内在矛盾的分析，对消灭私有制的历史必然性和无产阶级历史使命的论证；对青年黑格尔派蔑视人民群众作用的唯心主义历史观的批判和关于历史的活动是群众的活动的论述；对资产阶级社会关系的批判和对资产阶级标榜的"人权"的阶级实质的揭露；对法国唯物主义的阐述和评价,等等。这篇摘要所摘录的马克思和恩格斯的历史唯物主义观点,特别是关于人民群众是历史创造者的思想,为19世纪90年代列宁批判自由主义民粹派的唯心主义历史观提供了思想武器。

列宁在《费尔巴哈〈宗教本质讲演录〉一书摘要》中着重研究了费尔巴哈的唯物主义自然观,他对思维和存在关系问题的唯物主义解答,以及他对宗教和唯心主义的深刻批判。对费尔巴哈的这些贡献,列宁给予了积极的评价。在历史观上,费尔巴哈是唯心主义者,但他在论及社会历史问题时有时也有唯物主义思想的闪光。对这些思想列宁也很重视,例如,他把费尔巴哈关于利己主义的言论评价为"历史唯物主义的胚芽"(见本卷第52页)。但同时列宁指出了费尔巴哈唯物主义的局限性。例如,他在评述费尔巴哈给自然界下的定义时说:"可见,自然界＝超自然的东西以外的一切。费尔巴哈是杰出的,但不深刻。恩格斯更深刻地确定了唯物主义和唯心主义的区别。"(见本卷第41—42页)他在评述费尔巴哈的"人本主义原则"时指出:"无论是人本主义原则,还是自然主义,都只是关于唯物主义的不确切的、肤浅的表述。"(见本卷第58页)

列宁对费尔巴哈的另一篇著作《对莱布尼茨哲学的叙述、阐发和批判》作了摘要。在这篇摘要中像在1914—1915年的其他笔记中一样,列宁把重点摆在辩证法的研究上。他从费尔巴哈所详尽阐发的客观唯心主义者莱布尼茨的哲学体系中发掘辩证法思想。列宁很重视莱布尼茨关于实体具有活动力、具有永不静止的活动原则的思想,指出:"大概马克思就是因为这一点而重视莱布尼茨,虽然莱布尼茨在政治上和宗教上有'拉萨尔的'特点和调和的趋向。"(见本卷第61页)他对莱布尼茨的单子说作了概述:"单

二

关于书籍、论文和书评的札记

三

批　注

插　　图

子是莱布尼茨哲学的原则。个体性、运动、(特种的)灵魂。不是僵死的原子,而是活生生的、活动的、在自身中反映整个世界的、具有(模糊的)表象能力的**单子**(特种灵魂),这就是'**最终的要素**'。"(见本卷第 61 页)他肯定了单子说中的辩证法思想,同时批判了它的唯心主义,指出:"这里有一种辩证法,而且是非常深刻的辩证法,**尽管**有唯心主义和僧侣主义。"(见本卷第 63 页)

　　列宁对黑格尔的《逻辑学》、《哲学史讲演录》和《历史哲学讲演录》所作的摘要,在 1914—1915 年的笔记中占有中心地位。在这些摘要中列宁对黑格尔的唯心主义辩证法进行全面改造,并创造性地探讨了唯物主义辩证法的各方面问题。他说:"不能原封不动**地应用**黑格尔的逻辑;不能现成地**搬用**。**要挑选**其中逻辑的(认识论的)成分,清除**观念的神秘主义**:这还要做大量工作。"(见本卷第225 页)他在《逻辑学》一书摘要中正是这样做的。他批判了黑格尔的唯心主义和神秘主义,从黑格尔哲学的神秘主义外壳中发现和汲取辩证法的合理内核。在《哲学史讲演录》一书摘要中,列宁循着黑格尔探索辩证法史的足迹,从哲学史中仔细发掘辩证法的思想财富,并就辩证法的一些重要问题提出自己的独创性见解。在《历史哲学讲演录》一书摘要中,列宁把对黑格尔哲学的改造工作深入到社会历史领域,摒弃黑格尔历史哲学中的唯心主义,揭示它的辩证法的积极因素。为了借鉴别人对黑格尔哲学的研究成果,列宁还阅读了法国唯心主义哲学家乔·诺埃尔写的《黑格尔的逻辑学》,并作了摘要,在这篇摘要中列宁关注的是诺埃尔对黑格尔逻辑学的整体结构的解释,批评诺埃尔对黑格尔的"保护"就在于反复说明黑格尔是唯心主义者,而不是用唯物主义观点去正确理解黑格尔逻辑学的整体结构,发现其中的合理成分。

列宁为了探索辩证法的思想渊源,对两位古代哲学家赫拉克利特和亚里士多德进行重点研究。他读了斐·拉萨尔的《爱非斯的晦涩哲人赫拉克利特的哲学》和亚里士多德的《形而上学》,并作了摘要。在摘要中列宁给赫拉克利特以很高评价,认为他是辩证法的奠基人之一。他从赫拉克利特的素朴思想中发现了辩证法的一些基本原则,如万物都在运动的原则、万物相互联系的原则、对立面的统一和相互转化的原则。同时列宁批评拉萨尔抄袭黑格尔,掩盖赫拉克利特的唯物主义。列宁研究了亚里士多德在对立面的统一、运动的源泉、一般与个别的辩证关系等问题上的寻求和探索,肯定了在《形而上学》这部著作中"处处、到处都是辩证法的**活的胚芽和探索**"(见本卷第313页),同时指出了亚里士多德在辩证法和形而上学之间的动摇。列宁还探讨了认识过程的复杂性和唯心主义的认识论根源。列宁在这一时期写的《黑格尔辩证法(逻辑学)的纲要》和《谈谈辩证法问题》,是两篇带有提纲性质的短文。它们篇幅不大,但内容很丰富,思想很深刻。在前一篇短文中列宁对黑格尔逻辑学的整体结构作了考察,把黑格尔逻辑学的范畴体系同认识史作对比,把黑格尔的逻辑学同马克思的《资本论》的逻辑作对比,阐明了唯物主义的逻辑、辩证法和认识论的关系。后一篇短文是列宁这一时期辩证法研究的简要总结,文中揭示了唯物主义辩证法的实质,分析了对立面的统一和斗争的辩证规律,论述了辩证发展观和形而上学发展观的根本区别,阐明了唯心主义的认识论根源和阶级根源。

在这些摘要和短文中列宁通过对黑格尔辩证法的改造和对辩证法史的考察,提出了许多精辟的思想和独创性的见解,丰富和发展了马克思主义的唯物主义辩证法。

列宁第一次明确提出了辩证法、逻辑和认识论同一的思想。他在《逻辑学》一书摘要中指出："逻辑不是关于思维的外在形式的学说，而是关于'一切物质的、自然的和精神的事物'的发展规律的学说，即关于世界的全部具体内容的以及对它的认识的发展规律的学说，即对世界的认识的**历史**的总计、总和、结论。"（见本卷第77页）。这里已经包含了辩证法、逻辑、认识论同一的思想。在《黑格尔辩证法（逻辑学）的纲要》中列宁明确表述了这一思想："在《资本论》中，唯物主义的逻辑、辩证法和认识论不必要三个词：它们是同一个东西都应用于一门科学"（见本卷第290页）。在《谈谈辩证法问题》中他又强调了这一思想，指出："辩证法**也就是**（黑格尔和）马克思主义的认识论"（见本卷第308页）。这一思想既揭示了辩证法、逻辑、认识论的三位一体的关系，也说明了世界观和方法论的统一。

列宁在《逻辑学》一书摘要中列举了"辩证法的要素"，共16条。这些要素揭示了唯物主义辩证法的基本内容：考察的客观性；事物的普遍联系；事物的发展、运动及其动力；对立面的统一、斗争和转化；否定的否定；内容和形式的对立统一；质量互变；分析和综合的结合；认识的无限性和认识深化的无限过程，等等。列宁对辩证法要素的分析对于我们把握唯物主义辩证法的基本内容、研究唯物主义辩证法科学体系的内在逻辑结构具有重要指导意义。

列宁提出并论证了对立统一规律是辩证法的实质和核心。他在分析辩证法的要素时指出："可以把辩证法简要地规定为关于对立面的统一的学说。这样就会抓住辩证法的核心，可是这需要说明和发挥。"（见本卷第192页）他在《谈谈辩证法问题》中对辩证法的实质和核心作了详尽的说明和论证。他指出："统一物之分为两个部分以及对它的矛盾着的部分的认识……是辩证法的**实质**(是辩证法的'本质'之一,是它的基本的特点或特征之一,甚至可说是它的基本的特点或特征)。"(见本卷第305页)在自然界、社会和精神领域,矛盾是普遍存在的,一切现象和过程都具有矛盾着的、相互排斥的、对立的倾向,事物的内在矛盾性是发展的动力,发展是对立面的斗争。是否承认对立统一规律是辩证发展观和形而上学发展观的分界线。形而上学的发展观认为发展是数量的减少和增加,是重复,它忽视了"**自己**运动,它的**动力**、它的泉源、它的动因"。辩证的发展观认为发展是对立面的统一。只有辩证发展观"才提供理解一切现存事物的'自己运动'的钥匙,才提供理解'飞跃'、'渐进过程的中断'、'向对立面的转化'、旧东西的消灭和新东西的产生的钥匙"(见本卷第306页)。列宁还揭示了对立统一规律的内容,指出对立面的统一是有条件的、相对的,对立面的斗争是绝对的。

　　列宁把辩证法应用于认识论,研究了认识的辩证法,丰富和发展了辩证唯物主义的认识论。他指出:"形而上学的唯物主义的根本**缺陷**就是不能把辩证法应用于反映论,应用于认识的过程和发展"(见本卷第311页)。而列宁则把认识论置于唯物主义辩证法的基础之上,指出:"认识是思维对客体的永远的、无止境的接近。自然界在人的思想中的**反映**,要理解为不是'僵死的',不是'抽象的',**不是没有运动的,不是没有矛盾的**,而是处在运动的永恒**过程**中,处在矛盾的发生和解决的永恒**过程**中。"(见本卷第165页)列宁十分重视实践在认识中的地位和作用。他说:"必须**把认识和实践结合起来。**""**理论观念(认识)和实践的统一……正是认识论中的**"(见本卷第185、188页)。他揭示了认识和实践的区别:"**实践**

高于（理论的）**认识**，因为它不仅具有普遍性的品格，而且还具有直接现实性的品格。"（见本卷第 183 页）他认为，实践是人的有意识有目的的改造客观世界的活动，"世界不会满足人，人决心以自己的行动来改变世界"（见本卷第 183 页）。正因为人的认识是以实践为基础的，所以"人的意识不仅反映客观世界，并且创造客观世界"（见本卷第 182 页）。实践是检验真理的标准："人的和人类的实践是认识的客观性的验证、标准。"（见本卷第 181 页）他还深入地探讨了认识的辩证过程，并作了科学的概括："从生动的直观到**抽象的思维**，**并从抽象的思维到实践**，这就是认识**真理**、认识客观实在的辩证途径。"（见本卷第 142 页）他在研究认识过程时剖析了抽象过程即概念、范畴、规律的形成过程，并阐明了科学抽象的作用，指出一切科学的抽象"都更深刻、更正确、**更完全地**反映自然"（见本卷第 142 页）。他对辩证法的对立统一规律、质量互变规律和否定的否定规律，对一般和特殊、本质和现象、原因和结果、必然性和偶然性、内容和形式、可能性和现实等等一系列范畴作了分析和阐述。他还揭示了唯心主义的认识论根源。他指出，人的认识不是直线，而是近似于螺旋的曲线，唯心主义就是把这条曲线中的一个片断、一个小段片面地夸大、歪曲成独立的完整的直线。"直线性和片面性，死板和僵化，主观主义和主观盲目性就是唯心主义的认识论根源。"（见本卷第 311 页）他同时指出，统治阶级从自己的阶级利益出发把这种夸大、歪曲巩固起来，这就揭示了唯心主义的社会阶级根源。

列宁还指出了研究和发展唯物主义辩证法的途径。他在《逻辑学》一书摘要中指出："要继承黑格尔和马克思的事业，就应当**辩证地**探讨人类思想、科学和技术的历史。"（见本卷第 122 页）他在

《爱非斯的晦涩哲人赫拉克利特的哲学》一书摘要中讲到，认识论和辩证法应当是从哲学的历史、各门科学的历史、儿童智力发展的历史、动物智力发展的历史、语言的历史以及心理学、感觉器官的生理学这样一些知识领域中形成的。这就是说，要研究和发展唯物主义辩证法，就应当研究人类认识的历史，研究自然科学的成果。

本卷第二部分收载了列宁在1903—1916年写的关于哲学和自然科学的各种书籍、论文和书评的短篇札记。这些札记的内容涉及哲学史，资产阶级哲学流派，马克思、黑格尔和费尔巴哈的哲学思想，自然科学中的哲学问题，等等。他在这些札记中坚持鲜明的辩证唯物主义立场，批判哲学和自然科学中的唯心主义。在评述保尔森的《哲学引论》时，他批评作者企图调和宗教世界观和科学自然观，鼓吹"知识和信仰之间的和平"（见本卷第324页）。在评述普伦格的《马克思和黑格尔》一书时，他批评作者不懂得唯物主义和辩证法，把马克思主义庸俗化，对马克思进行荒诞无稽的"批判"。

在这一部分，关于自然科学著作的札记占有突出地位。列宁对保·福尔克曼的《自然科学的认识论原理》、麦·费尔伏恩的《生物起源假说》、弗·丹奈曼的《我们的世界图像是怎样构成的?》、路·达姆施泰特的《自然科学和技术历史指南》、阿·埃·哈斯的《现代物理学中的希腊化时代精神》等书作了札记，并抄录了一批自然科学著作的书目。这些札记表明列宁对自然科学的重视。在《唯物主义和经验批判主义》中列宁曾在哲学上概括了19世纪末20世纪初自然科学的新发现，批判了物理学唯心主义。但他没有就此止步。他继续跟踪自然科学的发展，探讨自然科学中的哲学问题。这些札记就是他在这方面所作的努力的实际表现。他从辩证唯物主义的立场出发，批评了福尔克曼的折中主义，指出"他完全不了解唯物主义哲学和唯心主义哲学的**实质**"，"甚至不能提出人类意识（和感觉）**之外**的自然界的客观实在性问题"（见本卷第343—344页）。列宁还批评了费尔伏恩所谓"唯物主义"在自然科学研究中起着阻碍作用的观点，指出他"毫不理解辩证唯物主义，完全不会区别作为**哲学**的唯物主义和自称为唯物主义者的当代**庸人**的各种落后观点"（见本卷第344页）。列宁在谈到现代自然科学中的唯心主义的根源问题时指出："为了在这种新的、还不明确的、假说性的东西中更自由地前进，要打倒'唯物主义'，打倒'束缚人的'旧观念（'分子'），为了更自由地寻找新知识，采用新名称（生源质）！**注意**。有关物理学和一般自然科学中的现代'唯心主义'的根源和**活生生的**动因问题。"（见本卷第345页）

　　本卷最后一部分收录了列宁在阅读约·狄慈根、格·瓦·普列汉诺夫、弗·米·舒利亚季科夫、阿·莱伊、阿·德波林、尤·米·斯切克洛夫的著作时所写的批注。列宁对狄慈根的《短篇哲学著作集》的批注，是1908年列宁写作《唯物主义和经验批判主义》一书时作的。列宁在阐述辩证唯物主义基本原理和批判马赫主义时大量引用狄慈根的论点作为理论依据。列宁高度评价了这位独立地得出辩证唯物主义结论的工人哲学家对马克思主义哲学的贡献，十分重视狄慈根对哲学的党性原则、哲学和自然科学的关系、哲学的对象、哲学的基本范畴等方面的论述以及唯物主义认识论和无神论的思想，也很注意他对马克思、恩格斯、康德、黑格尔和费尔巴哈的评价。同时，列宁也指出了狄慈根在某些哲学问题上的糊涂思想和概念混乱。列宁在对舒利亚季科夫的《西欧哲学对资本主义的辩护》一书的批注中批评了作者把唯物主义庸俗化，歪曲西欧哲学思想的历史发展，"对各个时期、各种社会形态、各种意识形态不作具体的分析，只讲关于'组织者'的**空话**。只作牵强附会、荒唐可笑的对比"（见本卷第 464 页）。列宁在对莱伊的《现代哲学》一书的批注中继续批判在《唯物主义和经验批判主义》一书中曾经批判过的莱伊的实证论观点，指出莱伊的认识论是"羞羞答答的唯物主义"，他对真理和谬误的看法"接近于辩证唯物主义"（见本卷第 505、506 页）。

列宁对普列汉诺夫的《尼·加·车尔尼雪夫斯基》和斯切克洛夫的《尼·加·车尔尼雪夫斯基的生平和活动》这两部著作作了批注。批注表明列宁非常重视车尔尼雪夫斯基的革命民主主义和唯物主义，对他反对自由主义、争取农民解放的革命斗争给予高度评价。列宁在对普列汉诺夫著作的批注中，把该书同 1890 — 1892 年发表在《社会民主党人》文学政治评论集中的普列汉诺夫的旧作进行对比，指出普列汉诺夫后来由于受孟什维主义的影响，改变了先前对车尔尼雪夫斯基的评价，淡化车尔尼雪夫斯基的革命民主主义的鲜明立场和他在反对自由派斗争中的作用。列宁对斯切克洛夫的著作给予了积极的评价，同时批评了他在某种程度上抹杀车尔尼雪夫斯基观点同马克思主义之间的区别的错误倾向。斯切克洛夫在书中说："车尔尼雪夫斯基的世界观同当代科学社会主义创始人的体系的区别 仅仅 在于缺乏系统性和某些术语的准确性。"列宁对这句话加上了着重标记，并批注了"过分"二字（见本卷第 571 页）。

《哲学笔记》是一部内容广博、思想深刻、富于创造性的哲学著作，是列宁留给我们的宝贵哲学遗产。这些笔记不是供发表，而是供列宁自己进一步研究用的。他的许多精辟见解、创新思想分散在各篇笔记中,还没有加工整理成完整的体系;不少新原理、新论点还没有得到详细阐发。因此,我们需要对《哲学笔记》进行系统的深入的研究,从这个思想宝库中发掘出丰富的辩证法思想。这对于发展马克思主义哲学和掌握唯物主义辩证法的思想武器,具有重要意义。

＊　　　＊　　　＊

　　《哲学笔记》于 1956 年由我局首次译成中文,人民出版社以单行本形式出版。1959 年我局根据《列宁全集》俄文第 4 版第 38 卷重新校订了《哲学笔记》的译文,并作为《列宁全集》第 1 版第 38 卷出版。1989 年林利等同志又根据《列宁全集》俄文第 5 版第 29 卷重新校译了列宁的哲学笔记,并由中央党校出版社 1990 年出版了单行本。全集第 2 版本卷正文是在林利等同志的新校译稿的基础上,根据《列宁全集》俄文第 5 版第 29 卷又重新校订的。列宁的摘录和批注的著作绝大部分是根据原著文字校订的。

弗·伊·列宁

（1900 年）

一

摘要和短文

1895 年列宁所作马克思和恩格斯《神圣家族》
一书摘要的手稿第 1 页

（按原稿缩小）

马克思和恩格斯《神圣家族》一书摘要 [1]

(1895 年 4 月 25 日和 9 月 7 日〔5 月 7 日和 9 月 19 日〕之间)

神圣家族，
或对批判的批判所做的批判 [2]

————

驳布鲁诺·鲍威尔及其伙伴

————

弗里德里希·恩格斯和卡尔·马克思合著

————

美因河畔法兰克福文学出版社

（约·吕滕）

1845 年

这本用 8 开书写纸印的小书包括：序言（第 III—IV 页）①[253—254]②（下面注明：1844 年 9 月于巴黎）、目录（第 V—VIII 页）和正文（第 1—335 页）。正文共分 9 章（Kapitel）。第 1、2、3 章是恩格斯写的，第 5、8、9 章是马克思写的，第 4、6、7 章是两

————

① 指马克思和恩格斯《神圣家族，或对批判的批判所做的批判》1845 年法兰克福文学出版社版的页码。——编者注
② 指《马克思恩格斯文集》第 1 卷的页码，译文略有不同。未收入文集的部分可参看《马克思恩格斯全集》第 1 版第 2 卷，页码在脚注中给出。——编者注

人合写的,而且他们每人都在自己所写的冠以专门标题的章节下面署了名。所有这些标题都是讽刺性的,甚至有这样的标题:《屠夫批判地变成了狗》(第 8 章第 1 节的标题就是这样)。恩格斯写的有:第 **1—17** 页(第 1、2、3 章和第 4 章的第 1 节和第 2 节)、第 **138—142** 页$^{[294-297]}$(第 6 章第 2 节 a 小节)、第 **240—245** 页$^{[352-355]}$(第 7 章第 2 节 b 小节):就是说在 335 页中共占 26 页。

开头几章:全是批判《文学总汇报》《*Allgemeine Literatur-Zeitung*》^{3},布鲁诺·鲍威尔编,序言中说,马克思和恩格斯的批判就是针对该报前 8 期的的文风(**整个**(!)第 1 章第 1—5 页),批判它歪曲历史(第 2 章第 5—12 页尤其是歪曲英国历史),批判它的各种论题(第 3 章第 13—14 页,嘲笑它在叙述瑙威尔克先生和柏林大学哲学系的某次争论时的彻底性^4),批判关于爱情的议论(第 4 章第 3 节——马克思),批判《文学总汇报》上关于蒲鲁东的**叙述**(第 4 章第 4 节,标题是:蒲鲁东,第 22 页及以下各页直至第 74 页^5)。这里一开头就是对**译文**的大量**修正**:译文中公式和意义被混为一谈,justice 被译为公平而不是译为法律实践,等等。在对翻译(马克思称之为:赋予特征的翻译 1、2 等等)的批评之后,接着就是批判性的评注 1 等等,其中马克思**保护**蒲鲁东而反对《文学总汇报》的批判家,并提出自己的明显的社会主义思想来反对思辨。

马克思以很赞扬的口吻谈论蒲鲁东(然而有一些不大的保留,例如他援引了《德法年鉴》上恩格斯的《国民经济学批判大纲》^{6})。

在这里,马克思由黑格尔哲学转向社会主义:这个转变是显著的,——可以看出马克思已经掌握了什么以及他如何转到新的思想领域。

"把私有财产关系当做合乎人性的和合理的关系的国民经济学,不断地同自己的基本前提——私有财产——发生矛盾,这种矛盾正像神学家所碰到的矛盾一样:神学家经常从合乎人性的观点来解释宗教观念,而正因为如此,他们就不断地违背自己的基本前提——宗教的超人性。例如在国民经济学中,工资最初表现为产品中劳动应得的那个合乎比例的份额。工资和资本的利润彼此处在最友好的、互惠的、仿佛最合乎人性的关系中。后来却发现,这二者是处在最敌对的、**相反**的关系中的。最初,价值看起来确定得很合理:它是由物品的生产费用和物品的社会效用来确定的。后来却发现,价值是一个纯粹偶然的规定,这个规定根本不需要同生产费用和社会效用有任何关系。工资的数额起初是通过自由的工人和自由的资本家之间的**自由**协商来确定的。后来却发现,工人是被迫让资本家去确定工资,而资本家则是被迫把工资压到尽可能低的水平。**强制代替了立约** Parthei^① 在本书中就是用了这样一个词 的**自由**。商业和其他一切国民经济关系方面的情况也都是这样。有时国民经济学家们自己也感觉到这些矛盾,而且对这些矛盾的论述成了他们相互之间斗争的主要内容。但是,在国民经济学家们意识到这些矛盾的情况下,**他们自己**也指责**私有财产**的某种**个别**形式扭曲了本来(即在其想象中)合理的工资、本来合理的价值、本来合理的商业。例如,亚当·斯密有时抨击资本家,德斯杜特·德·特拉西抨击汇兑业者,西蒙德·德·西斯蒙第抨击工厂制度,李嘉图抨击土地所有制,而几乎所有现代的国民经济学家都抨击**非产业**资本家,即仅仅作为**消费者**来体现财产的资

---

　　① 双方。——编者注

本家。

可见,国民经济学家们只是有时候,特别是在他们抨击某种特殊的滥用行为的时候,才破例地维护经济关系上的人性的假象,但在一般场合,他们恰恰是从这些关系同人性显然有**区别**的方面,从严格的经济意义上来把握这些关系的。他们总是不自觉地在这种矛盾中踉跄而行。

蒲鲁东永远结束了这种不自觉的状态。他严肃地看待国民经济关系的**人性的假象**,并让这种假象同国民经济关系的**非人性的现实**形成鲜明的对照。他迫使这些关系在现实中成为它们把自己想象成的那种东西;或者更确切些说,他迫使这些关系抛弃它们关于自身的这种想象而承认自己是真正非人性的。因此,蒲鲁东始终不同于其他国民经济学家,他不是以限于局部的方式把私有财产的这种或那种形式描述为国民经济关系的扭曲者,而是以总括全局的方式把私有财产本身描述为国民经济关系的扭曲者。从国民经济学观点出发对国民经济学进行批判时所能做的一切,他都已经做了。"(第 36—39 页)[256—257]

埃德加(《文学总汇报》的 Edgar)曾责难蒲鲁东,说他把"公平"变成了"神",马克思推翻了这种责难,他指出:蒲鲁东在 1840 年发表的著作并不是从"1844 年德国发展的观点"出发的(第 39 页)[258],这是法国人的共同之失;还必须记住,蒲鲁东提到,公平通过对自身的否定而实现,从而也就摆脱了历史上的这个绝对者(um auch dieses Absoluten in der Geschichte überhoben zu sein——第 39 页末尾)。"如果说蒲鲁东没有做到坚持贯彻到底,那么这是因为他不幸生为法国人,而不是德国人。"(第 39—40 页)[258]

往下就是批判性的评注 2(第 40—46 页)[259—263],其中非常鲜明地提出了马克思的几乎已经形成了的对于无产阶级革命作用的观点。

"……以往的国民经济学从私有财产的运动仿佛为**国民**创造的**财富**出发,进行了为私有财产辩护的思考。蒲鲁东从国民经济学用诡辩掩盖的相反的方面出发,即从私有财产的运动造成的贫穷出发,进行了否定私有财产的思考。对私有财产的最初的批判,当然是从那种体现私有财产充满矛盾的本质的最彰明较著、最触目惊心、最令人激愤的形式,即贫穷、贫困的事实出发的。"(第41页)[259]

"无产阶级和财富是两个对立面。它们本身构成一个整体。它们是私有财产世界的两种形态。问题在于它们二者在对立中所占有的特定地位。只说明它们是整体的两个方面是不够的。

私有财产作为私有财产,作为财富,不得不保持**自身的存在**,因而也不得不保持自己的对立面——无产阶级的**存在**。这是对立的**肯定**方面,是得到自我满足的私有财产。

相反,无产阶级作为无产阶级,不得不消灭自身,因而也不得不消灭制约着它而使它成为无产阶级的那个对立面——私有财产。这是对立的**否定**方面,是对立内部的不安,是已被瓦解并且正在瓦解的私有财产。

有产阶级和无产阶级同样表现了人的自我异化。但是,有产阶级在这种自我异化中感到幸福,感到自己被确证,它认为异化是它**自己的力量**所在,并在异化中获得人的生存的**外观**。而无产阶级在异化中则感到自己是被消灭的,并在其中看到自己的无力和非人的生存的现实。这个阶级,用黑格尔的话来说,就是在被唾弃的状况下对这种被唾弃的状况的**愤慨**,这是这个阶级由于它的人的**本性**同作为对这种本性的露骨的、断然的、全面的否定的生活状况发生矛盾而必然产生的愤慨。

因此，在这种对立内，私有者是**保守的**一方，无产者是**破坏的**一方。从前者产生保持对立的行动，从后者则产生消灭对立的行动。

的确，私有财产在自己的国民经济运动中自己使自己走向瓦解，但是私有财产只有通过不以它为转移的、不自觉的、同它的意志相违背的、为事物的本性所决定的发展，只有当私有财产造成**作为无产阶级的无产阶级**，造成意识到自己在精神上和肉体上贫困的那种贫困，造成意识到自己的非人化从而自己消灭自己的那种非人化时，才能做到这一点。无产阶级执行着雇佣劳动由于为别人生产财富、为自己生产贫困而给自己做出的判决，同样，它也执行着私有财产由于产生无产阶级而给自己做出的判决。无产阶级在获得胜利时，无论如何决不会因此成为社会的绝对方面，因为它只有消灭自己本身和自己的对立面才能获得胜利。到那时，无产阶级本身以及制约着它的对立面——私有财产都会消失。

如果社会主义的著作家们把这种具有世界历史意义的作用归之于无产阶级，那么这决不像批判的批判硬要我们相信的那样，是因为他们把无产者当做**神**。事实恰好相反。由于在已经形成的无产阶级身上，一切属于人的东西实际上已完全被剥夺，甚至连属于人的东西的**外观**也已被剥夺，由于在无产阶级的生活条件中集中表现了现代社会的一切生活条件所达到的非人性的顶点，由于在无产阶级身上人失去了自己，而同时不仅在理论上意识到了这种损失，而且还直接被无法再回避的、无法再掩饰的、绝对不可抗拒的**贫困**——**必然性**的这种实际表现——所逼迫而产生了对这种非人性的愤慨,所以无产阶级能够而且必须自己解放自己。但是,如果无产阶级不消灭它本身的生活条件,它就不能解放自己。如果它不消灭集中表现在它本身处境中的现代社会的**一切**非人性的生活条件,它就不能消灭它本身的生活条件。无产阶级并不是白白地经受那种严酷的但能使人百炼成钢的**劳动**训练的。问题不在于某个无产者或者甚至整个无产阶级暂时**提出**什么样的目标,问题在于**无产阶级究竟是什么**,无产阶级由于其**身为无产阶级**而不得不在历史上有什么作为。它的目标和它的历史使命已经在它自己的生活状况和现代资产阶级社会的整个组织中明显地、无可更改地预示出来了。英法两国的无产阶级中有很大一部分人已经**意识到**自己的历史任务,并且不断地努力使这种意识完全明确起来,关于这一点在这里没有必要多谈了。"(第42—45页)[260—262]

批判性的评注 3

"埃德加先生不会不知道,布鲁诺·鲍威尔先生把'**无限的**自我意识'作为自己的一切论述的基础,甚至把这一原则看成福音书的创造原则,而福音书由于其无限的无意识性显然是同无限的自我意识直接矛盾的。同样,蒲鲁东把平等看成同平等直接矛盾的私有财产的创造原则。如果埃德加先生把法国的**平等**和德国的'自我意识'稍微比较一下,他就会发现,后一个原则**按德国的方式**即用抽象思维所表达的东西,就是前一个原则**按法国的方式**即用政治语言和具象思维的语言所说的东西。自我意识是人在纯粹思维中同他自身的平等。平等是人在实践领域中对他自身的意识,也就是说,人意识到别人是同自己平等的人,人把别人当做同自己平等的人来对待。平等是法国的用语,它表示人的本质的统一、表示人的类意识和类行为、表示人和人的实际的同一性,也就是说,它表示人同人的社会关系或人的关系。因此,正如德国的破坏性的批判在以**费尔巴哈**为代表对**现实的人**进行考察以前,试图用**自我意识**的原则来瓦解一切确定的和现存的东西一样,法国的破坏性的批判也试图用**平等**的原则来达到同样的目的。"(第 48 — 49 页)$^{[263—264]}$

"哲学是事物现状的抽象表现这样一种看法,最初并不是埃德加先生提出的,而是**费尔巴哈**提出的;费尔巴哈最先把哲学称做思辨的和神秘的经验,并作了证明。"(第 49 — 50 页)$^{[264]}$

"'我们一再提起这一点…… 蒲鲁东是为了无产者的利益而写作的。'①蒲鲁东写作的出发点不是自满自足的批判的利益,不是抽象的、自我构想的利益,而是群众的、现实的、历史的利益,是一种远远超出**批判**的、也就是导致**危机**的利益。蒲鲁东不单是为了无产者的利益而写作;他本人就是无产者,工人。他的著作是法国无产阶级的科学宣言,因此具有与任何一个批判的批判家的拙劣作品完全不同的历史意义。"(第 52 — 53 页)$^{[266—267]}$

"蒲鲁东想扬弃不拥有以及拥有的旧形式,这同他想扬弃人与自己的**对象性本质**的实际异化的关系,以及想扬弃人的自我异化在**国民经济学**上的表现,其实都是完全相同的一回事。但是,由于他对国民经济学的批判还受到国民经济学的前提的束缚,因此,蒲鲁东仍以国民经济学的**占有**形式来理解对象世界的重新获得。

蒲鲁东并不是像批判的批判硬要他做的那样用拥有来反对不

---

① 这是马克思引证的埃德加的话。

拥有;而是用**占有**去反对拥有的旧形式——**私有财产**。他把占有解释为'**社会职能**'。在一种职能中'值得关注的'不是'排斥'别人,而是使用和实现我自己的本质力量。

蒲鲁东未能对这个思想作出恰当的阐述。'**平等的占有**'是国民经济学的观念,因而本身也是下述状况的异化表现:**对象作为为了人的存在,作为人的对象性存在,**同时也就是**人为了他人的定在**,是**他同他人的人的关系**,是人同人的社会关系。蒲鲁东在国民经济学的异化范围内扬弃国民经济学的异化。"(第 54—55 页)[268]

这一段话极有特色,因为它表明马克思如何接近自己的整个"体系"(如果可以这样说的话)的基本思想——即如何接近生产的社会关系这个思想。

指出一件小事,在第 64 页①马克思用了 5 行字来叙述"批判的批判"把 maréchal 一词译为"元帅",而不是译为"铁匠"。

第 **65—67** 页[268—271]很有意思(马克思**接近劳动价值论**了);第 70—71 页[272](马克思反驳埃德加对蒲鲁东的责难,埃德加认为:蒲鲁东弄糊涂了,说工人不能买回自己的产品)、第 71—72 页和第 **72—73** 页[273—274](幻想的、唯心的、"以太般的"(ätherisch)社会主义——以及"群众的"社会主义和共产主义)。

第 76 页。(第 1 节第 1 段:**费尔巴哈揭露了现实的秘密**,而塞利加则相反[7]。)

第 77 页。(末段:贫富间的**素朴**关系的**陈旧过时**:"但愿富人也知道这一点!")

第 **79—85** 页[276—281]。(所有这 7 页都**极其有意思**。第 2 节《思

---

① 参看《马克思恩格斯全集》第 1 版第 2 卷第 60 页,以下第 76 页和第 77 页对应的页码为第 69 页和第 70 页。

辨结构的秘密》——举出了关于"果实"(der Frucht)的著名例
子来批判思辨哲学,这种批判也是**直接针对着黑格尔**的。这
里还有一句极有意思的评语:黑格尔"常常"在思辨的叙述中
作出把握住事物本身(die *Sache* selbst)的、现实的叙述。)

第 92、93 页①——反对贬低感性的**片断**意见。

第 101 页。"他〈塞利加〉看不到,**工业和商业**正在建立根本不同于
基督教和道德、家庭幸福和小市民福利的另一种包罗万象的
王国。"

第 102 页。(第 1 段末尾——对现代社会中**公证人**的作用的辛辣
评论…… "公证人是世俗的神甫。按职业说他是**清教徒**,但
莎士比亚说,'诚实不是清教徒'②。他同时是达到各种各样
目的的中间人,是市民的倾轧和纠纷的主使者。")

第 110 页。另一个嘲笑抽象思辨的例子:关于人是怎样成为动物
的主宰的"说明";"**动物**"(das Tier)作为抽象物由狮子变为哈
巴狗等等。

第 111 页。可以说明欧仁·苏[8]的特点的一个地方:由于对资产
阶级的恭顺,他从道义上把女缝纫工理想化,回避她对结婚的
态度:她和大学生或工人的"纯朴的"关系。"正是在这种关系
中,她〈女缝纫工〉和那些虚伪、狭隘、自私自利的资产者太太,
和整个资产阶级的圈子即整个官方社会形成了一个真正人性
的对比。"

第 117 页[285]。16 世纪和 19 世纪的"**群众**""**一开始**"就是有区

---

① 参看《马克思恩格斯全集》第 1 版第 2 卷第 82、83 页,以下第 101、102、110、
111 页对应的页码为第 88、89、96、97 页。
② 见威·莎士比亚《终成眷属》第 1 幕第 3 场。——编者注

别的。

第 **118—121** 页[285—288]。这一小节(第 6 章:《绝对的批判的批判或布鲁诺先生所体现的批判的批判》)(1)绝对批判的第一次征讨。(a)"精神"和"群众")**极其重要**,批判了这样一个观点:似乎由于群众关心历史,由于指靠群众(群众是满足于对"思想"的"肤浅的"理解的),因而历史是不成功的。

　　"如果绝对的批判因此而谴责某个对象是'肤浅的',那么这个对象就是迄今为止的全部历史,因为历史的活动和思想就是'群众'的思想和活动。绝对的批判摒弃**群众的**历史并打算用**批判的**历史取而代之(见茹尔·孚赫先生论英国热点问题的文章**⁹**)。"(第 119 页)[286]

　　"'**思想**'一旦离开'**利益**',就一定会使自己出丑。另一方面,不难理解,任何在历史上能够实现的群众性的'**利益**',在最初出现于世界舞台时,在'**思想**'或'**观念**'中都会远远超出自己的现实界限,而同一般的**人的**利益混淆起来。这种**错觉**构成傅**立叶**所谓的每个历史时代的**色调**。"(第 119 页)[286—287]——用法国革命的例子阐明了这点(第 119—120 页),并说出了一句名言(**第 120 页末尾**)[287]: 注意

　　"历史活动是群众的活动,随着历史活动的深入,必将是群众队伍的扩大。" 注意

在鲍威尔那里,精神和群众的分离达到了何种尖锐的程度,这可以从下面那句遭到马克思抨击的话中看出来:"精神的真正敌人应该到群众中去寻找,而不是到别的地方去寻找。**¹⁰**(第 121 页)[288]

　　马克思对此的回答是:进步的敌人是独立存在着的(ver-selbständigten)、群众自轻自贱的产物,但这种产物不是观念的,而

是物质的、外在的。早在 1789 年路斯达洛编辑的报纸[11]上就有过这样的警句：

> 伟人们在我们看来显得伟大，
> 只是因为我们跪着。
> 让我们站起来吧！

马克思说：但是，要想站起来（第 122 页）[288]，仅仅在思想中、在观念中做到这一点是不够的。

"可是，**绝对的批判**从黑格尔的《**现象学**》[12]中至少学会了这样一种**技艺**，即把存在于**我身外**的**现实的**、**客观的**链条转变成**纯观念的**、**纯主观的**、只存在于**我身内**的链条，因而也就把一切**外在的**感性的斗争都转变成纯粹的思想斗争。"（第 122 页）[288]

马克思挖苦说：以此可以证明批判的批判和书报检查机关之间的前定和谐，可以把书报检查官说成不是警察刽子手（Polizei-scherge），而是我自己的人格化了的分寸和尺度。

绝对的批判吹捧自己的"精神"，而不去检查在它的渺茫的（windigen）奢望中是否有空话、自我欺骗、萎靡不振（Kernlosigkeit）。

"讲到'**进步**'，情形也是这样。尽管有'**进步**'的奢望，却经常出现**退步**和**兜圈子**。绝对的批判根本没有想到，'**进步**'这个范畴完全是没有内容的和抽象的，可是绝对的批判竟考虑得如此周全，以至为了能够虚拟出敌视进步的'**人格化的对头**'即**群众**来说明退步，而承认'**进步**'是绝对的"。（第 123—124 页）[290]

"一切共产主义的和社会主义的著作家都从这样的观察出发：一方面，甚至最顺利的辉煌行动看来都没有取得辉煌的结果，并且还蜕化为平庸的行动；另一方面，**精神**的一切**进步**到现在为止都是**损害人类群众的进步**，群众陷入了日益严重的非人境遇。因此，那些著作家宣称(见**傅立叶**的著作)'**进步**'是不能令人满意的抽象的空洞词句;他们已推测出(见**欧文**及其他人的著作)文明世界的基本缺陷;因此,他们对现代社会的**现实**基础进行了深刻的**批判**。在实践中,一开始就和这种共产主义批判相适应的,是**广大群众**的运动,而过去的历史发展是与这个运动相对立的。人们只有了解英法两国工人的钻研精神、求知欲望、道德毅力和对自己发展的孜孜不倦的追求,才能想象这个运动的**合乎人道**的崇高境界。"(第 124—125)[290]

"绝对的批判不去追溯精神的空虚、懒惰、肤浅和自满的根源,而是从**道德上严加谴责**,并且**发现**这些品质是精神、进步的对立物,——它比起共产主义的著作家来是多么高明哟!"(第 125 页)[291]

"然而'精神和群众'的关系还有一层**隐蔽的**含义。这层含义在以后的论述过程中将完全揭示出来,这里我们只大略地谈一谈。布鲁诺先生**所发现的**'精神'和'群众'的关系,事实上不过是**黑格尔历史观的批判的漫画式的完成**,而黑格尔的历史观又不过是关于**精神和物质**、**上帝和世界**相对立的**基督教日耳曼教条**的思辨表现。在历史的范围内,在人类世界本身范围内,这种对立表现为:作为**积极的精神**的少数杰出**个人**与作为**精神空虚的群众**、作为**物质**的人类其余部分相对立。"(第 126 页)[291]

马克思指出,黑格尔历史观的前提是抽象的和绝对的精神,这种精神的承担者是群众。同黑格尔的学说平行发展的,在法国有**空论派**[13]的学说(第 126 页)[292],他们宣布理性的独立自主,来同人民的独立自主相对立,其目的是为了排斥群众而独自(allein)实行统治。

黑格尔的"过错在于双重的不彻底性"(第 127 页)[292]:(1)他宣布哲学是绝对精神的定在,但没有宣布哲学家就是这种精神;

（2）他仅仅在表面上（nur zum Schein）、只是事后、仅仅在意识中把绝对精神变成历史的创造者。

布鲁诺排除了这种不彻底性：他宣布**批判**是绝对精神，也就是实际上的历史的创造者。

"一方面是群众，他们是历史上的消极的、精神空虚的、非历史的、**物质的**因素；另一方面是**精神**、**批判**、布鲁诺先生及其伙伴，他们是积极的因素，一切**历史**行动都是由这种因素产生的。改造社会的事业被归结为批判的批判的**大脑活动**。"（第 128 页）[293]

马克思把布鲁诺·鲍威尔对**犹太人问题**的态度当做"绝对的批判对群众的征讨"的第一个例子，并且引证了《**德法年鉴**》上对鲍威尔的驳斥 **14**。

"绝对批判的一个主要任务是，首先给当代的一切问题以**正确的提法**。它恰好没有回答**现实的**问题，却提出一些**毫不相干的**问题……　例如，它也是这样歪曲'犹太人问题'：它自己竟用不着去研究作为这一问题内容的**政治解放**，反而可以满足于批判犹太宗教和描写基督教日耳曼国家。

和绝对批判的其他一切独创性一样，这种方法也是**思辨戏法**的重演。**思辨**哲学，特别是**黑格尔**哲学认为：一切问题，要能够给以回答，就必须把它们从常识的形式变为思辨理性的形式，并把现实的问题变为**思辨的**问题。思辨歪曲**我的**问题，并且像教义问答那样，借我的嘴来说它**自己的**问题，它当然也能够像教义问答那样，对我的每一问题都准备好现成的答案。"（第 134 — 135 页）①

在恩格斯所写的第 2 节 a 小节（……《"批判"和"费尔巴哈"。

---

① 参看《马克思恩格斯全集》第 1 版第 2 卷第 114 — 115 页。

对哲学的谴责》……)即第 138—142 页,可以看到对费尔巴哈的热烈赞扬。在谈到"批判"攻击哲学,用人的关系的现实丰富性、"历史的惊人的内容"、"人的意义"等等,以至"体系的秘密已被揭露"这样的词句来和它(哲学)作对比时,恩格斯说:

"然而,到底是谁揭露了'体系'的秘密呢?是**费尔巴哈**。是谁摧毁了概念的辩证法即仅仅为哲学家们所熟悉的诸神的战争呢?是**费尔巴哈**。是谁不是用'**人的意义**'(好像人除了是人之外还有什么其他的意义似的!)而是用'**人**'来代替包括'无限的自我意识'在内的破烂货呢?是**费尔巴哈**,而且仅仅是**费尔巴哈**。他所做的事情比这还要多。他早已摧毁了现今正被'**批判**'滥用的那些范畴:'人的关系的现实丰富性、历史的惊人的内容、历史的斗争、群众和精神的斗争'等等。

在认识到人是本质、是人的全部活动和全部状况的基础之后,唯有'**批判**'还能够发明出**新的**范畴来,并像它正在做的那样,重新把**人**本身变成一个范畴,变成一整套范畴的原则。当然,这样'批判'就走上了最后的求生之路,因为对惊慌不安和受到查究的**神学的**非人性说来已别无他路可走了。**历史什么事情**也没有做,它'**不拥有任何**惊人的丰富性',它'**没有进行任何战斗**'!其实,正是**人**,现实的、活生生的人在创造这一切,拥有这一切并且进行战斗。并不是'历史'把人当做手段来达到**自己**——仿佛历史是一个独具魅力的人——的目的。历史**不过是**追求着自己目的的人的活动而已。在**费尔巴哈**作了种种天才的阐述以后,**绝对的**批判竟还敢用新的形式来为我们重新制造一大堆陈腐的废物"……(第 139—140 页)[295]等等——只要这一个事实就足以评定批判的幼稚性了,等等。

然后,恩格斯谈到关于精神和"物质"(批判称群众为"**物质**")的对立:

"这样一来,难道绝对的批判不就是**真正基督教日耳曼的批判吗**? 在唯灵论和唯物主义原先的对立在各个方面都已经决出胜负,并且被**费尔巴哈**一劳永逸地克服以后,'**批判**'又重新以最令人厌恶的形式把这种对立变成基本教条,并且让'**基督教日耳曼精神**'获得胜利。"(第 141 页)[296]

鲍威尔说:"犹太人现在在理论领域内有多大程度的进展,他们就获得多大程度的解放;他们在多大程度上想要成为自由的人,他们就在多大程度上是自由的人了。"15关于这段话马克思说道:

"按照这个原理,人们立即就可以测量出那条把**群众的**世俗的共产主义和社会主义同**绝对的**社会主义分隔开来的批判的鸿沟。世俗社会主义的首要原理把**单纯理论领域内的**解放作为一种幻想加以摒弃,为了**现实的**自由,它除了要求有理想主义的'**意志**'以外,还要求有很具体的、很物质的条件。'群众'认为,甚至为了争得一些仅仅为从事'**理论**'研究所需要的时间和资金,也必须进行物质的、实际的变革;这样的'**群众**'在神圣的批判面前显得多么低下啊!"(第 142 页)[297]

往下(第 143—167 页)是对《文学总汇报》进行最枯燥无味的、百般挑剔的批评,一种逐字逐句的"斥骂"式的评论。简直没有意思。

b 小节——犹太人问题,第 2 号。第 142—185 页[297—319]——的结尾。第 **167—185** 页[306—319],马克思对鲍威尔替自己的《犹太人问题》一书所作的辩护给予了有意思的答复,这本书在《**德法年鉴**》(马克思时常提到它)中曾遭到彻底批判。马克思在这里尖锐而明确地强调指出了自己的**全部**世界观的基本原则。

　　"宗教的焦点问题在当前具有社会意义"(第 167 页)[307]——这一点在《德法年鉴》中已经指出了。在那里描述了"犹太人在现代市民社会中的**现实**地位"。"鲍威尔先生不是用**现实的犹太人**去说明犹太人的宗教的秘密,而是用**犹太人的宗教**去说明**现实的犹太人**。"(第 167—168 页)[307]

　　鲍威尔先生没有发觉,"现实的世俗的犹太精神,因而也连同宗教的犹太精神,是由现今的市民生活所不断地产生出来的,并且是在**货币制度**中最终形成的"。

　　在《德法年鉴》中曾经指出:应该"在工商业的实践中"去寻找犹太精神的发展(第 169 页)[308];实践的犹太精神是"基督教世界本身的完备的实践"(第 169 页)[308]。

　　"已经证明,消除犹太本质的任务实际上就是消除**市民社会中的犹太精神**的任务,就是消除现代生活实践中的非人性的任务,这种非人性的最高表现就是**货币制度**。"(第 169 页)[308]

　　犹太人要求自由,也就是要求和政治自由毫不抵触的那些东西(第 172 页)[310]——这里谈的是**政治**自由。

　　"已经向鲍威尔先生指出,把人**划分**为不信宗教的**公民**和信奉宗教的**私人**,这同政治解放毫不矛盾。"

　　紧接着就是这样一段话:

　　"已经向他指出,当国家摆脱了**国教**,而在市民社会范围内则让宗教自由行事时,国家就从宗教中解放出来了,同样,当单个的人不再把宗教当做公共**事务**而当做自己的**私人事务**来对待时,他**在政治上**也就从宗教中解放出来了。最后,已经指出,法国**革命**对**宗教**采取的恐怖行动远没有驳倒这种看法,相反倒证实了这种看

法。"(第 172 页)[310—311]

犹太人要求普遍人权。

"《德法年鉴》已经向鲍威尔先生阐明:这种'自由的人性'和对它的'承认'无非是对**利己的市民个体**的承认,也是对构成这些个体的生活状况的内容,即构成**现代**市民生活内容的那些精神要素和物质要素的**失去控制的**运动的承认;因此,**人权**并不是使人摆脱宗教,而是使人有信仰**宗教的**自由;人权并不是使人摆脱财产,而是使人有**占有财产的自由**;人权并不是使人摆脱牟利的龌龊行为,反而是赋予人以**经营的自由**。

已经指出,**现代国家承认人权**和**古代**国家**承认奴隶制**具有同样的意义。就是说,正如古代国家的**自然基础**是奴隶制一样,**现代国家的自然基础**是市民社会以及市民社会中的**人**,即仅仅通过私人利益和**无意识的**自然必要性这一纽带同别人发生联系的独立的人,即为挣钱而干活的**奴隶**,自己的**利己**需要和别人的利己需要的奴隶。现代国家通过**普遍人权**[16]承认了自己的这种自然基础本身。"(第 175 页)[312—313]

"犹太人就更有权利要求承认自己的'自由的人性'","因为'自由的市民社会'具有纯粹商业的犹太人的本质,而犹太人一开始就是这个自由的市民社会的必然成员。"

"人权"不是天赋的,而是历史地产生的,这一点黑格尔早就知道了。(第 176 页)[313]

"批判"虽然指出了**立宪主义**的矛盾,但没有概括这些矛盾(它不懂得立宪主义的普遍矛盾)(第 177—178 页)[314]。如果它做到这一点,那么它就会放弃立宪君主制而主张**民主代议制国家**,主

张完备的现代国家了。(第 178 页)[314]

工业活动并不因(行会和同业公会等等的)特权的消灭而消灭,相反地,它更加猛烈地发展起来。地产并不因土地占有特权的消灭而消灭,"相反,只有在取消了地产的特权以后,地产才通过土地的自由分割和自由让渡开始自己的普遍运动"(第 180 页)[315—316]。

贸易并不因贸易特权的消灭而消灭;相反地,只有在消灭贸易特权之后,它才成为真正自由的贸易。宗教也是这样:"同样,只有在不存在任何享有**特权**宗教的地方(请看实行共和制的北美各州),宗教才**实际上**普遍地发展起来。"

"……**市民社会的奴隶制**在表面上看来是最大的**自由**……"(第 181 页)[316]

伴随着宗教、**财产的政治**存在的取消(Auflösung)(第 182 页)[317](废除国教、取消选举资格的限制)等等而来的,便是它们的"最强有力的生命,这个生命从此便顺利无阻地服从于自身的规律,并且充分扩展其生存的空间"。

无政府状态是摆脱了特权的市民社会的规律(第 182—183 页)[317]。

……(C) 对法国革命的批判的战斗

"'但是,法国革命所产生的思想并没有超出革命想用暴力来推翻的那个**秩序**的范围。'〈马克思引鲍威尔的话〉

思想永远不能超出旧世界秩序的范围,在任何情况下,思想所能超出的只是旧世界秩序的思想范围。思想本身根本不能**实现什么东西**。思想要得到实现,就要有使用实践力量的人。"(第 186

页)$^{[319—320]}$

法国革命产生了共产主义的思想(巴贝夫),这种思想经过彻底的酝酿,就成为新世界秩序的思想。

鲍威尔说,国家应该约束那些单个的利己主义的原子,关于这点马克思说道(第 188—189 页)$^{[321—322]}$:市民社会的成员根本不是什么原子,他们不过是把自己想象成原子而已,因为他们并不像原子那样自满自足,而是要依赖别人,他们的需要每时每刻都使他们处于这种依赖地位。

"可见,正是**自然必然性**、**人的本质特性**(不管它们是以怎样的异化形式表现出来)、**利益**,把市民社会的成员联合起来。他们之间的**现实的**纽带是**市民生活**,而不是**政治**生活…… 在今天,只有**政治上的迷信**还会妄想,市民生活必须由国家来维系,其实恰恰相反,国家是由市民生活来维系的。"(第 189 页)$^{[322]}$

罗伯斯比尔、圣茹斯特和他们的党之所以灭亡,是因为他们混淆了以奴隶制为基础的古代实在论民主社会和以资产阶级社会为基础的现代唯灵论民主代议制国家。圣茹斯特在临刑前指着那块写着**人权**的牌子(Tabelle 告示? 悬挂着的)说:"正是我创造了这个业绩!""正是在这块牌子上宣布了人的权利,而这里所说的人不可能是古典古代共同体的人,正像这种人的**国民经济**状况和**工业**状况不是**古典古代**的一样。"(第 192 页)$^{[324]}$

雾月十八日^{17}拿破仑的战果不是革命运动,而是自由资产阶级。在罗伯斯比尔倒台以后,在督政府时代,资产阶级社会的庸碌的生存开始了:贸易企业的狂飙突进;新的资产阶级生活的沉迷(Taumel);"法兰西的**土地**状况**真正**被查清,土地的封建结构已经被革命的巨锤打得粉碎,现在许许多多新的所有者正怀着初次涌

动的激情对土地进行全面耕作;获得了自由的工业也第一次活跃
起来——这就是刚刚诞生的资产阶级社会的某些生命特征。"(第
192—193 页)[325]

第6章　绝对的批判的批判或布鲁诺先生所体现的批判的批判

……(3) 绝对批判的第三次征讨……

(d) 对法国唯物主义的批判的战斗
(第 195—211 页)[326—338]

本章(第 6 章第 3 节中的 d 小节)是全书中最有价值的部分
之一。这里完全没有逐字逐句的批判,全部是正面的叙述。这是
法国唯物主义历史的概述。本应该在这里把全章都抄录下来,但
我只能简短地摘录它的内容。

18 世纪的法国启蒙运动和法国唯物主义不仅是反对现存政治
制度的斗争,而且还是反对 17 世纪的**形而上学**,即反对**笛卡儿、马
勒伯朗士、斯宾诺莎和莱布尼茨**的形而上学的公开斗争。"人们用哲
学来对抗形而上学,正像费尔巴哈在他第一次坚决地站出来反对黑
格尔时以清醒的哲学来对抗醉醺醺的思辨一样。"(第 196 页)[327]

被 18 世纪唯物主义所击败的 17 世纪形而上学,在德国哲学
中,特别是在 19 世纪的德国思辨哲学中曾有过胜利的、富有内容
(gehaltvolle)的复辟。黑格尔天才地把 17 世纪形而上学同一切形

而上学以及德国唯心主义结合起来并建立了一个形而上学的包罗万象的王国。随之而来的又是"对思辨的形而上学和一切形而上学的进攻。这种形而上学将永远屈服于现在为思辨本身的活动所完善化并和人道主义相吻合的唯物主义。费尔巴哈在理论领域体现了和人道主义相吻合的唯物主义,而法国和英国的社会主义和共产主义则在实践领域体现了这种唯物主义。"(第196—197页)[327]

法国唯物主义有两个派别:一派起源于笛卡儿,一派起源于洛克。后一派直接导向社会主义。(第197页)[327—328]

前一派,即机械唯物主义,转变为法国的自然科学。

笛卡儿在其物理学中宣称物质是唯一的实体。法国的机械唯物主义采取了笛卡儿的物理学,抛弃了他的形而上学。

"这一学派由医师**勒鲁瓦**开创,医师**卡巴尼斯**使该学派达到了自己的最高峰,医师**拉美特利**是该学派的中心人物。"(第198页)[328]

当笛卡儿还在世的时候,**勒鲁瓦**就已经把机械的动物结构学说用于人体,并宣称灵魂是**肉体的样态**,思想是机械运动(第198页)[328]。**勒鲁瓦**甚至还认为笛卡儿隐瞒了自己的真正的见解。笛卡儿提出了抗议。

18世纪末,**卡巴尼斯**在《人的肉体和精神的关系》一书中完成了**笛卡儿派唯物主义**[18]。

17世纪的形而上学,从诞生之日起就遇到了唯物主义方面的对抗者。笛卡儿的对抗者有伊壁鸠鲁唯物主义[19]的恢复者**伽桑狄**,有英国的**霍布斯**。

伏尔泰(第199页)[329]指出:18世纪法国人对耶稣会派[20]和其他派别的争论的漠不关心,与其说是由哲学造成的,还不如说是由罗的财政投机造成的。趋向唯物主义的理论运动从当时法国生活的实际情况中可以得到解释。唯物主义的理论是和唯物主义的实践相适应的。

17世纪的形而上学（笛卡儿、莱布尼茨）还是有实证（positivem）内容的。它在数学、物理学等方面都有所发现。在18世纪，实证科学脱离了形而上学，而形而上学变得枯燥乏味了。

在马勒伯朗士逝世的那一年，爱尔维修和孔狄亚克诞生了。（第199—200页）[329]

皮埃尔·培尔用自己的怀疑论[21]武器从理论上摧毁了17世纪的形而上学。他主要是驳斥了斯宾诺莎和莱布尼茨。他宣告了无神论社会的来临。用一位法国作家的话来说：他"是17世纪意义上的最后一个形而上学者，也是18世纪意义上的第一个哲学家"（第200—201页）[330]。

除了这种否定的驳斥外，还需要有肯定的、反形而上学的体系。**洛克**提供了这一体系。

唯物主义是大不列颠的产儿。大不列颠的经院哲学家**邓斯·司各脱**就曾经问过自己："**物质是否不能思维？**"他是一个唯名论者。一般地说，唯名论[22]是唯物主义的最初表现。

英国唯物主义的真正始祖是**培根**。（"在物质固有的特性中，第一个特性而且是最重要的特性是运动，——不仅是物质的机械的和数学的运动，而且更是物质的冲动、活力、张力……是物质的痛苦[Qual]。"——第202页[331]）

"唯物主义在它的第一个创始人**培根**那里，还以朴素的形式包含着全面发展的萌芽。物质带着诗意的感性光辉对整个人发出微笑。"

在霍布斯那里,唯物主义变成了**片面的**、敌视人的、机械的唯物主义。霍布斯把培根的学说系统化了,但他并没有更进一步阐发(begründet)培根关于知识和观念起源于感性世界(Sinnenwelt)的基本原理。(第203页)[331—332]

霍布斯消灭了培根唯物主义中的**有神论的**偏见,而柯林斯、多德威尔、考尔德、哈特莱、普利斯特列等人则铲除了洛克感觉论[23]的最后的神学藩篱。

孔狄亚克用洛克的感觉论去反对17世纪的形而上学,他公开驳斥了笛卡儿、斯宾诺莎、莱布尼茨、马勒伯朗士的体系。[24]

法国人使英国人的唯物主义"文明化了"(第205页)[333]。

爱尔维修(他也从洛克的学说出发)的唯物主义具有真正法国的性质。

拉美特利把笛卡儿派唯物主义和英国唯物主义结合起来。

罗比耐和形而上学的联系最密切。

"**笛卡儿**的唯物主义汇入了**真正的自然科学**,而法国唯物主义的另一派则直接汇入**社会主义**和**共产主义**。"(第206页)[334]

从唯物主义的前提中最容易引申出社会主义(改造感性世界——把个人利益和公共利益结合起来——消灭犯罪行为的反社会的根源等等)。

傅立叶是直接从法国唯物主义者的学说出发的。**巴贝夫主义者**[25]是粗陋的、不文明的唯物主义者。边沁根据爱尔维修的道德学建立了自己的体系,而**欧文**则从边沁的体系出发去论证英国的共产主义。**卡贝**把共产主义思想从英国带到了法国(卡贝是一个最受欢迎然而也是最肤浅的共产主义的代表人物)。(第208页)[335]"比较科学的"是**德萨米**、**盖伊**等人,他们把唯物主义学说作为**现实的人**

道主义学说加以发展。

在第 209—211 页[336—338]上马克思在注释(用小号铅字印刷,共两页)中摘录了爱尔维修、霍尔巴赫和边沁的话,以便证明 18 世纪的唯物主义和 19 世纪英国、法国的共产主义之间的联系。

在往后的各节中,以下这段话值得注意:

"施特劳斯和鲍威尔之间关于实体和自我意识的论争,是一场在黑格尔的思辨范围之内进行的论争。在黑格尔的体系中有三个要素:斯宾诺莎的实体、费希特的自我意识以及前两个要素在黑格尔那里的必然充满矛盾的统一,即绝对精神。第一个要素是形而上学地改了装的、同人分离的自然。第二个要素是形而上学地改了装的、同自然分离的精神。第三个要素是形而上学地改了装的以上两个要素的统一,即现实的人和现实的人类。"(第 220 页)[341—342]下面评价费尔巴哈的一段话也是值得注意的:

"施特劳斯立足于斯宾诺莎主义的观点,鲍威尔立足于费希特主义的观点,两人各自在神学的领域内彻底地贯彻黑格尔体系。他们两人都批判了黑格尔,因为上述两个要素之中的每一个要素在黑格尔那里都由于另一个要素的渗入而遭到歪曲;可是他们使每一个要素都进一步获得了片面的、因而是彻底的阐释。——因此,他们两人在自己的批判中都超出了黑格尔,但同时他们两人都继续停留在黑格尔思辨的范围内,而他们之中无论哪一个都只是代表了黑格尔体系的一个方面。只有费尔巴哈才立足于黑格尔的观点之上而结束和批判了黑格尔的体系。费尔巴哈把形而上学的绝对精神归结为'以自然为基础的现实的人',从而完成了对宗教的批判,同时也为批判黑格尔的思辨以及全部形而上学拟定了纲

要。"(第 220—221 页)[342]

马克思嘲笑鲍威尔的"自我意识"的唯心主义(绝对唯心主义的诡辩——第 222 页)[343—344],指出这是套用黑格尔的说法,并且引证黑格尔的《现象学》和**费尔巴哈的**批评意见(引自《未来哲学》[26]第 35 页:如同神学否定"被原罪所毒害的自然界"一样,哲学否定——negiert——"物质的感性的东西")。

下一章(第 7 章)一开始又是一连串最枯燥无味的、百般挑剔的批判￣第 1 节第 228—235 页。在**第 2 节的 a 小节**中有使人感兴趣的地方。

马克思从《文学总汇报》上援引了一位"群众代表"的来信,这位代表要求研究现实、自然科学、工业(第 236 页)[348—349],因此遭到"批判"的漫骂:

"批判家们"对这位群众代表大声吆喝道,"难道(!)您以为对历史现实的认识已经完结了吗? 难道(!)您知道有哪一个历史时期已经被真正认识了?"

马克思回答说:"难道批判的批判以为,只要它把人对自然界的理论关系和实践关系,把自然科学和工业排除**在**历史运动**之外**,它就能达到,哪怕只是**初步**达到对历史现实的认识吗? 难道批判的批判以为,它不把比如说某一历史时期的工业,即生活本身的直接的生产方式认识清楚,它就能真正地认清这个历史时期吗? 确实,唯灵论的、**神学的**批判的批判仅仅知道(至少它在自己的想象中知道)历史上的政治、文学和神学方面的重大事件。正像批判的批判把思维和感觉、灵魂和肉体、自身和世界分开一样,它也把历史同自然科学和工业分开,认为历史的诞生地不是地上的粗糙的**物质生产**,而

注 意

是天上的迷蒙的云兴雾聚之处。"(第 **238** 页)$^{[350—351]}$

　　批判骂这位群众代表是**群众的唯物主义者**。(第 239 页)$^{[351]}$

　　"法国人和英国人的批判并不是什么在人类之外的、抽象的、彼岸的人格化的东西,这种批判是那些作为社会积极成员的个人所进行的**现实的人的活动**,这些个人作为人也有痛苦,有感情,有思想,有行动。因此,他们的批判同时也是实践的,他们的共产主义是这样一种社会主义,在这里面他们提出了实践的、明确的实际措施,在这里面他们不仅思考,并且更多的是行动。因此,他们的批判是对现存社会的生动的现实的批判,是对'衰败'原因的认识。"(第 244 页)$^{[355]}$

　　在整个第 7 章第 228—257 页中,除了上面所引的几个地方以外,其他地方都是些异乎寻常的挑剔,嘲弄,不放过微不足道的矛盾,讥笑《文学总汇报》上的各种蠢话,等等。

　　在第 8 章(第 258—333 页)有一节是谈"屠夫批判地变成了狗",往下又有一节谈**欧仁·苏**的玛丽花^{27}(可能是一本小说的标题,或者是某一本小说中的主人公),在这里马克思有一些"激烈的"然而乏味的评语。值得注意的只有第 **285** 页×^{①}——关于黑格尔刑罚理论的几点批评;第 **296** 页——反对**欧仁·苏**替单人牢房制(Cellularsystem)作的辩护。

　　((马克思在这里反对的**大概**是欧仁·苏所宣传的并且**大概**受到《文学总汇报》维护的那种肤浅的社会主义。))

　　例如,马克思嘲笑**苏**所主张的国家要同等地赏善罚恶的思想

──────────

　　① 参看《马克思恩格斯全集》第 1 版第 2 卷第 228—229 页,以下第 296、300—301、309、309—310、312—313 页对应的页码为第 237—238、241、247、247—248、249—250 页。

（第 300—301 页甚至还有一张刑事裁判和善行裁判的对照表！）。

第 305—306 页[357—358]：对黑格尔《现象学》的批评意见。

第 307 页[358]：然而有时黑格尔也在他的《现象学》中违背自己的理论，真实地评述人的关系。

第 309 页：慈善事业是富人的娱乐（**第 309—310 页**）。

第 312—313 页：引自**傅立叶**的几段描写妇女遭受鄙视的文字非常鲜明生动 [28] 跟"批判"和鲁道夫（欧仁·苏的小说中的主人公?)的温和的愿望对照。

╳"黑格尔认为刑罚是罪犯自己给自己宣布的判决。**甘斯**更详细地发挥了这种理论。在**黑格尔**那里，这种理论是对古代报复刑的**思辨的掩饰**，**康德**曾把这种刑罚阐发为**法律上唯一的**刑罚理论。黑格尔所谓的罪犯自我定罪只不过是一种'**观念**'，只不过是对**通行的经验刑罚**的一种思辨解释。因此，他听任国家在每个发展阶段上选择刑罚的形式，也就是说，他让刑罚保持它的现状。正是在这一点上，他比起他的批判的应声虫来更是一个批判家。那种承认罪犯也是**人的刑罚**理论，只能在**抽象**中、在想象中做到这一点，这正是因为**刑罚**、**强制**是和**人的**行为相矛盾的。况且，真正实行这种理论是不可能的。抽象的法律会被纯主观的武断所代替，因为如何使刑罚符合罪犯的个性，每次都得由那批'道貌岸然的'官方人士来决定。柏拉图已经懂得**法律**一定是片面的，一定是不**考虑**个性的。相反地，在**人的**关系中，刑罚将**真正**只是过失者自己给自己宣布的判决。谁也想不到要去说服他，使他相信别人加在他身上的**外部强力**就是他自己加在自己身上的强力。相反地，他将看到**其他的**人是使他免受自己加在自己身上的刑罚的自然救

星,就是说,关系将恰好颠倒过来。"(第285—286页)

　　"鲍威尔的这种勇气的秘密"(第305页)[357](上面一段是从《轶文集》[29]中引来的)"就在于**黑格尔的《现象学》**。黑格尔在《现象学》中用自我意识来代替人,因此,**最纷繁复杂的人的现实在这里只表现为自我意识的一种特定形式**,只表现为**自我意识的一种规定性**。但自我意识的单纯规定性是'**纯粹的范畴**',是单纯的'思想',因此,我能够在'纯粹'思维中扬弃并且通过纯粹思维克服这种'思想'。在黑格尔的《现象学》中,人的自我意识的各种异化形式所具有的**物质的、感性的、对象性的**基础**被置之不理**,而全部破坏性工作的结果就是**最保守的哲学**原文如此!,因为这种破坏性工作一旦把**对象世界、感性现实的世界**变成'思想的东西',变成**自我意识的单纯规定性**,一旦有可能把那变成了**以太般的东西**的敌人消融于'**纯粹思想的以太**'中,它就自以为征服了这个世界了。因此,《现象学》最后完全合乎逻辑地用'**绝对知识**'来代替全部人的现实,——它之所以用**知识**来代替,是因为知识是自我意识的唯一存在方式,因为自我意识被看做人的唯一存在方式;它之所以用**绝对**知识来代替,是因为自我意识只知道它自己,并且不再受任何对象世界的约束。黑格尔把人变成**自我意识的人**,而不是把自我意识变成**人的自我意识**、变成现实的、因而是生活在现实的对象世界中并受这一世界制约的**人的自我意识**。黑格尔把世界**头足倒置**,因此,他也就能够在**头脑**中消灭一切界限;可是即便如此,对于**坏的感性**来说,对于**现实的人**来说,这些界限当然还是继续存在。此外,一切显示**普遍自我意识的有限性**的东西——人及人类世界的一切感性、现实性、个性,在黑格尔看来都必然是界限。整部《现

象学》就是要证明**自我意识是唯一的、无所不包的实在……**"(第306页)^[357—358]

"……最后,不言而喻,如果说黑格尔的《现象学》尽管有其思辨的原罪,但还是在许多方面提供了真实地评述人的关系的要素,那么鲍威尔先生及其伙伴却相反,他们只是提供了一幅毫无内容的漫画……"(第307页)^[358—359]

"这样一来,鲁道夫无意中说出了早已公开的秘密:人的贫穷本身、使人不得不接受施舍的那种极度沉沦的境遇,都应当供金钱贵族和知识贵族**娱乐**之用,供他们满足自私欲、虚荣心和消遣之用。

在德国有许多慈善协会,在法国有不少慈善社团,在英国也举办无数唐·吉诃德式的慈善事业,如为赈济穷人举办的音乐会、舞会、义演、义餐,甚至为遭遇不幸的人募捐,——这一切都没有任何别的意思。"(第309—310页)①

马克思也摘录了欧仁·苏的一段话:

"啊! 夫人,为救济这些穷波兰人,只跳舞还不够……做善人就做到底吧……现在我们去**吃一顿为这些穷人义卖的晚餐吧**!"(第310页)

在第312—313页上马克思引证了**傅立叶**的话(通奸——风流韵事——被诱奸者的溺婴——恶性循环……"妇女解放的程度是衡量普遍解放的天然尺度。……"(第312页)文明使一切罪恶

---

① 参看《马克思恩格斯全集》第1版第2卷第247—248页,以下第310、312—313、313、314—318、320、320—321、323—324、326页对应的页码为第248、249—250、250、251—253、255、255—256、258、260页。

由简单变得复杂、暧昧和伪善），并且补充了一句：

"把傅立叶关于**婚姻**问题的精辟的评述以及法国共产主义的唯物主义派别的著作拿来同鲁道夫的思想相比，完全是多余的。"（第 313 页）

第 313 页及以下各页反对**欧仁·苏**和**鲁道夫**（大概是欧仁·苏的小说中的主人公？）的**国民经济**计划，即反对关于富人和穷人联合、关于劳动组织的计划（应当由国家来实现的）以及其他的计划——例如还有**贫民银行** 第 7 节 b 小节：《贫民银行》第 314—318 页 ＝给失业者发放无息贷款。马克思举出了该计划中的**数字**并指出这些数字和需要比起来是微乎其微的。就思想来说，贫民银行一点也不比储蓄所好……就是说，银行这个机构建立在这样一种"幻想上：只要用另一种工资**分配**办法，就可以使工人生活一整年"。（第 316—317 页）

在 c 小节，第 318—320 页《**布克伐尔的模范农场**》驳斥"批判"所赞扬的那个描绘模范农场的鲁道夫计划。马克思称这个计划是乌托邦，因为每一个法国人平均每天只有¼磅肉，每年收入只有 93 个法郎等等；在这计划中人们做的工作比通常**多 1 倍**等等。（（没有意思））

第 320 页："使鲁道夫能够实现其全部救世事业和神奇治疗的万应灵丹不是他的漂亮话，而是他的**现钱**。道学家们就是这样的——傅立叶说。要模仿他们的英雄，就必须是百万富翁。

道德就是行动上的软弱无力[30]。它一和恶习斗争，就遭到失败。而鲁道夫甚至还没有上升到至少是建立在**人的尊严**这种意识之上的独立道德的观点。相反地，他的道德是建立在人的软弱无力这种意识之上的。他是**神学道德**的代表。"（第 320—321 页）

"……正像在**现实**中**一切**差别日益汇合为**贫富**之间的差别一样,在**观念**中**一切**贵族的差别也在变成**善恶**之间的对立。这种差别是贵族给自己的偏见所赋予的最后形式……"(第 323—324 页)

"……鲁道夫认为自己心灵的每一个运动都具有无限的重要性。因此,他经常对心灵的运动进行评价和观察……〈举例〉 这位显贵的老爷很像'**青年英国**'的活动家,这些活动家也想改良世界,建立丰功伟绩,并且染上了类似的歇斯底里症。……"(第 326 页)

> 马克思在这里是不是指那些推行十小时工作日法案的托利党慈善家[31]?

载于 1930 年《列宁文集》俄文版第 12 卷

译自《列宁全集》俄文第 5 版第 29 卷第 3—40 页

费尔巴哈《宗教本质讲演录》
一书摘要[32]

（不早于 1909 年）

《费尔巴哈全集》1851 年版第 8 卷
《宗教本质讲演录》[33] 8°.R.807①

序言注明的日期是 1851 年 1 月 1 日——费尔巴哈在这里说明他为什么不参加有着"如此可耻的、如此无成效的结局"（第 VII 页）②的 1848 年革命。1848 年革命没有地点感和时间感，**立宪主义者**指望从君主的诺言中得到自由，**共和主义者**（第 VII—VIII 页）指望从自己的**愿望**中得到自由（"只要**愿望**有一个共和国，共和国就会实现"）……（第 VIII 页）

"如果革命再次爆发，而我积极参加的话，那时您可以……确信：这次革命是胜利的革命，君主制度和等级制度的末日审判已经到来。"（第 VII 页）。

费尔巴哈不懂得 1848 年革命

① 巴黎国立图书馆的图书编号。——编者注
② 指《费尔巴哈全集》1851 年莱比锡版第 8 卷的页码。——编者注

第一讲(第 1—11 页)。

原文如此!!　　　第 2 页:"我们对政治唯心主义就像对哲学唯心主义一样感到腻味;现在我们要成为政治唯物主义者。"

第 3—4 页——费尔巴哈隐居乡村的原因:同"信神的世界"决裂,第 4 页(倒数第 7 行)

打倒"虚妄的　　　(参看第 3 页末尾)——和"自然界"一起生
东西"!　　　　活(第 5 页),抛弃一切"虚妄的"观念。

第 7—11 页。费尔巴哈概述自己的著作(第 7—9 页):《近代哲学史》(第 9—11 页《斯宾诺莎》、《莱布尼茨》)[34]。

第二讲(第 12—20 页)。

第 12—14 页——《培尔》(«Bayle»)。

费尔巴哈所　　　第 15 页:在我看来,**感性**是指"物质东西和精神
谓的"感性"　　　东西的真实的、非臆想和人造的、而是实际存在的统一,因此,在我看来,它如同现实一样"。

　　　　　　　不仅肠胃,而且头脑都是感性的(第 15 页)。

(第 16—20 页:费尔巴哈论不死的著作[35];复述)。

第三讲(第 21—30 页)。

人们反对我的《基督教的本质》[36],说我主张人不依赖于任何东西,"反对我的这种所谓把人神化的主张"(第 24 页)。"人所认为先于自己的存在物……**不外是自然界**,而不是你们的上帝。"(第 25 页)

"在我看来,自然界这一没有意识的存在物是永恒的、没有起源的存在物,是第一存在物,但这是时间上的而不是等级上的第一存在物,是物理上的而不是精神上的第一存在物……"(第27页)

我的否定中也包括肯定……　"当然,从我的学说中得出的结论是没有上帝"(第29页),但这是认识了上帝的本质(=自然的本质、人的本质的表现)的结果。

第四讲。

"依赖感是宗教的基础。"(第31页)("恐惧",第33—34—35—36页)

"所谓思辨哲学家就是……**这样一些**哲学家,他们不是使自己的概念符合事物,相反地,是使事物符合自己的概念。"(第31页)

参看马克思和恩格斯[37]

(第五讲)

——特别是**死亡**产生恐惧,产生对上帝的信仰。(第41页)

"我憎恨把人同自然界分割开来的唯心主义;我并不因自己依赖于自然界而感到可耻。"(第44页)

"在《基督教的本质》中,我并没有像人们愚蠢地责备我的那样,想把人神化……同样地,我也不想在神学的意义上把自然界神化……"(第46—47页)

第六讲——动物崇拜(第50页及以下各页)。

"人所依赖的东西……就是自然界,即感觉的对象…… 自然界使人通过感觉产生的一切印象……都能成为宗教崇拜的动机。"(第55页)

(第七讲)

| "利己主义"及其意义 | 我所理解的利己主义不是"市侩和资产者"的利己主义(第 63 页),而是和自然界、和人的理性相一致的哲学原则,它反对"神学的虚伪、宗教的和思辨的幻想、政治的专制"(第 63 页末尾),参看**第 64 页,非常重要**[38]。 |

第 68 页末尾和第 69 页末尾讲的是同样的问题——利己主义(哲学意义上的)是宗教的根源。

(第 70 页:要打击学者们,只有用他们自己的武器,那就是引证……)"...man die Gelehrten nur durch ihre eigenen Waffen, d.h. Zitate schlagen kann..."(第 70 页)

| 关于能这个词的问题 | 顺便提一下,在第 78 页费尔巴哈有这样一个用语:能即活动。这是值得指出的。真的,在能的概念中具有主观的因素,而这种因素,比如说,在运动的概念中就没有。或者更确切些说,在能的概念中或在能的概念的应用中有着排斥客观性的某种东西。月亮的能与月亮的运动对比(比较一下)。 |

第 107 页末尾。"……自然界是原初的、第一的和最终的存在物……"

| 感性的东西＝第一的、自身存在的和真实的东西 | 第 111 页:"……我认为……在哲学上……感性的东西是第一的;但不仅是在思辨哲学意义上的第一,思辨哲学所谓的第一是指应该越过其界限的东西,这里所说的第一是指非派生的东西,依靠自身存在的和真实的东西。" |

"……在感性的东西之外和没有感性的东西,就无所谓精神的东西。"

总之,注意第 111 页"……感觉的真实性和本质性(注意)是……哲学的……出发点……"

第 112 页……"人只有借助自己的感性地存在着的头脑才能思维,理性在头颅中,在脑髓里,在感觉的总枢纽中有着持久的感性基础。"

第 112 页还谈到关于感觉的正确性(证据)。

第 114 页:自然界 = 第一的、非派生的、原初的存在物。

注意

"《哲学原理》就是这样和《宗教的本质》相联系的。"**39**(第 113 页)

"我没有把任何东西神化,因而也没有把自然界神化。"(第 115 页)

第 116 页——费尔巴哈对于别人说他没有给**自然界下定义**的指责作了答复:

"我把自然界理解为一切感性的力量、事物和存在物的总和,人把这些东西当做非人的东西而和自己区别开来…… 或者说得实际点,不管有神论信仰的超自然的暗示怎样,自然界对人来说就是作为人的生活的基础和对象而直接地感性地表现出来的一切。自然界是光、是电、是磁、是空气、是水、是火、是土、是

可见,自然界 = 超自然的东西以外的一切。费尔巴哈是杰出的,但不深刻。恩格

斯更深刻地确
定了唯物主义
和唯心主义的
区别[40]。

动物、是植物、是人(这里所说的人是不由自主地
无意识地活动着的存在物),我所理解的'自然
界'仅此而已,它不是什么神秘的、模糊的和神学
上的东西。"(上面所讲的是同斯宾诺莎的区别)

"……自然界就是你所看见的、不是由人的双手和思想创造出
来的一切。或者,如果我们深入解剖自然界,那么自然界就是存在
物,或者是存在物和事物的总和,它们的定在和本质就显现并存在
于它们的表现、显露或作用之中,而它们的表现、显露或作用的根
据不是在思想或意向以及意志的决定中,而是在天文学的或宇宙
的、力学的、化学的、物理的、生理的或有机体的力或原因中。"(第
116—117页)

于是问题就归结为物质和精神的对立、物理的东西和心理的
东西的对立。

第121页——反对那种认为应当有始因(＝上帝)的论据。

"只是人的局限性和他因贪图方便而简单化的习性,才使人以
永恒性代替时间,以无限性代替从一个原因到另一个原因的永不
终止的进展,以呆板不动的神代替不知休止的自然界,以永恒静止
代替永恒运动。"(第121页末尾)

第124—125页。人们从主观的需要出发,以抽象代替具体,
以概念代替直观,以一代替多,以一个原因代替无数原因。

客观的 ＝ 在
我们之外的

但是,对于这些抽象概念,"不赋予任何客
观的意义和存在,不赋予我们之外的任何存在"
(第125页)。

"……自然界无始也无终。在自然界中,一切都是相互作用的,一切都是相对的,一切同时是结果又是原因,在自然界中,一切都是具有各个方面的和相关的……"

上帝在这里毫无用处(第 129 — 130 页;反对上帝的简单论据)。

"……在有神论者、神学家、所谓的思辨哲学家看来,事物最初的和普遍的原因的原因就是人的理智……"(第 130 页)"上帝就是一般原因,就是作为人格化的独立存在物的原因概念……"(第131 页)

"上帝是抽象的自然界,即抽去了感性直观的、想象的、被变为理智的客体或理智的存在物的自然界;自然界按其本义来说,就像感觉直接地给我们揭示和提供的那样,是感性的现实的自然界。"(第 133 页)　　　　　　　　　　直接地

有神论者认为上帝是自然界(被他们变为僵死的质体或物质)运动的原因(第 134 页)。但上帝的威力实际上就是**自然界的威力**(Naturmacht;第 135 页)。

"……我们可是只从事物的作用中认识事物的特性……"(第136 页)

无神论(第 136 — 137 页)既不消灭**道德的最高者**(= 理想),也不消灭**自然的最高者**(= 自然界)。

"……难道时间不就只是世界的形式,世界的各个存在物及作用相继出现的方式吗?那么,我怎么能赋予世界一个时间上的开端呢?"(第145 页)　　　　　　　　　　时间和世界

"……上帝不过是思想中的世界……　上帝和世界之间的差别不过是精神和感觉之间、思想和直观之间的差别……"(第 146 页)

<table>
<tr><td>

在我们之外的
存在＝不以思
维为转移

</td><td>

人们想把上帝设想为在我们之外的存在物。然而难道这就是不承认感性存在的真理吗?(也就是)"不承认在感性存在以外没有任何存在吗？难道除了感性以外,我们还有检验我们之外的、不以思维为转移的实存的另一个标志和另一个准绳吗?"(第 148 页)

</td></tr>
</table>

注意
在物质之外、
不以物质为转
移的自然界＝
上帝

"……自然界……离开它的物质性和形体性……就是上帝……"(第 149 页)

注意
"复制"论

"从上帝那里导出自然界,无异于想从图像中、从复制品中导出原物,从关于某物的思想中导出该物。"(第 149 页)

人具有颠倒事物的能力(第 149 页末尾),具有使抽象概念——例如**时间**和**空间**——成为独立的东西的能力(第 150 页):

"虽然……人从具有空间性和时间性的事物中抽象出空间和时间,但他又把空间和时间预定为这些事物的实存的最初原因和条件。所以,人以为世界,即一切现实事物的总和、物质、世界的内容,是**在**空间和时间**中**产生的。甚至黑格尔也认为物质不仅在空间和时间中产生,而且从空间和时间中产生……"(第 150

页）"确实不能理解：从具有时间性的事物中分
离出来的时间为什么不能和上帝等同起来。"
（第 151 页）

在具有时间性的
　事物之外的
　时间＝上帝

"……事实上却刚刚相反……不是事物以
空间和时间为前提，而是空间和时间以事物为
前提，因为空间或广延性以有广延性的东西为
前提，而时间、运动——其实时间不过是从运动
抽引出来的一个概念——以运动着的东西为前
提。一切都具有空间性和时间性……"（第
151—152 页）

时间和空间

"上帝是否创造世界的问题……就是精神
对感性的关系问题"（第 152 页）——这是哲学
上最重要的也是最困难的问题，全部哲学史就
是围绕这个问题兜圈子（第 153 页）——在古代
哲学中有斯多亚派和伊壁鸠鲁主义者、柏拉图
主义者和亚里士多德主义者、怀疑论者和独断
论者之间的争论；在中世纪有唯名论者和实在
论者之间的争论；在近代有唯心主义者和"实在
论者或经验论者"（原文如此！第 153 页）之间
的争论。

参看恩格斯的
《路德维希·
费尔巴哈》中
的同一个问题

第 153 页

人们之倾向这种或那种哲学，部分地取决
于人们的性格（书呆子与实践家对比）。

第 153 页

"我并不否认……智慧、善良、美；我只是
不承认它们作为这些类概念是存在物，不管它
们是表现为神或神的特性，还是表现为柏拉图

（唯物主义）
反对神学和唯
心主义（在**理
论**上）

　　　　　　　　　的理念或黑格尔的自我设定的概念……"(第
　　　　　　　　　158页)——它们只是作为人们的特性而存在。

　　信奉上帝的另一个原因：人把关于自己合目的性的创造这个
观念搬到自然界。自然界是合目的性的——因而自然界是有理性
的存在物创造的。(第160页)

　　"人所说的和所理解的自然界的合目的性,实际上不是别的,
正是世界的统一性、因果的和谐一致、自然界万物存在并作用于其
中的一般联系。"(第161页)

如果人有了更多的感官,他能否发现世界上更多的事物呢？不能。	"……我们也没有任何理由设想,如果人有了更多的感官或器官,他就会认识自然界的更多的特性或事物。外部世界,无机界,并不比有机界有什么更多的东西。人恰恰具有从世界的总体性、整体性来感知世界所必需的感官。"(第163页)

对于反对不可知论[41]是重要的

第168页——反对李比希关于"无穷的(上帝的)智慧"的空话……
　　费尔巴哈和自然科学!! 注意,跟现在的马赫及其同伙对
　　照[42]。

第174—175—178——自然(自然界) = 共和主义者;上帝 = 君主。
　　费尔巴哈不止一次地这样说过!

第188—190页——上帝曾经是宗法制的君主,现在则是立宪君
　　主:它在辖治,但依照法律。

精神(Geist)是从哪里来的呢？——有神
论者问无神论者(第 196 页)。有神论者提出了
对自然界过于鄙视(despectierliche：第 196 页)
的观念,对精神过于推崇的观念(过高的、过于
高尚的(！！)观念)。

> 注意
> (参看狄慈
> 根[43])

　　就是关于枢密官,也无法直接由自然界来
说明(第 197 页)。[44]

> 机智！

　　"精神是同肉体、同感官一起发展的……它同感官联系着……
脑壳从哪里来,脑髓从哪里来,精神也就从哪里来;器官从哪里来,
它的机能也就从哪里来。"(第 197 页:对照上文(第 197 页):"**头脑
中的精神**"。)

　　"精神的活动也是有形体的。"(第 197 —
198 页)

> 参看
> 狄慈根[45]

　　有形体的世界产生于精神、产生于上帝,由
此会得出世界是从虚无中创造出来的结论——
"因为精神如果不是从虚无中,又是从哪里得出
物质、有形体的物质呢?"(第 199 页)

　　"……自然界是有形体的、物质的、感性
的……"(第 201 页)

> 自然界是
> 物质的

　　雅科布·伯麦 ＝ "**唯物主义的有神论者**":他不仅把精神神化
了,而且也把物质神化了。在他看来,上帝是物质的——他的神秘
主义就在于此(第 202 页)。

　　"……凡是眼睛看到和手触到的地方,上帝在那里就不复存在
了。"(第 203 页)

　　(有神论者)"把自然界中的邪恶归咎

自然界的 必然性	于……物质,或归咎于**自然界的不可避免** **的必然性**。"(第 212 页)
历史唯物主义的 萌芽 [46]	在**第 213 页**当中和**第 215 页**当中:"自然世 界"和"市民世界"。

(**第 226 页**):费尔巴哈说,他在这里结束第一部分(论自然界是宗
教的基础),转入第二部分:在精神宗教中表现出人的精神的
特性。

注意	(第 232 页)——"宗教是诗"——可以这样说, 因为信仰=幻想。然而我(费尔巴哈)是不 是消灭诗呢? 不是的。我"只**在**宗教是普 通的散文而**不是诗的情况下**"(黑体是费尔 巴哈用的)消灭(aufhebe)宗教(第 233 页)。

艺术并不要求把它的作品认做**现实**(第 233 页)。

在宗教中,除了幻想以外,情感(第 261 页)、**实践方面**(第 258
页)、寻求美好的东西、寻求保护和援助等等都是极端重要的。

(第 263 页)——人们在宗教中寻找**安慰**(而无神论是不会给
予安慰的)。———

自然界的 必然性	"可是,同人的自爱相适应的观念是这样 的:自然界不是按照不变的必然性起作用,而是 在自然界的必然性之上还有一个爱护人的…… 存在物。"(第 264 页)**下一句**又谈到石头坠落 的"**自然必然性**"(第 264 页)。
注意	第 **287** 页当中也**两次**提到"自然界的必 然性"。

宗教＝人类的幼年、童年（第 269 页），基督教把**道德**造成了上帝，创造出**道德的上帝**（第 274 页）。

宗教是最初的教育——可以说："教育是真正的宗教……""然而这是……词的滥用，因为宗教这个词总是跟迷信的和不人道的观念联系着的。"（第 275 页）

费尔巴哈反对滥用宗教这个词

对**教育**的歌颂——（第 277 页）。

"肤浅的看法和论断：宗教对于生活，即对于社会生活、政治生活，完全是不相干的。""我认为，使人仍然当宗教的奴隶的政治自由是一钱不值的。"（第 281 页）

注意

宗教是人生来就有的（"这个论点……　翻译成确切的德文就是"）＝迷信是人生来就有的（第 283 页）。

"基督徒有一个自然界的自由原因，有一个自然界的主宰，它的意志，它的言语支配着自然界；也就是有一个上帝，它不受所谓因果联系、必然性约束，不受那条把结果跟原因或原因跟原因连结起来的链条所约束；而异教神则受自然界的必然性约束，甚至不能把自己的宠儿从命定的必然死亡中拯救出来。"（总之，费尔巴哈经常讲到自然界的必然性。）

自然界的必然性

"但基督徒之所以具有自由原因，是因为他在自己的愿望中没有让自己受自然界的联系、自然界的必然性约束。"（第 301 页）（（在**这一页**

注意

	上还有三处讲到自然界的必然性。))
注意	而第 302 页："……人的生存所遵守的**一切规律或自然界的必然性**……" 参看第 307 页:"自然界的进程"。
注意	"使自然界依赖于上帝,也就是使世界秩序,使自然界的必然性依赖于意志。"(第 312 页)而第 313 页(上半页)——"自然必然性"!!

　　第 320 页:"自然界的(der Natur)必然性……"

客观的东西
是什么?
（按照
费尔巴哈的
看法）

　　在宗教观念中"我们有……许多例子说明人一般地如何把主观的东西变为客观的东西,即如何把只存在于人身上,只存在于人的思维、观念、想象中的东西变成存在于**思维、观念、想象之外**的东西……"(第 328 页)

失去肉体的
精神＝上帝

　　"基督徒就这样把人的精神、灵魂从肉体分割出来,并把这种分割出来的、失去肉体的精神当做自己的上帝。"(第 332 页)

宗教给人以理想(第 332 页)。人需要理想,但需要人的、与自然界相适应的理想,而不是超自然的理想:

　　"我们的理想不应当是被阉割的、失去肉体的、抽象的东西,我们的理想应当是完整的、实在的、全面的、完美的、有教养的人。"(第 334 页)

> **米海洛夫斯基的理想**只是对先进资产阶级民主派或革命资产阶级民主派的这种理想的庸俗的重复。

"除了关于感性的、物理的现实和存在的观念、概念外,人没有任何关于某种其他的现实、某种其他的存在的观念、概念……"(第 334 页)

> 感性的,
> 物理的
> 极为恰当
> 的等同!

"如果人们毫不羞愧地认为感性的、有形体的世界来自某个精神的思想或意志,如果人们毫不羞愧地硬说事物不是因为它们存在才被思维,而是因为被思维才存在,那么就让他们也毫不羞愧地认为事物是由词产生的吧,让他们毫不羞愧地硬说词之所以存在不是因为有物,而物之所以存在只是因为有词吧。"(第 341—342 页)

> 注意

离开人的灵魂不死,上帝只是虚有其名的上帝:

"……某些唯理论的自然科学家的上帝就是这样的上帝……它不外是人格化了的自然界或自然界的必然性、天地、宇宙,当然,不死的观念是与此不符合的。" 第 349 页

最后一讲(第 30 讲)(第 358—370 页),几乎全部可以看做有些社会主义气味的(关于贫苦大众等等,第 365 页中段)启蒙无神论的最典型的例证等等。结束语:我的目的是使你们这些听讲者

"由上帝的朋友变成人的朋友,由信仰者变成思想者,由祈祷者变成工作者,由彼岸世界的候补者变成此岸世界的探索者,由基督徒(他们自己承认'一半是牲畜,一半是天使')变成人,变成**完整的人**"(第 370 页完)。

> 黑体是费
> 尔巴哈用的

以下是**补充和注解**(第 371—463 页)。

这里有许多重复前文的细节和引文。这一切我都撇开不谈,只从有某些意义的东西中指出最主要的:道德的基础是利己主义(第 392页)。("对生活的爱,利益,利己主义")……"不仅有单个的或个人的利己主义,而且有社会的利己主义、家庭的利己主义、集团的利己主义、公社的利己主义、爱国的利己主义。"(第 393页)

> 历史唯物
> 主义的胚芽!

"……善不是别的,而是符合一切人的利己主义的东西……"(第 397 页)

> 注意
> 注意
> 历史唯物主
> 义的胚芽,
> 参看车尔尼
> 雪夫斯基**47**

> 注意
> 费尔巴哈的
> "社会主义"

"只要看一看历史! 历史上的新时代是什么时候开始的呢? 到处都是在被压迫群众或大多数人提出自己完全合理的利己主义去反对民族或等级的极端利己主义的时候开始的,是在人们的阶级〈原文如此!〉或全民族战胜了少数统治者的狂妄自大,摆脱了无产阶级受歧视的黑暗状况而进入具有历史性荣誉的光明境地的时候开始的。目前占人类多数的被压迫者的利己主义就应当这样实现而且一定会实现自己的权利并开创新的历史时代。不是要消灭知识贵族,精神贵族;哦,不是的! 但不能容许只有少数人是这种贵族,其余的人都是愚民;人人都应当是——至少**应当是**——有知识的;不是要消

灭财产,哦,不是的! 但不能容许只有少数人
拥有财产,其余的人却一无所有;而是人人应
当拥有财产。"(第 398 页)

这些讲演是 1848 年 12 月 1 日至
1849 年 3 月 2 日作的(序言第 Ⅴ 页),而
该书序言注明的日期是 1851 年 1 月 1
日。费尔巴哈在**这段期间**(1848 — 1851
年)**已经**远远地**落后**于**马克思**(《共产党宣
言》,1847 年,《新莱茵报》等)和**恩格斯**
(1845 年:《状况》)。**48**

古典著作家不加区别地运用**神**和**自然界**这两个词的几个例
子。(第 398—399 页)

第 **402—411** 页——关于宗教实质的**极好
的哲学上的**(同时也是简单明了的)说明。

"宗教的秘密,归根到底只是意识和无意识
的东西、意志和不由自主的东西在同一存在物　　　　注意
中相结合的秘密。"(第 402 页)**自我**和**非我**在人
身上是不可分割地联系着的。"人不了解,也承
受不了自身的奥秘,因此就把自身分成没有'非　　　　注意
我'的'自我'(人把它称为上帝)和没有'自我'
的'非我'(人把它称为自然界)。"(第 406 页)

第 408 页——引用塞涅卡一段非常好的话(反对无神论者):无
神论者把自然界变成了神。祈祷吧! ——工作吧!(第 411 页)**49**

自然界就是宗教中的上帝,不过这个自然界是思想本质。"**宗教的秘密是'主观的东西和客观的东西的同一'**,也就是人的本质和自然界本质的统一,但这种本质区别于现实的自然界本质和人类本质。"(第411页)

注意

"人的无知是无底的,人的想象力是无界限的;由于无知而失去其根据和由于幻想而失去其界限的自然界的威力,就是上帝的万能。"(第414页)

很好!

"……作为主观本质的客观本质,作为同自然界有区别的本质、作为人的本质的自然界本质,作为同人有区别的本质、作为非人的本质的人的本质,——这就是神的本质,这就是宗教的本质,这就是神秘主义和思辨的秘密……"(第415页)

很好!

精彩之处!

> 费尔巴哈所说的思辨＝唯心主义哲学。注意。

"人在思维中把形容词同名词,特性同本质分开来……　超自然的上帝也不外是从自然界中抽引出来的最普遍的特性的概要或总和,可是人借助于想象力,就是用这种同感性本质、同自然界的物质分开来的方法,重新把这个总和变成独立的主体或存在物。"(第417页)

注意
非常正确!
注意

把存在、本质变成特殊实在性的**逻辑**((第

1909 年列宁所作费尔巴哈《宗教本质讲演录》一书摘要
的手稿一页

（按原稿缩小）

418页)——显然指的是黑格尔)也起着这样的
作用—— "希望把超自然的存在变成物理的
存在,把主观的存在变成客观的存在,把逻辑
的或抽象的存在又变成非逻辑的、真实的存
在,这是多么愚蠢!"(第418页)

> 精彩(反对
> 黑格尔和唯
> 心主义)

"……'那么存在和思维之间永远存在着
分裂和矛盾吗?'是的,但只存在于头脑中;而
在现实中这个矛盾早已解决了,诚然,它只是
通过符合于现实而不是符合于你的幼稚概念
的方式来解决的,而且是通过不少于五种感官
来解决的。"(第418页)

> 说得妙!

第428页:凡不是上帝者都是无,也就是说,凡
不是自我者都是无。

> 说得好!

第431—435页:引用伽桑狄的一段讲得很好
的话。**50** 很好的一段话:特别是**第433页**,
上帝 = 关于具体的东西和抽象的东西的
形容词(没有物质)的汇集。

> 注意

第435页 —— "头脑是宇宙的众议院"——当
我们的头脑充满了抽象概念、类概念时,
我们自然就会"从一般"引出(ableiten)"个
别,也就是……从上帝"引出"自然界"。

> 注意
>
> 个别和一般 =
> 自然界和上帝

第436—437页:(注释№16)。我并不反对立
宪君主制,但只有**民主共和国**"**直接**对理
性说来才是符合人的本质的国家形式"。

> 哈哈!!

中肯!

> "……机智的写作手法还在于:预计到读者也有智慧,不把一切都说出来,让读者自己说出那些使一个命题有效而可信时所必须具备的关系、条件和界限。"(第 447 页)

费尔巴哈对他的批评者**冯·沙登**教授(第 448——449 页)和**沙勒**(第 449——450——463 页)的回答有意思。

注意
"存在和自然界","思维和人"

> "……要知道我明确地用自然界代替存在,用人代替思维",就是说,不是用抽象,而是用具体的东西————用**戏剧**心理来代替(第 449 页)。

> 这就是为什么费尔巴哈和车尔尼雪夫斯基所用的术语——哲学中的"人 本 主 义 原则"[51]——是**狭隘的**。无论是人本主义原则,还是自然主义,都只是关于**唯物主义**的不确切的、肤浅的表述。

说得好!

> "耶稣会教义是我们的思辨哲学家的无意识的原型和理想。"(第 455 页)[52]

关于哲学唯物主义原理的问题

> "思维把现实中非连续性的东西设定为连续性的东西,把生活中无限的多次性东西设定为同一的一次性东西。对思维和生活(或现实)之间本质的不可磨灭的差别的认识,是思维和

生活中的一切智慧的开端。在这里，只有区别
才是真正的联系。"(第 458 页)

第 8 卷完

第 9 卷 =《诸神世系学》(1857 年)[53]。翻阅了一下，似乎没有
什么有意思的东西。但是，应当把第 34 节(第 320 页及以下各
页)、第 36 节(第 334 页)通读一遍。注意第 **36** 节(第 334 页)——
浏览后没有发现**什么**有意思的东西。费尔巴哈为证实前面说过的
话而旁征博引。

载于 1930 年《列宁文集》俄文版
第 12 卷

译自《列宁全集》俄文第 5 版
第 29 卷第 41—64 页

费尔巴哈《对莱布尼茨哲学的
叙述、阐发和批判》一书摘要[54]

（1914 年 9 月和 11 月 4 日〔17 日〕之间）

《费尔巴哈全集》
1910 年版第 4 卷《对莱布尼茨……》

在对莱布尼茨的精彩叙述中应当摘出某些特别出色的地方（这不容易，因为全部，即第一部分（第 1—13 节），都是出色的），然后摘出 **1847 年的补充**。

《莱布尼茨》一书是费尔巴哈
1836 年写的，当时他还是一个唯
心主义者

第 20 节
第 21 节　　**1847 年**
和一些个别的地方

第 27 页① ——莱布尼茨不同于斯宾诺莎的特点：莱布尼茨给实体的概念增添了**力的概念**，"而且是活动力"的概念……"自己活动"的原则（第 29 页）——

> 因此，莱布尼茨通过神学而接近于物质和运动的不可分割的（并且是普遍的、绝对的）联系的原则。似乎应当这样去理解费尔巴哈？

---

① 指《费尔巴哈全集》1910 年版第 4 卷的页码。——编者注

第 32 页:"斯宾诺莎的本质是单一,莱布尼茨的本质是差异、
　　区别。"

第 34 页:斯宾诺莎的哲学是**望远镜**,莱布尼茨的哲学是**显微镜**[55]。

　　"斯宾诺莎的世界是神的消色差透镜,是介质,通过它我们看
到的不外是单一实体的皎洁的天光;莱布尼茨的世界是多棱角的
结晶体、钻石,它由于自己的特有的本质而使实体的单色光变成无
限丰富的色彩,并使之暗淡无光。"(原文如此!)

第 40 页:"因此,在莱布尼茨看来,有形体的实体已经不再像笛卡
　　儿所认为的那样,只是具有广延性的、僵死的、由外力推动的
　　质体,而是在自身中具有活动力、具有永不静止的活动原则的
　　实体。"

> 　　大概马克思就是因为这一点而重视莱布尼茨[56],虽
> 然莱布尼茨在政治上和宗教上有"拉萨尔的"特点和调和
> 的趋向。

　　单子是莱布尼茨哲学的原则。个体性、运动、(特种的)灵魂。
不是僵死的原子,而是活生生的、活动的、在自身中反映整个世界
的、具有(模糊的)表象能力的**单子**(特种灵魂),这就是"最终的要
素"(第 45 页)。

　　每一个单子都和另一个单子不同。

　　"……如果生命的原则或内在的、自身的
活动原则仅仅同物质的少部分或特殊部分相
联系,那就完全违反了自然界的美、秩序和理
性。"(莱布尼茨——第 **45** 页)

注意

"因此,如古代哲学家已经正确认识到的那样,整个自然界充满了灵魂或类似灵魂的存在物。因为我们借助于显微镜认识到:存在着许许多多肉眼看不见的生物,并且存在着比沙粒和原子还要多的灵魂。"(莱布尼茨——第 **45** 页)

　　　　　　　　　| 对照电子! |

单子的特性:表象,再现。

"表象本身不过是复杂的或外在的东西的再现,即繁复性在简单中的再现(复制和描写)……"或是"……暂时状态,它在单一中或简单实体中包含和再现繁复性"(第 49 页,**莱布尼茨**)——单子有含混的(第 50 页)(模糊的,第 52 页)表象——(据说人也有很多无意识的、含混的感觉等等)。

每一个单子都是"一个自为世界,每一个单子都是一个独立自在的单一体"(**莱布尼茨**,第 55 页)。

"模糊表象的混合物——这就是感觉,这就是物质……"(莱布尼茨——第 58 页)"因此,物质是单子的结合……"(同上)

> 我的自由的转述:
>
> 　单子＝特种的灵魂。莱布尼茨＝唯心主义者。而物质是灵魂的异在或者是一种用世俗的、肉体的联系把单子粘在一起的浆糊。

"绝对实在只在单子和单子的表象中。"(莱布尼茨,第 **60** 页)物质只是**现象**。

"只有精神是明朗的"(第 62 页)……物质则是"不明朗的和不自由的"(第 64 页)。

空间"本身是观念的东西"(莱布尼茨,第 70—71 页)。

"……运动是物质多样性的物质原则……"(第 72 页)

"和牛顿及其追随者的意见相反,在物质自然界中的确没有真空的空间。空气唧筒决不能证明真空的存在,因为玻璃上有细孔,通过这些细孔可以渗入各种细微的物质。"(**莱布尼茨**,第 76—77 页)

　　"物质是现象。"(莱布尼茨,第 78 页)"单子的自为存在是它的灵魂,单子的为他存在是物质。"(费尔巴哈,第 78 页)人的灵魂是中心的、高级的单子,是隐德来希[57]等等,等等。

　　"因此,每一个物体都被宇宙中发生的一切牵动着。"(莱布尼茨,第 83 页)

　　"单子呈现着整个宇宙。"(莱布尼茨,第 83 页)

　　"尽管单子是不可分的,但它具有复杂的冲动,即繁复的表象,其中每一个表象都力求有自己的特殊变化,同时这些表象由于和一切其他事物有本质联系而处在单子中……""个体性包含着似乎处在萌芽状态的无限的东西。"(莱布尼茨,第 84 页)

> 注意
> 莱布尼茨
> 生活于
> 1646—1716 年

> 这里有一种辩证法,而且是非常深刻的辩证法,**尽管**有唯心主义和僧侣主义。

"自然界中的一切都是类似的。"(莱布尼茨,第 86 页)

　　"总之,自然界中没有任何绝对间断的东↓

注意 西;一切对立面,一切时空界限和独特性的界限,在绝对的非间断性、宇宙的无限联系面前都消失了。"(费尔巴哈,第 87 页)

"虽然,单子由于自己的只由神经而不是由血肉构成的特性,被宇宙中发生的一切影响着和牵动着"……但"它不是世界舞台上的一个登场人物,而只是一名观众。单子论的主要缺陷正在于此。"(费尔巴哈,第 90 页)

灵魂和肉体的一致是**上帝**安排的前定和谐。

"莱布尼茨的弱点"(费尔巴哈,第 95 页)[58]。

"灵魂是一种精神自动机。"(莱布尼茨,第 98 页)(有一次莱布尼茨自己就说,从偶因论[59]过渡到他的哲学是很容易的。费尔巴哈,第 100 页)但在莱布尼茨那里,这是从"灵魂的本性"中引申出来的……(第 101 页)

在《神正论》[60](第 17 节)中,莱布尼茨实质上是重复关于上帝存在的本体论论证法[61]。

莱布尼茨在他的《人类理智新论》中批判了洛克的经验论,他说,凡是存在于理智中的……**理智本身除外**(!)(第 **152** 页)。[62]

(费尔巴哈在第一版中也是唯心地批判洛克。)

"必然真理"的原则**"在我们之内"**(莱布尼茨,第 148 页)。

参看康德,也是这样[63]

在我们之内有实体、变化等观念(莱布尼茨,第 150 页)。

"借助理性作出最佳规定,这是自由的最高阶段。"(莱布尼茨,

第 154 页）

"莱布尼茨的哲学是**唯心主义**"（费尔巴哈，第 160 页）等等，等等。

"……莱布尼茨单子论的乐天的、充满生机的多神教，过渡到'先验唯心主义'的森严的、因而也是更偏于精神和更激烈的一神教"（费尔巴哈，第 188 页）。

向康德的过渡

$\boxed{\text{第}}$ 188—220 页：**1847 年的补充。**

第 188 页："唯心主义的、先验的哲学……"

"当然啦，在人看来是**由经验而来**的东西，在哲学家看来是**先验的**；因为人既然收集了经验材料，并把它们结合在一般概念中，他自然能

对康德的嘲笑

够提出'先验综合判断'。因此，在较早时期是**经验的事**，在较晚时期便成为**理性的事**了……　例如电和磁以前只不过是经验的、在这里即偶然的、只在个别物体中观察到的特性，而现在，经过广泛的观察，它们被认识到是一切物体的特性，是物体的极重要的特性……　因此，只有从人类历史的观点出发，才能对观念起源的问题作出肯定的回答……"（第 191—192 页）

灵魂不是蜡块，不是白板 **64**……　"要创造表象就必须加进某种和对象不同的东西，如果我想从对象中导出这个不同的东西，这个为表象本质提供根据的东西，那就是真正的愚蠢。然而，这个不同的东西究竟是什么呢？是普遍性的形式；因为，正如莱布尼茨所指出的，甚至单个的观念或表象本来就是普遍的（至少同现实的单个对象相比较时是如此），也就是说，在这种情况下是没有规定的，是消除、消灭差别的。感性是庞杂的、非批判的、丰富的，而观

念、表象则限于普遍的和必然的东西。"(第 192 页)

莱布尼茨
和康德

必然性和
普遍性是
不可分割的
· · · · ·
注意
· ·

康德主义＝
陈旧的破烂货

"因此,《人类理智新论》的基本思想同《纯粹理性批判》的基本思想一样,就在于:**普遍性**以及和它**不可分割**的**必然性**表达理智固有的或具有表象能力的存在物固有的本质,因此,它们不可能来自感觉器官,来自经验,也就是说,不可能来自外部……"(第 193 页)

笛卡儿主义者已经具有这种观念——费尔巴哈引证了**克劳贝格在 1652 年**说的话。[65]

"无疑,这个公理〈整体大于部分〉之所以确实可靠,并不是由于归纳,而是由于理智,因为理智的目的和使命从来就是概括感觉材料,以便使我们摆脱无聊的重复劳动,以便预料、替换、保存感性经验和感性直观。但是,难道理智是不以感觉为基础而完全独立地进行这种活动吗? 难道感觉向我显示的个别事件**在抽象中**也是个别的吗? 难道它不是具有质的规定性的事件吗? 难道在这种质里面没有可以由感官感知的那些个别事件的同一性? …… 难道感觉向我显示的只是树叶而不是树木? 难道没有同一性的、相同性的和差别的**感觉**? 难道我的感觉不能区别黑和白、昼和夜、木和铁? …… 难道感觉不是存在物的必然证明? 因此,难道高级的思维规律、同一律不同时就是感性的规律? 难道这个思维规律不依靠感性直观的真理

注意

性?"……(第 193—194 页)

　　莱布尼茨在《理智新论》中写道:"一般性就
是单个事物之间的相似,而这种相似就是实在
性。"(第 3 篇第 3 章第 12 节)"但是,难道这种
相似不是感性真理? 难道被理智列入一门、一
类的生物不是同样刺激我的感官? …… 难道
对我的性感觉来说(性感觉也具有极重要的理
论意义,虽然通常在关于感觉的学说中不予注
意),雌性动物和女子之间没有任何区别吗? 那
么,理智能力同感觉能力或感知能力之间的差 ‖ 说得好!
别究竟是什么? 感觉提供**事物**,理智则为事物 ‖ 注意
提供**名称**。凡是存在于理智中的,没有不是已
经存在于感觉中的,但是,实际上存在于感觉中
的东西,只是在名称上存在于理智之中。理智
是最高的存在物,是世界的统治者;但这只是在
名称上,而不是在实际上。名称又是什么呢? ‖ 说得好!
是标示区别的符号,是十分显明的标志,我把它
当做表明对象的特征、对象的代表,以便从对象
的总体性来设想对象。"(第 195 页)

　　"……感觉就像理智一样告诉我:整体大于部分。但是,它不
是用言词,而是用实例告诉我的,例如:手指比手小……"(第
196—197 页)

　　"……因此,确信整体大于部分,这当然不是取决于感觉。可
是取决于什么呢? 取决于整体这个词。整体大于部分这一命题所
表述的,丝毫没有超出整体这个词本身所表明的……"(第 197 页)

"……相反,莱布尼茨作为一个唯心主义者或唯灵论者,把手段变为目的,把对感性的否定变为精神的本质……"(第 198 页)

"……自己意识到自己的东西,就生存着,存在着,并且称为灵魂。因此,我们确信我们灵魂的存在先于确信我们肉体的存在。当然,意识是第一性的;但是,意识仅仅对我来说是第一性的,而不是它本身是第一性的。就我的意识来说,**我之所以存在,是因为我意识到自己**;但是就我的肉体来说,**我之所以意识到自己,是因为我存在**。二者之中哪一个正确呢? 是肉体即自然,还是意识即自我? 当然是自我;因为**我**怎能承认**自己**不正确呢? 然而,事实上我能把意识同自己的肉体分开并独自思维吗? ……"(第 201 页)

"……世界是感觉的对象和思维的对象。"(第 204 页)

"在感性对象中,人把存在于现实中的、作为感觉的对象的本质,同那种从感觉抽象出来的思想本质区别开来。人把前者称为**实存**,或者又称为**个体**,把后者称为**本质**或类。人把本质规定为必然和永恒的东西——因为即使一个感性存在物从感性世界消失了,它还仍然是思考的存在物或表象的存在物——而把实存规定为偶然的和暂时的东西……"(第 205 页)

注意 ‖ "……莱布尼茨是**半个**基督徒。他是有神论者,或者是基督徒**兼**自然主义者。他用智慧、理智来限制神的恩惠和威力。但这种理智无非是自然博物标本室,不过是关于自然界的联系的观念、关于世界整体的观念。因此,他用**自然主义**来限制自己的有神论;他通过对有神论的扬弃来肯定、维护有神论……"(第 215 页)

第 274 页(摘自 **1847 年**的补充):

"人们关于感觉的欺骗谈得那么多,关于语言的欺骗谈得那么少,可是思维和语言是不可分割的! 然而感觉的欺骗多么笨拙,语言的欺骗又多么精巧! 理性的普遍性、费希特和黑格尔的**自我**的普遍性愚弄了我如此之久,直到我终于为拯救自己的灵魂,依靠我的五官懂得了,理性意义上的逻各斯的一切困难和秘密都会从词的含义中得到解决。这就是为什么**海姆**的话——'理性的批判应当转变为语言的批判',在理论方面甚合我意。至于谈到作为感觉着的个体存在物的我同作为思维着的存在物的我这二者之间的对立,按照这种说明和引证的论文〈费尔巴哈本人的〉[66]则被归结为尖锐的对立:在感觉中我是单一的,在思维中我是普遍的,但是在感觉中我同样是普遍的,在思维中我也同样是单一的。思维中的一致只以感觉中的一致为依据。"(第 274 页)

"……人类的一切交往都是以人们感觉的相同性为前提的。"(第 274 页)

《斯宾诺莎和赫尔巴特》[①](1836 年)。第 400 页及以下各页。**保护**斯宾诺莎,反驳"道德论者"赫尔巴特的庸俗的抨击。

强调指出斯宾诺莎的客观主义等等。注意。

《和黑格尔的关系》[②](1840 年,附后来的补充)。第 417 页及以下各页。

> 不很明显地,偶尔强调他是黑格尔的学生。

---

① 见《费尔巴哈全集》1910 年版第 4 卷。——编者注
② 见《费尔巴哈全集》1840 年版第 4 卷。——编者注

摘自评语：

"同自然的形成和发展相矛盾的辩证法是什么？它的必然性是什么？……"（第431页）

《谢林先生》（1843年）。给马克思的信（第434页及以下各页）。根据底稿。对谢林的斥责[67]。

———————
第4卷完
———————

载于1930年《列宁文集》俄文版   译自《列宁全集》俄文第5版
第12卷   第29卷第65—76页

黑格尔《逻辑学》一书摘要[68]

（1914年9—12月）

伯尔尼:Log.I.175[①]

《黑格尔全集》

第1卷　哲学论文

第2卷　精神现象学

第3—5卷　逻辑学

第6—7卷　哲学全书(第1、2部)

第8卷　法哲学

第9卷　历史哲学

第10卷　美学(3部)

第11—12卷　宗教史

第13—15卷　哲学史

第16—17卷　综合文集

第18卷　哲学入门

第19卷　黑格尔往来书信集(第1、2部)

---

① 这是伯尔尼图书馆的图书编号。——编者注

《黑格尔全集》
总卷目**69**

> "死者的一群友人：马尔海奈凯、舒尔采、甘斯、亨宁、霍托、米希勒、费尔斯特编的全集"。

《黑格尔全集》

第 3 卷

（1833 年柏林版）（共 468 页）

《逻辑学》**70**

第 1 部   **客观逻辑**

第 1 编   **存在论**

（伯尔尼：Log. I. 175①）

第 1 版序言

第 3 卷第 5 页②——关于逻辑学，说得妙：说它似乎是"教人思维"的（犹如生理学是"教人消化"的??），这是"偏见"。

"……构成真正的形而上学或纯粹的思辨哲学的逻辑科学……"（第 6 页）

"……哲学不能由一门从属的科学——数学——取得自己的方法……"（第 6—7 页）

---

① 这是伯尔尼图书馆的图书编号。——编者注
② 指《黑格尔全集》1833 年柏林版第 3 卷的页码。——编者注

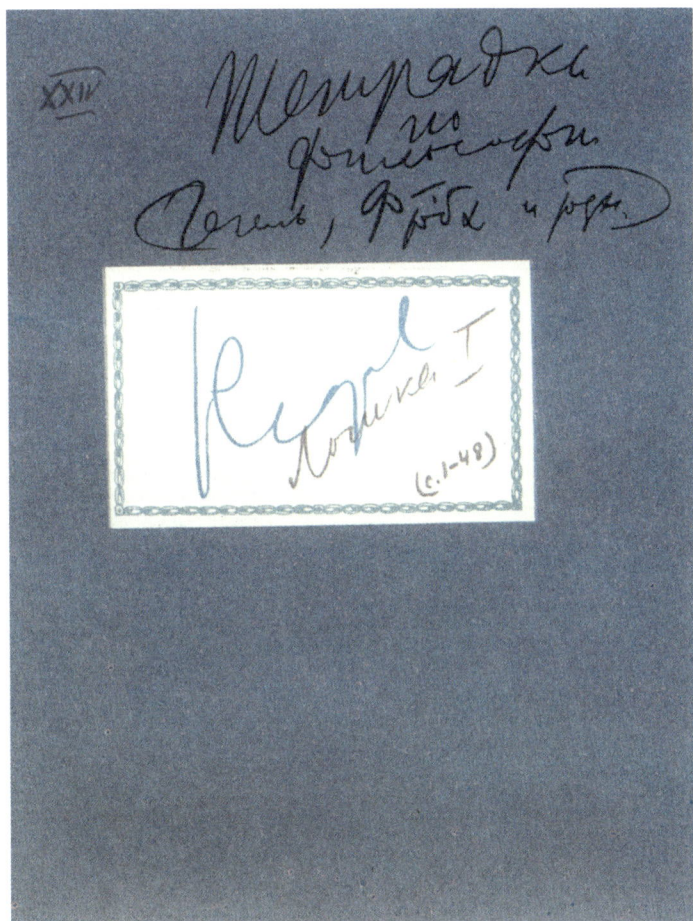

1914 年 9 — 12 月列宁所作黑格尔《逻辑学》一书摘要
第 1 册笔记的封面
（按原版缩小）

"而这样的方法只能是在科学认识中运动着的内容本性,同时内容的这种自身反思第一次设定并产生出内容的规定本身。"

(科学认识的**运动**——这就是实质。)

"知性(Verstand)作出规定(bestimmt)",理性(Vernunft)加以否定,理性是辩证的,因为它把知性的规定化为无("in Nichts auflöst")。二者的结合——"知性的理性或理性的知性"=肯定的东西。

对"简单的东西"的否定……"精神的运动"……(第 7 页)"只有沿着这条自己构成自己的道路……哲学才能成为客观的、论证的科学。"(第 7—8 页)

("自己构成自己的道路"=真正认识的、不断认识的、从不知到知的①运动的**道路**(据我看来,这就是关键所在)。)

意识的运动,"犹如全部自然生活和精神生活的发展",是以"构成逻辑内容的纯本质的本性(Natur der reinen Wesenheiten)为基础的"。

有特色!

倒过来:逻辑和认识论应当从"全部自然生活和精神生活的发展"中引申出来。

第一版序言到此为止。

---

① 手稿上"从不知到知"这几个字被一条横线勾去,大概本意是想用来表示着重强调之意。——俄文版编者注

第 2 版序言

出色！

> "对思想王国作哲学的描述，即从它自身的〈注意〉内在活动去描述，或者，也可以说，从它的必然〈注意〉发展去描述"……（第 10 页）

"已知的思维形式"——重要的开端，"没有生命的骨骼"（第 11 页）。

> 需要的不是没有生命的骨骼，而是活的生命。

思想史＝语言史？？

思维和语言的联系（附带提到汉语以及它的不发达：第 11 页），名词和动词的形成（第 11 页）。在德语中，有时候一些词有"相反的含义"（第 12 页）（不仅有"不同的"，而且有**相反的**含义）——"对思维来说是快事"……

物理学中**力**的概念——以及**两极性**（"**不可分离地**（黑体是黑格尔用的）联系着的对立面"）（第 12 页）。从力向两极性的过渡是向"高级思维关系"的过渡（第 12 页）。

自然和"精神的东西"

> 注意　再看第 11 页……　"但是，如果一般地把自然作为物理的东西而跟精神的东西对立起来，那就应当说：逻辑的东西倒是超自然的东西……"

逻辑的形式是大家知道的，可是……"**知道的**东西并不因此就是**认识了的**东西"(第 13 页)。

　　"无限的进步"即"思维形式"的"摆脱"质料(von dem Stoffe)、表象、愿望等等,一般的东西的提炼(柏拉图、亚里士多德),就是认识的开端……

　　亚里士多德说:"只有在一切必需的东西都具备以后……人们才开始思考哲理。"(第 13—14 页)他又说:埃及祭司的闲暇,是数学的开始(第 14 页)①。要致力于"纯粹思想",先得通过"人类精神必须经过的漫长的途程"。在这样的思维中

"那推动着民族和个人的生活的利益沉默了。"(第 14 页) ‖	利益"推动着民族的生活"

　　逻辑的范畴是"外部存在和活动的""无数""细节"的**简化**(在另一处用的是"概括")。这些范畴反过来又在实践中("通过对活生生的内容的精神提炼,通过创造和交流")为人们**服务**。

"关于我们的感觉、意欲、兴趣,我们可没有说它们是为我们服务的,它们倒是被当做独立的力量和权力,因而这些就是我们自身。"(第 15 页) ‖	思维对兴趣和意欲……的关系

　　关于思维形式(Denkformen),也不能说它们是为我们服务的,因为它们"贯穿于我们的一切表象"(第 16 页),它们是"一般的东西本身"。

> 客观主义:思维的范畴不是人的工具,而是自然的和人的规律性的表述——参看下述对立

---

① 　见亚里士多德《形而上学》第 1 篇第 1 章。——编者注

——"主观思维"和"事物本身的客观概念"的对立。我们不能"超出事物的本性"(第 16 页)。

反对
康德主义

还有反对"批判哲学"的评语(第 17 页)。批判哲学把"三项"(我们、思维、事物)之间的关系设想成这样:我们把思维置于事物和我们的"中间",这个居中者把我们和事物"隔离开来"(abschließt),"而不是结合起来"(zusammenschließen)。对于这一点,黑格尔说,应当用"简单的评语"来回答:"这些好像站在我们思想的彼岸(jenseits)的事物,本身就是思想之物(Gedankendinge)"……"而所谓自在之物只不过是空洞抽象的思想之物"。

在我看来,论据的要点如下:(1)在康德那里,认识把自然界和人隔开(分开);而事实上认识是把二者结合起来;(2)在康德那里,自在之物的"**空洞抽象**"代替了我们关于事物的知识的日益深入的活生生的进展、运动。

康德的自在之物是**空洞**抽象,而黑格尔要求的是和**实质**相符合的抽象:"事物的客观概念构成事物的实质本身",——按照唯物主义的说法,就是和我们对世界的认识的实际深化相符合的抽象。

认为思维形式只是"供使用"的"手段",这是不对的(第 17 页)。

认为思维形式是"外在形式",只是附着于
内容而非内容本身的形式（"Formen, die nur
an dem Gehalt, nicht der Gehalt selbst seien"），
这也是不对的（第 17 页）……

注意

> 黑格尔则要求这样的逻辑：其中形式是
> 富有内容的形式，是活生生的实在的内容的
> 形式，是和内容不可分离地联系着的形式。

所以黑格尔注意"一切自然事物和精神事物的思想"，注意"实
体性的内容"……
——"任务就在于，要意识到鼓舞精神、推动精神并在精神中
起作用的这种逻辑本性。"（第 18 页）

> 逻辑不是关于思维的外在形式的学说，
> 而是关于"一切物质的、自然的和精神的事
> 物"的发展规律的学说，即关于世界的全部
> 具体内容的以及对它的认识的发展规律的
> 学说，即对世界的认识的**历史**的总计、总和、
> 结论。

"本能的行动"（instinktartiges Tun）"分散在无限多样的质料
中"。相反地，"理智的和自觉的行动"把"动因的内容"（den Inhalt
des Treibenden）"从它和主体的直接统一中"分出来，使之"成为它
面前〈主体面前〉的对象"。

　　"在这面网上,到处有牢固的纽结,这些纽结是它的" 精神或 主体的 "生活和意识的据点和定向点……"(第 18 页)

> 如何理解这一点呢?
>
> 　　在人面前是自然现象之**网**。本能的人,即野蛮人,没有把自己同自然界区分开来。自觉的人则区分开来了,范畴是区分过程中的梯级,即认识世界的过程中的梯级,是帮助我们认识和掌握自然现象之网的网上纽结。

　　"真理是无限的"——真理的有限性是它的否定,是"它的终结"。如果形式(思维形式)被看做"不同于质料并且仅仅是附着于质料的"形式,那么形式就不能够把握真理。由于 形式逻辑的 这些形式的空洞,它们理应受到"蔑视"(第 19 页)和"嘲笑"(第 20 页)。同一律,A = A,——空洞,"不堪忍受"(第 19 页)。

　　不该忘记:这些范畴"在认识中有自己的领域,在这个领域中它们必定有效"。但是作为"漠不相关的形式",它们就会成为"谬误或诡辩的工具",而不是真理的工具。

　　不仅应当对"外在形式",而且应当对"内容"进行"思维的考察"(第 20 页)。

| 注意 | "随着这样地把内容引入逻辑的考察",成为对象的就不是事物,而是事物的实质,事物的概念。按照唯物主义的说法,不是事物,而是事物运动的规律。 | 注意 |

……"逻各斯,即存在着的东西的理性"(第 21 页)。

在第 22 页开头,用以下几个字表述逻辑的对象:

| 思维按其必然性的"发展" | ..."Entwicklung des Denkens in seiner Notwendigkeit". |

必须从最简单的基本的东西(存在、无、变易(das Werden)①)(不要其他东西)出发,**引申**出范畴(不是任意地或机械地搬用)(不是"叙述",不是"断言",而是**证明**)(第 24 页),——在这里,在这些基本的东西里,"全部发展就在这个萌芽中"(第 23 页)。

---

① "变易"(das Werden)又译"生成"。——编者注

导言:逻辑的一般概念

通常把逻辑这门"关于思维的科学"理解为"认识的单纯形式"（第 27 页）。黑格尔驳斥这种观点。反对自在之物——"纯属思维的彼岸的东西"（第 29 页）。

思维形式似乎"不适用于自在之物"。不能认识自在之物的真的认识,是荒谬的。而知性不也是自在之物吗?（第 31 页）

"比较彻底的先验唯心主义认识到,仍被批判哲学保留着的**自在之物**这个幽灵,即这个抽象的没有任何内容的阴影是虚妄的,并认定自己的目的就是彻底消灭它。而且,这种哲学⟨费希特的?⟩开始试图使理性由自身表示自己的各个规定。但是这种尝试的主观态度使它不能完成。"（第 32 页）

逻辑形式是僵死的形式——因为它们没有被看成"有机的统一"（第 33 页）,"它们的活生生的具体的统一"（同上）。

在《精神现象学》中,我对"意识是从它和对象的最初直接矛盾（Gegensatz）到绝对知识的前进运动加以考察的（第 34 页）。这条道路经过了意识对客体的关系的一切形式……"

"作为科学,真理是发展着的纯粹的自我意识"……"是客观的思维"……"概念本身是自在自为地存在的东西"（第 35 页）。（第 36 页:僧侣主义、上帝、真理的王国,等等。）

第 37 页:康德给予"逻辑的规定"以"本质上主观的意义"。但是"思维的规定"却有"客观的价值和存在"。

旧逻辑遭到了轻视(第 38 页)。要求改造……

第 39 页——旧的形式逻辑——正像用碎片拼成图画的儿戏(遭到了轻视:(第 38 页))。

第 40 页。哲学的方法应当是它自己的方法(**不是数学的方法,和**斯宾诺莎、沃尔弗等人**相反**)。

第 40—41 页:"因为方法就是对逻辑内容的内部自己运动的形式的意识" ‖ 注意

往下第 41 页全是对于辩证法的很好的说明。

"es ist der Inhalt in sich, die Dialektik, die er an ihm selbst hat, welche ihn fortbewegt".(第 42 页)

"把一个现象领域向前推进的,是这个领域的内容本身,是它〈这个内容〉**在**(an)自身**中**所具有的辩证法"(也就是它自身运动的辩证法)。

"否定的东西同样也是肯定的"(第 41 页)——否定是规定的东西,具有规定的内容,内部的矛盾使旧的内容为新的更高级的内容所代替。

在旧逻辑中,没有过渡,没有发展(概念的和思维的),没有各部分之间的"**内在的必然的联系**"(第 43 页),也没有某些部分向另一些部分的"过渡"。 ‖ 注意

于是,黑格尔提出两个基本要求:

(1)"联系的必然性"

　　和

(2)"差别的内在的发生"。

> 非常重要!! 据我看来,这就是下面的意思:
>
> (1)现象的某一领域的一切方面、力量、趋向等等的**必然**联系、客观联系;
>
> (2)"差别的内在的**发生**",是差别、两极性的演进和斗争的内部客观逻辑。

《巴门尼德篇》[71]中柏拉图辩证法的缺陷。

"通常把辩证法只看做一种外在的、否定的行动,这种行动和事物本身无关,是来自纯粹的虚荣心,即想动摇和瓦解稳固的和真实的东西的一种主观欲望,或者至少把辩证法看做这样一种行动,它导向虚无,即导向辩证地考察的对象的空洞。"(第 43 页)

(第 44 页)——**康德**的重大功绩就是他使辩证法脱离了"随意性的外观"。

两个重要的东西:

#

(1)外观的客观性

(2)矛盾的必然性

$\left(\begin{array}{l}\textbf{注意}\text{:不清楚,}\\ \text{回头再看!!}\end{array}\right)$

自己运动的灵魂……　("内在的否定性")……　"一切自然的和精神的生命力原则"(第 44 页)。

> #
>
> 是不是这样的意思:外观也是客观的,因为在外观中有**客观**世界的一个方面? 不仅本质是客观的,而且外观也是客观的。主观的东西和客观的东西的差别是存在的,**可是差别也有自己的界限**。

辩证的东西 =

　　= "在对立面的统一中把握对立面"……

　　第45页。逻辑像语法的地方就在于:语法对于初学的人说来是一回事,对于通晓语言(或几种语言)和语言精神实质的人说来是另一回事。"逻辑对于刚开始接触逻辑和各门科学的人说来是一回事,而对于研究了各门科学又回过来研究逻辑的人说来则是另一回事。"

　　这样,逻辑便提供"这种丰富性〈关于世界的表象的丰富性〉的本质,提供精神的和世界的内在本性……"(第46页)

　　"不只是抽象的普遍,而且是自身还包含着特殊东西的丰富性的普遍。"(第47页)

细致而且深刻!

参看《资本论》

> 　　绝妙的公式:"不只是抽象的普遍,而且是自身体现着特殊的、个体的、个别的东西的丰富性的这种普遍"(特殊的东西和个别的东西的全部丰富性!)!! 很好!

　　"——正像同一句格言,从完全正确地理解了它的年轻人口中说出来时,总没有在阅历极深的成年人心中所具有的那种含义和广度,后者能够表达出这句格言所包含的全部力量。

很好的比较
(唯物主义的)

"各门科学的
经验的总结"
　　注意
　（"实质"）
"其他一切知
识的本质内容"

这样,逻辑的东西也只有当它成为各门科学的
经验的总结时才得到对自己的应有的评价;由
此对于精神说来它才是一般真理,不是跟其他
的质料和实在**并列**的**个别**知识,而是这其他一
切内容的本质……"(第47页)

　　"逻辑的体系是阴影的王国"(第47页),这个王国摆脱了"一
切感性的具体性"……

(第50页)——"……不是抽象的、僵死的、不动的,而是具体
的……"很有特色! 辩证法的精神和实质!

康德:限制
"理性"和巩
固**信仰**[72]

(第52页)附注……康德哲学的结果……:"理
　　　性不能认识真的内容,至于绝对真理,只得
　　　交付给信仰……"

　　(第53页)再一次提到自在之物＝抽象,抽象思维的
　产物。

存 在 论

科学应当以什么为开端?

(第 59 页)①……(顺便提一下)"认识的本性"

（同上,第 **61** 页）

逻辑的主题。
和现今的"认
识论"比较。

(第 60 页)……"不论在天上,在自然界,在精神
中,不论在哪个地方,**没有**〈黑体是黑格尔
用的〉什么东西不是同时包含着直接性和
间接性的……"

注意

---

(1)天——自然界——精神。打倒天:唯物主义。

(2)一切 vermittelt = 都是经过中介,连成一体,通过过渡
而联系的。打倒天——**整个世界**(**过程**)的有规律的联系。

(第 62 页)"逻辑是纯科学,也就是说,

全面发展的纯知识……"

第一行是荒谬的。

第二行是天才的。

以什么为开端?"纯存在"(Sein)(第 63 页)——"不以任何东

西为前提",是开端。"本身不包含任何内容"……　"不以任何东西
为中介……"

注意　｜｜｜｜（第 66 页）……（认识的）"前进"……"必须由事
　　　　　　物的和内容自身的本性来规定……"

｜｜（第 68 页）开端在自身中包含着"无"和"存在",
　　　它是二者的统一：……"处于开端的东西还
　　　不存在,它只是走向存在……"（从**非存在**
　　　到存在："非存在同时也就是存在"）。

　　关于绝对的呓语（第 68—69 页）。我总是竭力用唯物主
义观点来阅读黑格尔：黑格尔是倒置过来的唯物主义（恩格斯
的说法[①]）——就是说,我大抵抛弃上帝、绝对、纯观念等等。

（第 70—71 页）哲学不能从"自我"开始。没有"客观的运动"。

[①]　参看恩格斯《路德维希·费尔巴哈和德国古典哲学的终结》（《马克思恩格斯
文集》第 4 卷第 280 页）。——编者注

第1篇　规定性(质)

(第 77 页)纯存在——"没有任何进一步的规定"。

（规定已经是质。）

存在过渡到 *Dasein* $\left(\begin{array}{l} \text{定在} \\ \text{有限存在} \end{array} ? \right)$——

而这个存在过渡到 Fürsichsein(自为存在?)

存在——无——变易

"纯存在和纯无是……一个东西。"(第 78 页)

(第 81 页:这似乎是"奇谈怪论"。)它们的结合是**变易**。

"一方直接消失在另一方之中的运动……"

无是同**某物**对立的。但某物已经是**规定的**存在,异于另外的某物,而这里所讲的是单纯的无(第 79 页)。

(**埃利亚派**,特别是**巴门尼德**,最早达到了**存在**这个抽象概念。[73])**赫拉克利特**认为"一切都在流动"(第 80 页)……这就是说:"一切都在变易"。

从无中什么都不产生吗? 从**无**中生出**存在**(变易)……

(第 81 页):"在**每个**〈黑体是黑格尔用的〉现实的东西或思想中都不难发现存在和无的这种统一"……"**无论天上地下都没有任何东西不在自身中包含着存在和无这两者。**"反对意见则悄悄地塞进**规定的**存在(我有 100 塔勒或者没有)第 82 页末尾,——可是这里说的不是这个……

"规定的、有限的存在,是和其他东西有关的存在;它是一个内容,跟其他的内容、跟整个

"整个世界的

必然联系" ……　"一切 事物的相互 规定的联系"	世界处于必然性的关系中。就整体的相互规 定的联系来看,形而上学可以作出实质上是同 语反复的论断:如果一粒微尘被破坏了,整个 宇宙就会崩溃。"(第 83 页)
注意	(第 86 页):"在科学上是最初的东西,也一定 　　表现为历史上最初的东西。"(听起来倒是 　　挺唯物主义!)

第 91 页:"变易既是存在的持续存在,也是非存在的持续存
在。"……"过渡也就是变易"……(第 92 页末尾)

第 94 页。"巴门尼德和斯宾诺莎一样,认为不可能从存在或绝对实
体向否定的、有限的东西前进。"

而黑格尔认为,"存在"和"无"的**统一**或**不可分性**(第 **90** 页,这
个用语有时比统一更好)提供**过渡**、变易。

> 绝对和相对,有限和无限 = 同一个世界的部分、阶段。
> 不是这样吗?

(第 92 页:对于"**经过中介的**存在,我们保留**实存**这个名称。")

第 102 页:柏拉图在《巴门尼德篇》中认为,从**存在**和**一**的过渡 =
"外在的反思"。

第 104 页:据说,黑暗就是**没有**光明。但是"在纯粹光明中就像在
纯粹黑暗中一样,看不见什么东西……"

第 107 页——援引那在消失过程中的无限小的量……

注意	"没有什么东西不是在存在和无之间的中 间状态。"

"开端的不可理解性"——如果**无**和**存在**是相互排斥的话;但

这不是辩证法,而是**诡辩**。

> "因为诡辩是依据未予批判和不加思索的无根据的前提而作的推理;而我们称辩证法是高级的理性运动,在这种运动中,那些似乎是全然分离的规定通过自己,通过它们本身而相互过渡,前提则被扬弃。"(第 108 页)

诡 辩

和

辩证法

变易。它的环节:发生和消灭(第 109 页)。

变易的扬弃——**定在** 具体的、规定的存在(?)

第 110 页:**扬弃** = 结束 （同时）

= 保持 （保存）

第 112 页:定在是**规定**的存在(**注意**第 114 页"一个具体的东西"),——与他物有分别的质,——**可变的和有限的**。

注意

第 114 页。"规定性,作为**存在着的**规定性这样自身孤立起来,就是质……" "质,作为存在物这样被区别出来,就是实在。"(第 115 页)

第 117 页 ……"规定性就是否定"……

(斯宾诺莎)任何规定都是否定,"这个命题有无比重要的意义……"

第 **120** 页:"某物是第一个否定的否定……"

（这里的叙述断断续续,而且非常模糊。）

抽象而费解的黑格尔主义——恩格斯语①。

---

① 见恩格斯《路德维希·费尔巴哈和德国古典哲学的终结》(《马克思恩格斯文集》第 4 卷第 275 页)。——编者注

第125页——……两对规定：(1)"某物和他物"；(2)"为他存在和

自在存在"。

第127页——**自在之物**是"很简单的抽象"。我们不知道什么是

自在之物，——这句名言似乎明智。自在之物是摆脱了一切规

定 为他存在 的抽象，是 摆脱了对他物的一

注意 切关系 的抽象，即无。因此，自在之物"无非

是没有真理的、空洞的抽象"。

很好！！ 如果我们问什么 是**自在**之物，那 么问题本身就已 经不知不觉地包 含着不可能回答 的成分了……(第 127页)	这是非常深刻的：自在之物以及它 向为他之物的转化(参看恩格斯[①])。自 在之物**一般地**是空洞的、无生命的抽 象。在生活中，在运动中，一切的一切**总 是**既"自在"，又在对他物的关系上"为 他"，从一种状态转化为另一种状态。
康德主义＝ 形而上学	第129页——附带记下：辩证的哲学思维，是 "包括批判的哲学思维在内的形而上学的 哲学思维"所不知道的。

辩证法是一种学说，它研究**对立面**怎样才能够**同一**，是怎

样(怎样成为)**同一的**——在什么条件下它们是相互转化而同

一的，——为什么人的头脑不应该把这些对立面看做僵死的、

凝固的东西，而应该看做活生生的、有条件的、活动的、彼此转

化的东西。在阅读黑格尔时……

① 参看恩格斯《路德维希·费尔巴哈和德国古典哲学的终结》(《马克思恩格斯 文集》第4卷第279页)。——编者注

第 134 页:"**界限**〈是〉简单的否定或最初的否定〈对某物的否定,任
何某物都有自己的**界限**〉,同时他物则是否定的否定……"

第 137 页 : "Etwas mit seiner immanenten Grenze gesetzt als der
Widerspruch seiner selbst, durch den es über sich hinausgewie-
sen und getrieben wird, ist das **Endliche**".

（某物,从其内在界限的观点来看,从其自身矛盾——这
个矛盾推动着它 这个某物 并使它超出自己的界
限——的观点来看,是**有限**。）

当人们说事物是有限的,他们的意思就是承认:事物的非存在
是它们的本性（"非存在是它们的存在"）。

"它们〈事物〉**存在着**,可是这个存在的真理就是它们的终结。"

机智而且聪明！对通常看起来似乎是僵
死的概念,黑格尔作了分析并指出:它们之
中**有**运动。有限的? 就是说,向终结**运动着**
的! 某物? ——就是说,**不是他物**。一般存
在? ——就是说,是这样的不规定性,以致
存在＝非存在。概念的全面的、普遍的灵活
性,达到了对立面同一的灵活性,——这就
是实质所在。主观地运用的这种灵活性＝
折中主义与诡辩。**客观地**运用的灵活性,即
反映物质过程的全面性及其统一性的灵活
性,就是辩证法,就是世界的永恒发展的正
确反映。

注意
在阅读黑格尔
时,关于辩证
法的思想

第 139 页——据说:无限和有限是对立的?(见第 148 页)(参看第 151 页)

第 141 页——**应有**与**界限**是有限的环节。

第 143 页——"在应有中开始了对有限性的超越,开始了无限性。"

很好!

第 143 页——据说:理性是有其界限的。"在这种说法中,没有意识到下面这一点:当规定某物为界限时,就已经在超出这个界限了。"

第 144 页:石头不思维,因此它的局限性(Beschränktheit)**对它说来**不是它的界限(Schranke)。但石头也有自己的界限,例如:它如果"是一种能够发生氧化作用的盐基",氧化性就是它的界限。

石头的进化

第 144—145 页:　——(人的)一切东西都超越界限(冲动、疼痛等等),而**理性**,请看,"是不能超越界限的"!

"但是,当然,并非任何超越界限……都是真正地摆脱界限"!

如果磁铁也有意识,它就会认为自己的指向北方是自由的(莱布尼茨)。——不,那时磁铁会知道空间的**一切**方向,并且会认为仅仅**一个**方向是自己的自由的**界限**、是对自己的自由的限制。

事物本身、自然界本身、事件进程本身的辩证法

第 **148** 页……"有限自身的本性,就是超越自己,否定自己的否定,并成为无限……" 使有限转化为无限的,不是外在的(fremde)力量(Gewalt)(第 149 页),而是它(有限)的本性(seine Natur)。

1914 年 9—12 月列宁所作黑格尔《逻辑学》一书
摘要的手稿第 17 页

（按原稿缩小）

第 **151** 页 : "恶无限性"是这样一种无限性, 它在质上和有限性对立, 和有限性没有联系, 和有限性隔绝, 似乎有限是**此岸**, 而无限是**彼岸**, 似乎无限站**在有限之上, 在有限之外**······

第 153 页 : 而事实上它们(有限和无限)是**分不开的**。它们**是统一的**(第 155 页)。

第 158——159 页 : "······有限和无限的统一, 不是它们的外部的聚合, 也不是把分开的和对立的、彼此不相干的、因而也是不相容的东西联在一起的那种不适当的、与它们的规定相对立的结合, 而是每一个在自身之中都是这种统一, 每一个只是它自身的**扬弃**, 在扬弃中, 无论哪一个对另外一个而言都没有自在的存在和肯定的定在的优越性。如前面已经指出的, 有限性只不过是对自身的超越; 因此, 在有限性中包含着无限性即有限性自身的他物······"

> 应用于原子和电子的 关系 总之就是物质的深邃的无限性[74]······

"······但是, 无限的进展表现着更多的东西〈较之有限和无限的简单对比〉, 在无限的进展中并设定了被区别者的**联系**〈黑体是黑格尔用的〉······"(第 160 页)

> 无限的进展的(一切部分的)联系

第 167 页 : "思辨思维的本性······完全在于 : 在对立环节的统一中把握对立环节"。

无限怎样达到有限这个问题, 有时被认为是哲学的本质。但是这个问题可归结为阐明二者间的联系······

说得好!	第 168 页……"关于其他的对象,也需要有一定的修养才能**提出问题**,关于哲学的对象尤其如此,因为要取得与问题毫无意义这一答案不同的答案。"

第 173—174 页:*Fürsichsein*——自为存在 = 无限的存在,完成的、质的存在。对**他物**的关系消失了,剩下的是**对自己的关系**。质达到了顶点(auf die Spitze)就成为量。

康德和费希特的唯心主义……(第 181 页)"滞留在定在和自为存在的二元论"((不清楚))……

就是说,没有自在之物(下一句话提到它)到现象的**过渡**? 没有客体到主体的过渡?

为什么自为存在是**一**,我不明白。依我看来,在这里黑格尔是非常费解的。

注意: 自己运动	**一**是原子(和虚空)的古老的原则。虚空之被认为是**运动的泉源**(第 185 页),不仅在于地方空着这个意思,而且还包含有"更深一层的思想:在否定的东西中一般都包含着变易的根据,自己运动的不静止的根据"(第 186 页)。

第 **183** 页:"因此,自为存在的观念性,作为总体性,首先转变为实在性,而且转变为最牢固、最抽象、作为**一**的实在性。"

高深莫测……

关于观念的东西转化为实在的东西,这个思想是**深刻的**:对于历史很重要。并且从个人生活中也可以看到,那里有许多真理。反对庸俗唯物主义。注意。观念的东西同物质的东西的区别也不是无条件的、不是过分的[75]。

第189页——注释。莱布尼茨的单子。莱布尼茨的**一**的原则及其不完备性。[76]

看来,黑格尔是把他的概念、范畴的自身发展和全部哲学史联系起来了。这给整个逻辑学提供了又一个**新的**方面。

第193页……"有一句古代格言:**一即多**,特别是**多即一**……"
第195页……"一和多的差别被规定为二者的相互关系的差别,相互关系分为两种关系:**排斥**和**吸引**……"

一般说来,黑格尔之所以用得着自为存在,部分地想必也是为了引申出"**质**"是如何"**转化为量的**"(第199页)——质是规定性、自为的规定性、被设定的东西,是一,——这些东西给人一种非常勉强而又空洞的印象。

注意第**203**页那句不无讽刺的评语,它反对"对经验加以反思的认识方式,这种方式是:起初在现象中**感知**某些规定,然后把这些规定作为根据,并且为了所谓**说明**它们而采用相应的**基本质料或力**。这些质料或力是应当产生这些现象的规定的……"

第2篇　量

康德有四种"二律背反"**77**。事实上**每个概念、每个范畴也都是**二律背反的(第 217 页)。

怀疑论在哲学 ‖ "古代怀疑论不辞辛苦地指出它在科学中
史上的作用 ‖ 所发现的一切概念中的这种矛盾或二律背反。"

黑格尔颇为挑剔地(而且机智地)分析康德,他得出一个结论:康德在结论中只是重述在前提中讲过的东西,即重述存在着**连续性**范畴和**非连续性**范畴。

由此只能得出结论说:"这些规定,单独来
看,都没有真理,只有它们的统一才有真理。这
就是对它们的真正辩证的看法,也是它们的真
正结果。"(第 226 页)

真正的
辩证法

第 229 页:"*Die Diskretion*① 如何翻译? 隔离性② ,**分割性?** 也像 *die Kontinuität* 连接性(?),继承性(?)③,**连续性** 一样,是**量的环节**……"

第 232 页:"**定量**,首先是指具有某种规定性的量或者就是具有界限的量——它在具有完备的规定性时就是**数**……"

第 234 页: "*Anzahl* 数目 计数 ? 和**个位**是数的环节。"

---

① 非连续性。——编者注
② "隔离性"一词在手稿上已勾去。——俄文版编者注
③ "连接性"和"继承性"两词在手稿上已勾去。——俄文版编者注

第248页——关于数的作用和意义问题(关于毕达哥拉斯等等讲得很多),其中有中肯的评语:

"思想的规定性越丰富,从而它的关系越丰富,那么,通过数这种形式对思想作出的表述,也就一方面越紊乱,另一方面越随意和越没有意义。"(第248—249页)((对思想的评价:规定丰富,**因而**关系也丰富。))

关于康德的二律背反(世界没有始因,等等),黑格尔又过细地证明:在前提中把需要证明的东西当做已经证明了的东西。(第**267**—278页)

> 　　往下,对于从量到质的过渡所作的抽象理论的阐述是如此费解,竟令人莫名其妙。回头再看!!

第**283**页:数学中的无限。直到今天,其立论的根据**只**在于**结果的正确性**("由其他根据证明的")……而不在于对象的明显性 参看恩格斯[78] 。　　　　注意

第285页:在计算无限数的时候,某种不精确性(明显的)从略,但所得的结果仍然不是相近的而是**完全**准确的!

虽然如此,还是要找一个立论的根据——"并不就是无谓之举","不像要求证明有使用自己鼻子的权利那样的无谓之举"[79]。

> 　　黑格尔的回答是复杂的、费解的等等。这里讲的是**高等**数学;参看**恩格斯**论微分和积分[80]。

有意思的是黑格尔附带写下的意见——"先验地，即本质上主观地和心理地"……"以先验的方式，也就是在主体之中"。(第 288 页)

第 282—327 页及以下各页——第 379 页

在这里极详细地研究了微分和积分，引证了牛顿、拉格朗日、卡诺、欧拉、莱布尼茨等人的话，这些引证表明黑格尔对于无限小的这种"消失"、这种"存在和非存在的中间物"是多么感兴趣。不研究高等数学，是无从理解这一切的。具有代表性的是**卡诺**那本书的标题:《关于微积分的形而上学的探索》!!!

对比率概念的发挥(第 379—394 页)是非常费解的。只摘出第 394 页上关于**符号**的意见:对于符号一般是没有什么可反对的。但是"**反对一切符号论**"时要指出:符号论有时是"免得去把握、揭示、证明**概念的规定**(Begriffsbestimmungen)的一种方便手段"。而哲学的任务正是在于把握、揭示、证明概念的规定。

注意?　　"力、实体性、原因和结果等等通行的规定，也同样地只是一些符号，用来表达例如生命的或精神的关系，就是说，对于这些关系说来，是非真理的规定。"(第 394 页)

第3篇　度

"在度中,抽象地说,质和量结合着。存在本身是规定性的直接的自身等同。规定性的这个直接性扬弃了自己。量就是如此复归于自身中的存在,以致它是简单的自身等同,是对规定性的漠不相关。"(第395页)第三项——度。

康德引进了**样态**范畴(可能、现实、必然),黑格尔指出,在康德那里:

"这种范畴所具有的意义,就在于它是对象对思维的关系。在这种唯心主义看来,思维总是实质上在自在之物以外的东西……其他范畴所固有的客观性是样态诸范畴所没有的。"(第396页)

顺便提一下(第397页):

印度哲学,其中梵天转化为大自在天(变化＝消失,发生)……

各民族把**度**神化了(第399页)。

? 度过渡到本质(Wesen)。

(在度的问题上,指出黑格尔顺便讲的一个意见还是有点意思的,他说:"在发达的市民社会里,许多从事各种不同职业的个人,处于一定的相互关系中。")(第402页)

关于渐进性(Allmähligkeit)这个范畴问题,黑格尔说:

"为了使人能设想或**说明**某质或某物的消失,是很容易求助于渐进性这个范畴的,因为这样,消失就几乎是眼睛能看到的。因为定量既被设定为外在的、本性上变化的界限,于是变化作为仅仅是定量的**变化**,也就自然可以被理解了。但实际上,这是什么也不能说明的;变化,按其本质而言,同时也是从一种质向另一种质的过渡,或者说,是从定在向非定在的比较抽象的过渡;在这里包含着不同于渐进性中所包含的规定,渐进性不过是减少或增多,不过是片面地执着于大小。

　　　　但是,那表现为纯粹的量的变化也会过渡到质的变化,——古人已经注意到它们的这个联系,并且用通俗的例子来表明由于不知道这一点而发生的矛盾……"(第 405 — 406 页)("秃头":拔去一毛;"谷堆"——取出一粒……)(在这里)"被驳斥的是 das einseitige Festhalten an der abstrakten Quantumsbestimmtheit"("片面地执着于抽象的量的规定",就是说不估计全面的变化和具体的质等等)。

注意 ║ "……因此,那些说法不是空洞的或咬文嚼字的戏言,它们本身是正确的,并且是对思维中所发生的现象感到兴趣的意识的产物。

　　"当定量被看做无足轻重的界限时,它就是使某个定在遭受意外袭击和毁灭的那一个方面。概念的**狡猾**正在于:它从这样的一个方面去把握定在,这个方面好像与定在的质无关,而且无关到这样的程度,以至那种给国家、所有者招致不幸的国家的扩大、财产的增加等等,起初甚至还显得是它们的幸运。"(第 407 页)

　　　　"认识到自然界的经验数字,例如行星的相互距离,这是一个伟大的功绩;但是,更无比伟大的功绩是使经验的定量消失,把它们提高到

量的规定的**普遍形式**,使得它们成为一个规律　　　　　　　**规律或度**
或度的环节";伽利略与开普勒的功绩…… "他
们指出观察所得的全部细节是符合于他们所发
现的规律的,这样就**证明了**这些规律。"(第 416
页)然而还必须要求对这些规律作出更高级的
证明,因而能从质或相互关联着的一定的概念　　　　　　　**?**
(如空间和时间)来认识这些规律的量的规定。

　　度的这些概念,如特殊的量,实在的度(其中包括择亲和
势——例如化学元素、乐音),其阐述是很费解的。

> 　　关于化学的长篇注释,包括反对伯塞利于斯及其电化学
> 理论的论战。(第 433—445 页)

　　"度的关系的交错线"(Knotenlinie von Maßverhältnissen)——
量到质的过渡……**渐进性**和**飞跃**。

注意　　　　　　又,**第 448 页**,没有飞跃,渐进性　　　　　　**注意**
　　　　　　就什么也说明不了。

　　在黑格尔的**注释**中,往往都是事实、实例、具体的东西(因此,
费尔巴哈有一次嘲笑道:黑格尔把**自然界**放逐到**注释**中去了。《费
尔巴哈全集》第 2 卷,第? 页)[81]。

　　第 448—452 页,把一个注释冠以标题列
入**目录**(不是在本文中!! 学究气!!):"这些交　　　　　　**飞跃!**
错线的实例;自然界似乎没有飞跃。"

举例：化学，乐音，水（蒸汽、冰）——**第 449 页**——诞生和死亡。

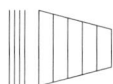

| 渐进性的中断 | Abbrechen der Allmähligkeit，（第450页）。 |

飞跃！

"据说自然界中是没有飞跃的；普通的观念如果想要理解发生和消灭，就会像前面提出的那样，以为只要把它们设想为逐渐的出现或消失，那就是理解它们了。但是上面已经说过：存在的变化从来都不仅是从一个量过渡到另一个量，而是从质过渡到量和从量过渡到质，是向他物的变易，即渐进过程的中断以及与先前的定在有质的不同的他物。水经过冷却并不是逐渐地变成坚硬的，并不是先成为胶状，然后再逐渐地坚硬到冰的硬度，而是一下子就变成坚硬的。在水已经完全达到了冰点以后，如果仍旧在静止中，它还能全部保持液体状态，但是，只要稍微振动一下，就会使它变成固体状态。

飞跃！

发生的渐进性所根据的是这样一种观念：正在发生的东西，是已经感性地存在着或者就在现实中存在着，仅仅由于自己的微小而还不能被人感知；同样，消失的渐进性，也是根据这样一种观念：非存在或代替正在消失的东西的他物也是存在着的，只是还看不出来；——而且，这里所谓存在着并不是指：在现存的他物中已经包含这个他物于自身，而是指：他物已作为定在而存在着，只是还看不出来而已。因而，发生和消失一般地都被扬弃，或者换句话说，自在的东西、内部的东西（其中某种东西还没有达到自己的定在)成了微小的外部定在,而本质的差别或概念的差别则成了外部的差别,仅仅是大小的差别。——用变化的渐进性来理解发生和消灭,导致无聊的同语反复;因为那意味着:正在发生或消灭的东西,预先就已经是现成的了,而变化则成了外部差别的简单变换,这样,实际上就只是同语反复。这种竭力想要获得理解的知性所碰到的困难,就在于某物是在质的方面过渡到与自己有别的一般他物以及自己的对立面;为了避免这种困难,知性便把同一和变化想象为量的无足轻重的、外部的变化。

在道德领域,只要在存在的范围内对道德进行考察,也同样有从量到质的过渡;不同的质是以量的不同为基础的。只要量'多些'或'少些',轻率行为就会过度,就会出现完全不同的东西,即罪行,并且,公平会过渡到不公平,德行会过渡到恶行。同样,国家也是如此,尽管其他条件都相同,但由于有大小的差别,国家就会具有不同的质的特性……"(第 450—452 页)

往下:

从存在到本质(Wesen)的过渡,叙述得非常费解。

第一卷完。

第 4 卷
（1834 年柏林版）

第 1 部　客观逻辑

第 2 编　本 质 论

第 1 篇　作为自身中反思的本质

认识论

　　"存在的真理是本质。"（第 3 页）①这是第一句话,它听起来是彻头彻尾唯心主义的,是神秘主义的。但是,紧接着可以说是吹来一阵清风。"存在是直接的东西。因为知识要认识②真理的东西,即什么是**自在的**和**自为的**存在,所以它不停留〈注意:**不停留**〉于直接的东西及其各种规定,却**透过**〈注意〉直接的东西**深入**〈注意〉进去,假定在这个存在的**背后**〈黑体是黑格尔用的〉还有着同存在本身不一样的东西,假定

---

① 指《黑格尔全集》1834 年柏林版第 4 卷的页码。——编者注
② 顺便说一句:黑格尔一再嘲笑 erklären（说明）这个词（和概念）参看上面几段关于渐进性的引文,他一定是把日益深化的永恒的认识过程同形而上学的一劳永逸的解决（"已经说明了"!!）对立起来看的。参看第 3 卷第 463 页:"可以**被认识**,或者是通常所谓可以**被说明**。"

这个背后的东西构成存在的真理。这种认识是
一种间接的知识,因为它不是直接在本质那里,
在本质之中,而是从他物、从存在开始的,并且
要通过一条先行的路,即超出存在之外或者更
确切地说进入存在之内的路……"

"路"

这一运动、知识之路,似乎是"外在于存在的""认识活动"
(Tätigkeit des Erkennens)。

"但是这个进程是存在本身的运动。"

客观的意义

"本质……之所以是本质……是由于存在本身的**无限运动**。"
(第4页)

"绝对的本质……**不具有定在**。但是它应该过渡到定在。"(第
5页)

本质位于存在和概念的中间,是向概念(=绝对)的过渡。

本 质 的 划 分:外 观(Schein)、现 象(Erscheinung)、现 实
(Wirklichkeit)。

本质的东西和非本质的东西(第8页)。外观(第9页)。

在非本质的东西里,在外观中,有着非存在的环节(第10页)。

就是说,非本质的东西,外观的东西,表面的东西常常消
失,不像"本质"那样"扎实",那样"稳固"。比如:河水的流动
就是泡沫在上面,深流在下面。**然而就连泡沫**也是本质的
表现!

外观同怀疑论或康德主义:

"因此,外观就是怀疑论的现象亦即唯心主义的现象,就是这样一种直接性,它不是某物,不是一个事物,总之,它不是那种在自己的规定性以外或者在同主体的关系以外的漠不相关的存在。怀疑论不肯说出此物存在;**当代唯心主义也不肯把认识看做是关于自在之物的知识**;这个外观根本不应以存在作为基础,自在之物不应进入这些认识。但同时怀疑论又容许自己的外观具有纷繁多样的规定,或者确切些说,怀疑论的外观以世界纷繁多样的丰富性作为自己的内容。同样地,唯心主义的现象也包含着这些纷繁多样的全部规定性。"

注意

你们把世界的全部丰富性都包括在外观里面,而你们又否认外观的客观性!!

"这个外观和这个现象都直接被规定得如此纷繁多样。因此,即使这个内容不以任何存在、任何事物或自在之物为根据,它本身仍然是原来的样子;它只不过是从存在转移到外观中,致使外观在自己内部具有这些直接的、现存的、互为他物的纷繁多样的规定性。因此,外观本身就是直接的规定的东西。它可以具有这个或那个内容,但不论具有怎样的内容,都不是由它自己设定的,而是它直接具有的。不论是莱布尼茨、康德或费希特的唯心主义,或者是其他形

外观的直接性

式的唯心主义,都同怀疑论一样没有超出存在这种规定性、这种直接性的范围。对于怀疑论来说,它的外观的内容是**现存的**"直接现存的东西"!!;外观的内容不论怎样,对于怀疑论是**直接的东西**。莱布尼茨的单子从本身发展出自己的表象;但是,单子并不是产生表象和联结表象的力量,表象是像泡沫一样在单子中漂浮的,这些表象相互间是漠不相关的、直接的,从而它们对单子本身的关系也是这样。同样地,康德的现象也是知觉的**现存**内容,这个内容是以主体的作用、规定为前提的,这些作用、规定对于自身以及对于主体都是直接的。在费希特的唯心主义中,无限的冲力诚然没有什么自在之物作为基础,于是它完全成为**自我**的某种规定性。但是对于那个把规定性变成自己的东西并扬弃其外在性的**自我**来说,这个规定性同时又是**直接的**规定性,又是自我的**界限**,**自我**可以超越这个界限;可是这个界限在自身中包含着漠不相关的一面,依据这一面,这个界限虽然是**自我**固有的,却包含着**自我**的直接的非存在。"

(第10—11页)

"……把外观(den Schein)同本质区别开来的规定就是本质自身的规定……"

"……正是非存在的直接性构成外观……存在就是本质中的非存在。它的虚无性自身就

右栏旁注:

没有更
深入一步!

参看马赫主义!!

外观 = 本质的
否定的本性

‖　是**本质**自身的**否定的本性**……"

"……这两个环节,一个是虚无性,但又是作为持续存在;一个是存在,但又是作为瞬间,换句话说,就是自在存在着的否定性和反思的直接性。这两个环节构成了外观的环节,因而也就是本质自身的环节……"

"外观就是存在的规定性中的本质自身……"(第 12 — 13 页)

> 外观是(1)无、存在着的非存在的东西(Nichtigkeit)
> ——(2)作为瞬间的存在

"因此,外观就是本质自身,然而是在某个规定性中的本质,于是这个规定性只是本质的一个环节,而本质则是它自己在自身中的表现。"(第 14 页)

> [外观]①外观的东西是本质的**一个**规定,本质的一个方面,本质的一个环节。**本质**具有某种外观。外观是本质自身在自身中的表现(Scheinen)。

"……本质……在自身之中包含着外观,作为自己内部的无限运动……"

"……本质在自己的这个自己运动中就是反思。反思是什么,外观也就是什么。"(第 14 页)

> 外观(外观的东西)是本质在自身中的**反映**。

"……本质中的变易,即本质的反思运动,因此就是一种从无

---

① 手稿上"外观"一词已勾去。——俄文版编者注

到无,从而回到自己本身的运动……"(第15页)

> 这是机智而深刻的。在自然界和生活中,是有"发展到无"的运动。不过"从无开始",倒是没有的。总得从什么东西开始。

"反思通常总是在**主观的**意义上被理解为判断力的运动,判断力超出现存的直接的表象,给表象寻找普遍的规定,或者把普遍的规定同表象作比较。"(第21页)(引证康德的《判断力批判》)……"但是这里所指的**不是意识反思**,也不是把特殊和普遍作为自己的规定的比较确定的知性反思,而是一般反思……"

> 可见,黑格尔在这里也斥责了康德的**主观主义**。这是值得**注意**的。黑格尔赞成外观、"直接现存的东西"的"客观意义"(可以这样说)"现存的东西"这一术语黑格尔是常用的,这里可以参看第21页末尾;第22页。较小的哲学家(康德、休谟及一切马赫主义者)在争论:用本质**或者**用直接现存的东西作为基础。黑格尔用**以及**代替了**或者**,并且说明这个"以及"的具体内容。

"Die Reflexion① 是本质在自身中的表现。"(第27页)(如何翻译? 反思性? 反思的规定? 译反思是不合适的。)
"……它〈本质〉是通过各个有区别的环节的运动,是绝对的自身中介……"(第27页)

---

① 反思。——编者注

同一　——差别　——矛盾

$$\left(\begin{matrix} +［对立］^{①} \\ 其中包括对立\end{matrix}\right)（根据）……$$

因此,黑格尔阐明"同一律"(A＝A)、范畴(存在物的一切规定都是范畴——第 **27—28** 页)的片面性和谬误。

"如果任何事物都和自身同一,那么,它就没有差别,就没有对立,也就没有根据。"(第 29 页)

"本质就是……简单的自身同一。"(第 30 页)

普通的思维把类同排在差别的旁边("daneben"),因为它不懂得"**从这些规定中的一个规定向另一个规定过渡的这个运动**"(第31 页)。

　　　　　　　　　　　黑格尔又反对同一律(A＝A):同一律的
　　　　　　　　　　　拥护者

注意　　　　‖　　"由于他们抓住这个以差别为自己对立面
　　　　　　　‖的**呆板的**同一,所以他们看不到自己这样做就
用语的着重标‖是把同一变成了**片面的**规定性,而这样的规定
记是我加的　‖性是没有真理可言的。(第 33 页)

("空洞的同语反复":第 32 页)

("只包含着**形式的**、**抽象的**、**不完全的**真理。"(第 33 页))

反思性的种类:**外在的**反思性等等,阐发得非常**费解**。

差别的原则:"一切事物都有差别"……"A 又不是 A……"
(第 44 页)

"彼此等同的两个事物是没有的……"

差别在于就这个或那个方面(Seite)、关系来说等等,"就……
而论"等等。

说得好!!

"通常对事物抱温情态度,只关心如何使事物不自相矛盾,在
这里,也同在其他场合一样,却忘记了这种办法是解决不了矛盾
的,它只是把矛盾转移到另外一个地方,即转移到**主观的或外在的
反思**,并且忘记了,这种反思实际上是把两个环节——这两个环节
由于这种排除和转移,被宣布为单纯的设定的存在——作为两个
被扬弃的和相互关联的环节,包含在自身的统一体中。"(第47页)

(这种讽刺真妙!(庸俗之辈)对自然界和历史"抱温情态度",
就是企图从自然界和历史中清除矛盾和斗争……)

+和-相加的结果等于零。"**矛盾的结果不仅仅是零**。"(第
59页)

解决矛盾,把肯定的东西和否定的东西归结为"只是规定"(第
61页),就是使**本质**(das Wesen)转化为**根据**(Grund)(同上)。

"……因此,解决了的矛盾就是根据,就是
作为肯定和否定的统一的本质……"(第62页)

注意

"只要在反思的思维方面有少许经验,就足
以觉察到,如果某物是被肯定地规定的东西,那
么,从这个基础出发继续前进,它立刻就会直接
转化为否定的东西,反过来,被否定地规定的东
西也会转化为肯定的东西,反思的思维会由于
这些规定而混乱并自相矛盾。对这些规定的本
性没有认识,就会以为这种混乱是一种差错,是

不应当有的,是应当归咎于某种**主观的**过失。
的确,只要没有意识到**转化的必然性**,从一个
东西向另一个东西的这种过渡就不过是一种
混乱。"(第63页)

"……肯定的东西和否定的东西的对立,主要被理解成这样:
肯定的东西(尽管从名称上看,它表示拟定的、设定的存在)应当是
一个客观的东西,而否定的东西是一个主观的东西,它只属于外在
的反思,它同自在自为地存在着的客观的东西没有关系,它对于客
观的东西来说是完全不存在的。"(第64页)"的确,如果否定的东
西只表示主观任意的抽象……"(那么,这个否定的东西"对于客观
的肯定的东西来说",是不存在的……)

真理和客体

自在自为地
存在的东西

"**真理**,作为同**客体**相符合的知识,也是肯
定的东西,但是它之所以是这种自身等同,只
是因为知识否定地对待他物,知识**渗进客体**并
扬弃了本身是客体的那个否定。谬误是某种
肯定的东西,是并非自在自为地存在的东西的
一种自信的和固执的意见。至于无知,或者,
它是对真理和谬误都漠不关心的东西,因而它
既不能被规定为肯定的,也不能被规定为否定
的,无知的规定,作为某种欠缺,是属于外在的
反思的;或者,它作为客观的,作为某个特性的
自身规定,是一种反对自身的冲动,是在自身
中包含着肯定倾向的否定的东西。——极端
重要的一个认识,即认清和把握住我们所考察
的反思规定的这个本性;反思规定的真理就仅

仅在于它们的相互关系,因而就在于反思的每
一个规定在其概念本身中都包含着另一规定;
不认识这一点,在哲学中实在寸步难行。"(第
65—66 页)这段话引自注释 1。————

注释 2。"**排中律**"。

黑格尔引举排中律的这个命题:"某物或者是 A 或者是非 A,
第三者是没有的"(第 66 页),并且"**加以分析**"。如果这是指:"一
切都是对立的",一切都有自己的肯定规定和否定规定,那倒很
好。但是,如果对这个命题的理解还是和通常一样,即在所有谓语
中,要么是该物,要么是它的非存在,那就是"废话"!! 精神……是
甜的,或不是甜的? 是绿色的,或不是绿色的? 作规定就应当得出
规定性,而用这样的废话,则使规定化为无。

黑格尔挖苦道,于是人们就说第三者是没有的。但正是在这
个命题中就有第三者,A 本身就是第三者,因为 A 可以是 + A,也
可以是 - A。"可见某物本身就是那个本来应当被排除的第三者。"
(第 67 页)

> 这是机智而正确的。任何具体的东西、任何具体的某物,
> 都是和其他的一切处于相异的而且常常是矛盾的关系中,因
> 此,它往往既是自身又是他物。

注释 3。"**矛盾律**"(《逻辑学》第 2 卷第 1 篇第 2 章末尾)。

"如果几个最初的反思规定,即同一、差别和对立都用一个命
题来表达,那么,它们正如向自己的真理过渡一样,向之过渡的那
个规定,即矛盾,更应当被包括和表现在这样一个命题中:**一切事**

物自身都是矛盾的,并且是在那样的意义上,即**这一命题**和其他命题比起来更能表现**事物的真理和本质**。出现在对立中的矛盾,只不过是发展了的无,这个无包含在同一之中,而且表明同一律什么都不说明。这个否定进一步把自己规定为差别和对立,这也就是设定的矛盾。

但是,历来的逻辑学以及普通表象的主要偏见之一,就是认为矛盾并不像同一那样是本质的和内在的规定;然而,如果要谈层次的高低,要把这两个规定分别固定下来,那么就应该认为矛盾是更深刻更本质的东西。因为同一和矛盾相反,它只是简单的直接的东西的规定、僵死存在的规定;而矛盾却是**一切运动和生命力的根源**;某物只因为在本身中包含着矛盾**才运动**,才有冲动和活动。

通常人们总是先把矛盾从事物、从一般存在的东西和真实的东西中排除出去,他们断言没有任何矛盾的东西。然后,反过来又把矛盾推到主观的反思中,似乎主观的反思通过相互关系和比较才设定了矛盾。但就是在这个反思中矛盾其实也不存在,因为对矛盾的东西不能设想,不可思索。总之,不论在现实中或在思维的反思中,矛盾都被认为是偶然的东西,好像是一种不正常的现象,或者是一种暂时性的病态的发作。

对于硬说没有矛盾,硬说矛盾不是存在着的东西的论断,我们不必担心;本质的绝对规定必须在一切经验、一切现实的东西以及一切概念中都有。前面谈到无限是在存在范围中显露出来的矛盾时,已经指出了同样的东西。普通的经验本身就证明,至少有着许多矛盾的事物、矛盾的结构等等,它们的矛盾不仅存在于外在的反思中,而且也存在于它们自身中。其次,不应当认为矛盾只是在有些地方遇到的不正常现象:矛盾是在其本质规定中的否定的东西,它是**一切自己运动的原则**,而自己运动不过是矛盾的表现。外部的感性运动本身就是矛盾的直接的定在。某物之所以运动,不仅因为它在这个'此刻'在这里,在另一个'此刻'在那里,而且因为它在同一个'此刻'在这里又不在这里,因为它同时又在又不在同一个'这里'。我们必须承认古代辩证论者所指出的运动中的矛盾,但是不应当由此得出结论说,运动因此是没有的,相反地,应当说,运动就是**存在着的矛盾本身**。

同样,内部的、本来的自己运动,一般的冲动(单子的欲望或意欲、绝对单纯本质的隐德来希)无非是说,在同一关系中存在着某物自身和它的欠缺,即它自身的否定。**抽象的**自身同一,还**不是生命力**,但是肯定的东西由于在自身中就具有否定性,所以它超出自身,并**引起自己的变化**。可见某物之所以是有生机的,只因为它本身包含着矛盾,因为它正是那个能够把矛盾包括于自身并把它保持下来的力量。如果存在着的某物不能在自己的肯定规定中同时把握自己的否定规定,并且把一个保持在另一个之中,如果它不能在自身中包含矛盾,那么这个某物就不是有生机的统一体,就不是根据,而会在矛盾中毁灭。思辨的思维就在于把握住矛盾,又在矛盾中把握住自身,而不是如同表象那样受矛盾支配,并且让矛盾把自己的规定只是化为其他规定或化为无。"(第67—70页)

运动和"**自己运动**"(这一点要注意!自生的(独立的)、天然的、**内在必然的**运动),"变化","运动和生命力","一切自己运动的原则","运动"和"活动"的"冲动"(Trieb)——**僵死存在**的对立面,——谁会相信这就是"黑格尔主义"的实质、抽象的和 abstrusen(费解的、荒谬的?)黑格尔主义的实质呢?? 必须揭示、理解、拯

救[82]、解脱、澄清这种实质，马克思和恩格斯就做到了这一点。

　　普遍运动和变化的思想（《逻辑学》，1813 年）还未被应用于生命和社会以前，就被猜测到了。这一思想应用于社会，是先被宣布的（1847 年），应用于人，是后来得到证实的（1859 年）。[83]

被单纯性
掩盖住

　　"如果在运动、冲动等等中，由于这些规定的**单纯性**，矛盾对于表象来说是隐蔽的，那么，相反地，在各个关系规定中矛盾就直接显露出来。一些极平凡的例子，如：上下、左右、父子等等以至无穷，每一个之中全都包含着对立。上不是下；上的规定就在于它不是下，有上就是因为有下，反过来也是一样；在每一个规定中包含着它的对立面。父亲是儿子的另方，儿子又是父亲的另方，而每一方都是作为另方的另方而存在；同时每一个规定只在它同另一个的关系中存在着；它们的存在是持续的存在……"（第 70 页）

"因此，表象固然处处都以矛盾为自己的内容，可是它没有意识到矛盾；它始终是外在的反思，外在的反思是从相同过渡到不相同，或者从各个有差别的规定的否定关系过渡到其自身的反思性。外在的反思从外部使这两种规定相互对立，并且注意的只是这两种规定，而不是它们的过渡，过渡是本质的东西，包含着矛盾。——这里谈谈机智的反思，机智的反思则抓到矛盾、表达矛盾。的确，机智的反思虽然没有表达事物及其关系的概念，而且只以表象的规定作为自己的材料和内容，可是它毕竟使事物发生包含着矛盾的相互关系，从而使事物的概念透过矛盾映现出来。——而思维的理性，可以说是使有差别的东西的已经钝化的差别尖锐化,使表象的简单的多样性尖锐化,以达到本质的差别,达到对立。只有达到矛盾尖端的多样性的东西,在相互关系中才成为活跃的和有生机的,才能因矛盾而获得那作为自己运动和生命力的内部搏动的否定性……"(第70—71页)

注意

(1)普通的表象抓到的是差别和矛盾,但不是一个向另一个的**过渡**,而**这却是最重要的东西**。

(2)机智和智慧。

机智抓到矛盾,**表达**矛盾,使事物彼此发生关系,使"概念透过矛盾映现出来",但没有**表达**事物及其关系的概念。

(3)思维的理性(智慧)使有差别的东西的已经钝化的差别尖锐化、使表象的简单的多样性尖锐化,以达到**本质的**差别,达到**对立**。只有那上升到矛盾顶峰的多样性在相互关系中才成为活跃的(regsam)和有生机的,——才能获得那作为**自己运动和生命力的内部搏动的**否定性。

分章:

Der Grund——(根据)

(1)绝对的根据——die Grundlage(基础)。"形式和质料"。"内容"。

(2)被规定的根据(作为被规定的内容[的]根据)。

> 根据向**有条件的中介**(die bedingende Vermittelung)的过渡

(3)自在之物(向**实存**的过渡)。注释。"根据的定律"。

通常说:"一切事物都有其充足的根据。"

"一般说来,这一命题的意义不外是这样:必须把一切存在物看做不是直接的存在的东西,而是被设定的东西;不应当停留于直接的定在或一般规定性,而应当从这里返回自己的根据……"(第76页)给根据加上**充足的**这几个字,是多余的。不充足的就不是根据。

莱布尼茨把充足理由律作为自己哲学的基础,他对这一定律的理解比较深刻。"**莱布尼茨**主要把根据的充足性同严格意义上的**因果性**即**机械的**作用方式对立起来。"(第76页)他探求诸原因的"关系"(第77页),——"即作为本质的统一性的整体"。

> 他探求**目的**,可是目的论[84]不属于这部分,而属于概念论。

"……不能这样提问题:形式是如何附着于本质的;因为形式只是本质自身的映现,是内在于〈原文如此!〉本质的自身的反思……"(第81页)

> 形式是本质的。本质是有形式的。不论怎样也是以本质为转移的……

本质作为无形式的同一(与自身的),就是**质料**(第82页)。

"……它〈质料〉是形式的本来的基础或基质……"(第82页)

"如果抽去某物的一切规定、一切形式,那么,剩下的就是未被规定的质料。质料是纯粹**抽象的东西**。(——质料是看不见、摸不着的,等等,——凡是看得见、摸得着的东西是**被规定了的质料**,即

质料和形式的统一体。)"(第 82 页)

质料不是形式的**根据**,而是根据和有根据的东西的统一体(第 83 页)。质料是**被动的东西**,形式是**能动的东西**(tätiges)(第 83 页)。"质料必须形式化,形式必须质料化……"(第 84 页)

"其次,表现为形式的活动的,同样也就是质料自身本来的运动……"(第 85—86 页) **注意**

"……形式的作用和质料的运动二者都是一样的东西…… 质料本身是被规定的,或者说必然具有某个形式,而形式就是质料的、持续存在的形式。"(第 86 页)

注释:"以同语反复的根据为出发点的形式主义的说明方式。"

说是经常用同语反复的方法来说明"根据",在物理科学中尤其如此:用太阳的"引力"说明地球的运动。然而什么是引力呢?引力也是运动!!(第 92 页)空洞的同语反复:为什么这个人要到城里去呢? 由于城市的引力!(第 93 页)在科学中,往往先提出分子、以太、"电物质"(第 95—96 页)等作为"根据",然后才知道,"它们〈这些概念〉原来是从它们应当证明其根据的东西中引申出来的规定,原来是一些从无批判的反思中引申出来的假说和臆想……"(第 96 页)也有人说:我们"不知道这些力和物质本身的内在的本质……"(第 96 页)那么就没有什么可以"说明"的了,只须谈谈事实就行了……

现实的根据……不再是同语反复,它已经是"内容的另一个规定"(第 97 页)

黑格尔在讲到关于"根据"(Grund)的问题时,顺便指出:

"如果说自然界是世界的根据,那么,一方面,叫做自然界的东西同世界是**一回事**,而世界也不外是自然界本身。"(第100页)另一方面,"要使自然界成为世界,还要从外部把纷繁多样的规定加诸自然界……"

因为任何事物都具有"许多"——"内容的规定、关系和方面",所以可以提出随便多少**赞同**和**反对**的论据(第103页)。苏格拉底和柏拉图把这叫做诡辩术。这样的论据没有包括"事物的全貌",没有"穷尽"事物(指"把握事物的联系"和"包括事物的一切"方面而言)。

根据(Grund)向条件(Bedingung)的过渡。

如果我没有弄错,那么黑格尔的这些推论中有许多神秘主义和空洞的学究气,可是基本的思想是天才的:万物之间的世界性的、全面的、**活生生**的联系,以及这种联系在人的概念中的反映——唯物地颠倒过来的黑格尔;这些概念还必须是经过琢磨的、整理过的、灵活的、能动的、相对的、相互联系的、在对立中统一的,这样才能把握世界。要继承黑格尔和马克思的事业,就应当**辩证地**探讨人类思想、科学和技术的历史。

而"纯逻辑的"探讨呢?这是相符合的。这**必须**相符合,就像《资本论》中的归纳和演绎一样。

一条河和河中的**水滴**。**每一**水滴的位置、它同其他水滴的关系;它同其他水滴的联系;它运动的方向;速度;运动的路线——直的、曲的、圆形的等等——向上、向下。

黑格尔的"**环节**"一词,经常指

运动的总和。概念是运动的各个方面、各个水滴(＝"事物")、各个"**细流**"等等的**总计**。按照黑格尔的逻辑学,世界的情景大致是这样的,——当然要除去上帝和绝对。

联系的环节,联结中的环节

"如果某一事物具备了一切条件,那么它就进入实存……"(第116页)

很好! 这跟绝对观念和唯心主义有什么关系呢?

有趣的是这样"引申出"……**实存**……

第2篇 现　象

第一句话："**本质必须表现出来……**"（第119页）本质的表现就是：（1）实存（物）；（2）现象（Erscheinung）。（"现象就是那个自在之物或自在之物的真理"，第120页）"自身反思的、自在地存在的世界同现象世界对立着……"（第120页）（3）Verhältnis（关系）和**现实**。

顺便提一下："证明一般就是经过中介的认识……"

"……不同类的存在都需要或者都包含各自特有的那类中介；因此，证明的性质也因类而异……"（第121页）

> 又是……关于上帝的实存!! 这个可怜的上帝啊，只要人们一提到实存这个词，它就会见怪的。

实存由于自己的中介性（Vermittelung：第124页）而不同于存在。 ? 由于具体性和联系?

"……自在之物和它的经过中介的存在都包括在实存中，二者都是实存；自在之物存在着，并且是事物的本质的实存，而经过中介的存在则是事物的非本质的实存……"（第125页）

> ? 自在之物对存在的关系，正如本质的东西对非本质的东西的关系?

"……后者〈自在之物〉自身不应当具有任何规定的多样性;它所以具有这种多样性,只是因为被转入外在的反思;而且它对这种多样性始终是漠不相关的。(——自在之物只有被眼睛看到才有颜色,只有被鼻子嗅到才有气味,依此类推。)……"(第126页)

"……事物具有这样的特性:在他物中引出这个或那个东西,并以特有的方式在自己和他物的关系中表现出自己……"(第129页)"因此,自在之物是本质地存在着的……"

注释中讲的是"先验唯心主义的自在之物……"

"……自在之物本身不外是没有任何规定性的空洞的抽象,正因为它必须是没有任何规定的抽象,所以它当然是不可知的……"

"先验唯心主义……把事物的一切规定性,'不论形式或内容,都转移到意识中去'"……"那么,按照这种观点,我看见的树叶不是黑的而是绿的,太阳是圆的而不是方的,我尝到的糖的滋味是甜的而不是苦的,我确定时钟是按顺序而不是同时敲第一下和第二下的,时钟敲第一下并不是敲第二下的原因,也不是它的结果等等,都是在我之中,即在主体中发生的……"(第131页)往下黑格尔又说明:他在这里考察的只是自在之物和"外在的反思"的问题。

"上述哲学所持观点的主要缺点就在于,它固执地把抽象的自在之物当做一个最终的规定,并且把反思或规定性和多样的特性同自在之物对立起来;但实际上,自在之物本来在自身中就具有这种外在的反思,并且把自己规定为赋有自身的规定、特性的物,因此,使事物成为纯粹的自在之物的那个抽象,是不真实的规定。"(第132页)

实质＝反对主观主义,反对自在之物同现象的割裂

"……许多不同的事物通过自己的特性而处于本质的相互作用中;特性就是这种相互关系本身,事物离开相互关系就什么也不是……"(第 133 页)

物性过渡为特性(第 134 页)。特性过渡为"质料"或"物质"("物是由物质构成的")等等。

"现象……首先是其实存中的本质……"(第 144 页)"现象是……外观和实存的统一……"(第 145 页)

(现象的)规律	现象中的统一:"这种统一是现象的规律。因此,规律是经过显现的东西中介的肯定的东西。"(第 148 页)

这里都是极其费解的。但是,具有活力的思想看来是有的:规律的概念是人对于世界过程的统一和联系、相互依赖和总体性的认识的一个阶段。黑格尔在这里热衷于对词和概念的"加工琢磨"和"穿凿雕镂",这是反对把规律的概念绝对化、简单化、偶像化。现代物理学应该注意这一点!!!

注意 规律是现象中持久的(保存着的)东西	"现象在规律中具有的这种持续的存在……"(第 149 页)
(规律——现象中同一的东西)	"规律是现象在自身同一中的反思。"(第 149 页)(规律是现象中同一的东西:"现象在自身同一中的反映。")
注意 规律 = 现象的静止的反映	"……这种同一,即构成规律的现象基础,是现象本身的环节…… 因此,规律不是在现象的彼岸,而是直接就在现象之

中；规律的王国是现存世界或现象世界的 **静止的**〈黑体是黑格尔用的〉反映……"

注意

这是非常唯物主义的和非常确切的(从"静止的"这个词来看)规定。规律把握住静止的东西——因此，规律、任何规律都是狭隘的、不完全的、近似的。

"实存转回到规律，即转回到自己的根据；现象包含着二者，即单纯的根据和现象宇宙的消解运动。而消解运动的本质性就是根据。""因此，规律是**本质的现象**。"(第 150 页)

注意
规律是本质的现象

所以，**规律**和**本质**是表示人对现象、对世界等等的认识深化的同一类的(同一序列的)概念，或者说得更确切些，是同等程度的概念。

现象宇宙的运动(Bewegung des erscheinenden Universums)，在这一运动的本质性中，就是规律。

注意
(规律是宇宙运动中本质的东西的反映)

"规律的王国是现象的**静止的**内容；现象是这个内容，不过是通过不静止的更迭交替并且作为在他物中的反思显现出来的内容……因此，同规律相比，现象是**总体**，因为它包含着规律，**并且还包含得更多一些**，即自己运动着的形式的环节。"(第 151 页)

(现象、整体、总体)((规律＝部分))

(现象比规律 **丰富**)

> 接着在第 154 页,虽然不很明显,但似乎承认,规律能弥补这个缺陷,既能把握否定的方面,又能把握现象的总体(特别是第 154 页末尾)。回头再看!

世界本身和现象世界是同一的,但同时又是对立的(第 158 页)。一个之中的肯定的东西,就是另一个之中的否定的东西。现象世界中的恶,就是世界本身中的善。黑格尔在这里说要参看《精神现象学》第 121 页及以下各页[85]。

"现象世界和本质世界……二者都是实存的独立的整体;一个世界应该只是反思的实存,另一个世界则是直接的实存;但是每一个世界都在它的另一个之中不断地连续下去,因此在自身中都是这两个环节的同一…… 两个世界首先是独立的,不过这只是指它们作为总体而言,是指每一个在本质上都在自身中包含着另一个的环节而言……"(第 159—160 页)

> 这段话的实质是这样:现象世界和自在世界是人对自然界的认识的**各环节**,(认识的)阶段、**变化**或深化。自在世界**离**现象世界越来越远的移动——这在黑格尔那里还没有看到。**注意**。黑格尔所指的概念的"各环节"没有过渡的"各环节"的意义吗?

"……**因此,规律就是本质的关系**。"(第 160 页)(着重号和黑体是黑格尔用的)

规律就是**关系**。对于马赫主义者、其他不可知论者以及康德主义者等等,这点是要注意的,**本质**的关系或本质之间的关系。

"**世界**这个词,一般说来是表示多样性事物的无形式的总体……"(第 160 页)

第 3 章(《**本质的关系**》)开头就是这个论点:"现象的真理是本质的关系……"(第 161 页)

分节:

整体同**部分**的关系;这种关系过渡到以下的关系(原文如此!!(第 168 页)):——**力**同力的**表现**的关系;——**内**同**外**的关系。——过渡到**实体**、**现实**。

"……因此,关系的真理在于**中介**……"(第 167 页)

向力的"过渡":"力是否定的统一,整体和部分的矛盾在这个统一中得到解决,力是这第一个关系的真理。"(第 170 页)

((这是黑格尔这类话的**千分之一**。这样的话激怒了《科学入门》[86]的作者毕尔生之类的**天真的**哲学家。——毕尔生曾引用过类似的一段话,并且怒气冲冲地说:在我们学校里居然教这些毫无意义的东西!! 从**一定的**、**局部的**意义上说,他还是对的,**教这些东西**是荒谬的。首先必须从中**剥出**唯物主义辩证法,因为这些东西中十分之九都是些**外壳**、**皮屑**。))

力表现为"现存物或物质"的"附属"(als angehörig)……　"因此,如果问:物或物质是怎样**拥有**某种力的,那么力是表现为外在地同物或物质联系着的,并且靠某种外来的强力而被**输进**物中。"(第 171 页)

"……**在全部自然界的、科学的和精神的发展中**,都可以看到,当某物最初还只是**内在的**或者还只存在于自己**概念**之中时,这个最初者因此就只是直接的、被动的定在;认识到这一点是非常重要的……"(第 181 页)

> ＃
>
> 一切的开端都可以看做内在的——被动的——，同时又可以看做外在的。
>
> 但是在这里有意思的不是上面这一点，而是另外一点，即黑格尔无意中流露出的辩证法的**标准**：**"在全部自然界的、科学的和精神的发展中"**——这就是黑格尔主义的神秘外壳中所包含的深刻真理的**内核**！

费尔巴哈"接受"这一点。[87] 打倒上帝，就剩下**自然界**了。

＃ 例如：胎儿只是内在的人，是受异在支配的、被动的东西。上帝在最初还不是精神。**"因此，上帝在直接意义上只是自然界。"**（第182页）

（这也有特色！！）

第3篇 现 实

"……现实是本质和实存的统一……"(第184页)

分章:(1)"绝对"——(2)现实本身。"**现实**、**可能性**和**必然性**构成绝对的几个形式的环节。"(3)"绝对关系":**实体**。

"在它本身中〈在绝对物中〉没有任何变易"(第187页)——以及其他关于**绝对**的荒唐话……

绝对是绝对的绝对……

属性是相对的绝对……

(！！)

黑格尔在"注释"中(过分一般地、含糊地)讲到斯宾诺莎和莱布尼茨哲学的缺点。

顺便记下:

"一种哲学原理的片面性通常都是跟相反的片面性对立起来,并且历来总体至少是作为一种**分散的完整性**出现的。"(第197页)

通常:从一个极端到另一个极端

总体＝(作为)分散的完整性

现实高于**存在**并高于**实存**。

(1)存在是直接的。	"**存在还不是现实的。**" 存在过渡到另一方。
(2)实存(它过渡到现象)	——实存来自根据、条件,但是在实存中还没有"反思和直接性"的统一。实存和自在存在(Ansichsein)的统一。
(3)现实	

"……现实也高于实存"(第200页)……

"……实在的必然性是**内容丰富的**关系……" "但是这种必然性同时又是相对的……"(第 211 页)

"因此,绝对的必然性就是真理,而现实和一般可能性也同形式的和实在的必然性一样要回到这个真理中。"(第 215 页)

(续)①……

(《逻辑学》第 2 册《本质论》末尾)……

应当指出,黑格尔在《小逻辑》(《哲学全书》)中常常用具体的例子更清楚地说明同样的问题。参看恩格斯和库诺·费舍对这个问题的看法。**88**

关于"可能性"问题,黑格尔指出这一范畴的空洞性,并在《**哲学全书**》中说道:

"某一事物是可能的还是不可能的,取决于内容,也就是说,取决于现实的诸环节的总体,现实在自己的展开中表现为必然性。"(《哲学全书》,第 6 卷第 287 页②第 143 节的附释。)

> "**现实的诸环节的总体**、总和,现实在**展开**中表现为必然性。"
>
> 现实的诸环节的全部总和的展开(**注意**)＝辩证认识的本质。

参看《**哲学全书**》,第 6 卷第 289 页,黑格尔雄辩地说明,一味赞美自然现象的丰富多彩和更迭交替是无济于事的,必须:

---

① 由此转入列宁的另一册笔记《黑格尔〈逻辑学〉。II(第 49—88 页)》。——俄文版编者注

② 指《黑格尔全集》1840 年柏林版第 6 卷的页码。——编者注

"……进一步更确切地识别**自然界的内部谐和及规律性**……"（第 289 页）（**接近于唯物主义**。）

同上，《哲学全书》第 292 页："发展了的现实，作为内在的东西和外在的东西的合而为一的更迭交替，作为现实的各对立运动的、联合为一个运动的更迭交替，就是必然性。"

《哲学全书》，第 6 卷第 294 页："……必然性只是在它尚未被理解时才是盲目的……"

同上，第 295 页："他〈人〉……会碰到这样的事情……他的行动所产生的结果同他的本意和愿望完全不同……"

同上，第 301 页："**实体是观念发展过程中的一个重要阶段**……"

> 应读做：**人类**对自然界和**物质的认识**的发展过程中的一个重要阶段。

《逻辑学》，第 4 卷：

"……它〈实体〉是**一切**存在中的存在……"（第 220 页）①

实体性关系过渡到因果性关系（第 223 页）。

"……实体只是作为原因才具有……**现实性**……"（第 225 页）

> 一方面，应该从对物质的认识深入到对实体的认识（概念），以便探求现象的原因。另一方面，真正地认识原因，就是使认识从现象的外在性深入到实体。应该用两类例子来说明这一点：(1)自然科学史中的例子，(2)哲学史中的例子。

---

① 指《黑格尔全集》1834 年柏林版第 4 卷的页码。——编者注

> 更确切些说:这里应该谈的不是"例子"——比较并不就是论证,——而是自然科学史和哲学史+技术史的**精华**。

"结果根本不包含……原因中没有包含的东西……"(第226页)**反过来也是一样**……

> 因此,原因和结果只是各种事件的世界性的相互依存、(普遍)联系和相互联结的环节,只是物质发展这一链条上的环节。

注意:

"同一事物在这一场合表现为原因,在另一场合表现为结果,在那里表现为特殊的持续存在,在这里表现为他物中的设定性或规定。"(第227页)

注意	**注意** 世界联系的全面性和包罗万象的性质,这个联系只是片面地、断续地、不完全地由因果性表现出来。

"这里还可以指出,既然承认原因和结果的关系(即使不是在本来的意义上),那么结果就不可能大于原因;因为结果不过是原因的表现。"

历史上的"大事件的小原因"	接着就讲到历史。历史上常常举出**奇闻轶事**当做大事件的小"原因",——而事实上这只是一种**导因**,只是一种外部刺激,"事件的内在精神倒是可以不需要它"(第230页)。"因此,把历史描绘成阿拉伯式的图案画,让大花朵长在纤细的茎上,虽然显得巧妙,然而是非常肤浅的做法。"(同上)

　　　　这个"内在精神"(参看普列汉诺夫的著作[89])是对事件的
　　历史原因的唯心的和**神秘的**,但却非常深刻的提示。黑格尔
　　充分地用因果性来归纳历史,而且他对因果性的理解要比现
　　在的许许多多"学者们"深刻和丰富一千倍。

　　　"比如说,运动着的石头是原因;石头的运动是石头所具有的
一个规定,除了这个规定,它还具有颜色、形状等等许多并不构成
石头的原因的其他规定。"(第 232 页)

　　　　我们通常所理解的因果性,只是世界性联系的一个极小
　　部分,然而(唯物主义补充说)这不是主观联系的一小部分,而
　　是客观实在联系的一小部分。

　　　"然而,通过一定的**因果关系的运动**,就成了这样:不仅原因消
失在结果中,从而结果也随着消失,正像在形式的因果性中那样;
而且原因在其消失中即在结果中又重新产生,结果在原因中消失,
又同样地在原因中重新产生。这些规定的每一个都在其设定中扬
弃自身,又在其扬弃中设定自身;这不是因果性从一个基质到另一
个基质的外部过渡,而是原因和结果变为他方,同时也是它们自身
的设定。因此,因果性是事先设定它自身或以自身为条件的。"(第
235 页)

　　　　"因果关系的运动" = 实际上在不同的广度或深度上被
　　捉摸到、被把握住内部**联系**的物质运动以及历史运动……

　　　"首先,相互作用表现为互为前提和互相制约的两个实体的相

互因果性；每一个实体对于另一个实体说来，同时既是主动的又是被动的。"(第240页)

"在相互作用中，最初的因果性表现为从它的否定即从它的被动性中的产生，以及在被动性中的消失，即表现为变易……

"联系和关系"

"实体在相异事物中的统一"

关系，中介

必然性在转变为自由时并没有消失

……于是，必然性和因果性便消失在这种融合中；它们包含着两者，即**相异事物**的作为**联系和关系**的直接同一性以及**相异事物**的绝对**实体性**，从而包含着它们的绝对偶然性；它们包含着实体性差别的最初的统一，从而就包含着绝对的矛盾。必然性就是存在，**因为**存在就是存在着的；必然性就是以自己为**根据**的存在的自身统一；但是反过来，因为存在有一个根据，它就不再是存在，而全都只是**外观**、**关系**或**中介**。因果性就是从原始存在、原因向外观或单纯设定性的这样一个设定的过渡，反过来，又是从设定性向原始东西的过渡；但是存在和外观的同一本身还是内在的必然性。这种内在性或自在的存在扬弃因果性运动；于是相互关联的各个方面的实体性就消失，而必然性也就显露出来。必然性所以转变为自由，不是由于必然性的消失，而只是由于它的仍然内在的同一表现了出来。"(第241—242页)

当你读到黑格尔关于因果性的论述时，一开始会觉得很奇怪：为什么他对于康德主义者所喜爱的这个题目谈得比较少。为什么呢？那是因为在他看来,因果性只是普遍联系的规定**之一**,而他早已在自己的**所有的**阐述中深刻得多和全面得多地把握住了这种普遍联系,并且从一开头就**一直**强调这种联系、相互过渡等等。把新经验论(或"物理学唯心主义")的"**挣扎**"同黑格尔解决问题的方法,更确切些说,同他的辩证方法加以比较,是极有教益的。

还应当指出:黑格尔在《**哲学全书**》中强调"相互作用"这个**简**单概念的缺陷和空洞。

第6卷第308页①:

"尽管相互作用无疑是因果关系的最切近的真理,而且可以说它正站在概念的门口,但是正因为如此,就不应当满足于只应用这种关系,因为问题是要获得概念的认识。

如果只从相互作用的观点去考察某一内容,那么这实际上是完全缺乏概念的考察方法;我们就会只同枯燥的事实打交道,而在应用因果关系时的首要问题,即对于中介的要求,仍然得不到满足。经过更仔细的考察,相互作用关系的应用的不足之处就在于:这种关系不但不等于概念,而且本身首先就必须被理解。为了理解相互作用的关系,就不可任凭这种关系的两个方面作为直接现存的东西;而是必须像前两节指出的,把它们作为更高的第三者即概念

> 仅仅"相互作用"=空洞无物需要有中介(联系),这就是在应用因果关系时所涉及的问题

---

① 指《黑格尔全集》1840年柏林版第6卷的页码。——编者注

的环节来认识。比方说,如果我们把斯巴达人的风尚看做他们的制度的结果,或者反过来,把斯巴达人的制度看做他们的风尚的结果,那么这种看法即使可能不错,**但毕竟不能使人最终满足**,因为事实上我们既不能理解这个民族的制度,也不能理解其风尚。只有认识到这两个方面以及表现斯巴达人的生活和历史的其他各特殊方面是以概念为基础的,才能有这样的理解。"(第 308—309 页)

注意

一切"个别的方面"和整体("概念")

注意

———————

《逻辑学》第 2 卷末尾,全集**第 4 卷第 243 页**:向"概念"过渡的时候,黑格尔下了这样一个定义:"概念是主观性的或自由的王国……"

> 注意　自由 = 主观性、
> （"或者"）
> 目的、意识、追求
> 注意

第5卷　逻辑学

第2部　主观逻辑或概念论

概 念 总 论

在写前两部分时,我没有前人的著作可借鉴,但在这里,相反地,倒有"僵化的材料",应当使这些材料"成为流动的"……(第3页)[①]

"存在和本质因而是它的〈＝概念的〉变易的环节。"(第5页)

> 倒过来说:概念是人脑(物质的最高产物)的最高产物。

"因此,考察**存在**和**本质**的客观逻辑,其实就是关于概念的**发生的陈述**。"(第6页)

第9—10页:斯宾诺莎哲学这种实体哲学的重要意义(这种观点是很**高的**,然而是不完全的,不是最高的:总之,驳斥哲学体系并不是意味着抛弃它,而是继续发展它,不是用另一个、片面的对立物去代替它,而是把它包含在某种更高的东西之中)。在斯宾诺莎的体系中,没有自由的、独立的、有意识的主体(缺乏"**自觉主体的自由和独立**"),然而斯宾诺莎也认为**思维**是实体的一个属性(第10页末尾)。

第13页末尾:顺便提到——据说有一个时期,在哲学中流行的是

---

① 指《黑格尔全集》1834年柏林版第5卷的页码。——编者注

"一再说"想象力和记忆的"坏话";而**现在**流行的则是贬低"概念"（＝"思维中最高的东西"）的意义和**吹捧"不可理解的东西"**影射康德？。

　　黑格尔进而对**康德主义**进行批评时，认为它的伟大功绩（第 15 页）就是提出了关于"统觉的先验统一"（意识的统一，概念是在这个统一中形成的）的思想，但是他斥责康德的**片面性**和**主观主义**：

从对客观
实在的直观到
认识……

　　　　　"……它〈对象〉……在思维中是怎样的，它起先在自在和自为中也就是那样的；它在直观或表象中是怎样的，那它就是现象……"（第 16 页）（黑格尔把康德的唯心主义从主观的**提高**到客观的和绝对的）……

康德承认概念的客观性（概念的对象是真理），可是他仍然把概念当做主观的东西。他把感觉和直观当做知性（Verstand）的前提。黑格尔关于这点说道：

"现在，第一，至于以上所指的知性或概念同在它以前的各阶段的关系，则一切取决于是什么样的科学来对这些阶段的形式作出规定。在我们的科学中，即在纯逻辑中，这些阶段是**存在**和**本质**。在心理学中，知性的前提是**感觉**和**直观**，然后是一般**表象**。精神现象学，即关于意识的学说，是经过感性意识阶段，然后经过知觉阶段而上升到知性的。"（第 17 页）康德关于这一点说得很"不完全"。

　　其次，——**主要的是**——

　　　　　"……在这里……应当把概念看做不是自觉的知性的活动，不是主观的知性，而是自在自

为的概念,它构成**既是自然的又是精神的阶**　　　‖‖　客观唯心主义
段。生命或有机界是自然的这样一个阶段,概　　　‖‖　转变为唯物主
念就出现在这个阶段上。"(第 18 页)　　　　　　　‖‖　义的"前夜"

往下是极有趣的一段(第 19—27 页),**在这里,黑格尔正是从认识论上驳斥康德**(恩格斯在《路德维希·费尔巴哈》中指的大概就是这一段,他写道:对驳斥康德具有重要性的东西,凡是从唯心主义观点所能说的,黑格尔都已经说了①)——他揭露了康德的二重性、不彻底性,揭露了康德的那种可说是在经验论(= 唯物主义)和唯心主义之间的动摇,并且黑格尔**完全是而且纯粹是从更彻底的**唯心主义观点进行这种论证的。

概念还不是最高的概念:更高的还有**观念** = 概念和实在的统一。

"'这不过是概念而已'——人们通常这样说,他们不但把观念,并且也把空间和时间上可感触到的感性存在当做更优越的东西来和概念对立。这样,抽象的东西就被认为比具体的东西卑微,因为据说抽象的东西丢掉了如此多的这类材料。根据这种见解,抽象就获得了下述的意义:只是**为了我们主观的用处**,才从具体的东西中抽出这种或那种特性,并且对象有如此多的其他特质和特性被丢掉,其价值和尊严不

---

① 参看恩格斯《路德维希·费尔巴哈和德国古典哲学的终结》(《马克思恩格斯文集》第 4 卷第 279 页)。——编者注

会有任何损失,它们仍然是实在的东西,只不过是被放置在一边,但仍然保存其全部意义。

康德贬低理性的力量

按照这种观点,知性只是由于**无能**,才不能汲取这全部的丰富性而不得不满足于贫乏的抽象。但是,如果认为直观的现存材料和表象的多样性是同思维的东西以及概念相对立的实在东西,那么这是这样一种观点,摒弃这种观点不仅是探讨哲理的条件,甚至还是宗教的前提;因为如果把感性东西和个别东西的倏忽无常的表面现象还当做真理,那么如何能有宗教的需要和宗教的意义呢?……因此,抽象思维,不应当被看成是简单地把感性材料放置在一边,而这又无损于感性材料的实在性,抽象思维倒不如说是对于作为简单现象的实在性的扬弃,并把它归结为只在概念中显现的本质的东西。"(第19—21页)

更彻底的唯心主义者抓住了上帝!

实质上,黑格尔对康德的驳斥是完全正确的。思维从具体的东西上升到抽象的东西时,不是**离开**——如果它是**正确的**(注意)(而康德,像所有的哲学家一样,谈论正确的思维)——真理,而是接近真理。**物质**的抽象,自然**规律**的抽象,**价值**的抽象等等,一句话,**一切科学的**(正确的、郑重的、不是荒唐的)抽象,都更深刻、更正确、**更完全地**反映自然。从生动的直观到抽象的思维,**并从抽象的思维到实践**,这就是认识**真理**、认识客观实在的辩证途径。康德贬低知识,是为了给信仰

开辟地盘;黑格尔推崇知识,硬说知识是关于上帝的知识。唯
物主义者推崇关于物质、自然界的知识,把上帝和拥护上帝的
哲学混蛋打发到阴沟里去。

"这里所发生的主要误解是下述这个意见:在自然发展中或正
在形成的个人的历史中,作为起点的自然原则或开端,似乎是真理
的东西,也是概念中第一位的东西。"(第 21 页)(——人们从**这点**
开始,这是正确的,可是**真理**不是在开端,而是在终点,更确切些
说,是在继续中。真理不是**最初的**印象)……"但是哲学应当不去
叙述什么东西在发生,而去认识在发生着的东西中什么是**合乎真
理的**。"(第 21 页)

康德的"心理学的唯心主义":在康德看来,范畴"**不过是从自
我意识中产生出来的规定**"(第 22 页)。康德从知性(Verstand)提
高到理性(Vernunft),但他贬低思维的意义,否定它有"达到完全
真理"的能力。

"〈在康德看来〉如果把只应当作为**判断准则**的逻辑,当做形成
客观见解的**工具**,那么这就是滥用逻辑。理性概念——本应指望
理性概念中有更高的力量〈唯心主义的词句!〉和更深刻的〈**对!!**〉
内容——不再包含范畴还具有的**构成性的东西**[应该说:客观的东
西];理性概念**仅仅**是观念;使用它们当然是完全可以的,但是这些
理智的东西——全部真理本来应当在理智的东西中展现出来——
不过只意味着**假说**,而把自在自为的真理附加于假说,那就是极端
的任性和疯狂的大胆,因为**在任何经验中也不可能遇到理智的东
西**。难道可以设想哲学只是因为理智的东西没有空间和时间的感
性材料,就会去否定理智的东西的真理吗?"(第 23 页)

> 在这里黑格尔实质上也是**正确的**：价值是没有感性材料的范畴，可是它比供求规律**更具有真理性**。
>
> 不过黑格尔是个唯心主义者：由此而有"**构成性的东西**"之类的胡说。

一方面，康德十分明显地承认思维的（"des Denkens"）"**客观性**"（"概念和事物的同一性"），——而另一方面

黑格尔主张自在之物的可知性	"另一方面还是这样断言：我们终究不能认识自在和自为之物是什么样的，真理是认识的理性所达不到的；那个作为客体和概念的统一的真理仍然不过是现象，其理由又是：内容仅仅是直观的多样性。关于这点已经讲过：相反地，这种多样性，正是在概念中被扬弃，因为它属于同概念对立的直观，对象通过概念才回到自己的非偶然的本质性：本质性表现在现象中，因此，现象并非只是没有本质的东西，而是本质的表现。"（第24—25页）	注意
现象是本质的表现		

注意 ‖ "有一点……是值得惊讶的：康德哲学承认它未曾超出的思维对感性存在的关系只是简单现象的相对关系，虽然它承认并宣称二者的最高统一是在一般观念中，例如是在直观的知性观念中，可是它未曾超出这种相对关系，未曾超出关于概念和实在完全分离并始终分离的主

张;因此,康德哲学承认它所宣称为有限认识的 $\parallel$
东西是**真理**,但又宣称,它认做**真理**并提出其明 $\parallel$
确概念的东西是某种过分的、不可容许的东西 $\rangle$ 注意
和想象的事物。" $\parallel$

在逻辑学中,**观念**"成为自然的创造者"(第 $\parallel$!! 哈哈!
26 页)。

逻辑学是和具体科学(关于自然和精神的科学)**相反的**"形式
科学",可是它的对象是"纯粹真理……"(第 27 页)

康德自己问什么是真理(《纯粹理性批判》第 83 页),自己又作
了陈旧的答复("认识与其对象的一致"),这样,他就自己打自己,
因为"先验唯心主义的根本主张"是:

——"理性认识不能把握自在之物"(第 27 页)——

——显然,这都是些"不真的表象"(第 28 页)。

黑格尔反对纯粹形式的逻辑观(说康德也有这种观点)——他

说,根据普通的观点(真理是认识和客体的一致 "Übereinstim-

mung"),对一致来说"两方面都是重要的"(第 29 页),黑格尔说:
逻辑中形式的东西是"纯粹真理",而且

"……这种形式的东西因此必须在自身中具有比通常所认为
的要丰富得多的规定和内容,并且对于具体的东西具有大得无比
的力量……"(第 29 页)

"……即使在逻辑形式中除了思维的形式职能以外,什么都看 $\parallel$
不到,在这种情况下也值得研究:它们自身在多大程度上符合于真 $\parallel$?
理。不从事这种研究的逻辑,至多可以指望它有下述的价值:按照 $\parallel$
思维现象现有的样子对它们作**自然历史的描述**。"(第 30—31 页) $\parallel$?

（亚里士多德的不朽的功绩据说就在这里），但是"必须前进……"
（第 31 页）

> 总之，不仅是对思维**形式**的描述，不仅是对思维**现象的自然历史的描述**（这跟对**形式**的描述有什么区别呢??），而且**是和真理的符合**，也就是?? 思想史的精华，或者说得简单些，思想史的结果和总结?? 这里是黑格尔的唯心主义的不明确和不透彻。**神秘主义**。
>
> > **不是心理学，不是精神现象学，而是逻辑学** ＝ 关于真理的问题。

按照这种理解，逻辑学是和**认识论**一致的。
这就是极重要的问题。

世界和思维的运动的一般规律

参看《哲学全书》，第 6 卷第 319 页[①]："但是事实上，它们〈逻辑形式〉反而作为概念的形式构成**现实的活生生的精神**……"

当概念发展为"合适的概念"，它就成为观念（第 33 页）[②]。"概念在其客观性中，是自在自为地存在着的物本身。"（第 33 页）

注意　　　　　　　　　　　　　　　　　注意

＝客观主义＋神秘主义和对发展的背叛。

---

① 指《黑格尔全集》1840 年柏林版第 6 卷的页码。——编者注
② 指《黑格尔全集》1834 年柏林版第 5 卷的页码。——编者注

第1篇 主 观 性

"概念"的辩证运动——开始从纯粹"形式的"概念——到**判断**(Urteil),然后——到**推理**(Schluß),——最后达到从概念的主观性向概念的**客观性**的转化(第34—35页)①。

概念的第一特性是**普遍性**(Allgemeinheit)。注意:概念来自**本质**,而本质来自**存在**。

关于**普遍**、**特殊**(Besonderes)和**个别**(Einzelnes)的继续发挥,是极其抽象的和"**费·解的**"。

库诺·费舍把这些"费解的"议论阐述得极糟,他从《**哲学全书**》中抓住一些**比较容易的东西**——实例,并加上庸俗的见解(反对法国大革命。库诺·费舍②,1901年版第8卷第530页)等等,但是没有向读者指出**如何**找出理解黑格尔的抽象概念中那些难懂的过渡、微差、转化、变幻的钥匙。

在阅读时……这部著作的这些部分应当叫做:引起头痛的最好办法!

看起来,对黑格尔来说,这里主要的也是把**过渡·指·出·来**。从一定观点看来,在

难道这**毕竟**是对旧形式逻辑

---

① 指《黑格尔全集》1834年柏林版第5卷的页码。——编者注

② 指库诺·费舍的《近代哲学史》。——编者注

的让步？是的！并且还有一种让步——对神秘主义＝唯心主义的让步

这就是《逻辑学》的这一部分中的大量的"规定"和概念规定！

一定条件下，普遍是个别，个别是普遍。不仅是(1)一切概念和判断的**联系**、不可分割的联系，而且是(2)一个东西向另一个东西的**过渡**，并且不仅是过渡，而且是(3)**对立面的同一**——这就是黑格尔的主要东西。然而这是穿过**迷雾**般的极端"费解的"叙述才"透露出来的"。从逻辑的一般概念和范畴的发展和运用的观点出发的思想史——这才是需要的东西！

对！

在第125页上引证了一个"著名的"推理——"一切人都是要死的，该隐是人，所以他是要死的"——黑格尔机智地补充说："只要听到这样的推理，立刻就会使你觉得无聊"——他说这是由"无用的形式"产生的，同时还作了深刻评语：

"一切事物都是**推理**……"
注意

"一切事物都是**推理**，即通过特殊性而与单一性相联系的某个一般的东西；可是，当然，事物并不是由**三个命题**构成的整体。"(第126页)

注意

很好！最普通的逻辑的"式"(所有这些都在关于"推理的第一式"这一节中)，是粗浅地描绘的——如果可以这样说的话——事物最普通的关系。

黑格尔对推理的分析(E.—B.—A.，即单一、特殊、普遍，B.—E.—A.，等等)，令人想起马克思曾在第1章中模仿黑格尔[90]。

1914 年 9 — 12 月列宁所作黑格尔《逻辑学》一书摘要的手稿第 65 页

关 于 康 德

顺便提起：

"康德的理性的二律背反无非是：在一种情况下以概念的一个规定为根据，而在另一种情况下却同样必然地以另一个规定为根据……"(第128—129页)

		（抽象的）概念的形成及其运用，**已经**包含着关于世界客观联系的规律性的看法、见解、**意识**。把因果性从这个联系中分出来，是荒谬的。否定概念的客观性、否定个别和特殊之中的一般的客观性，是不可能的。黑格尔探讨客观世界的运动在概念的运动中的反映，所以他比康德及其他人深刻得多。这一个商品和另一个商品交换的个别行为，作为一种简单的价值形式来说，其中已经以尚未展开的形式包含着资本主义的**一切**主要矛盾，——即使是最简单的**概括**，即使是**概念**(判断、推理等等)的最初的和最简单的形成，已经意味着人在认识世界的日益深刻的**客观联**	
必须回过来研究黑格尔，以便逐步地剖析康德主义者之流的任何流行的逻辑和**认识论**。	**注意**：要颠倒过来：马克思把黑格尔辩证法的合理形式**运用于**政治经济学		**注意** 关于黑格尔逻辑学的真实意义的问题

系。在这里必须探求黑格尔逻辑学的真实的含义、意义和作用。要注意这点。

要义二则

关于批判现代康德主义、马赫主义等等的问题:	1. 普列汉诺夫对康德主义(以及一般不可知论)进行批判,从庸俗唯物主义的观点出发,多于从辩证唯物主义的观点出发,**因为他**只是肤浅地**驳斥**它们的议论,而不是**纠正**(像黑格尔纠正康德那样)这些议论,不是加深、概括、扩大它们,指出一切概念和任何概念的**联系**和**过渡**。 2. 马克思主义者**们**(在 20 世纪初)对康德主义者和休谟主义者进行批判,按照费尔巴哈的方式(和按照毕希纳的方式)多于按照黑格尔的方式。
注意	"……以归纳为基础的经验被认为是有效的,**尽管**公认知觉**尚不完备**;然而,只有在自在和自为的经验是真实的情况下,才可以假定:不会有任何与这种经验相反的例证。"(第 154 页)

这一段是在《归纳推理》那一节中。以最简单的归纳方法获得的最简单的真理,**总是**不完全的,因为经验总是未完成的。由此可见:归纳和类比的联系——和**推测**(科学预见)的

联系,一切知识的相对性以及认识每前进一步所包含的绝对内容。

> **要义**:不钻研和不理解黑格尔的**全部**逻辑学,就不能完全理解马克思的《资本论》,特别是它的第 1 章。因此,半个世纪以来,没有一个马克思主义者是理解马克思的!!

要义。

> 类比推理(关于类比的推理)向必然推理的**过渡**,——归纳推理向类比推理的**过渡**,——从一般到个别的推理向从个别到一般的推理的**过渡**,——关于**联系**和**过渡**　联系也就是过渡 的阐述,这就是黑格尔的任务。黑格尔的确**证明了**:逻辑形式和逻辑规律不是空洞的外壳,而是客观世界的**反映**。确切些说,不是证明了,而是**天才地猜测到了**。

在《哲学全书》中,黑格尔指出:**知性**和**理性**的区分、这类和那类**概念**的区分,应当这样理解:

"我们的活动正是或者只停留在概念的否定的和抽象的形式上,或者根据概念的真实本性把概念理解为既是肯定的又是具体的。例如:如果我们把自由看做必然性的抽象对立面,那么这只是知性的自由概念而已;而真实的和理性的自由概念,则在自身中包含着被扬弃了

抽象的概念 和 具体的概念
自由和 必然性

　　│的必然性。"(第 6 卷第 347—348 页)①

　　同上,第 349 页:**亚里士多德**如此完满地描述了逻辑形式,以致"本质上"是没有什么可以补充的。

　　通常都把"推理的式"看做空洞的形式主义。"但是事实上它们〈这些式〉具有非常重要的意义,这种意义建立在下述的必然性之上,即:作为概念的规定的**每一环节**,本身都成为整体和**起中介作用的根据**。"(第 6 卷第 352 页)

　　　　《**哲学全书**》(第 6 卷第 353—354 页):

注意　　注意	"推理的式的客观意义一般就在于:所有理性的东西都表现为三层推理,并且,推理中每一项的位置既可以在两端,也可以在起中介作用的中间。这正如哲学的三项即逻辑观念、自然界和精神一样。在这里自然界先是起联结作用的中项。自然界这个直接的总体,展开为两个极项——逻辑观念和精神。"+
注意: 黑格尔"**只是**"把这个"逻辑观念"、规律性、普遍性神化了	"自然界这个直接的总体,展开为逻辑观念和精神。"逻辑学是关于认识的学说。它是认识论。认识是人对自然界的反映。但是,这并不是简单的、直接的、完整的反映,而是一系列的抽象过程,即概念、规律等等的构成、形成过程,这些概念和规律等等(思维、科学="逻辑观念")有条件地近

---

　　① 指《黑格尔全集》1840 年柏林版第 6 卷的页码。——编者注

似地**把握**永恒运动着和发展着的自然界的普遍规律性。在这里**的确**客观上是**三项**：(1)自然界；(2)人的认识＝**人脑**(就是同一个自然界的最高产物)；(3)自然界在人的认识中的反映形式，这种形式就是概念、规律、范畴等等。人不能完全地把握＝反映＝描绘**整个**自然界、它的"直接的总体"，人只能通过创立抽象、概念、规律、科学的世界图景等等**永远地**接近于这一点。

＋"但是，精神之所以是精神，只因为它以自然界为中介……""正是精神在自然界中认识到逻辑观念，从而把自然界提高到它的本质……""逻辑观念既是'精神的，也是自然界的绝对实体，是普遍的东西、贯穿一切的东西'。"(第353—354页)

注意

关于类比的确切的评语：

"**理性**的**本能**使人预感到，经验得出的这个或那个规定，是以一个对象的**内在本性**或类为自己的根据的，并且理性的本能进一步依据着这个规定。"(第357页)(第6卷第359页)

以及第358页：空洞类比的无聊游戏引起了对自然哲学的理所当然的蔑视。

反对自己！

在普通逻辑①中，形式主义地把思维和客观性分隔开来：

---

① 手稿上"逻辑"这个词是用一个箭头和下面引证黑格尔的话中的"在这里"联在一起的。——俄文版编者注

"在这里思维被认为是纯主观的和形式的活动,而客观的东西则和思维相反,被认为是固定的和自己存在的东西。但是这种二元论不是真理,并且,不问主观性和客观性的来源,就这样简单地接受这两个规定,这种做法是毫无意义的……"(第359—360页)其实,主观性仅仅是从存在和本质而来的一个发展阶段,——然后这个主观性"辩证地'突破自己的界限'"并且"通过推理展开为客观性"(第360页)。

> 极其深刻和聪明! 逻辑规律是客观事物在人的主观意识中的反映。

第6卷第360页:

"实现了的概念"是客体。

从主体、从概念到客体的这种过渡,似乎是"奇怪"的,但是应当把客体了解为不是单纯的存在,而是完备的、"具体的、自身完整的、独立的东西……"(第361页)

> "世界是观念的异在。"

主观性(或概念)和客体——是**同一的**又是**不同一的**……(第362页)

> 关于本体论论证法、关于上帝的胡说!

注意 ‖ "……把主观性和客观性当做一种固定的和抽象的对立,是错误的。二者完全是辩证的……"(第367页)

第2篇 客 观 性

（《逻辑学》）第5卷第178页①：

客观性的双重意义："……客观性也出现双重意义——既有与独立概念相对立的东西的意义，又有自在自为地存在着的东西的意义……"（第178页）	客观性
"……对真理的认识就在于：把客体作为不附加主观反思的客体来认识……"（第178页）	对客体的认识

> 往下——关于"机械性"的论述非常费解，并且几乎完全是胡说八道。
>
> 再往下，关于**化学性**，关于"判断"的阶段等等也是如此。

以《**规律**》为标题的那一节（第198—199页），并没有提供在这样一个有意思的问题上我们可以指望从黑格尔那里得到的东西。奇怪，为什么把"规律"列入"机械性"？

在这里，**规律**这个概念接近于下列的一些概念："秩序"（Ordnung），同类性（Gleichförmigkeit），必然性，客观总体性的"灵魂"，"自己运动的原则"。	这个接近是非常重要的

---

① 指《黑格尔全集》1834年柏林版第5卷的页码。——编者注

　　所有这些都是从下面这个观点出发的:机械性是精神、概念等等的异在,是灵魂、个体性……的异在。看来,这是空洞类比的游戏!

"自然界＝概
　念沉没于外
　　在性"
　（哈哈!）

　　记下来,在第 210 页上见到"自然必然性"这个概念——"机械性和化学性,二者因而都为自然必然性所包括……"因为在这里我们看到"它〈概念〉沉没于外在性",（同上）。

自由和必然性

　　"已经讲过:目的性和机械性的对立,首先是自由和必然性的更普遍的对立。康德在理性的二律背反之下列举了这种形式的对立,并且是作为先验观念的第三种冲突列举的。(第213 页)黑格尔在简短地重述康德关于正题和反题的论据时,指出这些论据的空洞,并且注意到从康德的议论中得出的是什么:

黑格尔驳斥康
德（关于自由
　和必然性的
　看法）

　　"康德对这个二律背反的解决,和他对其他二律背反的一般解决是一样的,这就是:理性既不能证明这个命题,又不能证明那个命题,因为遵循纯粹经验的自然规律,我们就不能有关于事物的可能性的任何先验的规定的原则;因此,进一步,两个命题应当被认为**不是客观的命题,而是主观的准则**;从一方面来说,我应当经常只按照单纯的自然机械性的原则来思索自然界的一切事件,但是,这并不妨碍在适当时机按照另一准则即终极原因的原则来探究某些自然形式;——似乎这两个只应供人类理性需要的准则,并不像上述命题那样相互对立。——正如上面所说,持整个这样的观点,就不会去探究哲学兴趣所唯一要求的东西,即两个原则中哪一个本身具有真理;从这种观点来看,究竟应当把这些原则当做客观的即这里所指的外部存在着的自然规定,还是当做主观认识的简单准则,这是没有任何区别的;——**这个认识**倒不如说是**主观的**,**即偶然的**,**在适当的时机**,它时而采取这个准则,时而采取那个准则,按照它认为哪一个准则适合于现有的客体而定,根本不问这些规定本身的真理何在,它们是客体的规定或是认识的规定。"(第215—216页)

好!

黑格尔:

"对**机械性**和**化学性**来说,目的是**第三者**;它是它们的真理。当目的自身还处在客观性或总体概念的直接性范围内时,它还受到外在性本身的影响,并且同那和它相关的客观世界对立着。从这方面来看,在目的关系这种外在关系中,仍然表现着机械的因果性,后

唯物主义辩证法:

区分为**机械**规律和**化学**规律的外部世界、自然界的规律(这是非常重要的),是人的**有目的的**活动的基础。

人在自己的实践活动中面向客观世界,以它为转移,以它来规定自己的活动。

从这方面来看,从人的实践的(有目的的)活动方面来

者一般也应包括化学性,但机械的因果性是作为从属于这个关系的因果性,作为本身被扬弃了的因果性而表现出来的。"(第216—217页)

"……由此就显现出客观过程的上述两个形式的从属性质;在这两个形式中表现为无限进展的他物,起初是被设定为外在于它们的概念,这概念就是目的;不仅概念是它们的实体,而且外在性对于它们也是本质的、构成它们的规定性的环节。因此,机械的或化学的技术,按其性质,是外在地被规定的,所以把自身奉献于目的关系,而现在就应当更详细地考察这种关系。"(第217页)

看,世界(自然界)的机械的(和化学的)因果性,似乎是**外在的**什么东西,似乎是次要的,似乎是隐蔽的。

客观过程的两个形式:自然界(机械的和化学的)和人的有**目的**的活动。这两个形式的相互关系。人的目的对于自然界最初似乎是不相干的("另外的")。人的意识、科学("概念")反映自然界的本质、实体,但同时这个意识对于自然界是外在的(不是一下子,不是简单地和自然界符合)。

机械的和化学的技术之所以服务于人的目的,是因为它的性质(实质)就在于:它为外部的条件(自然规律)所规定。

((**技术**和**客观**世界。**技术**和**目的**))

"……它〈目的〉面前有一个客观的机械的和化学的世界,它的活动和这个世界有关,即和现存的东西有关……"(第219—220页)"它之所以还具有某个真正外在于世界的存在,就是因为上述的客观性和它对立着……"(第220页)

事实上,人的目的是客观世界所产生的,是以它为前提的,——认定它是现存的、实有的。但是人**以为**他的目的是在世界之外得来的,是不以世界为转移的("自由")。

((注意:这一切都在《主观目的》这一节中,注意。))(第217—221页)

"目的通过手段和客观性相结合,并且在客观性中和自身相结合。"(第221页:《手段》这一节)

"目的既然是有限的,它就还具有一个有限的内容;这样一来它就不是一个绝对的东西或一个完全自在自为的合理的东西。可是手段是推理的外在的中项,而推理是目的的实现;因此合理性在手段中显现出自身之为合理性,它在这个外在的他物中,并且正是通过这个外在性而保存自己。因此,手段是比外在合目的性的有限目的更高的东西;——犁比由犁所造成的、作为目的的、直接的享受更尊贵些。工具保存下来,而直接的享受却是暂时的、并且会被遗忘的。**人因自己的工具而具有支配外部自然界的力量,然而就自己的目的来说,他却服从自然界。**"(第226页)

黑格尔的历史唯物主义的胚芽

注意　**黑格尔和历史唯物主义**

Vorbericht,即书的序言,所注日期:1816年7月21日于纽伦堡。

这是在《实现了的目的》这一节中

> 　　历史唯物主义,是在黑格尔那里处于萌芽状态的天才思想——种子——的一种应用和发展。

　　"目的性的过程是明显地作为概念而存在着的概念〈原文如此!〉向客观性的转移……"(第227页)

逻辑的范畴和人的实践

> 　　黑格尔力求——有时甚至极力和竭尽全力——把人的有目的的活动纳入逻辑的范畴,说这种活动是"推理"(Schluß),说主体(人)在"推理"的逻辑的"式"中起着某一"项"的作用等等,—— 注意
>
> 　　这不只是牵强附会,不只是游戏。这里有非常深刻的、纯粹唯物主义的内容。要倒过来说:人的实践活动必须亿万次地使人的意识去重复不同的逻辑的式,以便这些式能够获得公理的意义。这点应注意。 注意

注意

注意

> 　　"目的的运动现在达到了这样一点:外在性的环节不仅被设定在概念中,概念不仅是应有和追求,而且作为具体的总体性是和直接的客观性同一的。"(第235页)在《实现了的目的》这一节末尾,在第2篇《客观性》末尾(第3章:《目的性》),向第3篇《观念》过渡。

精彩:黑格尔**通过**人的实践的、合目的性的活动,接近于作为概念和客体相一致的"观念",接近于作为**真理**的观念。紧紧接近于下述这点:人以自己的**实践**证明自己的观念、概念、知识、科学的客观正确性。

从主观概念和主观目的到客观真理

第 3 篇 观 念

第 3 篇《观念》的开端。

"观念是适合的概念、**客观真理的东西**或真理的东西本身。"（第 236 页）

总之，《**逻辑学**》第 2 部（《**主观逻辑**》）第 3 篇（《观念》）的导言（第 5 卷第 236—243 页）以及《**哲学全书**》中相应的各节（第 213—215 节）

注意 | **几乎就是关于辩证法的最好的阐述**。也就在这里，可以说是极其天才地指明了逻辑和认识论的一致。 | **注意**

"观念"这一用语在单纯表象的意义上被使用着。康德。

**黑格尔
反对康德**

**反对那意味着
真理（客观的）
和经验分离的
超验的东西**

很好!

"康德要求使**观念**这一用语恢复其理性概念的意义。——在康德看来，理性概念是无条件的东西的概念，而对于现象来说它是超验的，就是说，它不可能作出与它相适合的经验应用。理性概念是用来理解的，知性概念是用来知晓知觉的。——然而实际上，如果知性概念真正是概念，那么它们就是概念，——理解是通过它们来实现的……"（第 236 页）

> 再看下面关于康德的论述

把观念当做某种"非现实的东西"；譬如说："**这不过是观念而已**"，那也是错误的。

"如果**思想**仅仅是**主观的**和偶然的东西,那么它们当然没有任何更多的价值,但是,它们并不由此而逊于暂时的和偶然的**现实**,这些现实除了偶然性的和现象的价值以外,也没有其他更多的价值。反过来说,如果认为观念之所以没有真理的价值,是因为对于现象它是**超验的**,是因为在感性世界中不能提供任何和它一致的对象,那么这是奇怪的误解,在这里之所以否定观念的客观意义,是由于观念正好缺乏那种构成现象即构成客观世界的**非真实存在的东西**。"(第 237—238 页)

很好!

对于实践观念,康德自己也承认引用经验来反对观念是庸俗的;他把观念推崇为必须努力使现实与之相接近的至高无上的东西。黑格尔继续写道:

"但是,由于得出了这样一个结果,即观念是概念和客观性的统一,是真理,所以不应当把观念只看做**目标**,即应当与之接近、然而其自身永远是一种**彼岸性**的目标;而应当这样看:一切现实的东西之所以存在,仅仅是因为它们自身包含着并且表现着观念。对象、客观的和主观的世界,不仅应当完全和观念**一致**,并且它们本身就是概念和实在的一致;和概念不符合的实在,是单纯的**现象**,是主观的、偶然的、随意的东西,而不是真理。"(第 238 页)

黑格尔反对康德的"彼岸性"

概念和事物的 一致**不是** 主观的

"它〈观念〉**第一**,是简单的真理,是概念和作为一般的东西的客观性的同一……(第242页)

"……**第二**,它是简单概念的自为地存在着的主观性跟与之**有区别**的客观性的**关系**;实质上主观性是扬弃这个区分的**冲动**……

"……作为这个关系的观念是一个**过程**,在这个过程中,它把自己分化为个体性及其无机界,又使无机界重新受主体支配,并回到最初的简单的普遍性。观念与它自身的同一跟**过程**是同一回事;思想既然使现实摆脱无目的的变化的外观并使之澄清为观念,就不应当设想这个现实的真理是僵死的静止,是灰暗的、没有冲动和运动的简单**形象**,是一个精灵、一个数目或一个抽象的思想;由于概念在观念中所获得的自由,观念在自身中也就具有**最**

观念(应读做:人的认识)是概念和客观性("一般的东西")的符合(一致)。这是第一。

第二,观念是自为地存在着的(＝似乎是独立的)主观性(＝人)对**有区别**(与观念有区别)**的**客观性的**关系**……

主观性是消灭这种区分(观念和客体的区分)的**冲动**。

认识是(理智)为了使无机界受主体支配以及为了概括(在无机界的现象中认识一般)而沉入无机界中的**过程**……

思想和客体的一致是一个**过程**:思想(＝人)不应当设想真理是僵死的静止,是暗淡的(灰暗的)、没有冲动、没有运动的简单的图画(形象),就像精灵、数目或抽象的思想那样。

观念也包含着极强烈的矛盾,静止(对于人的思维来说)就在于稳固和确定,人因此永

注意　**尖锐的矛盾**；观念的静止就在于稳固和确定，它因此永远产生着这种矛盾，永远克服着这种矛盾，并且在矛盾中达到和自身的一致……"　　远产生着（思想和客体的这种矛盾）和永远克服着这种矛盾……

认识是思维对客体的永远的、无止境的接近。自然界在人的思想中的**反映**，要理解为不是"僵死的"，不是"抽象的"，**不是没有运动的**，**不是没有矛盾的**，而是处在运动的永恒**过程**中，处在矛盾的发生和解决的永恒**过程**中。　　　　注意

"观念是……作为**认识和意志的真和善的观念**…… 这个有限认识和（注意）**行动**（注意）的过程使最初是抽象的普遍性成为总体性，因而它就成为**完备的客观性**。"（第 243 页）

观念是　人的　**认识**和追求（欲望）……　（暂时的、有限的、局限的）认识和行动的过程使抽象的概念成为**完备的客观性**。

《**哲学全书**》（第 **6** 卷）[①]中有同样的话。

《**哲学全书**》第 213 节（第 385 页）：

"……观念是**真理**，因为真理就是客观性跟概念相符合…… 但是，**一切**现实的东西，只要它们是真的，就是观

单个的存在（对象、现象等等）（仅仅）是观念（真理）的**一个方面**。真理还需要**现实**的其

① 指《**黑格尔全集**》1840 年柏林版第 6 卷。——编者注

念……　单个的存在只不过是观念的某一方面，因此，观念还需要其他的现实，这些现实同样地表现为独立自在的；只是在它们的总和中以及在**它们的相互关系**中概念才会实现。单独存在的东西，是不符合自己的概念的；它的定在的这种局限性构成它的有限性并且导向它的毁灭……"

他方面，这些方面也只是表现为独立的和单个的（独立自在的）。真理**只是在它们的总和**（zusammen）**中**以及在它们的**关系**（Beziehung）中才会实现。

黑格尔在概念的辩证法中天才地**猜测到了**事物（现象、世界、**自然界**）的辩证法＃

真理就是由现象、现实的**一切**方面的**总和**以及它们的（相互）**关系**构成的。概念的关系（＝过渡＝矛盾）＝逻辑的主要内容，并且这些概念（及其关系、过渡、矛盾）是作为客观世界的反映而被表现出来的。**事物**的辩证法创造**观念**的辩证法，而不是相反。

正是**猜测到了**，仅此而已。

＃应当更通俗地表达这一要义，**不用**辩证法这个字眼，大致可以这样说：黑格尔在**一切**概念的更换、相互依赖中，在**它们的对立面的同一**中，在一个概念向另一个概念的**过渡**中，在概念的永恒的更换、运动中，天才地**猜测到**的正是事物、自然界的这样的关系。

| 辩证法是什么？ | ＝──── 概念的相互依赖 **一切**概念的毫无例外的相互依赖 一个概念向另一个概念的过渡 一切概念的毫无例外的过渡。 概念之间对立的相对性…… 概念之间对立面的同一。 | ＝注意 每一个概念都处在和其余**一切**概念的一定**关系**中、一定联系中 |

"人们最初把真理理解为：我**知道**某物如何**存在着**。然而这只是对意识而言的真理，或者是形式的真理，——只是正确而已（第213节，第386页）。按照更深的意义来说，真理就在于客观性和概念的同一……"

"坏人是不真实的人，即行为不符合于自己概念或自己使命的人。然而，完全缺乏概念和实在的同一性，就不可能存在任何东西。甚至坏的和不真实的东西之所以**存在**，也只是因为它的实在性还多少以某种方式符合于它的概念……"

"……凡是配称为哲学的学说，总是以关于什么东西的绝对统一的意识为其基础，**而知性对这个东西则只是在其分离的状况下才予以承认**……"

"前面所考察的**存在**和本质的**各阶段**，以及概念和客观性的各阶段，就它们的这种差别而言，不是**固定的**和**以自身为基础的东西**，而是证明其自身为辩证的，并且它们的真理只在于：它们**是观念的各个环节**。"（第387—388页）

存在和本质的差别，概念和客观性的差别，是相对的

第 6 卷第 388 页

人对自然界的认识(＝"观念")的各环节,就是逻辑的范畴。

第 6 卷第 388 页(第 214 节):

"观念可以被理解为理性(这是理性的真正的哲学意义),还可以被理解为主体－客体,观念和实在的统一、有限和无限的统一、灵魂和肉体的统一,自身具有自己的现实性的可能性,或其本性只能当做存在着的本性去理解的东西等等,因为知性的一切关系都包含在观念中,然而是通过它们的无限复归和自身同一而包含在观念中的。

(观念)真理
是全面的

知性能够不费力地指出:一切关于观念所说的话都是自相矛盾的。但是,对于知性的一切论点也可以予以同样的回击,或确切些说,在观念中知性已经遭到了这样的回击;——这项工作是理性的工作,当然它不像知性的工作那样容易。——如果知性指出:观念本身是自相矛盾的,因为,例如主观的东西只是主观的,而客观的东西则是和它对立的;存在是和概念完全不同的东西,因而不能从概念中推出存在;有限的东西也只是有限的,并且正是无限的东西的对立面,因而它和无限的东西是不能同一的;关于其他一切规定也是这样,——那么,逻辑倒是指出相反的情况,这就是:仅仅是主观的主观东西,仅仅是有限的有限东西,仅仅应当是无限的无限东西等等,都是不具有真理性的,都是自相矛盾的,并且向自己的对立面过渡;因此,这个过渡和统一——两个极端作为被扬弃的东

西,作为某种外观或环节包含在这个统一中——便显示出自己是这些极端的真理。"(第388页)

"知性面对观念时,就陷入双重误会:第一,对观念的两极(无论怎样表达都行,只要它们是在统一之中),知性仍按照它们不是处于具体的统一之中而是观念之外的抽象这样的意思和规定来理解。即使它们的关系已经被明确设定,它〈知性〉仍然误解这种**关系**;例如知性甚至忽视**判断中的系词的性质**,系词对**单一的东西**即主词加以说明:**单一的东西又同样地不是单一的东西,而是普遍的东西**。第二,知性认为**它的反思**——按照这种反思,自身同一的观念包含着对它自身的否定,即包含着矛盾——是**外在的反思**,而不在观念之中。但事实上,这并不是知性特有的智慧,**而观念本身就是辩证法**,这个辩证法永远在分离和区别同一和差别、主观和客观、有限和无限、灵魂和肉体,只是因为如此,辩证法**才是永恒的创造、永恒的生命和永恒的精神**……"(第389页)

注意
个别
＝
普遍

注意
抽象和对立面
的"具体统
一"。绝妙的
例子:最简单
而又最清楚的
例子,概念辩
证法以及它的
唯物主义根源

辩证法不在人
的知性中,而在
"观念"中,即在
客观的现实中

"永恒的生命"
＝辩证法

第6卷第215节,第390页:

"观念实质上是一个**过程**,因为观念的同一之所以是概念的绝对的和自由的同一,只是由于它的同一是绝对的否定性,并因而是辩证的。"

因此,思维和存在,有限和无限等等的"统一"这个说法**是谬误的**,因为它表达的是"静止

观念是……
一个过程

注意这点

不变的同一"。说有限简单地中和着("neutrali-
siert")无限并且**反之亦然**,这是不对的。事实
上我们所看到的是一个**过程**。

倘若计算一下……地球上每秒钟死亡十人以上和出生更多的
人。"运动"和"瞬间":抓住它。在每一既定的瞬间…… 抓住这一
瞬间。在简单的**机械**运动中也是如此(反对切尔诺夫[91])。

"观念作为过程,在自己的发展中经历三个阶段。观念的第一
个形式是**生命**…… 第二个形式……是作为**认识**的观念,这个认
识又以**理论**观念和**实践**观念的双重形态出现。认识过程的结果是
恢复因差别而丰富起来的统一,这便提供了第三个形式,即**绝对观
念**……"(第 391 页)

真理是过程。
人从主观的观
念,**经过"实
践"**(和技术),
走向客观真理。

> 观念是"真理"(第 385 页,第 213 节)。
> 观念,即**真理**,作为过程——因为真理是**过
> 程**——在自己的**发展**(Entwicklung)中经
> 历三个阶段:(1)生命;(2)认识过程,其中
> 包括人的**实践和技术**(见上面[92]),——(3)
> 绝对观念(即完全真理)的阶段。
>
> 生命产生脑。自然界反映在人脑中。
> 人在自己的实践中、在技术中检验这些反
> 映的正确性并运用它们,从而也就达到客
> 观真理。

逻辑学　第5卷

第3篇　观念　第1章　**生命**

"按照关于逻辑的通常看法"(第5卷第224页①)，在逻辑中是不谈**生命**问题的。但是，如果逻辑的对象是真理，而"**真理本身实质上又包含在认识中**"，那么就不得不论述认识，——谈到认识(第245页)，就该谈到**生命**。

有时人们在所谓"纯逻辑"之后还提出了"应用"(angewandte)逻辑，可是那个时候……

"……就得把每一门科学都纳入逻辑，因为每一门科学只要以思想和概念的形式来把握自己的对象，都可以说是应用逻辑"(第244页)。

> 任何科学都是
> 应用逻辑

从客观世界在人的意识(最初是个体的意识)中的反映**过程**和实践对这个意识(反映)的检验这一角度来看，把**生命**纳入逻辑的思想是可以理解的——并且是天才的——往下看：

生命＝个别的主体把自己和客观的东西分隔开来	"……所以生命的最初**判断**就是：生命把自己作为个别的主体而和客观的东西分隔开来……"(第248页)	《哲学全书》②第216节：身体的各个部分只有在其联系中才是它们本来应当是的那样。脱离了身体

---

① 指《黑格尔全集》1834年柏林版第5卷的页码。——编者注
② 指《黑格尔全集》1840年柏林版第6卷。——编者注

> 的手,只是名义上的
> 手(亚里士多德)。

> 如果考察逻辑中主体对客体的关系,那就应当注意**具体
> 的主体**(= **人的生命**)在客观环境中存在的一般前提。

分节①:

(1)作为"有生命的个体"的生命(A 节)

(2)"生命过程"

(3)"类(Gattung)的过程",人的繁衍过程和向**认识**的过渡。

> (1)"主观的总体性"和"漠不相干的""客观性"
>
> (2)主体和客体的统一

注意

> 《哲学全书》第 219 节:"……被生物征服的无机界之所以被征服,就是因为**自在**的无机界和**自为**的生命是一样的。"
>
> 倒转过来 = 纯粹的唯物主义。卓越、深刻、正确!! 还要注意:他证明"自在"和"自为"这两个术语的**极度**正确和中肯!!!

> "……有生命之物的这种客观性就是**有机体**;客观性是目的的**手段**和**工具**……"
> (第 251 页)

> 往下,把"感受性"(Sensibilität)、"应激性"(Irritabilität)——据说这是和普遍性相区别的**特殊的东西**!! ——以及"繁衍""纳入"

---

① 《黑格尔全集》1834 年柏林版第 5 卷第 248—262 页。——编者注

逻辑范畴,这是空洞的游戏。**交错线**、向自然现象的**另一**面的过渡都被忘记了。

以及其他等等。"疼痛是"有生命的个体中的"矛盾的'现实存在'"。

黑格尔和"有机体概念"的**游戏!!!**

黑格尔的可笑之处

还有,人的繁衍……"是他们的⟨两个异性个体的⟩实现了的同一,是从自身分裂又反射于自身的类的否定统一……"(第261页)

黑格尔和"有机体"的游戏

逻辑学　第 5 卷

第 3 篇　观　念

第 2 章　认识的观念

（第 262—327 页）①

主观的意识以及它向客观性的沉入

"……它的〈概念的〉一般实在性是**它的定在的形式**；问题就在于对这个形式的规定；根据对形式的规定，有以下的差别：概念是自在的或作为主观的概念，或者概念是沉入客观性的，然后沉入生命观念的概念。"（第 263 页）

神秘主义

"……精神不仅比自然界无限地丰富，而且……概念中对立物的绝对统一构成精神的本质……"（第 264 页）

？

神秘主义！

黑格尔反对
康德

？这就是说，康德的"自我"是一种没有对认识过程进行具体分析的空洞形式（"自我咀嚼"）

康德的"自我"是"思想的先验主体"（第 264 页），"同时按照康德自己的说法，这个自我有着一种不方便的地方，即我们随时都必须使用自我来对自我作某种判断……"

（第 265 页）

---

① 指《黑格尔全集》1834 年柏林版第 5 卷的页码。——编者注

注意

"在他〈=康德〉对这些规定〈即"以往的——康德以前的——形而上学"关于"灵魂"的抽象而片面的规定〉的批判中，他〈康德〉简单地追随休谟的怀疑论的方式，即他所牢牢抓住的就是自我如何在自我意识中显现，但是，他认为既然要认识自我的本质，认识自在之物，那就必须丢掉自我中一切经验的东西；这样一来，除了**我思维**这个伴随着一切表象的现象外，什么也没有剩下，但是关于这个现象我们没有丝毫概念。"(第 266 页)###

注意：
康德和休谟
——怀疑论者

大概黑格尔在这里看出怀疑论是在于：休谟和康德没有把"现象"看做**显现着的**自在之物，把现象和客观真理割裂开来，怀疑认识的客观性，把一切经验的东西同自在之物割裂开来（weglassen）……　黑格尔继续说：

黑格尔在哪里看出了休谟和康德的怀疑论？

###"……无疑地，应当承认：如果我们不去**理解**，只停留于单纯的、固定的**表象**和**名称**，那么，不论关于自我，不论关于任何东西，甚至关于概念本身，我们都没有丝毫概念。"(第 266 页)

离开理解（认识、具体研究等等）的过程就不能理解

要理解，就必须从经验开始理解、研究，从经验上升到一般。要学会游泳，就必须下水。

康德局限
于"现象"

据说旧形而上学力图认识**真理**,按真理的标志把对象分为实体和现象。康德的批判**拒绝探究真理**…… "但是停留于现象和停留于普通意识中出现的单纯表象的东西,这就是放弃概念和哲学。"(第269页)

A 节:

"真理的观念。主观的观念首先是**冲动**…… 因此,冲动有下述的规定性:冲动扬弃自身的主观性,使自己原先的抽象实在性变成具体实在性,并用自己的主观性预设的那个世界的**内容**来充实这个实在性…… 因为认识是作为目的或作为主观观念的观念,所以对预设为自在地存在着的世界的否定,是**第一个否定**……"(第274—275页)

> 也就是说,认识的有限性(Endlichkeit)和主观性、对自在世界的否定是认识的最初**阶段**、环节、开端、起头——认识的目的最初是主观的……

黑格尔反对康德:

"令人奇怪的是,当代〈显然是指康德〉**有限性**的这个方面仍然被坚持着,并且被认为是认识的**绝对关系**,似乎有限的东西本身就应当是绝对的! 从这个观点出发,客体被附加上某种不知道的、认识**之外**的**自在之物性**,并且这种自在之物性,从而还有真理,都被看做某种对认识来说是绝对**彼岸的东西**。按照

康德把**一个**方面奉为绝对

康德的自在之物是绝对的"彼岸的东西"

这样的理解，一般思维规定、范畴、反思规定，以
及形式的概念及其环节，获得了这样的地位：它
们并非本身是有限的规定，而是在这样的意义
上是有限的，即同上述空洞的**自在之物性**相比
较，它们是主观的东西；把认识的这种不真实的
关系当做真实的，乃是一种谬误，这种谬误已成
为当代的普遍意见。"(第 276 页)

> 康德的主
> 观主义

康德把认识和客体分割开来，从而把人的认识(它的范
畴、因果性等等、等等)的有限的、暂时的、相对的、有条件的性
质当做**主观主义**，而不是当做观念(＝自然界本身)的辩证法。

"……但是认识通过自身的进程解决了自
己的有限性，从而解决了自己的矛盾。"(第
277 页)

> 但是认识的**进
> 程**把认识引向
> 客观真理

"……设想对象中似乎没有什么东西不是
放进去的，这样进行分析是片面的；同样，设想
所获得的各个规定似乎只是从对象中**抽出来
的**，这也是片面的。大家知道，第一种设想是
主观唯心主义提出的，主观唯心主义在分析中
把认识的活动看成纯粹是片面的**设定**，在这个
设定的彼岸隐藏着**自在之物**；第二种设想属于
所谓的实在论，实在论把主观的概念理解为空
洞的同一性，这种同一性**从外面**把思想的规定

> 黑格尔反对主
> 观唯心主义和
> "实在论"

接受到自身中。"

逻辑的客观性

"……但是不能把这两个环节彼此分开,具有抽象形式的逻辑的东西(分析把逻辑的东西划归抽象形式),当然只存在于认识中,同样,反过来说,它不仅是**被设定的**东西,而且也是**自在地存在着的东西**……"(第 280 页)

当逻辑的概念还是"抽象的",还具有抽象形式的时候,它们是主观的,但同时它们也表现着自在之物。自然界**既是**具体的又是抽象的,**既是**现象又是本质,**既是**瞬间又是关系。人的概念就其抽象性、分隔性来说是主观的,可是就整体、过程、总和、趋势、来源来说却是客观的。

《**哲学全书**》第 225 节非常好,在那里"**认识**"("理论的")和"意志","实践活动"被描述为消灭主观性的"片面性"和客观性的"片面性"的两个方面、两个方法、两个手段。

注意

往下第 **281**—**282** 页关于范畴的相互**过渡**非常重要(而且是反对康德的,第 282 页)。

《逻辑学》,第 5 卷第 282 页(结尾)[①]

"……康德……从**形式逻辑**那里把规定的联系,即关系概念和

[①]　由此转入列宁的另一册笔记《黑格尔〈逻辑学〉。III(第 89—115 页)》。——俄文版编者注

综合原则自身,作为**现成的东西**拿过来;它们的演绎应当是对于自我意识的这个简单统一向它的这些规定和差别**过渡的描述**;可是康德没有花功夫去指出这种真正综合的**前进运动**,这种**自己产生自己的概念**。"(第 282 页)

> 康德没有指出范畴的相互**过渡**。

第 286—287 页——黑格尔再度谈到高等数学时(附带表明他是知道高斯如何解 $X^m - 1 = 0$ 这一方程式的)[93],又一次谈到了微积分,他说:

"数学……直到现在还不能靠自己的力量即从数学上来证明那些以这种过渡〈从一些量到另一些量的过渡〉为基础的运算,因为这种过渡不是数学性质的。"享有发明微分学荣誉的**莱布尼茨**,用"最不充分、既无概念又非数学的方法"实现了这种过渡……"(第 287 页)

"**分析的认识**是全部推理的第一个前提——概念对客体的直接关系;所以同一就是这样一个规定,这种认识把它当做自己的规定,并且这种认识只抓住现有的东西。综合的认识则力求对现有的东西达到**理解**,也就是说,在各规定的统一中去掌握各规定的多样性。因此,综合的认识是推理的第二个前提,在这个前提中,差别的东西本身是相关联的。这样,这种认识的目标就是一般必然性。"(第 288 页)

对于某些科学(例如,物理学)为了"说明"各种"力"等等、为了拼凑(硬搬)事实等等而采取的方法,黑格尔作出了以下明智的评语:

异常正确
和深刻

（参看资产
阶级的政
治经济学）
反对主观主
义和片面性

"对于被引进定理中的具体材料的所谓解说和证明，一部分是同语反复，一部分是对真实关系的歪曲，一部分又是用这种歪曲来掩盖认识的虚妄，这种认识片面地采纳经验，唯有这样它才能获得自己的简单的定义和原理；它是这样消除来自经验的反驳的：它不从经验的具体的总体性来看待和承认经验，而是把经验作为例子，并且从对假说和理论有利的方面去看待和承认经验。在具体经验从属于预先设定的各规定的情况下，理论的基础就被蒙蔽；它只是从符合理论的这一方面显露出来。"（第315—316页）

这就是说**康德**
不理解"有限
事物"的辩证
法 的 **普 遍** 规
律?

据说**康德**和**雅科比**推翻了旧形而上学，（比如沃尔弗的形而上学 实例：可笑地炫耀陈词滥调，等等。**94**）。康德指出："严格的论证"会引出二律背反，

"可是，对于和某个有限内容相联系的这个论证的性质本身，他〈康德〉并没有思考过；然而，二者必定同时垮台。"（第317页）

综合的认识还是不完全的，因为"概念在其对象中或在其实在性中没有成为与自身的统一……　由于对象和主观的概念不相符合，所以在这种认识中观念还没有达到真理。——但是必然性的领域是存在和反思的最高峰；必然性自在自为地过渡到概念的自由，内在的同一过渡到自身的表现，这就是作为概念的概念……"

"……既然**自为**的概念现在是自在自为的规定的概念，那么观

念就是**实践的**观念,即**行动**。"(第 319 页)下面一节标题为《B:善的观念》。

> 　　理论的认识应当提供在必然性中、在全面关系中、在自在自为的矛盾运动中的客体。但是,只有当概念成为在实践意义上的"自为存在"的时候,人的概念才能"最终地"抓住、把握、通晓认识的这个客观真理。也就是说,人的和人类的实践是认识的客观性的验证、标准。黑格尔的意思是这样的吗? 这一点要回头再看。

黑格尔
论实践和认识的客观性

> 　　为什么从实践、行动只向"善"(das Gute)过渡呢? 这是狭隘的,片面的! 然而**有益的东西**呢?
> 　　无疑,也包括有益的东西。或者,按照黑格尔的看法,这也是"善"?

> 　　所有这些都在《认识的观念》这一章(第 2 章)中——在向"绝对观念"(第 3 章)的过渡中——就是说,无疑地,在黑格尔那里,在分析认识过程中,实践是一个环节,并且也就是向客观的(在黑格尔看来是"绝对的")真理的过渡。因此,马克思把实践的标准引进认识论时,是直接和黑格尔接近的:见关于费尔巴哈的提纲[95]。

认识论中的实践：

（第 320 页）"它〈概念〉作为主观东西，仍然以某个自在存在着的异在为前提；它是实现自己的**冲动**，是一个目的，这个目的在客观世界中通过自身给自己提供客观性并完成自身。在理论观念中，主观概念是作为普遍的东西、自在自为的无规定的东西而和客观世界相对立，它从客观世界中为自己汲取规定的内容并得到充实。可是在实践观念中，这个概念则作为现实的东西而和现实的东西相对立；但主体在其自在自为的规定的存在中所具有的对自身的确信，就是对自己的现实性和世界的**非现实性**的确信……"
……

> 换句话说：
> 人的意识不仅反映客观世界，并且创造客观世界。

作为主观东西的概念（＝人）又以自在存在着的异在（＝不以人为转移的自然界）为前提。这个概念（＝人）是实现自身的**冲动**，是在客观世界中通过自身给自己提供客观性并实现（完成）自身的**冲动**。

在理论观念中（在理论领域中），主观概念（认识？）作为普遍的东西和自身没有规定性的东西而和客观世界相对立，它从客观世界中汲取规定的内容并得到充实。

在实践观念中（在实践领域中），这个概念则作为现实的东西（作用着的东西？）而和现实的东西相对立。

主体在这里突然代替"概念"在其自在自为的存在中，即在作为规定的主体中所具有的对自身的确信，就是对自己的现实性和世界的**非现实性的**确信。

> 这就是说，世界不会满足人，人决心以自己的行动来改变世界。

"……这种包含在概念中、和概念相等并且自身包括着对个别外部现实的要求的规定性，就是**善**。善是带着绝对这种品格出现的，因为它是概念自己内部的总体性，是客观的东西，这个客观的东西同时具有自由统一性和主观性的形式。这种观念**高于前面所考察的认识观念**，因为这种观念不仅具有普遍东西的品格，而且具有**单纯现实东西的品格**……"（第320—321页）

"……因此，目的的活动不是指向自身，不是要把一个现成的规定容纳于自身并同化于自身，倒是为了设定自身的规定，并通过扬弃外部世界的各个规定来使自己获得具有外部

实质：

"善"是"对外部现实性的要求"，这就是说，"善"被理解为人的**实践** = 要求（1）和**外部现实**（2）。

实践高于（理论的）认识，因为它不仅具有普遍性的品格，而且还具有直接现实性的品格。

"目的的活动不是指向自己……

而且为了通过消灭**外部**世界的规定的（方面、特征、现象）**来获得具有外部现实形式的实在性**……"

现实形式的实在性……"（第 321 页）

……

　　"……实现了的善之所以是善，就是因为它已经存在于主观的目的中，存在于自己的观念中；它的实现使它具有某种外部的定在……"（第 322 页）

　　"善的主观性和有限性在于它以**客观世界**为前提，**并且客观世界作为他物走它自己的路**，从作为善的前提的客观世界这方面来说，善的实现本身会遭到阻碍，甚至会碰到无法解决的问题……"＋（第 322—323 页）

| 注意
注意 | "客观世界""走它自己的路"，人的实践面对这个客观世界，在"实现"目的时会遇到"困难"，甚至会碰到"无法解决的问题"…… |

＋"……这样，善仍然只是一种**应有**；它是自在自为的，可是，存在作为最后的、抽象的直接性，仍然与善对立，又被规定为一种非存在……"＋＋（第 323 页）

善、幸福、良好愿望，依然是**主观的应有**……

　　　　　　　　＋＋"……的确，完成了的善的观念是一个绝对公设，然而只不过是一个公设而已，即被**主观性的规定性**纠缠住的绝对的东西。这里仍有**两个对立着的世界**：一个是**纯粹的透明**思想领域中的**主观性**王国，另一个是外表**多样化的现实**领域中的**客观性**王国，这个外表多样化的现实是一个未开发的黑暗王国。绝对目的有这个现实

两个世界：
主观世界和
客观世界

的界限与它不调和地对立着,它的不可解决的矛盾的充分发展,在《精神现象学》第453页及以下各页中有更详细的考察。"(第323页)

> 对主观性王国——它和"客观的""多样化的"现实的"黑暗"相对立——中的纯粹的"透明思想领域"的**嘲笑**。

注意

"……在后者中〈＝在和实践观念不同的理论观念中〉……认识知道自己只是领会,只是概念和自己的没有规定的自身同一;充实,即自在自为的规定的客观性,是**现存的东西**,而**真实存在着的东西**是**不以主观设定为转移的现存的现实**。相反地,实践观念认为,这个同时作为不可克服的界限而与它对立的现实,却是自在自为的虚无,它应当通过善的目的去获得自己的真实规定和唯一的价值。因此,**意志本身之所以会阻碍达到自己的目的,就是由于意志把自己和认识分隔开来,由于外部现实对意志来说,没有获得真实存在着的东西的形式**;所以,善的观念只能在真理的观念中得到补充。"(第323—324页)

> 认识……发现在自己面前真实存在着的东西就是不以主观意见(设定)为转移的现存的现实。(这是纯粹的唯物主义!)人的意志、人的实践,本身之所以会妨碍达到自己的目的……就是由于把自己和认识分隔开来,由于不承认外部现实是真实存在着的东西(是客观真理)。必须**把认识和实践结合起来**。

注意

紧接着就是:

"……但是善的观念通过自身来实现这种过渡〈从真理的观念到善的观念的过渡,从理论到实践的过渡,反之亦然〉。在行动的推理中,第一个前提就是**善的目的对那个现实**的直接关系,目的掌握那个现实,而在第二个前提中,目的把它作为**外部的手段**来反对外部现实。"(第 324 页)

注意	"行动的推理……"对黑格尔来说,**行动**、实践是**逻辑的"推理"**,逻辑的式。这是对的! 当然,这并不是说逻辑的式把人的实践作为它自己的异在(＝ 绝对唯心主义),而是相反,人的实践经过亿万次的重复,在人的意识中以逻辑的式固定下来。这些式正是(而且只是)由于亿万次的重复才有着先入之见的巩固性和公理的性质。
注意	第 1 个前提:**善的目的**(主观的目的)对**现实**("外部现实")的关系 第 2 个前提:外部的**手段**(工具),(客观的东西) 第 3 个前提,即结论:主体和客体的一致,对主观观念的检验,客观真理的标准。

"……善的实现——这是跟与它对立的其他现实相违背的——就是中介,它对于善的直接关系和实现来说,实质上是必然的……"

"……但是,如果善的目的以这样的方式〈通过活动〉仍然没有实现,那么这就会是概念复归到它自己的活动之前曾经具有的立场——即现实被规定为虚无的但又被预设为实在的这一立场;这种复归是向恶无限性的进展,并且唯独以下面这点作为自己的根据:在上述抽象实在的扬弃中,这个扬弃也立即被忘记了;或者忘记了这个实在却已经被预设为自在自为的虚无的、非客观的现实。"(第 325 页)

> （人的活动的）目的未完成的原因（Grund）是:把实在当做不存在的东西（nichtig）,不承认它（实在）的客观的现实性。

注意

"因为外部现实通过客观概念的活动变化着,它的规定也因而被扬弃,所以,它正因为这样而失去了单纯显现着的实在性、外在的可规定性和虚无性,从而**被设定为**自在自为地存在着的……"+

注意

> 为自己绘制客观世界图景的人的活动**改变**外部现实,消灭它的规定性(= 变更它的**这些**或那些方面、质),这样,也就去掉了它的外观、外在性和虚无性的特点,使它成为自在自为地存在着的(= 客观真实的)。

注意

+ ……"这样便完全扬弃了上述的预设,即作为**单纯主观的**和内容有限的目的的善的规定,扬弃了通过主观活动才使有限目的实现的必然性以及这个活动本身。**其结果**是中介扬弃自身;结果是直接性,这个直接性不是预设的恢复,反而是它的扬弃。因此,自在自为地被规定的概念的观念已经**不仅**被设定在**活动着的主体中**,而且也同样被设定为直接的现实,并且反过来,这个直接的现实,如同在**认识中一样**,被设定为**真实存在着的客观性**。"(第 326 页)

> 　　活动的结果是对主观认识的检验和**真实存在着的客观性**的标准。

　　"……从而出现这样的结果:**认识被恢复并且和实践的观念结合起来**,发现了的现实同时被规定为实现了的绝对目的,然而并不像在探索的认识中那样,仅仅作为没有概念的主观性的客观世界,而是作为这样的客观世界,其内在根据和现实的持续存在就是概念。这是绝对观念。"(第 327 页)((第 2 章完,转到第 3 章:《绝对观念》。))

　　第 3 章:《绝对观念》

　　"……绝对观念,原来就是理论观念和实践观念的同一,其中每一方就其自身来说都还是片面的……"(第 327 页)

> 　　理论观念(认识)**和实践的统一**——要注意这点——而且这个统一**正是认识论中的**,因为"绝对观念"(而观念 = "客观真理的东西")是在总和中得出来的。 第 5 卷第 236 页

　　现在还待考察的,据说已经不是内容,而是"……它的形式的

普遍东西——即**方法**"(第 329 页)。

"在探索的认识中,方法也就是**工具**,是在主体方面的某个手段,主体方面通过这个手段和客体相联系…… 相反地,在真理的认识中,方法不仅是大量的已知规定,而且是概念的自在自为的规定性,这种概念之所以是中项〈逻辑推理的式中的中项〉,只是因为它同样也有客观东西的意义……"(第 331 页)

"相反地,绝对的方法〈即认识客观真理的方法〉不是呈现为外在的反思,而是从它的对象自身中取得规定的东西,因为这个方法本身就是对象的内在原则和灵魂。——这就是**柏拉图**对认识的要求,即**要考察自在自为的事物本身**,一方面要从事物的普遍性去考察,另一方面也不要脱离事物,去抓枝节、实例和对比,而是要注意这些事物,并且要意识到它们的内在的东西……"(第 335 — 336 页)

这种"绝对认识"的方法**是分析的**……"但同时又是**综合的**"(第 336 页)。

> "Dieses so sehr synthetische als analy-tische Moment des *Urteils*, wodurch das anfängliche Allgemeine aus ihm selbst als das *Andere seiner* sich bestimmt, ist das *dialek-tische* zu nennen"[1]...(第 336 页)(+ 见下页)[2]

辩证法的规定之一

> "这个既是分析的又是综合的**判断**的环节，——由于它
> 〈环节〉，最初的一般性 一般概念 从自身中把自己规定为自
> 己的他物，——应当叫做辩证的环节。"

规定不是明确的!!

(1)来自概念自身的概念的规定 应当从事物的关系和事物
的发展去考察事物**本身** ;

(2)事物本身中的矛盾性(自己的他物)，一切现象中的矛盾
的力量和倾向;

(3)分析和综合的结合。

大概这些就是辩证法的要素。

也许可以比较详细地把这些要素表述如下:

辩证法的要素
  　　　　　　　　　　（1）考察的**客观性**(不是实例,不是枝节之论,
  　　　　　　　　　　　　而是自在之物本身)。

  　　　　　　　　　　　　　　　　　　　　　　　×

  　　　　　　　　　　（2）这个事物对其他事物的多种多样的**关系**的
  　　　　　　　　　　　　全部总和。

  　　　　　　　　　　（3）这个事物(或现象)的**发展**、它自身的运动、
  　　　　　　　　　　　　它自身的生命。

  　　　　　　　　　　（4）这个事物中的内在矛盾的**倾向**(和⧧方
  　　　　　　　　　　　　面)。

  　　　　　　　　　　　　　　　　　　　　　　　⧧

  　　　　　　　　　　（5）事物(现象等等)是**对立面**的总和**与统一**。

  　　　　　　　　　　（6）这些对立面、矛盾的趋向等等的**斗争**或
  　　　　　　　　　　　　展开。

（7）分析和综合的结合，——各个部分的分解和所有这些部分的总和、总计。

×（8）每个事物(现象等等)的关系不仅是多种多样的，并且是一般的、普遍的。每个事物（现象、过程等等）是和其他的**每个**事物联系着的。

（9）不仅是对立面的统一，而且是**每个**规定、质、特征、方面、特性向**每个**他者 向自己 的对立面? 的**过渡**。

(10)揭示**新的**方面、关系等等的无限过程。

(11)人对事物、现象、过程等等的认识深化的无限过程，从现象到本质、从不甚深刻的本质到更深刻的本质；

(12)从并存到因果性以及从联系和相互依存的一个形式到另一个更深刻更一般的形式[96]。

(13)在高级阶段重复低级阶段的某些特征、特性等等，并且

(14)仿佛是向旧东西的复归 $\left(\dfrac{\text{否定的}}{\text{否定}} \right)$ 。

(15)内容对形式以及形式对内容的斗争。抛弃形式、改造内容。

(16)从量到质和从**质到量**的过渡。((**15 和 16**是 **9** 的**实例**))

> 可以把辩证法简要地规定为关于对立面的统一的学说。这样就会抓住辩证法的核心,可是这需要说明和发挥。

+ （续前。见上页①）

"……辩证法是古代科学之一,它在近代人的形而上学 这里很清楚＝认识论和逻辑 中以及一般地在古代人和近代人的通俗哲学中最被误解……" 关于**柏拉图**,第欧根尼·拉尔修曾经说过:柏拉图是**辩证法**即第三门哲学科学的创始者(犹如泰勒斯是自然哲学的创始者,苏格拉底是道德哲学的创始者一样)**97**,可是那些大肆喧嚷柏拉图这个功绩的人却很少思考这个功绩……

柏拉图和辩证法

"……人们常常把辩证法看做一种**技艺**,好像它是基于一种主观的**才能**,而不是属于概念的客观性……"(第 336—337 页)康德的重要功绩是重新倡导辩证法,承认它是"理性的必然的"(特性)(第 337 页),但是(运用辩证法的)结果必定是(和康德主义)"相反的"。**见下面。**

辩证法的客观性……

往下是对**辩证法**的一个非常有意思的、明白的、重要的**概述**:

"……辩证法除开通常显得是一种偶然的东西外,它常常具有那种更为详尽的形式,即

---

① 见本卷第 189 页。——编者注

1914 年 9 — 12 月列宁所作黑格尔《逻辑学》一书摘要的手稿第 100 页

对于任何对象,如世界、运动、点等等,都能指明
其特有的某个规定,例如,按照以上所举出的诸
对象的次序指明空间或时间的有限性、在**这个**
地方、对空间的绝对否定等;但是,接着同样也
必然有相反的规定,例如空间和时间的无限性、
不在这个地方、对空间的关系,从而有空间性。
较古老的埃利亚学派主要是运用它的辩证法来   ‖ 来自辩证法史
反对运动,柏拉图则常常运用辩证法反对当时
的、特别是诡辩学派的看法和概念,但是也反对
纯粹的范畴和反思规定;发达的晚期怀疑论不   ‖ 怀疑论在辩证
仅把辩证法推广于直接的所谓意识事实和日常   法史上的作用
生活的准则,并且还把它推广于一切科学的概
念。但是从这种辩证法中所得出的结论,一般
都是所提出的论断的**矛盾性**和**虚无性**。但是这
样的结论可以有双重含义:一种是客观的含义,
即这样自相矛盾的**对象扬弃**自己并归于虚
无;——例如埃利亚派的结论就是这样的,按照
这个结论,世界、运动、点等等的**真理性**便被否
定了;——另一种是主观的含义,即**认识是有欠
缺的**。对后一个结论或者可以这样理解:这个   ‖ 辩证法被认为
辩证法本身在玩弄变出虚假外观的戏法。所谓   是戏法
人的常识的普通观点就是如此,这种常识执着
于**感性的**明显性以及习惯的见解和言论……"
(第337—338页)

黑格尔说,例如犬儒第欧根尼[98],用步行来   ‖

证明运动,这是"庸俗的反驳"(第 338 页)。

康德主义 ＝ (也是)怀疑论	"……或者,关于主观虚无性的这个结论,并不涉及辩证法自身,倒是涉及它所反对的认识,而且是在怀疑论的意义上、同样也是在康德哲学意义上所反对的一般**认识**。"
	"……这里的主要成见就在于:好像辩证法**只具有否定的结果**。"(第 338 页)
	同时还说什么康德的功绩就是注意辩证法,注意研究"自在自为的思维规定"(第 339 页)。
这是对的! **表象**和**思想**,二者的发展,而不是什么别的	"没有思维和概念的对象,就是一个表象或者甚至只是一个名称;只有在思维规定和概念规定中,对象**才是**它所是的东西……"
对象表现出自身是辩证的	"……因此,如果某一对象或认识按其自身性质或者由于某种外部联系而表现出自身是辩证的,那就不能认为这是这一对象或认识的过错……"
概念不是不动的,而就其本身,就其本性来讲 ＝ **过渡**	"……因此,一切被认为是固定的对立面,如有限和无限、个别和一般,都不是由于什么外部联结而成为矛盾的,相反,正像对它们本性的考察所表明的,它们本身自在自为地就是一种过渡……"(第 339 页)
＃ 第一个一般的概念(也 ＝ 第一次遇到的任何一般的概念)	"这就是上面所指出的那个观点,按照这个 　　　　＃ 观点,第一个一般的东西,**就其本身来看**,表现为它自身的他物……"

"……但是这个他物在本质上不是空洞的否定,不是那<u>被认做辩证法的通常结果</u>的无,而是第一个东西的他物,是直接东西的否定;因此,它被规定为中介物,一般说来在其内部包含着第一个东西的规定。从而,第一个东西本质上也<u>储藏</u>和<u>保存</u>在他物之中。——把肯定保持在<u>它的</u>否定中,把前提的内容保持在它的结果中,这就是理性认识中最重要的东西;同时,只须最简单地思考一下就足以确信这个要求的绝对真理和必然性,至于用以证明这一点的<u>实例</u>,那么全部逻辑都是由它们组成的。"(第340页)

> 这对于理解辩证法是非常重要的

> 辩证法的特征的和本质的东西不是单纯的否定,不是徒然的否定,**不是怀疑的**否定、动摇、疑惑,——当然,辩证法自身包含着否定的要素,并且这是它的最重要的要素,——不是这些,而是作为联系环节、作为发展环节的否定,它保持着肯定的东西,即没有任何动摇、没有任何折中。

一般说来,辩证法就在于否定**第一个论点**,用**第二个论点**去代替它(就在于前者过渡到后者,在于指出前者和后者之间的联系等等)。后者可以成为前者的宾语——

——"例如,有限是无限,一是多,个别是一般……"(第341页)

"……因为第一个东西或直接的东西是**自**

	在的概念,从而也只是**自在的**否定的东西,所以,它的辩证环节就在于:**自在地**包含在它之中的**差别**设定在它的内部。相反的,第二个东西本身就是**规定的东西**,是**差别**或关系;因此,它的辩证环节就在于设定它所包含的**统一**……"——(第341—342页)
"自在"=潜在,尚未发展,尚未展开	

（对于简单的和最初的"**第一个**"肯定的论断、论点等等,"**辩证的环节**",**即**科学的考察,要求指出差别、联系、过渡。否则,简单的、肯定的论断就是不完全的、无生命的、僵死的。对于"**第二个**"否定的论点,"辩证的环节"则要求指出"**统一**",也就是指出否定和肯定的联系,指出这个肯定存在于否定之中。从肯定到否定——从否定到保存着肯定东西的"**统一**",——否则,辩证法就要成为空洞的否定,成为游戏或怀疑。）

……——"因此,如果否定的东西,规定的东西,关系,判断以及所有归在这第二个环节之下的规定,不是自身已经表现为矛盾和辩证的,那么这只是思维的欠缺,即思维没有把自己的思想汇合起来。因为材料——在**一个关系**中各**对立**的规定——已经**设定**并且摆在思维面前。但是形式的思维把同一奉为规律,把它面前的矛盾内容贬入表象的领域,贬入空间和时间,而在那里,矛盾的东西**各不相连地**保持着并列和先后相继的状态,并且就这样**互不接触地**出现在意识面前。"（第342页）

注意

"〈对象〉互不接触地出现在意识面前"——这就是反辩证法的实质。似乎就在这里黑格尔露出了唯心主义的马脚,——时间和空间（和表象联系着）被列入比**思维低级的东**

西。虽然,在**一定**意义上表象的确是比较低级的。实质在于:思维应当**把握住**运动着的全部"表象",**为此,思维**就必须是辩证的。表象比思维**更接近**于实在吗? 又是又不是。表象不能把握**整个**运动,例如它不能把握秒速为 30 万公里的运动[99],而**思维**则把握而且应当把握。从表象中获得的思维,也反映实在;时间是客观实在的存在形式。黑格尔的唯心主义是在这里,即在时间的概念中(而不是在表象对思维的关系中)。

"……关于这点,它①为自己制定了一个确定的原则:矛盾是不可思议的;而实际上,矛盾的思维是概念的本质要素。形式的思维事实上也思考矛盾,但它立刻把视线移开,而按上述的说法〈即矛盾是不可思议的这句名言〉从矛盾转到只是抽象的否定。"

"刚才考察过的否定性,形成概念运动的**转折点**。这个否定性是自身的否定关系的单纯之点,是一切活动的,即生命的和精神的自己运动的最内在的泉源,是辩证法的灵魂,而所有真实的东西本身都含有这种辩证法的灵魂,并且只有通过它才是真理,因为概念和实在之间的对立的扬弃,以及作为真理的统一,完全是以这个主观性为基础的。——第二个否定,即我们达到了的否定的否定,是上述的矛盾的扬弃,可是这种扬弃,和矛盾一样,不是**某种**外在反思的**行动**,而是生命和精神的**最内在的最客观的**环节,

‖ 辩证法的精华

‖ 真理的标准(概念和实在的统一)

① 即形式的思维。——编者注

由于它,才有主体,个人,自由的个人。"(第
342—343 页)

这里重要的是:(1)辩证法的特征:自己运动、活动的泉
源、生命和精神的运动;主体(人)的概念和实在的一致;(2)
最高程度的客观主义("最客观的环节")。

黑格尔说:"如果总是愿意**计算**的话"(第 343 页),这个否定的
否定是第三项,但是也可以把它当做**第四项**(四分法)(第 344 页),
再算上**两个**否定:"简单的"(或"形式的")否定和"绝对的"否定。
(第 343 页末尾)

我不明白这种差别,绝对的东西不是等于更具体的东
西吗?

注意:
辩证法的"三分法"
是它的外在的
表面的方面

"这个统一同方法的整个形式——

三分法——一样,完全只是认识方式的
一个表面的外在的方面。"(第 344 页)

——又说:但是,仅就它(即使是没有概念
的)被指出来而言,已经是"康德哲学的无量功
德了"。

"的确,形式主义也掌握了三分法,并且保
持了它的空洞的**模式**;现代哲学上所谓的**构造**
无非是:到处乱用这个没有概念和内在规定的

形式的模式,并用它去建立外部秩序,这个构造
的肤浅、无聊和空泛就使得这个形式枯燥无味,
声名狼藉。然而,它不会由于这种使用上的平
淡无奇而丧失其内在价值,无论如何,应该高度
评价理性东西的形态最初被发现这一点,尽管
对这个形态还没有达到概念的理解。"(第
344—345 页)

黑格尔无情地
责骂辩证法游
戏 的 形 式 主
义、无聊、空洞

否定的否定的结果,这第三个不是"……静止的第三个,而正
是〈对立面的〉统一,这种统一是以自身为中介的运动和
活动……"(第 345 页)

这种向"第三个"即向合题的辩证转化的结果是新前提,是论
断等等,这个新前提又成为进一步分析的泉源。而认识的"**内容**"
已经进入这个新前提即"第三"阶段("认识的内容本身进入考察的
范围"),——于是**方法**就扩展为**体系**(第 346 页)。

一切论断、一切分析的开端,——这第一个前提,好像现在已
经是不确定的、"不完全的",出现了对它要加以论证、"引申"
(ableiten)的要求,结果便是:"这似乎是要求对无限的、**向后的**倒
退加以论证和引申"(第 347 页)——可是从另一方面看来,新的前
提在**向前**推进……

"……认识是从内容向内容前进。这个前进首先是这样规定
自己的,即它从简单的规定性开始,继之而来的规定性就愈益**丰
富、愈益具体**。因为结果包含着自己的开端,而开端的进程用新的
规定性丰富了结果。普遍的东西构成基础;因此,不应当把前进看
做从某一他物到另一他物的流动。绝对方法中的概念**保存**在自己
的异在之中,普遍的东西保存在自己的特殊化之中,保存在判断和

实在之中;在继续规定的每一个阶段上,普遍的东西都在提高它以前的全部内容,它不仅没有因为自己的辩证的前进而丧失什么,也没有丢下什么,而且还带上一切收获,使自身不断丰富和充实起来……"(第349页)

（　这一段话对于什么是辩证法这个问题,很不错地作了某种总结。　）

但是,**扩展**也要求**深化**("进入自身"),"而且更大的扩展同样也是更高度的密集"。

注意这点:
最丰富的是最具体的和最主观的

"因此,最丰富的是最具体的和最**主观的**。那个使自己复归到最单纯的深处的东西,是最强有力的和包容最多的。"(第349页)

"正是这样,在继续规定的过程中,每向前一步离开没有规定的开端,同时也是**退回去接近**没有规定的开端,因而最初看来可能是相异的东西,即对开端的后退的论证和对开端的向前的继续规定,是汇合在一起的,是同一回事。"(第350页)

不该为这个没有规定的开端负疚:

注意
黑格尔
反对
康德

"……不必为此负疚:似乎它〈开端〉只能被当做暂时的或假设的。凡是可以提出来反驳开端的东西,——例如说人的认识是有局限性的,在着手做事之前需要批判地审查认识的工具,——本身都是前提,这些前提,作为具体规定,就会包含着要求它们的中介和论证,这样,它们在形式上就没有任何比它们所反对的那个始自事实的**开端**更优越的地方,倒是自己由于其比较具体的内容而需要推论,因此,认为它们似乎应当比其他东西更受重视,那只是**空洞的奢望**。它们的内容是不真实的,因为它们使已知为有限的和不真实的认识,即有局限性的、被规定为对自己的内容来说是形式和工具的认识,成为确定不移的和绝对的东西,这个不真实的认识本身也同样是形式,是后退的论证。真理的方法也知道开端是不完善的,因为它只是开端,但是同时又知道这个不完善的东西就是必然的东西,因为真理不外是通过直接性的否定性而回到自身……"(第 350—351 页)

"……由于上述方法的性质,科学表现为一个环绕自身的**圆圈**,圆圈的末端通过中介而同这个圆圈的开端,即简单的根据连接着;同时这个圆圈是许多**圆圈的一个圆圈**…… 这一链条的各个环节便是各门科学……"(第 351 页)

"方法是仅仅和自身相关的纯概念,因此,它是对自身的简单关系,这个关系就是存在。但是现在这也是**充实的**存在,是把握自身的概念,是作为具体的而且完全密集的总体的存在……"

"……第二,这个观念"((绝对认识的观念))"还是逻辑的观念,它被封闭在纯思想中,它还只是神的概念的科学。不错,它的系统的发展本身就是实现,然而是包含在这个领域内的实现。因为,认识的纯观念就其被封闭在主

反对康德
(对的)

科学是
圆圈的
圆圈

注意:
辩证方法和
"充实的存
在",即充满
内容的和具
体的存在的
联系

观性中而言,是扬弃主观性的**冲动**,并且纯真理作为最后的结果,也会成为**另一领域和科学的开端**。在这里只须要指出这个过渡。

正是因为观念把自己设定为纯概念与其实在性的绝对统一,从而使自己集聚为**存在**的直接性,所以,观念作为具有这个形式的总体,就是**自然界**。"(第 352—353 页)

《逻辑学》最后一页即第 353 页上的这句话,妙不可言。逻辑观念向**自然界**的过渡。唯物主义近在咫尺。恩格斯说得对,黑格尔的体系是颠倒过来的唯物主义[②]。这不是逻辑学的最后一句话,不过,往下直到这一页的末尾都不重要。

————

《逻辑学》完。1914 年 12 月 17 日

————

从观念过渡到自然界……

注意
《小逻辑》(《哲学全书》第 244 节,即第 414 页[①]的附释),这本书的**最后一句**话是这样的:"但是这个存在着的观念就是自然界。"

注意

妙就妙在:关于"绝对观念"的整整一章,几乎没有一句话讲到神(差不多只有一次偶然漏出了"神的""概念"),此外——**注意这点**——几乎没有专门把**唯心主义**包括在内,而是把**辩证的方法**作为自己主要的对象。黑格尔逻辑学的总结和概要、最

————

① 指《黑格尔全集》1840 年柏林版第 6 卷的页码。——编者注
② 参看恩格斯《路德维希·费尔巴哈和德国古典哲学的终结》(《马克思恩格斯文集》第 4 卷第 280 页)。——编者注

高成就和实质,就是**辩证的方法**,——这是绝妙的。还有一点:在黑格尔这部**最唯心**的著作中,唯心主义**最少**,唯物主义**最多**。"矛盾",然而是事实!

————

第 6 卷第 399 页①

《哲学全书》第 277 节——卓越地叙述了**分析的**方法("分解""现存的具体的"现象——"赋予"现象的各个方面以"抽象的形式"并且"分出"——"类或力和规律")第 398 页——和它的应用:

> 注意:"类或力和规律"(类 = 规律!)

应用分析的方法还是应用综合的方法,这决不是(如人们通常说的)"我们随心所欲的事"(第 398 页),——这取决于"要认识的对象本身的形式"。

洛克和经验论者主张分析的观点。而且他们常常说:"认识一般地不能有更多的作为了。"(第 399 页)

"但是立刻就可以弄明白,这是对事物的颠倒,并且那种愿意把握事物**本来面目**的认识,就会因此而自相矛盾。"例如化学家"折腾"一块肉,发现了氮、碳等等。"但是这些抽象物质已经不再是肉了。"

> 非常正确!参看马克思在《资本论》第 1 卷第 5 章注释 2 中的引语**100**

定义可能有许多,因为对象有许多方面:

————

① 指《黑格尔全集》1840 年柏林版第 6 卷的页码。——编者注

　　"被下定义的对象越丰富,也就是说,它可
以供考察的不同方面越多,那么给这个对象可
下的定义就越有差异。"(第 400 页,第 229
节)——例如关于生命、国家等等的定义。

　　斯宾诺莎和谢林在自己的定义中提出了许多"思辨的东西"
(黑格尔在这里显然是在好的意义上使用这个字眼的),然而是"以
断言的形式"提出的。哲学则应当证明和推论一切,而不应当局限
于下定义。

　　分类(Einteilung)应当是"自然的,而不是单纯人为的即任意
的"(第 401 页)。

　　第 **403 — 404** 页——狠狠地反对"构造"和玩弄构造的"游
戏",而问题在于"概念"、"观念"、"概念和客观性的统一"……(第
403 页)

　　在《哲学全书》(《小逻辑》)第 233 节中,**b** 章标题是《**意愿**》(这
在**大逻辑**中是《善的观念》)

　　活动是"矛盾",——目的是现实的和非现实的,可能的和
不……等等。

　　"在形式上,这个矛盾的消除在于:活动扬弃目的的主观性,从
而也扬弃客观性,扬弃使这二者都是有限的那种对立,活动不仅扬
弃这个主观性的片面性,并且扬弃一般主观性。"(第 406 页)

　　康德和费希特的观点(特别在道德哲学中)是目的的观点,是
主观应有性的观点(第 407 页)(与客观没有联系)……

　　黑格尔在讲到绝对观念时,嘲笑(第 6 卷第 237 节第 409 页)
关于绝对观念的"夸夸其谈",好像一切都展现在绝对观念中,他并
且指出:

"绝对观念"……是……"普遍";"但是这个普遍不单单是和作为某个他物的特殊内容相对立的抽象形式〈原文如此!〉,而是作为绝对形式,所有的规定、这个形式所设定的全部充实的内容,都要复归到这个绝对形式中。在这方面,可以把绝对观念比做老人,老人讲的那些宗教信条,小孩也能说,可是对于老人来说,这些宗教信条包含着他的全部生活的意义。小孩也懂得宗教内容,可是对小孩来说,这种宗教内容的意义只是这样的东西,即全部生活和整个世界都还在它之外"。

> 很好!

> 绝妙的比较!应当拿一切抽象的真理来代替庸俗的宗教

"……意义在于全部运动"……(第237节第409页)

> 妙极了!

"内容是观念的活生生的发展……""以上考察过的任何一个阶段,都是绝对的一个形象,但最初只是用有限方式加以考察的形象……"(第410页)

第238节附释:

"哲学方法既是分析的,又是综合的,但这并不是说,有限认识的这两个方法单纯并列或单纯交替使用,而不如说是这样的:哲学方法以被扬弃的形式包含它们二者,并且**在自己的每个运动中**,同时表现为分析的和综合的。哲学思维是分析的,因为它只承受自己的对象——观念,听其自然,并且似乎只是旁观它的运动和发展。所以哲学活动完全是被动的。但同时哲

> 很好

> 非常好!(而且非常形象)

学思维也是综合的,并表现自己是概念本身的活动。哲学方法要想达到这点,就须要作出努力,去克制自己那些经常要冒出来的偶然设想和特殊意见……"(第411页)

（第243节第413页）"……可见方法不是外在形式,而是内容的灵魂和概念……"

（《哲学全书》的末尾;参看前面页边从《逻辑学》末尾所摘录的话①。）

载于1929年《列宁文集》俄文版
第9卷

译自《列宁全集》俄文第5版
第29卷第77—218页

---

① 见本卷第202页。——编者注

黑格尔《哲学史讲演录》一书摘要[101]

（1915 年）

黑格尔《哲学史讲演录》[102]
全集第13卷

哲学史导言

第 37 页[①]"……如果真理是抽象的,那它就是不真实的。健全的人类理性力求具体的东西…… 哲学最敌视抽象的东西,它引导我们回到具体的东西……"

第 40 页:把哲学史比做**圆圈**——"这个圆圈的边沿是许多圆圈……"

> 非常深刻而确切的比喻!!每一种思想＝整个人类思想发展的大圆圈（螺旋）上的一个圆圈

---

① 指《黑格尔全集》1833 年柏林版第 13 卷的页码。——编者注

注意

"……我认为,各个哲学体系在历史上的次序同观念的概念规定在逻辑推演中的次序是一样的。我认为,如果从哲学史中出现的各个体系的基本概念上**完全除掉**同它们的外在形式、同它们的特殊应用等等有关的东西,那么就会在观念的逻辑概念中得出观念自身的规定的不同阶段。

反过来,如果就逻辑发展进程本身来说,那么在这里面从它的主要环节看出历史现象的发展进程;——但是,人们当然要善于在历史形态所包含的东西里面认识这些纯粹概念。"(第43页)

第56页——嘲笑赶时髦——嘲笑对那些准备把"任何**空谈**〈?〉都宣称为哲学"的人亦步亦趋。第57—58页——出色地坚持哲学史中严格的历史性,反对把我们所了解的而古人事实上还没有的思想的"发展"强加于古人。

例如,在泰勒斯那里就还没有 αρχή①(即**原则**)这个概念,还没有**原因**这个概念……

"……例如,有许多民族就完全没有这个概念〈原因概念〉;要具有这个概念,就必须有一个大的发展阶段……"(第58页)

冗长累赘、空洞无物、枯燥乏味地谈论哲学对宗教的关系,总之,几乎长达200页的一篇导言——真要命!!

---

① 本原。——编者注

第13卷　哲学史第1卷
希腊哲学史

伊奥尼亚学派的哲学

"阿那克西曼德（公元前610—前547）认为，人是从鱼变来的。"（第213页）

毕达哥拉斯和毕达哥拉斯派

"……因此，这是一些枯燥的、没有过程的、非辩证的、静止的规定……"（第244页）　　　**辩证法**的反面规定

> 这里是指毕达哥拉斯派[103]的一般观念——"数"和它的意义等等。因此，这是就毕达哥拉斯派的原始观念、他们的原始哲学而言；在他们那里，实体、物和世界的"规定"是"枯燥的、没有过程（运动）的、非辩证的"。

黑格尔在哲学史中着重地探索**辩证的东西**，他引述了毕达哥拉斯派的见解："……一加于偶数，成奇数（2＋1＝3）；一加于奇数，则成偶数（3＋1＝4）；它〈一〉有造成 gerade〈＝偶数〉的特性，所以它本身应当成为偶数。因此，单一自身包含着不同的规定。"（第246页）

（"宇宙的和谐"）‖   音乐的和谐与毕达哥拉斯的哲学：

　　"……毕达哥拉斯把主观的、凭听力获得

主观对客观的   的、简单的、本身又处在比例关系中的感觉归
　　关系   于知性，而且是用严格的规定把它判归知性

的。"（第262页）

第265—266页：星辰的运动——这一运动的和谐——是我们所

听不到的**歌唱着的**天体的和谐（**毕达哥拉斯派**的看法）。亚里

士多德《**天论**》**104**第2篇第13章（和第9章）：

　　"……毕达哥拉斯派把火看做中心，而把地球看做环绕着这个

中心体在一个圆形轨道上运动着的星体……"但在他们看来，这个

火并非太阳……"他们在这里不是依靠感性的外观，而是依靠根

据……　这10个天体"10个天体或10个行星的轨道或运动：水

星、金星、火星、木星、土星、太阳、月亮、地球、银河以及"为了整

数"，为了10这个数而臆想出来的Gegenerde①（——地球的对立体?）

"像一切运动的物体一样，发出响声；但每一个天体因其大小和速

度的差异而音调各异。这是由不同的距离决定的，这些距离与音

乐里的音程相适应，彼此间有一种和谐的关系；由此，就产生了运

动着的天体（世界）的一种和谐的声音（音乐）……"

对物质结构的
暗示！

在古代哲学中   关于灵魂，毕达哥拉斯派认为，"**灵魂就是**
尘埃（阳光中   **阳光中的微尘**"（＝尘埃、原子）（第268页）（亚
的）的作用   里士多德《论灵魂》**105**第1篇第2章）

---

①　直译为：反地。——编者注

在灵魂里,好像在天宇中那样,有 7 个圆圈(要素)。亚里士多德《论灵魂》第 1 篇第 3 章——第 269 页。

接着就是无稽之谈:毕达哥拉斯(他从埃及人那里拿来了关于灵魂不死和灵魂转渡的学说)说过他的灵魂曾在其他一些人身上活了 207 年等等(第 271 页)。

> 毕达哥拉斯派:关于宏观宇宙和微观宇宙相似的"猜测"、幻想

> 注意:科学思维的**胚芽**同宗教、神话之类幻想的一种联系。而今天! 同样,还是有那种联系,只是科学和神话的比例不同了。

再谈毕达哥拉斯的数论。

"数,它们在什么地方? 它们是否被空间隔开,独自居留在观念的天宇里? 它们并不直接是物本身;因为一个物、一个实体,毕竟是和一个数不同的东西——一个物体和一个数没有任何相似之处",第 254 页。

引文 出自亚里士多德? ——《形而上学》**106**第 1 篇第 9 章,是不是? 或是出自塞克斯都·恩披里柯? 不清楚。

> 注意

第 279—280 页——毕达哥拉斯派承认有**以太**("……阳光透过浓密而又寒冷的以太放射出来"等等)。

> 总之,关于以太的**猜测**已经有几千年了,但直到现在仍然是**猜测**。不过今天已有比从前多出千倍的通向这个问题的解决、通向以太的科学规定的**隧道**。**107**

埃利亚学派

黑格尔在讲述埃利亚学派[108]时,谈到了**辩
证法**:

什么是
辩证法?

(α)

(β)

　　"……我们在这里〈在埃利亚学派中〉发现了
辩证法的开端,即概念中的纯思维运动的开端;
同时还发现思维与现象或感性存在之间的对
立,——自在之物与这个自在之物的为他存在之
间的对立;并且在对象的本质中发现它自身所具
有的矛盾(本来意义上的辩证法)。……"(第280
页)见下页。①

黑格尔
论辩证法
(见上页)

　　这里实质上有辩证法的两种规定(两个标
志,两种特征;规定而不是定义)[109]:
　　(α)"概念中的纯思维运动";
　　(β)"在对象的本质〈自身〉中〈发现〉〈揭露〉
　　　　它〈这本质〉自身所具有的矛盾(**本来
　　　　意义上的辩证法**)"。
　　换句话说,黑格尔的这个"片段"应当表达
如下:
　　辩证法一般地说就是"概念中的纯思维运
动"(用不带唯心主义神秘色彩的说法,也就是

---

① 手稿下页的文字就是下面这几段话。——俄文版编者注

人的概念不是不动的,而是永恒运动的,相互过渡的,往返流动的;否则,它们就不能反映活生生的生活。对概念的分析、研究,"运用概念的艺术"(恩格斯)[110],始终要求研究概念的**运动**、它们的联系、它们的相互过渡)。

具体地说,辩证法是研究自在(an sich)之物、本质、基质、实体跟现象、"为他存在"之间的对立的。(在这里我们也看到相互过渡、往返流动:本质在显现;现象是本质的。)人的思想由现象到本质,由所谓初级本质到二级本质,不断深化,以至无穷。

就本来的意义说,辩证法是研究**对象的本质自身中**的矛盾:不但现象是短暂的、运动的、流逝的、只是被约定的界限所划分的,而且事物的**本质**也是如此。

塞克斯都·恩披里柯对怀疑论的观点描述如下:

"……我们且这样设想,在一座藏有许多珍贵东西的房屋里,有许多人在夜里寻找黄金;每个人都会以为自己找着了黄金,但是,即使他真的找到了黄金,他还是不能确切地知道那就是黄金。同样地,哲学家们来到这个世界,就像到一座大房屋一样,来寻找真理;即使他们找到了真理,他们也还是不能知道自己是否获得了真

这比喻是迷惑人的……

理……"（第288—289页）

具有人的 形象的神	色诺芬尼（埃利亚派）说： 　　"……假如牛和狮子都有一双手,能像人一样创作艺术品,那么它们也同样会描绘出神,并把它们自己的躯体形象赋予这些神……"（第289—290页）

"芝诺的特点是辩证法……""他是辩证法的创始者……"（第302页）

"……在芝诺那里我们同样也找得到真正**客观的辩证法**。"（第309页）

（第310页:关于对哲学体系的反驳:"对错误的东西,不应当根据与它对立的东西是真的这一点来证明它是错误的,而应当从它本身来证明它是错误的……"）

辩证法	"辩证法一般是:(α)外在的辩证法,这个运动是同对这个运动的总的把握有区别的;(β)不单是我们理解的运动,而且是由事物自身的本质、即由内容的纯概念证明了的运动。前一种辩证法是一种方法,它考察对象,指出对象中的各种根据和各个方面,从而使通常认为确定不移的一切都动摇了。这些根据可能是完全外在的根据,我们谈到诡辩学派时将更多地谈到这种辩证法。而另外一种辩证法是对于对象的内在考察:只就对象本身来考察对象,没有前提、观念、应有,不依照外在的关系、规律、根据。人们完全进到事物中去,就对象自身来考

察它,依据它所具有的规定来理解它。在这种
考察中,它〈er,原文如此!〉自身就显露出它包
含着相互对立的规定,因而也就扬弃自己;这
种辩证法我们主要是在古代哲学家那里看到
的。从外在的根据来进行推论的主观辩证法,
当它承认'正确之中也有不正确,谬误之中也
有真理'的时候,才是正确的。真正的辩证法
使自己的对象什么也不留下,以致对象不是仅
从某一方面来看有缺陷,而是就其整个本性来
说解体了……"(第 311 页)

客观辩证法

对于"发展原则",在 20 世纪(还有 19 世纪
末)"大家都同意"。——是的,不过这种表面
的、未经深思熟虑的、偶然的、庸俗的"同意",是
一种窒息真理、使真理庸俗化的同意。——如
果一切都发展着,那么一切就都相互过渡,因为
发展显然不是简单的、普遍的和永恒的**生长**、**增
多**(或减少)等等。——既然如此,那首先就要
更确切地理解进化,把它看做一切事物的产生
和消灭、相互过渡。——其次,如果**一切**都发展
着,那么这是否也同思维的最一般的**概念**和**范
畴**有关? 如果无关,那就是说,思维同存在没有
联系。如果有关,那就是说,存在着具有客观意
义的概念辩证法和认识辩证法。+

关于**辩证法**
及其客观意
义的问题……

注意	一、发展原则……	+ 此外，还必须把发展的普遍原则和**世界**、自然界、运动、物质等等的**统一**的普遍原则联结、联系、结合起来。
	二、统一原则……	

"……芝诺主要是客观地辩证地考察了运动……"(第 313 页)

注意

这点可以而且应该**倒转过来**：问题不在于有没有运动，而在于如何用概念的逻辑来表达它。

不坏！

轶闻的下文出处何在？第欧根尼·拉尔修，第 6 篇第 39 节，以及塞克斯都·恩披里柯，第 3 篇第 8 节(黑格尔，第 314 页)，均无这段下文。**111**是不是黑格尔的杜撰？

"……运动本身是一切存在的东西的辩证法……"芝诺从没有想到要否认作为"感性确定性"的运动，问题仅仅在于"nach ihrer〈运动的〉Wahrheit"——（运动的真实性）（第 313 页）。在下一页，黑格尔叙述了第欧根尼(锡诺普的昔尼克派)如何用步行来反驳运动这件轶闻，并写道：

"……但这件轶闻还有下文，当一个学生满足于这种反驳时，第欧根尼就用棍子打他，理由是：先生既提出了理由来辩驳，学生也应当提出理由来反驳。因此，不应该满足于感性确定性，而必须去理解……"(第 314 页)

芝诺对运动的四种反驳:

1. 向一个目的地运动的东西,首先必须经过通向目的地的路程的**一半**。而要经过这一半路程,又必须首先经过**这一半**的一半,如此类推,以至**无穷**。

　　亚里士多德回答说:空间和时间是可以无限地划分的(按可能性来说)(第 316 页),但是没有被无限地划分开来(实际上)。培尔(《辞典》[112]第 4 卷,芝诺条)称亚里士多德这个回答是**不可取的**,他说:

　　"……**如果**我们在一英寸大小的材料上去划无穷多的线条,我们也作不出这样的划分,即把亚里士多德以为是可能的无限的划分变成现实的无限的划分……"

黑格尔写道(第 317 页):"这如果二字绝妙!"

> 就是说,**如果**我们把**无限的**划分进行到底!!

　　"……时间和空间的本质是运动,因为本质是普遍;理解运动,就是用概念的形式来表达运动的本质。运动作为概念、作为思想,表达的是否定性和非间断性的统一;但无论是非间断性或点截性,都不能被设定为本质……"(第318—319 页)　　　　　　　　　对!

　　"理解就是用概念的形式来表达。"运动是时间和空间的本质。表达这个本质的基本概念有两个:(无限的)非间断性(Kontinuität)和"点截性"(= 非间断性的否定,即**间断性**)。运动是(时间和空间的)非间断性与(时间和空间的)间断性的统一。运动是矛盾,是矛盾的统一。

在宇伯威格—海因策第 10 版第 63 页(第 20 节)中说,黑格尔"为维护亚里士多德而反对培尔",这不对,黑格尔既驳斥怀疑论者(培尔)也驳斥反辩证论者(亚里士多德)。

参看龚佩茨《希腊思想家》第……页 **[113]**,……不承认辩证法(由于思想的怯懦),但在鞭挞之下被迫**承认**矛盾的统一……

2.阿基里斯追不上龟。"首先走½",以此类推,以至无穷。

亚里士多德回答说:他会追上龟的,只要准许他"越过界限"(第 320 页)。

黑格尔说:"这个回答是正确的,它包含着一切。"(第 321 页)——因为事实上½在这里(在某个阶段上)就是"界限……"

参看
切尔诺夫对恩格斯的反驳 **[114]**

注意
对!

"……当我们一般地谈论运动的时候,我们是这样说的:物体在一个地点,然后向另外一个地点转移。当物体运动时,它就不再在第一个地点,但也不在第二个地点;如果它在其中的一个地点,那它就是静止的。如果说它在两个地点之间,那就等于什么也没有说,因为说它在两个地点之间,那它还是在某一个地点,所以同样的困难还是存在着。而运动则意味着物体在这个地点同时又不在这个地点;这就是空间和时间的非间断性,——正是这种非间断性才使运动成为可能。"(第 321—322 页)

运动就是物体在某一瞬间在某一地点,在接着而来的另一瞬间则在另一地点，——这就是切尔诺夫追随**所有**反对黑格尔的"形而上学者"而重复提出的反驳(参看他的《哲学论文集》)。

这个反驳是**不正确的**：(1)它描述的是运动的**结果**，而不是运动**本身**；(2)它没有指出、没有包含运动的**可能性**；(3)它把运动描写为**静止状态**的总和、联结，就是说，(辩证的)矛盾没有被它消除，而只是被掩盖、推开、隐藏、遮闭起来。

"造成困难的从来就是思维，因为思维把一个对象的实际联结在一起的各个环节彼此区分开来。"(第 322 页)	对!

如果不把不间断的东西割断，不使活生生的东西简单化、粗陋化，不加以划分，不使之僵化，那么我们就不能想象、表达、测量、描述运动。思想对运动的描述，总是粗陋化、僵化。不仅思想是这样，而且感觉也是这样；不仅对运动是这样，而且对**任何**概念也都是这样。

这就是辩证法的**实质**。对立面的统一、同一这个公式正是表现**这个实质**。

3."飞矢不动。"

亚里士多德的回答：错误来自这样的假定，似乎"时间是由单个的此刻($\dot{\epsilon}\kappa\ \tau\tilde{\omega}\nu\ \nu\tilde{\upsilon}\nu$)组成的"(第 324 页)。

4.½等于二倍：同一个静止的物体相比、同一个向**反**方向运动的物体相比来测量的运动。

在关于芝诺的一节末尾，黑格尔把他同**康德**相比(说康德的**二律背反**"不外是芝诺在这里已经说过的东西")。

埃利亚派的辩证法的一般结论："真的东西只是一，其他的都是不真实的。"——"正如康德的哲学有这样的结论:'我们认识的只是现象'。大体讲来,它们是同一个原则"(第 326 页)。

但是也有区别:

康德和他的
（主观主义、
怀疑论等）

"在康德那里,精神的东西破坏世界;在芝诺看来,自在和自为的现象世界是不真实的。在康德看来,我们的思维、我们的精神活动是坏的东西;——毫不看重认识,这是精神的过度谦卑。……"(第 327 页)

留基伯和**诡辩学派**继承了埃利亚派……

赫拉克利特的哲学

在芝诺之后(? 他**晚于**赫拉克利特?)[115]黑格尔接着谈赫拉克利特,他说:

注意

"它〈芝诺的辩证法〉也可称为主观辩证法,因为它属于考察的主体;而没有这种辩证法的、没有这种运动的统一物,就是一,即抽象的同一。……"(第 328 页)但前面曾说过,见摘自第 309 页和其他各页的引文:在芝诺那里是**客观**辩证法。这是某种极其精微的"区别"。参看下文:

注意

注意

"辩证法是:(α)外在的辩证法,即达不到事物内在本质的来回推论;(β)对象的内在的辩证法,但是(注意)属于主体的考察。(γ)赫拉克利特的客观性,即本身被理解为原则的辩证法。"(第 328 页)

> （α）主观辩证法。
>
> （β）对象中有辩证法，但**我**不知道，也许这是外观，仅仅是现象，等等。
>
> （γ）作为一切存在物的原则的完全客观的辩证法。

（在赫拉克利特那里）："这里我们发现了新大陆；没有一个赫拉克利特的论点不被我采纳到我的逻辑学中。"（第 328 页）

"赫拉克利特说：一切都是变易；这个变易就是原则。这点包含在一句话中：存在和非存在是同样的少……"（第 333 页）　　注意

"认识到存在和非存在只是没有真理的抽象，只有变易是第一个真理，这是一个重大的收获。知性把二者分隔开来，认为各自都是真的、有意义的；理性则相反，它在一方中认识到另一方，认识到一方中包含着它的另一方"〈注意"它的另一方"〉，——"因此万物、绝对就被规定为变易。"（第 334 页）

"例如，亚里士多德说（《宇宙论》[116]第 5 章），赫拉克利特一般地'联结了整体与非整体（部分）'……'一致的与冲突的、和谐的与不和谐的；从万物（对立的东西）生出一，从一生出万物'。"（第 335 页）

柏拉图在《会饮篇》[117]中引述赫拉克利特的观点（其中说到适用于音乐的观点：和谐由对立面组成）和一种说法，即"音乐家的艺术是把差别统一起来"。

黑格尔写道:这不是同赫拉克利特相反的意见(第 336 页),因为差别是和谐的本质:

> "这个和谐正是绝对的变易、变化,——并非向他物的变易,并非现在是这一物,而后是他物。本质的东西就是:每一个不同的、特殊的事物和他物有差别,但并非抽象地和任何他物有差别,而是和它**自己的**他物有差别。每一物存在着,只因为它自己的他物包含在它的概念中……"

非常正确和重要:"他物"是**自己的**他物,是向**自己的**对立面的发展

"对乐音来说也是一样;它们必须是有差别的,但是这种差别应当使它们能够一致……"(第 336 页)第 337 页:顺便提一下,塞克斯都·恩披里柯(和亚里士多德)被列为"最好的见证人"……

赫拉克利特说:"时间是第一个有形体的本质。"(塞克斯都·恩披里柯)——(第 338 页)

有形体的——是"笨拙的"用语(可能**是**(注意)怀疑论者选择的(注意)用语),——然而时间是"第一个感性的本质"……

"……时间作为被直观的东西是纯粹的变易……"(第 338 页)

赫拉克利特把火看做一个过程,黑格尔谈到这点时说道:"火是物理的时间;这是绝对的不静止"(第 340 页)——往下谈赫拉克利特的自然哲学:

"……它〈自然〉是过程本身……"(第 344 页)"……自然是这种永远不静止的东西,万物都是从一物向他物的过渡,是从分离到统一并从统一到分离的过渡……"(第 341 页)

"理解自然,就是把**它**作为过程来描述……"(第 339 页)

这里说到自然科学家的狭隘性:

"……如果听听他们〈自然科学家〉的话,那么他们只是观察、谈论他们所看到的东西;但这不是真的,他们是在不自觉地通过概念直接改变看到的东西。争论的并不是关于观察与绝对概念的对立,而是关于狭隘的固定的概念与绝对概念的对立。他们证明,转化是不存在的……"(第344—345页)

注意

注意

"……水在分解过程中放出氢和氧:氢和氧不是产生出来的,而是作为水的组成部分早已存在着的"(第346页)(黑格尔故意这样模拟自然科学家)……

"关于知觉和经验所说的一切,也是如此;人一开口说话,他的话里就包含着概念;概念是不可抑制的,在意识中再现的东西总是包含着些微普遍性和真理。"(第346页)

非常正确而且重要——恩格斯用比较通俗的形式重复的正是这一点,他写道:自然科学家应当知道,自然科学的结论是一些概念,但运用概念的艺术不是天生的,而是自然科学和哲学2000年发展的成果。①

在自然科学家那里,转化的概念是狭隘的,他们不懂辩证法。

"……他〈赫拉克利特〉第一个说出了无限的性质,而且也是第一个把自然界理解为自身是无限的,就是说,把它的本质理解为过

① 参看恩格斯《反杜林论》第2版序言(《马克思恩格斯文集》第9卷第16—17页)。——编者注

程……"（第 346 页）

关于"必然性的概念"——参看第 **347** 页。赫拉克利特不能在"感性确定性"中看到真理（第 348 页）——但能在"必然性"（εἱμαρμένη①）——（（λόγος②））中看到真理。

| 注意 | "绝对的中介"（第 348 页）。 | （"绝对的联系"） |

注意
必然性＝"存在的一般性"（存在中的普遍性）（联系、"绝对的中介"

　　"诚然，我所知道的合乎理性的、真的东西，是从对象性的东西的回归，即从感性的、个别的、确定的、存在的东西的回归。但理性所知道的在自身内部的东西，也正是**必然性**，**或存在的普遍性**；它是思维的本质，也是世界的本质。"（第 352 页）

留　基　伯

哲学在历史中的发展"应当符合"（??）逻辑哲学的发展

　　第 368 页："哲学在历史中的发展应当符合逻辑哲学的发展；但在逻辑哲学中必定有一些地方是历史的发展中所没有的。"

　　这里有一个非常深刻、正确、实质上是唯物主义的思想（现实的历史是意识所**追随**的基础、根据、存在）。

　　留基伯（Leucipp）说，原子"由于它的体积微小"（第 369 页），是看不见的，——但黑格尔反驳道：这是一种"借口"（同上），"一"

———————
① 天命。——编者注
② 逻各斯。——编者注

是不可能看见的,"一的原则""完全是观念的"(第370页),留基伯不是"经验论者",而是唯心主义者。

《《 ?? 唯心主义者黑格尔的**牵强附会**,当然是牵强附会。 》》

(〔黑格尔把自己的逻辑强加于留基伯,侈谈自为存在这个原则的重要、"伟大"(第368页),说在留基伯那里已有这个原则。这有点牵强附会的味道。〕①

但也有真理的颗粒:个别性的成分("因素");渐进性的间断;矛盾的缓和因素;非间断的东西的间断,——原子、一。(参看第371页末尾):——"一与非间断性是对立面……"

不能原封不动地**应用**黑格尔的逻辑;不能现成地**搬用**。**要挑选**其中逻辑的(认识论的)成分,清除**观念的神秘主义**:这还要做大量工作)。

"因此,原子论总是反对那种认为世界是由一个异己的存在物所创造和保持的观点。自然科学由于原子论才第一次感到不需要指出世界存在的根据了。因为,如果把自然界看做是由另外一个东西所创造和保持的,那么就会认为自然界不是自在地存在着的,而是有其自身之外的概念,这就是说,它有一个和它相异的根据,它本身没有根据,它只有通过另一个东西的意志才可以被理解:就它本身来说,它是偶然

唯物主义(黑格尔怕这个字:别碰我)对原子论的关系

---

① 手稿上方括号中的文字已勾去。——俄文版编者注

的,它自身没有必然性和概念。而在原子论的观念中则包含着整个自然界的自在存在的观念,就是说,思想在自然界中发现它自身……"(第372—373页)

注意　黑格尔根据第欧根尼·拉尔修,第9篇第31—33节,叙述了留基伯的原子论,原子的"漩涡"(Wirbel-δίνην)①,然而他看不到其中有任何意义("没有任何意义"……"空洞的陈述","模糊的混乱的观念"——第377页末尾)。

黑格尔的盲目症,唯心主义者的片面性!!

德谟克利特

黑格尔完全像后母那样对待德谟克利特,总共是第378—380页! 唯心主义者忍受不了唯物主义的精神!! 引述了德谟克利特的话(第379页):

"按照意见(νόμφ)存在着热,按照意见存在着冷,按照意见存在着颜色、甜味、苦味;但按照真理(ἐτεῆ)则只有不可分的东西和虚空。"(塞克斯都·恩披里柯《反对数学家》**118**第7篇第135节)。

并作出结论:

"……这样,我们看到,德谟克利特比较确定地说出了自在存在和为他存在这两个环节

① 第欧根尼·拉尔修的著作(第235页)中的拉丁文译名为"Vertiginem"。

的区别……"(第380页)

据说这就"向坏的唯心主义敞开了大门",——"**我的感觉,我的**……"

"……这样就设定了感性的、没有概念的感觉的多样性,在这种多样性中没有理性,而这种唯心主义也不去理会理性。"

"坏的唯心主义"(**我的感觉**)和马赫对照**119**

黑格尔反对恩·马赫……

阿那克萨哥拉的哲学

阿那克萨哥拉。理性是"世界和一切秩序的原因",黑格尔解释道:

"……客观的思想……世界以及自然界中的理性,或者像我们所讲的自然界中的类,都是普遍的东西。狗是动物,动物就是狗的类、狗的实体性的东西,——狗本身就是动物。这个规律、这个知性、这个理性本身是内在于自然界中的,是自然界的本质;自然界不是由外力形成的,像人们制造椅子那样。"(第381—382页)

注意:
类概念是"自然界的本质",是**规律**……

"理性和灵魂是一个东西"(亚里士多德论阿那克萨哥拉)——第394页

以及……①对这种**飞跃**,即从自然界中的一般向**灵魂**、从客观向主观、从唯物主义向唯心主义的**飞跃**进行解释。正是在这里两个极端彼此相合(并改变自身!)。

---

① 在列宁的手稿上,此处有一个词无法辨认。——俄文版编者注

关于阿那克萨哥拉的同素体**120**（与整个物体同类的粒子），黑格尔写道：

转化
（它的意义）

"转化应当从实存和概念这两种意义上来理解……"（第 403—404 页）例如，人们这样说，水可以放掉——而石头依然存在；蓝颜色可以去掉，而红颜色等等依然存在。

"但这仅仅是从实存方面来看；从概念方面来看，它们中一方只有通过另一方才能存在，这是内在的必然性。"就像不能从活的躯体中单独取出心脏而不损伤肺一样，等等。

"同样自然界只能在统一中存在，正如脑只能在同其他器官的统一中存在一样。"（第 404 页）

同时，一些人把转化理解为具有一定质的粒子的存在以及它们的增长（或减少）结合和分离。另一些人（赫拉克利特）则把它理解为**一物**向**他物**的转化（第 403 页）。

实存和概念在黑格尔那里大概是这样区分的：从联系中单个地取出来的、分割出来的事实（存在），以及联系（概念）、相互关系、联结、规律、必然性。

第 415 页："……概念是自在和自为之物本身……"

黑格尔说到草生长的目的是为了动物，而动物生长的目的又是为了人，等等，他作结论说：

"一个在自身中完成的圆圈,但它的完成同样又是向另一个圆圈的过渡;——一个漩涡,它向自己的中心回归,而这中心又直接在另一个把它吞没了的更高的圆圈的边沿上……"(第 414 页)

到此为止,古代哲学家给予我们的并不多:"一般乃是一个贫乏的规定,每个人都知道一般,但是不知道作为本质的一般。"(第 416 页)

> 注意
> 作为"本质"的
> "一般"

"……但是在这里开始了意识对存在的关系的更确定的发展,开始了认识的性质即作为对真理的认识的发展。"(第 417 页)"精神已经进展到把本质表述为思想了。"(第 418 页)

> "认识的性质的发展"

"我们在诡辩学派的备受指责的哲理中,看到一般的这个发展,在这个发展中本质完全转到意识方面。"(第 418 页)

((第 1 卷完))　第 2 卷从诡辩学派开始。

第 14 卷　哲学史第 2 卷

诡辩学派的哲学

谈到诡辩学派**121**时,黑格尔极其细致地反复琢磨这样一个思想:在诡辩中具有一般教养(Bildung)——我们的教养也在内——所共有的因素,即提出**理由**(Gründe)和反理由——"反思推论";**在一切之中**找出种种不同的观点;((主观主义——客观主义的缺乏))。黑格尔讲到普罗塔哥拉及其有名的论题(人是万物的尺度)时,把**康德**和他联系起来:

普罗塔哥拉
和
康德

"……人是万物的尺度,——人因此是一般主体;存在物因此不是单独地存在着,而是对我的知识来说存在着;意识实质上是能在对象性东西中产生内容的东西,主观思维在这里实质上是能动的。这一观点一直传到现代哲学。康德说,我们认识的只是现象,就是说,呈现在我们面前的客观的、实在的东西,只应该从它对意识的关系来加以考察,离开这种关系,它就不存在……"(第 31 页)①

第二个"环节"是客观主义(Allgemeine②),"它是由我设定的,

---

①　指《黑格尔全集》1833 年柏林版第 14 卷的页码。——编者注
②　普遍,一般。——编者注

但它自身又是客观的普遍的,不是由我设定的。……"(第 32 页)

这种"相对性"(第 32 页)。在普罗塔哥拉看来,"万物都只有相对真理"(第 33 页)。

诡 辩 论 者 的 相对主义……

"……康德的现象无非是一个外来的推动,一个 x,一个未知物,一个通过我们的感觉、通过我们才第一次获得这些规定的东西。虽然有一种客观的根据,使我们说这是冷的,那是热的,虽然我们也可以说,它们本身必定有差别,可是热和冷只是存在于我们的感觉中,事物也是如此,等等……于是,经验就被称为现象。"(第 34 页)

康德和诡辩学派以及马赫式的现象论122 注意

"世界是现象,并非因为它对意识来说是存在的,即它的存在对意识来说只是相对的;而是因为世界也就是自在的现象。"(第 35 页)

不仅是相对主义

"……这种怀疑论在高尔吉亚那里大大地深化了……"(第 35 页)

怀疑论

"……他的**辩证法**……"诡辩论者高尔吉亚的辩证法 多次出现于第 36 页,在第 37 页上也有 。

注意

蒂德曼说:高尔吉亚比人的"常识"更进了一步。而黑格尔嘲笑说:**每一种**哲学都比"常识"**更进一步**,因为常识并不是哲学。在哥白尼以前,要是谁说地球在转动,那就是**违背**常识。

黑格尔论"常识"

"这〈常识〉是某一时代的思维方式,其中包含着这个时代的一切偏见。"(第 36 页)

常识＝当时的偏见

高尔吉亚(第37页):(1)什么也不存在。什么也没有。

(2)即使存在着什么,那也是不可认识的。

(3)即使是可以认识的,也不可能把所认识的传达给别人。

　　"……关于它们〈它们,即存在和非存在、它们的相互消灭〉,高尔吉亚意识到,这是消逝着的环节;无意识的表象也具有这种真理,但对这种真理一点也不知道……"(第40页)

> "消逝着的环节"＝存在和非存
> 在。这是辩证法的极好的规定!!

高尔吉亚,"绝对实在论"(和康德)	"……高尔吉亚(α)进行了一场正确的论战来反对绝对实在论,这种实在论以为它有了表象,就掌握了事物本身,其实它掌握的只是相对的东西;(β)他陷入近代的坏的唯心主义:'被思维的东西总是主观的,因而不是存在的东西,我们通过思维把存在的东西变成被思维的东西'……"(第41页) (往下(第41页末尾)又提起**康德**。)
对象自身中的辩证法	关于高尔吉亚的补充:他在根本问题上提出了"非此即彼"。"但这不是真正的辩证法;必须证明:对象总是必然存在于某一个规定之中,而不是自在自为地存在着。对象只是消解在这些规定中;但不应当由此引出

什么来对抗对象自身的本性。"(第 39 页)①　‖‖

关于高尔吉亚再补充一点：

叙述高尔吉亚关于我们不能把存在物表达
出来这一观点：

"那种借以表达存在物的言语,并不就是那
存在物；被表达的东西,并不就是存在物本身,
而只是言语。"(塞克斯都·恩披里柯《反对数学
家》第 7 篇第 83—84 节)——第 41 页——黑格
尔写道："存在物也不是被理解为存在的,而理
解它,就是把它变成普遍的东西。"(第 42 页)

‖ 注意

‖ 参看费尔
‖ 　巴哈②

"……这个别的东西是完全不能表达出来的……"(第
42 页)

任何词(言语)都已经是在**概括**。参看费尔巴哈**123**	感觉表明实在；思想和词表明一般的东西。

关于诡辩学派一节的结束语："因此,诡辩学派也把辩证法、一
般哲学作为他们考察的对象；他们是深刻的思想家……"(第
42 页)

---

① 这一段和下面一段关于高尔吉亚哲学的摘要是列宁在摘录苏格拉底的哲学
时作的。——俄文版编者注
② 参看路·费尔巴哈《未来哲学原理》(《费尔巴哈哲学著作选集》1984 年商务印
书馆版上卷第 158 页)。——编者注

苏格拉底的哲学

苏格拉底——"具有世界历史意义的人物"(第 42 页),古代哲学中"最有意思的人物"(同上)——"思维的主观性"(第 42 页)"自我意识的自由"(第 44 页)。

　　"这里存在着辩证法和诡辩术的模棱两可的含义;客观的东西在消逝着"(第 43 页):是否主观的东西就是偶然的,或者在它里面("在它自身里面")有客观的东西和普遍的东西呢?(第 43 页)①

"真实的思维是这样思考的,即它的内容同样不是主观的,而是客观的"(第 44 页)——不论在苏格拉底或柏拉图那里,我们不仅看到主观性("由意识作决定,这是他〈苏格拉底〉和诡辩学派的共同之点")——而且也看到客观性。

注意	"客观性在这里〈在苏格拉底那里〉的含义是自在自为地存在着的普遍性,而不是外在的客观性"(第 45 页)——同上,第 46 页:"不是外在的客观性,而是精神的普遍性……"
	再过两行:
康德	"康德的理想是现象,现象本身不是客观的……"(第 46 页)
很妙!	苏格拉底称自己的方法为**助产术**(第 64 页)(据说得自他母亲)((苏格拉底的母亲＝接生婆))——帮助思想诞生。

---

① 手稿上这一段话后面是关于高尔吉亚哲学的摘录,摘录的第一句话是:"关于高尔吉亚的补充……"(见本卷第 232—233 页)。——俄文版编者注

黑格尔的例子:谁都知道什么是变易,但如果我们通过分析(reflektirend①)发现,"它是存在,同时又是非存在"——"如此巨大的差别",那我们就会感到惊讶。(第 67 页)

> 变易＝非存在
> 和存在

曼诺(柏拉图《曼诺篇》**124**)把苏格拉底比做电鳗(Zitteraal),电鳗能"麻醉"接触它的人(第 69 页):我也被"麻醉",因此**不能**回答②。

"……我所认为是真理和正义的,就是我的精神产生的精神。但精神从自身中这样创造出来的东西,精神所认可的那种东西,应当是从作为普遍者的精神,即作为普遍者而活动的精神中产生出来的,而不是从它的欲望、兴趣、爱好、任性、目的、偏好等等中产生出来的。后面这些东西固然也是内在的,'自然安置在我们内部的',但它们只是以自然的方式为我们所有……"(第 74—75 页)

> 说得很好!!

聰明的唯心主义比愚蠢的唯物主义更接近于聪明的唯物主义。

　　辩证的唯心主义代替聪明的唯心主义;形而上学的、不发展的、僵死的、粗陋的、不动的代替愚蠢的。

---

① 通过反思。——编者注
② 手稿上这一段话后面是关于高尔吉亚哲学的摘录,摘录的第一句话是:"关于高尔吉亚再补充一点……"(见本卷第 233 页)。——俄文版编者注

	探讨：
注意	普列汉诺夫关于哲学(辩证法)大约写了近1 000页(别尔托夫＋反对波格丹诺夫＋反对康德主义者＋基本问题等等、等等)[125]。其中**关于**大逻辑，**关于**它、**它的**思想(即作为哲学科学的辩证法**本身**)却没有说什么!!
微妙的差别!	普罗塔哥拉说："人是万物的尺度。"苏格拉底说："思维的人是万物的尺度。"(第75页) 　　色诺芬在《回忆录》中比柏拉图更好、更确切、更忠实地描写了苏格拉底[126](第80—81页)。

苏格拉底派

　　谈到关于"谷堆"和"秃头"的诡辩时，黑格尔重述从量到质和从质到量的过渡：辩证法(第139—140页)。

注意 在语言中只有**一般的东西**	第143—144页：很详细地讲到以下一点："语言实质上只表达普遍的东西；但人们所想的却是特殊的东西、个别的东西。因此，人们所想的东西不能以语言表达出来。"("这"？是最一般的词)

> **这**是谁？是**我**。一切人都是我。感性的东西？这是**一般的东西**等等，等等。"**这个**"?! 不论什么东西都是"这个"。

> 为什么不能说出个别的东西呢？某一类东西(桌子)中的一个与其余的各个就是有某种区别的。

"总之,在研究哲理时,普遍的东西受到重视,而且甚至只有普遍的东西才能被表述出来,而'这个',即所想到的东西,却完全不能被表述出来,——这就是我们时代的哲学文化完全没有达到的一种意识和思想。"

在这里面黑格尔把"现代怀疑论"—— 康德的? 和那些主张"感性确定性具有真理"的人们也包括在内。

据说因为感性的东西"就是普遍的东西"(第 143 页)。

> 黑格尔以此打击辩证唯物主义**以外**的一切唯物主义。注意

注意

说出名称？——但名称是一种偶然性,不能表达**事物本身**(如何表达个别的东西?)(第 144 页)。

> 黑格尔认真地"相信"、认为:唯物主义是不可能作为哲学的,因为哲学是关于思维的科学,关于**一般**的科学,而一般就是思想。这里他重复了他历来称之为"坏的"唯心主义的那种主观唯心主义的错误。客观(尤其是绝对)唯心主义拐弯抹角地(而且还翻筋斗式地)**紧紧地**接近了唯物主义,甚至部分地**转变成了唯物主义**。

黑格尔和
辩证唯物主义

| 昔勒尼学派的
认识论中的
感觉…… | 昔勒尼学派[127]认为感觉是真实的东西，"不是指感觉中的**东西**，不是指感觉的内容，而是指感觉自己本身"（第 151 页）。 |

"因此，昔勒尼学派的主要原则就是感觉，感觉应当是真和善的标准……"（第 153 页）

"感觉是不确定的个别的东西"（第 154 页），但如果把思维包括进去，那么一般就会显现，而"单纯的主观性"就会消失。

| 注意①
昔勒尼学派和
马赫之流 | （马赫之流的现象学家在关于**一般**、"规律"、"必然性"等等问题上**不可避免地**会成为唯心主义者。） |

另一个昔勒尼派哲学家赫格西亚"认识到了""感觉与普遍性之间的这种不相适应……"（第 155 页）

他们把作为认识论原则的感觉同作为伦理学原则的感觉混淆起来了。这点要注意。但黑格尔**突出了**认识论。

柏拉图的哲学

| | 关于柏拉图所主张的哲学家治理国家的计划[129]： |
| | "……历史的基地不同于哲学的基地……" |

① 参看宇伯威格—海因策，第 38 节第 122 页（第 10 版）——关于他们，还可参看柏拉图的《泰阿泰德篇》。[128]他们的（昔勒尼学派的）怀疑论和主观主义。

"……必须懂得什么是行为:行为就是主体本身为了特殊目的而进行的活动。所有这些目的不过是实现观念的手段,因为**观念**是绝对力量。"(第193页)

> 历史上的特殊目的创造"观念"(历史的规律)

关于柏拉图的理念学说:

"……因为感性直观没有指明任何纯粹的本来面目的东西"(《斐多篇》)**130**——第213页——所以,肉体是灵魂的障碍。

> 一般概念的"纯粹性"(＝僵死性?)

　　一般的含义是矛盾的:它是僵死的,它是不纯粹的、不完全的,等等,等等,而且它也只是认识**具体事物**的一个**阶段**,因为我们永远不会完全认识具体事物。一般概念、规律等等的**无限**总和才提供完全的**具体事物**。

> 注意认识的辩证法注意

　　认识**向**客体的运动从来只能辩证地进行:为了更准确地前进而后退——为了更好的跃进(认识?)而后退。相合线和相离线:彼此相交的圆圈。交错点＝人的和人类历史的实践。

　　(实践＝同实在事物的无限多的方面中的一个方面相符合的标准。)

> 注意

> 这些交错点是矛盾的统一,就是说,在运动(=技术、历史等等)的某些环节上,存在和非存在这两个消逝着的环节在一瞬间相符合。

在分析柏拉图的辩证法时,黑格尔再一次力图指出主观的、诡辩的辩证法与客观的辩证法之间的区别:

黑格尔所说的"空洞的辩证法"

"我们谈论每个事物时说,任何东西都是一:'这个东西是一,同样我们又指出它里面的多,许多的部分和特性',——但又说:'这是一,这是多,二者出自完全不同的观点',——我们不把这些思想合在一起,因此,表象和言语就在这些思想之间翻来覆去。这种翻来覆去,如果是有意识地进行的,那就是空洞的辩证法,这种辩证法没有把对立面结合起来,没有达到统一。"(第232页)

注意

"空洞的辩证法"

柏拉图在《智者篇》[131]中说:

"困难的而又是合乎真理的事就在于指出:是另一个的,也就是这一个,是这一个的,也就是另一个,而且的确出自相同的观点。"(第233页)

注意

"但我们必须意识到:概念的确并不是仅仅直接的东西,虽然它是单纯的东西,——但它之所以单纯,是由于精神的单纯性,实质上是自身

注意
客观主义

复归的思想(直接的只是这个红色的东西等等);另一方面,概念也不是什么仅仅在自身中反思的东西、意识中的东西;而是自在的,就是说,是对象性的本质……"(第 245 页)

概念不是直接的东西(虽然概念是"单纯的"东西,但这是"精神的"单纯性,观念的单纯性)——直接的只是"红色的"感觉("这是红色的")等等。概念不是"仅仅意识中的东西",而是**对象性的本质**(gegenständliches Wesen),是"自在的"(an sich)东西。

"……关于概念的性质这一思想,柏拉图没有说得那么确定……"(第 245 页)

黑格尔不厌其详地叙述柏拉图的"自然哲学",荒谬透顶的理念的神秘主义,例如:"感性事物的本质是三角形"(第 265 页)以及诸如此类的神秘主义的胡说。这是非常典型的!神秘主义者-唯心主义者-唯灵论者黑格尔(也像我们时代的一切御用的、僧侣主义-唯心主义的哲学一样)吹捧和咀嚼哲学史中的神秘主义——唯心主义,忽略和蔑视唯物主义。参看黑格尔论德谟克利特——没有说什么!!而关于柏拉图则讲了一大堆神秘主义的陈词滥调。

黑格尔(和柏拉图)的唯心主义和神秘主义

黑格尔在说到柏拉图的共和国以及那种

认为这只是妄想的流行见解时又重述他爱说的话：

现实的都是
合理的[132]

"……凡是现实的都是合理的。但必须认识和区别什么是真正现实的；在日常生活中，一切都是现实的，但在现象世界和现实之间存在着区别……"（第 274 页）

亚里士多德的哲学

有一个流行的看法，认为亚里士多德的哲学是和柏拉图的**唯心主义**不同的"**实在论**"（第 299 页）（同上，第 311 页，"经验论"），据他说这是不正确的。（（这里黑格尔显然又把许多东西牵强附会地**说成**唯心主义））。

注意
注意

黑格尔在叙述亚里士多德同柏拉图的理念学说的论战时，**掩盖**它的唯物主义的特征。（参看第 **322—323** 页及其他各页。[133]）

（（只要倒转过来））正是这样！

他**失言**了："把亚历山大〈马其顿的亚历山大，亚里士多德的学生〉……推崇为神，这不足为奇…… 神和人根本不是相去如此之远……"（第 305 页）

黑格尔
把亚里士多德
对柏拉图的
"理念"的批判
完全弄糟了

黑格尔从亚里士多德的神的观念中看到他的唯心主义（第 326 页）。（（当然，这是唯心主义，但比起柏拉图的唯心主义来，它更客观，**离得更远**，**更一般**，因而在自然哲学中就往往更＝唯物主义。））

	注意	
亚里士多德对柏拉图的"理念"的批判,是对**唯心主义,即一般唯心主义**的批判:因为概念、抽象从什么地方来,"规律"和"必然性"等等也就从那里来。唯心主义者黑格尔胆怯地回避亚里士多德(在其对柏拉图的理念的批判中)对唯心主义**基础**的破坏。		当**一个**唯心主义者批判**另一个**唯心主义者的唯心主义基础时,常常是有利于**唯物主义**的。见亚里士多德对待柏拉图等人,黑格尔对待康德等人。

"留基伯和柏拉图说运动是永恒的,但他们没有说出为什么。"(亚里士多德《形而上学》第12篇第6章和第7章)——第328页。

亚里士多德**如此**可怜地抬出神来**反对**唯物主义者留基伯和唯心主义者柏拉图。亚里士多德在这里有折中主义。黑格尔却为了**神秘主义**而把这个弱点**掩盖起来**!

	注意	
不仅从物质到意识的过渡是辩证的,而且从感觉到思想的过渡等等也是辩证的。		辩证法的拥护者黑格尔不能理解从物质**到**运动、从物质**到**意识的**辩证的**过渡——尤其不能理解后一种过渡。马克思纠正了这个神秘主义者的错误(或弱点?)。

> 辩证的过渡和非辩证的过渡的区别何在？在于飞跃。在于矛盾性。在于渐进过程的中断。在于存在和非存在的统一（同一）。

下面一段话特别清楚地表明黑格尔如何掩盖亚里士多德的唯心主义弱点：

"亚里士多德思考着对象，而当对象作为思想存在时，它们就是真实的；这就是它们的 οὐσία[①]。

<blockquote>

天真！！

这并不是说，自然界的对象本身因此自己在思考。对象是被我主观地思考的；因此，我的思想也就是事物的概念，而事物的概念就是事物的实体。在自然界中，概念并不是作为处于这种自由中的思想存在着的，而是有血有肉的；而血肉是有灵魂的，这灵魂就是它的概念。亚里士多德懂得什么是自在自为之物；这就是它们的 οὐσία[①]。概念不是自为地存在的，它受外在性的约束。通常关于真理的定义是：'真理是表象与对象的一致。'但表象本身仅仅是一个表象，我同我的表象（同表象的内容）完全不是一致的：我有屋子、木材的表象，但我自己并不就是它们，——我和屋子的表象是两回事。只是在思维中才有客观和主观的真正一致。**这是我**〈黑体是黑格尔用的〉。亚里士多德因此持有最
</blockquote>

---

① 本质，实体。——编者注

1915 年列宁所作黑格尔《哲学史讲演录》一书摘要的手稿一页

高的观点；我们不能指望认识更深刻的东西

了。"(第 332—333 页)

"在自然界中"，概念并不存在"于这种自由中"（**人**的思想和幻想的自由中！！）。"在自然界中"，它们，概念，是"有血有肉"的。——这点极妙！而这也就是唯物主义。人的概念就是自然界的**灵魂**，——这只不过是神秘主义地转述下面的话：自然界**独特地**（注意这一点：**独特地**和**辩证地**！！）反映在人的概念中。

第 318—337 页**尽是**关于亚里士多德的形而上学！！ 实质上反对柏拉图唯心主义的一切地方都**被掩盖起来了**！！ 特别是关于人和人类**以外**的存在的问题！！！ ＝关于唯物主义的问题被掩盖起来了！

亚里士多德是一个经验论者，然而是一个**思维着的**经验论者（第 340 页）。"**通过综合而把握住的经验的东西，就是思辨的概念……**"（第 341 页）（黑体是黑格尔用的）

> 参看**费尔巴哈**：感觉的福音在联系中去阅读＝思维①

概念与经验、感觉的"综合"、总括、总结之间的一致，在**各派**哲学家看来都是**毫无疑问的**。这种一致**来自何处**？是来自上帝（自我、观念、思想等等、等等）还是来自

> **注意**

---

① 参看路·费尔巴哈《驳躯体和灵魂、肉体和精神的二元论》（《费尔巴哈哲学著作选集》1984 年商务印书馆版上卷第 219 页）。——编者注

（出于）自然界？恩格斯在问题的提法上是正确的。**134**

康德

"……主观形式构成康德哲学的本质……"（第 341 页）

关于亚里士多德的目的论：

"目的"和原因、规律、联系、理性

"……自然界自身具有自己的手段，而这些手段也就是目的。在自然界中，这个目的就是自然界的逻各斯，真正理性的东西。"（第 349 页）

"……知性不仅是有意识的思维。在这里包含着关于自然、生命的完整的、真实的、深刻的概念……"（第 348 页）

理性（知性）、思想、意识，如果**撇开自然界**，不适应于自然界，就是虚妄。＝唯物主义！

黑格尔因亚里士多德的"真正思辨的概念"（第 373 页关于"灵魂"和其他许多东西）而对他大肆吹捧，啰唆地叙述明显的唯心主义（＝神秘主义）谬论，读起来令人厌烦。

亚里士多德在唯心主义和唯物主义之间**动摇**的**一切**地方，都被掩盖起来了！！！

关于亚里士多德对"灵魂"的观点，黑格尔写道：

"实际上,任何普遍的东西在它作为特殊的东西、单一的东西、为他的存在时,才是实在的。"(第 375 页)——换句话说,灵魂也是这样。

失口说出了
"实在论"

亚里士多德《论灵魂》第 2 篇第 5 章:

"区别〈感觉和认识之间的〉就在于:那引起感觉的东西是外在的。其原因是:感觉的活动针对单一的东西,相反,认识则是针对普遍的东西;而这普遍的东西在某种意义上是作为实体而存在于灵魂自身中。因此,每个人只要愿意,他就能思维……而感觉则不取决于他,——要感觉,就必须有被感觉的东西。"

感觉和认识

亚里士多德
紧紧地接近
唯物主义

这里的关键是"外在"——**在人之外**,不以人为转移。这就是唯物主义。而黑格尔却开始用废话来捣毁唯物主义的这个基础、根基、实质:

"这是对感觉的完全正确的观点",黑格尔这样写,并且加以解释:"被动性"在感觉中无疑是存在的,"不论主观地还是客观地,是无所谓的,——在这两种情况下都有被动性这个因素……　亚里士多德并不因被动性这个因素而落后于唯心主义;感觉,从一方面来说,总是被动的。坏的唯心主义认为精神的被动性和自动性以某个规定性是内在的或外在的这一点为转移,——仿佛感觉中也有自由似的;感觉是局限性的领域!!　……"(第 377—378 页)

注意!!

唯心主义者
被抓住了

注意

((这位唯心主义者堵塞了通往唯物主义的缝隙。不，**外在**或**内在**不是无所谓的。关键就在这里！"**外在**"就是唯物主义。"**内在**"＝唯心主义。黑格尔不提亚里士多德的那个字眼("**外在**")，而用"**被动性**"这个字眼对同一个**外在**另作描述。被动性也就是外在！！黑格尔用**思想**的唯心主义来代替**感觉**的唯心主义，但**还是用唯心主义**。))

注意
躲避唯物主义的遁词

"……**主观唯心主义**说：没有任何外在的事物，它们只是我们自身的规定。就感觉来说，可以同意这一点。在感觉上，我是被动的，感觉是主观的；这是我自身中的存在、状况、规定性，而不是自由。感觉在我之外或在我之中，都无所谓，总之它**存在着**……"

接着就是那个把灵魂比做蜡块的著名的比喻，它使黑格尔像早祷之前的魔鬼那样乱转，并大叫大嚷，说这个比喻"常常引起误解"(第 378—379 页)。

亚里士多德说(《论灵魂》第 2 篇第 12 章)：

注意
灵魂＝**蜡块**

"感觉是接受被感觉的形式，而不接受质料……""正如蜡块一样，它接受的只是带印章的金戒指的印记，而不是金本身，——只是单纯的黄金的形式。"

黑格尔写道："……通过感觉达到我们的只

注意

是形式,不是质料。但当我们实际行动时,譬如饮食时,情况就不一样了。在实践中,我们一般是作为单个的个体,而且是作为某种定在的单个的个体行动的,我们本身就是这一种物质的定在,我们同物质发生关系,而且通过物质的方式。只有当我们是物质的时候我们才能这样;就是说,我们的物质的实存转为行动。"(第379 页)

> 在实践中就"不一样"

> 躲避唯物主义的胆怯的遁词

((紧紧地接近唯物主义——但又躲躲闪闪。))

关于"蜡块",黑格尔发怒,并指责说:"每个人都懂得这一点"(第 380 页),"人们异常笨拙地抓住比喻中的粗陋的方面"(第 379 页)等等。

"无论如何灵魂不应当是被动的蜡块并从外界获得规定……"(第 380 页)

> 哈哈!!

"……它〈灵魂〉把外在的躯体的形式变为它自己的形式……"**亚里士多德《论灵魂》第 3 篇第 2 章**:

"……被感觉和感觉的效用是一样的、一致的;但它们的存在并不是一样的……"(第 381 页)

> 亚里士多德

黑格尔注释道:

"……有一个发出声音的物体和一个听到声音的主体;存在是两方面的……"(第 382 页)

> 黑格尔掩盖唯心主义的弱点

但关于人之外的存在的问题被搁在一边!!! **躲避**唯物主义的诡辩遁词!

谈到思维、理性(νοûς)时,亚里士多德说(《论灵魂》第3篇第4章):

白板	"……感觉离不开肉体,而理性却可以同肉体分离……"(第385页)"……理性就像一本书,书页上实际什么都没有写"(第386页)——而黑格尔又气愤地说:"另一个臭名昭著的例
哈哈!	子"(第386页),人们把那种同亚里士多德的思想恰恰相反的东西强加于他,等等((而关于**不以理智和人为转移**的存在的问题则被掩盖起来
哈哈! 他害怕!!	了!!))——这一切都是为了要证明:"因此亚里士多德不是实在论者。"(第389页)

亚里士多德:

亚里士多德和 **唯物主义**	"因此,谁不感觉,谁就什么也不认识,什么也不理解;如果他认识(ϑεωρῇ①)什么东西,那他就必须也把它当做表象来认识,因为表象和感觉是一样的,只不过没有质料而已……"
	"……知性撇开任何质料,是否能思考现实的对象,这个问题还必须专门研究……"(第389页)黑格尔从亚里士多德那里**抓出**这样一些东西,说什么"理性和理性所把握的东西是一
伪造 亚里士多德	样的"(第390页),等等。唯心主义者的唯心的牵强附会的典型例子!! 把亚里士多德伪造**成**一个18—19世纪的唯心主义者!!

---

① 直观。——编者注

斯多亚派的哲学

关于**斯多亚派**[135]的"真理的标准"——"被理解的表象"(第444—446页)——黑格尔说,意识只拿表象同表象对照(而**不是同对象对照**:"真理是对象和认识的一致"="真理的著名定义"),因此,问题全部在于"客观的逻各斯、世界的合理性"(第446页)。

"除了普遍性和自身同一性的形式外,思维不提供任何别的东西;因此,一切都能和我的思维一致。"(第449页)	黑格尔反对斯多亚派和他们的标准
"理由是一种随心所欲的东西;可以给任何东西找到好的理由……"(第469页)"哪些理由应当算是好的,这取决于目的、利益……"(同上)	一切都有"理由"

伊壁鸠鲁的哲学

讲到伊壁鸠鲁(公元前342—前271),黑格尔**立刻**(在叙述他的观点之前)采取反对唯物主义的战斗立场,宣称:

"同时,自然〈!!〉很明显〈!!〉,如果认为被感觉的存在是真实的,那么概念的必要性就会一概被取消,一切都因为没有任何思辨意义而趋于瓦解,对事物的寻常看法反而会被肯定下	对唯物主义的诽谤 为什么??

来;事实上,这没有超越普通常识的观点,或者不如说,一切都降低到普通常识的水平!!"(第473—474页)

注意

> 对唯物主义的**诽谤**!!"概念的必要性"一点也不会被关于认识和概念的**来源**的学说所"取消"!! 与"常识"不一致,是唯心主义者的腐朽的怪想。

关于认识和真理标准的学说,伊壁鸠鲁称之为准则学[①]。黑格尔对它作了简短的叙述后,写道:

!!!!

!!!

> "它是这样简单,再没有比它更简单的了,——它是抽象的,而且又是很平凡的,它或多或少停留在那开始反思的普通意识的水平上。这是一些普通的心理表象;它们完全是正确的。我们从感觉造成作为普遍的东西的表象,——因此,这种普遍的东西就成为稳定的东西。表象本身(在意见中)通过感觉来检验自己是否稳定,是否重复出现。这大体上是正确的,但完全是肤浅的;这只是最初的开端,是关于最初知觉的表象的结构……"(第483页)

> "最初的开端"被唯心主义忘记并歪曲了。而只有**辩证**唯物主义才把"开端"同延续和终点**联结起来**。

---

① 手稿上"准则学"(Kanonik)这个词和下一段的第一个词"它"之间用一个箭头相连。——俄文版编者注

注意:第 **481** 页——关于伊壁鸠鲁所说的词的意义:

"每一事物通过最初赋予它的名称而获得它的明确性、明显性、清晰性。"(伊壁鸠鲁,见**第欧根尼·拉尔修**,第 10 篇第 33 节)而黑格尔说:"名称是一种普遍的东西,是属于思维的,它把复杂的东西变成简单的东西。"(第 481 页)

"关于我们之外的东西进入我们内部的一般客观方式,即关于我们本身同表象所由产生的对象之间的关系,伊壁鸠鲁陈述了下列的形而上学的见解:

'从物的表面放出一股持续的流,这股流是感觉所察觉不到的,这是由于有逆向的补充,因为物体本身始终保持充盈,而且这种补充在固体中长久地保持原子的同一排列和位置。分离出来的这些表面的东西以极大的速度在空气中运动,因为分离出来的东西不需要有厚度。''感觉是同这样的表象不矛盾的,如果我们注意到,(zusehe),形象如何发生它们的作用;它们给我们带来外部世界同我们的某种一致,某种共鸣。因此,从它们传过来一种东西,以致在我们身上表现为某种外在的东西。''而由于这样的流进入我们内部,我们就知道这种或那种感觉的规定性;这种规定的东西存在于对象中,并通过这样的方式流进我们内部。'"(第 484—485

伊壁鸠鲁:我们之外的对象

注意
伊壁鸠鲁的认识论……

| 页,**第欧根尼·拉尔修**,第 10 篇第 48—49 节)

伊壁鸠鲁(公元前 300 年,即比黑格尔早 2000 多年)的天才的猜测,例如关于光和光速的猜测。

| 　　　黑格尔①完全**掩盖了**(注意)**主要的东西**:(注意)事物的存在是**在人的意识之外**而且**不依赖**于人的意识,

唯心主义者歪曲和诽谤唯物主义的一个典型例子

　　——黑格尔把所有这一切都**掩盖起来**,他仅仅说:

　　　"……这样理解感觉是极其平庸的。由于真理是看不见的,伊壁鸠鲁采用了最容易的而且现在说来也是寻常的真理标准,这就是:我们所看见的、听到的不应当同这种真理相矛盾。因为事实上思想的这样一些产物,如原子、表面的东西的分出等等,是不能够看见和听到的;[人们当然能看见和听到某种别的东西]②;但是人们看见的东西和人们设想、想象的东西,是彼此相安无事地并存着的。如果把它们彼此分开,它们就不会相互矛盾,因为矛盾只出现在关系中……"(第 485—486 页)

---

① 从本段起,列宁使用新笔记本。笔记本封面上写着"黑格尔",在第 1 页开头写着《黑格尔哲学史,关于伊壁鸠鲁(**续**)(第 2 卷)(1833 年柏林版第 14 卷第 485 页)》。——俄文版编者注

② 方括号里的话在列宁的摘要中被删去了,看来不是有意删去的。——俄文版编者注

> 黑格尔**撇开**了伊壁鸠鲁的认识论而谈起**别的东西**，即伊壁鸠鲁在**这里**所没有涉及的而又与唯物主义**相容的东西**！！

第（486）页：

在伊壁鸠鲁看来，错误是由于运动（从对象到我们、到感觉或到表象的运动？）的**间断**而发生的。

黑格尔写道：“不可能再有更贫乏的〈认识论〉了。”（第 486 页）

> 一切都会是**贫乏的**，如果加以歪曲和剽窃的话。

在伊壁鸠鲁看来，灵魂是原子的“某种”集合。“这一点洛克也〈！！！〉说过……这都是些空话……”（第 488 页）（（不，这是天才的猜测，是为**科学**而不是为僧侣主义**指出**道路。））

这**也是**卓绝的！！！！伊壁鸠鲁（公元前 341—前 270），洛克（**1632 — 1704**）差距 ＝ 2000 年

注意。**注意**。（第 489 页）同上。（第 490 页）：

伊壁鸠鲁硬说原子有“**曲线的**”运动，这是伊壁鸠鲁的“武断和无聊”（第 489 页）——（（而唯心主义者的“神”呢？？？））

而电子呢？

“或者伊壁鸠鲁根本否认一切概念和作为本质的普遍的东西……”（第 490 页）虽然他的原子“本身正具有思想的这种本性……”“经验

胡说！撒谎！诽谤！

注意 ‖ 论者的全部不彻底性……"（第 491 页）

这样就**撇开了唯物主义**和唯物主义辩证法的实质。

惋惜上帝！！
唯心主义的
混蛋！！
┃┃ "世界的终极目的、创世主的智慧……在伊壁鸠鲁那里是没有的。一切都是通过原子组合的偶然的〈？？〉外在的〈？？〉碰撞而确定的事件……"（第 491 页）

！！
┃┃ 而且黑格尔索性**责骂**伊壁鸠鲁："他关于自然界各个方面的思想本身是可怜的……"

自然科学的
"手法"是如
此！它的成就
也是如此！！
┃┃ 接着就是同当今的"自然科学"的**论战**，据说这种自然科学，也像伊壁鸠鲁那样，"根据类比"来论断，来"说明"（第 492 页）——例如，光"是以太的振动……""这完全是伊壁鸠鲁的类比的手法……"（第 493 页）

((**现代自然科学**和伊壁鸠鲁的对照——反对(**注意**)黑格尔))

伊壁鸠鲁和
现代自然科学
┃┃ 在伊壁鸠鲁那里，"事物、原则不外是我们普通的自然科学的原则……〈第 495 页〉这仍然是那种成为我们自然科学的基础的手法……"（第 496 页）

正确的只是：指出了对一般辩证法和概念辩证法的无知。但对**唯物主义**的批判很糟糕。

"总之,关于这个手法〈伊壁鸠鲁哲学的〉,我们应当这样说:它也有着有价值的一面。亚里士多德和更早的古代思想家在自然哲学中总是先验地从普遍的思想出发,并从其中发展出概念。这是一方面;另一方面,就是必须把经验提升到普遍性,找出规律;这就是说,从抽象观念中引申出来的东西要同由经验和观察所准备起来的普遍表象相符合。比如在亚里士多德那里,先验的方面是很卓越的,但是不充分,因为在他那里缺乏同经验、观察相结合、相联系的方面。把特殊提升到普遍,这就是发现规律、自然力等等。因此,可以这样说:伊壁鸠鲁是经验自然科学和经验心理学的创始人。经验、感性现存性同斯多亚派的目的、知性概念相对立。在斯多亚派那里,只有抽象的有限的知性,它自身没有真理,因而也没有自然界的现存性和现实性;而在这里却有自然界:对自然界的感觉要比那些假设更真实。"(第 496—497 页)

(这几乎紧紧地接近辩证唯物主义。)

伊壁鸠鲁的作用在于同希腊人和罗马人的迷信作斗争——也同现代僧侣的迷信作斗争吗??

他说这全是胡说,比如是否有一只野兔越过大路,等等(而上帝呢?)。

"那些完全否认超感觉之物的观念主要

旁注:

注意
注意

!注意!

注意!!

注意

注意

注意

注意

黑格尔
论唯物主义的
长处

<table>
<tr>
<td>

注意

为什么(古典
哲学家)重视
唯心主义??

</td>
<td>

是从它〈伊壁鸠鲁的哲学〉那里来的。"(第498
页)

‖但这只对于"有限的东西"来说是好的……
**"迷信破灭了,但是有内在根据的联系和观念的
世界也同迷信一起破灭了。"**(第499页)这点要
注意。

</td>
</tr>
<tr>
<td>

在黑格尔看
来,"灵魂"
也是偏见

</td>
<td>

　　第499页:伊壁鸠鲁论**灵魂**:更精微的(注
意)原子,它们的更迅速的(**注意**)运动,它们与
躯体的**联系**(注意)等等、等等(**第欧根尼·拉尔
修**,第10篇第66节、第63—64节)——很素
朴也很好! ——但黑格尔生气,**他责骂道**:"胡
诌","空话","没有思想"(第500页)。

</td>
</tr>
</table>

　　按照伊壁鸠鲁的看法,诸神都是"普遍者"(第506页)——"它
们有一部分存在于数中",像数一样,也就是说,它们是从感性的东
西中抽象出来的……

<table>
<tr>
<td>

注意
诸神＝完美的
人的形象,参看
费尔巴哈[136]

</td>
<td>

　　"它们〈诸神〉部分地是**完美的人的形象**,其
产生是由于各形象的相似,相似的形象不断地
融合为同一个形象。"(第507页)

</td>
</tr>
</table>

怀疑论者的哲学

<table>
<tr>
<td>

注意

</td>
<td>

　　黑格尔谈到**怀疑论**时,指出它表面上的"不
可战胜性"(Unbezwinglichkeit)(第538页):

　　"实际上,如果一个人决心做怀疑论者,那
就不能劝阻他,或使他接受肯定的哲学,——这

</td>
</tr>
</table>

1915 年列宁所作黑格尔《哲学史讲演录》一书摘要
的手稿一页

（按原稿缩小）

正如不能使一个全身瘫痪的人站起来一样。"
（第 539 页）

说得好！！

"肯定的哲学对于它〈思维着的怀疑论〉能够有这样的认识：肯定的哲学在自身中包含着怀疑论的否定，怀疑论同肯定的哲学并不是对立的，不是在它之外的，而是它自身的一个环节，但肯定的哲学所包含的否定是具有真理性的，而怀疑论则没有这样的否定。"（第 539 页）

（哲学和怀疑论的关系：）

"哲学是辩证的，这个辩证法就是变化；观念作为抽象的观念，是惰性的、存在着的，只有当它理解到自己是有生机的时候，它才是真实的；它自身内部的辩证性就在于：它扬弃自己的静止、自己的惰性。因此，哲学观念在自身内部是辩证的，而这并不是出于偶然；相反，怀疑论运用辩证法则是出于偶然，——它一碰到什么材料、内容时就指出：它们内部都是否定的……"（第 540 页）

**注意
怀疑论的辩证
法是"偶然的"**

要把旧的（**古代的**）怀疑论同**新**的怀疑论（仅指格丁根的舒尔采）区别开来（第 540 页）。

不动心（恬静？）是怀疑论者的理想：

"皮浪有一次乘船遇暴风雨，同伴们很惊慌，他就指着一只若无其事地安然吃食的猪，对同伴们说：哲人应当这样地不动心。"（第欧根尼·拉尔修，第 9 篇第 68 节）——第 551—552 页。

**关于怀疑论
者的一桩
不坏的轶闻**

<table>
<tr><td>

注意
怀疑论不是
疑惑

</td><td>

"怀疑论并不是疑惑。疑惑正是静止的反面,静止则是怀疑论的结果。"(第552页)

"……相反,怀疑论对此对彼都是淡漠的……"(第553页)

舒尔采-埃奈西德穆硬说怀疑论认为一切感性的东西都是真理(第557页),但怀疑论者没有这样说过,他们认为:应该照此行事,即与感性的东西相适应,但这不是真理。新怀疑论

</td></tr>
</table>

注意	不怀疑事物的实在性。旧怀疑论怀疑事物的实在性。
全部都在**塞克斯都·恩披里柯**(公元2世纪)那里	怀疑论者的论式(表达方式,论据等等)[137]:
	a. 动物机体的差异(第558页)。 不同的感觉:在黄疸病患者(dem Gelb-süchtigen)看来,白的好像是黄的,等等。
	b. 人们的差异。"特异反应性"(第559页)。 应该相信谁呢? 相信大多数人吗? 这是愚蠢的:不能问遍所有的人(第560页)。
注意	各种哲学的差异:这是荒谬的借口,黑格尔愤怒地说:"……这些人看见哲学中的一切,但恰巧忽略了哲学本身……"

"不管各种哲学体系彼此如何不同,它们
之间的差别总不如白色和甜味、绿色和
粗糙之间的差别那样大;它们的相同之
点在于,它们都是哲学,正是这一点恰恰
被忽略了。"(第 561 页)

注意

"……一切论式都反对'是';但真理
也并不是这个枯燥的'是',它实质上是
过程……"(第 562 页)

注意

c. 各种感觉器官构造上的差异;不同的感
觉器官以不同的方式来感知(在一块着
色的板上,在眼睛看起来是凸出的东西,
摸起来却不是这样)。

d. 主体内各种情况的差异(激动、安静,等
等)。

e. 距离的差异,等等。

地球绕太阳或者相反,等等。

f. 混合(在强烈太阳光下的气味和没有强
烈太阳光时的气味,等等)。

g. 物的组成(玻璃碎了就不透明,等等)。

h. "物的相对性"("**相对性**")。

i. 现象的常见、罕见,等等;习惯。

k. 风俗、法律,等等,它们的差异……

(10)这就是全部**旧的**论式,黑格尔说:这全是"经验的东

西"——"不向概念过渡……"(第566页)这是"平庸的……"但……

"但是,事实上,它们反对普通常识的独断论,是完全中肯的……"(第567页)

五种新的论式(已经高级得多,已经包含着**辩证法**,接触到**概念**)——也是按照塞克斯都所说的。

> a.**哲学家们的**……**意见**的差异……
> b.陷于无限(一个依赖于另一个,**以此类推**,以至无穷)。
> c.(各个前提的)相对性。
> d.假设。独断论者提出未经证明的假设。
> e.相互性。(恶性的)循环论证……

注意 | "这些怀疑论的论式事实上**触犯**被称做独断论的哲学(这种哲学按其性质不得不在这些形式中兜圈子),但不是就独断论哲学包含着肯定的内容而言,而是就其断言某种规定的东西为绝对而言。"(第575页)

注意 | **黑格尔反对绝对!** 辩证唯物主义的萌芽就在这里!

"批判主义"是 | "对于根本不知道任何自在的东西,不知道任何〈原文如此!! 不是nichts〉[①]绝对的东西的批判主义来说,关于自在的存在本身的任何知识都是独断论;其实批判主义自身就是最糟糕

[①] 列宁所以用括号加注解,是因为原著中在"绝对的东西"之前用了否定词nicht,而不是用nichts。——俄文版编者注

的独断论,因为它断言:'自我'、自我意识的统一同存在相对立,是自在自为地存在着的,而在它之外同样存在某种'自在的'东西,二者是绝对不能碰在一起的。"(第 576 页)

"最糟糕的
独断论"

"这些论式击中独断论哲学,这种哲学有这样的手法:把具有某个特定命题形式的原则作为规定性提出。这种原则总是有条件的;因而它具有辩证法,即在自身中对自身的破坏。"(第 577 页)"这些论式是反对知性哲学的卓越的武器。"(同上)

说得好!!!

辩证法 = "对
自身的破坏"

例如塞克斯都就揭示了**点**(der Punkt)的概念的辩证法。点是不可测量的? 所以它**在空间之外**!! 它是空间中的空间界限,是空间的否定,同时又有"一份空间"——"因此也是自身辩证的东西"(第 579 页)。

注意

"这些论式……在反对**思辨的**观念上是无力的,因为思辨的观念本身就包含着**辩证的**因素和对有限东西的**扬弃**。"(第 580 页)

注意

第 14 卷完(第 586 页)。

第15卷 哲学史第3卷

（希腊哲学末期、中世纪哲学和到谢林
为止的近代哲学，第1—692页）

（1836年柏林版）

新柏拉图派[138]

"……回到上帝……"（第5页）[①]，"自我意识是绝对本质……"（第7页）"世界精神……"（第7页），"基督教……"（第8页）以及**一大堆**关于上帝的**胡言乱语**……（第8—18页）

> 但是这个公开地"认真地"导向上帝的哲学唯心主义，比虚伪怯懦的现代不可知论要诚实。

理念（柏拉图的）和上帝

A. 斐洛——（公元前后）一位犹太学者、神秘主义者，"在摩西身上发现柏拉图"等等（第19页）。"认识上帝"（第21页）是主要的等等。上帝是逻各斯、"一切理念的总体"、"纯存在"（第22页）（"柏拉图的看法"）（第22页）…… 理念是"天使"（上帝的使者）……

---

① 指《黑格尔全集》1836年柏林版第15卷的页码。——编者注

（第 24 页）至于感性世界，"也像在柏拉图那里一样" ＝ 不存在的东西 ＝ 非存在（第 25页）。

B. 喀巴拉[139]，诺斯替教派[140] ———

同上……

C. 亚历山大里亚派的哲学——（ ＝ 折中主义）

（ ＝ 柏拉图派、毕达哥拉斯派、亚里士多德派）（第 33、35 页）。

折中主义者——或者是没有教养的人，或者是狡猾的人（聪明人）——从各处取得好东西，但是……

——他们收集了一切好的东西，"只是没有思维的连贯性，因而也就没有思维本身"（第 33 页）。

关于折中主义者……

他们发展了柏拉图的学说……

"包含在思维中的柏拉图的普遍的东西，因此得到了这样的意义：普遍的东西本身就是绝对本质自身。"（第 33 页）……①

柏拉图的理念和上帝

————

黑格尔论柏拉图的对话录[141]

页码

（第 230 页）②智者篇

————

① 笔记在这里中断，往下都是空白页。——俄文版编者注
② 指《黑格尔全集》1833 年柏林版第 14 卷的页码。——编者注

（第 238 页）斐里布篇

（第 240 页）**巴门尼德篇**
　　　　　　　　　·　·　·　·　·　·
（蒂迈欧篇）（第 248 页）

载于 1930 年《列宁文集》俄文版
第 12 卷

译自《列宁全集》俄文第 5 版
第 29 卷第 219—278 页

黑格尔《历史哲学讲演录》一书摘要[142]

（1915 年）

黑格尔全集第 9 卷（1837 年柏林版）
历史哲学讲演录[143]

（爱·甘斯出版）

材料：1822—1831 年的讲演记录。

第 73 页以前是黑格尔的手稿，等等。

第 5 页①"……言语……是人们之间的活动……"（因此，这些言语不是废话）。

第 7 页——法国人和英国人更有教养（"更有……**民族的**教养"），我们德国人多半在**应当**如何写历史这方面费尽心思，而不是去写历史。

‖ 机智而聪明！

第 9 页——历史教导说："各个民族及政府从来都没有从历史中学到什么：对这点来说，每个时期都**太独特了**。"

‖ 非常聪明！

---

① 指《黑格尔全集》1837 年柏林版第 9 卷的页码。——编者注

注意

注意

注意

"但是,经验和历史告诉我们的是这样:各个民族及政府从来都没有从历史中学到什么,也从来没有按照从历史中所能吸取的那些教训进行活动。每个时代都具有如此特殊的环境,每个时代都有如此独特的状况,以至必须而且也只有从那种状况出发,以它为根据,才能判断那个时代。"

第 12 页——"理性统治世界……"

真糟!

第 20 页:物质的实体——重力。
　　　　精神的实体——自由。

第 22 页。"世界历史是自由意识中的进步,我们要从这个进步的必然性去认识它……"

第 24 页——(接近历史唯物主义)。人们遵循的是什么呢? 主要就是"利己主义",——爱的动机等等比较少,而且其范围也比较窄。从这些交织着的激情等等、需要等等之中究竟得出什么呢?

第 28 页"没有激情,世界上任何伟大的事业都不会成功"……激情是"精力"的主观方面,"因而也是它的形式方面……"

第 28 页末尾——历史不是从有意识的目的开始的……　重要的是那种

第 29 页……**人们未曾意识到**而作为人们活动

的结果表现出来的东西……	注意
第 29 页……**在这个意义上**，"理性统治世界"。	
第 30 页……在历史上通过人们的活动而实现 的，"除了他们所追求的和达到的东西之 外，除了他们直接知道和要求的东西之 外，还有（得出）别的东西"。	第 30 页
第 30 页"……他们〈人们〉在实现自己的利益， 而某种更为遥远的东西也因此得以实 现，它虽然包含在这种利益的内部，但是 并不包含在人们的意识和意图中。"	注意 （参看恩格斯[144]）
第 32 页"……历史上的伟大人物是这样一些人， 在他们的个人的、特殊的目的中包含着作 为世界精神的意志的实体性东西……"	"伟大人物"
第 36 页——牧民、农民等等的宗教信仰和德行 是非常令人敬佩的（实例！！注意），但是 "……世界精神的权利高于一切特殊的 权利……"	

> 黑格尔在这里常讲到上帝、宗教、一般伦理——最庸俗的唯心主义胡说。
>
> 　第 97 页："逐渐废除奴隶制要比骤然废除好一些……

第 50 页。国家的宪法以及它的宗教……哲学、
　　　思想、教育、"外部力量"（气候、邻邦……）
　　　形成"一个实体，一个精神……"

第51页。在自然界中运动只是循环的(!!)——
　　　　在历史中会产生新的东西……

?

第62页。语言在各民族的不发达的、原始的状
　　　　况下,是比较丰富的,——语言随着文明
　　　　的进展和语法的形成而变得贫乏。

第67页:"世界历史活动的基础高于道德立足
　　　　的位置(Stätte)……"

非常好

第73页:一幅绝妙的历史图画:个人的激情、活
　　　　动等等的总和("到处都是和我们有关的
　　　　东西,因而到处引起我们的关注:赞成还
　　　　是反对"),有时是大量的共同利益,有时

非常重要!
见**下面**
完整的引文①

　　　　是无数"**微小力量**"("微小力量的无限的
　　　　紧张活动,它们从似乎微不足道的事情
　　　　中产生出大事")。

见
下
面

　　　　结果呢? 结果是"**疲倦**"。

第74页——**绪论完。**

第75页《**世界历史的地理基础**》(典型的标题):
　　　　(第75—101页)。

注意
参看普列汉
诺夫**145**

!!!

第75页——"在伊奥尼亚的和煦的天空下"能够
　　　　比较容易产生荷马,但不仅是这一个原
　　　　因。——"在土耳其的统治下就不能"等等。

第82页——向美洲移民消除了"不满""并且使
　　　　现代市民制度的继续存在有了保障……"

---

① 这几个字大概是列宁后来用蓝铅笔写的。列宁在后面摘录了《黑格尔论世界
历史》(本卷第277—278页)。——俄文版编者注

（这种制度就是"富有和贫穷"，第 **81**
页）……

第 82 页。欧洲没有这种出路：如果德国的森
林还存在着，那就不会有法国大革命。

第 102 页：世界历史的三种形式：（1）专制制
度；（2）民主制和贵族制；（3）君主制度。

划分：东方世界——希腊世界——罗马世
界——日耳曼世界。关于伦理等等、等
等的毫无意思的空谈。

中国。第 1 章（第 113—139 页）。对于中国的
特征、制度等等的描述。空洞，空洞，空洞！

印度——在第 176 页之前——在……之前。

波斯（和埃及）在第 **231** 页之前。为什么波斯
王国（帝国）覆灭了，而中国和印度没有
覆灭呢？继续存在并不就是顶好的事
情。（第 229 页）——"万古长存的山岭并
不胜于生命短促、转瞬凋谢的玫瑰。"（第
229 页）波斯之所以覆灭，是因为在这里开
始了"精神的直观"（第 230 页），而希腊人
则表现得更高一筹，具有"意识到自身自
由"的组织的"更高原则"（第 231 页）。

第 232 页："希腊世界"……"纯粹个体性"的原
则——它的发展、繁荣和衰落时期，"**同
世界历史的下一个器官的接触**"（第 233
页）——罗马和它的"实体"（同上）。

世界历史
是个整体，而
各个民族是
它的"器官"

第 234 页：希腊的地理条件：多样化的自然界
（和东方的单调不同）。

富与贫

第 **242** 页——希腊的殖民地。财富的积累。与
此"永远"相联的是困苦和贫穷……

**黑格尔和
费尔巴哈[146]**

第 **246** 页。"人们所解释的自然物，它的内在的
本质的东西，就是神的起源"（关于希腊
人的神话）。

**在黑格尔那里
有历史唯物
主义的胚芽**

第 **251** 页："人为了自己的需要，以实践的方式
同外部自然界发生关系；他借助自然界来
满足自己的需要，征服自然界，同时起着
中间人的作用。问题在于：自然界的对象
是强有力的，而且进行种种的反抗。为了
征服它们，人在它们中间加进另一些自
然物，这样，人就使自然界反对自然界本
身，为了这个目的而发明工具。人类的这
些发明是属于精神的，所以应当把这种工
具看得高于自然界的对象……　旨在征
服自然界的人类发明的荣誉是属于神的"
（在希腊人看来）。

**黑格尔
和
马克思**

??

第 264 页：希腊的民主制是和国家规模的狭小
分不开的。**言语**、生动的言语把公民联
结了起来，并激起了**热忱**。"因此"在法国
大革命中从来没有过共和国宪法。

第 322—323 页："他〈凯撒〉消除了内部对立〈消
灭了已经成为"阴影"的共和国〉，又引起

了新的对立。因为世界统治在这以前只达到了阿尔卑斯山巅,凯撒则开辟了新的活动场所:他开创了以后应该成为世界历史中心的舞台。"

　　往下是关于凯撒的被刺:

　　"……一般说来,如果政变再次发生〈拿破仑、波旁王朝〉,人们似乎就承认它是合法的了……""起初似乎只是偶然的和可能的东西,由于再次发生就会成为某种现实的和确证的东西。"(第323页)

《基督教》(第328—346页)。

吹捧基督教之伟大的庸俗僧侣唯心主义的胡说(附摘自福音书的引文!!)讨厌之至,臭不可闻!

第420—421页:为什么宗教改革只局限在某些民族中呢? 顺便提到——"斯拉夫民族是**农业民族**"(第421页),而这种情况导致"主人和农奴的关系"、很差的"勤勉精神"等等。而罗曼语民族是为什么呢? 因为它们的**性格**(基本性格,第421页末尾)。

第**429**页:"……波兰的自由也无非是贵族对君主的自由…… 因此,人民和国王一样对贵族反感…… 当谈到自由时,必须随时注意:是否就是指个人利益而言。"(第430页)

右栏批注:

黑格尔和历史中的"矛盾"

可能性和偶然性的**范畴**对历史中现实性和确证**的关系**

注意
阶级关系

第 439 页：关于法国大革命……　为什么法国
　　　　　人"立刻从理论转向实践"，而德国人不是
!! ‖‖　　这样呢？德国人的宗教改革"已经纠正了
　　　　　一切"，消灭了"难以形容的不公平"等等。

第 441 页：人第一次（在法国大革命中）达到了
　　　　　这个地步："人是靠头脑，也就是说靠思
　　　　　想站立起来，并按照思想创造现实……"
　　　　　"这是……光辉灿烂的日出……"

　　　　　　黑格尔接着在研究"法国的革命过
　　　　　程"时（第 441 页），在一般自由中强调了
　　　　　财产、**工业**的自由（同上）。

参看马克思和　　　　　…… 法律的颁布？**所有人**的意
恩格斯[147]　　志……"少数人应当**代表**多数人，但他们
　　　　　往往只**压迫**多数人……"（第 442 页）"多
?　‖‖　　数人对少数人的统治也同样是极大的不
　　　　　彻底性。"（同上）

第 444 页："……这一事件〈法国大革命〉按其内
　　　　　容来说，具有世界历史的意义……"
　　　　　"自由主义"（第 444 页）、"自由主义制
　　　　　度"（第 443 页）遍及欧洲。

　　　┌─────────────────┐
　　　│　全卷共 446 页——完。　│
　　　└─────────────────┘

第 **446** 页："世界历史无非是自由概念的发
　　　　　展……"

总之，历史哲学所提供的东西非常之少——这是可以理解的，因为正是在这里，正是在这个领域中，在这门科学中，马克思和恩格斯向前迈了最大的一步。而黑格尔在这里则已经老了，成了古董。

（见下页）①

> **注意**
> 最重要的是绪论，其中在问题的**提法**上有许多精彩的东西。

黑格尔论世界历史

"最后，如果我们从应当遵循的那种范畴的观点出发来观察世界历史，在我们面前便展开了一幅由处在极其纷繁多样的条件下、具有形形色色目的和极不相同的事件和命运的人类生活、活动所构成的无边无际的图画。在这一切变故和事件中，我们首先看到的是人的事业和追求；到处都是和我们有关的东西，因而到处引起我们的关注：赞成还是反对。它有时以美丽、自由、丰富来吸引我们，有时以毅力来吸引我们，有时甚至邪恶可以表现为某种有意义的东西。我们经常看到某种大量的共同利益在艰难地前进，但是更经常看到微小力量的无限的紧张活动，它们从似乎微不足道的事情中产生出大事；到处是五彩缤纷的景色，一个消逝，另一个立即起而代之。

尽管这种观察非常吸引人，它的直接结果却是那种随着幻灯

---

① 手稿上，下页一开始就是《黑格尔论世界历史》摘录。——编者注

映现的极其纷繁多样的景色之后而来的**疲倦**；而且我们虽然承认每个个别景象有它的价值，但我们仍然会产生这样的问题：这一切个别事件的最终目的是怎样的，每个事件是否只限于它自己的特殊目的，或者相反，我们应当设想这一切事件有**一个**终极目的；在这种嘈杂喧闹的表面之下正在制造、创作一件作品，一种内在的、安静的、隐蔽的、蕴藏着这一切暂时现象的根本力量的作品？但是，如果一开始没有把思想、理性认识输入世界历史，那么至少也应当输入坚定不移的信念，即坚信其中有理性，或者至少坚信理智和自觉意志的世界不是偶然事件的牺牲品，而是应当显现在自知的观念的光辉之中。"（第73—74页）①

（（注意：出版者即编者爱德华·甘斯在前言第 XVIII 页中指出，**第 73 页以前**，手稿——"草稿"是黑格尔在 1830 年写的。））

载于 1930 年《列宁文集》俄文版
第 12 卷

译自《列宁全集》俄文第 5 版
第 29 卷第 279—290 页

---

① 指《黑格尔全集》1837 年柏林版第 9 卷的页码。——编者注

诺埃尔《黑格尔的逻辑学》一书摘要[148]

（1915 年）

乔治·诺埃尔《黑格尔的逻辑学》

1897 年巴黎版

日内瓦图书馆，**Ca，1219**[①]

> 该书曾以论文形式分期发表于《形而上学和道德问题评论》杂志；编辑是克萨维埃·莱昂。[149]

作者是**唯心主义者**，而且是渺小的唯心主义者。他转述黑格尔，保护黑格尔不受"现代哲学家"的攻击，把黑格尔同康德等对比。索然无味，毫不深刻。对**唯物主义**辩证法只字不提：想必是作者对唯物主义辩证法一无所知。

> 现将黑格尔的一些术语的**译名**列举如
> 下：*Etre — Essence — Notion*.（Mesure etc.）
> [存在—本质—概念。（度等等）。][②]

---

① 这是图书编号。——编者注
② 方括号中的文字是我们加的，下同。——编者注

Devenir(das Gewordene)[变易的]。

L'être déterminé(Dasein)[定在]。

Être pour un autre(Sein-für-Anderes)[为他存在]。

Quelque chose (Etwas)[某物]。

Limite (Grenze)[界限]。

Borne (Schranke)[极限]。

Devoir être (Sollen)[应有]。

Être pour soi(Für-sich-Sein)[自为存在]。

Existence hors de soi(Außer-sich-Sein)[自身以外的存在]。

La connaissance(das Erkennen)[认识]。

Actualité(Wirklichkeit)[现实]。

Apparence(Schein)[外观]。

Être posé(Das Gesetztsein)[设定的存在]。

Position(Setzen de Reflexion)[设定的反思]。

Fondement *ou* raison d'être(Grund)[根据]。

L'universel(das Allgemeine)[普遍]。

Particulier(das Besondere)[特殊]。

Jugement(das Urteil)[判断]。

Raisonnement *ou* Syllogisme (Schluß)[推理或三段论法（推论)]。

还要指出作者的可笑的企图:可以说是要替黑格尔辩护,驳斥那种说黑格尔哲学是"实在论"(应读做:唯物主义)的指责。在黑格尔那里,"哲学整个说来是三段论法。正是在这种三段论法中,逻辑是普遍,自然界是特殊,而精神是个别"(第123页)。作者"分析"(＝咀嚼)逻辑学中最后关于从观念向自然界过渡的那几句话。结论是:智慧通过自然界(在自然界中)认识观念＝规律性、抽象等等……　不得了啦! 差不多是唯物主义了!!……

　　"把自然界从精神中抽出来,观察自然界本身,这样做是不是就回到了最素朴的实在论呢?"　　　　　　　　　　　　**注意!**

　　"不错,黑格尔在逻辑学和精神哲学之间插入了自然哲学,从而持实在论的观点,可是他并没有任何不彻底性……　黑格尔的实在论只是暂时性的。这是一个必须加以克服的观点。"(第129页)。　　　　　　　　　　　　**注意**

　　"至于说实在论包含有相对真理,——这是无可辩驳的。如此自然而普遍的观点不可能是人类精神的偶然谬误……　为了征服实在论,它〈辩证法〉首先必须让实在论有充分的发展,只有这样,它才能证明唯心主义的必要性。这就是为什么黑格尔把时间和空间当做自然界最一般的规定,而不当做精神的形式。看起来在这一点上他是和康德有分歧的,然而这不过是表面上的和字面上的分歧而已……"　　注意

　　　　　　　　　　　　　　　　　　　　　　??!!

　　"……这就说明为什么他〈黑格尔〉谈到感性的质,好像感性的质是为物体真正固有的。令人惊讶的是,冯特先生就根据这一点指责他无知。难道这位博学的哲学家竟以为黑格尔从

注意
黑格尔 =
"实在论者"
注意

来没有读过笛卡儿、洛克甚至康德的著作吗？如果他是实在论者，那并不是由于他的无知，也不是由于他的不彻底性，而只是暂时性的，是由于他遵循着自己的方法。"（第130页）

作者在把黑格尔同斯宾诺莎作比较时说："总之，黑格尔和斯宾诺莎都赞成使自然界服从逻辑。"（第140页）但是他说，在黑格尔那里，逻辑不是数理逻辑，而是矛盾逻辑，是"从纯粹抽象向实在"过渡的逻辑（等等）。至于斯宾诺莎，据说"我们同他〈斯宾诺莎〉在一起就会成为唯心主义的反对者"（第138页）；因为"精神世界〈斯宾诺莎的〉是和物体世界并列的，而不是在物体世界之上……"

"……发展观念，对黑格尔主义来说如此典型，对斯宾诺莎来说则毫无意义……"（第138页）

黑格尔发展了柏拉图的辩证法（"他和柏拉图都承认对立面的并存是必然的"（第140页））——莱布尼茨接近于黑格尔（第141页）。

诺埃尔保护黑格尔，反对人们指责黑格尔是泛神论者……（据说这种指责的理由是）：

"……绝对精神——他的〈黑格尔的〉辩证法的顶峰——不是理想化和神化的人的精神又是什么呢？除了自然界和人类以外，是否还有什么地方存在着他的上帝呢？"（第142页）

> 诺埃尔的"保护"就在于强调（反复说明）黑格尔是唯心主义者。

黑格尔不是
"怀疑论者"

黑格尔是不是"独断论者"？（第6章：《黑格尔的独断论》）是的，在**非怀疑论**的意义上、在**古代人**所说的意义上他是独断论者（第147页）。

而在康德那里,这＝"自在之物"的可知性。黑格尔(和费希特一样)是否认自在之物的。

在**康德**那里,"**不可知论的实在论**"(第148页末尾)。

‖ **注意**

"……康德从不可知论的观点来给独断论下定义。谁认为自在之物是可以规定的、不可认识之物是可以认识的,谁就是独断论者。此外,独断论可以具有两种形式……"(第149页)或者是神秘主义,或者是

‖ 康德
‖ 不可知论者

"……它也可以天真地把感性现实提升为绝对现实,把现象和本体等同起来。这样,我们就碰到经验论的独断论、碰到庸人的和对哲学一窍不通的学者的独断论了。唯物主义者就犯了这第二个错误;第一个错误是柏拉图、笛卡儿以及他们的门徒所犯的错误……"

‖ 注意
‖ 唯物主义者＝
‖ "独断论者"

据说,黑格尔连独断论的影子也没有,因为"人们当然不会指责他不承认事物对思想的相对性,因为他的整个体系是以这个原则为基础的。人们也不会指责他不加分析、不加批判地使用范畴。难道他的逻辑不正是对范畴的批判,不正是比康德的批判更深刻得多的批判吗?"(第150页)

"……当然,他〈黑格尔〉摒弃本体,从而把现实置于现象中,但是,现象本身中的这个现实,只是直接的现实,因而是相对的和内部不完

注意 ‖ 全的现实。它只有在固有意义上并且在它进一步发展的条件下,才是真正的现实……"(第151页)

"……此外,在理智的东西和感性的东西之间没有绝对的对立,没有分裂,没有不可逾越的鸿沟。感性的东西是预期的理智的东西,

不坏! ‖ 理智的东西是被理解了的感性的东西……"(第152页)

(黑格尔甚至对你这个庸俗的唯心主义者也有点用处!)

"……感性存在,本来包含绝对的东西,我们通过不间断的渐进过程从前者上升到后者。"(第153页)

"……因此,不管怎么说,康德的哲学具有神秘的独断论的基本缺陷。我们在他的哲学中找得到这种学说的两个特征:感性的东西和超感性的东西的绝对对立,以及从前者向后者的直接过渡。"(第156页)

实证论 =
不可知论 ‖ 在第 7 章《黑格尔和现代思想》中,诺埃尔提出奥古斯特·孔德(Comte)的实证论,并进行分析,称之为**"不可知论的体系"**(第166页)。

(**同上**,第169页:"实证论的不可知论"。)

作者把实证论当做不可知论来批判,有时对它的不彻底性抨击得还不错,——例如,他说,关于规律或事实中的"恒久性"("恒久的事实",第170页)的来源问题是回避不了的:

"……由于承认它们〈恒久的事实〉的不可知或可知,人们就会或者走向不可知论,或者走向独断论哲学……"(第170页末尾)

据说雷努维埃先生的新批判主义是折中主义,是介于"实证论的现象论和本来意义上的康德主义"之间的中间物(第175页)。

> 黑格尔的庸俗化者诺埃尔在侈谈道德、自由等等的时候丝毫没有谈到自由是对必然性的理解。

黑格尔著作的法译本有:**维拉**译的《逻辑学》、《精神哲学》、《宗教哲学》、《自然哲学》;

沙·贝纳尔译的《美学和诗学》。

关于黑格尔主义的著作:

埃·博西尔《黑格尔主义的前辈》。

保·雅奈《黑格尔和柏拉图的辩证法》(1860)。

马里安诺《意大利的现代哲学》。

维拉《黑格尔哲学入门》。

载于1930年《列宁文集》俄文版
第12卷

译自《列宁全集》俄文第5版
第29卷第291—296页

黑格尔辩证法(逻辑学)的纲要¹⁵⁰

《小逻辑》(《哲学全书》)的目录

(1915 年)

1.存在论。(A)质。

(a)存在;

(b)定在;

(c)自为存在。

(B)量。

(a)纯量;

(b)定量(Quantum);

(c)程度。

(C)度。

2.本质论。(A)作为实存根据的本质。

(a)同———差别

———根据;

(b)实存;

(c)物。

(B)现象。

(a)现象世界;

(b)内容和形式;

(c)关系。

1915 年列宁《黑格尔辩证法(逻辑学)的纲要》
的手稿一页

（按原稿缩小）

　　　(C)现实。

　　　　　(a)实体关系；

　　　　　(b)因果关系；

　　　　　(c)相互作用。

　　3.概念论。

　　　(A)主观概念。

　　　　　(a)概念；

　　　　　(b)判断；

　　　　　(c)推理。

　　　(B)客体。

　　　　　(a)机械性；

　　　　　(b)化学性；

　　　　　(c)目的性。

　　　(C)观念。

　　　　　(a)生命；

　　　　　(b)认识；

　　　　　(c)绝对观念。

概念(认识)在存在中(在直接的现象中)揭露本质(因果、同一、差别等等规律)——整个人类认识(全部科学)的**一般进程**确实如此。**自然科学**和**政治经济学**以及历史的进程也是如此。**所以**,黑格尔的辩证法是思想史的概括。从**各门科学的历史**来更具体地更详尽地研究这点,会是一个极有裨益的任务。总的说来,在逻辑中思想史**应当**和思维规律相吻合。

　　非常显著,黑格尔有时从抽象到具体(存在

（抽象）——**定在**(具体)——自为存在），——有时却相反(主观概念——**客体**——真理(绝对观念))。这是否就是唯心主义者的不彻底性(马克思称之为黑格尔的观念的神秘主义)呢? 或者还有更深刻的道理呢?(例如，**存在 = 无**——变易、发展的观念。)起初有一些印象**闪现**，而后有**某个东西**分出，——然后**质**#(物或现象的规定)和**量**的概念发展起来。然后研究和思索使思想去认识同一——差别——根据——本质对现象的关系——因果性等等。所有这些认识的环节(步骤、阶段、过程)都是从主体走向客体，受实践的检验，并通过这个检验达到真理(= 绝对观念)。

> 抽象的"存在"仅仅作为"一切皆流"中的一个**环节**

> ＃ 费尔巴哈说，质和感觉(Empfindung)是一回事。感觉是最先的和最初的东西，而**在感觉中**不可避免地也会有**质**……

虽说马克思没有遗留下"**逻辑**"(大写字母的)，但他遗留下《资本论》的**逻辑**，应当充分地利用这种逻辑来解决这一问题。在《资本论》中，唯物主义的逻辑、辩证法和认识论 不必要三个词：它们是同一个东西 都应用于一门科学，这种唯物主义从黑格尔那里吸取了全部有价值的东西并发展了这些有价值的东西。

商品——货币——资本
　　　　↗绝对剩余价值的生产
　　　　↘相对剩余价值的生产

资本主义的历史和对于概述资本主义历史的那些**概念**的分析。

　　开始是最简单的、最普通的、最常见的、最直接的"存在"：个别的商品（政治经济学中的"存在"）。把它作为社会关系来加以分析。**两重分析**：演绎的和归纳的，——逻辑的和历史的（价值形式）。

　　　　　　　　　　　在这里，在每一步分析中，都用事实即用实践来检验。

参照本质对现象的关系问题

　　——价格和价值——需求和供给

　　　　　　对**价值**

　　　　　（＝结晶化的劳动）

　　——工资和劳动力的价格。

载于 1930 年《列宁文集》俄文版第 12 卷

译自《列宁全集》俄文第 5 版第 29 卷第 297—302 页

拉萨尔《爱非斯的晦涩哲人 赫拉克利特的哲学》一书摘要[151]

（1915 年）

斐·拉萨尔《爱非斯的晦涩哲人 赫拉克利特的哲学》1858 年柏林版， 共 2 卷（379 页＋479 页）

（伯尔尼：Log. 119.1）①

顺便提一下，在引自黑格尔《哲学史》的题词中讲到：没有一个赫拉克利特的论点不曾被他采纳到他的逻辑学中。

> 《黑格尔全集》第 13 卷第 328 页。
> 我的引文见《哲学史讲演录》②。

为什么马克思把拉萨尔的这部著作叫做"小学生的"作文（参看……给恩格斯的信[152]），这是可以理解的，因为拉萨尔简单地**重复黑格尔的话，抄袭他**，无数次地**反复咀嚼**关于赫拉克利特一些言

---

① 这是伯尔尼图书馆的图书编号。——编者注
② 指列宁所作的《哲学史讲演录》一书摘要，见本卷第 221 页。——编者注

论的看法,用没完没了的学究气、书呆子气十足的废话来充塞自己的著作。

和马克思的区别:在马克思那里有很多**新东西**,他感兴趣的只是从黑格尔和从费尔巴哈**继续**前进,从唯心主义辩证法**向**唯物主义辩证法前进。在拉萨尔这里则是重述黑格尔的个别论题:实质上就是抄袭黑格尔**对**赫拉克利特的引证和关于赫拉克利特的论述。

拉萨尔把自己的著作分为两部分:《总论部分。序言》(第 1 卷第 1—68 页)和《历史部分。摘录和证据》(其他页)。总论部分第 3 章《赫拉克利特体系的简要的逻辑发展》(第 45—68 页)包含着拉萨尔的方法——推论的精髓。这一章纯粹抄袭和盲目重复黑格尔**关于**赫拉克利特的论点!在这里学识显得很多(历史部分尤其多),但这种学识是最低级的:提出的任务是在赫拉克利特那里找出黑格尔的东西。这个勤勉的学生"出色地"执行了这个任务,重读了所有古代(和当代)作家关于赫拉克利特的**一切**,并把这**一切**解释成黑格尔的样子。

马克思在 1844—1847 年离开黑格尔走向费尔巴哈,又**超过**费尔巴哈走向历史(和辩证)唯物主义。拉萨尔在 1846 年开始(序言第 III 页),在 1855 年恢复,并在 1857 年 8 月(序言第 XV 页)结束了赤裸裸地、空洞地、无聊地、书呆子气地**反复咀嚼**黑格尔主义的工作!!

第二部分的个别章节之所以有意思和有点用处,只是由于翻译了赫拉克利特言论的片段并把黑格尔通俗化了,但这并不能消除上述的一切缺点。

古代人和赫拉克利特的哲学,有时因其孩童般的稚气,简直妙不可言,例如第 162 页——"如何解释吃了大蒜的人的尿有大蒜气味呢?"

并回答说:"是不是像赫拉克利特的某些信徒所说的,这是由于:无论在宇宙中或是在(有机物的)身体中,都发生同一的火的转化过程,而在冷却之后,在那里(在宇宙中)出现了水分,在这里则具有尿的形式,转化(ἀναθυμιασις①)使食物中某种东西的气味传过来,尿由于和它混合而产生出来?……"(第 162—163 页)

赫拉克利特论黄金和商品

在第 221 页及以下各页,拉萨尔引用普卢塔克关于赫拉克利特所说的话:"……万物由火转化而生,而火又由万物转化而生,正如物品换黄金、黄金换物品一样……"

由此拉萨尔谈到**价值**(Wert)(**第 223 页**,注意)以及关于货币的职能,以黑格尔的方式对它加以发挥(说是"分出的抽象统一物"),

不对(拉萨尔的唯心主义)

并补充说:"……这种统一物、货币不是**现实的东西**,而只是**观念的东西**〈黑体是拉萨尔用的〉,由此可见"等等……

(但还得注意,这段话写在 1858 年出版的书中,序言上注的日期是 **1857 年 8 月**。)

在第 224 页(第 224—225 页)的附注 3 中,拉萨尔更加详细地谈论货币,说赫拉克利特不是"国民经济学家",说货币((仅仅(??)))是价值符号等等、等等("所有的货币只是观念的统一物,或是一切实在的、流通中的产品的价值表现")(第 224 页),等等。

---

① 蒸发。——编者注

> 由于拉萨尔在这里模糊地谈论价值和货币理论这一领域中的新发现，因而可以设想，他指的正是马克思的谈话和书信。

在第225—228页上拉萨尔援引了普卢塔克的很长**一段话**而后(坚决地)证明说：这里所指的正是赫拉克利特，普卢塔克在这里叙述"赫拉克利特的思辨神学的基本特征"(第228页)。

这段引文很好：它传达了希腊哲学的**精神**，即素朴、深刻、过渡-转化[153]。

> 拉萨尔在赫拉克利特那里竟读出了一个完整的神学体系和"客观逻辑"(原文如此！！)等等，——一句话，黑格尔"关于"赫拉克利特的论述！！

> 拉萨尔无数次地(实在令人厌倦地)强调和反复咀嚼这样一点：赫拉克利特不仅承认运动无所不在，他的原则就是运动或变易(Werden)，而且全部问题在于理解"绝对的(schlecthin)对立面的演进着的同一"(第289页及其他许多页)。可以说，拉萨尔把黑格尔关于在抽象概念中(和在抽象概念的体系中)**只能**用对立面同一的原则来表达运动原则这一思想**硬塞进**读者的头脑。一般说来，运动和变易可以不重复，不回到出发点，**于是**，这个运动也就不是"对立面的同一"。但是，无论天体运动，或机械运动(地球上的)，或动植物和人的生命——它们都不仅把运动的观念，而且正是把回到出发点的运动即辩证运动的观念注入人类的头脑。

这一点素朴地绝妙地表现在赫拉克利特的一个著名公式(或格言)中："不可能两次进入同一条河流"——其实(像克拉底鲁——赫拉克利特的学生早就说过的那样)连一次也不可能(因为当整个身体浸到水里的时候,水已经不是原来的了)。

(注意:这位克拉底鲁把赫拉克利特的辩证法弄成了**诡辩**,见第294—295页及其他许多页,他说:什么都不是真的,关于任何东西都不可能说什么。从辩证法中得出否定的(而且仅仅是否定的)结论。赫拉克利特的原则却相反:"一切都是真的",一切东西中都有(部分)真理。克拉底鲁只"动了动手指头"来回答一切,他指出:一切都在运动,关于任何东西都不可能说什么。

> 拉萨尔在这本著作中完全不知道分寸,他竟把赫拉克利特**淹没在黑格尔那里**。这很可惜。如果**恰如其分地把赫拉克利特**作为辩证法的奠基人之一来阐述,那是非常有益的;应当把拉萨尔的850页精简成85页,并译成俄文:《赫拉克利特是辩证法的奠基人之一(在拉萨尔看来)》。这样就会成为有用的东西!

在赫拉克利特看来,世界的基本规律(逻各斯,有时是必然性)是"向对立面转化的规律"(第327页)($= \dot{\epsilon}\nu\alpha\nu\tau\iota o\tau\rho o\pi\dot{\eta}, \dot{\epsilon}\nu\alpha\nu\tau\iota o\delta\rho o\mu\dot{\iota}\alpha$)。

拉萨尔把必然性的含义解释成"发展的规律"(第333页),并且顺便援引

奈麦西的话:"德谟克利特、赫拉克利特和伊壁鸠鲁认为,无论对于普遍、无论对于单一来说,天意都不存在。"(同上)

以及赫拉克利特的话:"世界不是由任何神或任何人所创造的,它现在是并且将来永远是永恒的活火。"(同上)

> 奇怪,拉萨尔在反复咀嚼赫拉克利特的宗教哲学时,一次也没有引证和提到费尔巴哈!拉萨尔究竟是怎样对待费尔巴哈的呢? 当做一个唯心主义者-黑格尔主义者吗?

因此,斐洛(Philo)这样谈论赫拉克利特的学说:

"……它〈这学说〉和斯多亚派的学说一样,**从**世界导出一切,又使一切**归于**世界,它不相信有什么东西是由神产生的。"(第334页)

注意

照黑格尔的样子"修饰"的例子:

拉萨尔翻译了赫拉克利特关于"统一智慧"(ἒν σοφόν)的著名片段(根据**斯托贝**):

"我听了不知多少议论,但谁也没有认识到智慧是和一切(即和一切存在物)分离开来的。"(第344页)

——他认为"野兽或神"这些词是添进去的,他驳斥了里特尔的译文("智慧远离一切")(第344页)以及施莱尔马赫在"认识"不同于局部知识这一含义上的译文:"智慧脱离一切"。

在拉萨尔看来,这段话的**含义**是这样的:

"绝对的东西(智慧)和任何感性的定在是格格不入的,它是否定的东西"(第349页),——也就是说,否定的东西=否定的原则,运动的原则。这显然是按黑格尔的样子进行伪造!把黑格尔的东西塞入赫拉克利特的学说。

> 关于赫拉克利特同波斯神学（奥尔穆兹德—阿利曼[154]）之间的、同魔法说等等、等等之间的（外在）联系的一堆烦琐文字。

赫拉克利特说："时间是物体"（第358页）……据说这是就存在和无的统一而言的。时间是存在和非存在的纯粹统一等等！

据说，赫拉克利特的**火** = 运动的原则 而不单纯是火 ，波斯哲学（和宗教）学说中的火是某种类似的东西！（第362页）

如果说赫拉克利特**第一个**在客观（规律）的含义上使用了逻各斯（"词"）这一术语，那么这也是他从波斯宗教那里拿过来的……（第364页）

——摘自曾德—阿维斯陀[155]的引文（第367页）。

在第17节中谈到正义对必然性的关系时，拉萨尔把赫拉克利特的这些观念解释成"**必然性**"、"**联系**"的意思（第376页）。

> 注意："**万物的联系**"（δεσμὸς ἀπάντων）（第379页）

据说，柏拉图（在《**泰阿泰德篇**》中）表述赫拉克利特的哲学时说：

"必然性把存在的本质性联结起来……"

"斯多亚派的一个普通的看法：一切事物的必然性表达**联系**和联结（illigatio），这个看法起源于赫拉克利特……"（第376页）

西塞罗说："我所谓的天命就是希腊人所谓的必然性，即原因的秩序和次序，当一个原因与另一个原因相联系时便从自身产生现象。"（第377页）

自从"万物的联系"、"原因的链条"的观念产生到现在已经有数千年了。比较一下在人类思想史上是如何理解这些原因的,就会得出无可辩驳的使人信服的认识论。

第2卷。

拉萨尔在解释"火"的时候,上千次复述并证明:在赫拉克利特那里这是"原则"。他特别坚持赫拉克利特的**唯心主义**这一说法(第**25**页上说——发展、变易的原则在赫拉克利特那里是**逻辑上**先行的;他的哲学＝**唯心哲学**。原文如此!!)(第25页)。

((牵强附会地**说成**黑格尔的样子!))

赫拉克利特接受了"纯粹的和绝对非物质的火……"(第28页,《**蒂迈欧篇**》,论赫拉克利特)

在第56页(第2卷),拉萨尔引用了一段关于赫拉克利特的话 摘自**亚历山大里亚的克雷门斯**《地毯集》第5篇第14 章 ,把这段引文直译出来就是:

"世界是万物的整体,它不是由任何神或任何人所创造的,它过去、现在和将来都是按规律燃烧着、按规律熄灭着的永恒的活火……"

注意

这是对辩证唯物主义原理的绝妙的说明。但是在第58页,拉萨尔把这段话"意译"成这样:

"世界——过去、现在和将来都是不间断的变易,它不断地、但是交替地由存在转变为(流动着的)非存在,并由非存在转变为(流动着的)存在。"

　　这是拉萨尔按照黑格尔来修改赫拉克利特的一个绝妙的典型,他破坏赫拉克利特的生动性、新颖性、素朴性和历史完整性,牵强附会地把赫拉克利特说成黑格尔的样子(为了硬凑这些牵强附会的言词,拉萨尔以数十页的篇幅反复咀嚼黑格尔的东西)。

　　第 2 部分的第 2 篇(《物理学》,第 2 卷第 **1—262** 页!!!)是令人完全不能容忍的。这里毫不重视赫拉克利特,尽是对黑格尔的反复咀嚼和牵强附会的言词。这只需要翻阅一下——为的是对他们说,这个地方用不着阅读!

　　第 3 篇(《论认识》)中一段摘自**斐洛**的引文:

注意	"因为统一物是由两个对立面组成的,所以在把它分为两半时,这两个对立面就显露出来。用古希腊人的话来说,他们的伟大而光荣
注意	的赫拉克利特不就是把这个命题置于自己哲学的首位并作为一个新的发现而引以自豪吗?……"((第 265 页))

　　下面这段话也引自斐洛:

	"……宇宙中各个部分也正是如此分为两半并相互对立:地分为山岭和平原;水分为淡水和咸水……　同样,气候分冬和夏,以及春和秋。这一切就成为赫拉克利特关于自然界的著
注意	作的材料;赫拉克利特从我们的神学家那里借用了对立面的格言,并给它添加了许多详细探讨过的实例(Belege)。"(第 267 页)

在赫拉克利特看来,真理的标准不是 consensus omnium,不是

所有人的一致(第285页)——否则他就会是个主观经验论者(第284页)。不,他是个**客观唯心主义者**(第285页)。对他来说,真理的标准,不以**所有人**的主观意见为转移,是对存在和非存在的同一这个观念规律的符合(第285页)。

参看马克思1845年写的关于费尔巴哈的提纲[156]!拉萨尔在这里是反动的。	这里很清楚,拉萨尔是旧式的黑格尔主义者、唯心主义者。

　　拉萨尔在第337页上顺便援引毕希纳(附注1)时说,赫拉克利特先验地说出了和"现代生理学"相同的"思想"("思想是物质的运动")。

> 明显的牵强附会。在关于赫拉克利特的引文中,只谈到灵魂也是个转化过程——运动着的东西被运动着的东西所认识。

　　引文摘自哈尔基狄(在《蒂迈欧篇》中):

　　"……但是赫拉克利特把我们的理性和主宰着、支配着宇宙的神的理性联系起来,并且说,由于不可分的伴同,我们的理性就知晓理性的无上命令,当精神停止感觉活动的时候,它就预言未来。"(第342页)

　　摘自克雷门斯(《地毯集》第5篇):

　　"……正是真理由于其不可思议而不被认识……"(第347页)

　　据说赫拉克利特是"客观逻辑之父"(第351页),因为在他那里像在黑格尔那里一样,"自然哲学"变成**思想**的哲学,"**思想被认**

为是存在的原则"(第350页)等等,等等……　据说赫拉克利特缺少主观性的因素……

第36节:《柏拉图的克拉底鲁》,第373——396页

在关于"克拉底鲁"这一节里,拉萨尔证明说,在柏拉图的这篇对话中所描写的克拉底鲁(还不是他后来成为的诡辩论者和主观主义者,而)是赫拉克利特的忠实的学生,他真实地阐明赫拉克利特关于词和语言的本质和来源的理论,指出这种本质和来源就在于对自然界的**模仿**("对事物本质的模仿",第388页),对事物本质的**模仿**,"对神的模仿和对它的反映","对神和宇宙的模仿"(同上)。**157**

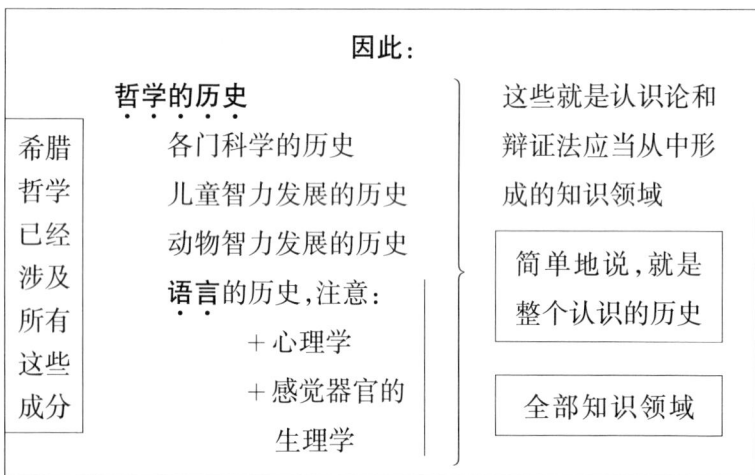

因此:

希腊哲学已经涉及所有这些成分

哲学的历史

各门科学的历史
儿童智力发展的历史
动物智力发展的历史
语言的历史,注意:
　＋心理学
　＋感觉器官的
　　生理学

这些就是认识论和辩证法应当从中形成的知识领域

简单地说,就是整个认识的历史

全部知识领域

拉萨尔说:"……我们指出,〈上述〉在词、**名称**和**规律**之间的概念上的那个同一(正是同一,而不只是类同),是赫拉克利特哲学的在各个方面的原则性观点,并且在赫拉克利特的哲学中起着极其

重要和巨大的作用……"(第393页)

"……在他〈赫拉克利特〉看来,名称就是存在的规律,他认为名称是事物的共同者,正如他认为规律是'**万物的共同者**'一样……"(第394页)

｜｜注意

据说希波克拉底正是**表达了**赫拉克利特的这种思想,他说:

｜｜注意
非常重要!

"名称就是自然界的规律。"

"因为无论是规律或名称,对这个爱非斯人说来……同样地都只是普遍者的产物和实现,在他看来,二者都是摆脱了感性现实之污秽的已经达到的纯粹普遍的、观念的存在……"(第394页)

柏拉图在《克拉底鲁篇》和《泰阿泰德篇》中挑剔并批驳了赫拉克利特的哲学,而且(特别是在《泰阿泰德篇》中)把赫拉克利特(客观唯心主义者和辩证论者)同主观唯心主义者和诡辩论者普罗塔哥拉(人是万物的尺度)混同起来。拉萨尔证明说,在观念的发展过程中,(1)诡辩术(普罗塔哥拉)和(2)柏拉图主义,"理念"(客观唯心主义),确实起源于赫拉克利特。

> 得到的印象是这样:唯心主义者拉萨尔掩盖了赫拉克利特的唯物主义或唯物主义倾向,牵强附会地把他说成黑格尔的样子。

(第4篇《伦理学》,第427—462页。)

在伦理学这一篇中——没有说什么。

在第458—459页,拉萨尔指出:**奈麦西说赫拉克利特和德谟克利特否认天意(προνοίαν),而西塞罗(《关于天命》)说道,赫拉克**

利特也像德谟克利特和其他人(以及亚里士多德)一样,承认命运——必然性。

拉萨尔所谓的 自然的 必然性	"……这种天命只应当意味着对象的**内在的、自然的必然性**本身,即对象的自然规律……"(第459页)

　　(在拉萨尔看来,斯多亚派采纳了赫拉克利特的**一切**,并使之庸俗化,使之成为片面的东西。第461页)

> 　　拉萨尔这本书的索引编得学究气十足,然而混乱不堪:数不清的古代人名等等,等等。

　　总之,总而言之,马克思的评论是正确的。拉萨尔的这本书不值得一读。

载于1930年《列宁文集》俄文版
第12卷

译自《列宁全集》俄文第5版
第29卷第303—315页

谈谈辩证法问题[158]

（1915年）

统一物之分为两个部分以及对它的矛盾着的部分的认识（参看拉萨尔的《赫拉克利特》一书第3篇（《论认识》）开头所引的斐洛关于赫拉克利特的一段话[①]），是辩证法的**实质**（是辩证法的"本质"之一，是它的基本的特点或特征之一，甚至可说是它的基本的特点或特征）。黑格尔也正是这样提问题的（亚里士多德在其著作《形而上学》中经常为此**绞尽脑汁**，并跟赫拉克利特即跟赫拉克利特的思想**作斗争**[②]）。

辩证法内容的这一方面的正确性必须由科学史来检验。对于辩证法的这一方面，通常（例如在普列汉诺夫那里）没有予以足够的注意：对立面的同一被当做**实例**的总和「"例如种子"；"例如原始共产主义"。恩格斯也这样做过。但这是"为了通俗化"……」，而不是当做**认识的规律**（以及客观世界的规律）。

在数学中，+ 和 −，微分和积分。

在力学中，作用和反作用。

在物理学中，正电和负电。

---

① 见本卷第300页。——编者注

② 见列宁《亚里士多德〈形而上学〉一书摘要》（本卷第313页）。——编者注

在化学中,原子的化合和分解。

在社会科学中,阶级斗争。

对立面的同一(它们的"统一",也许这样说更正确些? 虽然同一和统一这两个术语的差别在这里并不特别重要。在一定意义上二者都是正确的),就是承认(发现)自然界的(也包括精神的和社会的)**一切**现象和过程具有矛盾着的、**相互排斥的**、对立的倾向。要认识在"**自己运动**"中、自生发展中和蓬勃生活中的世界一切过程,就要把这些过程当做对立面的统一来认识。发展是对立面的"斗争"。有两种基本的(或两种可能的? 或两种在历史上常见的?)发展(进化)观点:认为发展是减少和增加,是重复;**以及**认为发展是对立面的统一(统一物之分为两个互相排斥的对立面以及它们之间的相互关系)。

按第一种运动观点,**自己**运动,它的**动力**、它的泉源、它的动因都被忽视了(或者这个泉源被移到**外部**——移到上帝、主体等等那里去了);按第二种观点,主要的注意力正是放在认识"**自己**"运动的**泉源**上。

第一种观点是僵死的、平庸的、枯燥的。第二种观点是活生生的。**只有**第二种观点才提供理解一切现存事物的"自己运动"的钥匙,才提供理解"飞跃"、"渐进过程的中断"、"向对立面的转化"、旧东西的消灭和新东西的产生的钥匙。

对立面的统一(一致、同一、均势)是有条件的、暂时的、易逝的、相对的。相互排斥的对立面的斗争是绝对的,正如发展、运动是绝对的一样。

注意:顺便说一下,主观主义(怀疑论和诡辩论等等)和辩证法的区别在于:在(客观)辩证法中,相对和绝对的差别也是相对的。对于客观辩证法说来,相对中有绝对。对于主观主义和诡辩论说来,相对只是相对,因而排斥绝对。

马克思在《资本论》中首先分析资产阶级社会(商品社会)里最简单、最普通、最基本、最常见、最平凡、碰到过亿万次的**关系**:商品交换。这一分析从这个最简单的现象中(从资产阶级社会的这个"细胞"中)揭示出现代社会的**一切**矛盾(或**一切**矛盾的萌芽)。往后的叙述向我们表明这些矛盾和这个社会——在这个社会的各个部分的总和中、从这个社会的开始到终结——的发展(**既是生长又是运动**)。

一般辩证法的阐述(以及研究)方法也应当如此(因为资产阶级社会的辩证法在马克思看来只是辩证法的局部情况)。从最简单、最普通、最常见的等等东西开始;从**任何一个命题**开始,如树叶是绿的,伊万是人,茹奇卡是狗[159]等等。在这里(正如黑格尔天才地指出过的)就已经有辩证法:**个别就是一般**(参看亚里士多德《形而上学》,施韦格勒译,第 2 卷第 40 页,第 3 篇第 4 章第 8—9 节:"因为当然不能设想:在个别的房屋之外还存在着一般房屋。"——"οὐ γὰρ ἄν θείημεν εἶναί τινα οἰκίαν παρὰ τὰς τινας οἰκίας.")。这就是说,对立面(个别跟一般相对立)是同一的:个别一定与一般相联而存在。一般只能在个别中存在,只能通过个别而存在。任何个别(不论怎样)都是一般。任何一般都是个别的(一部分,或一方面,或本质)。任何一般只是大致地包括一切个别事物。任何个别都不能完全地包括在一般之中,如此等等。任何个别经过千万次的过渡而与另一**类**的个别(事物、现象、过程)相联系,如此等等。**这里已经**有自然界的**必然性**、客观联系等概念的因素、胚芽了。这里已经有偶然和必然、现象和本质,因为我们在说伊万是人,茹奇卡是狗,**这**是树叶等等时,就把许多特征作为**偶然的东西抛掉**,把本质和现象分开,并把二者对立起来。

可见,在**任何**一个命题中,很像在一个"单位"("细胞")中一样,都可以(而且应当)发现辩证法**一切**要素的胚芽,这就表明辩证法本来是人类的全部认识所固有的。而自然科学则向我们揭明(这又是要用**任何**极简单的实例来揭明)客观自然界也具有同样的性质,揭明个别向一般的转变,偶然向必然的转变,对立面的过渡、转化、相互联系。辩证法**也就是**(黑格尔和)马克思主义的认识论:正是问题的这一"方面"(这不是问题的一个"方面",而是问题的**实质**)普列汉诺夫没有注意到,至于其他的马克思主义者就更不用说了。

＊　　　＊　　　＊

不论是黑格尔(见《逻辑学》),不论是自然科学中现代的"认识论者"、折中主义者、黑格尔主义的敌人(他不懂黑格尔主义!)保尔・福尔克曼(参看他的《认识论原理》第……页[160])都把认识看做一串圆圈。

哲学上的"圆圈":是否一定要以**人物**的年代先后为顺序呢?

不!

古代:从德谟克利特到柏拉图以及赫拉克利特的辩证法。

文艺复兴时代:笛卡儿对伽桑狄(斯宾诺莎?)。

近代:霍尔巴赫——黑格尔(经过贝克莱、休谟、康德)

　　　黑格尔——费尔巴哈——马克思。

辩证法是**活生生的**、多方面的(方面的数目永远增加着的)认识,其中包含着无数的各式各样观察现实、接近现实的成分(包含

1915 年列宁《谈谈辩证法问题》的手稿一页

（按原稿缩小）

着从每个成分发展成整体的哲学体系），——这就是它比起"形而上学的"唯物主义来所具有的无比丰富的内容，而形而上学的唯物主义的根本**缺陷**就是不能把辩证法应用于反映论，应用于认识的过程和发展。

从粗陋的、简单的、形而上学的唯物主义的观点看来，哲学唯心主义**不过是**胡说。相反地，从**辩证**唯物主义的观点看来，哲学唯心主义是把认识的某一特征、某一方面、某一侧面、**片面地**、夸大地、überschwengliches（狄慈根）[161]发展（膨胀、扩大）**为脱离了**物质、**脱离了**自然的、神化了的绝对。唯心主义就是僧侣主义。这是对的。但（"**更确切些**"和"**除此而外**"）哲学唯心主义是**经过**人的无限复杂的（辩证的）**认识的一个成分**而通向僧侣主义的**道路**。

注意这个警句

人的认识不是直线（也就是说，不是沿着直线进行的），而是无限地近似于一串圆圈、近似于螺旋的曲线。这一曲线的任何一个片断、碎片、小段都能被变成（被片面地变成）独立的完整的直线，而这条直线能把人们（如果只见树木不见森林的话）引到泥坑里去，引到僧侣主义那里去（在那里统治阶级的阶级利益就会把它**巩固起来**）。直线性和片面性，死板和僵化，主观主义和主观盲目性就是唯心主义的认识论根源。而僧侣主义（＝哲学唯心主义）当然有**认识论的**根源，它不是没有根基的，它无疑是一朵**无实花**，然而却是生长在活生生的、结果实的、真实的、强大的、全能的、客观的、绝对的人类认识这棵活树上的一朵无实花。

载于1925年《布尔什维克》杂志
第5—6期合刊

译自《列宁全集》俄文第5版
第29卷第316—322页

亚里士多德《形而上学》一书摘要[162]

（1915 年）

亚里士多德《形而上学》
阿·施韦格勒译　共两卷

1847 年蒂宾根版

参看上述关于"房屋"的引文①。

被引进到哲学中的大量最有意思的、活生生的、**素朴的**（新颖的）东西，在叙述中却被经院哲学、被否认运动的结论等等所代替。

僧侣主义扼杀了亚里士多德的活生生的东西，而使其中僵死的东西不朽。

哲学常常在**词的定义**等等方面纠缠不清。

"人和马等等都是单个地存在着，普遍的东西本身不是以单一实体的形式存在的，而只是作为一定概念和一定质料所构成的整体存在的。"（第 7 篇第 10 章第 27—28 节第 125 页）

同上，第 32—33 节第 126 页：

---

① 见本卷第 307 页。——编者注

"……质料本身是不可认识的。质料部分地是可感觉到的,部分地是可理解的。可感觉到的是作为金属、木材的质料,总之是能够运动的质料;而可理解的则是存在于可感知的事物中但又不能感觉到的质料,例如数学的东西……"

> 触及**一切**、
> 一切范畴。

最具有特色和最有趣的地方(在《形而上学》的开始部分)就是同柏拉图的论战以及因唯心主义胡说而"困惑的"天真有趣的问题和怀疑。而所有这一切又围绕着**基本的东西**、即概念和个别东西而陷入毫无办法的混乱。

注意:《形而上学》这本书在开始部分**坚决**反对赫拉克利特、反对存在和非存在同一的思想(希腊哲学家们接近这种思想,但他们对这种思想,对辩证法没有搞通)。最典型的特色就是处处、到处都是辩证法的活的胚芽**和探索**……

在亚里士多德那里客观逻辑和主观逻辑**处处混合起来**,而又处处**显出**客观逻辑来。对于认识的客观性没有怀疑。对于理性的力量,对于认识的力量、能力和客观真理性抱着素朴的信仰。并且在一般与个别的**辩证法**——概念与感觉得到的个别对象、事物、现象的实在性的**辩证法**——上陷入幼稚的**混乱状态**,陷入毫无办法的困窘的混乱状态。

经院哲学和僧侣主义抓住了亚里士多德学说中僵死的东西,而不是**活生生的东西**:探索、寻求、迷宫,人迷了路。

亚里士多德的逻辑学是探索、寻求,是向黑格尔逻辑学接近,——但是它,亚里士多德的逻辑学(亚里士多德**到处**,在每一步上所提出的**正是关于辩证法**的问题)却被变成僵死的经院哲学,它的一切探求、动摇和提问题的方法都被抛弃。这些提问题的方法就是希腊人所用的若干套**试探**方式,就是在亚里士多德学说中卓越地反映出来的素朴的意见分歧。

"……由此可见,普遍不是同单一并列和离开单一而存在的。当理念学说的拥护者断言理念独立存在的时候,他们是正确的,因为理念是单个的实体;而当他们把多中之一当做理念的时候,他们是错误的。他们所以这样做是由于不能够指出,那些同感觉到的单个物体并列和在它们以外的永恒实体应当是什么。正因为这样,他们就把理念当做我们所知道的那些暂时性事物的同类,并给感性事物加上自在这个词,说什么自在的人、自在的马。"‡(第 7 篇第 16 章第 8—12 节第 136 页)‡"然而即使我们从来也没有看见过天体,但除了我们已经知道的之外,许多永恒的实体仍然存在着;即使我们不能够指出这些永恒的实体是什么,但它们的存在毕竟是必然的。因此就很清楚:任何普遍的东西都不是单个的实体,任何单个的实体都不是由若干单个的实体(οὐσία)构成的。"(——第 13 节,本章完)

> 妙得很! 不怀疑外部世界的实在性。这个人就是弄不清一般和个别、概念和感觉等等、本质和现象等等的辩证法。

(第 8 篇第 146 页——大概是插在第 5 章第 2—3 节的后面的。)

"……任何一物的质料同它的对立面的关系如何,这是一个难题(ἀπορία)。举例来说,某人的身体按其可能性(δυνάμει)来说是健康的,而健康和疾病是对立的,那么这人的身体是否按可能性来说是既健康又有病呢? ……

……其次,活人是否按可能性(δυνάμει)来说是死人呢?"

（第181页），第11篇第1章第12—14节：

"……他们〈哲学家们〉把数学的东西置于理念和感性事物之间，作为某种存在于理念和此岸世界以外的第三者。可是，除了自在的人（或自在的马）和单个的人或马以外，并没有什么第三种人和第三种马。但如果问题并不像他们所说的那样，那么，数学家又研究什么呢？无论如何，不会是此岸的东西，因为在此岸没有什么东西是像数学所探求的东西那样……"

同上，第2章第21—23节：

"……其次，试问除了具体东西以外是否还存在着什么东西呢？我把质料和一切质料的东西都叫做具体的东西。如果不存在，那么一切都是暂时性的，因为所有质料的东西至少都是暂时性的。但如果除了具体的东西以外还存在着什么，那么，看来这就是形式和形象。然而，讲到形式和形象时，则很难确定哪些东西具有形式和形象，而哪些则没有……"

第11篇第3章第12节第185—186页——数学家把热、重量以及其他"感性的矛盾"撇在一边，他注意的"只是数量的东西"…… "关于存在的事物也正是这样"。

> 这里有辩证唯物主义的观点，但这是偶然的、不彻底的、尚未发展的、倏忽即逝的。

文德尔班在《古代哲学史概论》中（弥勒《古典古代史手册》第5卷第1编第265页）（伯尔尼图书馆"阅览室"）强调指出：在亚里

士多德的逻辑学中,(逻辑)"把思维形式和存在形式的同一作为最一般的前提",他引用《形而上学》第 5 篇第 7 章的一句话:"ὁσαχῶς λέγεται, τοσαχῶς τὸ εἶναι σημαίνει"[1]。这是第 4 节。施韦格勒把这句话译成:Denn so vielfach die Kategorien ausgesagt werden, so vielfach bezeichnen sie ein Sein[2]。译文很糟!

　　向上帝的接近:

　　第 12 篇第 6 章第 10—11 节:

　　"……因为,要是没有任何能动的东西作为原因,运动怎么能够发生呢? 质料自己不能使自己运动,使质料运动的是建筑术;同样,月经和土地本身也不能使自己运动,使它们运动的是精液和种子……"

　　留基伯(同上,第 14 节)主张永恒的运动,但却没有说明为什么(第 11 节)。

　　第 7 章第 11—**19 节**——**上帝**(第 213 页)。

　　　"……永恒的运动必须出自某种永恒的东西……"(第 8 章第 4 节)……

　　第 12 篇第 10 章——重新"考察"哲学的各个基本问题;可以说都是"问号"。对各种不同的观点作了非常新颖的、素朴的、怀疑的阐述(多半是暗示)。

　　在第 13 篇中,亚里士多德又回过来批判毕达哥拉斯关于脱离感性事物的数(和柏拉图关于理念)的学说。

---

①　"这种种言论以若干方式发表出来,就以若干方式标明存在。"——编者注
②　因为范畴被多次表述,它们就多次标示存在。——编者注

伯尔尼图书馆阅览室。1914—1915 年列宁曾在这里进行研究工作

|原始唯心主义认为：一般（概念、观念）是**单个的存在物**。这似乎是怪诞的、惊人（确切些说：幼稚）荒谬的。可是当代的唯心主义，康德、黑格尔以及上帝观念难道不正是这样的（**完全是这样的**）吗？桌子、椅子和桌子**观念**、椅子**观念**；世界和世界观念（上帝）；物和"**本体**"、不可认识的"自在之物"；地球和太阳、整个自然界的联系——以及规律、逻各斯、上帝。人的认识的二重化和唯心主义（＝宗教）的**可能性**已经存在于**最初的、最简单的**抽象中

　　　注意

　　　注意

一般"房屋"和个别房屋

　　智慧（人的）对待个别事物，对个别事物的复制（＝概念），**不是**简单的、直接的、照镜子那样死板的行为，而是复杂的、二重化的、曲折的、**有**可能使幻想脱离生活的行为；不仅如此，它还**有**可能使抽象概念、观念向**幻想**（最后＝上帝）**转变**（而且是不知不觉的、人所意识不到的转变）。因为即使在最简单的概括中，在最基本的一般观念（一般"桌子"）中，都**有**一定成分的**幻想**。（反过来说，就是在最精确的科学中，否认幻想的作用也是荒谬的：参看皮萨列夫论推动工作的有益的幻想以及空洞的幻想**163**。）

　　关于"数理哲学"（按照现代的说法）的"困难"的素朴的表述（第13篇第2章第23节）：

　　"……其次，物体就是实体，因为它具有一定的完整性。但线怎么能是实体呢？从形式和形象方面来说，线不是，比如说，像灵魂那样的实体，而从质料方面来说，线也不是像物体那样的实体，因为很明显，任何东西都不能由线、面或者点构成……"（第

224 页)……

　　第 13 篇第 3 章卓越地、明确地、清楚地、**唯物地**解决了这些困难（数学和其他科学把物体、现象、生活的**一个方面**抽象化）。但是，作者没有把这种观点**贯彻**到底。

注意　施韦格勒在其评注（第 4 卷第 303 页）中说:亚里士多德在这里肯定地阐述了"自己对数学的东西的观点:数学的东西是从感性事物中抽象出来的东西"。

　　第 13 篇第 10 章中提到一个问题,这个问题在施韦格勒的评注（关于《形而上学》第 7 篇第 13 章第 5 节）中表述得比较好:科学只涉及一般（参看第 13 篇第 10 章第 6 节）,但只有个别才是现实的（实体的）。这就是说,科学和实在之间有一道鸿沟吗? 存在和思维是无法相比的吗?"真正认识现实的东西是不可能的吗?"（施韦格勒,第 4 卷第 338 页）亚里士多德回答道:知识潜在地面向一般,现实地面向特殊。

　　　　　　　　　　　　　　　　　　　　　　　　　⊥⊥

注意?　施韦格勒（在同一地方）把**弗・费舍**《从经验论观点阐述的形而上学》一书 出版年代（1847 年） 称为极其有价值的作品,费舍谈到了亚里士多德的"实在论"。

　　第 14 篇第 3 章第 7 节:"……如果**在**感性事物**中**根本没有数学的东西,那么,为什么数学的东西的特性是为感性事物所固有的呢?……"（第 254 页）

（本书的最后一句话也是同样的意思,见第 14 篇第 6 章第
21 节。）

————————

《形而上学》完。

————

　　＃　弗里德里希·费舍(1801 — 1853)是
巴塞尔的哲学教授。普朗特尔在关于费舍的条
目中(《全德人物志》第 7 卷第 67 页)对他作了
轻蔑的评论,他说:"由于费舍对主观唯心主义
根本反感,他几乎陷入相反的极端,即排斥观念　‖　哈哈!!!
东西的经验论。"

载于 1930 年《列宁文集》俄文版　　　　　译自《列宁全集》俄文第 5 版
第 12 卷　　　　　　　　　　　　　　　　第 29 卷第 323 — 332 页

二

关于书籍、论文和书评的札记

弗·宇伯威格《哲学史概论》[164]

（麦克斯·海因策修订）
共 3 卷，1876—1880 年莱比锡版

（1903 年）

本书具有一些奇异的特点：关于各派学说的内容用短短的几节三言两语地一掠而过，用小号字写的解释却非常冗长，全书四分之三的篇幅是人名和书名 而且陈旧：60、70 年代以前的图书目录。 难于卒读的东西！人名和书名的历史！

载于 1930 年《列宁文集》俄文版
第 12 卷

译自《列宁全集》俄文第 5 版
第 29 卷第 335 页

弗·保尔森《哲学引论》¹⁶⁵

1899 年版

（1903 年）

最有特色的一点就是他在引论中公开提出这样的问题：最新哲学的任务就是"使宗教世界观同科学自然观和解"（第 IV 页）。原文如此！并且十分详尽地发挥了这样一个思想：在两条战线上进行斗争——同唯物主义作斗争和同"耶稣会教义"（天主教的和新教的）作斗争。当然，唯物主义被理解为（硬说成？）纯粹机械的、物理的唯物主义等等。

作者又直言不讳地说：最新哲学以康德为依据，它是"唯心主义一元论"的代表。

在第 10 页以前……"知识和信仰之间的和平……"

第 11 页："建立这种和平"——"这就是**康德**哲学的真正的核心……　让双方都获得自己的权利，让知识获得反对休谟的怀疑论的权利，让信仰获得反对唯物主义对信仰的独断否定的权利，——这就是康德的全部工作。"（第 12 页）

"只有一种情况能使这种充满希望〈对这种**和平**的希望〉的前景变得暗淡：这就是目前在广大群众中流行的绝对敌视宗教的激进主义……　例如无神论现在〈像以前在资产阶级那里一样〉成了社会民主党的信条。"（第 14—15 页）"这是改头换面的教义问答。而无论旧的教义学或新的否定的教义学都是敌视科学的,因为教义学以自己的信条把批判和怀疑的精神束缚起来了。"(作者提起**反僧侣者**这一名称并硬说基督教决不偏袒富人,硬说它,即基督教,也能经受住欧洲所要进行的那个斗争。)

保尔森驳斥唯物主义,维护万物有灵的理论(他从**唯心主义的**意义上解释这种理论),但他忽略了:(1)他所驳斥的不是唯物主义,而只是**某些**唯物主义者的**某些**论据;(2)他从唯心主义意义上阐述现代心理学时,是自相**矛盾**的。

╳参看第 126 页。"力……只不过是对一定活动的趋向,因而就其一般实质来说,是和无意识的意志相符合的。"

(因此,精神现象和力完全不是像作者在前面,即在第 90 页及以下各页中所认为的那样不可结合。)

第 112—116 页:为什么宇宙不能成为宇宙精神的体现者呢?(正如作者自己承认的,是因为人和人脑是精神的**最高**发展。

当保尔森批判唯物主义者时,他把精神的 **高级**形式和物质对立起来。当保尔森维护唯心主义并唯心地阐述现代心理学时,他使精神的 低级形式和力接近起来,等等。这就是他的哲学中最脆弱的地方。) 注意

特别要参看第 106—107 页,其中保尔森说出反对把**物质**看**做僵死的东西**的观点。

╳对照第 86 页:"运动中决不包含任何思想……"

作者似乎太随便地撇开思想即运动这种看法。作者的论据只**能**归结为"普通人的理智:荒唐","思想不是运动,思想就是思想"

（第 87 页）。也许热也不是运动,而只是热吧??

作者的论据完全是愚蠢的,他说:生理学家总不会不谈论思想,但却不会谈论等同于这些思想的运动吧? 关于热也是一样,任何人从来都不会不谈的。

如果他爱上了一位女士,他是不会"向这位女士谈相应的脉搏运动过程的…… 这可是明显的荒唐"（第 86—87 页）。正是这样! ——保尔森先生! 当我们感到缺乏热的时候,我们不会说,热是一种运动,而是说怎样来挖煤。

保尔森认为思想即运动的论点是荒谬的。他自己反对二元论而高谈"等价物"（第 **140** 页和第 143 页）——"心理东西的物理等价物"（或伴随的现象）。难道这不就是保尔森所辱骂的毕希纳的那种概念混乱吗?

当保尔森声称自己的平行主义"不是褊狭的",而是"理想的"时候（第 146 页）,他的二元论的性质表现得更加明显。这既不是对问题的说明,也不是理论,而纯粹是文字花招。

载于 1930 年《列宁文集》俄文版　　　译自《列宁全集》俄文第 5 版
第 12 卷　　　　　　　　　　　　　第 29 卷第 335—338 页

关于恩·海克尔《生命的奇迹》和《宇宙之谜》的书评的札记[166]

(1904 年底)

1904 年《法兰克福报》第 348 号(12 月 15 日)
第 1 次上午版

生物学新著杂谈

恩斯特·海克尔《生命的奇迹》(生物哲学的通俗著作),斯图加特版(阿尔弗勒德·克朗纳)。

(在海克尔看来,"精神是大脑皮质的生理机能",见该书第 378 页。评论的作者当然**反对**这种意见。)

他的《宇宙之谜》((出版较早))(实际上证明了**没有**宇宙之谜)。

载于 1958 年《列宁全集》俄文第 4 版 第 38 卷

译自《列宁全集》俄文第 5 版 第 29 卷第 339 页

关于索邦图书馆中的自然科学和哲学书籍的札记[167]

（1909 年上半年）

索邦。新书： C.819(7)[①]。

理查·卢卡斯：关于放射性物质的书目，1908 年汉堡和莱比锡版，8 开本。

（A.47.191）。

马赫：物理学概论（哈尔博尔特和费舍校订），1905—1908 年莱比锡版，共两卷，8 开本。

（A.46.979）。S.Φ.φ.587。

麦克斯·普朗克：能量守恒原理，1908 年莱比锡第 2 版，12 开本。

（A.47.232）。S.φ.φ.**63**。

爱德华·里凯：物理学手册，1908 年莱比锡第 4 版，共两卷，8 开本。

（A.47.338）。S.Φ.φ.301[a]。

费内隆·萨林亚克：普通物理学和天文学问题，1908 年图卢兹版，4 开本。

---

① 此处及以下各处的外文字母和阿拉伯数字都是图书编号。——编者注

(D. 55. 745)。C. 818(2)。

约·约·汤姆生：物质微粒论，1908 年不伦瑞克版，8 开本。S. D. e. 101(25)。

索邦图书馆：

I.《科学的哲学季刊》[168]，**P. 53**（**8 开本**）。（A. 16. 404）。

II.《哲学文库》[169]，第 2 分刊，**P. 48**（A. 17. 027）。

《科学的哲学季刊》，1909 年第 1 期，载有劳尔·李希特尔对路德维希·施泰因所著《现代哲学派别》的书评（同情的，甚至是赞扬的）。

路德维希·施泰因：《现代哲学派别》，1908 年斯图加特（恩克）版，XVI 页＋452 页（12 马克）。

第 1—293 页——　　　——10 个哲学派别：
　哲学派别　　　　（1）新唯心主义（唯意志论的形而上学）
第 294—445 页：　　（2）新实证论（实用主义），威·詹姆斯
　哲学问题　　　　（3）"新自然哲学运动"（奥斯特瓦尔德和
　　　　　　　　　　　　唯能论对唯物主义的"胜利"）
　　　　　　　　　（4）"新浪漫主义"（豪·斯·张伯伦等）
　　　　　　　　　（5）新活力论
　　　　　　　　　（6）进化主义（斯宾塞）
　　　　　　　　　（7）个人主义（尼采）
　　　　　　　　　（8）人文科学的运动（狄尔泰）
　　　　　　　　　（9）哲学历史的思潮
　　　　　　　　　(10)新实在论（爱德华·冯·哈特曼！！！）。

新书：

麦克斯·欣茨：现代宗教哲学代表所认为的宗教真理，1908年苏黎世版，8开本（共307页，6马克50芬尼）。

康·君特：从原始动物到人（画册），1909年斯图加特版（7—19分册≥1马克）。

奥·贝拉察：理·阿芬那留斯和经验批判主义，1908？9？年都灵（博卡）版，共130页。

斯巴芬达：从欧洲哲学看意大利哲学，1908？9？年巴里（拉泰察）版。

新书（1909年）：

路·玻耳兹曼：维也纳科学论文，莱比锡（巴尔特）版。

胡·施特拉赫：物质、宇宙以太和自然力的统一，维也纳（道蒂凯）版。

P.48

《哲学文库》，**第2分刊**＝《**系统**哲学文库》，1908年第4期：维塔利·诺施特勒姆写的**第二篇**文章（第447—496页）（（有意思；几乎全是谈马赫））。

> 第一篇在哪里？？
>
> 加注——延误了[170]？？

《奥地利农业统计及其他》笔记本片段

（1913 年）

弗·拉布《理查·阿芬那留斯的哲学》 和佩兰《原子》[171]

弗·拉布:《理查·阿芬那留斯的哲学。系统的叙述和内在的批判》1912 年莱比锡版(共 164 页),5 马克。

佩兰:《原子》巴黎(阿尔康)版。

关于约·普伦格 《马克思和黑格尔》的书评[172]

约翰·普伦格:《马克思和黑格尔》1911 年蒂宾根版(共 184 页)(4 马克)。

奥·鲍威尔在《社会主义历史文汇》第 3 卷第 3 期中作了否定的评论。

关于拉·巴·佩里
《现代哲学倾向》的书评[173]

斐·坎·司·席勒在 1913 年 4 月《思想》杂志上评论拉尔夫·巴顿·佩里的著作:《现代哲学倾向:评自然主义、唯心主义、实用主义和实在论,兼论威廉·詹姆斯的哲学》1912 年伦敦和纽约(朗曼公司)版,共 383 页。

席勒反对佩里的"实在论",并责难他说,"他的思想把实在论和唯心主义形而上学地对立起来,以致他总是企图把其他一切问题都归结于这一点"。

应当指出,席勒从佩里的著作中引了下面一段话:"有机体适应于环境,它从环境中发展起来,并作用于环境。意识是对先于它和不依赖于它而存在的环境的选择性的回答。倘若有某种回答,那么一定有引起回答的东西。"(佩里的著作第 323 页)而席勒却反驳说:

"如果不认为'**独立存在的环境**'问题〈黑体是席勒用的〉是已被证明的,那么,这里除了思想和它的'环境'之间的**相互关系**,什么东西也不能得到证明……"(第 284 页)

有特色!!

关于安·阿利奥塔《唯心主义对科学的反动》的书评[174]

安东尼奥·阿利奥塔：《唯心主义对科学的反动》，第1卷，8开本，XVI页＋526页，1912年巴勒莫奥普蒂玛出版社。

约·塞贡先生在《哲学评论》（里博）1912年巴黎版第12期第644—646页上发表了一篇评论，他说：

"他〈阿利奥塔〉向我们指出，现代反动思潮的一切最新来源都在不可知论中；他向我们指出，现代反动思潮是通过德国的新批判主义（黎尔）和法国的新批判主义（雷努维埃），通过马赫和阿芬那留斯的经验批判主义，通过英国的新黑格尔主义而发展的；他向我们描述和揭露了柏格森和施米特的直觉主义，英美的实用主义即威·詹姆斯、杜威和席勒的实用主义，李凯尔特、柯罗齐、闵斯特贝格和罗伊斯等等的价值哲学和历史主义"（第645页），直到舒佩、柯亨等人的学说。

作者在第二部分同时分析了奥斯特瓦尔德的唯能论和杜恒的"新的性质物理学"，以及赫兹、麦克斯韦和帕斯托里的"模型理论"。据说作者特别憎恨神秘主义（包括柏格森在内）等等。

作者的观点据说是"真正合乎理性的理智主义的中庸精神，即阿利奥塔先生和基阿佩利先生的精神"(第 645 页)。

载于 1938 年《列宁文集》俄文版
第 31 卷

译自《列宁全集》俄文第 5 版
第 29 卷第 343—345 页

《哲学笔记本》片段

（1914—1915 年）

关于《费尔巴哈全集》和《黑格尔全集》卷目的札记[175]

（1914 年 9 月）

Log. 536①

《费尔巴哈全集》,博林版

第 1 卷　关于死和不死的思想

第 2 卷　哲学评论和基本原理

第 3 卷　近代哲学史

第 4 卷　莱布尼茨的哲学

第 5 卷　皮埃尔·培尔

第 6 卷　基督教的本质

第 7 卷　基督教的本质一书的说明和补充

第 8 卷　宗教本质讲演录

第 9 卷　诸神世系学

第 10 卷　关于伦理学的书信和死后发表的箴言

---

① 这是图书编号。——编者注

Log. I. 175①

《黑格尔全集》

第 3、4、5 卷　逻辑学

第 19 卷(第 1、2 部)　黑格尔书信集

载于 1930 年《列宁文集》俄文版
第 12 卷

译自《列宁全集》俄文第 5 版
第 29 卷第 346 页

关于论述黑格尔的最新文献[176]

(1914 年 12 月)

新黑格尔主义者:凯尔德、布拉德莱[177]

詹·布·贝利:《黑格尔逻辑学的起源和意义》1901 年伦敦版 (共 375 页)。书评载于 1902 年《哲学评论》第 2 卷第 312 页。据说他不是仅仅重复黑格尔的用语(像维拉那样),而是力图历史地加以研究和说明。其中提到第 10 章:逻辑学和自然界的关系(据说黑格尔未曾达到目的)。据说黑格尔的作用在于:他"证明了认识的客观性质……"(第 314 页)

威廉·华莱士:《黑格尔哲学特别是他的逻辑学入门》1894 年牛津和伦敦版。这是该书的第 2 版。书评载于 1894 年《哲学评论》第 2 卷第 538 页。第 1 版在 1874 年出版。作者翻译了黑格尔的逻辑学。

---

① 这是图书编号。——编者注

"华莱士先生十分精确地阐述黑格尔对这门科学（逻辑学）的见解……这门科学既使自然哲学也使精神哲学从属于自己，因为纯思想或观念是物质现实和心理现实的共同基础。"（第540页）

> 《精神哲学》[178]也是他翻译的（1894年），内附解说一章。书评也载于《哲学评论》。

《哲学杂志》[179]第111卷（1898年）第208页上有一篇赞扬华莱士的评论，但毫无内容。

帕·罗塔：《黑格尔的复兴和"永恒哲学"》，载于意大利的1911年《哲学评论》[180]第1期——（评论载于1911年《哲学评论》第2卷第333页）。

罗塔是凯尔德（*Caird*）的拥护者。似乎没有什么东西。

其中谈到"……布拉德莱关于看不见的能的新黑格尔主义观点，这种能是经常出现的，是在一切变化和每一单独的活动中存在和起作用的"。[181]

> 关于能的唯心主义解释？？

约·格里尔·希本：《黑格尔逻辑学释义》**1902年纽约版**（共313页）。

书评载于**1904年《哲学评论》第1卷第**430页："希本先生这部著作的名称尽管如此，但里面根本没有解释性的说明，而几乎是逐字逐句的摘录。"作者编了一种黑格尔**逻辑学名词汇编**之类的东西。但据说问题的实质不在这里："评论家们仍然就黑格尔所采取的立场，

> 书评的作者[182]一般地指出"这些年来"……"黑格尔主义在盎格鲁撒克逊国

家的复兴" 注意	就他的辩证法的基本含义和真正目的进行争论。有一些新的解释,特别是**麦克塔格特**和**乔·诺埃尔**的解释同**塞思**的著名的评论文章是相对立的,它们给予了整个**逻辑学**以完全不同的含义。"(第431页)
注意	按希本的意见,黑格尔的逻辑学"不是一个简单的思辨体系、或者多少合乎科学的抽象概念的结合;'它同时还是从世界生活的全部具体意义方面来对世界生活作出的解释'"(第430页)。

1913年3月《普鲁士年鉴》[183](第151卷),斐·雅·**施米特**博士的论文:《黑格尔和马克思》。作者赞扬向黑格尔的转变,责骂"认识论的经院哲学",引证(从《普鲁士年鉴》中)新黑格尔主义者**康斯坦丁·律斯勒**和**阿道夫·拉松**的话,并就**普伦格**的著作[184]发表了下述意见:马克思不懂得"民族观念"这个合题的意义。马克思组织工人的功绩是巨大的,然而……是片面的。

注意	对马克思进行"自由主义的"(确切些说,资产阶级的、怜悯工人的,因为作者大概是保守分子)歪曲的范例。

麦克塔格特·埃利斯·麦克塔格特:《黑格尔辩证法研究》1896年剑桥版(共259页)。书评载于《哲学杂志》第119卷(1902年)第185页———据说他是黑格尔哲学通,他维护黑格尔的哲学,回击塞思、巴尔福、洛采、特伦德伦堡等人的攻击(看来作者塔格特是极端的唯心主义者)。

　　埃米尔·哈马赫尔:《黑格尔哲学的意义》(共 92 页)1911 年莱比锡版。

　　书评载于《哲学杂志》第 148 卷(1912 年)第 95 页。书评说:关于"康德之后的唯心主义在目前的重现"的意见是不错的,文德尔班是不可知论者(第 96 页)等等;但作者也像黎尔、狄尔泰以及其他"名流"一样,对黑格尔的"绝对唯心主义"根本不懂,他承担了自己不能胜任的工作。

　　安德鲁·塞思:《从康德到黑格尔的发展,附有宗教哲学的篇章》1882 年伦敦版。书评载于《哲学杂志》第 83 卷第 145 页(1883 年)。

　　据说作者为维护黑格尔而反对康德。(总的说来是赞扬。)

　　斯特林:《黑格尔的秘密》。书评载于上述杂志第 53 卷(1868年)第 268 页。作者是黑格尔的狂热的崇拜者,他向英国人阐述黑格尔的学说。

　　贝尔特兰多·斯巴芬达:《从苏格拉底到黑格尔》1905 年巴里版(共 432 页,4.50 里拉)。书评载于上述杂志第 129 卷(1906年)——这是一本**论文集**,其中论及黑格尔,斯巴芬达是黑格尔的忠实信徒。

　　斯特林:《黑格尔的秘密》。

意大利文:

　　斯巴芬达:《从苏格拉底到黑格尔》。

　　拉斐尔·马里安诺。

德文：

　　米希勒和**黑林**:《黑格尔的辩证方法》(1888 年)。

　　施米特:《黑格尔辩证法的秘密》(1888 年)。

载于 1930 年《列宁文集》俄文版　　　　　　　译自《列宁全集》俄文第 5 版
第 12 卷　　　　　　　　　　　　　　　　　第 29 卷第 347—350 页

关于让·佩兰《物理化学论文。
原理》的书评[185]

(1914 年 12 月)

　　注意**让·佩兰**:《物理化学论文。原理》(共 300 页)。1**903** 年巴黎版。**阿贝尔·莱伊**在 **1904** 年《**哲学评论**》第 1 卷上发表评论，题目是《物理化学的哲学原理》。(佩兰分析了**力**、**原因**、**能**等等概念,反对"把**能**看做神秘的本质⋯⋯"(第 401 页)阿贝尔·莱伊称佩兰为"**新怀疑论体系**"的反对者。)

载于 1930 年《列宁文集》俄文版　　　　　　　译自《列宁全集》俄文第 5 版
第 12 卷　　　　　　　　　　　　　　　　　第 29 卷第 350—351 页

彼得·盖诺夫《费尔巴哈的
认识论和形而上学》[186]

1911 年苏黎世版(伯尔尼学位论文)(共 89 页)

国立图书馆

(1914 年 12 月 16 — 17 日〔29 — 30 日〕)

　　这纯粹是中学生的作业,它**几乎全**是由摘自《费尔巴哈全集》约德尔的版本 的引语组成的。如果**仅仅**当做一部引语**汇编**来看,或许还有用,但也不够完备。

作者对这个题目**远**没有研究透彻

作者主要引证:

第 2 卷,特别是其中的《纲要》和《原理》,其次是《反对二元论》。

第 10 卷,特别是其中的《论唯灵论和唯物主义》。[187]

注意 第 **8** 卷,《宗教本质讲演录》(费尔巴哈自己在 18**48** 年写道:这是一部比他 18**41** 年出版的《基督教的本质》更成熟的著作) 第 8 卷第 26、29、102 — 109、288、329 页及其他各页 。

第 7 卷。《宗教的本质》(1845 年:**费尔巴哈认为这是一部重要的著作**)。

第 **4** 卷。《莱布尼茨》**及 1847** 年的注释。（**注意**） 第 4 卷第

261、197、190—191、274 页。

第 7 卷。对《**基督教的本质**》的补充。

作者(按费尔巴哈的精神)引证了:

埃宾豪斯:《实验心理学》第 110 页和第 45 页。

弗·约德尔:《心理学教科书》第 403 页。

奥·福雷尔:《脑和灵魂》第 10 版第 14 页

据说朗格(第 2 卷第 104 页)反对费尔巴哈,显然是不对的(第 83 页和第 88 页),他歪曲(并否定)费尔巴哈的唯物主义[188]。

作者首先概述了费尔巴哈哲学的发展过程:《关于死的思想》(1830 年)——当时费尔巴哈还是黑格尔主义者;《作家和人》(1834 年)①——决裂的开始;《反黑格尔批判》(1835 年)——费尔巴哈反对黑格尔的敌人,但也不是拥护黑格尔(参看格律恩第 1 卷第 390 页和第 398 页,第 2 卷第 409 页[189])。——《黑格尔哲学批判》(1839 年)。——《基督教的本质》(18**41** 年)——决裂——《纲要》和《未来哲学原理》(1842 年和 1843 年)。——《宗教的本质》(1845 年)。——《宗教本质讲演录》(**1847 年**)。

载于 1930 年《列宁文集》俄文版
第 12 卷

译自《列宁全集》俄文第 5 版
第 29 卷第 351—352 页

---

① 此处作者还"不是泛神论者,而是多神论者"(第 15 页);"与其说他是一个黑格尔主义者,不如说他是一个莱布尼茨主义者"(第 15 页)。

保尔·福尔克曼
《自然科学的认识论原理》

（《科学和假说》,IX)1910 年莱比锡第 2 版

（伯尔尼图书馆,Nat. IV. 171)[①]

（1915 年）

作者在哲学上是个折中主义者和庸人,特别是在他反对海克尔、谈论巴克尔等人的时候。但他毕竟是有唯物主义倾向的,例如他在第 35 页上写道:"有一个问题:是我们把概念加给自然界,还是自然界把概念加给我们"——据说要把这两种观点结合起来。据说**马赫**是正确的(第 38 页),但我却以"客观的"观点来同它(马赫的观点)对立:

"因此我认为:我们的逻辑起源于我们之外的事物的规律性进程;自然过程的外部必然性是我们的第一个导师,而且是最真正的导师。"(第 39 页)

作者反对现象学和现代一元论,但他完全不了解唯物主义哲学和唯心主义哲学的**实质**。其实,他本着一般实证论的精神把问题归结于自然科学的"方法"。他甚至不能提出人类意识(和感觉)

---

① 这是图书编号。——编者注

之外的自然界的客观实在性问题。

载于 1930 年《列宁文集》俄文版
第 12 卷

译自《列宁全集》俄文第 5 版
第 29 卷第 353 页

麦克斯·费尔伏恩《生物起源假说》

1903 年耶拿版

(Med. 5218)①

(1915 年)

参看第 9 页
"**酵素**"**190**
定义

　　作者阐发了关于"**活的实体**"以及它的化学新陈代谢这个专题。专题。

　　附有关于这个问题的文献索引。

　　第 112 页——"作业假说"据说是问题的实质所在。例如,在 19 世纪,唯物主义给自然科学带来很大的好处,但"今天已经没有一个哲学家-自然科学家会认为唯物主义观点是合适的了"(第 112 页)。永恒真理是没有的。思想的意义、效果和它们作为"**酵母**"的作用,——"酵母制造东西和发生作用"(第 113 页)。

　　这里的特色是天真地表达了这样一种观点:"唯物主义"起着阻碍作用! 毫不理解辩证唯物主义,完全不会区别作为**哲学**的唯物主义和自称为唯物主义者的当代**庸人**的各种落后观点。

---

① 这是图书编号。——编者注

作者的目的——"对生命现象作力学的分析"（序言第1页）——引证《普通生理学》最后一章的话。

作者主张不要说"活的蛋白质"（第25页），据说这是个模糊不清的概念，也不要说"活的蛋白质分子"（"因为分子不可能是活的"），而要说"生源质分子"（第25页）。

> 化学的东西向有生命的东西的转化，——看来这是问题的实质所在。为了在这种新的、还不明确的、假说性的东西中更自由地前进，要打倒"唯物主义"，打倒"束缚人的"旧观念（"分子"），为了更自由地寻找新知识，采用新名称（生源质）！**注意**。有关物理学和一般自然科学中的现代"唯心主义"的根源和**活生生的**动因问题。

载于1930年《列宁文集》俄文版第12卷

译自《列宁全集》俄文第5版第29卷第353—354页

弗·丹奈曼《我们的世界图像
是怎样构成的?》[191]

1912 年斯图加特(宇宙)版

(Nat. XII. 456)[①]

(1915 年)

作者在这本小册子中概述了自己的**四卷本著作**:《**自然科学的
发展和相互联系**》。

(((过分**哗众
取宠**……)))
作者漫不经
心,妄自尊大,
写小品似的谈
论哲学问题,
庸俗。

这本小册子不
伦不类:如果
当做哲学著作
则嫌太草率、
夸夸其谈、肤

从古埃及到我们这个时代,文化发展约有
5000 年了。按荷马的说法,大地就是地中海和
它沿岸的国家,仅此而已(第 8 页)。

在埃及,明朗的夜空便于天文学研究。人
们观察了星体、星体运动、月球等。

起初,人们计算出一个月有 **30** 天,一年有
360 天(第 31 页)。古埃及人已经计算出一年
有 **365** 天(第 32 页)。埃拉托色尼(公元前 276
年)确定地球的圆周为 250 000"斯达第"[②] =
45 000 公里(不是 40 000 公里)。

---

① 这是图书编号。——编者注
② 古希腊的长度单位,每一斯达第约等于 174—203 公尺。——编者注

阿里斯塔克猜测到地球围绕着太阳旋转（第 37 页）（在哥白尼（1473—1543）以前 1800 年）。（公元前 3 世纪）他计算出月球为地球的 $1/30$（不是 $1/48$），而太阳为地球的 300 倍（不是 1 300 000 倍）……

托勒密的体系（公元 **2** 世纪）

$\updownarrow$

15 世纪：天文学的兴盛——和航海的关系。

哥白尼（1473—1543）：太阳中心说。圆（不是椭圆）。

（（只是在 19 世纪中叶，才用改进的测量仪器证明恒星形状的变化。））

伽利略（1564—1642）。

开普勒（1571—1630）。

牛　顿（**1643—1727**）。

望远镜等　地球两极的
（（发现了　扁缩是直径的
2 000 多万　$1/229$　不是$1/299$
颗星等等））

浅、庸俗；如果当做通俗书籍则又显得装模作样。

毕达哥拉斯（公元前 6 世纪）认为世界受数和度支配……

古代哲学家的四种元素、物质：土、火、水、空气……

德谟克利特（公元前 5 世纪）：原子……

$\updownarrow$

17 世纪：化学元素。

光谱分析（1860）。

电等等。

力的守恒定律。

路德维希·达姆施泰特
《自然科学和技术历史指南》

1908 年柏林第 2 版

（国立图书馆阅览室）

（1915 年）

光速的测定：

1676：**奥勒·罗默**（根据木星蚀）：

每秒 40 000 地理哩，

（小于⋯⋯⋯⋯⋯⋯⋯⋯⋯⋯300 000）公里/秒

（小于⋯⋯⋯⋯⋯⋯⋯⋯⋯⋯298 000 公里）

1849：**菲佐**（齿轮和反射镜）：

每秒 42 219 地理哩⋯⋯⋯⋯ = 313 000 公里/秒

1854：**傅科**（两面旋转镜等）：

每秒 40 160 地理哩⋯⋯⋯⋯ = 298 000 公里/秒

1874：**阿尔弗勒德·科尔尼**（用菲佐的方法）$\begin{cases} 300\,400 \text{ 公里/秒} \\ 300\,330 \text{ 公里/秒} \end{cases}$

1902：**佩罗丹**（同上）⋯⋯⋯⋯⋯⋯299 900(±80 公尺)公里/秒

载于 1930 年《列宁文集》俄文版第 12 卷

译自《列宁全集》俄文第 5 版第 29 卷第 356—357 页

拿破仑《思想》[192]

1913 年巴黎版袖珍丛书第 14 号

（国立图书馆）

（1915 年）

"大炮摧毁了封建制度。墨水正在摧毁现在的社会制度（第 43 页）……

注意

———在每次战斗中都有这样的时刻：最勇敢的士兵在极度紧张之后也感到有逃跑的愿望。这种惊慌失措的情绪，是由于对自己的英勇精神丧失信心而产生的；但是，某种微不足道的情况、某种口实却足以使他们恢复这种信心：高超的艺术就在于创造这样的情况和口实。"（第 79—80 页）

载于 1930 年《列宁文集》俄文版第 12 卷

译自《列宁全集》俄文第 5 版第 29 卷第 357 页

阿尔图尔·埃里希·哈斯
《现代物理学中的希腊化时代精神》[193]

1914 年莱比锡版（共 32 页）（伐爱脱公司）

（1915 年）

书评载于 1914 年《康德研究》第 3 期（第 19 卷）第 391—392

页,作者是物理学史(保·福尔克曼特别注意这门历史)教授,他强调赫拉克利特和汤姆生的特殊联系等等。

载于 1930 年《列宁文集》俄文版　　　　　译自《列宁全集》俄文第 5 版
第 12 卷　　　　　　　　　　　　　　　　第 29 卷第 357 页

泰奥多尔·利普斯《自然科学和世界观》

(在斯图加特召开的德国自然科学工作者
第七十八次代表大会上的发言)

1906 年海德堡版

(伯尔尼图书馆。Nat. Varia. 160)[①]

(1915 年)

康德–费希特派的唯心主义者,他强调说,无论现象学(最新的现象学——"只承认现象",第 40 页),或者唯能论和活力论,都是本着唯心主义精神进行工作的(同上)。

物质——X。

"物质性"——"假定的表达方式……"(第 **35** 页)

"自然界是精神的产物"(第 37 页)等等。

"总而言之,唯物主义首先不是别的,而是自然科学任务的新名称。"(第 32 页)

载于 1930 年《列宁文集》俄文版　　　　　译自《列宁全集》俄文第 5 版
第 12 卷　　　　　　　　　　　　　　　　第 29 卷第 358 页

---

① 这是图书编号。——编者注

《帝国主义笔记本》片段

（1915—1916 年）

苏黎世州立图书馆中的 部分哲学书籍[194]

（1915 年）

吉德翁·斯皮克尔:《论自然科学与哲学的关系》(特别要对照康德的著作和朗格的《唯物主义史》),8 开本,1874 年柏林版,*IV. W. 57K.*[①]

黑格尔:《现象学》(1907 年博兰德出版),*IV. W. 165g.*[①]

*　　　*　　　*

（"苏黎世州立图书馆"）

（Signatur:*K. bj.*）[①]

《德国一元论者协会的传单》第 3 册:**阿尔布雷希特·劳**《弗·保尔森论恩·海克尔》1907 年布拉克韦德第 2 版(共 48 页)。

---

① 这是图书编号。——编者注

注意　$\Big($从费尔巴哈的观点出发,非常尖锐地批评了保尔森。资产阶级启蒙运动的"莫希干人"![195]$\Big)$

载于 1933 年《列宁文集》俄文版
第 22 卷

译自《列宁全集》俄文第 5 版
第 29 卷第 359 页

约翰·普伦格博士《马克思和黑格尔》[196]

1911年蒂宾根版

（不晚于1916年6月）

> 普伦格不能理解"唯物主义"怎样和**革命性**（他把它叫做"唯心主义"等等）结合起来，并且还因为自己的不理解而**发脾气!!!**

十足的庸人！

这是资产阶级教授们如何把马克思主义的原理，它的理论基础庸俗化的一个很好的典型!! 特此奉告帝国主义经济主义者[197]及其同伙!!

在那篇自吹自擂的序言（其中尽是我、我、我"读过"黑格尔和马克思的著作）之后，接着就是对黑格尔"学说"的非常肤浅的概述（没有把唯心主义从"思辨"中分出来，抓住的东西非常之少，然而在这一概述中毕竟还是有某些比康德主义等等好的东西）。然后就是对马克思的简直荒诞无稽的"批判"。

没有注意到辩证法的**理论**方面!!

责难马克思的"纯意识形态"，因为他把"现实的"无产者理解为阶级的代表。

马克思＝"意识形态论者"……

！

"一会儿是一个坚决背弃任何唯心主义的叛逆者的粗野语言……一会儿又是一个政治狂热分子的理想要求:这就是卡尔·马克思的实际情况。"(第 81 — 82 页)

"仅仅"!!

"颇为奇怪的是,这位激进的犹太博士毕生仅仅知道**一副**治疗一切需要治疗的社会状况的万应灵丹,这就是批判和政治斗争。"(第 56 页)

马克思!!"不懂得"黑格尔**第 97 页及其他各页**

……马克思的历史唯物主义实际上"不过是一种动人的姿态","极端的唯理论学说","对社会的彻底唯心的考察"等等,等等……(第 83 页)

"……煽动家的动机……"(第 84 页)(同上,第 **86**、92 页**及其他各页**)(第 **115** 页及其他各页)

马克思仿照"这种自然科学的经验论"(第 88 页),"马克思使社会科学自然化"(同上)。

"……他的〈马克思的〉道路并不是思想家的道路,而是……自由预言家的道路……"!!!(第 94—95 页)

!!

!!

愤怒由此而来!!

社会主义革命 = 一种主观愿望,把它硬说成"客观科学认识","是一个狂热的幻想家的沦为骗术的幻想"(第 110 页)。

"……在马克思那里……激进的自由使徒的激烈意志占支配地位……"(第 111 页)

马克思"煽起一切仇恨本能……"(第 115 页)

"马克思主义……变成了抽象否定的、狂热的激情的伦理学……"（正如黑格尔所谓的伊斯兰教）（第120页）

……马克思的"狂热的气质"（及其"发热的头脑"），——这就是实质所在（第120页）。

如此等等。庸人的信口雌黄！

这段话是从哪里引来的？作者没有说。

"没有革命，社会主义就不可能实现。社会主义需要这种政治行动，因为它需要破坏和崩溃。但是，在它的有机活动开始的地方，在它的自身目的暴露它的灵魂的地方，社会主义就抛开政治外壳。"

注意

注意

——普伦格引了这段话，没有指明出处，接着他又说："当然，整个马克思主义就是脱落下来的'政治外壳'。"（第129页）

且看普伦格是怎样发现"矛盾"的：他说马克思在《莱茵报》**198**上写道："'正是那个用工业的巨手来建筑铁路的精神，也在哲学家的头脑中建立起哲学体系。'（第143页）而后这些生产资料从创造它们的精神中解放出来，并用至上的权力从自己方面去决定精神。"

"聪明过头了"

普伦格对剩余价值理论进行批判的一个典型例子：

"它用粗暴的夸张手法异常鲜明地强调了 ‖ ！！

‖‖ 资本主义的那种残酷的事实:对利润的追求使得工资下降,劳动条件恶化。但同时它犯了根本的毛病,即在术语的掩饰下使概念二重化……"(第157页)

"……由于煽动的需要,煽动性的剩余价值理论在整个体系中占着最显著的地位……"(第164页)

妙论!!
‖ "……马克思是19世纪的革命的犹太人,他为了自己的目的而把剽窃来的那件我们伟大哲学的服装重新剪裁了一番。"(第171页)

(这位普伦格是十足的庸人,他这本书的科学价值等于零。)

载于1933年《列宁文集》俄文版
第22卷

译自《列宁全集》俄文第5版
第29卷第360—362页

三

批　　注

约·狄慈根《短篇哲学著作集》一书批注¹⁹⁹

（1908 年 2 月和 10 月之间）

约瑟夫·狄慈根《短篇哲学著作集》

1903 年斯图加特版

科学社会主义

（1873 年《人民国家报》）

[第 2—8 页]　现代社会主义是**科学的**。正如<u>自然科学不是从头脑中，</u>而是从对物质现实的感性观察中得出自己的论断一样，当代的社会主义和共产主义学说不是设计，而是对实际存在的事实的认识……

我们所追求的社会与实际存在的社会的区别只是形式上的变化。这就是说，未来世界实际地物质地存在于当今世界中，就像鸟雏物质地存在于鸟卵中一样。当代共产主义的社会主义<u>还不是政党</u>——虽然它已向这方面大大发展，——<u>而是科学学派</u>……

正如古代笨重的火枪是现代完善的普鲁士步枪的必不可少的阶段一样，莱布尼茨、康德、费希特、黑格尔的形而上学的思辨也是最终获得的那种物理认识的条件或必由之路，这种认识认为**观念、概念、逻辑或思维不是物质现象的先决条件、前提，而首先是物质现象的结果**……

对宗教来说，观念是创造物质并使物质有序的**第一位的东西**。哲学，作为神学的女儿，当然从母亲的血统中继承了许多东西。它只有经过几代的历史发展,才能得出反宗教的科学结论,得出无可争辩的、确实可靠的认识:世界并不是精神的属性,<u>而是相反,精神、思想、观念是这个物质世界的多种属性之一。</u>黑格尔尽管没有把科学发展到这个高度,但已经非常接近这个高度,以至他的两个学生,**费尔巴哈和马克思,登上了顶峰**……

　　<u>而科学社会主义的倡导者马克思则把自然的逻辑规律</u>——对归纳法的绝对适用性的认识——运用于那些至今仍受到思辨践踏的学科,取得了辉煌的成果……

　　在涉及具体现象,也可以说在涉及触摸得到的事物的地方,<u>这一唯物主义方法早已取得了胜利</u>……

　　如果我们退居与外界隔绝的斗室,以便在那里苦思冥想,可以说在头脑深处去寻求我们明天要走的正确道路,那么,必须看到,这种思维努力之所以能够取得成果,只是因为我们先前,即使是无意识地,已经借助记忆把我们的经验和经历从世界带入了这间小屋。

　　这正是哲学思辨或者说演绎的全部关键所在:<u>它以为能够不依靠材料而从头脑深处产生认识</u>,事实上,它不过是**无意识的归纳**,即并不是不依靠材料的思维和论证,而是依靠了不明确的、因而是混乱的材料的思维和论证。

　　而另一方面,归纳法的特点仅仅在于它**有意识地进行演绎**。自然科学的规律是人脑<u>从经验材料中得出的演绎。唯灵论者需要材料,而唯物主义者需要精神</u>……

　　　　弗里德里希·恩格斯说:"我们**真实**描述<u>这些关系</u>。蒲鲁东则要求现代社会不是依照它本身经济发展的规律,而是依照公平的规定来改造自己。"**200**蒲鲁东在这里是一切非科学的学究气的总代表。

　　现代社会主义由于自己的哲学来源而显示出极大的优越性。<u>这一学派在理论上的一致、坚定、统一</u>,同它那些具有数不尽的从左到右的派系色彩的政治对手的无止境的分裂恰成对照。正如宗教信仰以教义为牢固的、既定的基础一样,归纳的社会主义这门科学<u>以物质事实为牢固的、既定的基础</u>,而自由主义的政治信条则同理想概念,同它认为是基础的永恒"正义"或"自由"的观念一样变化无常……

　　我们承认物质利益支配世界,但不会因此而否认情感、精神、艺术、科学的利益,也不会否认其他被称为理想的东西。问题不在于唯物主义者和唯心主义者之间<u>已经结束的对立</u>,而在于这种对立的更高的统一……

基督教企图反驳，并且声称，它在各种极不相同的工作条件下都始终不渝地宣讲自己的真理。如果它想以此证明精神不依存于物质，哲学不依存于经济，那么，它就忘记了它是很善于见风使舵的……

[第10—11页]　诚然，个别人能够超越自己的阶级意识而正确对待**大众**。西哀士和米拉波虽然是第一等级的成员，却捍卫了第三等级的利益。而这样的例外只证明了归纳的规则：在自然科学上和在政治上一样，物质的东西是精神的东西的前提。

把**黑格尔**体系说成是唯物主义方法的起点，的确会**显得**矛盾百出，因为众所周知，"观念"在他的体系中比在其他任何思辨体系中占有更突出的地位。黑格尔的观念还希望并应当实现自身，因此，它是伪装的唯物主义者。相反，现实在黑格尔体系中则在观念或逻辑概念的伪装下出现……

归纳方法从物质事实中抽象出精神结论。这种方法与社会主义观点的相似是惊人的，后者认为，理想的观念取决于物质需要，政治上的党派立场取决于物质生产关系。这个科学的方法也符合群众的需要，对于群众来说，居于**首位**的是物质的东西，而统治阶级却坚持演绎的原则，坚持反科学的偏见，认为精神的东西，教育和文化必须先于社会问题的物质的解决。

注意

）

社会民主党的宗教

六　讲

(1870—1875 年《人民国家报》)

［第 12—17 页］　亲爱的同胞们！社会民主党的倾向包含了新宗教的材料,这个新宗教不像迄今的一切宗教那样只要用情感或心灵就可以理解,它还要同时用头脑……才能理解……

"神",即善、美、神圣,将变成人,从天上降到地上,但不是像从前那样,以宗教的、神奇的方式,而是通过自然的、尘世的途径……

迄今为止宗教是无产者的事情。现在则相反,无产者的事情开始变成宗教的事情,这就是说,一种吸引着信仰者整个心灵、整个灵魂、整个情感的事情……

我们的对手——旧约的学究和伪君子们——死抱住他们的信仰的教义;他们没有能力实现真正的解放,他们遭到了谴责。而以科学为立足点的人则使自己的判断服从于事实;他是新福音书的信徒。信仰和知识的对立,旧约和新约的对立不仅仅始于社会民主党诞生之日……

"人是自由的,尽管他戴着锁链降生。"不是这样的! 人固然戴着锁链降生,他却必须通过斗争去赢得自由。是自然界给他戴上最沉重的锁链,最牢固的镣铐。他从自己诞生的那一天起就与可恼的自然逆境展开了斗争。他必须向自然界夺取食物、衣着。自然界手执需求的鞭子站在人的背后,人的全部壮举的成败取决于自然界的恩宠或不作美。而宗教所以能有这样大的影响,只因为它许诺把人从这种奴役下解救出来……

宗教自古以来一直受到保护和尊崇,甚至那些早就放弃了对人格化的上帝、对人类最高保护人的信仰的人,也不愿意没有宗教。因此,为了迎合这些保守派,我们就用这个旧名词来说明新事物。这不仅仅是我们为了更快地消除偏见而对偏见作出的让步,而且这还是一个被事物本身证明是正确的名称。一切宗教彼此间的差别就如同它们全体同反宗教的民主党之间的差别一样。它们有着共同的追求:把受苦受难的人类从他们的尘世苦难中拯救出来,把他们引向善、美、公正、神圣。是的,社会民主党之所以说是真正的宗教,唯一能救世的教派,就因为社会民主党不再通过幻想的途径,不用祈求、愿望、叹息,而是力求通过实在的、有力的途径,现实地、真实地通过体力劳动和脑力劳动的社会组织达到共同的目标……

问题在于人类得救这个词的最真实的含义。如果说存在什么神圣的东西,那么我们这里就面对着最神圣的东西。这不是偶像,不是圣约柜,不是神龛,也不是圣体匣,而是整个文明人类的实在的、可感觉到的幸福。这种幸福或圣物,不是人的发现,也不是神的启示,它是从历史上积累的劳动中产生的。正如新的产品从工场的肮脏,从耗费的物资,从工人的汗水中辉煌灿烂地产生出来一样,当代的财富从野蛮的黑暗时代,从对人民的奴役,从愚昧、迷信和贫困,从耗费的人们的血肉中形成,灿烂夺目地壮丽地闪烁着认识或科学之光。这一财富为社会民主主义的希望构成了坚实基础。我们获得解救的希望,不是建立在宗教的理想上,而是建立在坚固的物质基石上……

使人民有理由不仅相信能从几千年的痛苦中获得解救,而且看到这一点,并且努力为之奋斗的,是非凡的生产力,是他们劳动的惊人的生产能力……

[第19页] 的确,今天人仍然依赖于自然界,并没有完全战胜可恼的自然逆境。许多事情还有待文化去做,甚至可以说,文化的任务是无穷无尽的。但是,我们在一定程度上是能驾驭龙形神兽的主人,我们终于知道了战胜它的武器,懂得了把猛兽驯化为有益的家畜的方法。我们从祈祷和忍耐转向思维和创造……

[第21—22页] 的确,新工厂正在兴建,旧工厂充分开工,铁路在建设,田地在耕耘,汽船航线、运河、新市场在开辟。然而,真相隐蔽在自己的对立面即外表的后面。狼披着羊皮。不过有眼睛观察的人,尽管看到特殊的矛盾,却察觉到了普遍的趋势,尽管工厂的烟囱在冒烟,却看到了生产过剩,工业停滞。凡事不依照其本性要求的节奏前进,都会出问题。又有谁能否认存在着使生产两倍、三倍、十倍地增长的需要和力量呢?尽管农业有时也会得到改善,机器会更趋完备,但总的说来,发展在消费问题面前停滞了……

啊,你们眼光短浅、心胸狭窄,是决不会放弃从容不迫地、有机地前进这个怪念头的!难道你们没有看见,正是由于社会的解救这一伟大事业提上日程,你们心爱的一切自由主义事业都在降为微不足道的琐事?

你们难道不懂得要和平必须先斗争，要建设必须先破坏，有计划地组织材料之前必定先有杂乱无章的堆积，雷雨之前必定先是寂静，普遍凉爽之前必定先有雷雨？在没有打开把工人同贫穷、忧虑、不幸束缚在一起的锁链之前，无论是各民族的解放，妇女的解放，还是学校和教育的解放，无论是削减税收还是裁减常备军，时代的所有这一切要求都无法得到解决。历史停步了，因为它在为一场大灾难的来临积蓄力量……

二

β　　[第23—28页]　我们在社会民主主义运动中发现了宗教的新形式，因为它与宗教有着共同的任务：把人类从贫穷中解放出来，人类早就开始孤立无援地为自己在逆境中的存在而与贫穷作斗争了……

　　宗教培育了精神。但是，如果这种培育不是为了**借助精神**来培育现实
α　的、实在的世界即物质，它又有什么目的呢？！亲爱的听众，我十分清楚，基督
αα　教否认自己存在的这种唯一真实的世俗目的；我十分清楚，基督教自称它的王国不在这个世界上，它的任务是拯救我们的不死的灵魂。但是我们也知道，人并不总是能够做他要做的事情，实际上并不总是做着他以为在做的事
α　情。我们把人自以为是什么同人实际上是什么区别开来。特别是，唯物主义
的民主党人习惯于不根据人们自己的零散的思维，而是根据活生生的现实评价人们。宗教的目的只有通过物质的培育，通过培育物质才能现实地、真正
α　地达到。

　　我们把**劳动**称为人类的救世主和解救者。科学和手工劳动、脑力劳动和体力劳动只是同一个本质的两种不同的体现。

　　科学和手工劳动，正如圣父与圣子一样，是两个事物，却又只是**一个东**
β　**西**。亲爱的听众，如果民主党可以称为教派，理性认识可以称为教义，我会把这个真理称为民主党教派的基本教义。科学在认识到要思考、认识和理解就
α　需要有**感性客体**、手工劳动即感官劳动以前，一直是几乎不能以成果自炫的空洞的思辨……

　　古代人的科学绝大部分是思辨，也就是说，他们以为没有感性现实的帮

助,没有经验,只用头脑就能够产生出科学……　　　　　　　　αα

　　这两种劳动形式的相互渗透在几百年的发展过程中终于把人类带到了
现在奠定民主教堂的基石的地方。这基石就是我们的物质生产的力量,就是
现代的工业生产力。我们在这里切切不可只想到精神的力量! 历史发展至　　α
今所积累的劳动,不仅是精神的或科学的成就,不仅是纯粹的才能,而且更多　　α
的是现存的物质财富,因为后者是现代劳动的必不可少的工具……

　　现在让我们回过来谈我们的社会民主主义教派的学说,这个学说把积累　　β
的财富——无论是物质的还是精神的——看做是自己的基石……

　　正如事物本性中的同等性和多样性之间的对立实际上结合为一体而且
被克服一样,未来的社会生活也应当使人们具有同等的社会地位和社会价
值,使他们享受个人生活的同等权利,但又不因此消灭差别,这种差别赋予每
个人特殊使命,使每个人按照自己的方式成为幸福的人……

　　[第31—32页]　古代的、封建的和现代资产阶级
的奴役制是迈向组织劳动的前进步伐……

　　如果宗教是对尘世之外的或超尘世的、物质的本　　　　　　　　　α
质和力量的信仰,对在天诸神和精灵的信仰,那么,民
主党就没有宗教……　　　　　　　　　　　　　　　　　　　{ α
　　民主党用人道取代宗教……　　　　　　　　　　　　　{ β

三

　　[第33—34页]　我们发现,追求解救是宗教和民主党共同的倾向。但
是我们看到,在这方面民主党走得更远些,它不是在精神中寻求解救,而是只　　α
依靠人类的精神在肉体中,在实在的、物质的现实本身中寻求解救……

　　那些只是在真理和科学有助于增加他们的财富或者保存他们的特权时
才关心真理和科学的"有产者和有教养者"是真正可耻的唯物主义者,对于他　　ββ
们来说,除了自私地只顾自己的吃喝和娇贵的躯壳外,什么都不重要……

　　然而自由主义既不认真对待信仰,也不认真对待
非信仰。"有产者和有教养者"的享有特权的社会地位
注定了他们具有这种令人厌恶的冷漠,不冷也不热的
淡漠态度。他们的宗教共济会精神,他们对迷信的抵

制——每一种信仰都是迷信——这些都不是真诚的，<u>因为对人民的**宗教灌输**是他们的社会统治的有力支柱</u>……

<u>如果人民什么也不再相信，那么谁来使我们的财产神圣化并为我们的祖国当炮灰呢？</u>

已经觉察并感到工业的革新正在把自己排挤出去的小资产阶级手工业者对科学的发明和发现一无所知，而且也不想知道。"有产者和有教养者"在宗教问题上的情况也完全一样。他们经常说：假如连宗教的真理都不能加以证明，那就更谈不上证明它的相反的方面了。因为他们的利益与这种科学相对立，所以他们不知道也不想知道，<u>费尔巴哈最终明确地证明每种宗教都是人类无知的代名词，至今已经几乎半个世纪了</u>……

历史发展的目的或要求在于使现有的物质因素和力量为人类的需要服务，使自然界得到开发，<u>借助我们的精神在世界上建立体系</u>……

这个创造了世界的自然本能又**历史地发展**了它的最高产品——赋有理性的人类。正如已经指出的，这一发展在于使各种各样的<u>自然现象</u>和<u>世界现象</u>为人的头脑所理解……

<u>应当谴责的，不是宗教所崇拜的**事物**，而是永远地没有限度地崇拜的**宗教**本质</u>……

神的观念的发展愈低级，就愈**具体**，宗教的形式愈时新，<u>宗教的观念就愈混乱，愈卑鄙。宗教的历史发展就在于宗教的逐步崩溃</u>……

对于开明的进步人士来说，<u>上帝的圣名的确不过是 A，即他们世界观的字母表的起点。世界一旦超越起点，便不受干扰地、自动地进行自己的均衡的运动。</u>对于这些不信奉基督教的基督徒来说，世界上的一切都是自然的，只有起点是非自然的，或者说是神的。因此，他们不愿意放弃对上帝的存在的信仰，顺便说一

句,这种信仰,正如前面已经说明的,有着**美好的目**
的——控制"没有教养者"……

α

在一般无偏见的头脑中,最后的从而最强有力的
宗教支柱是**自然界的或宇宙的不可否认的合目的性**。∥ β
谁会否认自然界事物的神奇秩序、和谐、组织或计划性
呢? 且不说无数列举的详细例子,且不说绿色、蓝色
或色彩斑斓的布谷鸟蛋按其颜色和大小来讲总是与布
谷鸟在其中生蛋的其他鸟巢中的那些各种各样的鸟蛋
相似,处处都显示出**普遍理智**,它把一切活着的和呼吸　　β
着的、爬行的和飞翔的东西,把物质、动物或人都只当
做整体的一部分,当做整体的合乎目的的、有机的环节
来支配……

有一种简直很难抛弃的不学无术的手法,那就是
用自己的内部世界这一尺度衡量外部世界。因为人借
助意志、意识追求自己的目的,所以他设想在**自然界的**
普遍合目的性后面也隐藏着一个与他相似的、有意识
和意志的存在物。在自由思想大发展,人们已经不再
谈论人格化的神灵的地方,人们仍无法放弃空谈无意
识之物的意志和观念、无意识之物的哲学的那种**哲学**　　α
神秘主义。

在僵死的物质中有活生生的、自我组织的冲动,因
此,物质世界不是僵死的,而是活生生的,这是不可否
认的事实。关于物质世界的意志和目的只能**相对地**谈
论。普遍理智在动物的本能中只露出有限的光芒,而　∥ α
在人脑的机能中,在我们的意识中它才又得到了纯粹
的表现。正如不可以把黎明——不管那时候多么明
亮——称做明朗的白天一样,人以外的合目的性,自然
界的意志、观念或理智是不配有这些名称的。尊敬的
同胞们,如果刚才我冒昧地谈到这一点,那么,目的完　　α
　　　　　　　　　　　　　　　　　　　　　　　　　α
全在于最终取消这种表达方式。毫无疑问,理性存在　　α
于自然界事物之中。否则,没有宗教的帮助,赋有理性
的人怎么会自然而然地来到世界上呢? 谁承认理

性——一切系统和合目的性的杠杆——是自然产品，谁就不会否认<u>自然界的系统的合目的性</u>。**然而人的精神是唯一的精神**。配得上这个名称的既<u>不是行星运行中的理性也不是布谷鸟蛋中的理性</u>，既不是蜂窝构造中的知性也不是蚂蚁或猴子头脑中的知性，而正是最高的潜力，正是具有人脑机能的形式的意识、精神，或者，理性。

　　我们的精神是最高的精神存在物。但是，虔诚的，也就是聚精会神的听众们，请别担心我们会把它置于宗教神灵的高座上。高低之分在现实的意义上**仅仅**意味着**组织得好一些或差一些**。某一事物的各部分愈是不独立，它们作为器官愈是发挥作用，愈是紧密地联结成一个整体，这个整体与另外一个整体的联系愈是多种多样，这个整体在事物的自然序列中就愈是处于较高的地位。**我们的意识是总的中心器官，万能的联系手段**。但是，它不像仁爱的上帝那样自在自为地存在，而只是，用民主党的方式来说，一种接触，即与一切其他事物相联系。<u>人们经常听到福格特之流的学者们口口声声地讲，什么是在程度上有所不同，什么是完全不同</u>。人和猴子是两个稍有不同的种还是两个完全不同的类……

四

1

　　[第44—50页]　从讲道台上劝导尊敬的同志们，实在是僧侣干的蠢事。<u>讲道台、基督教、宗教这些东西</u>和名称用得太滥，以至<u>正直的人势必厌恶同它们发生任何接触</u>。然而，为了<u>彻底消除这些令人厌恶的东西，必须最大限度地接近它们</u>。<u>要把一个扰乱安静的人赶出教堂，必须先拥抱他，这是生活的辩证法</u>……

虽然基督教和社会主义有许多共同之处，<u>但是，谁把基督说成是社会主义者，谁就配得上害人的糊涂虫这个称号</u>。认识事物的共同点是不够的，还应当理解它们的差别。我们注意的对象不是社会主义者与基督徒的共同之处，而是社会主义者所特有的东西，是社会主义者突出的、与基督徒不同的东西。

α

最近，<u>基督教被人们称为奴颜婢膝的宗教。事实上，这是它最恰当的称呼</u>。的确，一切宗教都是奴颜婢膝的，然而基督教是<u>最奴颜婢膝的</u>。让我们引用一句普通的基督教格言。我的道路旁竖立着一个十字架，上面写着："怜悯吧，最仁慈的耶稣！圣玛利亚，请为我们祈祷。"这里我们看到卑贱透顶的基督教的过分恭顺。<u>因为谁把自己的全部希望都寄托于祈求怜悯，事实上谁就是个低贱的奴才</u>……

α

注意 α

我们，<u>不信仰宗教的民主党人</u>，必须首先清楚地认识到这一情况……

α

最初的基督徒难道想从世界逃遁吗？他们难道不是更期待基督作为战无不胜的、公认的国君降临尘世，来到他们那里，用一个更好的世界秩序但仍然是用世界秩序取代当时的糟糕的世界秩序吗？一位<u>强词夺理</u>的<u>诡辩者</u>就是这样说的，<u>他不是为了弄清事理，而只是为了用宗教和基督教响亮的名称来粉饰他的自由思想的不彻底性和怯懦</u>……

α

<u>不过我们不赞同这种把对信仰的背弃硬说成是真正基督教的重建</u>，因而不愿放弃这名称的<u>怯懦行为</u>。<u>为了消灭事物本身，必须毁掉它的名称</u>……

α

社会民主党不想否认基督教所具有的永远正确的东西，例如，反对非婚情欲的上等解毒剂——禁欲，或者超越国籍的全人类的爱。相反，它坚持这种看法，即使其余的世界由于敌视法国人而变得残暴。<u>只是它不愿意像基督教和一般宗教那样，听任人们把世俗真理看做是天上的圣物</u>……

α

我们也希望爱敌人，为仇恨我们的人做好事；但是，这只有当敌人躺在地上不能为害的时候才行。在这里，让我们与海尔维格一起朗诵：

　　　　　爱不能拯救我们，

　　　　　爱不能救援我们。

　　　　　啊，仇恨，你举行末日审判，

　　　　　啊，仇恨，你砸碎这锁链。

　　　　　我们不会放下宝剑，

　　　　　直到我们的手化成飞灰，

　　　　　我们爱得够久了，

　　　　　我们终于要仇恨。

2

[第51—56页] 使一切事物和一切品质无一例外地受人支配的科学自由是彻底反宗教的。宗教的真理就在于，它把任何一个世俗的自然品质不自然地捧上了天，把这种品质同充满活力的生命之流分离开来，使这种品质滞留在宗教真理这潭死水中。

尊敬的同志们，我给普通真理加上"科学的"这个头衔，我这样做是要提醒你们，科学真理因此也可称做世俗真理或普通真理。在这一点上必须明确无误，因为科学的僧侣主义极力想帮助宗教的僧侣主义。如果摇摆成性的不彻底派不去竭力寻找科学的缺口以便在那里产卵生仔，我们本来很快就能打倒这种显而易见的迷信。尤其是认识论的领域、对人类精神的无知，就是这样一个虱巢。正如威力无比的自然现象吓坏了拉普兰和火地岛的居民，使他们产生迷信一样，我们的思维过程的内在奇迹也使教授惊慌失措，缩进了迷信的牛角尖。已经抛弃了宗教和基督教徒名称的最开明的自由思想家们，只要他们还没有把宗教真理和世俗真理明确地区分开来，只要真理的器官，即认识能力对于

<u>他们还是一个模糊不清的东西</u>,他们就仍然陷在宗教陋习的泥潭中。在科学把一切天上的东西都<u>物质化</u>以后,教授们剩下来要做的事就是把自己的职业即科学捧上天了。他们认为,学院科学应当与农民的科学、漆匠的科学或铁匠的科学具有不同的品质,不同的性质。然而科学的农业区别于通常的农业的标志仅仅在于,它的准则、它关于<u>所谓自然规律</u>的知识更一般、更广泛……

α

β

　　<u>我们从内心深处鄙视那些</u>有学位的奴仆挂在嘴边的关于"教育和科学"的大话,关于"理想财富"的言论,今天,他们用生造的唯心主义来愚弄人民,从前,异教僧侣则用他们对自然界的初步认识来愚弄人民……

α

注意

　　需要宗教的教授们把上帝的王国变成了科学精神的王国。<u>正如魔鬼是敬爱的</u>上帝的死对头一样,<u>唯物主义者是僧侣教授的死对头。</u>

α α

　　<u>唯物主义世界观与不信仰宗教同时产生。</u>二者在我们这个世纪里都从最粗陋的形式逐步发展,达到了科学的明确性。但是,学院派的博学之士不想承认这一点,因为唯物主义中所包含的民主主义结论威胁着他们高贵的社会地位。<u>费尔巴哈说</u>:"哲学教授的特征就在于他不是哲学家,相反,哲学家的特征就在于他不是哲学教授。"今天我们走得更远了。不仅哲学,而且整个科学都把自己的奴仆抛到后面。甚至在真正的<u>唯物主义科学</u>占据了讲坛的地方,以唯心主义残余的形式出现的非科学的宗教呓语仍然纠缠着科学,就像蛋壳还粘在正要破壳而出的小鸟身上一样……

α

α

α

　　在人民中间公正地分配经济产品这一社会主义的需要,要求民主,要求人民的政治统治,不能容忍以精神为借口而攫取最大份额的小集团的统治。

　　为了把这种无理的私欲限制在合理的界限内,必须<u>清楚地理解精神和物质的关系。</u>因此,哲学是对工人阶级有十分密切关系的事情。然而,尊敬的同志们,

α

　　这决不意味着,每个工人都应当成为哲学家,都必须研究观念和物质之间的关系。我们都吃面包,但并不因此就要求我们都会磨粉和烘烤。而对于工人阶级来说,正如磨粉工人和面包师<u>是不可缺少的一样</u>,那些探究牟取暴利之徒的秘密途径并揭穿其诡计的锲而不舍<u>的探索者也是必需的</u>。体力劳动者仍然经常看不到脑力劳动的重要价值。一种准确无误的本能使他们把我们资产阶级时代有影响的粗制滥造的写作者认定为当然的对手。他们看到诈骗勾当怎样在脑力劳动的合法称号下进行。因此,他们那种<u>过低估计脑力劳动,过高估计体力劳动的倾向</u>是不难理解的。<u>必须抵制这种粗陋的唯物主义</u>……

注意 α

　　工人阶级的解放要求工人阶级完全掌握我们这个世纪的科学。要实现解放,仅仅对我们遭受的不公正感到愤慨是不够的,尽管我们在人数和体力上都占优势。精神武器必须提供帮助。在这个武器库的纷繁多样的知识中,<u>认识论</u>或科学学说,即对科学思维方法的认识,是<u>反对宗教信仰的万能武器</u>,它将把宗教信仰从它最后的、最隐蔽的角落里驱逐出去。

注意

αα

注意

　　对诸神和半神、对摩西和先知的信仰,对罗马教皇、对圣经、对皇帝及其俾斯麦和政府的信仰,简单说,<u>对权威的信仰</u>只有在精神科学中才能最后被消除……

注意

注意

　　这种科学通过<u>破除精神和物质的二元论</u>,摧毁了<u>至今存在的划分统治者和被统治者、压迫者和被压迫者这种两分法的最后理论支柱</u>……

β

α

　　<u>精神不是幽灵,不是上帝的气息</u>。唯心主义者和唯物主义者都同意:精神属于"世上事物"这一范畴,存在<u>于人的头脑中</u>,它只不过是同时和相继产生的思想的抽象表达、集合名词……

　　正如线和点只是数学概念一样,对立不是现实事物,而是逻辑概念,这就是说,它们只是相对地存在

着。相对说来,小就是大,大就是小。<u>同样,肉体和精神虽然是逻辑上的对立面,但并不因此是真正的对立面</u>。我们的肉体和精神联系得如此紧密,以至没有脑力的配合,体力劳动是绝对不可能的。最简单的手工劳动也需要智能的配合。<u>另一方面,相信脑力劳动的形而上学或非物质性,是荒谬的</u>。甚至不可否认最纯粹的研究也是全身的紧张。一切人类劳动都同时是脑力劳动和体力劳动。对精神科学略知一二的人都知道,思想不仅仅出自大脑,<u>即出自主体的物质,而且总有某种材料作为对象或内容</u>。大脑这种材料是思想的主体,<u>思想的客体</u>是世界的无穷无尽的材料……

β

‖ α

α

‖ α　注意

[第58—59页]　正如机械师保护小钉子比保护大轮子更加细心一样,我们也要求**按照需要**分配我们劳动的产品,以便强者和弱者,灵巧的人和迟钝的人,脑力和体力,只要它们是人的,就都在人类集体中劳动并享受所获得的东西。

尊敬的同志们,同这个要求相对立的是宗教。不仅是僧侣所宣传的那种人所共知的、正式的、普通的宗教,<u>而且还是沉醉的唯心主义者所宣传的清洗过的高尚的教授宗教</u>……

注意　α

基督教希望用神支配这个世界。真是徒劳无益!<u>基督教违背自己的意愿,为事物的本性所支配</u>……

α

普通的、<u>科学的真理</u>不以个人为基础。<u>它的基础是在外界,在它的素材中</u>;它是客观的真理[201]……

注意　α

我们愿意尊敬那些高举认识火炬前进的伟人们;然而只有当他们的言论<u>建立在物质现实的基础上</u>时,我们才会相信。

✕

五

[第60—67页]　正如我们都有支配世上事物的

实际需要一样,我们也都有系统地认识这些事物的理论需要。我们想知道一切事物的开端和终结。关于普遍的、永恒的、不可避免的宗教的粗野叫喊是以某些合理的东西为基础的。完全有理由被赶出国际的俄国虚无主义才会荒谬地否认这一点**202**……

　　为了能够使生活有合乎理性的联系,人要求他的头脑有合乎理性的联系。我们民主党人和巴黎公社的保卫者也有这个要求,奴颜婢膝的中间派和饶舌家也许因此就说我们是信仰宗教的。我们坚决摒弃这种说法。这并不是因为我们不承认宗教的哲理和社会民主主义的哲理有些相似的或共同的东西,而是因为我们要强调区别,我们要不仅在内部而且也在外部,要在

$\boxed{\alpha}$　注意

行动上而且也在名称上同僧侣的事业决裂……

　　野蛮人的原始宗教变成受基督精神教化的宗教,哲学继续发展了文化,继许多难以持久的、暂时的体系之后,终于创立了不朽的科学体系,即民主唯物主义的体系……

　　我们称自己为唯物主义者。正如宗教是各种宗教信仰的总称一样,唯物主义也是一个有延伸性的概念……

　　哲学唯物主义者的特征是:他们把物体世界作为起点,摆在首位,把观念或精神看成结果;而反对者却按照宗教的办法从上帝的道("上帝说什么,便有什么")中引出物,从观念中引出物质世界。唯物主义者的观点至今也还缺乏令人信服的根据。现在,我们社会民主党人接受我们的反对者企图用来辱骂我们的名称,因为我们清楚地知道,这个被人忌讳的名称已经受到尊重。我们同样也有理由称自己为唯心主义者,因为我们的体系建立在哲学的总的成果上,建立在对观念的科学研究上,建立在对精神本性的清楚理解上。从反对者给予我们的这两个相互矛盾的名称也可以看出,他们简直无法理解我们。一会儿我们是只知追求财产的粗陋的唯物主义者,一会儿在谈到共产主义未来的时候,我们又被称为本性难移的唯心主义者。事

实上,我们既是唯物主义者又是唯心主义者。感性的、
真实的现实是我们的理想,社会民主党的理想是物质
的①……

　　于是我们开始思索,但我们决不思索开端。我们
永远知道,一切思维必须从现有的开端、从世界现象的
一个部分开始,而关于开端的开端问题是一个毫无意
义的、与思维的普遍规律相矛盾的问题。谁谈论世界
的开端,谁就是认为世界在时间上是有开端的。那么
人们要问,在世界出现以前是什么呢?"是无",这是两
个互相排斥的词……

　　整个形而上学——康德认为它是关于上帝、自由
与不死的问题——在我们的体系中被知性和理性是绝
对的归纳能力这种认识彻底抛弃了。这就是说,如果
我们把经验事物按照它们的一般特性来排列顺序并划
分为纲、种、概念、类等,世界是完全可以理解的。这是
很平常的真理,要不是对奇迹的信仰或者迷信老是胡
扯什么演绎法,这本来是不值一提的……

　　有名望的哲学家们一个接着一个以各自的贡献有
力地推动了事业,以致我们这些以他们的研究成果为
基础的社会民主党人完全弄清楚了一切认识即宗教
的、思辨的和数学的知识的机械本性。认为这样的科
学成果带有党派色彩的说法,虽然看起来是充满矛盾
的,但也是容易理解的,因为社会民主党是一个不代表
一党观点而代表大众的党……

　　哲学的神秘主义是宗教信仰的没有消化的残余。
为了彻底打倒这两者,必须确信,事实不是建立在逻辑
根据上,相反,一切逻辑的最后根据始终只是事实,存
在或实际情况。

　　我必须请求同志们原谅我用这些细节打扰了你

ββ

α

注意

α

注意 β

注意

α

注意

α 注意

────────

①　"Idealismus"一词有"唯心主义"和"理想主义"两种含义。此处两种含义兼而
　　有之。——编者注

们。我知道,只有为数不多的人愿意深入进行这种详细的探讨,但是有这些为数不多的人,已经足够了。假如每个人都想去计算行星的轨道,那是多余的,同样,我们中间有一些人向崇高的官方教授提供使他们绞脑汁的材料,那是必需的……

注意

哪里有人民聚集在一起,表达他们的感情和思想,哪里就有人唆使宪兵去追捕他们。这是体系,逻辑或一贯性吗? 的确如此! 这是卑鄙的体系。他们[指"现存秩序"的思想家。——俄文版编者注]所做的和所说的一切都集中为这样一个逻辑观念:我们是中坚力量,并且希望永远是中坚力量……

六

[第67—70页] 时间的进程过去和现在都不断产生着新的现象、新的经验、新的事物,它们都不是预先规定的。它们不适应现存的体系,因此每次必须建立新的体系,直到我们社会民主党人明智地建立起一种足以包含现在和未来一切新事物的博大的体系……

α
α 注意

整个科学不能集中在个别人身上,更不能集中在某一个别概念中。但我还是坚持认为,我们有这样的集中。物质概念不是包括了世界的全部物质性东西吗?

αα
αα

同样,一切知识也有一个共同的普遍形式,即归纳方法……

α

归纳法在自然科学中是已被认识的东西,但是它包含着一种能够消除宗教上、哲学上和政治上一切空话的系统的世界性哲理,这一点是社会民主党的新成就。

α

达尔文教导说,人起源于动物。他也把动物与人区别开来,但仅仅是把它们看做同一物质的两个产品,同一类的两个种,同一体系的两个结果。我们的反对者不认识这种已经彻底实施的体系划分,就像他们不

认识合乎理智的统一一样。我倒是要赞美古老的宗教
虔诚！那里，体系起着支配作用。此岸和彼岸，主子和
奴才，信仰和知识，都归那个自称"我是主，你的上帝"
的人统一管理……

注意 α

那时魔鬼只是一个工具，尘世生活只是永恒生活的一个暂时的考验。一
个从属于另一个，那里有重心，有体系。至少同现代的不彻底性和共济会精
神相比，那时显现出完整性……

反动的恶性预感到归纳体系的革命后果。大宗师
黑格尔已经掩盖了他亲手点燃的火光……

α

按照宗教的体系，敬爱的上帝是"终极原因"。唯
心主义的共济会会员们认为可以用理性来证明一切。
偏颇的唯物主义者在隐蔽的原子中寻找一切现存事物
的根据，而社会民主党人则用归纳法来证明一切。我
们原则上坚持归纳法，这就是说，我们知道，不能用演
绎法，不能从理性中得到教诲，而只有借助于理性，从
经验中得到知识……

注意 β

βα

［第72—75页］　社会民主党用系统的世界哲学取代了宗教。

这种哲理认为它的根据，它的"终极原因"是实际情况。其他进步人士的
哲理在自然科学中同样是这样做的，它在家庭事务和商业事务中的所作所为
也同样是合乎理性的。而在谈到国家事务时，它即使不再用上帝的道，也还
是竭力以理性的启示来证明……

使用同一个词，如"我们的主"，很容易使人失去理
智。因此，我想变换一下说法，把我们的体系称为"合
乎经验的真理的体系"。其他党的空谈家们还在大讲
上帝的、道德的、逻辑的和其他的真理。而我们不知道
有上帝的真理，人的真理，我们只知道一种合乎经验的
真理。我们可以借助专有名称把它分类，而共同特征
是不变的。真理，不管如何称呼它们，都是以物理的、
实际的、物质的经验为基础的……

βα

注意

↓

α

不管它们是多么不同，是大的还是小的，有重量的
还是没有重量的，精神的还是肉体的，世界的一切事物
有一点是相同的，即它们都是我们认识能力的经验对

β

象,理智的合乎经验的材料……

β

有什么能阻止我们使一切事物都归属于"合乎经验的真理"或"经验现象"呢? 这样,我们还能把它们分成有机的和无机的,肉体的和精神的,善的和恶的等等,等等。一切对立通过共同的类而得到调和和克服。一切都协调一致。区别只是形式,从本质上说,一切都属于同一序列。一切事物的终极原因是经验现象。共同的原初物质就叫做合乎经验的材料。它是绝对的、永恒的、无所不在的。它在哪里终止,那里一切理智也就完结了。

ββ

归纳体系同样可以有理由称为辩证体系。这里,我们发现自然科学愈来愈确证本质上的区别只是程度上的差别。不论我们多么严格地确定特征,把有机物和无机物、植物界和动物界区别开来,自然界还是表明,界限正在消失,一切差别和对立都相互融合。原因引起结果,结果产生原因。真理表现为现象,现象符合真理。正如热是冷、冷是热,二者只是根据温度来区分一样,善相对地说是恶,恶相对地说是善。这一切都是同一物质的相互关系,物理经验的形式或种……

α

上帝,纯粹理性,精神的世界秩序和许多其他事物不是由经验材料构成的,不是物理现象的形式,因此,我们就否认它们的存在。但是,关于这些被思维的事物的概念是通过自然途径产生的,是实际存在着的。我们非常愿意把它们作为材料提供给我们所进行的归纳法研究。人们通常从比较狭隘的意义上理解物理的、经验的这些词,因此,我用"合乎经验的"这个词来补充上述这些词……

α   注意

社会民主党的道德

两　讲

（1875年《人民国家报》）

一

　　[第77页]　尊敬的同志们,我们的党要的是一切时代和各国人民的有识之士所希望的东西,要的是真理和公正。我们不要教士的真理和公正。我们的真理是精密科学的物质的、具体的或经验的真理。我们首先要认识它,然后依据它去实践……

α

　　在我的上一次演说中已经详细地阐述了我们国际民主党人如何用具体的或经验的事实从体系上论证我们的一切思想。在今天对道德的探讨中,这一“体系”将被证明是正确的。我们不应当再重视道德规范——它已不再适用了,——除非它建立在唯物主义的基础之上……

参看

　　[第79页]　而事实上,“自由恋爱”,正如基督教对一夫一妻的限制一样,是合乎道德的。引起我们对多妻制愤慨的,不是爱情的丰富多样,而是妇女的买卖,人的堕落,金钱的可耻统治……

　　[第81—82页]　这里我要向同志们简单扼要地说明,什么是道德的真正本质,什么是真正的道德。按照我们的唯物主义体系,在进行这种研究时,首先探讨的是物质,这里则探讨道德的物质。在谈这个问题时,我们使用最通用的习惯用语。凡被全世界统称为栗子的东西都是真正的栗子……

β

　　只有经济唯物主义,只有社会民主党人追求的体力劳动的共产主义组织才能把人类真正联合起来……

注意

　　社会主义者认为,人的发展不是理想的精雕细琢的珍品,不是精神的完美,精神的完美<u>不存在什么物质</u><u>标准</u>,因此人们对它进行各种各样的曲解。对于我们来说,正如我已多次阐述的那样,<u>人的发展就是日益增</u><u>长的利用自然的能力。宗教、艺术、科学和道德都只是</u>实现这个伟大目标的行动……

注意　　　［第85—87页］　思维健全的人们今天懂得了,<u>植</u><u>物界或动物界的观念并不是植物、动物这些客体的原</u><u>型,而是这些客体的复制和抽象</u>……

注意　　　我们的对手认为,我们社会主义者是"唯物主义者",——也就是没有理想活力的人,他们只愿意傻呆呆地听听什么可以吃,什么可以喝——或者顶多只把可以称量的东西视为最值得重视的物质。<u>为了辱骂,</u><u>他们赋予这个名称以狭隘的、不正当的意义</u>。针对这种地道的唯心主义,我们提出道德的真理,这是一种有血有肉的或者将会有血有肉的思想或理想。在天上和地上,哪里还有像国际民主党的思想那样真正合乎理性、合乎道德而又崇高的理想呢? 在国际民主党的思想中,基督教关于爱的空话将以物质形式体现出来。

又一个(β)　基督的可怜的兄弟们应当是事业上和战斗中的兄弟,直到宗教的苦海最终变成真正的人民国家为止。<u>阿门!</u>

［第93页］　凡是认为上帝的头脑产生宇宙,纯粹的苦思冥想产生真理,或者,内心世界产生善良和正义的地方,人们走的都是一条反向的、演绎的道路,在这里仿佛是<u>用肚子思考,用感情理解</u>……

社会民主党的哲学

七　　章

（1876 年《人民国家报》）

一

[第 94—97 页]　早在上一世纪末就预示着暴风雨即将来临的最初一批英国和法国的社会主义者，非常清楚地认识到我们的"自由所有制"骑士们的贪婪而虚伪的性格……

然而，他们完全没有认识到，社会疾病的有效疗法寓于事物的本性，无意识的世界进程不仅提出任务，而且本身还指明了解决的方法……

在这样的情况下，出现了我们的同志马克思和恩格斯，他们把对人民事业的赤诚，社会主义的倾向同必要的哲学素养融为一体，以便能够在社会科学中通过思考和摸索达到积极的认识。**哲学**向他们揭示了这样一个**基本原理**：首先，不是世界适应观念，而是相反，观念应当适应世界。他们得出结论，正确的国家形式和社会设施不是在人的心灵深处找到的，不是苦思冥想出来的，而应当从对客观情况进行唯物主义的考察中得出……

马克思第一个认识到，**人类幸福，总的说来**，不取决于任何一个开明的政治家，而取决于**社会劳动的生产能力**……

他认识到——这一认识是社会科学的基石——人类幸福取决于物质劳动而不取决于唯灵论的幻想。今后，我们将不再从宗教、政治或法律的启示中去寻求这种幸福。相反，我们将看到它从被称为国民经济的发展中机械地产生出来。能够带来人类幸福的不是科学或教育，而是生产劳动，顺便说一下，这种劳动借助于科学和教育会愈来愈富有生产成效。

注意

注意

注意

这里涉及到这样一个问题:什么是第一性的? 机械劳动还是精神科学? 从表面上看,这个问题似乎是烦琐的诡辩,但是它对于弄清思想具有极其重大的意义。还是那个老问题:是唯心主义者还是唯物主义者,而且问题现在已经讲得如此清楚,对最终回答不再存在什么怀疑了。由于我们社会主义者把"粗陋的"劳动放在第一位,人们也许会诬蔑我们是教育的排斥者……

注意

问题在于,什么是第一位的,是思维还是存在,是思辨的神学还是归纳的自然科学? 人们为自己头脑中的精神而自豪,而且应当为此自豪,但是他们不应当幼稚地把对他们来说是第一位的东西说成是世界的第一位的东西。唯心主义者是这样一些人,他们夸大、神化人类理智的价值,并由此把人类理智说成是宗教的或形而上学的神术。这一派别的人数日益减少,它最后的残余分子也早已摆脱了宗教迷信,然而他们仍然不能放弃这个"信仰":自由、公正、美等概念创造人类世界。的确是这样;但是物质世界是第一位的并且构成我们的概念的内容,它确定应该如何理解自由、公正等等。我们清楚地理解问题的这个过程是非常重要的,因为由此可以得出如何赋予我们的概念以正确内容的方法。什么是第一位的? 精神还是物质? 这个问题是关于正确性的真正道路和真理的正确道路的一个重大的普遍问题……

注意

注意

注意

[第 100—101 页] 上面强调指出的社会民主党理论的一致性建立在这样的基础上,即我们不再从主观设计中寻求我们的幸福,而是看到它是作为一个机械产品从不可避免的世界进程中产生出来的。我们应当把自己的精力只用于帮助它诞生。不可抗拒的世界进程创造了行星,从行星炽热的熔化物质中相继产生出结晶体、植物、动物和人,它同样不可抗拒地推动我们合理地使用我们的劳动,不断发展生产力……

注意

注意

社会民主党的信心就建立在进步的**机械论**的基础上。我们不依靠美好的愿望。我们的原则是机械的，我们的哲学是唯物主义的。[第 101 页]但是,社会民主党的唯物主义的根据比任何前人的唯物主义都要充分得多,确凿得多。它通过清醒透彻的观察吸取了它的对立面——观念,掌握了概念世界,克服了机械和精神之间的矛盾。否定的精神对于我们来说同时又是肯定的,我们的要素是辩证的。在一封私人信件中,马克思写道:"一旦我卸下经济负担,我就要写《辩证法》。辩证法的真正规律在黑格尔那里已经有了,当然是具有神秘的形式。必须去除这种形式。"**203**因为从我这方面来说,担心马克思也许还要等很长时间才能把这部著作写出来,以飨读者,还因为我从年轻时起就独自大量地研究了这个问题,所以我愿试着向好学的人们略微介绍一下辩证哲学。这种哲学是中心太阳,它射出的光芒使我们不仅懂得了经济,而且懂得了文化的全部发展,它最终还将阐明整个科学的"终极原因"。

　　同志们知道,我不是一个受过高等教育的人,而是一个通过自学获得哲学知识的制革工人。我只能利用空闲时间介绍我的哲学。因此,我将断断续续地发表我的文章,这里倒不在于考虑它们的相互联系,而在于使每篇文章可以单独阅读。而且,因为我丝毫不重视高深莫测的无用的东西,所以,避免冗长烦琐,删去许多可有可无的使主题模糊不清的话……

注意

注意

注意

二

　　[第 102—104 页]　弗里德里希·恩格斯在他的《英国工人阶级状况》一书序言中已经谈到了费尔巴哈对哲学的克服。**204**但是神学给费尔巴哈带来了这么多麻烦,以致他已经没有多少意愿和时间来对哲学进行

注意

详细的、透彻的阐释了……

一个希望返回生命起点，以便重新生活的老人，并不是要重复生命，而是要改善生命。他认识到已经走过的道路是迷途；然而他毕竟不能不同意从表面上看是充满矛盾的结论：这些道路使他获得了智慧。社会民主党对待哲学正像这位老人对待他的过去一样，采取批判的态度。哲学是人们为了获得关于正确道路的知识必然要走过的错误道路。为了循着正确道路前进

很好！　而不致被任何宗教的和哲学的谬论所迷惑，必须研究错误道路中的错误道路，即研究哲学。

从字面上理解这一要求的人当然一定会认为它是荒谬的……

一切现实的东西都要经受新陈代谢。世界的**运动**

注意　是无限的，以致每一事物在每一瞬间都不再是它过去曾经是的那个事物……

社会民主党反对"宗教"，我在这里坚持主张它也反对"哲学"。只是在过渡阶段才谈到"社会民主党的哲学"。将来，辩证法或关于科学的普遍学说将会是这个批判性东西的合适的名称……

[第106—108页]　在所有的人[指教授和大学讲师。——俄文版编者注]那里都或多或少地存在着迷信的、幻想的神秘主义的残余，这些残余使他们的眼光模糊不清了。冯·基尔希曼先生最近的讲话就是一个

1876年　有说服力的见证，根据今年1月13日《人民报》的报道，他在"哲学通俗讲座"上说，哲学就是关于存在和知识的最高概念的科学……

在我们面前出现了一个返老还童的笃信宗教的老妇。她现在名叫"关于存在和知识的最高概念的科学"。这就是用"通俗的语言"称呼她……

假定：哲学和自然科学研究同样的对象，使用同样的工具，但是工作方式不同。人们要问，这种不同会产生什么结果呢？自然科学的结果已是大家都知道的。现在哲学要说明什么呢？冯·基尔希曼泄露了这个秘

密：哲学捍卫宗教、国家、家庭和道德。<u>哲学不是科学，而是防御社会民主党的手段</u>。因此社会民主党人有自己<u>特有的</u>、专门的哲学就毫不奇怪了……

很好！

　　这种"专业科学"和健全的人类理智一样，都是依靠理智的帮助，<u>从经验中</u>，从世界的材料中获得知识的……

经验＝世界的材料

注意

　　而古典哲学的今天的继承者和应声虫却由于不难说明的理由而不理解这种学说。他们的使命是捍卫宗教、国家、家庭和道德。一旦他们不忠实于这一使命，他们就不再是哲学家，而变成社会民主党人了。<u>所有自称为"哲学家"的教授和大学讲师</u>，尽管表面上主张自由思想，但总是或多或少地沉溺于迷信和神秘主义。他们犹如肥肉和皮，都是一类货色，而且他们<u>终于形成了一个反对社会民主党的没有教养的反动集团</u>……

三

　　[第109—110页]　在我们看来，"方法"是区别哲学和专门科学的标记。<u>哲学的思辨方法不过是泛泛地提愚蠢的问题</u>。<u>没有材料</u>，就像蜘蛛从自身中抽丝一样，更有甚者，哲学家不要材料或不要前提，想从头脑中抽出思辨智慧……

注意

　　<u>那些内容深奥的书只是普遍性的毒素的明显的汇集</u>，这种毒素从人民幼年起就深深地潜伏在他们的体内，现在已经在各种人中间蔓延开来。博学的 比德曼教授 最近与工人的论战就树立了颇有教益的榜样。他要求社会主义者"别提出含糊不清的暗示，而要对社会状况有明晰的描述：按照自己的观点描述社会必定是什么样子；按照自己的愿望描述社会应当如何建立。特别是要指出社会的实际结果……"

说得好！

　　当我们构想未来的社会结构的时候，<u>我们要掌握材料</u>。<u>我们唯物地思考</u>……

四

[第 116—123 页]　前几章给我们介绍了<u>哲学</u>是<u>宗教的后裔</u>，而且认为它像宗教一样，是一个幻想家，尽管它变得比较庄重些了……

注意

<u>杜林</u>想必已经预感到哲学这一行业的多余，因为他另外又把"<u>实际的应用</u>"赋予了哲学。按照他的观点，哲学不仅应当科学地理解世界和生活，而且应当通过<u>思想</u>，通过<u>创造世界</u>和<u>创造生活</u>使这一理解得到证实。<u>这样就能逐渐接近社会民主党</u>。哲学家一旦前进，他很快就能达到完全的认识并坚决彻底地抛弃哲学。当然，一个人不能根本没有世界观和人生观，但哲学是一种特殊的、不是非有不可的东西。<u>它的世界智慧是居于宗教的世界智慧和精密科学的世界智慧之间的中介物</u>……

注意

我们都记得：方法是宗教、哲学和科学的区分标志。它们三者都寻求智慧。宗教的启示方法是到西奈山上的云层后面或幽灵之中去寻求智慧。哲学则转向人的精神；但是，只要人的精神被宗教迷雾所笼罩，它就不理解自己，就会颠倒地、没有前提地、思辨地或者笼统地提问题和从事工作。精密科学的方法终于使用了<u>感性的现象世界</u>的材料。一旦我们认识到这个方法<u>是理智的唯一合理的方式</u>。一切幻想就彻底完结了。

α 注意

如果一位名副其实的哲学家发现这一论述，他一定会讥笑一番，而且假如他肯加以反驳，他将试图说明，<u>专门科学家是无批判的唯物主义者</u>，他们不作进一步的检验就把经验的感性经验世界看做真理……

很好！

但是在人们的生活中——这里涉及主子和仆人、劳动和收益，涉及权利、义务、法律、风尚和秩序，<u>教士和哲学教授都有发言权</u>，他们二者各有自己特殊的掩饰真理的方法。宗教和哲学，曾经是无害的谬误，现在，即在涉及反动统治的利害关系以后，被滥用成<u>精致</u>

的政治欺骗手段。

　　从比德曼教授在前一章给我们作的讲解中，我们懂得了，不应当笼统地提问题，也不应当这样去寻求真理。在这一点上，哲学把自己置于同健全的人类理智相对立的地位。它不像一切专门科学那样寻求确定的经验的真理，而是像宗教那样，寻求一种非常特殊的真理，即绝对的、虚无缥缈的、无前提的或超自然的真理。那些对于整个世界来说是真实的东西，即我们看到、感觉到、听到、尝到和嗅到的东西，我们的肉体感觉，对哲学来说是不够真实的。自然现象只是现象或"外观"，关于这些它什么也不想知道……

　　因为受宗教幻想约束的哲学家，力图超越自然现象，因为他还要在这个现象世界背后去寻找另外一个能使现象世界得到说明的真理世界……

　　还应提到，我归功于笛卡儿的要比他实际上所做的多得多。事情是这样的：这位哲学家有两个灵魂，一个是通常的宗教的灵魂，另一个是科学的灵魂。他的哲学是这二者的混合产物。宗教欺骗他说，感性世界是虚无的，而他的那股相逆的科学思潮则力图证明相反的东西。他从虚无性、从对感性真实性的怀疑开始，而以对存在的肉体感觉证明了相反的东西。然而这股科学思潮终究没有持续不断地表现出来。只有重复笛卡儿试验的无偏见的思想家才能发现，如果思想和怀疑萦绕在头脑中，那么向我们证明思维过程的存在的就是肉体感觉。哲学家把事情颠倒了过来，他想证明抽象思想的非肉体存在，他误以为可以科学地证明宗教的灵魂或哲学的灵魂的超自然的真实性，而事实上他证实了肉体感觉的普通的真实性……

　　Idealisten①，就这个词的褒义而言，是指一切正直的人。社会民主党人才真是这样的人。我们的目标是

注意 α

注意

注意

注意

───────────

　　① "Idealisten"一词有"唯心主义者"和"理想主义者"两种含义，此处指"理想主义者"，后一处指"唯心主义者"。——编者注

一个伟大的理想。Idealisten,就这个词的哲学意义而言,却是指不能清醒地判断的人。他们宣称,我们看到的一切,听到的一切,感受到的一切,我们周围的整个物体世界是不存在的,它们只是思想的片段。他们宣称,我们的理智是唯一的真实,其他一切都是"观念"、幻影、模糊的梦景、贬义上的现象。他们宣称,我们从外部世界觉察到的一切,都不是客观的真实,不是现实的事物,而是我们的理智的主观活动。假如有健全理智的人反对这种臆断,他们就会理由十足地向他指出,尽管他的眼睛每天看到日出东方而落西方,他也必须听从科学的开导,以便学会用自己的未经训练的感官去认识真理。

注意①

贬义上的现象

α 注意

俗话说,瞎母鸡有时也能啄到一颗谷粒。哲学唯心主义就是一只这样的瞎母鸡。它啄到的谷粒就是:我们在世界上看到、听到或感觉到的东西不是单纯的对象,简单的客体。自然科学的感官生理学也日益接近这样一个事实:我们的眼睛所看到的各种颜色的对象,是各种颜色的视力感觉,我们所感觉到的一切粗糙、纤细、沉重的东西,是沉重、纤细、粗糙的感觉。在我们的主观感觉和客观事物之间没有绝对的界限。世界是我们的感觉世界……

很好!

世界的事物不是"自在地"存在着的,而是只有通过**相互联系**才具有自己的一切性质…… 水只是在一定温度下才是液体,水遇冷则变得又坚又硬,遇热则变成气体而不可见;它通常往低处流,但在碰到一大块糖时,则向高处升。

注意

它"在自身中"没有任何特性,没有任何存在,只是在相互联系中才获得它的特性,它的存在。

其他一切事物都同水一样。一切都不过是自然界的性质或宾词,自然界不是以其超自然的客观性或真实性,而是处处以其暂时的、各式各样的**现象**环绕在我们周围。

---

① 画双斜线的批注是列宁写在页上角的。因此,在这里和别的地方,如果不能准确肯定列宁的批注所针对的地方,则摘引该页的全文。——俄文版编者注

没有眼睛,或者没有太阳,或者没有空间,没有温度,没有理智或者没有感觉,世界将是什么样子,这是荒谬的问题,只有傻瓜才会去考虑它。当然,在生活和科学中,我们可以分解,直至分解和划分到无穷尽,但是我们这样做时不应当忘记,一切又构成统一,构成相互联系。世界是可以感觉到的,我们的感官和理智是尘世的。这不是人的"界限",但是谁想超越它,谁就是神志不清。如果我们证明了教士的不死的灵魂或哲学家的无可怀疑的理智同世界上一切其他现象具有相同的普通性质,那么这也就表明了"其他的"现象同笛卡儿的无可怀疑的理智一样,也是现实的和真实的。我们不仅相信、认为、考虑或者怀疑我们的感觉是存在的,而且我们实际地真实地感觉到它。反过来说:全部的真实性和现实性都是以感觉、肉体感觉为基础的。灵魂和肉体,或者,用现在的新的说法,主体和客体,都属于尘世的、可以感觉到的、可以经验到的一类东西。

注意

古人说,"生活是梦"。现在哲学家们说出了他们的新东西:"世界是我们的观念"……

不是把真理建立在"上帝的道"的基础上,也不是建立在传统的"原则"的基础上,而是把我们的原则建立在肉体感觉的基础上,这就是社会民主党的哲学要领……

注意

五

[第123—130页]　可爱的上帝用一块粘土创造了人的身体,又呵气给他注入了不死的灵魂。从这时起就有了二元论,或两个世界的理论。一个是有形体的、物质的世界,是肮脏的东西,另一个是宗教的或精神的思想世界,是上帝的呵气。哲学把这个小故事世俗化,就是说,使它适应时代精神。可以看见、可以听

<u>到、可以感觉到的东西</u>，即有形体的现实依然被看成是
<u>肮脏的粘土</u>；相反，思维着的精神却被说成是超自然的
真理、美好和自由的王国。在圣经中，"尘世"有令人恶
心的怪味，在哲学中也是一样。在自然界的一切现象
或客体中，只有一种东西是哲学认为值得注意的，那就
是精神，上帝的呵气；而且这只是<u>因为在那些头脑混乱</u>
<u>的人看来，精神是一种非自然的、超自然的、形而上学</u>
<u>的东西</u>……

注意

　　一个哲学家如果清醒地认为人类精神同其他对象
一样，都是认识的目标，他就不再是哲学家了，这就是
说，他不再是一般地或者笼统地研究存在之谜的哲学
家之一了。他因此成了专家，<u>认识论这门"专门科学"</u>
<u>就成了他的专业</u>……

　　<u>在我们的头脑中，到底是有高贵的唯心主义的精</u>
<u>神</u>，还是只有普通的、准确的人类理智，<u>在这个问题后</u>
<u>面</u>，隐藏着这样一个有意义的问题：权力和法属于<u>特权</u>
<u>贵族还是属于普通人民</u>……

注意

　　<u>教授们变成了邪恶营垒的统帅。特赖奇克在右翼</u>
指挥，冯·济贝耳在中间指挥，<u>波恩的哲学博士和教授</u>
<u>尤根·博纳·迈耶尔在左翼指挥</u>……

注意

　　在前一章中我们已经谈到了笛卡儿的巧妙的手
法，玩弄高级魔术或研究哲理的教授们几乎天天用它
来欺骗自己的听众。上帝的呼吸被论证为真理。诚
然，这个名字已经声誉扫地了：<u>在开明的、有自由主义</u>
<u>思想的人们面前根本谈不上不死的灵魂。他们冷静</u>
<u>地、唯物地行事，谈论意识、思维能力或想象能力</u>……

很好!!

　　我们感觉到在自身之内有思维着的理性的实际存
在，同样，通过这种感觉，我们感觉到在自身之外的粘
土块、树木和灌木丛。我们感觉到的自身之内的和自
身之外的东西，彼此相差并不大。二者都属于感性现
象，属于<u>经验材料，二者都是感觉的东西</u>。如何区别主
观感觉和客观感觉，内在的东西和外在的东西，100 枚

真正的塔勒和100枚想象的塔勒，我们有机会再谈。
这里要弄清楚的是，<u>内在的思想正像内在的疼痛一样
有自己的客观存在</u>，另一方面，外部<u>世界同我们的感官
主观地联系在一起</u>……　　　　　　　　　　　注意

让尤根自己说吧："原则上无信仰的人将一次又一
次得出在哲学上已经得到论证的真理，即我们的一切
知识最终都是建立在某种信仰基础上。<u>甚至唯物主义
者承认感性世界的存在是信仰</u>。他并不具有感性世界　　注意　注意
的直接知识，他直接知道的只是他在自己的精神中所　　注意
具有的关于感性世界的想象；他相信，<u>被想象的某种东
西</u>与他的想象<u>相符合</u>，被想象的世界同他想象的正好　　注意
一样，因此他根据自己的精神的证明，相信感性的外部
世界……"

迈耶尔的信仰"在哲学上"得到了证明，然而他知
道，他什么也不知道，一切都是信仰。<u>他在知识和科学
方面是谦虚的，在信仰和宗教方面却是自负的</u>。在他　　很好！
那里，科学和信仰是混乱的，似乎二者对他来说都不
重要。

"我们的一切知识已经到了尽头"，这一点现在"在
哲学上得到了证明"。为了使亲爱的读者理解这一点，
应当告诉他们，哲学家行会不久前召开了一次全体会
议，郑重其事地决定从语言中清除科学这个词，而代
之以信仰。<u>今后一切知识都称为信仰</u>。知识不复存　　注意
在了……

然而教授先生纠正了自己，他明确地说：对感性世
界的信仰就是对自己的精神的信仰。这样，<u>一切，即精
神和自然界</u>，<u>就又重新建立在信仰的基础上了</u>。他还
试图使我们唯物主义者服从他的行会的决议，他这样
做可就错了。决定对我们没有任何约束力。我们仍然
使用旧的语言，保留知识这个词，<u>而把信仰让给教士和
哲学博士</u>。

　　毫无疑问,"我们的一切知识"都建立在主观性的基础上。那边有一堵墙,我们可能撞破了头,这才发现它是不可穿透的,但对于精灵、天使、魔鬼或其他的幽灵来说,可能完全不用撞击这堵墙就可以穿透和通过,或者说,对于他们来说,感性世界这整堆粘土甚至根本不存在——这同我们有什么关系? 一个我们感觉不到的世界同我们有什么关系?

注意

　　人们称为雾和风的东西,或许实际上,纯客观地或"自在自为地"就是天上的笛子和低音提琴。然而,正因为如此,我们与这种超自然的客观性毫无关系。社会民主党的唯物主义者们只研究人凭经验察觉的东西。人自己的精神,思维能力或想象能力也属于这一类。我们把合乎经验的东西称为真理,而且只把它作为科学的对象……

注意

　　为了获得经验,只有我们的五官是不够的,还必须有理智,这一点自从康德把理性的批判作为自己的专业之后得到了证实……

注意

　　但是要完全忘记粘土的故事,把精神彻底从宗教的迷雾中拯救出来,把科学统统从宗教中解放出来,对于这位大哲学家来说是太困难了。可鄙的物质观点,"自在之物"或超自然的真理把所有的哲学家都程度不同地变成了唯心主义骗术的俘虏,这种唯心主义骗术纯粹是建立在对人类精神的形而上学性质的信仰基础上的。

　　现在,普鲁士政府的哲学家们利用了我们这位大批判家的小小缺点,以便制造出一个新的,虽然是卑鄙的,宗教的圣体匣。

注意

　　尤·博·迈耶尔在上面提到的那篇文章中还说,"对上帝的唯心主义信仰肯定不是知识,而且永远也不会变成知识;但是唯物主义的无信仰同样不是知识,而只是一种唯物主义的信仰,它同样在任何时候都不会变成知识……"

六

[第 130—136 页]　所有的人都用同样的笛子吹着同样的调子:"回到康德那里去"。因此,这个问题就具有了一种远远超出尤根将军这个小人物的界限的意义。人们希望回到康德那里去并不是因为这位伟大的思想家沉重地打击了包含在脏粘土中的不死灵魂的故事,——他确实这样做了;而是相反,因为他的体系留下了一扇小门,一些形而上学的东西仍然可以从那里溜过去……　　　　　　　　　　注意　注意

很清楚,一切错误的智慧都建立在我们理智的错误使用上。还没有人像备受崇敬的伊曼努尔·康德那样自觉地、有成就地致力于研究理智,创立认识论的科学。但是,在他和他今天的追随者之间存在着本质的区别。在伟大的世界历史斗争中,他站在善的一边反对恶;他把自己的天才致力于科学的革命发展,而我们普鲁士政府的哲学家们却用自己的"科学"为反动的政治服务……

康德在《纯粹理性批判》一书的序言或引论中用一句话简要地说明了他为把形而上学逐出庙堂的沉重一击和为形而上学敞开的那扇小小的后门。由于我手边没有这本书,我就凭记忆来引述。他说:我们的认识只限于事物的现象。事物自身是什么,我们无法知道……　　　　　　　　　　　　　　　　　　注意

不可否认,凡是有现象的地方,就有某个显现的东西。但是,如果这个显现的东西就是现象本身,如果只是现象在显现,那么怎么办?　如果在自然界中,主词和宾词处处都属于同一类,就不会有什么不合逻辑的或违反理性的东西了。为什么显现的东西应当具有与现象完全不同的性质呢?　为什么"为我"之物和"自在"之物,或者说外表和真实不能来自同一种经验材料,不能具有同一种性质呢?　　　　　　　　　　　　注意

答案是:因为在伟大的康德的头脑深处存在着对

于形而上学世界的迷信,对于已经明显暴露的秽物的信仰和对于其中必定包含着的非感性的、反常的真理的信仰。命题:凡是有我们看到、听到或感觉到的现象的地方,必定也隐藏着另外某种所谓真实的或更高的东西,它是看不见,听不见,感觉不到的——这个命题是不合逻辑的,尽管康德……

注意

理智只有在与唯物主义经验的有意识的相互联系中才能发挥作用,而一切捉摸不定的问题都是徒劳无益和缺乏考虑的。

注意

据海涅说,柯尼斯堡的教授先生有一个仆人,名叫兰珀,是民众的普通一员,据说对于兰珀来说,空中楼阁是一种情感上的需要。哲学家就同情他,并且进一步作出结论:因为经验世界是同智力相联系的,所以它只提供智力的经验,即现象或思想的片段。经验的物质事物不是真正的真理,而是贬义上的现象、幻象或诸如此类的东西。凡是有现象的地方,必定也有某种显现着的(形而上学的)东西,根据这一有名的论点,真正的"自在"之物,形而上学的真理不是通过经验得到的,但是必须相信它。

贬义上的现象

注意

于是,信仰,超自然的东西就得到拯救,它不仅对于仆人兰珀非常适用,并且对于为争取"国民教育",为反对可恨的、完全不信仰宗教的社会民主党人而进行"文化斗争"的德国教授们也是非常适用的。所以,伊曼努尔·康德正是所需要的人,他帮助他们获得他们所期望的、虽不科学却很实用的**中间观点**……

很好!

社会民主党人坚信,教权主义的耶稣会士比"自由主义的耶稣会士"危害小得多。在一切党派之中,最可鄙的就是中间党派。它把教育和民主当做假招牌来使用,以便将它的赝品塞给人民并破坏真品的信誉。诚然,这些人以他们最好的学识和良心来为自己辩白。我们甘愿相信他们知道得少;但是这些家伙什么也不愿意知道,什么也不愿意学习……

很好!

注意

从康德以来，几乎一个世纪过去了；在这期间<u>出现</u>
<u>了黑格尔和费尔巴哈</u>，尤其是可恶的资产阶级经济得
到了充分发展，它剥削人民，最后从他们身上不再有利
可得时，便把他们解雇，使他们失去工作和工资……

哲学上的
两个学派

我们的学生，现代雇佣工人完全有能力最终理解
社会民主党的哲学，这种哲学<u>能够把作为理论真理的</u>
<u>即科学真理的材料的自然现象，作为合乎经验的、经验</u>
<u>的、唯物主义的</u>——或者愿意的话——<u>以及主观的真</u>
<u>理的材料的自然现象</u>，同反常的或超自然的形而上学
区分开来。

注意

注意

正如经济发展使中等阶级人数逐渐减少并分化为
所有者和无产者，相应地政治上各政党日益集成雇主
和雇工两个阵营一样，<u>科学也正在划分为两个基本集</u>
<u>团：一边是形而上学者，另一边是物理学家或唯物主义</u>
<u>者</u>。名目繁多的中间分子和调和派的骗子，如<u>唯灵论</u>
<u>者、感觉论者、实在论者等等，在他们的路途上一会儿</u>
<u>卷入这个潮流，一会儿又卷入那个潮流</u>。我们要求坚
决性，我们要求明确性。吹倒退号的反动分子称自己
是唯心主义者，而<u>所有那些</u>竭力把人类理智从形而上
学的荒诞思想中解放出来的<u>人应当称为唯物主义者</u>。
为了不使名称和定义给我们造成混乱，我们要牢牢记
住，在这个问题上的普遍混乱使人们至今没有得出固
定的惯用语。

注意
注意

注意

888

写于
1876 年

如果我们把这两个党派比做固体和液体，<u>那么中</u>
<u>间就是一摊糊状的东西</u>。这种不明确的模糊不清是世
界上一切事物的主要性质之一。只有理解能力或科学
才能认清它，说明它，正如科学为了说明热和冷，发明
了温度表并决定把冰点作为明确的界限——一切温度
在这里分为两个明显的部分。社会民主党的利益要求
<u>社会民主党对世界智慧采取同样的做法，要求它把各</u>
<u>类思想分为两种：一种是需要信仰的唯心主义的空谈，</u>
<u>另一种是清醒的、唯物主义的思想劳动</u>。

!! 注意
很好!

注意

七

注意

他的目
的是
"调和"

注意

注意

[第 136—142 页]　虽然我们社会民主党人是<u>没有宗教信仰的无神论者</u>,我们并不是没有信仰的,这就是说,在我们和宗教信仰者之间的鸿沟是又大又深的,但是它像其他鸿沟一样,也有自己的桥梁。我想把民主党的同志们带到这座桥上,并从这里向他们指出使信教者迷茫的荒漠同光明和真理的希望之乡的区别。

基督教徒的最高信条是:"爱上帝胜于爱一切人,爱最亲近的人要像爱自己一样。"这样,上帝高于一切,但谁是上帝? 他是天地的开端和终结,天地的创造者。<u>我们不相信他的存在</u>,然而我们发现这个要求爱上帝胜于爱一切人的信条中有合理的意义……

注意

注意

自由
和
必然

注意
自由和
必然

注意
自由和
必然

<u>我们应当懂得,虽然说精神负有支配物质的使命,然而这种支配必然是</u>**极其有限的**。

<u>我们靠我们的智力只能在形式上支配物质世界。</u>从局部来说,我们能够按照意志引导物质世界的变化和运动,<u>但是就总体来说,事物的实体,即一般物质,是超越一切精神的。</u>科学已经成功地把机械力转换为热、电、光、化学力等等,它也能够使一切物质的东西和一切力的东西互相转换,使它们表现为同一本质的纷繁多样的形式;然而科学也只能转换形式,<u>本质则是永恒的,不朽的,不灭的</u>。理智能够探究物理变化的途径,然而这是**物质的**途径,骄傲的精神只能尾随于后,<u>而不能发号施令</u>。健全的人类理智始终应当清楚地记得,尽管它有"不死的灵魂"和以认识而自豪的理性,它也只是<u>世界的一个从属部分</u>——尽管我们现代的"哲学家"仍在用巧妙的手段把实在的世界变为人的"观念"。宗教的信条是:<u>爱上帝胜于爱一切人</u>,用社会民主党的语言来说,这就是热爱并尊重物质世界,即<u>有形体的自然界或感性的存在</u>,它是事物的根本

注意

die miserable Bourgeoiswirtschaft, welche das Volk aus=
zieht und es schließlich, wenn nichts mehr daran zu ver=
dienen ist, ohne Arbeit und ohne Lohn aufs Pflaster wirft.
Da gehen ihm denn die Augen groß auf. Da wird ihm
der Idealismus vertrieben; und so bedürfen wir zur Volks=
bildung weder einer zarten Pädagogik, noch Moses und die
Propheten. Unsere Zöglinge, die modernen Lohnarbeiter,
sind wohl qualifiziert, um endlich Einsicht in die sozial=
demokratische Philosophie zu bekommen, welche die Natur=
erscheinungen als das Material der theoretischen oder wissen=
schaftlichen Wahrheit, der erfahrungsmäßigen, empirischen,
materialistischen, oder wenn man so will, auch subjektiven
Wahrheit einerseits, von der auf die andere Seite postierten
extravaganten oder übergeschnappten Metaphysik wohl zu
trennen weiß.

Wie in der Politik die Parteien mehr und mehr sich in
nur zwei Lager gruppieren, hier Arbeitnehmer und dort
Arbeitgeber, analog der ökonomischen Entwicklung, welche
die Mittelklassen lichtet und auf Zweitrennung in Besitzer
und Habenichtse lossteuert, so teilt sich auch die Wissen=
schaft in zwei Generalklassen: in Metaphysiker dort und in
Physiker oder Materialisten hier. Die Zwischenglieder und
vermittlungssüchtigen Quacksalber mit allerlei Namen, Spiri=
tualisten, Sensualisten, Realisten usw. usw. fallen unter=
wegs in die Strömung. Wir steuern der Entschiedenheit,
der Klarheit zu. Idealisten nennen sich die reaktionären
Retraitebläser, und Materialisten sollen alle diejenigen heißen,
welche sich angelegen sein lassen, den menschlichen Intellekt
vom metaphysischen Zauber zu erlösen. Damit Namen und
Definitionen uns keine Verwirrung machen, halten wir fest
vor Augen, daß die allgemeine Unklarheit in der Sache
keinen festen Sprachgebrauch bisher hat aufkommen lassen.
Vergleichen wir die beiden Parteien mit dem Festen und
Flüssigen, dann liegt Breiartiges in der Mitte. Solche
unklare Verschwommenheit ist eine Generalnatur aller

列宁批注的约·狄慈根《短篇哲学著作集》一书的一页

（按原版缩小）

原因，不论过去、现在还是将来都永远是无始无终的
存在……

　　有形体的、自然的、感性的物质现象称为普遍的
类，一切存在，有重量的东西和无重量的东西，肉体和
精神都属于这普遍的类……

　　尽管我们把有形体的东西同精神的东西对立起
来，但是这种差别只是相对的；这只是存在的两种形
式，而它们恰恰是对立的，这正像猫和狗一样，尽管人
人都知道它们是敌对的，却仍属同一个纲或属：家
畜类。

注意 ※ 注意

　　常用的狭义的自然科学虽然清楚地证明了种的起
源和有机物是从无机物进化而来的，却不能给我们带
来当代人们迫切追求的一元论世界观（关于自然界的
统一即"精神"和"物质"的统一、有机物与无机物的统
一等等的学说）。自然科学只是靠智力达到自己的一
切发现。这个器官的可看见、可触摸、有重量的部分当
然属于自然科学的范围，但是这个器官的功能，即思
维，则属于单独一门科学，这门科学可以称为逻辑学、
认识论或辩证法。因此，这后一门科学学科，即对精神
功能的正确理解或错误理解，是宗教、形而上学以及反
形而上学的明确性这三者的共同发源地。这里有一座
从奴隶般的、迷信的屈从走向恭顺的自由的桥梁。即
使在以认识而自豪的自由的王国中，占统治地位的也
是恭顺，即对物质的、自然的必然性的服从。

注意

　　不可避免的宗教，对于"哲学家"来说，变成不可避
免的形而上学，对于健全的科学的人类理智来说，则变
成对一元论世界观不可遏制的理论需要。现存的物质
力量，也称世界或存在，被神学家和哲学家神秘化了，
因为他们不懂得，物质和理智是同一个种，因为他们颠
倒了二者的等级关系。正如我们对经济学的了解一
样，我们的唯物主义也是科学的、历史的成果。正如我
们同过去的社会主义者判然不同一样，我们也同过去

一元论世界观

哲学上的
派别

注意 ┃┃ 的唯物主义者判然不同。我们同过去的唯物主义者只有一个共同点：承认物质是观念的前提或基原。

　　物质对我们来说是实体，而精神则是偶性；经验现象对我们来说是类，而理智则是它的方式或形式……

　　哪里有理智、知识、思维、意识，哪里就必然有客体，有物质，这物质将为人们所认识，它是主要的东西。这还是那个区分唯心主义者与唯物主义者的老问题：什么是"主要的东西"，物质还是理智？然而，这个问题已不再是问题，而只是一句空话，一句大话。两派的实际区别在于，一个想把世界变成一种魔法，另一个则对此不予理会……

见第142页①

？）） ／

　　因为我们只有通过理智才能感知一切自然现象，所以我们的一切知觉也就是理智现象。十分正确！但是在这些知觉中有一种特殊的知觉或现象，人们专称它为"理智的"知觉或现象。它就是普通的人类理智，精神，理智或理解能力，而原初的东西，即质料，则称为物质。由此得出结论：物质、力和理智都同出一源。

注意
？
注意

　　把世界的现象称为理智现象还是物质现象，这是无谓的文字争论。问题在于，到底一切事物应当属于同一个种，还是世界应当被分成超自然的神秘的魔法和自然的或肮脏的粘土。

注意

　　为了弄清这个问题，像旧唯物主义者所做的那样，把一切归结于有重量的原子是不够的。物质不仅是有重量的，而且还是有香味、有光亮、有声音的，为什么不是有理智的呢？……

　　触觉的客体一般来说似乎比听觉或感觉的现象容易理解，这种偏见把旧唯物主义者引向了原子论的思辨，使他们把可触摸的东西看做是事物的基原。物质这个概念必须扩大。它包括现实界的一切现象，因之也包括我们的认识能力和说明能力。

　　如果说唯心主义者把一切自然现象称为"观念"或

---

① 见本卷第401页。——编者注

"理智的"现象,我们愿意承认,这不是"自在"之物,而只是我们的感觉的客体。唯心主义者也承认,在那些被称为客观世界的感觉中,[第142页]有一种特殊的事物,一种特殊的现象,它叫做主观感觉、心灵或意识。这样就完全清楚了:客观的东西和主观的东西都是同一个类,肉体和心灵来自同一种经验材料。

　　精神的材料,或者更明确地说,我们的认识能力的现象是世界的一部分而不是相反,对于这一点,一个没有偏见的人是不可能怀疑的。整体支配部分,物质支配精神,至少基本上如此,尽管世界又受人的精神支配,这是次要的一面。就这种意义来说,我们可以把物质世界看做是最高财富,第一原因,看做是天地的创造者去热爱和尊重……

　　如果说社会民主党人称自己为唯物主义者,那是因为他们只想用这个名称说明,他们不承认任何超越那科学地发挥作用的人类理智的东西。一切魔法可以休矣……

（右侧旁注）

? ‖ ?

注意

注意

不可理解的东西

社会民主党哲学中的主要问题

（1877 年《前进报》）

<blockquote>

注意 ⫴ ［第 143—147 页］　教士们和教授们一致否认人类理智有<u>绝对的认识能力</u>，有把事物绝对弄清楚的<u>可能性</u>，并力图使它保持狭隘的臣民理智的性质……

　　这种看法并没有使讲坛哲学家感到满足，他们前进了一步，用尘世的科学取代了天上的科学，然而他们

注意 ⫴ 在这里最终采取了与"<u>进步党人</u>"在政治上所采取的立场一样的两面立场。同样的无能和邪恶意志的混合物使"进步党人"丧失了自由，使教授们丧失了智慧。这些教授是不会舍弃神秘说教的；如果不是在天上和圣餐中，那就必定在自然界中存在着神秘的东西、不可理解的东西，在"事物的本质"和在"最终根据"中必定存

注意 ⫴ 在着<u>绝对的界限</u>或"<u>我们对自然界认识的界限</u>"。面对这种不可救药的神秘主义者，社会民主党应致力于<u>维护人类理智的彻底的无局限性</u>。
</blockquote>

　　<u>存在着许多还没有被理解的东西——谁能否认这点呢？</u>……

　　人类理智的能力是无限的，它随着时间的推移不断获得新的发现，这些新的发现总是使以往的一切丰富学识相形见绌。<u>因此，虽然我认为我们的认识能力具有绝对的才干</u>，我仍然确信，一切个人，一切时代都有局限性，所以，尽管我的口气是自负的，其实我是一个十分谦逊的人……

<blockquote>

注意 ⫴ 理智只有与平常事物，与我们的五官，与世上的事物联系在一起才可能成为统帅……

　　"<u>在这个世界上</u>"还没有人听说过一种超越人类理智的理智。但是，它在天使、精灵和山林女神的"<u>那个世界上</u>"是怎样的，历史只字未提。如果我们接受这种幼稚的说法，如果在月亮和群星上有超尘世的精灵
</blockquote>

在游荡,那么它们要是烤面包,用的也一定是面粉而不
是铁或木头。同样,如果说这些超自然的精灵有理智,
那么这种理智一定与我们的理智有同样的一般本性,
同样的普通性质……

　　如果在天上或在超出经验的地方存在着与尘世的事物具有完全不同性
质的事物,那么它们一定有另外的名称。而因为我们不会讲这种(天使的)语
言,在涉及"某种更高级的"、形而上学的或幽灵的东西时,保持沉默是理所当
然的。

　　这是奇怪的,但也确实如此! 这样的推理是"哲学
家们"没有听说过的。康德在他们之前已经说过了,而
他今天还喋喋不休地重复着:我们只能理解**自然现
象**,而实际上隐藏在现象后面的东西——"自在之物"
或神秘的东西是不可理解的。然而,这种神秘的东西,
这一切秘密只不过是这些先生们构成的关于理智的夸
张的观念而已……

对照 康德

　　的确,存在着不懂的、不可理解的东西,存在着我们的认识能力的界限;
但这只是就一般的意义而言,正像存在着看不见、听不见的东西,正像存在着
视力和听力的界限一样……

　　我重复一遍:关于理智的夸张观念,对我们的理解能力的不合理要求,
换言之,认识论上的无知,是一切迷信、一切宗教的和哲学的形而上学的
根源……

　　[第149页]　必须首先克服形而上学或夸张的观念,才能得出这种清醒
的认识:我们的理智是完全普通的、形式的、机械的能力……

认识的界限

（1877 年《前进报》）

[第 151—152 页] 《前进报》编辑部最近收到一封关于这个问题的匿名信，这封信出自有经验的专家之手，它试图客观地证明：哲学和社会民主党是两个不相关的事物，因此一个人可以完全属于党，而不赞同"社会民主党的哲学"，因此党的中央机关报如果允许把哲学讨论明确地作为党的事情，那就是错误的。

注意
注意

《前进报》编辑部非常友好，竟允许我看了这封涉及我的文章的信。虽然作者明确地表示，他不希望由于他的异议而引起任何公开的讨论，因为正如他所说的，报纸上的反复论争不可能对这样的问题进行透彻的探讨；我仍然认为，如果作者的异议和责备在这里只是作为对一个问题——作者双方，他和我，以及，从目前普遍参加讨论这一情况看，整个时代的人都十分关心的问题——进行澄清的手段，作者决不会认为报纸上的论争是不明智的。至于透彻性，我认为，大部头的著作并不比报上比较简短的文章更适合。相反，现在冗长的废话太多了，以至很大一部分读者因此对这个问题毫无兴致。

注意

首先，我不同意说哲学和社会民主党是两个不相关的没有联系的事物。完全正确！一个人可以是积极的党员，同时又是"批判的哲学家"，或许甚至还是好基督徒。实际上我们应当非常宽宏大量，而且毫无疑问，没有一个社会民主党人会想到要给所有的党员穿上统一的制服。但是，每一个尊重科学的人都必须穿上理论的制服。理论的统一，体系的一致，既是一切科学力求达到的成果，也是它们的令人赞叹的优越性……

社会民主党追求的不是永恒的规律，不是永久的制度或不变的形式，概括地说，它追求的是人类的幸福。精神教育是实现这一目的的不可缺少的手段。认

识工具是不是一个有界限的即次要的工具,<u>科学研究</u>
<u>是不是给我们提供**真实**的概念</u>,最高级形式的和**终极**
<u>的真理</u>,或者仅仅提供本身就有**不可理解的东西**的蹩
脚的"代用品",总之,**认识论**是社会主义的头等重要的
事情……　　　　　　　　　　　　　　　　　　　　　　　注意

〔第156—160页〕　关于康德,人们说:他的体系
"十分鲜明地确定了**形式认识的界限**"。这一点正是我
们极力反对的,这正是社会民主党哲学与职业哲学的
根本分歧点。康德并没有十分鲜明地确定形式认识的
界限,因为他以著名的"**自在之物**"保持了对另一种更
高级的认识,对一种超人的、神奇的理智的信仰。形式　　注意
认识! 对自然的认识!"哲学家们"可以渴求另一种认
识,但是,他们必须证明,这种认识在哪里,必须说明它
的性质是什么。

谈到实际的、日常使用的认识,他们的态度就像古　　　**现象**
代的基督徒讲到"软弱的肉体"时那样不屑一顾。<u>实在</u>
<u>的世界是不良的"现象"</u>,它的真正的本质是**秘密**……　　注意

<u>如果自然科学总是满足于现象</u>,那么为什么不满　　注意
<u>足于精神现象学呢?</u> 在"形式认识的界限"后面总是
有更高级的、无界限的、形而上学的理智,在职业哲学
家后面总有神学家和他们二者共有的"不可理解的
东西"……

但是,什么是不可理解的东西呢? 写给《前进报》编辑部的那封信就是这
样提出问题的……

对于这个问题,职业哲学家作了回答,他解释说,**"存在",作为绝对静止**
的东西,无论如何不能化为思维的绝对运动。这位反对者继续说,这些话就
确定了认识的界限,即确定了不可理解的东西。难道由此就能得出结论说,
我们应当否认它的存在,对它避而远之吗? 肯定不能。为了接近它、了解它
或者甚至触摸到它而进行的每一次科学尝试都使我们离这个未知点更近,对
它作出新的解释,尽管我们从来也没有能完全弄清楚它。追求这个目的是哲
学的任务,<u>自然科学的任务与此相反,它只是观察现存的东西和说明现象</u>。

说明现象:现象! 嗯! 嗯!

　　　因此,哲学的对象,即不可理解的东西,是一只鸟,<u>我们完全能够依靠我们的理解能力不时地从它身上拔下一根羽毛,然而它的羽毛是永远也拔不完的,它将永远是不可理解的。</u>如果我们仔细观察历史上的哲学家们已经拔下的羽毛,我们就能根据这些羽毛认出这只鸟来:问题在于人类精神。这里我们再次涉及到把唯物主义者与唯心主义者区分开来的决定性的一点:<u>对我们来说,精神是自然现象,对他们来说,自然界是精神现象。</u>问题到此为止倒也罢了。不,后面还隐藏着把精神变成"本质",变成更高级的东西而把其他一切变成微不足道的东西的卑劣意图……

注意

注意

　　相反,我们声称,有可能被理解的东西就不是不可理解的东西。谁想理解不可理解的东西,那是开玩笑。正像我用眼睛只能看见可以看到的东西,用耳朵只能听见可以听到的东西一样,我用我的理解能力只能理解可以理解的东西。即使社会民主党的哲学指出,<u>一切存在的东西都**完全**可以被理解,这也并不是否认还有不可理解的东西</u>。这是可以承认的,只不过不是在双重的、混乱的"哲学意义"上,因为那会使不可理解的东西在"更高的地方"又变成可以理解的了。我们严肃认真地对待这个问题,除了一般的、人的认识,我们不知道更高级的认识,我们肯定地知道,<u>我们的理智是真正的理智</u>,不可能存在另一种与我们的理智有本质不同的理智,这就像不可能有四角圆周一样。我们把理智置于那些不改变名称就不能改变性质的普通事物序列之中。

　　　社会民主党哲学同意"职业哲学"的这一观点,即<u>"存在无论如何不能化为思维"</u>,哪怕是存在的一部分也一样。但是我们也不认为思维的任务是使存在转化,思维的任务只是<u>从形式上把存在加以整理</u>,找出类别、规则和规律,简单地说,就是要做到人们所说的"认识自然"。凡是可以分类的,都是可以理解的,凡是不能化为思维的,都是不可理解的。我们不能够、不应当、也不希望这样做,因此,我们根本不去做。<u>但是我们完全能够做相反的事情:把思维化为存在</u>,这就是说,把思维能力进行分类,把它作为存在的多种形式之一……

注意

注意

　　我们认为，理智和物质一样，是<u>经验地存在着的</u>。思维和存在，主体和客体，都处于<u>经验</u>的范围之内。把一种作为绝对静止的东西同另一种作为绝对运动的东西区分开来，这从自然科学把一切都归结为运动以来，就行不通了。党员"哲学家"谈到不可理解的东西时说，每次科学尝试都更接近未知点，尽管我们从来也没能完全弄清楚，这些话也毫不神秘地适用于<u>自然科学的对象，即适用于**尚未被认识的东西**。对自然界的认识也有其无界限的目的</u>，而且我们没有神秘的"界限"，总是越来越接近未知点，但永远不能完全弄清楚，这就是说，科学是没有界限的……

注意

我们的主张认识有界限的教授们

（1878 年《前进报》）

一

[第 162—164 页]　在 1877 年 9 月于慕尼黑召开的"德国自然科学家和医生第五十次代表大会"上，慕尼黑的卡·冯·耐格里教授先生再一次谈起他的柏林同行杜布瓦-雷蒙早先作的一次著名报告，并且作了一篇很出色的关于"自然科学认识的界限"的讲演。慕尼黑的教授先生应当得到公认，他在真实性和明确性方面都大大超过了他的柏林先驱者；但他仍然没有能达到自己时代的水平。他把问题差不多讲清楚了；但是他所忽略的那个小小的结论正是基本点，它标志着把物理学与形而上学、清醒的科学与浪漫主义的信仰区分开来的巨大鸿沟。

众所周知，他的先驱者杜布瓦-雷蒙试图证明，确实存在着这样一条不可逾越的界限，因此，无论如何必须给信仰留下一块它特有的地盘。他的报告所以获得表面意义和传播，也只是由于它为宗教浪漫主义保留了这个小小的庇护所。从那时起，在不可理解的东西这个问题上争论不休的人就大唱赞歌。的确，冯·耐格里教授对这种赞歌是不怎么高兴的，但是他那崇高的教授地位使他不能坚决斗争。他在广泛而详尽、明确而清楚地向他的先驱者证明他还没有理解自然科学的认识之后，作出了这样的结论：

"如果杜瓦布-雷蒙用'我们现在不知道，将来也不知道'这种令人沮丧的话结束了他的报告，那么我倒愿意用有条件限制的但又给人以安慰的言词作为我的报告的结束语：我们的研究成果不仅仅是知识，而且是真正的认识，它包含着几乎（！）无限生长的萌芽，但丝毫也不因此而接近于无所不知的境界。如果我们采取合乎理性的节制，如果我们作为生命有限的、短暂的人满足于人类的理解能力而不需要神的认识，那么，我们就有理由满怀信心地说：'我们现在知道，将来也会知道'……"

杜布瓦-雷蒙的<u>宗教浪漫主义</u>称科学研究的一切成果<u>"仅仅是知识"</u>而不是<u>"真正的认识"</u>,这种真正的认识是贫乏的人类理智无法达到的……

二

[第 166—167 页] "至于谈到自我对自然界事物的认识能力,具有决定意义的是这样一个无可争辩的事实:不管我们的思维能力是如何构成的,<u>只有感性知觉向我们提供关于自然界的信息。如果我们什么也看不见,听不见,嗅不到,尝不到,触不到,那么我们就根本不知道在我们之外还有某些东西,</u>也就根本不知道,我们自己是有血有肉的。"

　　<u>这是果断的言论,让我们坚持这一点,</u>并看看教授先生是否也坚持这一点……

　　"我们的通过自己的感官直接感知自然界的能力因此而在两方面受到限制。<u>或许(!)我们缺乏对自然界生活的全部领域</u>(对精灵、灵魂,等等?——约·狄慈根)<u>的感觉</u>,而且就我们确有的感觉而论,它在时间和空间上都<u>仅仅涉及整体的一个极小部分。</u>"　　(1)

　　(2)

　　是的,自然界超越了人的精神,它是人的精神不可穷尽的客体……　　注意

　　……我们的研究能力,<u>只是就它的客体即自然界是无限的这一点来说,才是有限的</u>……　　注意

三

[第 168 页]　<u>我们只承认一个,唯一的一个世界,即"感性知觉向我们提供其信息"的那个世界。</u>我们提醒耐格里记住他自己的话:凡是我们什么也看不见,听不见,感觉不到,<u>尝不到,嗅不到的地方,我们在那里就什么也不能知道</u>……　　对照

康德

注意

对照
康德

不可知的东西，即感官绝对感觉不到的东西，对我们来说是不存在的，而且也不是"自在地"存在的，如果我们不陷入幻想，甚至不会谈到这一点……

四

注意

[第171页] 谁想到另一个世界去，从经验到预感的或神灵的世界去，谁仅仅谈这一点，谁就或者是一个执迷不悟的人，或者是一个无赖和骗子……

注意

[第173—174页] 这里，我希望使读者理解那些据我所知连教授们也还没有理解的东西，这就是，我们的理智是一个辩证的工具，把一切对立面联系起来的工具。理智借助于多样化建立了统一性，并在相同中理解差别……

"可是，什么是受人的精神支配的世界呢？它甚至不是永恒空间中的一颗小沙粒，也不是永恒时间中的一秒钟，它只是宇宙的真正本质的外部作品。"教士也丝毫不差地这么说。如果这只是在感情上着重表示存在的伟大，那是非常正确的；但是，如果教授先生希望以此说明，我们的空间和我们的时间不是无限性和永恒性的部分，这是非常荒谬的，如果这意味着，"宇宙的真正本质"隐藏在现象之外，在神秘莫测的宗教或形而上学之中，也是非常荒谬的……

注意

五

[第178页] 一旦耐格里教授到了"预感的世界"，并达到"神的无所不知的境界"，他就失去了他所维护的一致性；而鲁道夫·微耳和则在刚刚涉及有机物和无机物的区别时就已经丧失了这个一致性；他尤

其不能容忍的是动物和人之间的联系,<u>他要把肉体和灵魂之间的对立完全置于争论的范围之外</u>,因为这一对立的消除必然会"在社会主义者的头脑中"引起最可怕的混乱,并导致推翻教授的<u>全部智慧</u>。

一个社会主义者
在认识论领域中的漫游

前　言

注意	［第 180—181 页］　即使我们不是自然的奴隶，我们也必然永远是自然的仆从。认识只能使我们得到**可能的**自由，这种自由同时也是唯一合乎理性的自由……
马克思和恩格斯＝公认的创始人 注意	谁想做一个真正的社会民主党人，谁就必须改善自己的思维方法。公认的创始人马克思和恩格斯把社会民主主义提高到目前它所达到的科学的水平，主要是有赖于对改善了的思维方法的研究……

一

"任何创造出来的精神
都深入不到自然界内部"

［第 183—186 页］　正如拜物教徒把石头和木头这种最普通的东西神化一样，"创造出来的精神"也被神化和神秘化，起初是在宗教上，后来则在哲学上被神化和神秘化。宗教称之为信仰和超自然的世界的东西，哲学称之为**形而上学**。但是我们必须承认，哲学具有把自己研究的东西变成一门**科学**的良好意愿和追求，而且它终于获得了成功。仿佛在它背后，素朴的认识论这一专门学科从形而上学的世界智慧中产生出来了。

　　在哲学能够深入到创造出来的精神内部以前,必须由自然科学通过实践活动向它证明:人的精神工具的确具有<u>令人难以置信的洞察自然界内部的能力</u>……　　‖‖ 注意

　　人借助事实上存在于自己头脑中的宇宙这个概念先验地知道——<u>仿佛这种知识是他天生就有的</u>——一切事物和天体都存在于宇宙中,都具有普遍的共同的本性。创造出来的精神也不能越出这条科学规律……　　‖ ??

　　对于非创造出来的、奇异的、宗教的精神的信仰使人们认识不到:<u>人类精神是自然界自身创造、产生的,因而是自然界的亲生子,自然界对于它不会特别难于接近</u>。　　‖

　　但是自然界是难于接近的;它不会一次就完全展现无遗。它不能**全部**奉献自己,因为它的馈赠是**无穷的**。然而创造出来的精神这个自然之子却是一盏明灯,<u>它不仅能照亮自然界的外部,而且也能照亮自然界的内部</u>。**对于在物质上是无限的和无穷的唯一的自然本质来说**,内部和外部是混乱的概念……　　‖‖ 注意

　　宗教的"伟大精神"是<u>贬低人类精神</u>的原因。诗人应对此负咎,他否认人类精神具有"深入自然界内部"的能力。而这个非创造出来的、奇异的精神则只是<u>创造来的物质的精神的**一个幻想的映象**</u>。最发达形式的认识论可以充分证明这一论点。　　注意／注意

　　这种认识论告诉我们,创造出来的精神的<u>全部观念、思想和概念都是从自然科学称之为"物理"世界的一元世界得来的</u>……　　‖

　　创造出来的精神借助于它的知识<u>一直深入到自然界的内部</u>,但不能够超越后者,这并不是因为它是有限的精神,而是因为它的母亲是无限的自然界、自然的无限性,在自然界之外一无所有。　　‖ 注意

　　这位神奇的母亲使她的自然之子继承了**意识**。创造出来的精神出世时就秉赋这样一种才能,即能够意识到自己是自然界这位慈母的孩子,母亲赋予了他创造她所有的其他子女的即他所有的兄弟姐妹的出色图像的能力。因此"创造出来的精神"具有空气、水、土和

注意

火等等的图像、观念或概念,同时他还意识到,他描绘的这些图像是出色的、真实的图像。虽然他根据经验认识到自然之子是可以变化的,并注意到,比如,水是由各种不同的水流组成的,其中任何一滴水与另一滴水都不是绝对相同的;但是,他从母亲那里继承了这样

?

一点,即他从自身先验地知道,除非水不再成其为水,

?

水是不能改变自己的普遍的水性的;因此可以说他预先就知道,不论事物如何变化,它们的普遍的本性,它们的普遍的本质是不能改变的。创造出来的精神永远不知道,在他的非创造出来的母亲那里,什么是可能的,什么是不可能的;但是创造出来的精神出于自己的天性无疑地知道,水在任何情况下都是湿的,精神即使在云端,它的普遍的本性也是不能改变的……

[第189—190页] 正如视觉能力同光和色之间、或主观的触觉能力与客观的可触觉性之间有着密切的联系一样,创造出来的精神同自然之谜也有着密切的

注意

联系。如果没有外部世界的可理解的事物,头脑内部就不可能有理智……

哲学发现了思维艺术;同时它对最完美的本质,对神的概念,对斯宾诺莎的"实体",对康德的"自在之物"和黑格尔的"绝对"进行了大量的研究,其正当理由实际上就在于,作为浑然一体的万物——在它之上、之旁、之外一无所有——的宇宙的明确概念,是精练而一贯的思维方式的第一需要,这种思维方式知道它本身以及一切可能的和不可能的客体都属于我们称为宇宙、自然界的那一个永恒的、无限的整体。

[第192页] 每一个事物都必定属于自己的类,类和种虽然可以改变,但不可能超出普遍的类、自然的类的界限,这就是自然的逻辑和逻辑的"自然"的一条规律。因此不存在这样一种精神,它能够如此地深入自然界内部,以致仿佛可以把自然界折叠起来装进口袋。

注意

自然界赋予我们的这个信念难道是神奇的吗?自然界的思维着的部分从它母亲那里获得的关于自然界的万能是可以理解的万能这一信念难道是无法解释的吗?如果女儿认为母亲的万能和无所不在是不可理解

的,岂不更是无法解释了吗?……

二

绝对真理及其自然现象

[第192—204页]　我记不得是歌德还是海涅说过这样一句名言:只有乞丐是谦虚的。因此我就免去任何乞丐式的谦虚,因为我相信自己对科学的伟大事业能够作一点小小的贡献。<u>1886年5月号的《新时代》</u>增强了我的这个信念,<u>在这一期刊物上,功绩卓著的弗里德里希·恩格斯在一篇论路德维希·费尔巴哈的文章中赞赏了我的努力。</u>**205** 在这样的情况下,实质性的东西和个人的东西联系得十分紧密,以致过分的谦虚将成为深入探讨实质性的东西的障碍……

注意

　　反动分子、立宪主义者、民主主义者和社会主义者都登台的1848年,在我当时年轻的心中激起了一种不可遏制的需要:要获得一种极其坚定的、明确无疑的观点,一种肯定的判断,来确定在这一切赞成或反对的言谈和著述之中什么是**完全真正的**、**明确无误的真**、善、公正。因为我对天上的上帝表示了自己正当的怀疑,对教会完全不相信,所以我陷入不得其门而入的困境。<u>当我正在探索的时候,我认识了路德维希·费尔巴哈,</u>经过对他的著作的细心研究,我取得了很大的进步。更进一步促进我的求知欲的是《共产党宣言》,这是我在科隆共产党人案审判时在报纸上看到的。最后,我最大的进步要归功于1859年出版的马克思的著作《政治经济学批判》,在此之前,即在我乡居期间,我接触了许多毫无价值的哲学书籍。马克思在这本书的序言中写道:人谋生的方式和方法,一代人据以进行体力**劳动**的文明水平,决定精神观点,或者说,决定他们如何思考和应当如何思考真、善、公正、上帝、自由、永

(1)　注意

(2)　注意

(3)

生、哲学、政治和法律的方式和方法①——那句话大意如此……   上面引用的论点指出了一条正确的道路，

注意 ‖ 它告诉我们，人的认识、绝对真理和相对真理到底是怎么一回事。

我刚才作为个人经历所叙述的，是人类在千百年间也曾有过的经验。如果我是第一个泛泛地提出这些问题并盲目追求绝对真理的人，那么我也就会成为永远等待回答的傻瓜。但是我没有成为这样的傻瓜，而是获得了令人满意的回答，这要归功于事物的**历史进程**，它使我在这样一个时代提出问题，即过去几代最杰出的人物已对这些问题进行了研究并酝酿了——正如

注意 ‖ 我在前面所讲的——我从费尔巴哈和马克思那里得到的那种解释。我的意思是：这些人给我的，不仅是这些个人的产物，而且是比有历史记载的时代更古老的文明运动的共产主义产物……

为了更确切地认识绝对真理的本性，首先必须驳斥一种根深蒂固的偏见，这种偏见认为绝对真理是属于**精神本性**的。不：我们可以看到、听到、嗅到、触到绝

注意 ‖‖ 对真理，无疑地也可以认识绝对真理；但它并不全部进入认识中，它不是纯粹的精神。它的本性既不是肉体的，也不是精神的，既不是这样，也不是那样，而是无所不包，即既是肉体的又是精神的。绝对真理没有**特殊**的本性，倒是具有普遍的本性。或者，为了不带丝毫神

注意 ‖‖ 秘化色彩，我们可以说：普遍的、自然的本性与绝对真理是同一的。不存在两种本性，一个肉体的，一个精神的；只有一个包括一切肉体和一切精神的本性……

人的认识本身就是相对真理，它把我们同绝对存在的其他现象或相对性联系起来。但是，认识能力，认识的主体，应当与客体区别开来，这种区别必定是一种

注意 ‖‖ 有限的、相对的区别，因为主体和客体不仅彼此不同，而且在下面一点上是相同的，即它们都是被称为宇宙

---

① 参看《马克思恩格斯文集》第 2 卷第 591—592 页。——编者注

的普遍存在的片段或现象……

　　我们<u>所</u>**认识**的是真理,是相对真理<u>或者自然现象</u>。我们对自然本身,即绝对真理,不能直接地认识,只能**借助于**它的现象去认识。那么,我们是怎么知道在现象后面存在着绝对真理,普遍自然的呢? <u>难道这不是新的神秘说吗?</u>

　　<u>的确如此</u>。由于人的认识不是绝对物,而仅仅是一个创作真理图像,即创作真实的、真正的、正确的、出色的图像的艺术家,<u>不言而喻,图像不能穷尽对象,画家落后于他的模特儿</u>。关于真理和认识,几千年来流行的逻辑是这样说的:真理就是我们的认识同它的对象的一致。从来没有什么话比这<u>更没有意义的了</u>。图像怎么能够和它的模特儿"<u>一致</u>"呢? 只是<u>近似</u>地一致。哪幅图像<u>不是同它的对象近似呢? 每一幅肖像都或多或少是相像的</u>。但是,说完全相像、十分相像,却是一种荒唐的想法。

　　可见,我们只能相对地认识自然界和它的各个部分;<u>因为每一个部分</u>,虽然只是自然界的一个相对的部分,<u>然而却具有绝对物的本性</u>,具有认识所<u>不可穷尽</u>的自在的自然整体的本性。

　　那么,我们<u>究竟怎样知道在自然现象背后,在相对真理背后,存在着普遍的、无限的、绝对的、对人没有完全开放的自然呢?</u> 我们的视觉是有限的,我们的听觉、触觉等等,以及我们的认识都是有限的,但是我们知道这一切事物都是无限的东西中的有限部分。这种知识是从哪儿来的呢?

　　<u>它是天赋的</u>,**是同意识一起为我们所秉赋的**。人的意识就是关于作为人种、人类和宇宙的一部分的个人本身的知识。知识就是带着这样一种意识制作图像,即**意识到**图像是事物的图像,图像和事物,有一个共同的母亲,它们从母亲那里产生出来,又返回母亲的怀抱。这母亲的怀抱就是绝对真理,它是十分真实的,然而又是神秘的,这就是说,它是认识的不可穷尽的源泉,因而也是不能被彻底认识的。

注意

注意

注意

注意

注意

?

在世界中获得的关于世界的认识，即使十分真实和确切，也永远只是**被认识的**真理，因而是经过修改的真理，是真理的一种样态或部分。虽然我说，关于无限的、绝对的真理的意识是我们天赋的，是独一无二的唯一的先于经验的知识，但是经验还是证实了这种天赋意识。我们体验到，任何开端和任何终结都只是相对的开端和相对的终结，它以一切经验都不能穷尽的东西即绝对为基础。我们体验到，任何经验都是那种超出任何经验界限的东西（用康德的话来讲）的**一部分**。

神秘主义者也许会这样说：那么毕竟还是存在着某种超出物质经验界限的东西了。我们回答说，这话也对也不对。按照不承认界限的旧形而上学者的意见，并不存在这样的东西。对于意识到自己本质的认识来说，任何微粒，不论是灰尘、石头或木头的微粒，都是一种**认识不完的东西**，这就是说，每一个微粒都是人的认识能力所不可穷尽的材料，因而是一种超出经验界限的东西。

如果我说，关于物理世界的无始无终性的意识是一种天生的、不是凭借经验获得的意识，是一种先验地存在的、先于一切经验的意识，那么，我还必须补充说明，这种意识最初只是**以萌芽状态**存在，依靠生存斗争的经验，依靠性别选择才发展为目前这种样子……

不健康的神秘主义把绝对真理和相对真理不科学地分开。它把显现着的物和"自在之物"，即把现象和真理变成两个彼此 toto caelo[①] 不同的并且不"以扬弃的方式包含"在任何一个共同范畴中的范畴。这种模糊的神秘主义把我们的认识和我们的认识能力变成了**"代用品"**，这种代用品使人预感到在超验的天国有一种真理的化身，即非人的、神奇的精神。

谦虚对于人永远是相宜的。然而，说人没有能力认识真理，这却有一种

左侧批注：

S ((

关于经验

对照康德　注意

注意

注意

对照康德　注意

注意

注意

---

① 完全、原则上。——编者注

同人既相称又不相称的双重意义。我们认识的一切，一切科学成就，一切现象都是真正的、正确的和绝对的真理的片段。虽然这个真理是不可穷尽的，认识或图像都不能把它完美地描绘出来，但是科学为它描绘的图像是出色的——就人们对"出色"一词理解的相对含义而言。我在这里写下的词句也完全一样，它们有一种准确的、可理解的含义，如果有人加以歪曲或误解，它们就不会有这种准确的、可理解的含义……

斯宾诺莎认为，只存在一个实体，它是普遍的、无限的或绝对的。其他一切有限的、所谓的实体都来自这个实体，在这个实体中显现，在这个实体中消失；它们只具有相对的、暂时的、偶然的存在。斯宾诺莎有充分的理由认为，一切有限的事物只是无限的实体的样态，正如我们的现代自然科学完全证实了物质的永恒性和力的不灭性一样，它也完全证实了一切有限的事物是无限的实体的样态这一原理。只是在一点上，而且是在非常重要的一点上，以后的哲学才必须纠正斯宾诺莎。

纠正斯宾诺莎

在斯宾诺莎看来，无限的绝对的实体具有两个属性：它无限地广延着并且无限地思维着。思维和广延是斯宾诺莎的绝对实体的两个属性。这是错误的，尤其是绝对思维纯属无稽之谈……

注意

斯宾诺莎称为无限实体的东西，我们称为宇宙或绝对真理的东西，与我们在宇宙中碰到的有限现象、相对真理是同一的，正如森林与它的树木是同一的，或者犹如类与它的种是同一的一样。相对和绝对彼此之间的距离并不像称为**宗教**的蒙昧的无限感觉向人们描述的那样无比遥远……

注意

客体中的绝对真理

哲学像宗教一样，相信有一种过度的、绝对的真理。要想解决问题，就要认识到，绝对真理不过是一般化的真理，它不存在于精神之中——至少是在精神中不比在别的地方更多——而是存在于我们以"宇宙"这个一般名称来称呼的精神的**客体之中**。

注意

宗教和哲学以上帝这个名称来称呼过度的、绝对

对照
康德

α

注意

的真理,是人类精神的神秘化,人类精神用这种幻想的图像使自己神秘化了。致力于批判我们进行认识的精神能力的哲学家康德发现,人不能认识过度的、绝对的真理。我们补充说:人甚至不能过度地认识普通的客体。但是,如果人郑重地运用他的能力,相对地使用它,正如人在一切情况下必须相对地处理事情一样,那么一切对他就都是开放的,什么都不是封闭的,他也就能够认识和理解一般真理了。

绝对真理

我们的眼睛能看见一切,即使是借助于眼镜,它又不能看见一切,因为它既看不见音调,也看不见气味,总之,它看不见不可见的东西;同样,我们的认识能力能认识一切,又不能认识一切。它不能认识不可认识的东西。但这也是过度的,或者说是一个过分的愿望。

注意

注意

如果我们承认,宗教和哲学在过度的或超验的东西中寻找的绝对真理,是作为物质的宇宙实际地存在着,人类精神只是一般真理的有形体的,或实在的,或实际的和能动的部分,其使命就是为一般真理的其他部分描绘真实的图像,那么,有限和无限的问题也就随之完满解决了。绝对和相对不是过分分离的,它们互相联系在一起,所以无限由无穷的有限组成,任何有限的现象本身都具有无限的本性……

三

唯物主义反对唯物主义

《反杜林论》,
第 10 页

[第 204—215 页]　**弗里德里希·恩格斯**说:"了解到以往的德国唯心主义是完全荒谬的,那就必然导致唯物主义,但是要注意,并不是导致 18 世纪的纯粹形而上学的唯物主义。"**206**

这种从德国唯心主义的完全荒谬中推导出来的、

以弗里德里希·恩格斯为主要创始人之一的新唯物主义，目前还只为少数人所理解，虽然它是德国社会民主党的最根本的理论基础。因此，我们要对它作进一步的讨论。

注意

这种德国特有的或者也可以说是社会民主主义的唯物主义，通过同"18世纪形而上学的、完全机械的唯物主义"的对比，最能表现出自己的特色；如果我们进一步把它同德国唯心主义——它起源于这种唯心主义的荒谬——作对比，那么社会民主主义基础的特点就必定十分明确地表现出来，这一基础由于自己的唯物主义名称，很容易被人误解。

注意

首先提出一个问题：为什么恩格斯把18世纪的唯物主义称为"形而上学的"呢？形而上学者是一些不满足于物理世界或自然世界、头脑中始终有一个超自然的、形而上学的世界的人。康德在他的《纯粹理性批判》的序言中把形而上学的问题归结为三个词：上帝、自由和永生。现在我们知道，这个可爱的上帝是精神，是超自然的精神，它创造了自然的、物理的、物质的世界。18世纪著名的唯物主义者不是这种圣经故事的朋友和崇拜者。对上帝、自由、永生的问题，只要涉及超自然的世界，这些无神论者丝毫不感兴趣；他们坚持物理世界，因此，他们不是形而上学者。

可见，恩格斯这样称呼他们是有另一个意思的。

上个世纪的法国和英国的唯物主义者几乎完全同高入云端、居于首位的伟大精神断绝了关系，但他们不得不研究居于第二位的人类精神。在解释人类精神及其本性、来源和状态等方面出现的对立，把唯物主义者与唯心主义者区分开来。唯心主义者认为人类精神及其观念是超自然的、形而上学的世界的儿子。但是他们并不满足于仅仅相信这种遥远的源流，而是从苏格拉底和柏拉图的时代起，就非常认真地对待这个问题，力求科学地论证、证明、解说自己的信仰，正像人们证明和解说具体世界的物质事物一样。唯心主义者通过这种途径把关于人类精神的性质的学问从超自然的、形而上学的王国引入实在的、物理的、物质的世界，这

注意

‖ 个世界证明了自己是一个具有辩证性质的世界,在那里,精神和物质尽管是两个东西,但又是统一的,这就是说,它们是源出同一血统、同一母亲的姐妹。

唯心主义者最初虔信关于精神创造世界的宗教前提,但他们在这一点上弄颠倒了,因为他们自己探求的结果最终表明,自然的物质的世界是本原的东西,它不是由精神创造的,相反,它本身倒是创造者,它从自身创造出人类及其理智并使其得到发展。这就证明了,非创造出来的高等精神只是在人们头脑中并随人的头脑一同生长起来的自然精神的幻想的肖像。

注意

唯心主义所以称为唯心主义,是因为它把一般观念和人的头脑中产生的观念,无论在时间上还是在地位上都置于物质世界之上,并认为前者是后者的前提。这种唯心主义从一开始形成时就是十分狂热的、十分形而上学的。但是随着自己历史的发展,狂热逐渐减少,并变得愈来愈冷静,以至于哲学家康德对他给自己提出的"形而上学怎么可能是科学呢?"这一问题作出了这样的回答:形而上学不可能是科学;另一个世界,即超自然的世界,人们只能信仰它、预感它。因此,唯心主义的荒谬就是这样一个逐渐被克服的东西,现代唯物主义则是哲学发展和普遍科学发展的产物。

辩证唯物主义

因为唯心主义——它最后的著名人物是康德、费希特、谢林和黑格尔——的荒谬完全是德国的,所以从这种荒谬中产生的结果,即辩证唯物主义,也主要是德国的产物。

照宗教的说法,伟大的灵运行在水面上,只要说一声"要有……",就什么都有了。唯心主义就是按照这种宗教的先例,从精神推导出物体世界。这种唯心主义的推导是形而上学的。但是,如前所述,德国唯心主义最后的著名人物都是很温和的形而上学者。他们几乎已经摆脱了世界之外的、超自然的天国精神,但还没有把自己从对此岸的自然精神的幻想中解脱出来。众所周知,基督徒崇拜精神,哲学家们也这样崇拜得五体

注意

投地,以至他们不禁把我们的理智变成物质世界的创
造者或制造者,虽然他们研究的普通对象已经是物质
的人类精神了。他们费尽心机去弄清我们的精神观念
与被想象的、被理解的、被思考的<u>物质事物</u>之间的
关系。

　　对于<u>我们辩证唯物主义者或者说社会民主主义的</u>
唯物主义者来说,精神的思维能力是<u>物质</u>自然的发展
了的产物,而按照德国唯心主义的观点,事情恰恰相
反。因此,恩格斯才谈起这种思维方式的"荒谬"。对
精神的狂信是旧形而上学的残渣。

　　上个世纪英国和法国的唯物主义者可以说是这种
狂信的<u>过急</u>反对者。这种过急阻碍了他们从根本上摆
脱这种狂信。他们过于激进并陷入<u>相反</u>的荒谬。正像
哲学唯心主义者狂信精神和精神的东西一样,他们狂
信物体和物体的东西。唯心主义者狂信观念,<u>旧唯物
主义者</u>狂信物质。二者都是狂信者,因而都是形而上
学者,二者把精神和物质的<u>区别</u>都搞<u>过了头</u>。两派中
任何一派都没有意识到自然界的统一性和唯一性、一
般性和普遍性,自然界并非要么是物质的要么是精神
的,<u>而是既是物质的也是精神的。</u>

　　上个世纪形而上学的唯物主义者及其现在残存的
<u>追随者过分轻视人类精神</u>、轻视对人类精神的特性及
<u>其正确运用的研究</u>,这正像唯心主义者过分重视一
样……　在旧唯物主义者看来,物质是崇高的主语,其
他一切都是从属的谓语。

　　这种思维方式<u>过分重视主语</u>,<u>过分轻视谓语</u>。他
们没有认识到,主语和谓语之间的关系是一种完全可
变的关系。人的头脑可以合法地随便把每个谓语变成
主语,也可以反过来把每个主语转化为谓语。雪白的
颜色虽然不可触摸,但它也像白色的雪一样是实体
的。认为物质是实体或根本,物质的谓语或特性仅仅
是次要的附属物,是一种陈旧的狭隘的思想方式,它没
<u>有考虑到德国辩证论者的成就</u>。今天必须懂得,主语

注意!!

注意

注意

正是由谓语组成的。

　　正如胆汁是肝脏的分泌物一样，思想是头脑的一种<u>分泌物</u>，一种产物或一种分离物，这种说法是无可争议的；但是必须承认，<u>这个对比是非常不恰当的、非常不能令人满意的对比</u>。肝脏，即这种知觉的主语，是可触摸的、有重量的东西；被说成为肝脏的产物或结果的胆汁同样也是可触摸的、有重量的东西。在这个例子中，不论是主语还是谓语，不论是肝脏还是胆汁都是有重量的、可触摸的，<u>但正是这种情形掩盖了唯物主义者实际上想说的话</u>，即把胆汁作为结果，把肝脏作为居于上位的原因。因此我们必须特别强调，那些在这种情况下甚至是无可争辩的东西，<u>在头脑和思维活动的关系中却显然被忽略了</u>。这就是：胆汁与其说是肝脏的结果，不如说是整个生命过程的结果……

　　认为胆汁是肝脏产物的唯物主义者丝毫不会也丝毫不应当否认，胆汁和肝脏这两个客体是科学研究的具有同等价值的客体。但是，如果说意识，思维能力是头脑的特性，那么可触摸的<u>主语应当是唯一有价值的客体，从而精神的谓语应当是一个已经解决的问题</u>。

　　我们把机械唯物主义者的这种思维方式称为<u>一种局限性</u>，因为它把可触摸的、有重量的东西以某种方式变成了其他一切特性的主语和承担者，这就忽视了在世界整体中，这种受到过分赞美的可触摸性像普遍自然界的其他每一个从属主语一样只起着<u>从属谓语</u>的<u>作用</u>。

　　<u>主语和谓语的关系既不说明物质也不说明思想</u>。但是要阐明头脑和思维活动的关系，弄清楚主语和谓语的关系是很重要的。

　　如果我们选择另外一个例子，<u>选择一个主语属于物质范畴，而谓语则至少还不能肯定到底是属于物质范畴还是属于精神范畴的例子</u>，也许更为切题。如果是这样的例子：腿走路，眼睛看，耳朵听，那么就会产生

注意（左栏批注，自上而下）：
注意
注意
注意
注意
注意

这样的问题：主语和它的谓语是不是同属物质范畴
呢？看见的光，听见的声音和腿走的步子是物质的东
西还是非物质的东西呢？眼睛、耳朵、腿是可触摸的、
有重量的主语，而谓语，视觉和光线，听觉和声音，走动
和步伐(且不说迈步的腿)却既不可触摸也无法称量。

　　物质概念有多大呢？或者有多小呢？色、光、声、空间、时间、热、电究竟
是属于这一概念呢还是必须为自己另找范畴呢？这里要区分主语和谓语、事
物和特性，是很难做到的。当眼睛在看时，可触摸的眼睛当然是主语。但是
人们同样有理由把这种表达方式颠倒过来，说不可称量的视觉、光力和视力
是根本，是主语，而物质的眼睛只是工具、从属物、属性或谓语。

　　<u>显而易见，物不比力更重要，力也不比物更重要。</u>　‖　注意
看重物质，牺牲力而狂信物的那种唯物主义是狭隘
的。谁把力看做物质的特性或谓语，谁就没有搞清楚
<u>实体和特性之间的区别的相对性和可变性。</u>　‖　注意

　　<u>物质</u>概念和<u>物质的</u>东西的概念至今还是一个十分
混乱的概念。正像法律学家不能对母体中胎儿生命的
第一天取得一致意见，或语言学家争论语言从何开始，
鸟儿的叫声和求偶声是不是语言，表情语言和手势语
言是否与有声语言属于同一类一样，旧机械论学派的　‖　注意
唯物主义者也在争论什么是物质；究竟是只有可触摸、
可称量的东西才属于物质，还是可看见、可嗅到、可听
到的东西直至整个自然界都是研究的材料，从而一切
以至人类精神都可称为物质？因为人类精神这个对象
也是认识论的材料。

　　我们看到，上个世纪的机械唯物主义者和由于借
鉴德国唯心主义学派而变聪明的社会民主主义的唯物
主义者之间的区别标志在于，后者把**仅仅是可触摸的**
<u>**物质这一狭隘的概念扩大到一切现存的物质的东西。**</u>

　　我们决不反对极端的唯物主义者把有重量的或可
触摸的东西同可嗅到、<u>可听到的东西区别开来，或者完</u>
<u>全同思想世界区别开来。我们仅仅指责他们把这种区</u>
<u>别搞得太过分了，</u>指责他们认识不清事物或特性的接

注意
物质和
精神

注意 近之处和共同之处，"形而上学地"或完全把有重量的和可触摸的物质区别出来，因而认识不清包含对立面在内的共同的类的意义……

注意 现代自然科学直到今天还在许多方面受到上一世纪唯物主义者观点的影响。这些唯物主义者是一般的理论家，可以说是自然科学的**哲学家**，因为自然科学到今天还只限于研究机械的东西，即显而易见的东西，可触摸的和有重量的东西。诚然，自然科学早已开始超过这一点；化学已经超出了机械的局限性，现在出现了关于力的形式转换，重力转化为热、电等等的新认识。但是自然科学依然是狭隘的。自然科学不研究人类精神以及由人类精神引起的人类生活中的一切关系，诸如政治的、法律的、经济的等等关系，它仍然受旧的偏见的束缚，即认为精神是形而上学的东西，是另一世界之子。

人们指责自然科学具有局限性，不是因为它把机械的、化学的、电工学的和其他的知识互相分开并分隔为各种专门学科，而只是因为它把这一分隔搞过了头，因而认识不清精神和物质之间的**联系**，人们指责它陷入"形而上学"的思维方式而不能自拔……

注意 人们区分为唯物主义者和唯心主义者，不是根据他们对于星辰或动物、植物或石头是怎么想的，唯有肉体和精神之间的关系才是说明问题的关键。

德国唯心主义始终认为精神是创造一切可触摸、可见到、可嗅到的等等物质的形而上学基原，认识了德国唯心主义的完全荒谬，就必然导致**社会主义的唯物主义**，这种唯物主义所以称为"社会主义的"，是因为社会主义者马克思和恩格斯第一次明白而准确地指出，人类社会的物质关系，特别是经济关系是用以最终说明每一个历史时期的整个上层建筑——法律的和政治的设施以及宗教的、哲学的和其他的观念形式——的基础。以前都是用人的意识来说明人的存在，现在则相反，用另外的存在，特别是用人的经济状况、谋生的方式和方法来说明意识。

　　社会主义的唯物主义者并<u>不把"物质"仅仅</u>理解为<u>有重量的和可触摸的东西</u>，<u>而是理解为</u><u>一切实在的存在</u>，即宇宙中包含的一切，而一切也正是包含在宇宙中——一切和宇宙只不过是**同一事物的两种名称**——，社会主义的唯物主义想用**一个概念**、**一个名称**、**一个类**概括一切，不管这个<u>普遍的类</u>是叫做现实、实在、自然界还是叫做物质。

　　我们这<u>些</u>新唯物主义者没有狭隘地认为，<u>有重量的和可触摸的物质才是真正的物质</u>；我们认为，<u>花香、声音和气味都是物质</u>。我们不认为力是物质的简单附属品、纯粹的谓语，也不认为物质，可触摸的物质是支配一切特性的"事物"。我们民主地看待物质和力。认为二者具有同等的价值；一切单个的东西不外是大自然整体的特性、附属品、谓语或属性。<u>头脑决不是主人</u>，<u>精神的功能决不是随从</u>。不是，我们这些现代唯物主义者宣称，功能像可触摸的脑子或其他任何物质的东西一样，是独立的东西。**思想**、**思想的来源**、**思想的特性也同样是实在的物质**，是像其他一切事物一样具有研究价值的材料。

　　因为我们没有把精神弄成"形而上学的"怪物，所以我们是唯物主义者。在我们看来，思维力像重力或土块一样，都不是"自在之物"。一切事物都只是大宇宙联系中的环节，只有大宇宙联系才是永恒的、真实的、不变的，它不是现象<u>而是唯一的"自在之物"和绝对真理</u>。

　　因为我们社会主义的唯物主义者有着一个<u>物质和</u>**精神联系的**概念，所以在我们看来，所谓的精神的关系，如政治、宗教、道德等关系也都是物质的关系；而我们把物质劳动及其材料、吃饭问题视为一切精神发展的支柱、前提和基础，只是因为动物性的东西在时间上先于人性的东西，这并不妨碍我们高度评价人及其理智。

注意

注意

注意

社会主义的唯物主义的<u>特点在于</u>，它既<u>不像</u>旧派唯物主义者那样<u>过分轻视人类精神</u>，也不像德国唯心主义者那样过分重视人类精神，而是给它以**恰当的**估计，并以<u>批判的辩证</u>眼光把机械论和哲学看做同是<u>不可分离的世界过程和世界进步的环节</u>……

[第218—226页]　旧<u>唯物主义</u>者以为，如果<u>他们把理智称为头脑的一种特性，就已经充分说明了理智</u>，既然我们不同意他们的观点，我们也不能用解剖刀剖析我们的客体——人类精神。**思辨的**方法即在头脑内部通过冥思苦想去理解精神的特性的方法，不能是我们的方法，因为唯心主义的思辨家用这种方法取得的成果太小了。这样，海克尔有关科学的正确方法的意见就正合我们的意。<u>他从人类精神如何**历史地**起作用来考察人类精神</u>，我们认为这是正确的方法……

海克尔认为，直到1859年才发表的达尔文关于生存斗争中的自然选择的发现才是<u>真正的精神结合</u>，我们<u>对此持不同看法</u>。

尊敬的读者请不要误会，我们并不否认，达尔文和海克尔以正确的方式把他们个人的精神与动植物界科学地结合起来并创造出纯粹的认识结晶，我们只是想<u>指出新的辩证的唯物主义</u>，这种唯物主义认为：达尔文和海克尔虽然功绩卓著，但并不是创造这种结晶的最早的和仅有的两个人。就连"可怜的"博物馆动物学家和标本室植物学家也给我们留下了<u>一些科学的东西</u>……

旧唯物主义

通过对事实的观察、搜集和描述获得新的认识，或者不如说，扩充了以往获得的认识。达尔文的功绩是伟大的，但是并没有伟大到使海克尔有理由把<u>"科学"</u>说成是比<u>人类精神同物质事实的日常结合</u>更高级的东西。

注意

我们在本文第一章已经指出，狭隘的唯物主义不仅把人类精神看做头脑的特性——<u>谁也不反对这一点</u>——而且从这种联系直接或间接地得出结论：由头脑提供的理性能力或认识能力的谓语不是研究的实体性的对象，<u>倒是对物质头脑的研究</u>充分说明了这种精

注意

神特性。我们的<u>辩证唯物主义</u>却证明，人们必须按照

斯宾诺莎的指点从宇宙的角度,从永恒性的角度考虑
问题。这就是说,<u>过时的旧唯物主义者所谓的物质</u>,即
<u>可触摸的物质在无限的宇宙中没有丝毫权利认为自己
比其他任何自然现象更具有实体性</u>,即更直接、更明显
或更确实……

　　<u>那些把可触摸的物质看做实体</u>,<u>把不可触摸的头
脑功能仅仅看做偶性的唯物主义者太小看了头脑的功
能</u>。为了对这种功能有恰当的、正确的看法,首先必须　　（（　　注意
回到这样一个事实:这是同一个母亲的孩子,是两种自　　　　　α(β)
然现象,如果对它们加以描绘,把它们划分为类、种、亚
种,我们对它们就有了清楚的了解。

　　如果我们说物质是一种自然现象——谁也不会反对这种说法——,同
样,我们说人的精神能力也是一种自然现象,尽管我们对这二者知道得当然
还很少,但我们知道,这是两姐妹,谁也不能把它们过分地分开来;谁也不能
在它们二者之间 toto genere,toto coelo[①] 作出区别。

　　比方说,如果我们现在想进一步了解物质,那么我
们就必须像以往的博物馆动物学家和标本室植物学家
那样去做,我们必须力求了解物质的不同类、科、种,研
究它们,描写它们如何形成、灭亡和彼此转化。<u>这就是
关于物质的科学</u>。谁想超越这一点,希望得到过分的
东西,谁就不懂得知识是什么,就既不懂得科学的器
官,也不懂得这种器官的运用。当旧唯物主义者研究　　唯心主义的
个别物质时,他们的做法是十分科学的;但是当他们研　　　　功劳
究抽象物质及其一般概念时,他们则表明自己对概念
科学一无所知。<u>唯心主义者的功劳</u>就在于,他们至少　‖‖‖　注意
促进了对于抽象和一般概念的运用,从而使新的社会
主义的唯物主义终于能够认识到,物质和概念都是普
通的自然产物,不存在也不可能存在完全不属于自然
界这个无限范畴的事物。

_____

　　① 在一切方面,完全地、全面地、原则地。——编者注

唯物主义的
认识论

$\alpha|\beta$

我们的唯物主义的特色在于它对精神和物质的共同本性的特殊认识。当这种现代唯物主义把人类精神作为自己的研究对象时,它像对待任何其他研究材料那样,也就是像博物馆动物学家、标本室植物学家和达尔文派研究和描写他们的对象那样对待自己的研究对象。不容争辩,博物馆动物学家和标本室植物学家通过对自己的对象进行分类带来了阐明上千个种的亮光,虽然这是照明度不强的光——达尔文大大加强了它的亮度,以至增加的亮度使最初开始做的工作黯然失色——但是旧的分类家在进行分类之前肯定已经有所"认识",因此达尔文的认识不过是在发展概念指导下的分类,这种分类通过对自然过程的描绘给所搜集的事实制出了更加出色的图像……

描绘
和
说明

对自然界其他
部分的反映

因此,唯物主义认识论在于承认:人的认识器官并不放出任何形而上学的光,而是自然界的一部分,这一部分反映自然界的其他部分,当我们描写自然界的其他部分时,它的艺术家本性就显露出来。这种描写要求认识论者或者说哲学家像动物学家对待动物那样精确地对待他们的对象。如果有人指责我,说我没有立即做到这一点,那我只能指出,罗马不是一天建成的。

这些有学识的自然科学家能够十分正确地理解:自然界的永恒运动通过适应、遗传、物种选择、生存斗争等由原生质和软体动物产生出象和猿,但是他们却不愿理解精神是以同样的方式发展起来的。这是令人奇怪的。为什 ‖ 注意
么骨头能够有的事情,理性不能有呢?……

注意
从物质到精神的
逐渐过渡

正像博物馆动物学家通过对动物分属的类、种、科的描写来认识动物一样,对于人类精神,也应当通过对这个精神的不同种类的考察来加以研究。每个人都有各自的理智,这些理智合在一起就应当被看做是一般精神之花。这个一般的人类精神像个人的精神一样,它的发展既有过去的,也有未来的;它经历了种种不同的变化,如果我们循着这些变化追溯到人类之初,那么我们就会到达这样一个阶段,即神的火花降为兽性的

阶段。这样,兽性般的人类精神就构成了通向真正的动物精神的桥梁,我们也就到达了植物精神、森林精神和山岳精神。这就是说,我们就这样获得了下面的认识:在精神和物质之间,正像在普遍的自然统一体的所有部分之间一样,存在着逐渐的过渡和趋于消失的区别,仅仅是逐步的而不是形而上学的区别。

注意

　　因为旧唯物主义不理解这些事实,因为它不懂得把物质和精神这些概念看成具体事情的抽象图像,因为尽管它对宗教持自由思想,尽管蔑视神的精神,却对自然精神的来龙去脉一无所知,而由于这种无知,它不可能克服形而上学,所以弗里德里希·恩格斯称这种对概念科学一无所知的唯物主义为形而上学的唯物主义,称社会民主党的唯物主义为辩证唯物主义,社会民主党通过先前的德国唯心主义经受了好的锻炼。

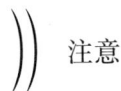

注意

　　对于这种唯物主义来说,精神是精神现象的集合名称,正像物质是物质现象的集合名称一样,精神和物质这二者一起归在自然现象的概念和名称之下。这就是新认识论的思想方法,这种思想方法影响一切专门学科,影响一切专门思想,它提出这样的原理:从永恒性的角度,从宇宙的角度来看世界上的一切事物。这个永恒的宇宙和它的瞬间的现象如此地结合在一起,以致一切永恒都是瞬间的,一切瞬间都是永恒的。

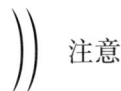

注意

　　因此,社会民主党的这种实体性的思维方式使唯心主义深感棘手的问题有了新意:怎样真实地思维,怎样把主观的思想同客观的思想区别开来。回答是:不应当作过分的区别;即使最卓越的观念,最真实的思想也只能向你提供具有普遍的多样性的图像,这种多样性在你之中,也在你之外。把实在的图像同幻想的图像区分开来并不那么困难,每一个艺术家都会作最精确的区分。幻想的观念来自现实,而关于现实的最正确的观念则必然要带一点幻想才有生气。正确的观念和概念出色地为我们服务,正因为它们没有理想的正

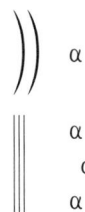

α

α

α

α

确性,而只是适度的正确性。

我们的思想不能够也不应该在夸张的、形而上学的意义上同自己的对象"**相一致**"。我们希望获得,应当获得,而且也<u>只能够获得关于现实的近似的观念。</u>因此,现实也只能同我们的理想近似。在观念之外不可能存在数学上的点,也不可能存在数学上的直线。一切直线实际上都包含着充满矛盾的弯曲,正像最公正也必然包含着不公正一样。真理不是观念<u>性质的,</u>而是<u>实体性质的;它是唯物主义的;</u>掌握真理不是靠思想,而是靠眼睛、耳朵和手,真理不是思想的产物,恰恰<u>相反</u>,思想是<u>普遍生命的产物。</u>活生生的宇宙才是真实的真理。

注意

四
达尔文和黑格尔

注意

〔第 226—233 页〕 因此,我们想首先指出:<u>哲学和自然科学彼此相距并不很遥远。</u>人类精神在这两门科学中以**同样的方法**进行活动。自然科学的方法**比较精确**,但只在程度上而不在实质上……

我们要把现在<u>几乎被遗忘了的黑格尔</u>作为达尔文的先驱给予应有的崇敬。莱辛当时称斯宾诺莎为"一条死狗"**207**。同样,如今黑格尔也谢世了,虽然用黑格尔传记作者海姆的话来讲,黑格尔当时在文化界占有重要地位,就像拿破仑第一在政界占有重要地位一样。斯宾诺莎早已从"死狗"的状态复活,<u>黑格尔也将</u>

注意

<u>得到后世应有的承认。</u>如果黑格尔现在没有得到这种承认,那只归咎于时代潮流。

大家知道,这位大师曾经说过,在他为数众多的弟子中只有一个人理解他,就是这一个也误解了他。造成这种普遍误解的原因不是弟子缺乏理解力,而是大

师学说的晦涩难懂,这是毫无疑问的。<u>人们是无法完全理解黑格尔的,因为黑格尔自己也不完全理解自己。</u>虽然黑格尔是达尔文进化论的天才先驱,我们也可以同样正确地、同样合理地反过来说,达尔文是黑格尔认识论的天才的完成者……

　　<u>自然科学家偶尔的腾云驾雾和哲学家精确的思想闪光势必向读者证明</u>,一般与特殊是彼此和谐一致的……

> 注意

　　为了弄清黑格尔和达尔文之间的关系,我们不得不涉及科学上最深奥、最难懂的问题,其中特别涉及哲学的对象。达尔文的对象是明确无疑的;他知道自己的对象,但这里必须指出,达尔文虽然知道自己的对象,但他还要研究它,也就是说,他还不完全认识它。达尔文研究了他的对象"物种起源",但没有研究完。这就是说,<u>任何科学的对象都是无限的。</u>无论谁想测量无限性还是测量微小的**原子**,<u>他总是在同一个不可测量的东西打交道</u>。自然界不论就整体来说还是就它的各个部分来说都是<u>研究不完</u>的,即<u>不可穷尽</u>、不可彻底认识的,因此是无始无终的。对这种**普通的无限性**的认识是科学的**成果**,而这种普通的无限性却起源于一种过分的宗教的或形而上学的无限性。

注意
原子是不可测
量的,无限的

原子是
不可穷尽的

　　达尔文的对象同黑格尔的对象一样,是无限的和研究不完的。前者探求物种的起源,后者探求人的思维过程。二者的结果都是**发展学说**。

　　这里我们涉及两位伟大的人物和一桩重大的事情。我们要努力证明,这两位伟人不是**背道而驰**,而是沿着一个方向,朝着一个目标前进。<u>他们都把一元论世界观</u>提到一个新的高度,用前所未有的实际发现巩固这一世界观……

　　把自然界的自我发展建立在**无所不包**的基础上,用最一般的方式把科学从分类观中解放出来,这是我们的黑格尔当之无愧的功绩。达尔文从动物学方面批判传统的分类观,黑格尔则全面地批判传统的分类观。科学从黑暗走向光明。<u>旨在说明人的思维过程的哲学也步步向上</u>;哲学只是更本能地探讨它的特殊对象,这

注意

种情况早在黑格尔时代之前就已经相当明显……

黑格尔讲授发展理论;他教导说,世界不是被创造的,不是创造物,不是不变的[第233页]**存在**,而是创造自身的**变易**。正像达尔文认为动物的门类相互渗透一样,黑格尔认为世界的一切门类,无和有,存在和变易,量和质,时间和永恒,意识和无意识,进步和停滞,都不可避免地相互渗透……

注意

任何人也不会议论这位哲学家,说他出色地、彻底地完成了自己的事业。他的学说就像达尔文的学说一样,并不是不需要再发展了;但是它的确赋予整个科学和整个人类生活以推动力,一种具有极其重大意义的推动力。黑格尔的认识先于达尔文,但可惜达尔文不知道黑格尔。这"可惜"二字不是指责这位伟大的自然科学家,而只是提醒我们,应当依靠伟大的擅长概括的黑格尔的工作来补充专家达尔文的工作,以便超过他们而获得更明确的东西。

α)
注意　注意
α)

我们已经看到,黑格尔的哲学十分晦涩难懂,以致这位大师会说自己最优秀的学生也误解了他。不仅他的后继哲学家**费尔巴哈**和其他黑格尔分子,而且世界上整个科学的、政治的和经济的发展都致力于阐明这一晦涩的学说……

[第235—243页]　海克尔说得很对:我们的伟大诗人和思想家都具有"一元论的、最纯粹的信仰形式"的倾向,他们致力于获得一种物理自然观,这种自然观使一切形而上学无法存在并把超自然的上帝连同一切奇迹的废物排除出科学世界。但是当他热情地告诉我们说这种倾向"早已得到了最完善的表现"时,他犯了极大的错误,甚至在对待他自己和他自己的信条上犯了错误。就连**海克尔**自己也还不会**一元地思维**。

我们马上就进一步说明提出这种责难的理由,但是在此以前,我们要申明,这种责难不仅是针对海克尔的,而且是针对我们现代自然科学的整个学派的,因为这个学派忽略了二千五百年来哲学发展的成果,哲学经历了一段漫长的、经验的历史,这段历史不比经验自然科学长些或短些……

海克尔的信条包括三点,我们把这三点分解出来,它们使我们相信:"一元论世界观"在其最激进的自然科学代表身上都还没有获得完善的表现。

旧信仰把它的人格化的上帝看做一切存在的共同始因,上帝是超自然的、不可描述的、不可理解的,是精神,或者说是神秘的东西。海克尔式的新宗教认为自然界是一切事物的共同始因,它把上帝这个旧名称加给自然界……

注意

平凡的自然启示和非自然启示之间、物理的启示和形而上学的启示即宗教和神之间的区别如此之大,以至达尔文主义者海克尔所代表的经过提炼的自然观完全有理由放弃旧名称和神的启示宗教,并以一元论世界观"毁灭性地"反对它。达尔文主义没有做到这一点,这正表明了它的进化论的局限性……

注意

注意

海克尔这位自然科学一元论的最进步的代表仍然骑在二元论的马上,这一事实明确地表现在他的第三点:"凭我们的脑的现有组织",一切现象的终极始因是不可认识的。

什么叫做不可认识呢?

没有一个原子是可以彻底认识的

这样措辞的那些句子的上下文明显地证明,这位自然科学家还陷在形而上学之中。没有一个事物,没有一个原子是可以彻底认识的。每一事物都是永恒的和不可毁灭的,因此其秘密是不可穷尽的……

注意

自然界充满神秘,这些神秘对于进行研究的精神来说是普通的日常的东西。自然界就其蕴藏的科学问题来说是不可穷尽的。我们研究这些问题,但永远不能研究透彻。如果健全的人类理智认为世界或自然界是深不可测的,它是完全正确的,但是如果它认为世界的形而上学的深不可测是过分愚昧,是迷信而加以摒弃,那也是十分正确的。我们永远不能把自然界研究透彻,但是,自然科学在研究中愈是前进,下面这种情况就愈是明显:它丝毫不用害怕不可穷尽的自然界的秘密,用黑格尔的话来讲,即"不存在任何与之对抗的东西"。由此可见,正是依靠我们的认识工具,我们每日都在穷究不可穷尽的"万物的始因",我们的认识工具的研究能力是普遍的和无限的,正如自然界的平凡

注意

的秘密无限丰富一样。

"凭我们的脑的现有组织！"——当然！我们的脑经过性的选择和<u>生存斗争将获得极大的发展，并将愈来愈认清自然的始因</u>。如果是这种意思，那我们完全同意。但是那位具有形而上学偏见的达尔文主义者并不认为是这样。他认为人类理智太少，不足以透彻地研究世界，因而相信还有一个"更高的"、更巨大的精神，<u>而且人们不能"毁灭性地"制服它</u>……

注意

<u>黑格尔关于发展学说的阐述要比达尔文普遍得多</u>。我们这样说并不是认为他们有高低之分，<u>而是认为他们互相补充</u>。如果达尔文告诉我们，两栖类和鸟类并不是从来就分离的种类，而是互相产生、相互转化的生物，那么黑格尔就告诉我们，**一切**门类，整个世界都是有生命的存在物，不论在什么地方都没有固定界限，以致<u>可知的东西和不可知的东西，物理的东西和形而上学的东西可以相互转化</u>，而绝对不可理解的东西则不属于一元论的世界观，而属于宗教的、二元论的世界观……

注意

注意

根据**我们的**一元论，<u>自然界是一切事物的终极原因</u>；它也是我们的认识能力的原因，但是海克尔认为，这种能力太小了，以致不能认识终极原因。——如何使这协调一致呢？自然界被认为是终极原因，但又是"不可认识的"？！

注意

现象

<u>甚至像海克尔这样坚定的进化论理论家都十分害怕毁灭性的倾向</u>；他背弃了自己的理论，陷入这样一种信仰：<u>人类精神必须满足于自然**现象**</u>，它达不到真正的自然真理，终极原因是不属于自然科学的对象……

关于我们伟大的诗人和思想家的<u>泛神论信条</u>，即最终确信神与自然统一的泛神论信条，黑格尔给我们留下了独具特色的学说。按照这个学说，我们不仅认识了事物的统一性，也认识了事物的差异。斯匹兹型小狗像哈巴狗一样，也是狗，但是这种统一性并不妨碍差异性。自然界的确与可爱的上帝有许多相似之处：它永远处于支配的地位。因为我们的精神是它的工具，一个自然的工具，所以自然界知道一切可以知道的东西；自然界是无所不知的，但

是"自然的"智慧与上帝的智慧毕竟极不相同,因而毁灭性的倾向具有充分的科学根据彻底废除上帝、宗教和形而上学——只要能够废除,就是合理的废除。这些混乱的观念曾经存在,而且将永远存在……

　　如果关于动物的旧知识提供的是不完善的图像,而达尔文的新知识给我们提供了更充实、更完善、更正确的图像,那么我们的认识从这里得到的收获就不仅限于动物生活,因为我们同时也获得了关于我们的认识能力的知识,即我们的认识能力不是什么超自然的真理泉源,而是反映世界事物或自然界的类似镜子的工具…… 注意

　　[第248—249页]　康德这样推论:既然我们的理性仅限于认识自然现象,既然我们不可能比这知道得更多,那么我们也就必须相信某种神秘的、更高的、形而上学的东西。康德的结论是:在现象背后必定存在某种东西,"因为凡是有现象的地方,必定有某种显现着的东西"。这个结论仅仅貌似正确。当自然现象显现时,在它背后除了自然界本身之外不存在任何超自然的东西、不可理解的东西,这难道还不够吗? 然而我们先说到这里。康德至少在形式上把形而上学从科学中赶了出来,让它留在信仰中…… 对照康德 注意

　　[第251页]　康德给他的继承者留下了过于谦卑的见解:人的认识这盏灯太小了,不足以照亮庞大的神奇动物。当我们证明了这盏灯并不太小,我们的灯光对于被照的客体来说不大也不小,既不比它神奇,也不比它平淡的时候,这种对奇迹的信仰,对怪物的信仰,即形而上学,也就完蛋了。这样,人就丢掉了自己的过分谦卑;我们的黑格尔对此作出了重大的贡献。 注意

　　什么是形而上学呢? 顾名思义,它是一门科学学科——它过去曾经是这样,而且在今天还投下它的阴影。它寻求什么呢? 它想要什么呢? 当然是要阐明!但是阐明什么呢? 阐明上帝、自由和永生;今天这听上去颇有牧师的味道。即使我们用真、善、美这些古典内 注意

容来表明这三者的内容,也仍然很有必要向我们自己和读者说明形而上学者到底寻求什么,想要什么。否则就不能对达尔文和黑格尔,对他们已经做出的事业,对他们遗留下来的、应当由后人继承的事业进行充分的评价和说明……

五
认 识 之 光

[第 255—266 页]　在当代文献中,有关一般自然认识和形而上学要求之间存在着绝对鸿沟的引语,不胜枚举,这就是说,在从哪里获得醒悟之光这个问题上存在着无限的混乱。但是这种混乱的真正典型要推弗·阿·朗格的《唯物主义史》。我们且不谈这部著作的许多次要的优点,也不谈作者与社会主义政党的民主的亲缘关系——这些是我们乐于承认的,朗格的哲学观点是我们看到过的在形而上学圈套中最可怜的惶恐不安。这种无穷尽的摇摆不定正是这部著作的意义所在,因为这虽然没有解决问题,没有获得结果,但是问题已阐述得如此清楚,以致最后的解决不可避免地临近了。

随后出现了像吉德翁·斯皮克尔博士(《论自然科学与哲学的关系》)这样一些反对者,他们指出了这种惶恐不安,并滥用了他们的正当批评,以便在诋毁朗格的同时诋毁唯物主义……

很懂得实际地认识并说明种种不同科学材料的唯物主义,至今忽略对认识材料的说明,因此非常赏识它的历史学家也不能从它那里获得对唯心主义废墟的最终优势……

"有两个地方是精神必须止步的。我们不能理解原子,我们不可能从原子及其运动说明哪怕是最细微的意识现象…… 人们可以随心所欲地看待

注意 ‖

注意 ‖‖

α 注意 ‖‖

物质及其力的概念,但总是要遇到最终不可理解的东西……　因此,杜布瓦-雷蒙走得更远,甚至宣称,我们对自然界的整个认识实际上并不是什么认识,而只是解说的一个**代用品**,这并不是没有理由的……　机械论世界观的体系制造者和使徒们漫不经心地忽略了的正是这一点:对自然界的认识的界限问题。"(阿·朗格《唯物主义史》第2卷第148—150页)

　　这些精确无误的引文实在是多余的,因为这些话都是人所共知的。不仅朗格这么说,而且尤根·博纳·迈耶尔和冯·济贝耳也这么说,如果谢夫莱和萨姆特对这件事发表看法,他们都会这么说;整个上层社会,只要他们比卡普秦修会**208**的僧侣们进步,也这么说。但是朗格并不十分了解社会民主党人,否则,他应当知道,<u>在这一点上,社会民主党人补充了机械论世界观。</u>　))

　　朗格说:"与康德相比,黑格尔的一大倒退在于他完全丧失了比人的认识事物的方式更为一般的认识事物的方式的思想。"可见,朗格这句话是在惋惜黑格尔没有空谈超人的认识,对此我们回答说,现在四面八方吹响的"回到康德那里去!"的反动号角出自一种奇怪　‖　注意
的倾向,这种倾向要推翻科学,并使一种"更为一般的认识方式"凌驾于人的认识之上。他们要重新摒弃人至今所获得的对自然界的支配权,他们为旧稻草人从废物堆里捡出王冠和王杖,以便重新建立迷信的统治。<u>我们时代的哲学潮流是对明显增长着的人民自由</u>　‖‖　注意
<u>的有意或无意的反动。</u>

　　只要对贯穿于朗格这整部名著并为当代鸿儒反复申述的"认识的界限"这一形而上学思想稍加考察,马上可以认识到,它是一种毫无思想的空谈。"原子是不能理解的,意识是不能解释的。"<u>但是整个世界都是由</u>　‖‖‖　注意
<u>原子和意识,由物质和精神构成的。</u>如果这两者是不可理解的,那么对于理智来说还有什么要理解,要解释的呢?朗格说得对:根本没有任何东西要理解,要解释。我们的理解根本谈不上是理解,而只是代用品。也许人们一般称为驴的那些灰色的动物只是驴的代用品,而真正的驴必须到更高度组织起来的存在物中去寻找……

注意 ‖

((

　　认识之光把人变成了自然界的主人。人依靠它的帮助可以在夏天制造出冬天的冰，在冬天培育出夏天的果实和花卉。但是这种支配总是有限的。人能办到的一切，只有依靠自然力和物质才能办到。

　　〔第261页〕　正像在技术生产中自然现象有形地变化着一样，在科学中，自然变化是在精神中显现着。正像生产不能最终地满足对创造的过分要求一样，科学或者说"自然认识"也不能最终地满足对原因的过分要求。正如明白人并不抱怨我们总是要有材料才能创造，而不能无中生有，不能用虔诚的愿望造出东西一样，了解认识本性的人并不想超越经验。正如创造需要材料一样，认识或者说明也需要材料。因此认识不能说明材料由何而来，从何开始。现象世界或者说材料是某种无始无终、无来由的原始的东西或实体性的东西。材料是现有的，现有的存在是材料的（就这个词的广义而言），人的认识能力，或者说，意识，是这种材料的现有存在的一部分，它像一切其他部分一样，只具有一定的、有限的功能，即认识自然……

注意 ‖

　　因为自从第四等级提出要求以后，我们的御用学者就不得不追随保守的、反动的政策。现在他们顽固不化，想使这一坏事长存下去并后退到康德那里去。已故的朗格误入迷途可能是无辜的；但许多后继者却是邪恶的无赖，他们利用他们的先驱者的工作作为反对新社会的高招，因此我们不得不从根本上进行理性批判。

注意 ‖

　　新康德派说，我们只能通过意识的眼镜去感知我们所感知的一切。我们看到、听到、感到的一切必须通过感觉的媒介，从而通过心灵才能到达我们。因此，我们不能纯粹地、真正地感知事物，而只能按事物向主观性显现的那样来感知事物。按照朗格的说法，"感觉就是实在的外部世界赖以构成的材料"。"所谈的主要问题（第2卷第98页）可以得到十分明确的说明。这仿佛是原罪中的苹果，照康德的说法，就是认识的主体和客体之间的关系。"

这样,他们把自己的罪责推到康德以后的哲学身上。我们就来看看朗格的说法:"在康德看来,我们的认识由二者(主体和客体)的相互作用产生,这是一句非常简单但又总是遭到误解的话。"朗格继续说道:"从这种观点得出的结论是,我们的现象世界不仅仅是我们的表象的产物,而且是客体作用及其在主体中的反映的结果。康德在一定意义上称之为**客体的东西**,不是个别人由于偶然的心情或有缺陷的机体组织所认识的那些东西,而是整个人类凭其感性和理智**一定要认识**的东西。只要我们所谈的是我们的经验,康德就称之为客体的东西,反过来说,如果我们把这种认识用于**自在之物**,即绝对地、独立地存在于我们的认识之外的事物,他就称之为超验的,或者换句话说,错误的……"

> 康德所说的客体的东西
>
> 注意

不错,唯物主义者至今没有考虑我们的认识的主体因素,并且毫无批判地把感性客体当做真实的。这个错误应当纠正。

> 注意

我们姑且把世界看成是康德所说的那样:主体和客体的混合物,但是我们坚持认为,整个世界是一个混合物,是一个统一体;我们还坚持认为,这个统一体是辩证的,也就是说,是由它的对立面,由混合物或众多性组成的。在世界的众多性中有木材、石头、树木和粘土块等东西,这些东西无疑被人们称为客体。我说"称为",但还不是说,它们是客体。还有像色、味、热、光等东西,它们的客体性就更有争议;接着是离得更远的东西,像腹痛、爱情的欢乐和春天的感觉等东西显然是主观的东西。最后还有更主观和最主观的客体,它们属于比较级和最高级,如偶然的心情、梦、幻觉等等。这样我们就接触到问题的关键。既然必须承认,梦虽然被认为是主观的过程,却是真实的、实际的过程,那么唯物主义就取得了胜利。因此,我们同意"批判的"哲学家的观点:木材和石头,我们明确地称为客体的这一

切事物,也要靠我们的视觉和触觉去感知,因此<u>不是纯</u>

注意　<u>粹的客体,而是主观的过程</u>。我们愿意承认:关于纯粹<u>的客体或者说"自在之物"的思想是有偏见的思想,它用扭曲的眼光巴望着另一个世界的另一次出现。</u>

　　<u>主体和客体之间的区别是相对的</u>。二者属于同一类。我们把依靠我们的理解能力所认识的东西看做是整体中的部分,看做一个完整的部分……

　　[第 268—272 页]　懂得这种辩证法就能充分澄清和说明力求在外观背后去寻求真理,即在每个谓语背后寻求主语的神秘冲动。只是由于不懂得辩证地运用概念,这种冲动才会奢望在谓语以外去寻求主语,在现象以外去寻求真理。批判的认识论必须把<u>经验这一工具本身当做经验来认识,从而无</u><u>需对超越一切经验的东西进行讨论</u>。

　　如果以唯物主义史的这位作者为首的现代哲学家们走过来说,世界呈现为现象,<u>这些现象就是对自然界的认识的客体,这种认识要研究变化,但我们</u><u>仍寻求一种最高级的认识或者永恒的、本质的客体,那么显而易见,他们是些</u><u>不满足于研究沙丘的全部沙粒,而想在全部沙粒后面再找一座没有沙粒的沙</u><u>丘</u>的无赖或傻瓜。

　　对现象世界这个尘世如此格格不入的人,不妨带着不死的灵魂乘上带着烈焰的马车到天国去。不过,凡是留在这个世界上并且相信对自然界的科学认识能够救世的人,都应当信赖<u>唯物主义的逻辑学</u>。唯物主义的逻辑学的第 1 节:理智的王国只属于这个世界。第 2 节:我们称为认识、理解、说明的活动应当并且能够把这感性的、相互联系的现存世界分门别类,它应当并且能够对自然界进行形式的认识。其他的认识是不存在的。

注意　　但是这里又出现了形而上学的冲动,它不满足于"形式的认识",而想进行连自己也不知道如何进行的认识,<u>在它看来,依靠理智把经验分门别类是不够的。</u>自然研究称为科学的东西,对它来讲只是一种代用品,一种贫乏的、有限的知识;它追求无限的精神化,使事物纯粹地化解于理智中。为什么这种可爱的冲动没有看到自己只不过是在提出过分的要求呢? 世界不是由精神产生的,而是相反。<u>存在不是理智的一种,而理智</u>

注意　　<u>倒是经验存在的一种。存在是无所不在的和永恒不变</u><u>的绝对;思维仅仅是它的特殊的有限的形式</u>……

科学或者认识并不能代替生命,生命不会也不能
化为科学,因为生命比科学包含的东西更多。因此,任
何事物都不会被认识或说明所制服。任何事物都不能
完全被认识,樱桃是如此,感觉也是如此。即使我依据
科学的一切要求,从植物学、化学、生理学等各个方面
研究并理解了樱桃,我也只有在同时体验、看到、触到
和咽下之后,才能真正地知道它……

　　现在流行的可鄙的哲学批评把人的理智看成只能
说明事物表面现象的可怜虫,认为它不能作出真实的
说明,事物的本质是高深莫测的。对此我们提出以下
的问题:每一事物是否都具有特殊的本质,到底是本质
无限多还是说整个世界只是唯一的东西? 从这里很容
易看出,我们的头脑具有把一切联系起来,把一切部分
汇总起来,把一切总和分成部分的能力。理智把一切
现象变成本质,把一切本质看成自然界这个伟大的普
遍本质的现象。现象和本质之间的矛盾不是矛盾,而
是一种逻辑作用、一种辩证的形式。宇宙的本质是现
象,而它的现象又是本质的。

　　因此,力求在每个外观后面寻求本质的这种冲
动,这种形而上学的要求,在承认"对自然界的形式的
认识"是唯一合乎理性的科学实践的条件下会长期存
在下去。力图超越现象达到真理,达到本质的这种冲
动是神的、天国的即科学的冲动。但是它不应当过
分,它必须认识到它的界限。它应当在尘世的暂时性
中寻求神的和天国的东西,它不应当把它的真理和本
质同现象分离开来;它应当仅仅研究主观的客体,相
对真理。

　　新旧康德派都同意最后这一点。我们只是不同意
那种可悲的屈从,那种伴随着他们的学说的、对最高世
界的不正确看法。我们不同意,由于信仰伴随着无限
的理智,"认识的界限"重新变得没有界限。他们的理
性说:"凡是有现象的地方,必定也有某种显现着的超

注意
　现象和本质

注意

注意

注意

注意

《《

注意

注意

验的东西"。我们的批判说:"凡是显现的东西本身就是现象,主语和谓语属于同一个种类……"

自然科学家(狭义的自然科学家)的一元论世界观是不够的……　我们的观点只是由于唯物主义的认识论才成为一元的。我们只要**一般地**理解主语和谓语的关系,那么,对于我们的理智是经验现实的一个种类或形式这一点,就完全不会有误解了。唯物主义固然早已提出了这个基本原理,但是它还仅仅是一种主张,一种预言。要证明这一点,就需要一般的观点,即科学除了把感性的观察分门别类以外,根本不想也不可能做其他任何事情。分类或经过分类的统一是它全部能做的事情和愿望……

野蛮人把太阳、月亮和其他事物当成他们的偶像。文明人把精神奉为上帝,把思维能力奉为偶像。这种情况在新社会必须停止。在新社会,个人生活在辩证的共同体中,众多性寓于统一性中;认识之光也必须以自己作为其他工具中的一种工具而感到满足……

第 101 页:马克思论辩证法。

第 256 页:朗格——在形而上学圈套中最可怜的惶恐不安。

第 233 页:**黑格尔**在发展学说上高于达尔文。[209]

译自《列宁全集》俄文第 5 版
第 29 卷第 365—454 页

格·瓦·普列汉诺夫
《马克思主义的基本问题》一书批注[210]

（不早于1908年5月）

格·瓦·普列汉诺夫
《马克思主义的基本问题》

1908年圣彼得堡版

[第23—24页] 唯心主义者先是把思维变成独立的、不依赖于人的本质（"自为主体"），然后宣称:在它之中,在这种本质中,存在和思维的矛盾解决了。因为单独的、独立的存在是为它这种不依赖于物质的本质所固有的。这种矛盾真的在这种本质中解决了,这种本质是什么呢? 是**思维**。而且这种思维是不依赖于其他任何东西**存在着**的。但是,对矛盾的这种解决,纯粹是形式上的解决。这种矛盾所以得到解决,像我们在前面已经说过的,仅仅是因为取消了矛盾的要素之一,即不依赖于思维的存在。存在似乎单纯是思维的特性,当我们说某个对象存在着,这只是说,它在思维中存在着…… 存在并不是指在思想中存在。在这方面,费尔巴哈的哲学比约·狄慈根的哲学要明确得多。费尔巴哈指出,"证明某物存在着,这就是证明它

注意

》》

不是仅仅在思想中**存在着**……"①

[第28—31页]　唯物主义历史观首先具有**方法论的意义**。恩格斯很明白这一点,他写道:"我们最需要的不是空泛的结论,而是研究(das Studium);结论要是没有使它得以成为结论的发展过程,就毫无价值……"②

总之,马克思和恩格斯在唯物主义方面的最伟大的功绩之一,就是他们制定了**正确的方法**。费尔巴哈竭尽全力反对黑格尔哲学的**思辨**要素,以致他很少重视和利用黑格尔哲学的**辩证法**要素。他说:"真正的辩证法决不是孤独的思想家同他本人的对话,而是'我'和'你'的对话。"③但是第一,黑格尔的辩证法原来也没有"孤独的思想家同他本人的对话"这种含义;第二,费尔巴哈的意见正确地规定了**哲学的出发点,但不是规定哲学的方法**。这个空白已经由马克思和恩格斯填补起来了,他们知道,如果由于反对黑格尔的思辨哲学而忽视他的辩证法,那是错误的……

注意

许多人把辩证法和发展学说混同起来,**而事实上辩证法就是这种学说**。但是,辩证法和庸俗的进化"理论"有**本质**区别,后者完全是建立在这样一个原则上的:**无论自然界或历史都不发生飞跃,世界上的一切变化只是逐渐进行的**。黑格尔早就指出过,这样理解的发展学说是可笑的,毫无根据的……

[第33页]　总之,他④是用**存在的辩证特性**来证实辩证思维的权利的。在这里,也是存在本身决定思维……

[第39页]　可见,地理环境的特性决定生产力的发展,而生产力的发展又决定经济关系以及随在经济关系后面的所有其他社会关系的发展……

[第42页]　和生产力发展的每个阶段相适应的是一定性质的**武装、军事艺术**以及**民族间**,更确切些说,**社会间即部落间的法律**。**游猎部落**不能建立巨大的政治组织,这正是因为它们的生产力水平很低,它们为了寻找生存资料,用一句古代俄罗斯的形象的话来说,**不得不各自东西**,分散为一些小小

---

① 《费尔巴哈全集》第10卷第187页。
② 《遗著》第1卷第477页。(参看《马克思恩格斯全集》第1版第1卷第642页。——编者注)
③ 《费尔巴哈全集》第2卷第345页。——编者注
④ 指恩格斯。——编者注

的社会集团……

[第46—47页]　在马克思看来,地理环境是**通过在一定地方、在一定生产力的基础上所产生的生产关系来影响人的,而生产力发展的首要条件就是这种地理环境的特性**……

[第65—66页]　"经济结构"的性质和这个性质发生变化的方向,不是以人们的意志,而是以生产力的状况为转移的,是以由于生产力的进一步发展而在生产关系中所发生的、而且为社会所必需的那种变化为转移的。恩格斯用下面一段话来说明这一点:"人们自己创造自己的历史,但是到现在为止,他们并不是按照共同的意志,根据一个共同的计划,甚至不是在一个有明确界限的既定社会内来创造这个历史。他们的意向是相互交错的,正因为如此,在所有这样的社会里,都是那种以**偶然性**为其补充和表现形式的**必然性**占统治地位。"①在这里就决定了人的活动本身并不是自由的,而是**必然的,即合乎规律的**,也就是说,是**能够成为科学研究的对象的**。因此,历史唯物主义始终认为环境是由人们改变的,同时它也首先使我们能从科学的观点去观**察这种改变的过程。所以我们有充分的权利说,唯物主义历史观给所有想成为科学的人类社会学说**提供了必要的**序言**……

[第68页]　在没有阶级划分的原始社会里,人的生产活动**直接**影响着他的世界观和他的审美感……

[第81—82页]　如果我们想简短地说明一下马克思和恩格斯关于现在众所周知的"**基础**"对同样众所周知的"**上层建筑**"的关系的见解,那么我们就可以得到下面一些东西:

(1)**生产力的状况**;

(2)受生产力状况制约的**经济关系**;

(3)在一定的经济"基础"上产生出来的社会**政治制度**;

(4)部分地由经济直接决定的,部分地由经济基础上产生出来的全部社会政治制度决定的**社会人的心理**;

(5)反映这种心理特性的**各种意识形态**……

[第98页]　譬如拿我们现代的土地问题来作一个例子吧。在聪明的**地主**-立宪民主党人看来,"强制转让土地"(即跟"公平报酬"的数量成反比)多少是一种悲痛的历史的必然性。而在力谋获得"土地"的**农民**看来,恰恰相

---

①　见《马克思恩格斯文集》第10卷第669页。——编者注

反,只有这"公平报酬"多少是一种悲痛的必然性,而"强制转让土地"却是他们的自由意志的表现,是他们的自由的最可贵的保证。

我们在讲这一点时也许接触到自由学说的最重要的一点,而恩格斯没有提到这一点,这只是因为进过黑格尔学校的人无需任何说明就懂得这一点……

费尔巴哈和狄慈根。**24**①。

载于1958年《列宁全集》
俄文第4版第38卷

译自《列宁全集》俄文第5版
第29卷第455—458页

---

① 指普列汉诺夫的书第24页(见本卷第445页)。——编者注

弗·舒利亚季科夫
《西欧哲学(从笛卡儿到恩·马赫)
对资本主义的辩护》一书批注[211]

（不早于 1908 年）

弗·舒利亚季科夫
《西欧哲学(从笛卡儿到恩·马赫)
对资本主义的辩护》

1908 年莫斯科版

[第 5—10 页]　在<u>知识分子的圈子里</u>已经确定了　　原文如此!
对哲学的传统态度……　哲学思想和任何阶级背景联
系太少,太差……

　　<u>许许多多的马克思主义者</u>都持有这种观点。他们深信:在无产阶级先锋
队的行列里允许有多种多样的哲学观点;无产阶级的思想家是否信仰<u>唯物主</u>
<u>义</u>或<u>唯能论</u>,是否信仰<u>新康德主义</u>或<u>马赫主义</u>,这是没有多大意义的……

　　坚持以上所说的这种观点,这就犯了一个<u>幼稚的、</u>
<u>极可悲的错误</u>……　它①所运用的所有一切哲学术语
和公式……都是|它|用来标明社会上各个阶级、集团、
基层单位以及它们之间的相互关系的。我们研究某一　　‖ V不对

---

　　①　指哲学。——编者注

不对！ |||| 位资产阶级思想家的哲学体系，会看到一幅利用符号所画出来的<u>社会阶级结构的图画</u>。它表达了某一个资产阶级集团的社会宣言书……

决不能认为这些图画是某种似乎可以利用的并和无产阶级世界观相一致的东西。如果这样认为，那就是<u>堕入机会主义</u>，就是<u>企图把不能结合的东西结合起来</u>……

原文如此！

!!

真是胡说！ |||| ……早在几年以前就曾有过这类重新评价的第一个<u>卓越的经验</u>。亚·波格丹诺夫同志的论文《权威的思维》①无疑地开辟了哲学史上的<u>新纪元</u>。因为在这篇论文发表以后，思辨哲学就没有权利去运用"精神"和"肉体"这两个<u>基本概念</u>了；同时也确定了：这两个概念是<u>在权威的关系的基础上形成起来的</u>，它们之间的对立也反映了社会的对立，即担任组织职务的"上层"和担任执行职务的"下层"间的对立。资产阶级的批评家令人惊奇地<u>始终避而不谈这位俄国马克思主义者的著作</u>……

|||| 在这种条件下，对哲学概念和体系进行<u>社会起源的分析</u>，不仅是合乎愿望的，而且也确实是必要的。这是<u>非常非常困难和复杂的任务</u>。……现代时髦的体系，例如<u>新康德主义或马赫主义</u>……

X 我们的论述<u>并不是供少数专家用的</u>…… <u>平民对哲学也发生兴趣</u>…… 我们的叙述<u>带有基本的性质</u>…… 我们所维护的观点……<u>如果不是引用一大堆材料而是将用一些精选的材料来阐述</u>，那么它可能比较容易被人掌握……

—

组织"本原"和被组织"本原"

[第11—14页] 经济上的不平等现象出现了：组织者逐渐变成了曾经

---

① 载于他的论文集《社会心理学》。

属于社会的那些生产工具的所有者①……

　　"权威"社会的生产关系……　原始的野蛮人开始到处看到组织者的意志的表现。"……外部感觉可以感觉到执行者，因为他是一个生理机体、躯体；外部感觉不能感觉到组织者，因为他在躯体的内部，他是一个精神的个人……"

> ？？
> ‖这显然是胡说！！
> 不切题的叙述和空洞的废话

　　非常"空泛"！！空话。野蛮人和原始共产主义被混淆了。希腊的唯物主义和唯心主义也被混淆了。

　　关于精神的概念愈来愈带有抽象的性质。

> 只是唯心主义！

　　希腊哲学史上曾提出了这样的著名的问题：怎样能够从纯粹的、不变的、非物质的实体中产生出物质世界的千变万化的现象？"存在"和"变易"的关系如何？但是，和一切哲学史家的断言相反，这并不是崇高的人类思想的翱翔，不是企图识破宇宙中最伟大的秘密从而使人类永世幸福的最无私的努力。问题简单得多！像这样提问题不过是说明：在希腊城市中社会的分化过程已经走得很远了，在社会的"上层"和"下层"之间的鸿沟已经越来越深，同时组织者那种曾经和不太分化的社会关系相适应的旧意识形态已经失去存在的根据了。从前，虽然实体和现象世界有许多差别，但是它们之间的直接联系并没有引起人们的怀疑。现在，这种联系的存在却被否定。实体和现象世界被宣布为两个无法相比较的东西。它们只有通过许多中间环节才有可能发生关系。或者，用更带有哲学意味的语言来说，我们无论借助于感觉，或是借助于普通思维都不能确定它们的相互关系，要做到这一点就需要某种特殊的"观念"、特殊的直觉来协助。

> 对，对。
> 希腊唯物主义也这样吗？
> 那么，怀疑论者呢？？

────────────

① 在这里，我们稍微离开一下波格丹诺夫同志所作的解释，波格丹诺夫同志不认为这种情况具有它所无疑地具有的那种意义，甚至没有提到这种情况。关于这个问题，我们曾在另外一个地方谈过：《阶级斗争的历史和实践》（见关于指挥阶级的起源的各章），由多罗瓦茨基和查卢什尼科夫出版。

二

工场手工业生产时期的
组织"本原"和被组织"本原"

[第15—17页]　这个问题,即关于精神"本原"和物质"本原"无法相比的问题,关于在它们之间没有直接联系的问题,已经由<u>近代哲学</u>的老前辈们提出并加以解决了……

通常是顺便提到文艺复兴时代和以后时代的唯灵论情感,但是,这种情感是很典型的①……

真是胡说

中世纪的手工业者,一方面是组织者,但同时又完成着执行者的职能——和自己的徒工一道干活。工场主资产者只有一种职能:他是纯粹的组织者。在第一种情况下,的确存在着<u>波格丹诺夫同志所阐明的那种二元论的"表达事实的方法"</u>的根据。但是组织者和执行者之间的对立有些<u>被掩盖了</u>,因此在思想领域中,与这种对立相适应的精神本原和物质本原的对立以及积极本原和消极本原的对立也不能以明显的形式表现出来……

例如:它们中有受过训练的和正在受训练的

第19页

在中世纪手工业者的作坊中,没有所谓未受训练的、不熟练的劳动的代表者。在工场手工业作坊里,有他们的工作。他们就是"下层"。在他们上面的是另一些层次,另一些工人集团,它们在熟练程度上彼此有所区别。就在它们中间形成了某些<u>组织者</u>阶层。沿着这个阶梯向上走,我们就看到那些<u>企业中的技术领导者和行政人员</u>的集团。这样一来,企业主不仅"摆脱"了任何体力劳动,而且也摆脱了许多纯粹是<u>组织者</u>的

空话

这不是像你所说的那样212

---

①　提醒一下,马克思在《资本论》第1卷中,以及卡·考茨基都曾经指出<u>抽象宗教观点和商品生产的发展之间的依赖关系</u>。

责任……

[第19页]　和中世纪的思想家相反,近代哲学的
"祖师们"在<u>自己的</u>体系中,<u>非常注意变化无常的现象
世界</u>,详细地研究它的结构、发展,研究它的各部分的
相互关系的规律,<u>并建立起自然哲学</u>。工场手工企业
的领导者的最"崇高的"地位使得近代哲学的祖师们得
出了组织者意志的"纯洁"思想,同样地,也提示他们去
机械地<u>解释物质现实的过程</u>,即存在于被组织的群众
中的过程。

　　问题在于工场手工企业的领导者不过是许多组
织者所组成的那根很长很长的链条上的最后一环。对于
他来说,<u>其余的组织者</u>都是他的下属,同时他们又作
为被组织者同他对立……　但是由于他们的作用和
总领导人的作用不相同,由于他们的作用就是参加总
领导人所"摆脱"了的技术性工作,所以他们的"精神
的"气质就渐渐淡化了,所以<u>他们的</u>活动被看成是"<u>物
质</u>"的活动……

　　[第21—24页]　资产阶级体系,一般说来,都像
有两个面孔的雅努斯……　诚然,我们只在笛卡儿主
义中,即<u>恰好在新经济纪元的初期</u>所建立的体系中,找
到对二元论的彻底的表述;诚然,后来的许多哲学体
系,从<u>斯宾诺莎</u>的哲学体系起,都说笛卡儿主义把上帝
和世界,把精神和肉体对立起来的做法是矛盾的……
同样,<u>资产阶级哲学的唯物主义体系和实证体系也没
有证实自己战胜了二元论观点</u>。在资产阶级形而上学
和资产阶级"<u>实证世界观</u>"之间的差别,并不像初看起
来那样大……　<u>唯物主义</u>所攻击的并不是形而上学提
出来的<u>基本前提</u>:唯物主义并没有取消<u>组织意志</u>的概
念。这个概念只是采用了别的名称:譬如说,"精神"被
"力"所代替……

　　英国资产阶级,在17世纪,在他们"雄心勃勃"的
日子里,<u>宣传这样一种学说</u>,这种学说认为世界上的一

×　×

谁?
参看第17页

胡说!

注意

在把哲学史庸
俗化的时候,

完全忘记了资
产阶级和封建
主义的斗争。

切应当解释为物质粒子按照机械必然性进行的运动。当时英国资产阶级已经奠定了资本主义大经济的基础……　他们把整个世界描写成按照内在规律结合起来的那些物质粒子的组织……

　　法国资产阶级在18世纪下半叶，就用这类论文来充斥书市……　至于什么是企业的内部结构，我们知道，这是物质和机械过程的王国。由此得出了一个结论：人是机器，自然界是机器……

结论并非
由此而来

×）　物质的运动，取决于物质本身，正确些说，取决于物质本身的力量（霍尔巴赫）。看，组织者的意志又大大改样了，但是它的存在却被肯定并认为是绝对必要的。

?>　……手工工场主|并不是|以革命的"狂飙突进派"的姿态出现的……

×）　　他们和僧侣主义的斗争呢？舒利亚季科夫曲解了历史！

三

笛卡儿主义

||

注意
真是胡说！
无产阶级
＝物质

胡说

[第25—29页]　被组织者需要有组织者……
　　只有存在着最高的组织者的中心，中间的组织环节——"单个的主要人物"才能够起自己的组织者的作用。只有这个中心才能使他们在一个有组织的整体的范围内，在工场手工业作坊的范围内同无产阶级——"物质"——接触……

　　笛卡儿关于人的概念不过是思维的一种形式的进一步扩展，"表达事实的一种方法以及在心理中结合事实的一种方式"的进一步扩展。我们知道，在笛卡儿的体系中，世界是按照工场手工企业的类型组织起来的……

我们看到了对脑力劳动的崇拜……

我是组织者，而且作为一个组织者，我只有履行组织者的职能而不是执行者的职能才能够存在。如果把笛卡儿的说法译成阶级关系的语言，就是这个意思……

普通的、素朴的观点把外部世界想象成通过感觉所看到的那样……

关于工人仅仅是马鞍匠或仅仅是裱糊匠的概念让位给一般工人的概念了。职业已不再是劳动力的"本质"了……

倒是柏拉图的"理念"

［第31—33页］　笛卡儿解释道，决不能把时间看做是物质的特性，因为时间是"思维的样态"，是思维所产生的类概念……

哲学从今以后成为资本的忠实奴仆了……　对哲学的价值的重新评价，是由组织者上层和被组织者下层之中的变动决定的。新的组织者，新的被组织者——这就是上帝和灵魂的新概念，物质的新概念……

四

斯 宾 诺 莎

［第37页］　灵魂和肉体之间的任何交往，只有通过上帝。中间的组织环节和被组织的群众之间的任何交往，只有经最高组织者准许！……

……物质的运动和灵魂的活动只不过是同一过程的两个方面。根本谈不上灵魂和物质之间的任何相互作用。

［第41—42页］　经验、感性知觉，在他看来，都是认识事物时不可缺少的条件……

但是……大家都知道，斯宾诺莎死后，荷兰资产阶级的精英曾经以盛大的排场护送那辆载着他的遗骸的灵车。如果我们再比较仔细地了解一下他的熟人和那些与他有通信来往的人，那么我们不仅又会遇到荷兰资产阶级的而且会遇到全世界资产阶级的精英。……资产阶级把斯宾诺莎推崇为自己的诗歌手。

童稚之见 ‖‖ 　斯宾诺莎的世界观是<u>一首对胜利的资本</u>,对吞噬一切、集中一切的资本的赞歌。在统一的实体之外没有存在,没有物体:在大型工场手工企业以外,生产者就不能存在……

五

莱 布 尼 茨

废话 　　[第45页] 莱布尼茨的上帝是<u>一个模范企业的所有者,而且本身也是一个卓越的组织者</u>……

六

贝 克 莱

也算是说明了问题! **洛里亚**式的幼稚的唯物主义

(1)
(2)
(3)

　　[第51页] 霍布斯的唯物主义适合英国资本主义资产阶级的狂飙突进时期。工场手工业的基地已经打扫干净,对手工工场主来说已经开始了比较安宁的时代:霍布斯的唯物主义被洛克的不彻底的体系所代替。<u>工场手工业地位的进一步巩固,就使得反唯物主义言论的出现有了可能。</u>

倒是希腊人的相对主义

　　[第56页] "对工人的吸引和排斥,应该不受任何阻碍":在可感知的复合中没有任何完全绝对的因素。<u>一切都是相对的。</u>

七

休 谟

不清楚而且不确切

　　[第61页] 他同以前各章出现的所有思想家的<u>血缘关系是无疑的</u>……

× 　　　休谟所采取的哲学怀疑论的立场正好适合关于资本主义机体的这类概念。

×　　把一切都混为一谈！无论唯心主义还是怀疑论，一切都"适合"工场手工业！舒利亚季科夫同志真是单纯，真是很单纯！

九

费希特、谢林、黑格尔

[第81页]　所谓客观唯心主义的体系产生了……

　　？而费希特呢？

[第88页]　客观唯心主义者们……

　　×　费希特？

　　　胡说

[第94页]　但是我们知道，资产阶级世界观的一切体系都把"物质"当做是从属的本原（我们再重复一句，甚至在唯物主义者那里也是这样，他们引用"力"的概念来指出它的从属地位）……

　　那么"运动"的概念呢？

[第98—99页]　从费希特的反题法和谢林的自乘法学说达到黑格尔的辩证法，只有一步之差。关于黑格尔的辩证法，在本章中有关反题法的全部叙述之后，我们只要再写一些补充意见。我们已经阐明了辩证法的"真实的底细"。

　　真是胡说

黑格尔只不过是用"对立面"来更全面地论证了其他两位客观唯心主义者所提出的发展理论……

　　费希特——客观唯心主义者！！！

黑格尔所采取的新措施，强调了"现实"关系领域中的如下事实。在工场手工业中，职能和作用的分化达到了最大限度。每个执行者集团和每个组织者集团开始了层次化。过去曾属于某一集团的职能分配给各种重新形成的集团。每个集团都分化，从本身分出新的集团。手工工场主的思想家也注意到这种分化的过程，把它当做某种"本原"内部发展的过程……

　　真是胡说！

十

"工场手工业"哲学的复兴

真是胡说！

[第100—102页]　在资产阶级社会中,思辨哲学已失去信用。当然,这不是一下子就发生的。可是机器也并不是一下子就夺取工业的领土的……

用什么来解释新意识形态的肯定的性质呢? 是用简单的对比规律,用那种想"制造"一种与昨天的"信经""相反的东西"的 简单 意图来解释吗? ……

个体化的"复合"——伊万、彼得、雅柯夫都消失了。在作坊里,代替他们而出现的是一般工人。从"物质"那里夺去的那些"质"又回到了"物质"那里……

真是胡说！

物质在恢复名誉。资产阶级社会崇拜新偶像——"环境"……　的确,这里没有忽略:物质不管怎样仍然是物质,即被组织的群众,而且就它本身而言,如果没有"领导者"是不能存在的。"力"暂时在物质这里担任负有组织者职责的专家。写出了关于 Stoff und Kraft (关于"物质和力")的一些论文……

真是胡说

[第104页]　把工厂的最新组织和工场手工业内部结构加以比较,势必先验地得出这样的答案:资产阶级世界观的新变种应当再现工场手工业时代世界观的本质特征……

[第106页]　新康德主义被那种向"康德以前的"思维体系的"转折"所代替了。

十一

威·冯特

[第108页]　"……无论什么时候都不能把客体

和表象分开,也不能把表象和客体分开"…… ‖ 注意

[第 113—114 页]　上述的论断已经足以清楚地描画出冯特这位哲学家的面貌了,他给<u>自己</u>提出的<u>任务</u>就是和<u>唯物主义</u>作斗争,或者用一句时髦话来说,"Überwindung des Materialismus",即"克服唯物主义",但同时他也不说明自己站在那个被认为是唯物主义的传统敌人的学派方面……

在<u>哲学</u>领域,说明<u>中间组织环节</u>和"体力"劳动者即"下层执行者"之间的这种等同的是这样一种意图:即把"主体"和"客体"、"心理的东西"和"物理的东西"描述为一个"**不可分割的**"整体,把所说的这些现象之间的对立归结为认识上的虚构。阿芬那留斯的原则同格学说、恩斯特·马赫的心理的东西和物理的东西的相互关系学说、冯特的表象—客体学说,——所有这些都是同一类学说……　　　　　　　　　　　　胡说

这是**对的**,但不是这样**说的**

[第 116 页]　直到如今,不能否认冯特的 一元论 观点有一定的彻底性。<u>同样,也不能怀疑他有唯心主义情感</u>……　　　　　　　　　哈哈!折中主义者不对

[第 118 页]　<u>冯特所完成的正是这种飞跃</u>,他在提出"表象—客体"学说以后,又提出了"心理生理平行主义"的论断……

[第 121 页]　<u>"属性"</u>变成了<u>"系列"</u>,但实际上这主要是词汇上的改革……　　　　　　　　　　　　‖

[第 123—124 页]　<u>精神本原被肯定有优先地位</u>……　　　　　　　　　　　　　　　　对

一切肉体必定具有自己的心理的相关物。**任何一个**不论执行何等简单职能的工人,如果不受某一个组织者的直接的细致的"领导",他就不能生产任何产品,不能发挥自己的劳动力,不能生存……

……但是<u>心理系列就是"组织者"</u>,而"伴随"他们的,对于<u>"物理系列"即对于工人</u>说来,不过是依赖性而已……

　　〔第 128—131 页〕　所以，冯特认为，哲学应当越过经验的范围，应当"补充"经验。在我们没有得到包括有两个互不依赖的系列的**统一性**思想以前，仍然需要继续进行哲学分析。冯特表明这种观点以后，立即提出了对他来说是很重要的附加声明，他说，我们可以把世界的统一性**或者**想象<u>为物质的统一性，或者想象为精神的统一性，第三种解决问题的办法是没有的……</u>

　　冯特不把自己的普遍统一性的思想叫做实体。他确定这种思想就是康德所谓的<u>纯粹理性的</u>思想。康德的上帝是"形成一切的"、非实体的最高本原的思想，同样，冯特的<u>普遍统一性</u>就是一种非实体的整体的思想，有了这个整体，一切现象才能有重要意义，才能有确定不移的价值。从这种思想的角度来看，"空虚无聊的"世界观消失了，这种世界观认为现象的外部秩序及其机械联系就是现象的真正本质。我们所掌握的不是这种世界观，而是把<u>宇宙机制看成精神活动和创造性的外壳</u>的观点……

　　在这方面，冯特竭力强调**现实性**的成分。<u>在他那里，普遍统一性、"世界基础"的思想归根到底是**普遍意志**</u>的思想……

　　我们不打算深入地分析他所提出的公式，也不去阐述他的"<u>唯意志论</u>"的理论了……

胡说！而叔本华呢？

　　……<u>因此，为资本主义资产阶级打先锋的现代思想家们</u>根本不能谈论任何"固定不变的"被组织的本原，相反地，他们应该把这些本原说成是变化万端的东西，永远处于运动状态的东西……

十二

经验批判主义

不确切 ∨

　　〔第 133—142 页〕　对冯特的批判没有摧毁力，<u>打击的是想象的目标</u>。冯特的言论以及后来阿芬那留斯的那些门徒的回答①并没有标志两个不同阶级或同一阶级的两大集团的<u>世界观</u>的冲突。在这种情况下,所谓哲学争论的社会经济背景就是最新资本主义组织的最先进形式和较先进形式之间的<u>比较微小的差别</u>……

　　我们应当多说几句:<u>首先</u>应该把经验批判主义哲学理解为对上述思想的<u>辩护</u>。<u>函数关系的概念,就是因果关系的否定</u>……

　　<u>应当承认赫夫丁的结论大体上是正确的</u>。美中不足的是他引证了"合目的性的动机",因为这些动机是含糊不清的、不确定的。

　　在这种情况下,阿芬那留斯只是向唯物主义的用语作了<u>让步</u>,这种让步是由他的社会地位决定的……和庸俗唯灵论相比,"平行主义者"的观点在许多人看来还是唯物主义的。至于经验批判主义的观点也是如此。<u>这些观点与唯物主义接近的可能性特别大</u>……　在<u>广大读者</u>中,对<u>经验批判主义</u>已经形成了一种看法,把<u>它看做唯物主义学派</u>。不但如此,甚至哲学专家对它的判断也是错误的:<u>最新哲学的首脑威廉·冯特本人也把它叫做"唯物主义"</u>。最后,最有趣的是那些经验批判主义者也是一方面与唯物主义划清界限,可是有时又使用唯物主义的术语,有时甚至对自己那些反唯物主义的观点也开始犹豫起来了……

　　这就是真实背景,它使经验批判主义产生了根据"生物学的"分类原则对人类认识进行分类的想法。<u>但是这种"生物学",我再重复一遍,与唯物主义毫无共同之处</u>……

---

　　①　第一个回答的是卡斯坦宁。

真话!

对

是这样
或不是这样??

当然,但由此不能得出结论说函数性不能成为因果性的一种。

真的吗?

嗯?

撒谎!

为什么?
这一点你不懂!
啊哈!

然后就是维利、
彼得楚尔特
(两次)
克莱因佩特[213]

阿芬那留斯说，二元论是我们抽象思维的某一个过程即"嵌入"的结果……

但是"外部"世界和"内部"世界的对立，是纯粹的虚构。

对这种对立的分析是极端重要的，它一定导致一元论世界观的确立。阿芬那留斯哲学体系的注释者们竭力强调这种情况，其中有一个人说[①]："由于揭示了嵌入是不能容许的，所以达到了两个目的……"

哦! 真令人怀疑! 这是对本质不加分析的一文不值的解释!

如果根据从属的组织者的"绝对"观点，也就是说，如果把他看做是不以支配他的"意志"为转移的组织者，那么工人在他面前同样只不过是"物"或"物体"。但是再看第二种情况：从属的组织者对于最高"意志"说来，不仅是被组织的而且也是组织的……　从前的"客体"现在变成"主体"，并对物质"进行组织"：人在自身中容纳树木，然而是改造过的树木，是树的"表象"……

阿芬那留斯关于原则同格的学说也证明了"……人类经验的完整"……

无论阿芬那留斯的或冯特的"系列"，实质上，是"无法相比的"。鉴于有人断然宣称"经验的完整"，我们似乎应当期待唯物主义世界观，可是代替这种世界观出现的却是证明经验批判主义的唯心主义情感的那些观点……

真话!

可是冯特和阿芬那留斯在唯心主义的论断过程中发生了分歧。《哲学体系》一书的作者暴露出他偏爱"康德式的"调子。而《人的世界概念》的作者却说出一些使他接近于贝克莱曾经采取的立场的观点。

真话!

我们要赶快声明一下，我们根本不想断定克罗茵主教的著作决定了阿芬那留斯的观点，对阿芬那留斯有直接的影响。但是这两位哲学家的唯心主义立场有相似的地方，这是无疑的。我们在上面所提到的原则同格的全部学说已经说明了这种相似之处。

舒利亚季科夫在这里有误解。

像贝克莱一样，阿芬那留斯同样直截了当地提出了一个论点：在主体以外没有客体。每一"物体"应当是必然"属于"起着机能中枢作用的中枢神经系统……

① 鲁道夫·弗拉萨克。引自马赫《感觉的分析》第52页。

[第 144—149 页]　最高"领导者"甚至既不表现为康德的理性的思想、康德的"形式",也不表现为冯特的"普遍统一性"。然而他毕竟还是存在的,毕竟还是哲学体系的主要成分。对一切现象,正是从他的观点加以考察。他的"看不见的"存在,已经由于对组织者本原的不寻常的高度评价而成为当然的了(这种评价是和关于被组织的组织者的观念同时提出来的)。所以在阿芬那留斯的哲学论断所提供的世界总图中最重要的恰恰是组织因素的组织者的性质……

好!

嗯? 嗯?

阿芬那留斯认为世界就是一团中枢神经系统。"物质"完全没有任何的"质",无论是从前被认为是物质的必不可少的"第一性的质"或"第二性的质"。物质中的一切完全取决于"精神",或者用《纯粹经验批判》的作者的术语来说,取决于中枢神经系统……

误解

《纯粹经验批判》的作者非常彻底地贯彻了贝克莱式的唯心主义观点……

注意

……马赫关于作为逻辑符号的"自我"的学说……

像阿芬那留斯一样,马赫也知道两个"系列"——心理系列和物理系列(要素结合的两种形式)。和阿芬那留斯的系列一样,这些系列是无法相比的,它们只不过是我们思维的虚构而已。一会儿是一元论的观点,一会儿又是二元论的观点:中间组织环节一会儿被说成是被组织本原,一会儿又被说成是组织的本原。而且像在阿芬那留斯那里一样,这里终于宣布了"组织者的意志"的独裁统治。一幅唯心主义的世界图画描绘出来了:世界就是"感觉"的复合。

误解
啊哈!

马赫的反驳算不上成功。他的哲学体系的中心概念即著名的"感觉",不但根本没有否定组织本原,而且也根本没有否定最高组织本原……　把从属的组织者看做是被组织的"群众",这种观点使得马赫作出了对"自我"观念的批判……

误解

胡说!

注意

×

除了冯特、阿芬那留斯、马赫的思辨体系以外,我们还可以对最新西欧哲学的著名代表例如雷努维埃、布拉德莱或柏格森这些人的观点进行分析⋯⋯

哲学的领域是资产阶级意识形态的真正的"巴士底狱"⋯⋯　必须指出的是资产阶级思想家从自己方面来说并没有打瞌睡,而且正在加强自己的阵地。甚至他们现在还满怀信心,认为他们的阵地完全是不可攻克的。某些打着马克思主义旗帜的作家所抱的"唯心主义的"情感又为这样的信心创造了特别良好的立足点⋯⋯

目　　录

整本书就是把唯物主义肆无忌惮地庸俗化的例证。它对各个时期、各种社会形态、各种意识形态不作具体的分析,只讲关于"组织者"的空话,只作牵强附会、荒唐可笑的对比。

丑化历史上的唯物主义。

但很可惜,因为有追求唯物主义的意愿。

载于1937年《无产阶级革命》
杂志第8期

译自《列宁全集》俄文第5版
第29卷第459—474页

阿贝尔·莱伊《现代哲学》一书批注[214]

（1909年）

阿贝尔·莱伊《现代哲学》

1908年巴黎版

序　言

　　［第6—7页］　科学是认识和理性的成果,它只能保证我们实际地支配自然界。它只告诉我们怎样去利用事物,而根本不谈事物的本质……

　　因此,我在本书中的主要任务就是把实证的、"科学主义的"观点同"实用主义的"观点加以对比。在对比这两种观点时,我力求尽可能做到不偏不倚……

　　注意

第1章

现代的哲学讨论的中心

第5节　现代哲学思想的基本矛盾

　　［第28—29页］　从现代关于哲学总问题的提法上来看,可能有哪几种二者择一的情况呢? 只能有一种,因为全部问题在于保持科学和实践活动的尽可能

紧密的统一,既不顾此失彼,也不使二者彼此对立。这就是说,或者由科学产生实践活动,或者反过来,由实践活动产生科学……　在一种情况下,我们得到的是<u>唯理论的、理智主义的和实证论的体系——科学的独断论。在另一种情况下,我们得到的是实用主义的、信仰主义的或(类似柏格森的)积极直觉的体系——行动</u>的独断论。按照第一种体系,要行动就必须有知识:认识产生行动。按照第二种体系,知识遵照行动的需要:行动产生认识。

注意

但读者会不会以为后一种体系是要使人重新轻视科学,是要复活愚昧哲学。不会的,这些哲学家只有经过严肃认真的研究,在科学的、往往是非凡的渊博知识的基础上,对科学作深刻的批判的思考,甚至还必须像这些哲学家中的某些人所喜欢说的那样,努力"从思想上深入领会科学",才能得出科学来自实践的结论,<u>如果说他们这样做就贬低了科学的意义,那也不是故意的</u>;相反,他们中间有许多人以为这样做是揭示科学的全部价值……

注意

第6节　现代哲学争论的意义

[第33—35页]　然而我们暂且假定:<u>实用主义的论题是正确的,科学只是特殊的技艺,一种满足一定需要的技术手段。</u>那么结果会是什么呢?

首先,<u>真理成了一句空话。</u>具有真理性的原理原来只是有效的<u>人为手段的单方</u>。但由于能保证我们在同样情况下获得成功的手段有好几种,由于不同的个人有极不相同的需要,我们就势必接受实用主义者的下述论题:凡使我们获得同样实际效果的命题和论断都是具有同等价值的,都是同样合乎真理的,凡产生实际效果的思想都是同样合理的。从"真理"一词的这种

新含义中就会得出这样的结论:我们的一切科学是纯
粹偶然构成的东西,它们可以完全成为别的样子而仍
然同样合乎真理,即能够成为同样有用的行动工具。

　　作为知识的实在形式、作为真理的泉源的科学破
产了,这就是第一个结论。与知性和理性的方法极不 　　(1)
相同的其他方法,如神秘的感觉,是合理的,这就是第
二个结论。看起来从这种哲学中最终得出这样两个结 　　(2)
论,但实际上,这种哲学就是为了这两个结论而建立
的……

　　在这种情况下,用这些自由思想家自己的武器去
反对他们是轻而易举的。科学的真理!但这本来只是
名义上的真理。这也是信仰,而且是低级的信仰,只能 　　注意
用于物质行动的信仰;它们只有技术工具的价值。为
信仰而信仰、宗教的信条、形而上学的或道德的意识形 　　注意
态都要比它们高得多。

　　无论如何,这些自由思想家在科学面前是一点也不用拘束了,因为科学
的特权地位已经不起作用了。

　　的确,大多数实用主义者为了反对科学经验,都
急于恢复道德经验、形而上学经验、特别是宗教经验的 　　注意
权力……

　　[第37页]　对形而上学者说来,这是真正的收获。实用主义在恢复宗
教的同时,也促使形而上学恢复起来。在康德和孔德之后,实证论在19世纪
逐渐占据了几乎整个认识领域……

　　[第39—40页]　所以,实用主义的观点,正如另外一些哲学气味并不
那样浓厚的、不是那样新颖有趣的但可以得出相似结论的观点一样,最后总
是要恢复从18世纪中叶以来就被科学实证论胜利地排挤掉的、人类思想的
陈腐的规定形式——恢复宗教、形而上学、道德独断论,实质上就是恢复社会
权威主义。因此,这就是一切现代思维、全部现代哲学动摇于其间的两个极
端之一。这是独断论反动的极端,是各种形式的权威精神的极端。

　　相反,同最新哲学思想对立的极端,即认为实践来自知识因而一切应服
从科学的纯科学观点,它的特点主要是渴望摆脱束缚,渴望获得解放。正是
在这里,我们见到了革新者。他们是文艺复兴精神的继承者;他们的父辈和

直接教育者主要是 18 世纪这一伟大解放时代的哲学家和学者,马赫曾正确
地谈到这个伟大的时代:"即使一个人只能在书本上了解到这个高潮和解放
?!!　运动,他也会对 18 世纪永远怀着一种感伤的惋惜心情。"

第 8 节　方法。——概要和结论

　　[第 48—49 页]　现在来谈谈它的[科学的]**客观意义**。尽管有些人从
某种观点出发,也承认科学的必要性,他们还是会以为科学无法穷究它的对
象即全部实在……

第 2 章

数和广延性问题。物质的量的特性

第 2 节　经验论和先验论之间的旧争论

　　[第 55 页]　可是,抛开一切经验因素不也是办不到的事吗? 唯理论者
说,即使物质世界突然消失,数学家仍旧可以继续丰富自己的科学。是的,如
果物质世界现在消失的话,这样说是无可争辩的;但是,如果物质世界从来就
不存在,那么数学家难道也能创造数学吗? ……

第 3 节　数和广延性的哲学问题的现代形式。
"唯名论的"观点和"实用主义的"观点

　　　　　　[第 61—62 页]　柏格森也许比其他人更能促进
　　　　　　这些思想在哲学著作中的传播,他不会无条件地接受
　　　　　　"人为的手段"的说法。照柏格森看来,在对物质的关

系上,科学要比单纯的手段更重大些,更高级些。但是
他认为物质不是真正的实在;物质是遭到损害的、退化
的和僵死的实在。在对于真正的实在即有生命的、精
神的和创造性的实在的关系上,数学和科学除了有人
为的和符号的性质以外,根本不能有其他的性质。不
论在什么情况下,理智(在对物质的实际需要的压力下
铸成的第一个工具)创造数学的目的,始终是为了作用
于物质,而不是为了认识物质的本质……

　　在我们的时代,数学不是比其他一切科学更能使某些人倾向于实用主
义、倾向于科学不可知论那种实用主义的诡辩吗? 的确,我们正是在数学中
感到自己离开具体的实在的事物最远,而最接近于随意玩弄公式和符号的游
戏,这种游戏竟如此抽象,以至于好像是空洞的……

第 4 节　唯理论、逻辑主义和理智主义

　　[第 65 页]　几何学家的停滞不动的、均一的空间
是不够的;还需要有物理学家的运动的、非均一的空
间。包罗万象的自然机制并不是表示在物质中除了几
何以外便一无所有。根据现代的假说,它也表示还存
在着能的释放或转化,或带电体的运动……　　　　注意

第 5 节　量的问题的一般意义:
##　　　　　这基本上是理性的问题

　　[第 74 页]　首先不用怀疑:不管理性是多么大公
无私,它仍具有功利主义的职能。科学家不是官僚,也
不是知识浅薄的人。实用主义强调理性的效用、理性
的特别高的效用,这是正确的。但实用主义断定理性
除了功利主义的职能外,再没有别的职能,岂不是错了
吗? 唯理论者不是可以理直气壮地提出反驳说:理性

注意 ‖ 的效用就在于,当它从命题中引出命题时,也就从自然
界许多事实之间的关系中引出了相互的关系?理性能
够使我们也影响这些事实;这不是理性的目的,但这是
从理性中产生的结果。智慧通过仅仅分析自己所感知
的关系而创立的逻辑学和量的科学,把自己的权力扩
充到事物本身,因为量的关系同时也是事物和智慧的
规律。如果知就是行,那么这不是因为像实用主义者
所想象的那样,科学是由我们的实际需要创立的,而且
是为了我们的实际需要创立的,从而理性的全部价值
只在于它的功用,而是因为我们的理性在学会认识事
注意 ‖ 物时,就给我们工具去影响事物……

第6节 数学家彭加勒的思想

注意 ‖ [第75—79页] 伟大的数学家彭加勒[1]特别坚
持数学的这种随意性。

当然,我们的数学是完全符合实在的,就是说,数
学能够用符号来表达现实事物中一定的相互关系;严
格说来,数学不是经验促使我们创立的,经验只是智慧
创立数学的导因。而我们的那种为了便于表达我们所
必需表达的东西而逐渐形成起来的数学,仅仅是无数
可能形成的数学中的一种,或者确切些说,只是19世
纪的学者竭力想达到的某种更为一般的数学的局部情
况。而我们弄清楚了这一点,就立刻懂得,数学按其实
质和本性来说,绝对不依赖于它在经验中的应用,因而
彭加勒 ‖ 绝对不依赖于经验。数学是智慧的自由创作,是智慧
本身的创造力的最鲜明的表现。

公理、公设、定义、约定实际上都是同义语。因此,
任何一种可以设想的数学都可以得出结论,这些结论
只要是通过合适的约定体系而适当地表达出来的,就
完全可以同样适用于现实事物……

---

[1] 彭加勒《科学和假说》第1卷(巴黎弗拉马里翁出版社版)。

　　这种理论正确地批判了绝对唯理论,甚至也批判了康德的温和的唯理论。它向我们指出,智慧创立那种很适合于表达我们经验的数学,决不是由于不可避免的必然性;换句话说,不管我们是否按笛卡儿、康德的方式或者按其他的方式去理解现实(当然是指我们已知的现实),数学都不是现实的某种普遍规律的表现。可是,<u>这个结论在彭加勒那里比**在实用主义那里**具有完全不同的意义。</u>

　　在我看来,某些<u>实用主义者</u>,甚至彭加勒的<u>一切注释者</u>(我曾读过他们的作品),<u>都根本不懂彭加勒的理论</u>。这里有通过注释来歪曲彭加勒理论的极突出的例子。<u>他们</u>(在这个问题上以及在他们犯错误更大的其他问题上)<u>使彭加勒成了一位没有实用主义称号的实用主义者</u>……　在实用主义者看来,纯粹直观的大公无私的思想是不存在的,纯粹理性是不存在的。存在着的只是这样一种思想,它想掌握事物,并且为了这个目的而歪曲关于事物的观念以图得最大的方便。科学和理性是实践的奴仆。<u>相反</u>,在彭加勒那里,思想<u>在某种程度上具有亚里士多德所理解的意义</u>。思想思维着,理性为了满足自己而思考着;后来就超出了这个范围:理性的无穷创造力的某些成果,除了纯粹在精神上满足我们外,还能对我们的其他目的有用。

　　可以完全不接受<u>彭加勒</u>的理论,但是不应该歪曲他的理论,以便后来借助他的权威。<u>他们没有充分注意彭加勒的理论和康德主义的联系,</u>他的理论充分借用了康德主义的先验综合判断的理论,但是,彭加勒认为康德的唯理论太呆板了,他声明不应把作为我们整个数学(欧几里得数学)基础的这些先验综合判断看做合理的数学的唯一可能和必然的公设……

彭加勒和康德

第7节　数学科学和其他自然科学的相互关系

　　[第80页]　彭加勒的理论难道把看来属于经验的那种意义赋予经验了吗? 真是怪事! 我要告诉那些<u>为了自己的目的而经常引用彭加勒的理论</u>并且把这一理论创立者的名字当做火炮来使用的实用主义者,我

注意

在彭加勒的理论中很少发现实用主义的东西……

第8节　对科学方法和知识的
　　　　一般发展的指示

[第87页]　如果说科学在后来是由于它的物质效用而发展起来的,那么不应当忘记,科学只是因为它对智慧有用并为了无私地满足那力图认识事物的理性,它才在产生时摆脱了粗陋的经验论,从而成为真正的科学。科学首先使我们认识现实,而后才让我们作用于现实。科学应当首先使我们认识,以便后来使我们能够行动……

第9节　马赫的观念,理性以及思想的适应

[第90—91页]　这是否给我们提供了关于逻辑和合乎理性的思想(数学始终被认为纯粹是从它们中流出的)的本质和意义的宝贵指示呢?　而且,是否可能也提供了关于理性的本质和意义的宝贵指示呢?　这里我们接近于马赫的思想,他也常常被人说成没有实用

注意

主义称号的实用主义者。

我们觉得马赫更加接近于唯理论,即我们认为在今后这个术语所应该具有的那种意义上的唯理论,这种唯理论决不摒弃有着曲折道路的理性心理历史,而主要的是它一点也不轻视经验的作用,因为理性只是经过编纂的经验,同时也是一切经验的必然的和普遍的汇集,所以同时既要估计到进化的因素,也要估计到人的心理结构……

[第93—96页]　因而,我们可以看出,在理性生物的意识中被抽象分析的理性,借助自身中所揭示的原则和这些原则的完善发展,是能够和周围环境的规律相符合的,并且能够反映这些规律。其次,我们还可以看出,由于我们的自我和环境的这些特性,理性只能是这样的理性:因此,正如唯理论者所断言的,理性的

确具有必然性和普遍。在某种意义上说,理性甚至
是绝对的,不过<u>不是从传统唯理论的观点来理解这句</u>
<u>话</u>。在传统的唯理论看来,这句话是指<u>事物按照理性</u>
<u>所认为的那样存在着</u>。<u>在我们看来却相反</u>,我们不知
道事物是怎样<u>自在</u>地存在的,<u>并因为康德的或实证论</u>
<u>的相对主义确认这一点</u>,所以理性就自身来说是正
确的……　　　　　　　　　　　　　　　　　　!!

　　<u>虽然数和广延性是抽象的</u>,但它们都是从<u>实在的</u>　!!
<u>事物本性中产生的</u>,因为实在性就是繁多性和广延性,
因为事物之间的关系就是<u>从事物本性中产生的**实在**</u>　　注意
<u>**关系**</u>。　　　　　　　　　　　　　　　　　　　对照**第93—**
　　数学逐渐脱离可感知的空间而上升到几何空间,　　　**94页**
但是它并不脱离实在的空间,即<u>不脱离事物之间的真</u>
<u>实关系</u>。<u>它反而更接近事物之间的真实关系</u>。根据现
代心理学的材料,显然我们的每一种感觉都**按照自己**
的方式提供广延性和持续性(即实在的事物的一定联
系和相互关系)。知觉则开始排除这种由个体或由类
结构的偶然特征所决定的主观因素;知觉构成均一的
统一的空间和均匀的持续性,即构成那些集合我们关
于广延性和流逝性的各种感性表象的综合体。为什么
科学工作<u>不这样继续向客观性方面前进呢</u>?无论如　‖‖　注意
何,科学工作的严密性、准确性、普遍性(或者说必然性
也一样)都证实<u>科学成果的客观性</u>。所以,可以不考虑
我们的批判主义的和主观主义的思考习惯,而把数、序
列、广延性看做事物的特性即事物的实在的关系。何
况它们之所以是实在的关系,是因为科学使它们逐渐
摆脱它们最初在我们的直接的具体的感觉中呈现时所
带有的个人的和主观的歪曲。在这种情况下,是不是
有充分根据认为经过所有这些抽象以后留下的东西就
是那种同样<u>必然</u>地为各种存在物所具有的实在的、不
变的内容呢?<u>因为它不依赖个体</u>,<u>不依赖时间因素</u>,也　‖‖　注意
<u>不依赖任何观点</u>……

第10节　数学教导我们什么

感觉＝最终的
东西

[第97—98页]　心理学从自己这方面表明,我们的一切感觉(这些直接的和最终的经验材料)都具有一种特性:延展性或广延性。……

几何空间是抽象地解释光学空间的结果,这种解释排除个别的特性,概括这种光学空间所包含的各种关系,并使人更容易理解它们。我们还很想用这样一个论点来补充马赫的思想:上述做法的目的就是要最严密、最准确、最普遍、最必然地因而最客观地表达这些关系……

马赫＋客
观性

[第100页]　可见,数学从序列、数和广延性的角度向我们揭示事物之间的关系。

我们的智慧在分析存在于事物之间的实在关系时,自然就会获得一种通过类似联想来构成类比关系的能力。因此,它可以根据在现实中发现的组合设想出未在现实中发现的组合。我们先要构成作为实在事物的复写的表象,然后才能构成泰恩在略有不同的含义上所说的那些形象。

!!!

第11节　概要和结论

[第103—105页]　绝对唯理论好像有充分理由根据某种唯心主义实在论断言:理性的规律是和事物的规律相符合的。但是,它把理性和事物割裂开来,认为理性孤零零地、只依靠自身获得对支配事物的规律的认识,这不是错了吗?

注意

的确,对理性的分析就其范围来说,是和对自然的分析相符合的。的确,数学对理性进行分析,同时也对自然进行分析,或者也可以说,数学为分析自然提供一

注意

些必不可少的要素。但是我们如果对这一点作这样的
解释:我们的心理活动就是通过适应它表现于其中的
环境和实际条件而形成的,这岂不是更简单吗?……

　　如果绝对唯理论和上述理论之间因此在数学概念
的形成问题上有重大的分歧,那么在数学的价值和意
义问题上,我们反而会得出非常相似的结论:按照常人
的理解,这种价值和意义是绝对的。至于讲到超人的
理解和某种先验的观点,老实说,我还没有去洞察这种
观点的秘密,而且我也不想这样做。如果能够做到按
常人的观点了解事物,并且用常人的语言正确地表达
事物,对我说来,就足够了……

　　这种结论是不是很表面和太肤浅呢? 在我看来,
实用主义陷入了同传统唯理论所陷入的极端完全相反
的另一个极端。传统唯理论把终点当成起点,把结果
的特性搬到起点上去。相反地,实用主义却使终点接
近起点,以致使它们完全融合在一起,同时把起点的特
性强加于结果。数学在功利主义拟人观的基础上产生
后就逐渐超出这一最初视野的主观范围,这样想不是
更合理吗? 数学使自己的分析日臻完善,并找出事物
之间某些实在的、客观的、普遍的和必然的相互关系。

　　[第107页] 数学正如我们的理性和逻辑一样,是以事物的本性为根据
的,数学是我们的理性和逻辑的特殊运用,而理性和逻辑实质上是通过类似
的方法形成的。

　　不论我们通过什么途径去接近现实,反正都是一样,只要我们一步一步
地研究现实,最后总能够全面地掌握它。

中庸之道!!

第 3 章

物 质 问 题

第 1 节　物质问题的历史概述和现状

　　注意

　　[第 109—111 页]　首先,随着哲学家-"物理学家"的失败,以埃利亚派和柏拉图为首的希腊人的伟大哲学传统就对物质本身的存在表示怀疑。物质仅仅是一种外观,或者至多是最起码的存在;而关于物质的东西的科学也只能是纯粹相对的科学,只有关于精神的东西的科学才是真正的科学。这样一来,就开始用取消物质问题本身的办法来解决物质问题了。物质只能

　　注意

作为精神的不确定的界限和精神的功能而存在,一切同物质有关的东西都是低级的存在……

　　因此,关于外部世界的实在性,关于唯心主义、唯灵论、唯物主义、机械论、唯力论的许多争论越来越使人感到它们是一种过时的、白费力气的游戏,应当是古典哲学干的事,古典哲学这个用语是按照泰恩的理解,指适用于中等学校高年级的哲学……

　　注意

　　[第 113 页]　庸俗唯物主义从它〈物理学〉那里既借用了一切有根据的东西,也借用了一切夸大的、怪诞的东西。如果宗教精神能证明,物理学对于事物(物理学是使我们作用于事物的)一无所知,物理学的解释根

　　注意

本不成其为解释,那么对宗教精神说来,这是多么大的收获啊!

第2节　19世纪末物理学的危机：
唯能论物理学

　　的确，当这种哲学希望产生并开始在<u>有学识的</u>和真诚的<u>信奉者</u>的头脑中巩固起来的时候，<u>物理学</u><u>中的一切情况也都好像是为了证明和实现这种希望</u><u>似的</u>……　　　　　　　　　　　　　　　　注意

　　［第114—117页］　<u>新物理学即唯能论物理学反</u><u>对这种传统的机械论物理学。</u>"<u>反对</u>"这个用语是否恰当呢？对于大多数物理学家，比较正确的倒是这样的说法：新物理学和机械论的方法都同样"被不加区别地使用着"（根据需要）。

　　<u>实际上</u>，能不是别的，而是做功的<u>能力</u>，这是力学的概念，这一概念从来都可以从力学上来理解，即通过运动和运动科学来理解。亥姆霍兹、吉布斯和许多其他人给力学添上了新的一章，这决不是打破了机械论的传统，新的一章概括了力学在物理实在中的应用。他们除了根据物理学上的成就<u>去修正和继续发展力学</u><u>概念</u>（从伽利略和笛卡儿的时代以来一直是这样做的），并不要求任何其他东西，<u>实际上也没有做任何其</u><u>他事情</u>……　　　　　　　　　　　　　　注意

　　这样一来，"énergétique"①的第一个含义就是：它是物理学的一个部分，是所有科学家承认的这样一门科学。还要补充说明一点，在法国，物理学的这一部分通常叫做**热力学**，虽然按字源构造来说，这个词含义太

---

　　①　énergétique（德文为Energetik，俄文为энергетика）作为物理学的一个部分可译为"能学"，作为物理学的总的理论或哲学学说可译为"唯能论"。——编者注

！

狭窄,不足以说明它所表达的内容,但它有一个优点,就是可以消除由于"énergétique"这个词有别的含义而可能引起的一切误解。

这个词的第二个含义已经不是指物理学的某一部分,而是指**物理学的总的理论**……

这一规律和力学观点并不抵触。后者有充分根据肯定:能的各种表现实质上只不过是同一基本实在即运动所引起的各种现象……

[第120—123页] 有一部分物理学家否认物理学仅仅是经典力学的简单继续。他们希望摆脱传统的枷锁,他们像一切真正的革命者那样,认为这种传统过于狭隘和过于专横了。因此,他们对力学的基本原理作了详尽的批判以后又加以修正。由于这些努力,就出现了对物理学的新的看法,也许,这种新的看法并不像他们有时候所认为的那样,是和旧的看法对立的,但无论如何,它使旧的看法起了深刻的变化。

注意

总而言之,当它[物理学]发觉经典力学是它的一个薄弱的基础时,就不再像过去一直认为的那样,把物理现象看成正是构成经典力学研究对象的各种运动方式。直到现在为止,解释和研究物理现象都意味着把物理现象归结为运动的各种形式:物质质量的运动、原子的运动或宇宙的传递介质——以太的振动。因此,任何物理学上的说明都可以用运动几何学的图解来表达。

注意

目前物理学家们想用来代替旧观点的那种新观点,首先就在于完全摒弃一切形象的观念,摒弃那些"力学模型",如英国人所说,没有这些"模型"就不会有真正的物理学。马赫严厉地把它们干脆叫做"神话"。和任何神话一样,这种神话也是一种幼稚的东西;当我们不会直接观察事物时,它可能是有用的;但是能够自己走路的人,就不要用拐杖了。我们要抛开原子论的拐杖和以太的旋风。到达成熟期的物理学,已经不需要用粗陋的形象来膜拜自己的神了。只有数学的抽象语言才能够恰当地表达经验的成果。只有它才能够既不夸大也不缩小地、非常确切地告诉我们存在的东

!!

西。不是由几何学，更不是由力学，而是由代数确定的
数量；不是靠空间中相对于某一原点的位移来测量的
可感知的变化，而是靠假定的标度来测量的数值变
化，——这些就是新物理学的材料：这是和机械论物理
学或形象物理学相对的**概念**物理学……

　　这种新物理学的总的理论在 1855 年就曾为兰金
所注意，马赫、奥斯特瓦尔德和杜恒则专门对它进行了
研究。马赫说过："任何科学的目的都是为了用尽可能
简便的智力活动来代替经验"；这个公式可以作为科学
唯能论的座右铭……

注意

注意

第 3 节　对唯能论的哲学解释

　　[第 127 页]　很明显，企图把那些取自科学的反
对某些教条和一切宗教观点的论据化为乌有的哲学，
怎么会利用这种机智的解释呢！你们提出一定的物理
学真理来反对一定的信仰吗？但是，要知道新物理学
只企望一件事，就是回到伟大信仰时代的观念上去。
经过 300 年的猛烈冲击，新物理学像浪子那样重新回
到最正统的托马斯主义的怀抱里。

注意

　　但更为严重的是有这么一位著名的学者，他之所
以闻名，是因为他的著作具有数学的准确性和精密性，
特别是因为他积极宣传新物理学思想，用异常明确的
纯粹法国式的体裁阐述这些思想，并且在唯能论力学
的领域中作出了卓越的概括，就是这位学者却认为可
以接受这种对新科学理论的哲学解释。我们说的就是
杜恒。当然，他也竭力想严格划清自己的科学观点同
自己的形而上学观念之间的界限……

!!

　　[第 130—134 页]　新哲学发展了这种观点，它几
乎能够立刻从目前各种改革物理学的企图中推断出，
这种物理学的性质是单纯叙述而不是去作任何说明。

注意 ||| <u>而这正合乎"信仰主义"的胃口</u>。科学没有力量超出质的范围，就是说，它应当只限于对质的描述。用马赫的说法，科学应当是对感觉的简单分析，然而我们的新哲学避免在马赫这种说法的本来意义上去运用它，这种说法<u>在本义上具有完全"科学主义的"性质</u>。

注意 ||| 　　<u>在现代的著作中</u>(在性质完全不同的叙述中)常常可以看到这样一种见解：<u>关于物质的各种科学一点也没有告诉我们关于实在的事物，因为各种科学所理解的物质，即庸俗意义上的物质本身是不存在的</u>。即使简单的普通的知觉就已经歪曲外部实在了。它完全根据我们活动的需要来构成外部实在。然后科学再进一步对这些原材料进行加工。科学给我们指出的名为物质的东西只是粗陋的模式，其中实在事物的全部生动的丰富内容已被科学规律的筛子筛掉了，或者这种名为物质的东西只是由我们随意隔离或结合以及完全捏造的抽象要素的各种混合物。<u>这样就扫清了替唯心主义的最神秘的形式作辩护的道路</u>……

注意 ||| 　　只要不坚持这些极端的错误，终究可以看到，甚至连严肃而有教养的人都<u>企图像彭加勒批判数学那样批判地对待物理科学</u>，虽然彭加勒本人坚决反对这样做。从这一观点出发，<u>物理学也和数学一样，是一种符号语言</u>，其目的不过是使事物比较明白易懂、比较简单明了、比较容易被人知晓，而主要是使事物在实践中变得比较驯顺。所以，使事物明白易懂，就是要不断歪曲我们直接从现实中获得的那些显明的表象，以便更好地利用现实来满足我们的需要。

注意 || 　　<u>明白易懂和合理同事物的本性毫无共同之点</u>；它们只是行动的工具。

第4节　对现代物理学批判的批判

|| 　　尽管绝大多数物理学家对物理科学的这种解释抱

着沉默的蔑视态度,但哲学批判对这种解释不能置之
不理。如果科学家们有权利说:<u>你说你的,我做我的</u>,
那么,对各种学说的社会意义和教育意义都必须关心
的哲学批判却不得不过问这个问题。

注意

[第 136—138 页]　<u>大多数新哲学的拥护者只是
面向那些</u>赞成唯能论物理学而坚决反对机械论物理学
的科学家。但是整个说来,绝对拥护唯能论物理学的
人在物理学家中间占<u>极少数</u>。<u>大多数物理学家仍然是
机械论者</u>;当然,他们改变了力学观念,使它符合新的
发现,因为他们到底不是经院哲学家。但是他们总企
图通过可以感知的运动来描述和解释物理现象。

注意

另一方面,不应当忘记,如果说唯能论也提供了<u>一些</u>精湛的理论和阐述,
那就应当把现代几乎所有的伟大发现归功于机械论物理学家,这一切发现是
和那些设想现象的<u>物质结构</u>的尝试有联系的。这个<u>情况值得我们考虑</u>。

唯能论一心想使理论物理学具有几何学的精确
性,它索性主张把理论物理学变成关于实验材料的简
短扼要的叙述,但是<u>物理学理论能够归结为扼要叙述
的简单工具吗</u>? 它能够把假说完全从历来靠假说获得
成果的科学中排除出去吗? 它不应当依靠理论(这些
理论正像我们在机械论的理论中所看到的那样,始终
是对实验的预言,是直接设想实在的事物的尝试)去不
断地揭示实在的事物吗?

由此是不是可以这样说:仅仅依靠纯粹的唯能论物理学家去创立物理哲
学,就意味着糊里糊涂地削弱这一哲学所必须赖以建立的基础? <u>新哲学为了
证实自己的思想,实质上只是求助于那些能够对自己有利的人,但这些人为
数极少</u>。这当然是一种方便的手段,但仅仅是一种手段而已。

然而这些人是真的像新哲学所想象的那样对它有利吗?

这是很值得怀疑的。凡是<u>实用主义</u>或所谓唯名论援引到的那些科学家,
几乎都严正声明同实用主义或唯名论划清界限,其中也包括彭加勒。现在我
们来研究一下这些科学家。

第5节　现代物理学家想的是什么

[第 138—144 页]　因此,物理学是关于实在事物的科学,尽管它竭力想用"方便的"方式去表达实在事物,但它所表达的总还是实在事物本身。"方便"仅仅在表达的手段上。智慧可以在寻求最大的方便的过程中改变这些手段,但在这些手段背后隐藏着的是自然规律的"必然性"。这种必然性不是任凭智慧的自由意愿所能建立的。相反地,它束缚着智慧,并使智慧的表达手段局限在狭窄的范围内。自然规律从外部并通过事物本身精确地告诉我们,它反映事物之间的真实关系。这种精确性达到了实验材料的误差那样的程度,达到了经常存在于受同一个规律支配的物理现象之间的微小差别的程度,因为这些物理现象永远不会同一,只会非常相似。

杜恒还指出,不能认为物理学家的实验是对实在的模拟。任何物理实验都是测试,而测试是要有许多约定和理论作为前提的……

杜恒从来不抹杀物理学原理的这一真理性:物理学原理是描述实在事物的。此外,物理学理论不但正确地描述实在的事物,而且有条不紊地描述实在的事物,因为它一直力求对物理现象进行自然分类,即那种反映自然界秩序的自然分类。任何一个独断论者,无论是笛卡儿、牛顿或黑格尔,从来都不要求更多的东西……

哈哈!!

可是,如果此人〈杜恒〉相信形而上学有必要和科学同时存在,那么他又为什么非赞成托马斯主义的形而上学不可呢? 因为在他看来,托马斯主义的形而上学更加符合物理学的结论……

奥斯特瓦尔德的"科学主义"同伟大的维也纳力学家马赫的观点很接近,马赫为此甚至连哲学家的称号都不要了。

注意

注意

感觉是绝对的东西。我们通过我们的感觉来认识现实。而科学就是对我们感觉的分析。分析感觉就是揭示感觉之间的确实关系,用最客观的说法,就是揭示

自然界的秩序,因为自然界的秩序无非是我们感觉的
秩序……

　　唯理论者在批判马赫的文章中有时责难<u>马赫倾向
于实用主义</u>。他们责难马赫,说他有怀疑论的相对
主义。　　　　　　　　　　　　　　　　　　　　　注意

　　感觉显然是人的东西。<u>然而,感觉是绝对的,人的真理也是绝对真理,因
为对人说来,这种真理是完全的唯一的真理,是必然的真理。</u>

　　[第 147 页]　虽然在用某种试剂发现微生物以前,人们看不见微生物,
但人们可以设想微生物的存在。<u>既然如此,为什么我们就没有理由去设想总
有一天会由实验揭示的物质的某种结构呢?</u>

第 6 节　从现代物理学的观点来看物质:总评

　　[第 148—150 页]　<u>布吕纳蒂埃尔发起的征讨,由那些有宗教信仰的人
继续下去了</u>,这些人的确<u>很虔诚</u>,但他们要消灭一切能够成为他们的绊脚石
的东西。那么,这种即使不导向实用主义、至少也会导向某种形式的实用主
义的征讨,有什么意义呢?……

　　我们在数学上用序列、数和空间这些术语标示我
们的感觉所依赖的某些关系,数学科学把这些关系当
做自己的对象,同样地,我们也用"物质"这个很一般的
名称来标示<u>我们的感觉所依赖的</u>、复杂得多的<u>大量其
他关系</u>。物理学就是研究这些关系的。当我们讲到物　　　　注意
理学是一门关于物质的科学时,我们所要表明的正是
这一点……

　　[第 152 页]　有人认为,物理学的对象是那些能够为上述关系所包罗的
要素,即给这些关系提供真实内容并且似乎能够**充实**这些关系的要素,这种
思想在许多人看来是很自然的。斯宾塞的科学分类中的思想正是这样。但
是,不能承认这种思想是成功的。我们直截了当地肯定现实的要素是某种不
可能不存在的东西。

　　这些要素的存在是无须证明的。我们不应该问,

注意

莱伊的不可知
论的实质

这些要素能否成为和它们原来不同的东西。如果肯定这点，那就等于恢复自在之物这个旧的形而上学的偶像，实质上也就是恢复这种或那种形式的无谓的空谈。要直接地接受经验。经验本身就是证明，因为对讲求实际的人来说，在科学范围内经验就是一切论断的证明。

注意

[第154—155页]　那么，不可知论对科学的批判到底是否公正？科学所不能了解的某种自在之物存在着吗？等等。我们又碰上了免不了要玩弄字眼的形而上学！让我们努力把这个问题尽可能地搞清楚吧。

如果**相对的**是指与**关系**有关的东西，那么物理学就是**相对的**。但如果相对是指不能够洞察事物的基础而言，那么我们所了解的物理学就不再是相对的而是绝对的了，因为事物的基础，即在解释事物时我们所必定要分析的那个东西，是由我们感觉所依赖的关系构成的，或者更确切些说，是由关系的体系构成的。感觉、现存的东西打上了主观性的印记：这些瞬息的闪光是由关系的体系造成的，这种体系大概已经永远不能再以完全同样的形式重新出现，而考察时我的状态和环境的状态是由关系的体系决定的。但这里出现了科学家，他把包含在个别环节中的普遍的东西分析出来，把通过个别环节复杂地表现出来的那些规律以及形成个别环节的状态的那些关系分析出来。

实质上一切科学规律告诉我们，现存的东西为什么是这样的以及怎么会是这样的，它是受什么东西制约和由什么东西创造的，因为这些规律分析的就是现存的东西所依赖的关系。只要这种分析很全面（如果一般地能够做到这样），它们就能给我们揭示出**绝对的人的真理**。

哈哈！

第7节　现代物理学的具体材料

[第156—161页]　凡是决定能的转换、递减、扩散或传播的一切关系都被分门别类地包括在物理学的总的理论中，人们称这种理论为唯能论。

这种理论丝毫没有讲到我们所研究的能的性质，因而也没有讲到物理化学现象的性质。它只是记述了某一物体的状态根据什么，怎样和在什么方面发生物理变化或化学变化。

|||　注意

唯能论物理学家断言，再深入一步是不可能的，对于物质现象，唯能论向我们作了完满的、必要的和充分的解释，也就是说，它提供了物质现象所依赖的一切关系的总和。有一些唯能论物理学家为了给自己的观点增添更多的客观性，甚至把能升格为某种实体，似乎这种实体就是真正的物质实体、我们一切感觉的实在的能动的原因、我们必须赖以建立我们的自然观念的形象。

|||　这位"实证论者"真是有趣

在这里能代替了原子论的微粒。它起着同样的作用，并且具有同类的存在：它是事物的基础，事物最终的本性，是绝对的东西……

相反地，机械论者却认为，再深入一步是可能的。按照他们的意见，唯能论似乎停留在事物的表面，唯能论的规律或者应当归结为其他的、更深刻的规律，或者无论如何也应当以其他更深刻的规律作为自己的基础，而成为对这些规律的补充。

|||　机械论者反对唯能论
注意
比第157页上唯物地解释的唯能论进了一步！**215**

如同上面已经指出的，绝大多数物理学家特别是那些使物理学获得最新成就的实验物理学家属于机械论学派。

这一派的拥护者首先批判能的概念，并且指出，决不能像某些人那样，把能的概念升格为什么物理的或形而上学的本质。

任何体系的能只是标志着这一体系做功的能力：当所做的功还不能显露

出来的时候,能是潜在的;在相反的情况下,能就是实在的或运动的。因而能的概念和功的概念是相互关联的,而功的概念是力学的概念。因此,不求助于力学和运动,显然在实验中是不可能获得能的。那么,唯能论如果要明白易懂地说明物理化学现象,就不应当同力学结合起来吗? 就不应当从自己同力学的继承性的联系加以阐明吗? 因此,就不应当兼而研究那些力学观念吗? ⋯⋯

从这种观点出发,力学、物理学和化学就形成一个内容丰富的理论体系,而正如运动是物理化学现象的最根本的实质一样,力学是这个体系的牢固基础。

当然,现代机械论者已不再认为,现代力学和支配能的转化的规律一样,都达到了最完备的形式,科学已经找到了自己的不可动摇的基础。他们接触到唯能论的批判以后(最新科学的成就无可争辩地应当归功于这种批判),就抛弃了陈旧的力学观点和原子论观点的狭隘的独断论。他们认为,新的发现一定会扩大科学的视野,并使外部世界的观念不断发生变化。我们不是都曾目睹最近 50 年来改造以至几乎推翻了经典力学的工作吗? 能量守恒原理(亥姆霍兹)和卡诺原理首先冲破了旧的藩篱。放射性现象使我们能够更加深入地认识原子的性质,从而使我们认识到物质的电的构造是可能的,并且认识到用电磁学原理去补充经典力学原理是必要的。

注意

事实上,机械论观点现在力求采用人们称为电子学说的形式。电子是任何物理实在的最基本的要素。由于电磁场规律的作用,这些均匀分布在一个点的四周的简单电荷或以太的变态完全是物质的一种惰性,即物质的基本特性。因此,物质不是别的,而是电子系统。电子的正负取决于以太变态的性质(这种变态暂时还是未知的);物质原子是由数量相等的正电子和负电子组成的,或者至少具有大小相同的正电荷和负电荷,而且正电荷大概在系统的中央。负电子,也可能不

**电子学说 ＝
"机械论"**

是全部而只是一部分负电子,围绕着其余的电子运动,好像行星围绕着太阳运转一样。由此可见,分子力和原子力也像各种形态的能(光、电、热)一样,只是电子运动的表现。

因此可以得出很出色的结论:同惰性概念一起构成力学基础的质量(或物质的量)的守恒概念,大概不能保留在电磁力学中,因为在电磁力学中有重量的质量只有在小于光速十分之一的平均速度下才是固定不变的;但是,有重量的质量是速度的函数,我们越接近于光速,质量就随着速度而增加得越快。这一假说的前提或者是承认名称不同的电荷和以太的存在,或者只承认以太的存在,而以太的简单的变态就是电子。

最后,勒邦医生的著作①和某些英国物理学家的著作在今天看来可以使我们作出下面的结论:物质的量,甚至能的量都不是守恒的。它们只不过是依赖于以太的状态及其运动的关系而已②。

[第 163—171 页]　在我们的时代里,不可能而且不应该有这个观念。我们得出了完全相反的观点。只要是由于新的实验材料的出现而有必要重新审查物理学的基本原理或限制这些原理的应用,那么所有的物理学家就都准备这样做……

那么是不是应当从这里得出结论说,物理学家因而不再希望找出一些基本原则和更深刻的原理来解释和掌握现存事物的更丰富的部分呢? 这种结论即使和以往机械论者的错误是对立的,但也是一种同样危险的错误。物理化学科学的现代精神、现代的科学精神在尚未认识的事物面前不是畏缩不前的。

我们可以看到,进步的物理学家已经敢于怀疑质量或有重量的物质的守恒原理了。

----

① 　古斯塔夫·勒邦:《物质的演进》。——《力的演进》。(弗拉马里翁出版社版)
② 　大概是指物质转化为能,能转化为物质。这里的物质当然应该理解成只是有重量的物质,而能只是可以显露出来的做功的能力……

注意

不可知论＝
羞羞答答的
唯物主义**216**

真理不是现成的,它是日积月累地形成的。这是必须再三重复的结论。由于科学工作,我们的精神日益适应自己的对象而且日益深入地洞察自己的对象。那些看来是我们在研究数学科学后才能提出来的论断,在这里几乎都是必然地至少是非常自然地出现的。科学的进步每时每刻都在使我们同事物之间取得更紧密和更深刻的一致。这样我们对事物就了解得既清楚些又多一些……

唯能论者同机械论者之间的争论,特别是由唯能论者引起的争论往往是非常热烈的,实质上这种争论只是促进物理化学科学发展的因素,而且是必要的因素。

首先,唯能论使我们防止某些滥用力学模型的现象,使我们避免把这些模型当做客观实在。其次,唯能论充实了热力学,并且很好地说明了自己的基本规律的普遍意义,这些基本规律不仅被应用于热的研究,而且是当然地必然地被充分应用于物理化学科学。唯能论扩大了这些规律的意义,更有力地促使这些规律的公式表达确切。此外,尽管从发现新东西的角度来看,唯能论不如机械论那样成绩显著,但是它仍然不失为一种出色的、明确的、精炼的、有逻辑性的叙述工具。最后,科学家们喜欢两种理论都采用,而且根据每一个场合去选择那对研究最适用的理论,这种情形在化学家万特霍夫、万-德尔-瓦尔斯、奈恩斯特等人那里表现得特别明显,但在物理学家那里也是常见的。他们兼用两种理论,或者以力学的一般方程式为根据,或者以热力学的一般方程式为根据,这要看所采取的方法是否比较简单和比较适当。问题在于物理学理论在极大程度上是假说,是研究和叙述的工具,或者说是组织整理的工具。物理学理论是需要用许多实验的结果加以充实的形式和框架。而只有实验的结果才是物理科学的真正的、实在的内容。

所有的物理学家都一致承认实验的结果;实验结果的数量不断地增多、更加协调和更加一致,当然就说明物理学的进步、物理学的统一性和持久性。实验的结果是理论、假说的试金石,而理论、假说是用来揭示这些结果的,它们力图组织整理这些结果,不注重其真正的共同性,尽量确切地反映自然界的秩序。所有这些理论虽然往往都是假设的,因而当实验向我们提供新的发现时,它们常常会有些损失,有时还会有许多损失,但是它们永远也不会彻底消失。它们融合在一起,变成新的、内容更丰富的、更合适的理论。

"……我们应当认为,把原子论应用于电学,这是　‖　注意
动力学理论的卓越成就……　原子论由于这样卓越地
扩大了自己的范围,因此对一系列物理过程和化学过
程作了全新的阐述……"①

第8节　概要和结论

即使尚未认识的事物是无穷多的,但在今天还像几年以前那样,把尚未
认识的事物说成是不可认识的,毕竟是错误的。

形而上学的各种企图一再遭到不可挽救的失败,这就迫使物理学只有坚　?
决抛弃物质问题才能构成为一门科学。往后物理学就只是探讨一些个别现
象的规律。这是"无物质的物理学"……

根据人类智慧从力图认识事物时起所不断重复的
历史,科学从形而上学的幻想世界中获得新的研究对
象。物质的性质不再是一个形而上学的问题,因为它　‖　注意
已成为实验和实证的问题。诚然,这个问题没有得到
科学的解决;许多不可意料的事情还有存在的余地;但
有一点从此以后可以弄清楚:解决这个问题的是科学,
而不是形而上学。

但是,我认为,而且我在其他地方也曾力图指出
过,动力学的观念将永远和物理学的进步有密切联系,
因为它们即使不是发现新东西的必要工具,也是非常
有用的工具,因为它们更适合于我们的认识的条件。
这就是为什么我把机械论理论的继续发展看做物理学　‖　注意
的未来。这就是为什么我刚才说,唯能论理论大概也
会像古代的机械论一样,融解于从作业假说的角度来
看是更加灵活和更加严格的动力学中……

---

① 瓦·奈恩斯特,1908 年 3 月 15 日《科学总评》杂志。

第 4 章

生 命 问 题

第 1 节　历史的绪论

　　[第 173—174 页]　在生命问题上，我们考察的是
那些能使哲学和科学分家的主要分歧点。可以说，直
到目前为止，争论主要是在理论方面。大多数名副其
实的哲学家都承认，科学成果实际上对物质说来是现
实的。虽然他们从思辨的观点出发，能提出某些反对
科学成果的现实性的意见，他们总还是承认，一切经过
都是这样的：即使科学的结论不能得到应有的论证，但

注意　‖‖　它们至少在事实上是被应用于<u>物质现实</u>。在某种程度
上，物质现实是可以用数学的、力学的和物理化学的关
系来表达的……

　　[第 177 页]　巴尔泰斯和蒙彼利埃派确信生命现
象只能被一种特定的原因所制约，他们把生命现象归
结为<u>既不同于物质力量也不同于灵魂的一种活力，由
此这种理论就被称为**活力论**</u>……

第 3 节　机械论和新活力论之间的分界线

　　[第 189—190 页]　如果我们想根据新活力论的
主要代表、科学家或哲学家的观点而通过某种方式把
新活力论综合一下，那么，我们大概会得出这样的结

注意　‖‖　论：<u>新活力论者对生物学上的机械论的批判是同实用
主义的、反理智主义的或不可知论的哲学对数学和物
理化学等科学的批判紧密地交织在一起的</u>。我们觉

得,我们已经改换了问题,从物质问题转到了生命问题。实质上,如同我们开始时指出的一样,我们又面临着同一个根本问题,仍然是<u>科学的价值问题</u>,因为科学就是知识。<u>改变的只是用以提出这个问题的专门术语</u>。

究竟新哲学提出什么来责难数学或物理化学等科学呢? 它说,数学或物理化学等科学是一种随意的、讲求功利的符号论,是为了我们的智慧、理性的实际需要而创造出来的,它们只是行动的能力,而不是认识的能力。因此,当我们用物理化学方法去研究生物学的事实时,很自然,在使用这种方法而达到的那些成果中,我们也就把这种方法所包含的涉及这些成果的价值的结论搬了过去。于是,物理化学的机械论将成为使我们能够实际把握有生命物体的卓越公式;但它完全不能告诉我们生命本身是什么。生命领域里的物理化学的机械论,像物质领域里的物理化学科学一样,只能使我们行动,而永远不能使我们认识……

注意

[第192—194页]　<u>新托马斯主义者重新使物质具有力量、意向和愿望</u>,用希腊人特别是亚里士多德从来都不能全部抛弃的异端的物活论精神重新使物质得到生命。不过他们歪曲古希腊人的学说。<u>在新托马斯主义者看来,物质除了造物主所给予的那种力量外,并不具有其他的主动性</u>,这种力量可以说是关于物质被创造的纪念碑,是物质被创造的不可磨灭的标志……

无论是与这种新经院哲学运动①有密切关系的唯名论者,还是实用主义者,都不断地向这些信仰哲学(在大多数情况下还不如把它们叫做信徒哲学)献媚,他们认为自己有权利说,有关物质的各种科学不能穷尽它们的研究对

---

① 新经院哲学家,或新托马斯主义者,特别致力于恢复对亚里士多德主义的经院哲学的解释,因而也就是恢复圣托马斯的哲学学说。——唯名论者坚决认为,科学有象征的、人为的和抽象的性质,在现实和科学公式之间有一道鸿沟。——实用主义者也有类似的学说,但这种学说是以更一般的形而上学为依据的。任何认识都是为了行动,因而我们只知道那些对我们的行动方式有利害关系的东西。<u>所有这些哲学从下述意义上说都是不可知论的哲学,即它们否认我们可以通过自己的智力确切地认识现实</u>……

注意

象的内容。为了真正地知道,就必须"深入一步"……

> 在活力论者看来,生命起着创造力的作用;但正因
> 为这样,生命还是以物质条件为转移的,所以它决不是
> 从无中产生的东西。生命由于自己的作用,当然会提
> 供某种新的预料不到的东西,但是为了做到这一点,生
> 命就要作用于由它结合起来的先前存在着的要素,特
> 别是先作用于先前存在着的那样一些要素,即生命把
> 自己的要素附加上的那些要素。植物学家德-弗里斯
> (机械论者,对突然变异有另外一种解释)所研究的突
> 然变异在这里甚至可说是这些创造性附加物的表现和
> 证明。

注意

第 4 节　新活力论和机械论只是在给科学
　　　　作补充的哲学假说上有所区别

失言了!

> [第 204 页]　但是,在活力论方法中,隐德来希和
> 显性同形象描述的要素毫无共同之点:目的是不能描
> 绘的,因为它们不是物质地存在着——至少它们还不
> 存在,因为它们处在形成过程中,处在逐渐实现的过
> 程中。

第 6 节　机械论也只是一种假说

[第 216—218 页]　但是,如果断定在生命现象中一切都可归结为物理
化学的规律,并且断定机械论在各方面都经过实验的检验,这就违反了一切
经验教训。相反地,我们关于生命知道得太少了……

> 思想上产生了问题:在这种情况下,还有什么必要
> 去研究机械论的理论呢? 是否应当把那些需要依靠完
> 整的科学成就来检验的非常一般的假说从科学中排除
> 出去呢? 在这里,我们又遇到了曾经见过的某些物理

学家对物理学、而且是对物理学中的机械论理论所表明的意见。我们记得,有些唯能论者曾企图把机械论的假说作为无法检验的、无用的甚至有害的一般性的东西从物理学中排除出去。在生物学家中间,我们也遇到一些学者抱着同样的观点而且直接附和这些唯能论物理学家……　　　　　　　　　　注意

　　在生物学中,唯能论学派同机械论学派之间的区别不像在物理学中那样明显。唯能论学派只不过是羞羞答答的机械论观点,因为它和目的论对立,并且假定生命现象是适应于无机现象的。

注意（左侧批注）

羞羞答答的
机械论观点（右侧批注）

第 7 节　一般结论:关于生物学的说明

　　[第 223—224 页]　有生命的物质明显地表露出同习惯和遗传性有联系的特性:一切都是这样发生的,似乎有生命的物质是记得自己过去的一切状态的。但是,据说,没有生命的物质永远不会表露出这种特性。如果有这类设想,那简直是矛盾的。一切物质现象都是可逆的。一切生物学现象都是不可逆的。

　　在这些结论中人们忘记了,热力学的第二原理也可以叫做进化或遗传性的原理①……

　　[第 227 页]　科学不会把各种不同种类的事实看成是永远孤立的。科学为了研究这些事实而划分为各种专门学科。这样的划分具有十分主观的和拟人观的原因。这样划分仅仅是出于研究的需要,这种需要促使我们把许多问题分为系列,注意分别解决每一个问题,先着手研究个别问题,进而研究一般问题。自然界本身就是一个整体。

接近
辩证唯物主义（右侧批注）

注意（右侧批注）

---

　　①　克劳修斯把它叫做熵原理,熵这个词与进化一词完全对应,后者是从希腊文而不是从拉丁文借用来的。

第 5 章

精 神 问 题

第 2 节　旧时的经验论和旧时的反形而上学
的观点:心理生理平行主义

[第 242—246 页]　虽然形而上学的唯理论构成
伟大的哲学传统,但它的旧时的论断先验地必定引起
批判思想家的反对。而且在各个时代中我们都可以看
到企图反抗唯理论派和形而上学派的哲学家。这首先
是感觉论者和唯物主义者,然后是联想主义者和现象
论者。总的说来,可以把他们称为经验论者。

他们不是把精神和自然对立起来,而是企图重新把精神放到自然中去。
可是,正像他们所批判的那些人一样,他们也还是简单化地理智主义地理解
精神……

经验论理论对精神的看法是和原子论对物质的描述大致一样的。这是
心理的原子论,其中原子被意识的一些状态即感觉、表象、感情、情绪、愉快感
觉、痛苦感觉、内心活动、意志状态等所代替了……

由此可见,我们的心理状态只是相当于构成我们神经中枢的原子的那些
基本意识的总和。精神和物质是平行的。精神以其固有的形式、用自己的语
言表达着物质以其固有的形式、用另一种语言所表达的东西。精神和物质是
同一原文的两种相反的译法。

对唯心主义者说来,原文是精神;对唯物主义者说来,原文是物质;对二
元论的唯灵论者说来,二者同样都是原文,因为自然界是同时用两种语言写
出来的;对纯粹的一元论者说来,我们只得用两种说法来翻译我们所忽视的
原文……

第3节　对平行主义的现代批判

[第248—249页]　人们谈到意识是统一的和连续的,这时必须防止这种想法:似乎这样一来,构成旧时唯理论基础的"自我"的统一和同一理论就会复活。意识是**统一**的,但它也像一切有生命的东西那样,并不是永远和自身同一的。它经常在变化,它不像一经造成就永不变化的东西,而是像经常被创造出来的生物:进化是创造性的。只有当我们为了获得真实的外观而把综合和统一的联系加于似乎是在这些外观下所发现的各式各样的状态时,我们才需要同一性和永恒性的概念。但是,如果假定现实在实质上是连续的,在其中发现的间隙是人为的,那就没有必要诉诸统一性和永恒性的原则了。

英美实用主义的理论和上述的论点是异常接近的。这些理论真是五花八门,尤其在人们试图从这些理论中引出的道德和逻辑的结论中更是如此。然而,构成这些理论的统一性并把它们归为一类的,正是它们对意识问题的解决方式上的共同特点。伟大的实用主义心理学家威·詹姆斯提出了最明确最完备的解决意识问题的方式。他的观点几乎是由于同样的理由,既和形而上学唯理论的观点相矛盾,也和经验论的观点相矛盾……

[第251—252页]　威·詹姆斯还断言,他之所以得出这种理论只是因为他极其严格地遵守了经验的规则,因而他把这种理论称为"激进经验论的理论"或"纯粹经验的理论"。在他看来,旧时的经验论充满了形而上学的和唯理论的幻觉。他竭力使经验论从这些幻觉中完全解放出来。

> 詹姆斯的
> "经验理论"

关于意识的这些新理论,无疑地,在很短的时间里就博得了极大的同情:英国人席勒、皮尔斯,美国人杜威和罗伊斯,法国和德国的彭加勒、赫兹、马赫、奥斯特瓦尔德之流的科学家,以及几乎所有那些既要忠实于天主教而又企图革新天主教的人都可能同这一思潮,即柏格森和詹姆斯最系统地阐述的思潮联合起来。此外,不用说,这些同情在很大程度上看来是应得的……

> 注意
> 詹姆斯、马赫
> 和僧侣们

[第254—255页]　我们将会看到,在认识和真理的问题上,实用主义的确常常作出了怀疑论的结论,但这些结论远非必然的结论。詹姆斯本人有时似乎很接近怀疑论的非理性主义,他偶尔也指出,在精确地解释经验的时候,不应当认为经验给我们提供的似乎只是关于一些孤立事实的概念,其实经验还提供,而且特别提供关于事实之间的关系的概念……

由此可见,哲学上出现的并以实用主义为名的新方向,看来是标志着在精神的科学观点和哲学观点方面的一个无可置疑的进步。

第4节　关于心理活动的一般观点

[第256—261页]　现在需要明确一下:构成心理世界的关系究竟是什么以及它们又如何区别于构成除心理世界以外的自然界和经验的那些关系。关于这个问题,维也纳的物理学家马赫提出过大概是最明确的说明。[①]在任何经验中现存的东西都依赖于许许多多的关系,这些关系首先分为两类:一类是同样受到一切在外表上和我们的有机体类同的有机体的检验即受到一切观察者的检验,另一类是视观察者的不同而有所区别。心理学的研究对象就是后一类关系,这些关系的总和就构成了我们所说的心理活动。说得更明确些:第一类关系不依赖于我们的有机体和生物活动,而第二类关系则密切地而且必然地依赖于我们的有机体和生物活动……

数学、力学、物理学、化学、生物学——所有这些都是科学,其中每门科学都从现存东西的关系的总和中分出某一类关系,而现存东西的关系是不依赖于并且应当被看做是不依赖于我们的结构的。这是客观的关系,是自然科学的对象,而自然科学的理想是从现存东西中排除一切使这种现存东西依赖于我们有机体的关系……

经验给我们指出生物的东西和心理的东西的相互影响,指出它们之间的关系的体系。为什么不把这两类现象中的每一类现象看做相互作用和反作用的两类自然现象,看做同一切其他类自然现象如热现象、电现象、光现象、化学现象等等一样的现象呢? 所有这些自然现象之间差别的程度是和生物现象和心理现象之间的差别一样的。一切现象都应当从同一个角度来考察,

---

① 　1906年《心理学年鉴》第12年卷(巴黎施莱歇出版社版)。

都应当看做是能够互相制约的。

无疑地,对于这种看法,人们会提出反驳:<u>这种看法并没有解释为什么会有经验以及有机体对这个经验的认识</u>。然而,是否觉得可以而且应当回答说:这个问题和所有形而上学的问题一样是一个提得很糟糕的、不成其为问题的问题? 这个问题是从经常把精神和宇宙对立起来的拟人观的幻觉中产生的。<u>绝不能问,为什么有经验,因为经验就是事实,经验硬是要作为经验起作用</u>……

　　　　　　　　　　　　　　　　　　"经验就是
　　　　　　　　　　　　　　　　　　　事实"

<u>经验</u>,或者用一个不那么模棱两可的术语——<u>现存的东西</u>,直到如今在我们看来是依赖于数学的、力学的、物理学的关系以及其他的关系的。此外,当我们分析这些条件时,我们觉得现存的东西还依赖于某些其他的关系,关于这些关系大体上可以说,它们歪曲现存的东西是根据感受现存的东西的个人状况而定的。这种歪曲构成主观的东西、心理的东西。我们能不能确定——当然还是很粗糙地和远不完善地确定——这些新关系、这些歪曲的一般意义呢? 也就是说,能不能确定科学分析在几个世纪向前发展时借以大胆揭示这些关系所包含的最一般的关系(原则)的那个方向呢?

换句话说,为什么现存的东西不是对一切个人说来都是同一的,不是同我们关于它的知识构成一个整体的直接现存的东西,而是被主观地歪曲了的呢? 而且被歪曲到这种程度,以致很多哲学家和常识破坏了经验的统一性,提出了不可克服的物与精神的二元论,这种二元论无非是经验二元论,即<u>一种经验是为科学所修正并为一切人所具有的,一种经验是为个人意识所歪曲的</u>……

　　　　　　　　　　　　　　　社会地
　　　　　　　　　　　　　组织起来的
　　　　　　　　　　　　　个人的经验

[第271—272页]　如果把感觉这个含义<u>很广泛因而模棱两可</u>的词解释为<u>直接的体验</u>,那么正像主观主义所认为的,映象和感觉不是同一的。<u>在这一点上,柏格森的分析远不是徒劳无益的</u>。映象是已经包含在直接经验即感觉中的某些关系的结果。但是,感觉也包含着不少其他关系。假定只有构成"映象"体系(如果把这个体系同感觉和直接经验的整个体系相比较,那么它是局部的体系)的关系,更正确些说,假定只存在整个体系的关系中的那些使现存的东西依赖于有机体的关系,那么我们所获得的就是映象、回忆。

　　我们这样来确定回忆,只不过是反映了实验心理学的最新结果,同时也反映了常识的最古老的观念:回忆是有机体的习惯。回忆和原始感觉的共同之处只是有机体的条件。回忆所缺少的是感觉所包含的那些同我们所谓的外部环境的无机关系。

注意 ((

注意 ((

((

　　同外部环境的关系在某种程度上不正常地中断了,而且对于个人来说,经验被归结为在他的机体内部发生的东西,即依赖于机体的关系,因而也就被归结为纯粹心理的东西、纯粹主观的东西,这时,映象对有机体条件的这种完全依赖性和感觉对有机体条件的这种部分依赖性,使我们也能理解幻想、错觉、梦和幻觉……

第5节　关于无意识的问题

　　[第280页]　我们的充分有意识的生活,只是我们全部心理活动中极有限的一部分。它仿佛是光线投射的中心,周围是比较宽广的、逐渐向完全黑暗过渡的半阴影地带。旧时的心理学犯了一个很大的错误,它认为只有充分有意识的活动才是心理活动。

　　但是,既然很难夸大无意识性在我们机体内部所占的分量,那么就不应该像某种实用主义心理学经常做的那样,夸大这种无意识性的质的意义。

　　按照某些实用主义者的说法,清楚的意识,理智的和理性的意识是我们活动的最表面的和最没有意义的部分……

第6节　心理学和目的性概念

　　[第285—286页]　从直接的和表面的观察出发,当然,高级的心理活动完全是带有目的性的。当我们用某种从已知推到未知的方法进行概括时,我们看到,很久以来就有人企图用目的论来解释全部低级的心理活动。最简单的反射,例如由于光线太强烈而眨眼,最简单的肉体上的愉快和痛苦,原始

的情感，——所有这些事实看起来不都是为了种的保存和发展，或者为了个体的保存和发展吗？从阿米巴（它是原始的原生质块，它向某些光线移动而竭力避开另一些光线）开始，凡是认为可以称为有意识活动的一切活动，不是从来都属于**意向**的范畴吗？而意向不就是行动的目的性吗？

　　同样也用不着奇怪，詹姆斯、塔尔德以及其他许多人竟根据这些事实作出结论说，心理学规律具有和其他自然规律完全不同的性质。这就是**目的论的规律**…… ‖ 注意

　　对心理学规律的目的论观点实质上不过是加在那些把意向、求生意志、本能、意志和行动当做一切存在物基础的形而上学观点之上的科学保护层。而且，这种目的论观点被主张行动至上的实用主义者所掌握、阐明和发挥。在他们看来，功能心理学和目的心理学是两个含义相同的名词…… ‖ 注意

第7节　关于不死的问题

　　[第294—296页]　不可分析的活动和现实同不可分析的关系之间的对立等于没有，这种对立无论对于精神还是对于物质来说，都应当被抛到陈腐的形而上学的垃圾堆里去。全部现存的东西只是一种综合，科学对这种综合进行分析，从它所处的条件去恢复它，并进而把它分解为各种关系。

　　但是，在这种情况下，精神的不死，尤其是它自身的不死该是怎样的呢？因为两千年来我们一直认为这个问题是最重要的。不遵循事物的规律，不遵循一切生物的规律，不消失、不消灭在他物之中！进行由拙劣的赌徒迟迟才发明的这种绝妙的冒险，这个拙劣的赌徒就是人，他希望赢得美人，并为了自己的利益而要求造假骰子！

　　毫无疑问，关系的体系不会是永恒的或不死的。但在这里并没有什么绝对的不可能。如果说这难以置信，那是对的！如果说这不可能，那就不对！不过需要站在我们在这里所站的立场上，以便使经验打破难以置信，或至少使难以置信变为可以置信。

　　经验促使我们在主观的东西后面揭示出那些在有机体消失后仍可能存

在的条件,揭示出那些使精神部分地依赖于有机体之外的某种其他东西的关系,这是需要的。这个问题应当由经验来解决。只有经验能够消除怀疑。**先验地**说,没有什么东西妨碍我们去揭明某些使现存东西的一个部分,如意识,具有不可破灭性(至少是部分的不可破灭性)的条件、关系。

但是这一点有必要谈吗? 经验从来还没有给我们指出过类似的东西。我并不是不知道<u>降神术士有相反的论断</u>。但这<u>仅仅是论断而已</u>。他们的经验,至少是那些不建立在诡计和欺骗之上的经验(而这样的经验岂不是少数吗?),在目前情况下顶多只能引起这样一种思想:存在着某些自然力量,某些机械运动,关于它们的表现我们知道得很差,而关于它们的条件和规律则知道得更差。甚至也有可能,它们依赖于人体,并且只同人体的无意识的心理现象和生物活动有关系。

不死和莱伊的 不可知论	在对死后生活只有贫乏的所谓实验性检验的情况下,灵魂不死说只能保持那种由苏格拉底和柏拉图所赋予的形式:这是一种不得不去进行的冒险,——<u>这是要人们去认识未知之物的号召,但这种号召很少有可能在什么时候得到回答</u>……

第 6 章

道 德 问 题

第 1 节　非理性的道德:神秘主义或传统主义

注意 注意	[第 301—306 页]　因此,新哲学首先是道德学说。而且,似乎可以把这些学说规定为**行动的神秘主义**。<u>这不是新的观点</u>。它是诡辩学派的观点,在诡辩学派看来,无论真理或谬误都是不存在的,存在的只是成功。它是亚里士多德之后的或然论者和怀疑论者的观点,是经院哲学时代某些唯名论者的观点,是<u>18 世纪的主观主义者的观点,也就是贝克莱的观点</u>。

知识分子气的无政府主义者施蒂纳和尼采的学说也是以那些前提为依据的。

因此,现今的唯名论和实用主义拥有的是新词句和旧行头……

当某些现代主义者,如勒鲁瓦,在实用主义中发现天主教的根据时,他们在那里大概没有看到某些哲学家——实用主义的创始人——曾想从中获取的东西。但是,他们要从实用主义中获取那可以从中合理地得出的结论,而这些结论已经由杰出的实用主义者,如威·詹姆斯和芝加哥学派的哲学家们,从实用主义中得出或几乎得出了。似乎我能说的甚至比这还要多。我认为,勒鲁瓦得出的一些结论是应当从这种思想方式中合理地得出的唯一的结论……

能说明实用主义特色的是下面的看法:凡是成功的、这样或那样地适合一定时机的东西,如科学、宗教、道德、传统、习惯、陈规旧套等都是真理。应该认真地对待一切,而且应该认真地对待那种实现着目的并使我们能够行动的东西……

到今天为止,是什么东西摧毁了传统和教条呢?是科学,但如果认为工具优于产品的话,则是理性。科学靠自由才能生存;理性归根到底是讨论的自由。而且科学和理性首先是革命的,建立在它们之上的希腊和西方的文明,不论在过去、现在或将来都是造反者的文明。迄今为止,造反是我们求得解放的唯一手段,是我们用来认识自由的唯一形式。我所指的是支配自身的理性的精神造反,而不是粗暴的造反,粗暴的造反只不过是贵金属(即精神造反)的外壳,往往是有用的、有时也是必需的外壳。

由此可见,对传统,对保存古代道德**财富**所能给予的主要帮助,如果用时髦的术语来说,就是科学的贬值。这就是为什么实用主义、唯名论的逻辑后果,正如大多数赞成它的人在清醒地认识问题时很好地看到的,就是替行为的某些动机,即宗教的、感伤的、本能的、传统的动机作辩护。用同样的观点去看那些在科学认识中获取的,或说得更合乎逻辑些,在更高级的方面获取的行为动机(因为科学只是指工业活动),新哲学一定会使非理性的道德——内心的激动或对权威的服从,神秘主义或传统主义——合法化。传统主义有时甚至跑得这样远,以致某些人(例如威·詹姆斯)在

注意

道德上竟毫不犹豫地使唯理论道德学说中的绝对的东西复活了……

第4节　风尚的科学

　　[第314页]　要使关于道德即理性艺术的这种观点能够成立,显然必须使风尚的科学能够成立。在这里,形而上学重新有了希望。实际上,社会学才刚刚诞生,而风尚科学仅仅是它的一个部门。社会学也像心理学一样(但比心理学前进得更少),还处在必须从形而上学者那里争取方法、科学对象和自己的生存权利的时期。不过看来在这里,也像在其他地方一样,问题的解决归根到底是会有利于科学的努力的。不能妨碍形而上学者高谈阔论,但可以有言论和行动的自由。社会学由于迪尔凯姆及其学派的劳动而活动起来和发生作用了……

第 7 章

认识和真理的问题

第1节　传统的解决

　　[第325—326页]　说实在话,科学家,纯粹的科学家,对于真理这一问题研究得很不够。他们以为,能作出一些得到普遍同意的因而是必要的论断,就心满意足了。对于他们说来,凡是按一定方法进行的、受过应有的检验的经验都是有真理性的。据他说,实验的检验就是真理的标准。科学家的看法是完全正确的,因为实践经常证实这种看法。如果以为实践并不经常证实这种看法,这就是设想荒谬的东西,为怀疑而

注意

怀疑……

　　［第328—332页］　现代唯理论者积极地抵御实用主义的进攻,因为实用主义断言,唯理论者的理性归根到底不过是保证我们的精神正确地复写现实。的确,实用主义责难过唯理论,说它把认识分成了两个同时发生的部分:对象或自在之物以及精神给自己造成的关于这些对象或自在之物的表象……

〔右侧批注〕注意

第2节　对实用主义者的批判

　　……詹姆斯断言:凡经过经验检验的东西都是真理。而在另些时候又说:凡是保证我们的活动获得无论什么样的成功的东西都是真理。如果接受后一个命题,那么势必得出这样的结论:真理已不存在。因为今天是成功的东西,明天不一定是成功的:正如法规和法律、道德规范和宗教信仰以及学术见解等的变更所证明的,在实践中这种情况是屡见不鲜的。今天的真理就是明天的谬误;在比利牛斯山的这一面是真理,在它的另一面就是谬误。论题是很平庸的。实用主义的奠基人皮尔斯坚决摒斥和反对这些结论,伟大的实用主义哲学,尤其是詹姆斯的哲学,企图用一些巧妙的遁词来规避这些结论,而这正是他们的大多数追随者基本上所采纳的结论。而且,在真理问题上,实用主义成了怀疑论的同义语,就像在道德或信仰方面,它成了非理性传统主义的同义语一样。

　　可是,在实用主义对唯理论所作的批判中,正如在任何批判中一样,当然也包含有部分真理。关于批判理论,我们常常这样说:破坏性的部分是很出色的,而建设性的部分却远不能令人满意。关于实用主义,我们也可以这样说。毫无疑问,那种认为精神是事物的镜子,真理是事物的复写的理论是极端肤浅的。科学真理是经过布满在科学道路上的一切错误而发展的,这就是明证。

〔右侧批注〕原文如此!

〔右侧批注〕哈!

　　另一方面,当我们把自身看做在宇宙中活动着的有机体时,的确,我们不能把实践领域和真理领域分割开来;因为根据我们先前所说的一切以及科学上所得到的一切教训,我们不能把真理和实验的检验分割开来。只有那些获得成功的观点才是真理。但是还应当弄清楚：它们是由于获得成功才是真理，还是由于它们是真理才获得成功。实用主义在作出抉择时总是决定采取第一种说法，而常识大概只能决定采取第二种说法……

第3节　对解决真理问题的间接指示

[第333—334页]　凡是经验所给予我们的一切知识都是相互联系的、系统化的。然而它们不是像在唯理论中那样系统化的，即不是依靠凌驾于知识之上并把自己的形式强加于知识的那种活动力量系统化的。这种观点虽然希望保证科学的稳定可靠，却导致怀疑论，因为它把认识当成了精神的事情，而这种二元论必然会提出这样的问题：精神的这种创造物即认识是否会歪曲现存的东西呢？在这里，恰恰相反，我们的知识完全是按照它们向我们所提供的样子系统化的，而现存的东西的关系是和现存的东西本身具有同样价值的。实际上，直接的现存的东西及其中包含的关系构成一个统一的东西，而且是不能被分割的。认识的一切行为具有同样的本性和同样的价值……

第4节　谬误问题

绝对实在论
（＝历史
唯物主义）

[第336—347页]　在我们至今还在探讨的绝对实在论中，似乎没有谬误的存在。但回想一下，我们只是在出发点上曾把经验和知识看做同一的东西。现在应该来说明一下这个限制到底意味着什么。

经验肯定这样一个事实，即各种不同的个人的认识，不是完全一样的。关于这一点可以有两种解释：或者说，有多少个人就有多少不同的现实（这是荒谬的：我们会陷入主观主义）；或者说，现存的东西是唯一的，并且对任何人说来都是同一的，而个人对它的认识之间的差别是由个人过去和现在所处的条件产生的，换句话说，由个人和现存的东西之间的某些能够通过科学分析加以说明的单独关系产生的；由此可见，在这两种解释中我们不得不选择后一种。这就是在讨论意识问题时另一些见解使我们得出的结论。我们知道,现存的东西包含着不依赖于认识者个体的关系,即客观的关系,也包含着现存的东西依赖于认识者个人的关系,即主观的关系。

!

承认这一点以后,我们看到,随着我们对经验的分析,在经验中(已经不是在出发点上),认识的因素和认识的对象就分开来了。按照我们以上所说的,这种关系和现存的东西本身具有同样的价值。它必须和现存的东西同样有权利存在;由此可见,不应当把精神和客体之间的差别看做某种原有的东西,而应当看做分析的产物,看做分析在现存的东西中发现的两种非常普遍的关系(威·詹姆斯);而且这种差别从完整的经验、统一而不可分的经验一开始就赋有的价值中获取自己的价值……

注意

真理——这就是客观的东西。客观的东西——这就是不以观察者为转移的关系的总和。实际上这就是大家所公认的东西,就是从科学意义上去理解的普遍经验的、普遍同意的对象。如果我们对这种普遍同意的条件进行分析,在这个因素的后面寻找它所寻找的根据,寻找它所依据的理由,我们就会得出这样的结论:科学工作的目的就是使经验"消除主观性",失去个体特性,把经验按一定的方法延续下去。因此,科学的经验就是粗糙的经验的继续。科学的事实和粗糙的事实之间并没有性质上的区别。

莱伊的认识论＝羞羞答答的唯物主义

有时人们说,科学的真理不过是一种抽象。当然,如果是考察粗糙的经验,即主观的和个人的经验,那么科学的真理只不过是一种抽象,因为它从这种经验中排除一切只是以通过经验进行认识的个人为转移的东西。而相反地,这种抽象的目的是:不管那改变着现存的东西的个人和环境如何,而按照现存的东西的本来面目去重新把握它,即揭示客观的东西,主要是揭示具体的东西、实在的东西。

注意

　　我们尽力通过对某些著名的谬误的分析来检验这种一般的理论,这会是很有意思的。譬如托勒密的体系提供了这样一种经验,其中充满了以天文观察的地面条件为转移的个人观念。这就是从地面上看到的星系。哥白尼——伽利略的体系则客观得多,因为它取消了以观察者处在地面上这一事实为转移的那些条件。庞勒维发表了更具有一般性的意见,他说:在力学中,在文艺复兴时代的科学以及当代的科学中,因果性包括了不以空间和时间为转移的现象出现的条件。但问题在于:空间和时间中的这些条件包括着——特别是在力学中——几乎全部主观条件,而这些条件已经不是那么粗糙,已经不是可以用简单化的见解把它们取消的。

真理和谬误
(接近于辩证
唯物主义)

　　重要的结论:谬误不是真理的绝对对立。正如许多哲学家所认为的,谬误并没有肯定的性质,它倒是否定的和局部的,在某种意义上说,它是最小的真理。如果我们依靠经验把谬误从它所意味着的主观的方面揭露出来,我们就逐渐地接近真理了。完全的真理一经达到,就是绝对的东西和极限,因为它是客观的、必然的和普遍的东西。不过,几乎在一切场合下,这个界限都离我们很远。它对我们说来几乎是一个数学上的极限,我们越来越接近它,却永远不可能达到它。而同时,科学史告诉我们:真理在发展的变易中;真理尚未形成,但是它正在形成, 可能 它永远也不会形成,但是它将日益形成起来。

?

玩弄"经验"
这个字眼

　　最后,还可以再提出一个问题:我们是否仍然受那种力求知道事物为什么存在着的旧形而上学幻想所支配,而不是满足于现存的一切。为什么经验有主观的条件? 为什么对一切人说来对经验的认识不是直接一致的和同一的? 我们似乎有权拒绝回答;但在这里,似乎可以依靠心理学来给予正面的说明。如果完全的经验,像泛神论者的神那样,在某种程度上具有关于自身的知识,那么这种知识就会真正是直接一致的和同一的。但是在经验中,正如它向我们表明的那样,经验的知识是断断续续地得到的,而我们只是为了得到这些经验的片断。

"经验"

生物学和心理学教导我们说,我们通过适应环境、不断和环境保持平衡的途径成为,或者更正确些说,逐渐成为现在的样子。由此可以大致得出结论:我们的认识首先应当对有机生活的需要作出反应。此外,在开始时认识是狭隘的、模糊的、非常主观的,就好像是在本能的生活中一样的。但是,既然在万有能量的活动中出现了意识,它就由于自己的实际效用而保持并加强起来了。越来越复杂的生物进化和发展起来了。意识变得更精确、更确定了。它成了智慧和理智。同时对经验的适应、同经验的符合也更完全了。科学只是这一过程的高级形式。它有权利指望(即使它永远也不能达到)那种只同绝对符合于对象的现存的东西构成一个整体的认识,即客观的、必然的、普遍的认识。在理论上它的要求是有根据的,因为它顺应着迄今所发生的进化的方向。而在实践上,根据一切可能来看,这种要求是永远不会得到满足的,因为它给进化划了一个界限,而且为了达到这个界限,就需要有一种和目前的宇宙状况完全不同的宇宙状况,就需要有宇宙和认识经验之间的一种同一⋯⋯

> 经验＝环境?

那种把理性劳动的结果和进化的成就从经验中排除出去的抽象,是一切抽象中最牵强的抽象。

这一进化肯定是为实践所推进并导向实践的,因为它是由于生物不断地适应自己的环境而延续和实现的。在今天,谁还会否定这一点呢?这是实用主义对那已经陈腐的唯理论的最具有决定意义的胜利之一。但这个胜利并不意味着,真理是由效用和成功的功能决定的。相反,这个胜利表明效用、成功只是掌握了真理的结果⋯⋯

因此,为了明晰而准确地表明实践和真理的相互关系,看来不应当说,能够获得成功的东西就是真理,而应当说,真理的东西即符合现实的东西是能够获得成功的,因为问题是和行动的尝试有关。直接的行动就是对行动发生于其中的实在有准确认识的结果。我们是按照我们的实际知识正确地行动的。

> 羞羞答答的
> 唯物主义

第5节　认　识　论

　　我想,大家都会同意我们把那种不以每个人在认识活动中具有的个人系数为转移的东西肯定为<u>真理的东西</u>和<u>客观的东西</u>。但在有分歧的情况下就得说,个人系数会在什么时候消失。我能够在不论什么样的实验论断面前把普遍地确定的东西和仅仅由我确定的东西区分开来吗?

　　　　　　　　　　　　我们曾经大致地说过,科学正是在一切场合都力
　　　　　　　　　　　图进行这种区分。实质上科学没有其他的目的。它能
　　　　　　　　　　　够通过这个特征来确定自己的地位。实际上我们已经
　　　　　　　　‖　　具有把真理的客观的东西同<u>主观</u>的幻想的东西区别开
　　　　　　　　　　　来的第一种方法了。凡是严格地运用科学方法获得的
　　　　　　　　　　　东西,将是真理的东西。摆在科学家面前的任务就是:
　　　　　　　　　　　制定、准确阐明和规定这些方法。这第一个标准比<u>以</u>
　　　　　　　　　　　<u>前我们所提出的普遍同意</u>这个过于含糊的规则要严格
　　混淆不清　‖　　些。<u>因为普遍同意可能只是普遍的偏见……</u>
　　　　　　　　　　　需要讲定:<u>人所能达到的真理是人的真理</u>。我们
　　　　╳　　　不是想用这个词来说明,<u>真理从怀疑论的意义来说是</u>
　　从怀疑论的　　<u>相对的</u>。我们不过是想说明,<u>真理依赖于人类的构造,</u>
　　意义来说是　　<u>而且仅仅对于人类来说才是真实的……</u>
　　相对的!!!
　　　　哈!(　　　不过,<u>需要永远消除某些诡辩</u>:对于整个人类说来
　　　　　　　　　　　是真实的真理即人的真理,对于人说来就是<u>绝对的真</u>
　　　　　　　‖　　<u>理</u>,因为,即使像拥护人以外的绝对东西的<u>那些</u>人那样
　　　　　　　　　　　设想,<u>真理不是现实</u>的刻印,但至少对人说来,它毕竟
　　　　　　　┌─　还是现实的唯一可能的<u>精确的翻版</u>,是<u>现实的绝对等</u>
　　　　　　　│　　<u>价物……</u>
　　　　　　　└─

　　〔第351—352页〕　一位现代科学家彭加勒断言……物理学从来不和相同的事实打交道,而只是和彼此非常相似的事实打交道。这样,我们还需要科学干什么呢? 因为,如果科学想成为严格精确的科学,那么每一件新的事实就都要求有新的规律了。

　　<u>这个反驳和另一个关于每一事实都具备无限性的反驳有着同样的性</u>
<u>质。</u>这样看来,我们需要一门完备的科学,以便对<u>最细微的对象</u>具有<u>最细微</u>

精确的知识。这个反驳也是采取同样的方式解决的,而且几乎是自然而然地这样解决的……

　　总之,现存的东西是科学的对象,因为可以对它进行分析,并且这种分析给我们揭示出它存在的条件。科学是可靠的,因为它进行的任何分析都逐渐地使我们得到那种和现存的东西具有同样价值的实验直觉;<u>因此,科学和它所解释的宇宙的存在</u>,和由我通过实验直觉所认识的我<u>自身的存在具有同等程度的可靠性</u>。

>> 结尾＝羞羞答
答的唯物主义

第 8 章

总结:经验哲学

　　[第 354—357 页]　我们从最初的希腊哲学思想来看,常常会发现两个或三个具有形而上学精神的共同方向。这就是<u>所有的教科书通常在把哲学体系分成唯物主义、唯灵论、唯心主义时所依据的方向</u>。

　　实质上,如果要用我们在这里谈到的最一般的观点,即要用这些方向中每一个方向给我们提供的“特殊价值刻度”的观点去观察事物,——既然唯灵论和唯心主义常常是最相似的东西,那就可以说,<u>形而上学总是使我们碰到两大价值刻度,即唯物主义的刻度和唯心主义-唯灵论的刻度</u>。这两个刻度互相对立,而且每一个刻度几乎就是另一个刻度的颠倒的表现。

注意

　　按唯心主义-唯灵论的刻度,<u>阶梯的最高层是精神</u>;精神使得一切其他东西具有意义和价值:在唯心主义看来,精神是唯一的实在,因为物质的外观是精神所创造的或者只是为了精神才存在的;在唯灵论看来,精神凌驾于物质现实之上,后者只是它的支柱和环境,精

关于唯心主义
和唯物主义的
判断

神显示为最高的现实,自然界在它之中形成并靠它来
解释。按唯物主义的刻度则相反,一切都从物质出发
并且返回到物质。物质是宇宙间一切现象(包括生命
现象和意识现象)的永恒的 不变的 创造者。生命只
是偶然从第一性物质中得出的无限众多的组合形式
中的一种特殊组合形式。意识、思想只不过是生命
的现象;大脑就好像肝脏分泌胆汁一样分泌意识、
思想……

胡说!

　　思想,或者,充其量来说,非物质的自由精神之类
的某种东西,是必需的,它们既是说明的最高原则,也
是存在和创造的重要原则。一提出精神,自然界中的
一切就成为可以理解的了。消灭精神,自然界就成为
不可理解的了。自然界就会化为乌有。

唯心主义和
唯物主义的
3000 年

　　唯物主义则相反,如果允许我采用同样简单化的
方法来说,它是这样断言的:向我们说明心理事实的每
一个经验都把心理事实归结为有机事实。有机物质逐
渐地被归结为无机物质。力不过是引起推动的原因;
它是和其他东西一起构成的运动。因此,我们在事物
的基础中见到的只是粗糙的和盲目的运动。

　　快 3000 年了,这些价值的体系一代又一代地承续
下来,它们发展了,有时更精确了,但也常常被那些决
不肯认输的思想所耍的花招弄得模糊了。而我们几乎
还是像最初一样,很少进展。

　　这样一来,这些矛盾的体系所争论的问题不是就
毫无意义并且提得很糟糕了吗? 指望在事物之间确立
说明的等级,这不是十足的拟人观的偏见吗? 而且这
种偏见属于个人感觉的意向的成分,不是比属于理性
辩论的成分要大得多吗? 实质上,这些体系的建立以
及彼此对立的目的完全不是为了客观的认识,因此,对

哈!!

这些体系的关怀是和大公无私地寻求真理毫无共同之

处的。既然它们和积极的辩论没有关系,那么我们就不再对它们进行讨论了。

或者是我大错而特错,或者是拥有像实证论和实用主义这样声势浩大的流派的现代哲学,会得出这种结论①……

[第 358—362 页] 如果把哲学看做这样的思辨,这些思辨在经验的这方面或那方面寻找事物的起源、终结和本性,寻找科学或行动的无用的基础,要用不可认识的东西去证实直接已知的东西,以此加强已知的东西,总之,如果把哲学看做旧时的辩证法,不管它们是唯理论的还是怀疑论的,是唯心主义的还是唯物主义的,是个人主义的还是泛神论的,那么这些科学家似乎就获得了胜利。所有这些形而上学者已经只有一种审美兴趣,而这种兴趣对于那些偏爱这种兴趣的人说来可能是引人入胜的:这是那些高超的、不务实际的思想家的个人幻想……

科学是由某些实验结果的总和同时也是由那些整体、总和的理论形成的,而这些理论从某一面来说历来都是假说。但这些假说对科学说来是必需的,因为我们预察将来的经验和未知之物时,正是依靠这些假说去获得科学成就的。它们使一切已知之物系统化,以便阐明未知之物。那么,为什么**哲学不会同样成为一切科学知识的总的综合**,不会成为依靠已知之物的功能去设想未知之物、从而帮助发现未知之物并保持科学精神的真正方向的一种努力呢?哲学不同于科学的地方就只会是它的假说更具有普遍性;哲学理论就不会是一些孤立的、界限分明的事实的理论,而是自然界向我们显示的各种事实的总和的理论,是 18 世纪人们所说的自然的体系,或者至少是对于这种理论的直接

吹牛!

傻瓜!

① 威·詹姆斯在给实用主义下定义时,坚持这样的思想:实用主义是一个为了能经常面向事实和经验而避开先验解释、避开辩证法和形而上学的体系。

威·詹姆斯论
实用主义

贡献。

叮咚!　　　　哲学观点和科学观点并不是对立的;它是可以和科学观点相提并论的。甚至当科学家尽一切努力去寻求实证性时,他就是一个哲学家了,因为实证性本身就是哲学……

　　　　科学无论在对象和方法上都不应当和哲学有什么不同,它们的对象是相同的,都是要弄清楚经验,它们的方法也应当是相同的,因为科学按其规定性来说是唯一能够满足我们理性的学科。它们之间倒只有观点上的不同,其不同的地方而且是唯一应当不同

唉!　　　的地方就在于:哲学观点更为一般化,<u>它始终有些</u><u>冒险</u>……

　　　　[第364—369页]　历史告诉我们,当科学与最一般的人类的关心(这种关心是大部分哲学问题的实质)相距太远时,当科学由于必要或者由于过分审慎而把这些关心的担子卸给其他的思辨或传统的信仰时,它就萎靡不振或趋向没落。因此,当<u>科学和科学精神的</u>

防范<u>成果越过自己的权限时</u>,就需要而且一定需要<u>保护这</u>

唯物主义<u>些成果</u>,使它们不至于过分自信和冒险,必要时须违拗它们自己。因为,正常的直率的思想家的<u>过分大</u><u>胆</u>,如果象些唯物主义的概括所表现出来的那样,对于科学的危险性不下于普通人民的懦弱和谨小慎微的思想。因而,哲学的重大任务之一就是保持那种为发展科学,为正常地保持和传播科学精神所必需的共同气氛……

　　当然,哲学是一定能够完成在我们看来是它所应当担负的双重使命的:一方面是协调科学家的各种努力,并以鼓舞性的假说去为各种发现服务;另一方面为科学的进步创造必要的气氛。但是只有当哲学力图成为科学家们所考察和理解的那些科学的有组织的综合时,一句话,成为只是根据科学精神作出的综合时,它才能完成这种使命。

　　但是,令人愉快的是,我们——当然在实用主义中是在最低的程度上,但毕竟还是在相当高的程度上——看到了现今的哲学研究工作坚决摆脱前一

时期的形而上学的迷误,异常认真地去<u>熟悉科学工作</u>,力求适应科学工作并从中获得鼓舞的力量。

无可争辩,今天正在形成一种非常生动的和鲜明的科学感情,在一部分人那里,这种科学感情是与宗教感情或道德感情好像在一个不可能发生冲突的平面上平行地发展着的,而在另一部分人那里,这种科学感情代替了宗教感情,并为充分满足这些人的要求而服务。按照勒南的绝妙的说法,科学给这些人提供了符号和规律。这些人采取了**真正实证的**立场:保存旧时唯理论<u>对人类理性的不可动摇的信心</u>,同时从实验方法的无可争辩的凯旋中接受这样一个无可争辩的结论,即理性只是精神为了适应于经验和日益深刻地认识经验而作的不断努力,只是<u>客观现实</u>和主观思想的<u>相互渗透</u>。

<u>我觉得,哲学的未来就在这方面,因为真理就在这方面</u>。正如一切预言一样,在这里只有信仰活动。信仰活动是否正确,将来可以得到证明。既然这是一种信仰活动,因此,我认为所有其他的信仰活动都是合理的,只要进行这些活动的人以同样的态度来对待我。我甚至认为,幸运的是,一种思潮有其对立的思潮;由于反对者的批评,它会细致起来,会得到发展和修正,会变得更加精确。

<u>在这些简短的论述中所描绘的哲学观点可以称为唯理论的**实证论、绝对实证论**或**科学主义**</u>。为了避免任何模棱两可的理解,也许最好把它称为<u>实验主义</u>,这样,一方面可以表明,这种哲学观点是完全建立在经验的基础上的,但和旧时的经验论相反,它是建立在作为科学实验成果的、经过检验的经验基础上的;另一方面可以表明,它在自己的<u>绝对实在论</u>和<u>实验一元论</u>中绝不超越经验的界限。

<u>经验首先是而且直接是</u><u>我们感觉的总和</u>,即我们称为现象的那种东西。但经验是从分析自己本身开始的,只要对它加以注意和思考,因为这种感觉的总和只是现存的东西的粗糙而非常表面的形象。接着就几乎立即在现存的东西中判明它所包括的并构成它的真实本质的某些关系。科学力求逐渐地进行这种越来越深入到现存的东西的本性中去的分析。如果愿意把<u>直接</u>

!!
实证论、实验主义、实在论＝"绝对的或唯理论的实证论"

经验＝
感觉的总和

"自在之物"？

现存的东西设想为一个点，那么为了描绘真实的现存的东西，就需要设想这个点只是一条由它引出的直线的投影。这条直线可以划分成若干小段，每一小段之间没有不可逾越的壁障，它们包括直接现存的东西所依存的各类关系。其中每一类关系都是按规定构成的，而规定则依据天生的共同性，这些关系就是通过这种共同性而彼此联系的。这些关系是数和位置的关系、力学的关系、物理的关系等等，最后，也是依赖于有机体（现存的东西同它发生关系）的心理关系。有多少类这样的关系，就有多少门特殊的科学。

哲学则相反，它企图从一条直线的全长和连续性来设想该直线。但是，不论一条完整的线或借以联成这条线的点，不论直接现存的东西或那些随分析而逐渐补充直接现存的东西的关系都具有同样的性质。

这就是经验的材料，它们的总和构成同一经验：人的经验。把世界和知觉，宇宙和科学区别开来的是我们的心理构造，而不是事物的本性；而且这种区别是暂时的和偶然的。

因而，经验只需要得到说明。说明经验，不过是叙述它所包含的关系而已，这种关系是经验自然而然地使我们知道的，只要我们善于接受经验的教训。而科学正开始研究这些关系。但是，经验是全部现实，经验不需要证实，因为它存在着。

完。

内　　容

······

——第 6 节。数学家<u>彭加勒</u>的思想。**彭加勒**。

······

第 6—7 页；第 28—29 页＝两条路线

第 33 页＝真理＝？对实用主义的问题以及**第 35 页**

第 49 页＝科学的客观价值＝中心

数学和实用主义——第 62 页

第 80 页：实用主义者把彭加勒拉到自己那方面去；

以及马赫　第 90 页

莱伊＝十足的不可知论者　第 94 页（第 93 页）

第 98 页：马赫＋客观性＝莱伊?!

第 100 页：概念＝实在的复写

客观性　第 105 页

第 113 页：庸俗唯物主义[217]

载于 1933 年《哲学笔记》俄文版　　　　译自《列宁全集》俄文第 5 版
　　　　　　　　　　　　　　　　　　第 29 卷第 475—525 页

阿·德波林《辩证唯物主义》一文批注[218]

（不早于 1909 年）

阿·德波林《辩证唯物主义》

不确切

[第 39—41 页] 作为世界观的辩证唯物主义,<u>对物质的构造</u>、世界的<u>构造</u>问题提供了答案,当然,这种答案不是绝对的。辩证唯物主义是最出色的历史理论的基础,在它的基础上,政治和道德成为一定意义上精确的科学。辩证唯物主义——当然指正确理解的——

何必用"别人的"字眼呢!

和一切独断论格格不入,它处处带来**认识论批判主义**的清流。

在这篇论文中,我们打算使读者的注意力只集中在辩证唯物主义的 认识论 方面,辩证唯物主义,在这里,作为方法、作为研究的指导原则,没有提供问题

(1) 的绝对答案,而是首先帮助我们正确提出问题。辩证唯物主义,作为认识论,

(2) 分为<u>形式的</u>或逻辑的部分,和<u>现实的</u>或物质的部分。

对于最初的原始的认识说来,**体验**是和体验的**对象**同一的,现象是和存在、自在之物同一的。内心体验的世界, 对于原始人说来, 就是物的世界。他不知道内部世界和外部世界的区别。这种原始的认识形式,在文化发展的一定阶段上,和社会人想征服自然力的这种欲望发生矛盾,和文化的新的高级阶段发生矛盾。随着人类需要的扩大,随着 经验 材料的增加和积累,随着知觉和外部世界之间的接触的增多,知觉和物的对比以及内心感受的世界和物的世界的对比便日益明显了。这时对新的认识形式的需要就成熟了。…… 在最新哲学中把人们引到辩证唯物主义去的那种逻辑过程,直接

使我们感到兴趣。——休谟、贝克莱等人的 心理主义 ，主要是从心理学角度　?
去利用感性世界。感性的映象就是认识的对象。英国经验论 的发展所得出
的结论就是：存在＝被知觉，——存在着的东西就是知觉到的东西，知觉到的
一切都是客观存在的，是存在着的……

　　康德懂得：只有通过"数学直观"才能有真正科学的认识。**感性的直观**不
包括人人必需的认识所必不可少的条件。感性的映象不能包罗应当认识的
现象的全部总和。于是，康德就从**心理主义**向**先验主义**过渡了……　　　?

　　[第43页]　黑格尔的哲学代表了这一链条上的
最后一环。我们知道，在休谟、康德、费希特那里，主体
被置于客体之上，客体被宣布为**不能脱离**主体的某种
东西……

　　[第48—58页]　范畴，即纯粹普遍的概念，如时
间、空间、因果性，从辩证唯物主义的观点看来，一方面
是**逻辑**规定，另一方面是**物的现实形式**……

　　先验主义的局限性在于：它没有把自己的权力扩
张到实在的事物领域中去，它认为范畴只不过是意识
的**主观的**、而且还是**先验**的形式。至于现象，先验主义
则用范畴的形式、即普遍逻辑的形式把它们包罗起来，
借助这些形式可以表述严格的数学的自然规律并使这
些规律具有普遍性。但先验主义和感觉论的现象论一　　　嘿，瞧它！
样，只是和现象打交道。它们认为存在、自在之物是不
可认识的……

　　辩证唯物主义宣布**形式**是**普遍的、客观实在的**"**直观**"，从而得出认识的
"绝对性"和普遍性。根据这一点就可能对现实进行**数学的**、或者也可以说是
"几何学的"认识，即精确的认识。"几何学的"空间和"纯粹的时间"就是普遍
的实在的直观，也是对感性世界的"数学"认识的前提……

　　但同时，辩证的意识却能上升到把自然界当做一个"整体"来"直观"，上
升到对自然界的普遍秩序的必然性、内部制约性进行直观……

　　人的**认识程度的深浅**是由他的**行动**，由他本人所受到的**外部世界的影响**
决定的。辩证唯物主义告诉我们说，人的思考主要是由于人在影响外部世界
的过程中所得到的那些感觉引起的……　辩证唯物主义根据只有服从自然
界才能统治自然界这样一种看法，要我们使自己的活动符合于自然界的普遍

规律,符合于事物的必然的秩序,符合于世界发展的普遍规律……

于是,巴门尼德把思维或**理性**所能认识的并处在流动变化的现象后面的东西看成事物的真正本质("一")。这样他就把感性知觉同它们的基础、现象世

嘀!　界同现象后面的世界割裂开来了……

形而上学的唯理论者认为概念才能提供真正的实在,而在 感觉论者 看来,感性知觉或直观所提供的东西才是实在的。在感觉范围以外的东西,都是不能认识的。被提升为绝对现实的那些现象就是认识的对象。经验意识的内容是变化无常的。各种质的实在的基质被 现象论 否认了。于是存在着多样性,存在着多种多样的现象,但没有实体的统一性……

康德巧妙地把关于事物本身不可认识的现象论的学说和唯理论形而上学者关于**存在着**绝对实在的存在、"自在之物"的学说结合起来。

以霍尔巴赫为首的法国唯物主义者把当做事物的形而上学本质的**本性**同它的**特性**对立起来。这种对立

胡说!　在某种意义上就是康德的关于"自在之物"和"现象"的二元论……

绝顶笨拙!　但是,我们如果把法国唯物主义和康德主义等同起来,那对法国唯物主义就不公平了。18 世纪的唯物主义毕竟还承认事物本质的**相对可知性**……

可是,法国唯物主义从物质作用于我们的外部感
这真是　觉这一见解出发,承认事物本身的**某些特性是可以**
一团糟　识的。但法国唯物主义不够彻底,因为它告诉我们:可认识的只是事物的**某些**特性,而事物的"本质"或"本性"我们是看不出的和不能完全认识的……

把事物的**特性**和它们的"本性"对立起来的做法,是康德从不可知论者、现象论者–感觉论者(直接从休谟)那里拿来的……

唯物主义不同于现象论和感觉论,它把我们从事物本身那里所得到的印象看做是具有**客观**意义的。而现象论(和康德主义)却看不出在事物的特性和它们的"本性"即外部世界之间有任何相合之点,但法国唯物

主义者已经肯定地指出：事物本身至少有一部分是可
以根据事物给予我们的那些印象来认识的，事物的特
性在某种程度上是客观实在的……

　　［第60—62页］　辩证唯物主义使物质实体、实
在的基质成为存在的基础。辩证唯物主义把世界看
做"一种过程，一种处在不断的发展中的物质"（恩格
斯）**219**。形而上学者所谓的不变的绝对的存在变成了
变化着的存在。**实体性的实在被认为是有变化的**，变
化和运动被认为是存在的现实形式。辩证唯物主义克
服了"存在"和"非存在"的二元论，克服了"内在的东
西"和"超验的东西"、事物的特性和事物本身的形而上
学的绝对对立。根据辩证唯物主义才有可能把自在之
物和现象、把内在的东西和超验的东西科学地结合起
来，才有可能克服自在之物的不可知性以及质的"主观
主义"，因为，"事物的本性"，正像普列汉诺夫非常正确
地指出的，"是表现在它的各种特性之中的"。正是根
据我们从事物本身那里所得到的**印象**，我们才有可能
判断事物本身的特性，判断客观实在的存在……

　　"内在的东西"具有客观实在的性质；处在现象彼
岸的、属于"不可认识之物"范围内的"超验的东西"，从
我们感觉所不能感知的神秘实质变为我们意识的"内
在的"内容，变为感性知觉的对象。既然"内在的东西"
具有**客观实在**的意义，既然它提供按印象判定事物的
特性的可能性，那么它就成为"超验的东西"了；既然
"超验的东西"被宣布为虽是主体彼岸的，然而又属于
可认识之物范围内的东西，那么它就成为"内在的东
西"了。别尔托夫的见解也是这样。他说："这种理论
认为自然界首先是现象的总和。但是因为自在之物是
现象的必要条件，换句话说，因为现象是因客体对主体
的作用而产生的，所以我们不得不承认自然规律不仅
具有**主观的**意义，也具有**客观的**意义，也就是说，如果
一个人没有错的话，那么**主体**中的各种思想的相互关

注意

注意

把正确的真理
用异乎寻常的
费解的形式来
叙述。为什么
恩格斯不用这
种莫名其妙的
语言来写呢?

系是和**主体之外**的各种事物的相互关系相符合的。"①
这样就唯一正确地科学地解决了现象和自在之物的
相互关系问题,这是认识的一个最重要的问题,在这
个问题上,康德、形而上学者和现象论者曾费了很多
心机……

[第62页] 辩证法教导说,存在和非存在的统一
就是变易。把这条原理译成具体的唯物主义语言,它
就意味着万物的基础是**物质**,处在不断发展过程中的
物质……

注意

[第64—65页] 因此,物体并不是像 现象论者-
感觉论者 所想的那样只是可以被人感觉的,它是完全
不依赖于我们的知觉而存在着的,是"自为地"、作为
"主体"存在着的。但如果说物体是不依赖于我们的知
觉而存在着的,那么知觉可完全是以作用于我们的物
体为转移的。没有物体就没有知觉,就没有表象、概念
和思想。我们的思维是由存在决定的,也就是说,是由
我们从外部世界获得的那些印象决定的。正因为这
样,我们的思想和概念才具有**客观实在**的意义……

注意

把作用于我们感官的物体看成该物体所引起的**作用**即知觉的**原因**。现
象论者否认这样提问题的可能性。内在论者 认为,外部世界(如果有这样的
世界存在的话)不仅是不可感知的,而且是不可想象的……

[第67页] 还得这样设想:我们的知觉,即外部
世界和我们的"感性"这两种因素作用的结果,按**内容**
来说也是和我们所不能 直接地 直觉地 认识到的外 (?
部世界的事物不等同的……

注意
∽②

[第69—75页] 从辩证唯物主义的观点看来,自在之物就是自身存在
着的、"自为地"存在着的物。普列汉诺夫就是按这个意思给物质下了一个定

---

① 恩·别尔托夫《对我们的批判者的批判》第199页。

② 这个符号是表示应当把"直接地、直觉地"这两个词的位置前后对调一
下。——编者注

义,他说:物质是"自在之物的总和,因为这些物是我们感觉的泉源"①。这种自在之物或物质并不是在物的具体特性后面的抽象的概念,而是"**具体的**"概念。物质的存在不能和它的本质分开,反过来说,物质的本质不能和它的存在分开……

　　缺乏任何质或特性的事物,甚至不能为我们所想象,它不能生存,没有任何存在。外部世界是我们用自己的知觉、根据外部世界、事物本身使我们产生的那些印象 ┃构成的┃……　在外部世界和内部世界之间,存在着某种差 ??别,但同时也存在着一定的相似之处。因此我们根据印象,即根据外部世界的事物所引起的印象,去认识外部世界。根据我们在事物对我们起作用时所得到的那些印象,我们便认为事物具有一定的特性。印象是两个因素的合力,这样的印象必然受这两个因素的本性制约,并且还包含有构成这两个因素的本性、并为这两个因素所共有的某种东西……

　　只有以承认外部世界的辩证唯物主义为依据,才能创立纯粹科学的认识论。谁否认外部世界,他也就否认我们的感觉的原因而走向唯心主义。但是外部世界又是规律性的 ┃原则┃。如果我们在自己的知觉中有　　笨拙而又一定的有秩序的知觉联系,这只是因为我们感觉的原　荒诞的字眼!因即外部世界是这种规律性联系的基础……

　　如果不能预见,就不能科学地认识在自然界和人类生活中的各种现象。……　但是,外部世界的事物不仅同我们有因果联系,而且在事物彼此之间,也是这样,就是说,在外部世界事物本身之间存在着一定的相互作用,如果我们知道了相互作用的那些条件,我们就又有可能不仅预见和预言事物对我们所起的作用,而且也能预见和预言它们的客观的、不依赖于我们的那些关系和作用,即事物的客观特性……

　　辩证唯物主义决不是在一定承认原子论或微粒论或任何第三种假说的意义上来预先解决物质构造问题的。如果原子构造的新学说获得胜利,那么辩证唯物

---

①　"思维之外的这种存在的形象就是物质,就是实在的基质!"《费尔巴哈全集》第2卷第289页。

主义不仅不会遭到毁灭,相反地,<u>会获得最光辉的证明</u>。自然科学领域内的新思潮的实质究竟是什么呢?首先就是:过去在物理学家看来是不变的、最简单的即最基本的和不可分的"物体"的原子,<u>原来是由更基本的单位或粒子构成的</u>。现在人们设想,电子是存在的最终单位。但是,辩证唯物主义难道<u>断定原子是存在的绝对界限吗</u>?……

如果有人像我们的马赫主义者那样,以为只要承认<u>电子学说</u>,**物质**就不成其为**实在**而归于消灭,从而把**物质**看成唯一实在和对<u>经验的系统化</u>唯一有用的 <u>工具</u> 的辩证唯物主义也就破产,如果这样以为,那就是错误的…… 一切原子是否都由电子组成,这是一个没有解决的问题,这是一个可能得不到证实的假说。<u>这点姑且不论</u>,<u>但难道说电子学说把原子消灭了</u>?电子学说只不过是证明原子是**相对稳定的**、相对不可分和不变的…… <u>但是作为实在的基质的原子并没有被电子学说所排除</u>……

让我们来总结一下。从形式上来看,我们知道,辩证唯物主义使人人必需的客观的认识成为可能,因为<u>存在的形式</u>,在辩证唯物主义看来,也就是思维的形式,因为知觉范围内的每一个变化是和客观世界中的每一个变化符合的。至于谈到物质因素,辩证唯物主义的出发点是<u>承认自在之物</u>或外部世界或**物质**。"自在之物"是可以认识的。辩证唯物主义否认无条件的东西和绝对的东西。自然界中的一切都是处在变化和运动的过程中,**物质的**一定的**结合**就是运动和变化的基础。辩证法认为一"**种**"存在经过飞跃会过渡到另一种存在。<u>最新物理学的理论</u>不仅不否定,反而完全证实了辩证唯物主义的正确性。

啊!普列汉诺夫不提这个"新思潮",不知道它。德波林则讲得不清楚。

对!

笨拙的名词!

载于 1958 年《列宁全集》
俄文第 4 版第 38 卷

译自《列宁全集》俄文第 5 版
第 29 卷第 526—533 页

格·瓦·普列汉诺夫
《尼·加·车尔尼雪夫斯基》一书批注 [220]

（1909年10月和1911年4月之间）

格·瓦·普列汉诺夫
《尼·加·车尔尼雪夫斯基》

1910年圣彼得堡野玫瑰出版社

序　言

[第52—53页]　在废除农奴制的时代我们的社会力量的对比,目前已经够清楚了。所以我们只是顺便谈到这一点,只为了说明当时尼·加·车尔尼雪夫斯基领导的我们的进步报刊在这个事件中所起的作用。大家知道,进步报刊热烈地捍卫了农民的利益。我们的这位作者一篇接着一篇地写文章,主张连同土地一起解放农民,他肯定说,赎买分给农民的土地,对政府说来没有丝毫困难。他用一般的理论推断和极详细的示范计算来证明这个论点……　如果说我们的政

注意①

---

①　画双斜线的批注是列宁写在页上角的。因此,在这里和别的地方,如果不能准确肯定列宁的批注所针对的地方,则摘引该页的全文。——俄文版编者注

府在解放农民时一刻也没有忘记国库的利益,那它对于农民的利益是想得很少的。在进行赎买时所考虑的纯粹是国库和地主的利益……

《社会民主党人》**221**第 1 集第 152 页

[第 57—59 页]　车尔尼雪夫斯基不是仅仅在经济问题上要进行激烈的论战。况且他的对手也不仅仅是自由派的经济学家。《同时代人》小组在俄国文坛上的影响越大,这个小组,特别是我们的这位作者所遭到的来自各个不同方面的攻击也越多。《同时代人》杂志

注意

《社会民主党人》第 1 集第 152 页到此为止

的同仁们被看成准备推翻一切声名狼藉的"基础"的危险人物。某些"别林斯基的友人"开始还觉得可以同车尔尼雪夫斯基和他的同志们合作,后来却和《同时代人》疏远了,认为这是"虚无主义者"的刊物,并且大叫大嚷,说什么别林斯基在世决不会赞同车尔尼雪夫斯基所采取的路线。伊·谢·屠格涅夫的做法就是这样。①甚至赫尔岑也在自己的《钟声》里对"丑角们"抱

注意

怨起来……　总之,显然赫尔岑被他那些自由派朋友卡维林之流引上了迷途。"丑角们",或者就像在俄国所称呼的"吹哨人",不是嘲笑暴露,而是嘲笑那些天真的人,他们忘记了克雷洛夫寓言《猫和厨子》的寓意,不能也不愿超过无辜的暴露而更进一步②。

赫尔岑自己想必也很快就看出,那些考察他和车尔尼雪夫斯基的关系的自由派朋友在政治上是多么糟

注意

糕。当他不得不与康·德·卡维林决裂时,大概他会对自己说,"苦胆派"并不是完全不对的③。

---

①　车尔尼雪夫斯基讲过,屠格涅夫对他在一定程度上还能容忍,但对杜勃罗留波夫就完全不能忍受了。他曾对车尔尼雪夫斯基说:"您是一条普通蛇,而杜勃罗留波夫是条眼镜蛇。"(见已经引证过的信《致谢》。《车尔尼雪夫斯基全集》第 9 卷第 103 页。)

②　顺便提一下,关于《非常危险》一文和它的多少有些神秘的后果,见韦特林斯基先生的书《赫尔岑》1908 年圣彼得堡版第 354 页。

③　可以根据康·德·卡维林和伊·谢·屠格涅夫给亚·伊·赫尔岑的信件来追溯这个决裂的经过,这些信由米·德拉哥马诺夫于 1892 年在日内瓦出版。

可是,《哨声》**222**上发表的那些引起<u>教养有素的自由派特别不满</u>的文章,大部分都不是尼·加·车尔尼雪夫斯基写的。他只是偶尔写点文章,因为他为另外的工作忙得不可开交。

〔第61—66页〕 这时候俄国"社会"上至少有一部分人的<u>情绪高涨起来</u>。青年学生闹风潮;秘密革命组织相继出现,印发自己的宣言和纲领并<u>期待着不久要发生的农民起义</u>。我们已经知道,车尔尼雪夫斯基完全承认在俄国可能出现"严重时期",<u>我们还将看到,社会情绪的高涨多么强烈地反映在他的政治活动中</u>。但他和秘密团体有没有某些联系呢? 对于这个问题暂时还不能很有把握地回答,而且有谁知道,我们会不会有朝一日获得解答这个问题的材料呢? 精心研究过尼·加·车尔尼雪夫斯基案件的米·列姆克先生认为,"可以**推测**〈黑体是他用的〉,那个《告领地农民书》是他写的",而法庭就是以起草该文为理由宣判车尔尼雪夫斯基有罪。米·列姆克先生引证这份传单的语言和内容来证实自己的猜测。我们认为这样的引证并不是没有根据的。但是,我们要跟列姆克先生一起赶紧重复一句:"所有这一切或多或少是可能的设想,但仅仅是可能的设想。"①列姆克先生认为著名的传单《大俄罗斯人》部分地出自车尔尼雪夫斯基之手,我们觉得这个意见也颇有根据。列姆克先生用斯塔赫维奇先生的话来证实自己的推测…… <u>我们完全同意斯塔赫维奇先生的看法</u>:著名的传单《大俄罗斯人》的<u>语言和内容</u>的确<u>很像</u>车尔尼雪夫斯基的<u>政论文章</u>。……

大家都知道,斯拉夫主义者对于加利西亚的乌克兰人反对波兰人的斗争,非常赞同。车尔尼雪夫斯基一直是同情小俄罗斯人的。他认为别林斯基对于新生

注意

注意

注意

《社会民主党人》第1集第157页

----

① 米·康·列姆克《尼·加·车尔尼雪夫斯基案件》,1906年《往事》杂志第4期第179页。

的小俄罗斯文学采取否定态度是个大错误。他在 1861 年 1 月《同时代人》上为小俄罗斯的刊物《基础》的出版写了一篇充满同情的文章。但是对于加利西亚的乌克兰人反对波兰人的斗争，他不能无条件地赞同。首先，他不满意加利西亚的乌克兰人向维也纳政府方面寻求支持。其次，他也不满意僧侣在加利西亚乌克兰人的运动中所起的举足轻重的作用。他写道："凡人的事要由凡人来管。"最后，车尔尼雪夫斯基不满意的是，在他看来首先是**经济性质的**问题，却仅仅被当做**民族性质的**问题提出来。在针对李沃夫的《言论》杂志而写的《民族的不策略》(1861 年 7 月《同时代人》)一文中，车尔尼雪夫斯基尖锐地抨击了这个刊物的过分的民族主义。他写道："很可能，如果更精细地研究一下现实的关系，李沃夫的《言论》杂志会看到，事情的根源是与民族问题毫不相干的问题，是等级问题。很可能，它会在乌克兰人这一方面和波兰人那一方面都看到民族不同而社会地位相同的人。我们不认为，波兰农民会对减轻乌克兰农民的赋税以及改善乌克兰农民的整个生活抱敌视态度。我们不认为，在这件事情上乌克兰族的地主和波兰地主的感觉有多大的差别。假如我们没有看错，那么加利西亚问题的根源是等级关系，而不是民族关系。"

奥地利各民族间相互仇视更使车尔尼雪夫斯基觉得是不策略的，因为维也纳政府这时和以往一样，从中获得许多好处。他在载有《民族的不策略》一文的那一期《同时代人》的政治评论里写道："只要好好地想一想，对奥地利帝国的长期存在就不会觉得奇怪了，它境内的各民族竟如此讲究政治上的策略，它怎么能不巩固？"车尔尼雪夫斯基觉得，奥地利的德意志人、捷克人、克罗地亚人，以及加利西亚的乌克兰人（像我们已经看到的那样），都是"不明事理的"。他担心特别是经历过 1848—1849 年的斯拉夫人的"不明事理"别又走得太远了。60 年代初,匈牙利对维也纳的反动集权主义者进行了顽强的斗争。匈牙利人的不满竟到了这样的地步,以至有一个时期可以期望他们国内爆发革命。我们的作者在自己的政治评论里不止一次地表示忧虑:在匈牙利爆发革命运动时,奥地利的斯拉夫人又将成为反动派的驯服工具。奥地利的许多斯拉夫族人在当时采取的策略,只能使人加深这种忧虑,因为奥地利的斯拉夫人以他们在 1848—1849 年事件中所起的可耻作用而自夸。车尔尼雪夫斯基严厉地指责了这种策略,他证明说,他们反过来支持维也纳政府的敌人,这对他们会更有利,这些人会对他们作出重大的让步。他是就克罗地亚人对匈牙利人的关系才讲到这一点的,他对加利西亚乌克兰人又重复了这一点。我们在《民族的不策略》一文里读到:"仇视加利西亚乌克兰人的等级的党派现在准备让步…… 关于这一点李沃夫的《言论》杂志倒不妨考虑一下;也许,这是那些被它视为仇敌的人们真心诚意准备作出的让步,也许,这些让步很大,完全可以使乌克兰农民满意,无论如何有一点是没有疑问的,即:这些让步比乌克兰农民能够从奥地利人那里获得的一切都要多得多,重要得多……"

　　最后,小说《序幕》的第一部分描写沃尔根和索柯洛夫斯基(谢拉科夫斯基?)的友谊关系。沃尔根喜爱索柯洛夫斯基无限忠实于自己的信念,不狭隘自私,既有真正的鼓动家的激情又善于控制自己。沃尔根称他为**真正的人**,并认为,我们的自由派可以从他那里学到许多东西①,这一切都很有意思①,但这丝毫不能说明车尔尼雪夫斯基对波兰问题的实际态度。

　　车尔尼雪夫斯基当时约 34 岁。他正处在智力全盛时期,谁知道他的发展可能达到怎样的高度! 然而

《社会民主党人》第 1 集第 158 页到此为止

注意

注意

————

① 沃尔根特别重视索柯洛夫斯基的"**审慎**",这表现在:1848 年在沃伦,在他所有的同志中,只有他一人没有冲昏头脑,而是极冷静地考虑了武装起义的机会,当时这种机会几乎近于零。

同《社会民主党人》第1集第165—166页

他自由生活的时间所剩不多了。他是极端党派的公认的领袖，是唯物主义和社会主义的极有影响的宣传者。他被认为是革命青年的"魁首"，他们的一切发动和风潮都加罪于他。在这种情况下总会有这样的事，传闻被夸大成事实，一些甚至车尔尼雪夫斯基从未有过的意图和行动被强加于他。车尔尼雪夫斯基自己在《序幕的序幕》中描写了在彼得堡流行的那些好意的自由派同情者的谣传，说沃尔根（就是他本人）似乎和伦敦的俄国流亡者小组有联系……

[第71—73页]《怎么办?》获得空前成功的秘密在哪里呢？在于这是文艺作品获得成功的一般秘密，在于这本小说对广大读者非常关心的问题作了生动的、大家都能理解的回答。小说表现的思想本身并不是新的，是车尔尼雪夫斯基从西欧文学中整个搬过来的。法国的乔治·桑早在他以前就宣传过男女之间自由的、主要是真挚的、诚实的爱情关系①。卢克莱茨娅·弗洛里安妮在爱情方面所提的道德要求和维拉·巴甫洛夫娜·洛普霍娃-基尔萨诺娃所提的没有任何区别。至于小说《雅克》，那么不难从中摘录出许多相当长的段落，它们可以说明乔治·桑的热爱自由而又有自我牺牲精神的主人公的思想和论断有时几乎完整地再现在《怎么办?》这本小说里②。而且不仅乔治·桑

---

① 顺便指出，歌德的择亲和势也是维护这种关系的用语。对于这一点有些德国文学史家知道得很清楚，他们既不敢非难这样一位有声望的作家，同时又因为他们的庸夫俗子的德性而不敢同意他，一般只是吞吞吐吐地说些含混不清的东西，说这位伟大的德国人似乎有些奇谈怪论。

② 1853年3月26日车尔尼雪夫斯基在日记中记下了他　21**223**
和未婚妻的如下对话："'难道您认为，我会对您不忠　22
实吗?'——'我不认为这样，我不希望这样，但这种情　23
况我也考虑过。'——'那您会怎么办呢?'——我对她
讲了乔治·桑的雅克。'那您也会自杀吗?'——'我不　25
打算自杀。'——我还说，要设法给她找到乔治·桑的

一个人宣传过这类关系上的自由。大家知道,对车尔尼雪夫斯基的世界观起过决定性影响的罗伯特·欧文和傅立叶也宣传过这些东西。[①]这一切思想早在40年代就在我国受到热烈的赞同……　但在小说《怎么办?》出现以前,这些原则只有少数"卓越人物"赞同;广大的读者是完全不了解的。甚至赫尔岑在自己的小说《谁之罪?》里也没敢最完整而清楚地说出这些原则。亚·德鲁日宁在自己的小说《波莲卡·萨克斯》[②]中比较明确地解决了这个问题。但这篇小说太乏味,而且它那些属于所谓上层(官吏和有爵位者)社会的人物,对于<u>在尼古拉制度衰落以后构成读者的左翼的"平民知识分子"</u>是丝毫不感兴趣的。

注意

注意

　　[第75—77页]　我们从维拉·巴甫洛夫娜的几个梦里可以看出车尔尼雪夫斯基的社会主义观点的特征,可惜,这个特征直到如今还没有得到俄国社会主义者的足够重视。在这些梦里吸引我们的是:车尔尼雪

　　小说(她没读这本书,或至少是没有记住它的思想)。"(《车尔尼雪夫斯基全集》第10卷第2部第3节第78页)我不妨再指出车尔尼雪夫斯基和未婚妻的另一次谈话:"这种关系应该是怎样的呢? ——前天她说道:我们要有各自的单独房间,您非经允许不要到我这里来。我自己也打算这样安排,可能我想的比她更严肃;——她大概只是想不让我去麻烦她,而我对这点的理解是:每一个丈夫在夫妻关系上都要非常尊重妻子。"(同上,第82页)这和小说《怎么办?》中的维拉·巴甫洛夫娜与洛普霍夫的谈话几乎一字不差。

①　几乎不用去想,罗伯特·欧文在这方面进行过多么热情的宣传。至于傅立叶,那让我们在这里引用他下面这句意味深长的话吧:"爱的习性……仅仅是暂时的、易变的形式,而不是一成不变的内容。"(《傅立叶全集》第4卷第84页)

②　1847年《同时代人》杂志第12期。

夫斯基已经完全意识到,要建立社会主义制度,只有把资产阶级时期发展起来的技术力量广泛地应用于生产。在维拉·巴甫洛夫娜的梦里,劳动大军共同从事生产,从中亚到俄国,从气候炎热的国家到寒冷的国家。所有这一切,可以想象当然是借助于傅立叶的著作,但是俄国读者不知道这一点,这甚至从后来所谓的俄国社会主义的历史中也可以看得出来。我们的革命者常常把自己关于社会主义社会的观念理解成这样:把它想象成使用落后的木犁(还在失明的瓦西里时代用来翻地的木犁)来耕地的农民村社的联盟。但是,不言而喻,这样的"社会主义"完全不能算做社会主义。只有把人从"**土地的**"和整个自然界的"**支配**"下解放出来,无产阶级的解放才能实现。为了人的这种解放,无疑地要像车尔尼雪夫斯基在维拉·巴甫洛夫娜的梦里所讲的那样,必须有劳动大军,必须把现代生产力广泛地应用于生产,而我们在追求"实际"时却把这些完全忘记了。

注意
参看《社会民主党人》第1集

1

车尔尼雪夫斯基生活在"新人"的新典型于我国诞生的时候。他通过拉赫美托夫塑造了这种典型。我们的作者愉快地欢迎这种新典型的出现,而且自己禁不住要去描绘那即使还不清晰的轮廓。同时他忧伤地预见到,这个俄国革命者要经受多少痛苦和折磨,他的生活一定是严峻的斗争和沉重的自我牺牲。于是车尔尼雪夫斯基通过拉赫美托夫给我们描绘了一个道地的苦行僧。拉赫美托夫完全在折磨自己。用他的女房东的话说,他简直是"对自己残忍的人"。他甚至决定试一试能否经得住拷打,为此整夜躺在扎满铁钉的毯子上。很多人,包括皮萨列夫在内,都认为这只是一种怪癖。我们同意,拉赫美托夫性格上的某些细节可以用别的方式来描写。但是整个性格还是完全符合实际的:几乎每

1——"革命者",《社会民主党人》(第1集第173页)

2

一个优秀的 ⌈60 年代和 70 年代我国的社会主义者⌉

3

都有 ⌈不少的⌉ 拉赫美托夫作风。

　　我的第一篇论车尔尼雪夫斯基的文章是在车尔尼雪夫斯基逝世的消息印象犹新的情况下写的, 在这一版完全改写了一遍;我曾摘录了我们这位作者给他妻子信中的几句话作为这第一篇文章的题词:"我们的生命是属于历史的,几百年后,我们的同时代人已经不在世上,而我们的名字还会使人们感到亲切,人们还会怀着感激的心情回忆我们的名字。"这封信写于 1862 年10 月 5 日,即这封信的作者当时已经被监禁了。

2——"俄国革命者"

3——"大量的"(《社会民主党人》第 1 集第174 页)

注意
注意　注意

第 1 部
尼·加·车尔尼雪夫斯基的
哲学、历史和文学观点

第 1 篇
尼·加·车尔尼雪夫斯基的哲学观点

第 1 章
车尔尼雪夫斯基和费尔巴哈

[第 81 页]　在这部著作的第一版中(顺便指出，它的第一篇文章是讲车尔尼雪夫斯基的哲学观点的，写于 18|9|9 年底)，我们提出了这样一种见解：从我们这位作者的哲学观点来看，他是费尔巴哈的追随者。我们这种见解所依据的，当然首先是对车尔尼雪夫斯基那些比较接近于哲学的思想同费尔巴哈的观点进行的比较……

|8|

第 3 章
与尤尔凯维奇等人的论战

[第 102—103 页]　"……截然不同类别的质在一

个物体中的结合是物的一般规律。"至于我们称之为<u>感</u><u>觉</u>和思维能力的那种质,情况也是这样。<u>它和活的有</u><u>机体的所谓物理的质之间的距离是无限大的</u>。但这并不妨碍它成为这个同时还具有广延性和运动能力的有机体的质……

不是无限的
(虽然我们
还不知道这
个"限度")

　　他们[①]常常尽量避免提出他们为什么不承认知觉的能力是物质的一种特性的理由,而是乐于反驳任何一个著名的唯物主义者没有讲过,至少在近代没有讲过的意见:知觉就是运动。[②]……

注意

　　[第 106—108 页]　树木的燃烧过程同时也产生许多在缓慢的阴燃过程中所没有的现象。可是,这两种过程并没有本质上的差别。相反,实质上这是同样的过程;只不过在第一种情况下这种过程进行得很快,而在第二种情况下却很慢。因此,处于这个过程中的物体的质,在前一种情况下具有巨大的力量,而在后一种情况下则不同,它"极为微弱,以致在日常生活中完全觉察不到"。用这一点来说明心理现象,那就是说:即使是无机状态的物质也没有丧失"感觉"这种带给高级动物以丰富"精神"果实的基本能力。但是无机物质的这种能力以<u>极微弱的程度</u>存在着。因此,<u>考察者完</u><u>全觉察不到它</u>,我们也就可以把它看成零,完全用不着担心这样做会犯什么明显的错误。但是,无论如何不要忘记,这个能力是物质一般都具有的,所以当它特别有力地表现出来的时候(例如,像我们在一般高级动物,主要是在人的身上所看到的那样),把它看成某种奇妙的东西,这是没有根据的。车尔尼雪夫斯基以当时我国的出版条件下必须有的谨慎态度表达了这种思

注意

---

　①　唯物主义的敌人。——编者注
　②　<u>我们设想</u>,古代唯物主义者,例如德谟克利特和伊壁鸠鲁可能在这方面有<u>某些</u>不明确的地方,可是这还远远没有证实,因为,不要忘记,这些思想家的观点是以不完整的形式保存下来的。

注意

想,他向拉美特利和狄德罗这样的唯物主义者靠拢了,而他们又是拥护已经摆脱了不必要的神学虚饰的斯宾诺莎主义的观点的……

[第107页] 尤尔凯维奇还说,量的差别不是在物体本身中,而是在它和有感觉的主体的关系中转变为质的差别的。然而这是极大的逻辑错误。客体要在自己和有感觉的主体的关系中发生变化,必须预先在自己本身中 发生变化……

不是逻辑错误,而是认识论错误

……杜德什金在《祖国纪事》杂志中逐条列举了尤尔凯维奇的似乎无可辩驳的论据,然后对车尔尼雪夫斯基说:

"看来,很清楚,现在问题已经不在于别的什么人,而在于您,不在于一般哲学和生理学,而在于您对这些科学无知。正教中学的哲学这个避雷针在这里有什么用呢? 您为什么把完全不同的东西混淆起来,然后说,这一切您在正教中学上学时就知道了,甚至现在还背得出来呢?"

对此车尔尼雪夫斯基回答说,杜德什金没读过正教中学的笔记本,他就不能了解问题在哪里。他接着写道:"假使您花点力气读读这些笔记本,您就会看到,尤尔凯维奇先生所揭示的我的缺点,就是这些笔记本所揭示的亚里士多德、培根、伽桑狄、洛克等人以及一切不是唯心主义者的那些哲学家的缺点。所以,这些指责完全不是针对我即针对个别作家的;这些指责其实是针对一种理论的,普及这种理论我认为是件有益的事。如果您不信,请读一读和尤尔凯维奇先生属于同一派别的人写的、С.Г.先生出版的《哲学辞典》,您会看到,那里关于每一个不是唯心主义者的人所讲的都是这样:说他不知道心理学,不了解自然科学,否定内部经验,说他在事实面前完全破产,混淆形而上学和自然科学,把人贬低,如此等等,不一而足……"

注意

第 4 章

道 德 学 说

[第 111—112 页] 一般说来,在车尔尼雪夫斯基关于合乎理性的利己主义的观点中很明显地表现出一切"启蒙时期"(Aufklärungsperioden)所特有的一种愿望,即在理智中寻找道德的支柱,在个人的多少有些道理的打算中寻找关于他的性格和行为的解释。车尔尼雪夫斯基在这方面的论断有时同爱尔维修以及和爱尔维修志同道合的人的论断就像两滴水珠那样相似。车尔尼雪夫斯基的论断几乎也同样很像古希腊启蒙时代的典型代表苏格拉底的论断,苏格拉底在为友谊辩护时证明交朋友有**益处**,因为在遭遇不幸时他们可能有用。这种 极端偏重理智的观点 ,是由于启蒙思想家通常不能持**发展观点**而产生的……①

注意

第 2 篇

尼·加·车尔尼雪夫斯基的历史观点

第 2 章

车尔尼雪夫斯基的历史观点中的唯物主义

[第 159—161 页] 车尔尼雪夫斯基把费尔巴哈的观点应用于美学,在

---

① 关于这一点,详见我的著作《唯物主义史论丛——霍尔巴赫、爱尔维修和卡尔·马克思》1896 年斯图加特版。

这方面,我们往后会看到,他取得了在某种意义上讲是极为卓越的成果。但是,他在这里的结论也不是完全令人满意的,因为关于人类的美学发展的完全正确的概念,要求首先制定一个总的历史观。至于说到这种总的历史观,那么车尔尼雪夫斯基只是朝着制定这种历史观的方向走了几步,诚然,这是很正确的几步。我们刚从他的著作中摘录的大段引语就可以作为这方面的例证……

第 3 章
车尔尼雪夫斯基的历史观点中的唯心主义

请看,我们在他对瓦·彼·波特金的名著《关于西班牙的通信》(1857 年《同时代人》第 2 期)的评论文章中可以读到这样一些东西:

"人民分裂为敌对的等级,常常是改善他们的前途的最大障碍之一。在西班牙没有这种有害的分裂,等级之间没有不可调和的敌对,因为没有一个等级仅仅为了损害另一个等级而不惜牺牲一切最宝贵的历史成果;在西班牙,整个民族都觉得自己是一个整体。这个特点在西欧各国人民中是极不平凡的,值得特别重视;仅此一点本身,可以认为是这个国家的幸福前途的保证。"①

这不是笔误,因为车尔尼雪夫斯基在这篇文章中过了几页又说道:"在一个非常重要的方面,西班牙人民比大部分文明民族有着无可争辩的优越性:西班牙各等级既没有因根深蒂固的仇恨,也没有因利益的根本对立而分裂;它们不像我们在其他许多西欧国家中所看到的那样构成互相敌视的等级;相反,在西班牙,一切等级可以和睦地追求同一个目标……"②

[第 163—165 页]　他们③具有用唯心主义观点去考察以往人类历史的志向。所以我们在他们关于以往人类历史的论断中经常会看到一些无可怀疑的、看起来极其明显的矛盾:一些显然完全是在唯物主义意义上解释的事实,却忽然得到了完全唯心主义的说明;反过来说,在唯心主义的解释中经常

---

① 《车尔尼雪夫斯基全集》第 3 卷第 38 页。
② 同上,第 44 页。
③ 空想社会主义者。——编者注

夹杂着完全唯物主义的说法。这种不稳定的现象,这种当代读者看得清楚而作者却觉察不到的从唯物主义到唯心主义又从唯心主义到唯物主义的经常的转变,也在车尔尼雪夫斯基的历史论断中表现出来,在这方面他很像西方的伟大的空想主义者。再重复一遍,他最后也和他们一样,倾向于唯心主义。

这一点从他那篇有意思的文章《罗马衰亡的原因(仿孟德斯鸠)》中看得很清楚,这篇文章刊载于1861年《同时代人》(第5期)。在文章中他热烈地反对那种很流行的意见:即西罗马帝国的灭亡是由于它内部没有进一步发展的能力,而使它不复存在的那些蛮族却带来了新的进步的种子……

在这里既没有谈到那位基佐在他的第一篇文章《法国史初稿》里早就指出过的那些使罗马衰弱的罗马内部社会关系,也没有谈到那些使日耳曼蛮族在西罗马帝国衰亡时代强大起来的社会生活方式。车尔尼雪夫斯基甚至忘记了他自己在另一个地方引用过的普林尼的名言:latifundia perdidere Italiam(大地产毁灭了意大利)。在他的"进步公式"(后来我们采用了这种说法)中,没有谈到这个国家的内部关系。一切问题都被归结为智力的发展。车尔尼雪夫斯基坚决地认为,进步是以智力的发展为基础的,并说"进步的根本方面完全在于知识的成就和发展"。他甚至根本没有想到,"知识的成就和发展"可以由社会关系来决定,在某些情况下社会关系促进这种成就和这种发展,而在另一些情况下则阻碍这种成就和这种发展。他把社会关系描写成纯粹是某些意见传播的结果。我们刚刚读到一点:"历史知识在被人探讨;妨碍人们安排自己社会生活的虚假概念因而在减少,社会生活安排得比过去更好。"这同我们这位作者在评论罗雪尔著作的文章中所说的很不一样。在那里,他还认为:不能像对待小学生那样去评价学者,说什么他们不懂得某一种科学,因而构成了错误观点;这样做甚至是可笑的。在那里,他还认为:问题不在于某位学者的知识的多少,而在于这位学者所代表的那个集团的利益是什么。一句话,那里的结论是:社会利益决定社会观点,社会生活决定社会思想。现在的结论却相反。现在则表示:社会思想决定社会生活;如果社会制度有某些缺陷,那么这是因为社会像个小学生,它学得不好或学得很少,因而形成了错误的概念。再不能想出比这更惊人的矛盾了……

[第170页]　赫尔岑对于俄罗斯同"旧世界"的关系的观点是在斯拉夫主义者的强烈影响下形成的,是错误的。但是,使用比较正确的方法,也可能达到错误的观点,正像使用比较错误的方法,可能得到正确的观点一样。因此试问,使赫尔岑形成错误观点的那个方法,和使车尔尼雪夫斯基能够对这

种观点进行完全正当的否定和嘲笑的那种方法,有着怎样的关系……

第 5 章
车尔尼雪夫斯基和马克思

[第 188 — 190 页]　可能有人会提醒我们,根据我们的意见,我们所分析的车尔尼雪夫斯基的评论已经是在马克思和恩格斯的历史观形成严密的整体以后出现的。这一点我们并没有忘记。但是我们觉得,问题在这里不取决于简单的时间先后顺序。拉萨尔的主要著作也是在马克思和恩格斯的历史观已经具有严整形式以后出现的,然而按照思想内容来说,这些作品仍属于从历史唯心主义向历史唯物主义过渡的时代。问题不在于某个作品是在什么时候出现的,而在于它的内容如何……

我们不想重复说车尔尼雪夫斯基远没有同唯心主义决裂,不想说他对于社会发展的未来进程的看法完全是唯心主义的。我们只请读者注意,车尔尼雪夫斯基的历史唯心主义使他在关于未来的思考中把“先进”人物,按照我们现在的说法就是**知识分子**,放在首要地位,他们应该在群众中传播那终于发现的社会真理。他认为群众的作用就是充当正在前进的军队中的落后士兵。自然,任何一个明白事理的唯物主义者都不会断言:似乎一个中等的“平民百姓”,仅仅因为他是“平民百姓”,即“群众的一分子”,所知道的就不少于一个中等“知识分子”。他的知识当然比后者少。但是问题不在于一个“平民百姓”的知识,而在于他的行为。人们的行为往往并不是取决于他们的知识,而是往往**不仅仅**取决于他们的知识,还要——并且最主要地——取决于他们的地位,这种地位只有靠他们所具有的知识来阐明和理解。这里我们又要想起一般唯物主义特别是唯物主义历史观的一个基本原理:不是意识决定存在,而是存在决定意识。“知识分子”出身的人的“意

（旁注：注意）

（旁注：注意）

识"比出身于"群众"的人的意识要发达些。但是出身
于群众的人的"存在"使他采取的行动方式比知识分子
在社会地位的支配下所采取的行动方式明确得多。因
此,唯物主义的历史观只容许在某种意义上、而且是极
有限的意义上谈论"群众"出身的人比知识分子出身的
人落后的问题,在某种意义上"平民百姓"无疑地落后
于"知识分子",然而在另一个意义上他无疑地超过"知
识分子"……

注意

　　车尔尼雪夫斯基的历史观点中的缺点是因为费尔巴哈唯物主义的不够
完善而产生的,这种缺点后来成了我们的主观主义的基础,这种主观主义和
唯物主义毫无共同之处,它不仅在历史领域,而且也在哲学领域坚决反对唯
物主义。主观主义者大吹大擂,自称是 60 年代优秀传统的继承人。实际上
他们继承的仅仅是这个时代的世界观的薄弱方面……

第 6 章
车尔尼雪夫斯基的后期历史著作

　　[第 199 页]　 一般说来,车尔尼雪夫斯基对这种
理论①是极端反对的。他在表述对于历史发展进程的
唯心主义观点时,仍然认为自己是彻底的唯物主义
者。他错了。但是,他的错误的根源在于费尔巴哈唯
物主义体系的一个主要缺陷。马克思很清楚地指出:
"费尔巴哈想要研究跟思想客体确实不同的感性客体,
但是他没有把人的活动本身理解为**对象性**的活动。因
此,他在《基督教的本质》中仅仅把理论的活动看做是
真正人的活动"②……　 车尔尼雪夫斯基也像自己的老
师一样,几乎把注意力完全集中在人类的"理论"活动
上,因此智力发展在他的眼里就成了历史运动的最深
刻的原因……

普列汉诺夫所
著《车尔尼雪夫
斯基》一书的
缺点也是这样

---

①　唯心主义。——编者注
②　见马克思早在 1845 年春写的《关于费尔巴哈的提纲》(《马克思恩格斯文集》
　　第 1 卷第 499 页)。——编者注

[第205页]　车尔尼雪夫斯基认为,在历史上罪恶总会得到应得的惩罚。实际上,我们所知道的历史事实,没有为这种可能是令人快慰的然而无论如何是天真的看法提供任何根据。可以使我们感兴趣的只是这样一个问题:我们的作者怎么会产生这种观点呢? 对这个问题,只要指明车尔尼雪夫斯基生活的那个时代就可以回答了。那是社会运动高涨的时代,可以说,这个时代对这种观点有道义上的需求,希望这种观点去巩固关于邪恶必遭失败的信念……

第 3 篇
尼·加·车尔尼雪夫斯基的文学观点

第 1 章
文学和艺术的作用

[第221页]　把艺术看做**游戏**的观点,再加上把游戏看做"劳动的产儿"的观点,极其明确地说明了艺术的实质及其历史。这个观点第一次使我们能用唯物主义观点来考察它们。我们知道,车尔尼雪夫斯基在刚刚开始文学活动时就作了一次对他来说是很成功的尝试,即把费尔巴哈的唯物主义哲学应用于美学。我们有专著阐述他的这个尝试①。因此在这里我们要说的只是:虽然这个尝试对他来说是很成功的,但是在这个尝试中,正如在车尔尼雪夫斯基的历史观点中一样,反映了费尔巴哈哲学的一个根本的缺陷:它的历史的方面,或更确切地说,辩证的方面没有得到研究。正因为车尔尼雪夫斯基所掌握的哲学在这一方面没有研究,所以他才可能没有注意到:游戏这个概念对于艺术的唯物主义的解释是多么重要……

---

① 见《二十年来》文集中的《车尔尼雪夫斯基的美学理论》一文。

第 2 章
别林斯基,车尔尼雪夫斯基,皮萨列夫

[第236页] "只有现实才给人持久的享受;只有
那些以现实为基础的愿望才有重大的意义;只有现实
所唤起的希望和只有依靠现实的力量和条件进行的事
业,才可望得到成功。"①

注意

这是关于"现实"的新概念。当讲到这个概念是现代思想家在先验哲学
的模糊暗示下制定的时候,车尔尼雪夫斯基是指费尔巴哈。他也完全正确地
叙述了费尔巴哈的现实概念。费尔巴哈说过,感性或现实是和真理同一的,
就是说,真实意义上的对象只有通过感觉才能得到。思辨哲学认为,仅仅以
感性经验为基础的关于对象的观念不符合对象的真实本性,它们应该由纯粹
的思维,即以不感性经验为基础的思维来检验。费尔巴哈坚决反对这种唯心
主义观点。他说,以我们的感性经验为基础的关于对象的观念,完全符合这
些对象的本性。不幸的只是我们的幻想往往歪曲这些观念,因而它们和我们
的感性经验发生矛盾。哲学应该从我们的观念中把歪曲这些观念的幻想成
分清除出去;它应该使这些观念同我们的感性经验一致起来。它应该使人类
回到在古希腊占统治地位的、未被幻想歪曲的、对现实对象的直观。如果人
类转向这种直观,他们就返回自身,因为受臆想支配的人本身只能是幻想的
存在物,而不是现实的存在物。用费尔巴哈的话来说,人的本质是感性,也就
是现实,而不是臆想,也不是抽象……

[第242—243页] "当我们走进社交场合时,我
们在自己的周围看到许多穿着正式礼服、常礼服或燕
尾服的人。这些人身高五呎半或六呎,而有些人还要
高些;他们中有的人在两颊、上唇和下额留着胡须,有
的人则刮得干干净净。我们于是以为,我们眼前看到
的是些男子汉。这是十足的误解、光学的错觉、幻觉,
仅此而已。一个男孩子不养成独立参加社会事务的习
惯,不具备公民感,长大了成为中年男人而后成为老年

《社会民主党人》
第1集第143页

---

① 《车尔尼雪夫斯基全集》第2卷第206页。

男人,然而成不了男子汉,或者至少不会成为有高尚性格的男子汉。"①没有高尚勇气这个缺点在讲人道的有教养的人那里,比起在愚昧的人那里表现得更惹人注目,因为讲人道的有教养的人喜欢谈论重要的题材。他讲得津津有味、娓娓动听,但是一涉及从言论转向行动,就不行了。"只要不谈行动,只要仅仅用空谈和幻想去充塞空闲的时光、空虚的头脑或空虚的心灵,这样的人物真是能说会道;但等事情到了要直截了当地表达自己的情感的时候,——大多数人物就开始动摇,并且觉得舌头不灵活了。很少几个最勇敢的人好歹还能竭力用不听使唤的舌头表达关于他们思想的模糊概念。但是,有谁想抓住他们的愿望,对他们说:你们愿意这样,我们非常高兴,你们就开始行动吧,我们支持你们。——听了这一番话,最勇敢的人有一半就会晕倒,剩下的就开始很粗暴地责备您,说您使他们陷入了窘境,说没想到您会提出这样的建议,说他们的头脑全乱了,什么也想不出来了,因为怎么能这样快呢,况且他们都是诚实的人,而且不仅是诚实的人,也是很温和的人,他们不愿给您找麻烦,再说,难道真的可以为那些闲着没事才谈谈的一切去奔走吗,最好还是什么也别干,因为一切都同奔走与不便联在一起,并且眼下任何好处也不会有,因为,已经讲过,他们无论如何没有想到也没有料到,等等。"②

这幅画像可以说是出自行家之手。但是,描绘这幅画像的行家,不是批评家,而是政论家。

[第246—247页]　不必解释就很清楚,人们关于一个社会阶级或阶层采取一定实际行动的能力所做的任何理论结论,总是在一定程度上需要靠经验来检验的,因此可以在一定的、或大或小的范围内认为它有先验的可靠性。例如,可以完全可靠地预言,甚至贵族中

《社会民主党人》第1集第144页——"对俄国自由主义的辛辣的一针见血的评论"224

注意

×注意

① 《车尔尼雪夫斯基全集》第1卷第97—98页。
② 同上,第90—91页。

比较有教养的那部分人也不会同意为农民而牺牲自己
的利益。这种预言完全不需要实践的检验。然而当需
要确定有教养的贵族为了**自己本身的**利益能够在什么
程度上对农民作出让步时，就没有任何人能够完全可
靠地预言：他们在这方面不会超过某种限度。这里总
是可以推断：在一定条件下，当他们对于自己本身的利
益有了更正确的了解以后，他们就会稍微超过这个限
度。车尔尼雪夫斯基在我们所关心的这个问题上是一
位讲实际的人，这样的人不仅可以而且应该想办法说
服贵族，使他们相信他们本身的利益要求对被解放的
农民作<u>某些</u>让步。这样，在他的文章中可能被认为是
矛盾的地方——一方面要求人们采取明智而坚决的步
骤，但同时又认为这些人是不会坚决而明智的，并说这
是条件的必然产物——，实际上却不存在矛盾。<u>诸如
此类假想的矛盾也可以在坚持唯物主义历史观的人们
的政治实践中找到</u>。但是，这里必须附带作一个很重
要的说明。当唯物主义者相当慎重地把自己的理论结
论运用于实践的时候，他毕竟可以保证，在他的这些结
论中有着某些<u>丝毫</u>不容置疑的可靠成分。这是因为当
他说"一切决定于条件"的时候，他知道要从哪一方面
期待那些将朝他所预期的方向改变人们的意志的新条
件；他清楚地知道，归根到底，要从"经济"方面去期待，
他对社会的社会经济生活的分析越正确，他对社会未
来发展的预言也就越可靠。信仰"意见支配世界"的唯
心主义者则不同。如果说"意见"是社会运动的最深刻
的原因，那么决定社会继续发展的条件则主要被归为
人们的意识活动，而能否实际地影响这种活动，则决定
于人们进行逻辑思维和掌握哲学或科学所发现的新真
理的能力的大小。可是，这种能力本身是由条件决定
的。因此，唯心主义者如果承认唯物主义的一个真理，
即人的性格（自然还有人的观点）决定于条件，就会陷
入迷宫：条件决定观点；观点又决定条件。理论上的

注意

注意

"启蒙思想家"的思想从来没有从这个迷宫里挣脱出来。在实践中,通常是通过加强对一切有思想的人的号召来解决矛盾,而不管这些人在什么条件下生活和活动。这里我们所讲的,看来好像是<u>些</u>不必要的、因而是无聊的题外话。但是事实上,对我们说来,这些题外话是必要的。它们帮助我们<u>了解 60 年代政论批评的性质</u>。

注意

〔第 253—254 页〕　然而尼·乌斯宾斯基有时讲得还更坚决。例如,他写道:"对于现在的农民,即不久前还是农奴制的牺牲者,没有什么可期望的:他们不会觉醒!……医学将来也未必能医治好萎靡症,因为这种病的病根是**机体的损毁**……"①对于这一点,"70 年代的人"是很难同意的。这个时期的评论界对尼·瓦·乌斯宾斯基的敌视态度主要是由此产生的。

注意

<u>读者或许要问,既然看来车尔尼雪夫斯基当时已经认为在对废除农奴制的条件表示不满的人民中可能发生广泛</u>的运动,他是否会轻易同意尼·瓦·乌斯宾斯基对于"现在的农民"完全绝望的观点呢? 我们对于这一点的答复是:当然,如果他认为自己必须无条件地同意尼·瓦·乌斯宾斯基,那么这对他来说是不容易的。可是问题正在于,他不是无条件地同意。"……您找一个最普通、最平凡、最软弱、最庸俗的人来看一下,不管他的生活过得多么平淡无味、庸庸碌碌,但在他的生活里总还有另一种色彩完全不同的时刻,精神奋发、刚强果敢的时刻。每一个民族的历史上都可以遇到同样的情况……"②

注意

注意

〔第 262 页〕　皮萨列夫有巨大的文学天才。但是,不管他的论文的文学光辉给没有偏见的读者带来多么大的愉快,还是必须承认:"皮萨列夫主义"是一种使我们的"启蒙思想家"产生唯心主义谬论之类的东西……

〔第 266 页〕　米海洛夫斯基的某些社会学的论文现在已译成法文,如果我们没弄错的话,还译成了德

---

① 《乌斯宾斯基全集》1883 年版第 2 卷第 202 页。
② 《车尔尼雪夫斯基全集》第 8 卷第 357 页。

文。应当考虑到,这些文章绝对不会给他带来全欧洲
的声誉。然而很可能,在那些由于仇视马克思主义而
"回到康德那里去!"的欧洲思想家中间,这些文章会得
到其中<u>某</u>些人的赞赏。与我们这位现代文学史家的见
解相反,这些赞赏没有什么可夸耀的。但是,最值得注
意的,倒是把<u>或多或少比较进步的空想主义的无辜的</u>　　注意
<u>理论错误变为反动派的理论工具的这种历史讽刺</u>。

第 2 部
尼·加·车尔尼雪夫斯基的
政治观点和政治经济观点

第 1 篇
尼·加·车尔尼雪夫斯基的政治观点

第 1 章
空想社会主义

注意

注意

　　[第 281—282 页]　最后,车尔尼雪夫斯基关于改革思想说道:"不久我们就会看到,它们会通过更理智的形式表现出来,并且传到那些不再把它们当做兴高采烈的娱乐而是当做切身需要的事业的人们手里,而当圣西门主义者想要用来演出木偶喜剧的那个阶级开始理智地关心自己的幸福时,大概它在世上会比目前生活得好一些。"①这是一个极为重要的意见。它表明,车尔尼雪夫斯基在论述西欧社会主义的前途时,很接近于阶级斗争的理论。但是我们已经知道,这个理论在他的历史观点中起了什么作用。这个理论有时帮助他很成功地阐明**某些个别的历史现象**;但是与其说他把阶级斗争看成阶级社会进步的必要条件,不如说把它看成对进步的非常重大的障碍……

_____

① 《车尔尼雪夫斯基全集》第 6 卷第 150 页。

　　他把欧洲"平民百姓"的落后说成是由于人民还没有接受某些科学概念。当他们接受了这些科学概念,当"平民百姓"了解了"符合他们要求的"哲学观点的时候,西方社会生活中新原则的胜利就不远了[①]。车尔尼雪夫斯基没有问自己:在这个<u>生活</u>中是否有<u>一些现象可以成为"平民百姓"最终真正接受新哲学思想的客观保证</u>。他不需要**这种**保证,因为在他的心目中,这些新原则的本性以及人的本性,就完全足以保证这些原则的胜利……

注意

第 2 章
空想社会主义(续)

　　[第 289 页]　车尔尼雪夫斯基对社会主义问题也像对所有其他的历史发展的一般问题一样,是从**唯心主义**观点来考察的。而这种对待最重要的历史现象的唯心主义态度,是各国社会主义在其发展的空想阶段所特有的。空想社会主义的这一特点具有重要的意义,所以<u>不管这里完全可能有某些重复</u>,关于这个特点必须讲一讲……

过分了!

第 3 章
车尔尼雪夫斯基"本人的"
计划和土地村社问题

　　[第 313 页]　他用他喜欢用的借助"譬喻"来说明问题的方式说道:"假定说,我愿意设法保存您用来做饭的粮食。不言而喻,如果我出于对您的好感才这样做,那么我的这番热心是由于料到粮食是属于您的,并且用粮食做

────────
　① 《车尔尼雪夫斯基全集》第 6 卷第 205—206 页。

成的饭对于您身体有好处,对您有益处。可是,当我一旦知道粮食根本不属于您,用粮食做成的每一餐饭都要您拿钱去买,这笔钱不仅超过一餐饭本身的价值,而且您不拼命节俭就根本拿不出来,这时您可以想象我的感情会是怎样的呢? 当我知道这样奇怪的发现时我会怎样想呢? …… 我这个人真蠢,居然为一件并没有条件来保证其好处的事情操心! 除了蠢汉以外,谁会在事先还不能确信某人会得到一笔财产并且会按有利条件得到这笔财产以前,就为了使这笔财产留在这人手里而操心呢? …… 倒不如让这种只会使我亲爱的人受到害处的粮食完全丧失吧! 倒不如让这种只会使您破产的事情完全失败吧! 为您而懊丧,为自己愚蠢而羞愧,——这就是我的感情。"①

[第315—316页] 必须替车尔尼雪夫斯基说句公道话,早在他从事著述活动的初期,他关于村社的论述中就表现出甚至比90年代中叶大批"俄国社会主义者"要多得多的深思熟虑;而在90年代中叶,大概只有瞎子才会看不到,我们的声名狼藉的"古老的基础"已在分崩离析。早在1857年4月他写道:然而"不能向自己掩饰这样的情况:俄国以往很少参加经济运动,而现在正迅速地卷入经济运动;我们的生活以往几乎不受那些只有在经济活动和商业活动加强的情况下才能表现出自己威力的经济规律的影响,而现在正开始迅速地屈从于它们的威力。大概,我们不久也会卷入竞争规律充分起作用的领域中去……"②

自然,当欧洲技师出现在早已熟悉吊桥的亚洲国家时,他们会比较容易地使某个官吏信服最新式的吊桥不是不信神的臆想。仅此而已。虽然亚洲国家有自己的吊桥,它毕竟是落后的国家,而欧洲毕竟会成为它的老师。俄国的村社也是这样。可能,它对我们祖国的发展会有所帮助;但是主要的动力还是来自西方,至于要使人类复兴,我们即使有村社的帮助,毕竟还是不行……

第 4 章
社会主义和政治

[第318—319页] "自由派和民主派的根本愿望

---

① 《车尔尼雪夫斯基全集》第4卷第307页。
② 《车尔尼雪夫斯基全集》第3卷第185页。

和主要动机是有本质差别的。民主派所关心的是尽可能消除在国家机构内上层阶级比下层阶级占优势的情况,一方面减少上层等级的力量和财富,另一方面提高下层等级的分最和福利。至于用什么方法在这个意义上改变法律和支持新的社会制度,对他们来说几乎是无所谓的。与此相反,自由派无论如何不会同意让下层等级在社会中占优势,因为这些等级由于缺乏教养和物质上的贫乏,是不关心自由派政党视为高于一切的利益即言论自由权和立宪制的。民主派认为,平民享有物质福利的我国西伯利亚,比大部分人民极其贫困的英国要好得多。在一切政治制度中,民主派仅仅同贵族政治是不共戴天的;自由派却几乎总是认为,只有保持一定程度的贵族政治,才能使社会达到自由主义制度。因此自由派往往对民主派深恶痛绝,说民主主义会导致独裁政治,对自由有致命的危险……"①

> 参看《社会民主党人》第 1 集第 124 页

接着车尔尼雪夫斯基又用了一些论据来阐明自己的思想,这些论据更加证实了我们的假定,即他所说的民主派是指社会主义者。他说:"从理论方面来说,自由主义对于一个有幸摆脱了物质贫困的人可能是诱人的:自由是很好的东西。但是,自由主义非常狭隘地、纯粹形式地理解自由。在它看来,自由就是抽象的权利、纸上的许诺、没有法律禁令。它不愿了解,对一个人来说,法律上的许诺只有当他拥有利用这种许诺的物质手段时才有价值……"②

　[第 329—342 页]　在 1859 年《同时代人》第 6 期的政治评论中,他讲到在德国要求德意志联盟为了奥地利的利益而进行干涉的运动日益加强,同时指出:"我们讲的不是平民百姓,实际上是那些阶级,这些阶级集中了社会舆论,它们从事政治事务,阅读报纸并对事件的进程发生影响,——这个人群处处成为私心和阴谋的傀儡。"③

> 注意

---

① 《车尔尼雪夫斯基全集》第 4 卷第 156—157 页。
② 同上,第 157 页。
③ 《车尔尼雪夫斯基全集》第 5 卷第 249 页。

　　"平民百姓"不读报纸,不从事政治事务,对事件的
进程也没有影响。目前的情况是他们还在沉睡。但是
一旦"平民百姓"在已经掌握现代科学结论的"优秀人
物"所组成的历史行动大军的先锋部队影响下觉醒了,

注意

那时他们就会认识到,他们的任务是根本改造社会,那
时他们就会着手进行这种改造工作,而这工作和政治
制度的形式问题没有直接的关系。这就是车尔尼雪夫
斯基的主导观点,他的许多政治评论,大部分都表达了
这种观点①。如果说,这种实质上是唯心主义的政治
观点,有时让位于另一种似乎是唯物主义观点胚芽的
观点,那么,这仅仅是例外,这和我们在研究车尔尼雪
夫斯基的历史观点时所遇到的情况完全相同:读者记
得,在这些实质上也是唯心主义的观点中,也可以遇到
唯物主义历史观点的胚芽。现在让我们举两个例子来
说明,车尔尼雪夫斯基的政治评论,在我们刚才指出的

？

他关于政治同 工人阶级 主要任务的关系的主导观点
影响下,会具有什么样的性质……

　　普列汉诺夫由于只看到唯心主义历史观点和唯物主义历史
观点的**理论**差别,而**忽略了**自由派和民主派的政治实践的和**阶级**
的差别。

注意
注意
注意
注意

参看《社会民
主党人》第 1
集,第 144 页
有改动!!**225**

　　……这些论据一定会使而且的确已经使《同时代
人》的许多读者吃惊,因为这些论据导致一种结论:奥
地利的专制政府的行为完全正确。这些论据造成的一
种印象甚至已不是对政治自由问题漠不关心,而是简
直对蒙昧主义者表示同情。论敌们就不止一次地指责
车尔尼雪夫斯基的这种同情。正是因为这些指责,他
在 1862 年 3 月的政治评论的末尾作了讥讽性的自
供:"我们觉得,没有比自由主义更使人开心的东西
了,——这促使我们总想在什么地方找到些自由派,
拿他们来开开心。"但是事实上,他写这些不合常情的

---

①　这些评论按篇幅来说,至少可以构成他的全集的两卷。

Союзъ въ пользу Австрiи, замѣчаетъ, "мы говорили не о простолюдинахъ, а собственно о классахъ, въ которыхъ сосредоточивается
общественное мнѣнiе, которые заняты политическими дѣлами, читаютъ газеты и обнаруживаютъ влiянiе на ходъ дѣлъ, —эта толпа,
повсюду служащая игрушкою своекорыстiя и интриги" *).

"Простолюдины" не читаютъ газетъ, не занимаются политическими дѣлами и не имѣютъ влiянiя на ихъ ходъ. Такъ обстоитъ
дѣло теперь, пока еще глубоко спитъ ихъ сознанiе. А когда оно
пробудится подъ влiянiемъ передового отряда дѣйствующей исторической армiи, состоящаго изъ "лучшихъ людей", усвоившихъ
себѣ выводы современной науки, тогда "простолюдины" поймутъ,
что ихъ задача состоитъ въ коренномъ переустройствѣ общества,
и тогда они возьмутся за дѣло этого переустройства, не имѣющее
прямого отношенiя къ вопросамъ о формахъ политическаго устройства. Таковъ былъ преобладавшiй взглядъ Чернышевскаго, который и обнаруживается въ большинствѣ его многочисленныхъ политическихъ обозрѣнiй **). Если иногда этотъ, по существу своему
идеалистическiй, взглядъ на политику уступаетъ мѣсто другому
взгляду, являющемуся какъ бы зачаткомъ матерiалистическаго
пониманiя, то это есть лишь исключенiе, совершенно подобное
тому, съ которымъ мы встрѣчались при изученiи историческихъ
взглядовъ Чернышевскаго: читатель помнитъ, что въ этихъ взглядахъ, тоже идеалистическихъ по своему существу, тоже встрѣчались зачатки матерiалистическаго взгляда на исторiю. Пояснимъ
же теперь двумя примѣрами, какой характеръ должны были принимать политическiя обозрѣнiя Чернышевскаго подъ влiянiемъ
только что указаннаго нами и преобладавшаго у него взгляда на
отношенiе политики къ главнымъ задачамъ рабочаго класса.

Первый примѣръ. Въ январѣ 1862 года онъ въ своемъ политическомъ обозрѣнiи вступаетъ въ споръ съ прусской либеральной
"National Zeitung" по поводу внутренней политики Австрiи.
"National Zeitung" писала: "судьба Австрiи да послужитъ для
другихъ государствъ урокомъ, чтобы они не дѣлали расходовъ,
превышающихъ финансовую ихъ силу. Причиною разоренiя
Австрiи служитъ безмѣрность расходовъ ея на войско". Чернышевскому не нравится это размышленiе "National Zeitung". Онъ

---

*) Сочиненiя, т. V, стр. 249.
**) Эти обозрѣнiя составляютъ по объему, по крайней мѣрѣ, два тома
полнаго собранiя его сочиненiй.

列宁批注的格·瓦·普列汉诺夫
《尼·加·车尔尼雪夫斯基》一书的一页
（按原版缩小）

评论,自然不是为了拿自由派来"开开心",也不是为了维护专制政府。作为这些评论的基础的思想是:在存在着现有的社会关系的条件下,事情只能按照原样进行,而不能以别的方式进行;如果有人希望事情以别的方式进行,他就应该努力去对社会关系进行根本的改造。不这样做,就只是白费自己的时间。自由派之所以遭到车尔尼雪夫斯基的嘲笑,正是因为,在需要治本的地方他们却提供治标的药剂①。

　　第二个例子。同年4月,在谈到普鲁士政府和普鲁士议会的冲突时,车尔尼雪夫斯基又好像是站在和自由主义作斗争的专制政体方面。他说,普鲁士政府没有自愿对他们让步,而宁愿解散议会,使全国震动,对这一点自由派枉自大惊小怪。他说:"我们认为,普鲁士政府正是应该这样做。"②这又一定会使天真的读者吃惊,觉得这是对自由事业的背叛。可是,不言而喻,在这里我们这位作者也完全不是武装起来捍卫专制政体,而不过是想利用普鲁士的事件告诉最善于领会的读者,怎样正确看待那个最终决定一切大规模社会冲突的结局的主要条件。关于这一点他是这样说的:

　　"正如不同国家之间的争论最初都通过外交途径进行一样,在本国内部因原则不同而产生的斗争,最初是通过国内舆论的手段或所谓合法途径进行的。在不同国家之间,如果争论相当重要,结果总会导致军事威胁;同样,在国家内部事务中,如果问题相当重大,情况也会这样……"

参看《社会民主党人》第1集,第144页,语调!

注意

注意

---

①　车尔尼雪夫斯基在《政治经济学论丛》中指出,现存经济制度同"健全理论的要求"不一致,他有时中断叙述,加进一个问题:"使这种不一致现象得以存在的生活,是否应该保持下去?"(例如,见《车尔尼雪夫斯基全集》第7卷第513页)。他的政治评论,特别是那些得出"不适当的"结论的评论,也会使读者产生这样的问题;所谓"不适当的"结论就是:正确的不是专制政治的敌人,而是它的维护者。这种结论在车尔尼雪夫斯基那里,不过是**反对当前"生活"**的又一个论据而已。但是自由派往往不能理解这一点。

②　《车尔尼雪夫斯基全集》第9卷第236页。

他正是从这种观点来考察当时在普鲁士发生的一切。必须注意,他所以维护并赞扬普鲁士政府,仅仅是因为这个政府的"所作所为对民族的进步最有利不过了",它打破了那些天真的普鲁士人的政治幻想,

注意　他们毫无根据地以为,真正的立宪政体在他们那里会自行建立起来,而不必和旧制度作斗争。如果说,他对普鲁士的自由派毫不同情,甚至还拿他们来开心,那

注意　么,这是因为,根据他的正确的见解,自由派想不通过和他们的政治敌人作坚决的斗争就达到自己的目的。在讲到议会和政府的冲突的可能结局时,他很有远见地指出,"根据普鲁士目前舆论的情绪来判断,应该认为,现存制度的敌人看到自己过于软弱,无力进行军事斗争,他们在政府一旦要采用军事措施进行坚决的威胁时,就准备屈服。"[①]情况果然是这样。车尔尼雪夫斯基鄙视普鲁士的自由派,这是正确的。他们的确希望立宪制度在普鲁士会自行确立起来。他们不仅没有采取坚决的行动,——倒不必为此责备他们,因为在当时

?　的社会力量的对比下这是不可能的,——而且从原则上斥责关于这种行动的任何想法,就是说,他们尽全力阻止社会力量向着对将来采取这种行动有利的方向转变……

注意　和拉萨尔相反,他在有关普鲁士问题的论断中比在他的许多其他具有政治内容或历史内容的论文中表现为更彻底得多的唯心主义者。他们的这个差别同样应该完全归咎于"社会力量的对比"。在普鲁士,不管当时的资本主义同现在的相比多么微弱,最新意义上的**工人运动**毕竟已经开始了;而在俄国,一般称

即民主主义运动　为知识分子运动的**那种平民知识分子运动**刚刚开始发展……

车尔尼雪夫斯基的政治评论是为"优秀人物"写

---

① 《车尔尼雪夫斯基全集》第9卷第241页。

的,这些人需要了解他们应该教给落后群众什么。"优秀
人物"的事业**主要地**归结为宣传。但不**完全**是宣传。一
般说来,"平民百姓"并不出现于政治舞台。同样地,一
般说来,政治舞台上所发生的一切很少涉及他们的利
益。但是<u>也有一些</u>非常时期,那时人民群众从他们平时
的昏睡状态中觉醒过来<u>并热情地、虽然有时是不大自觉
地</u>试图改善自己的命运。在这种非常时期"优秀人物"
的活动多少要失去主要是**宣传的**性质并<u>变成**鼓动**</u>性
质。车尔尼雪夫斯基关于这样的时期是这样说的:

　　"历史进步的实现是缓慢而艰难的……竟如此缓慢,假如我们仅仅局限
在极短暂的时期内,那么历史进程中偶然情况所造成的波动会使我们看不清
一般规律的作用。要确信一般规律的不变性,必须考虑相当长的时期内的历
史进程……　比较一下1700年和现在的法国的社会机构和法律的状
况,——差别异常大,而全部差别都有利于当前的状况;然而几乎整个这一个
半世纪都是很艰难而黑暗的。英国也是如此。差别是从哪里来的呢? 差别
是这样不断地造成的:每一代优秀人物都发现自己时代的生活是非常艰难
的;但是他们的少数愿望渐渐地为社会理解了,而后经过许多年,在某个幸运
的时刻,社会在半年、一年,至多三年或四年内致力于实现优秀人物灌输给它
的那些少数愿望,哪怕是其中的某些愿望。这种活动从来不是成功的,在半
途上热情已经枯竭,社会失去力量,于是社会的实际生活又陷入长期的停滞
状态;而优秀人物,只要他们经历了他们所引起的活动,仍然会看到他们的愿
望远没有实现,并且仍然要为生活的艰难而忧伤。<u>然而在意气奋发的短暂时
期内改造了很多东西</u>。当然,改造进行得很仓促,无暇考虑新增建筑的美观,
没有把它们修饰干净,也无暇考虑到新增部分要和旧建筑的残余达到建筑协
调的细微要求,因此停滞时期所接受的是<u>改造过的建筑物,但它还有许多细
小的不合理和不美观的地方</u>……"

　　车尔尼雪夫斯基的政治评论的目的就在于向"优
秀人物"说明现时社会制度这个旧建筑日益破旧,必须
"重新大规模地展开工作"。而且根据一切情况可以看
出,在他的著述活动的第一阶段末期(即西伯利亚流放
前的时期),他开始觉得社会日益倾听他的意见并日益

注意

注意

注意

同意他的意见。换句话说,他开始考虑,正是在俄国历史上一个有益的飞跃在逼近,这种飞跃在历史上是不常发生的,但是会促使社会发展进程大大地前进一步。俄国社会进步阶层的情绪的确是迅速地高涨起来了,与此同时,车尔尼雪夫斯基的情绪也高涨起来了。他曾经认为,向政府说明农民的解放对政府本身有利,是可能的而且有益的,而现在他根本不想对政府说什么了。他觉得对于政府的任何指望都是有害的自我陶醉。在针对莫·科尔夫《斯佩兰斯基伯爵的生平》一书的出版而写的《俄国的改革家》这篇文章(载于 1861 年 10 月《同时代人》)中,车尔尼雪夫斯基详细地证明,任何改革家在我国不应当陶醉于这种指望。敌人们称斯佩兰斯基是革命者。这种说法使车尔尼雪夫斯基觉得可笑。斯佩兰斯基的确制定了一个很广泛的改革计划,但是根据他想用来实现自己计划的那些手段的规模,称他为革命者,是可笑的。斯佩兰斯基只把握住一点,就是他取得了亚历山大一世皇帝的信任。他想依靠这种信任来实现这些计划。正因为这一点,车尔尼雪夫斯基才把他叫做幻想家……

参看《社会民主党人》第 1 集,第 161 页

《社会民主党人》第 161 页,有改动 **226**

参看《社会民主党人》第 1 集第 162 页被删节的地方 **227**

只有经常记住社会生活的进程决定于社会力最对比的人,才不会在政治上陷入有害的迷恋。凡是希望按照这一基本原理行动的人,往往不得不经历一番艰难的道义上的斗争……

在 60 年代初政府曾打算稍微放松书报检查的限制。决定订出新的书报检查条例,并允许刊物对自己的管制问题发表意见。车尔尼雪夫斯基毫不迟疑地对这点表示了自己的看法,他的看法照例和一般自由派的观点很不一致。车尔尼雪夫斯基承认,在某些时代,刊物对于一国政府的危险性并不比霰弹小。这指的是这样的时代,当时政府的利益**和社会的利益背道而驰**,而革命的爆发正在逼近。处于这种状况的政府有一切理由压制出版事业,因为出版事业和其他各种社会力

量一样,都促使这个政府垮台。本世纪经常改组的法国政府几乎都是一直处于这种状况。车尔尼雪夫斯基非常详尽而平和地叙述这一切。对于俄国政府,直到文章末尾也没有说什么。但是车尔尼雪夫斯基最后突然问读者:如果说出版法在我国的确是需要的,那会怎样呢?"那么我们就又要像以往多次遭到非难一样,被称为蒙昧主义者、进步的敌人、自由的仇敌、专制制度的颂扬者等等。"因此他不想研究关于专门出版法在我国是需要还是不需要的问题。他说道:"我担心认真的研究会使我们得到这样的答案:是的,它们是需要的。"[①]结论很清楚:它们所以是需要的,因为在俄国,"飞跃"的时期快到了。

就在那期刊登了我们刚才援引过文章的 3 月号《同时代人》上,还发表了一篇针对 1861 年有名的大学学潮而写的论战性的短评:《学会了吗?》。在这篇短评中车尔尼雪夫斯基保护了大学生,驳斥了我们的这些"卫士"说大学生不愿意学习的指责,并且还顺便对政府说出了许多辛辣的真理。引起这场论战的近因是《圣彼得堡科学院消息报》上发表了某个匿名作者的文章,题目是《学习还是不学习?》。车尔尼雪夫斯基回答说,这个问题对大学生来说是毫无意义的,因为他们总是愿意学习的,但是大学里的清规戒律妨碍他们学习。根据我国的法律,大学生已经到了可以结婚、担任国家机关的职务和"军队指挥官"的年龄时,大学的校规却要使他们处于幼童的地位。他们提出抗议,这是不奇怪的。甚至一些完全没有害处的组织,如在大部分学生缺乏物质保障的情况下无疑是必需的互助会,也被禁止。大学生不能不反抗这种制度,因为这里问题关系到"面包和能否听课。而面包和听课的可能被剥夺了"。车尔尼雪夫斯基直截了当地说,制定大学校规的人正是想使考进大学的大部分人没有学习的可能。"如

注意

同《社会民主党人》
第 1 集第 163 页

---

① 《车尔尼雪夫斯基全集》第 9 卷第 130、156 页。

果该文作者或他的同道认为有必要证明,在制定这些校规时丝毫没有考虑这种目的,那就请他们把制定校规的那些会议的有关文件公布出来吧!"《学习还是不学习?》一文的匿名作者不仅指责大学生,而且还指责整个俄国社会不愿意学习。车尔尼雪夫斯基就利用这一点把关于大学里的学潮的争论引到更广泛的基础上。他的论敌也承认俄国社会有学习愿望的某些征象。他认为我国"几百"种新杂志、"几十"个星期日学校就是这一点的证明。车尔尼雪夫斯基不胜感喟地说:"几百种新杂志,作者是从哪里计算出来的呢?可是的确需要有几百种新杂志,而这个作者是否愿意知道,为什么不能像需要的那样创办几百种新杂志呢?这是因为,在我国的书报检查的条件下除了几个大城市以外,在任何地方都不可能存在稍微有点生气的期刊。本来每个富裕的商业城市都需要有几种哪怕篇幅不大的报纸;每个省都应该出版几份地方小报。但这样的报刊却没有,因为它们不能存在……　几十个星期日学校……　这倒不像几百种新杂志那样被夸大,在拥有6 000多万人口的帝国的确只有几十个星期日学校。可是这种学校本来应该有几万个,应该尽快在不久之后确实建立几万个,在目前就起码要有几千个。为什么它们只有几十个呢?因为它们受到怀疑、排挤和束缚,因而连其中最热心于教育事业的人也失去了教学的愿望。"

经车尔尼雪夫斯基分析过的这篇文章的作者援引了存在有"几百"种新杂志和"几十"个星期日学校来说明社会有学习愿望的表面迹象,接着就赶紧补充说,这种迹象是不真实的。这位作者忧郁地说:"你听大街上的叫声,有人告诉你,就在那里发生了某某事件,你不由得垂头丧气、非常失望……"　车尔尼雪夫斯基反驳道:"请问文章的作者先生,您在大街上听到什么叫声?如果是巡警和警官的叫声,那么我们也听到了。您讲的是否就是这些叫声?有人告诉您,就在那里发

同《社会民主党人》第1集第164页

生了某某事件……　——能举个例子说说发生了什么
事吗？不是那里发生了盗窃就是这里越出了权限，不是
那里压迫弱者，就是这里纵容强者，——关于这一切，人
们议论纷纷。实际上由于这些大家都听到的叫声，以及
这些日常的议论，才不由得垂头丧气、非常失望……"

　　车尔尼雪夫斯基的这种文章对俄国大学生会造成
什么样的印象，这是不言而喻的。后来在 60 年代末又
发生学潮时，《学会了吗？》这篇短文常常在学生的革命
集会上诵读，被看做是对学生的要求的最有力的辩
护。同样，"卫士"先生们会如何对付这种挑战性的文
章，这也是不言而喻的。对他们说来，这位伟大作家给
青年学生的"危险"影响是越来越无可怀疑了……

注意

《社会民主党
人》第 1 集
第 164 页
到此为止

　　车尔尼雪夫斯基由于抱着空想社会主义的观点，认
为他的西方同道力求实现的那些计划是可以在极其不同
的政治形式下实现的。理论是这样说的。当车尔尼雪夫
斯基还没有越出理论范围的时候，他毫不犹豫地发表了
自己的这种观点。在他的著述活动初期，我国社会生活
似乎有希望提供某种证据，尽管是间接的证据，来说明这
种观点的正确：那时在我国进步人士中产生了一种希望，
即希望政府会自己开始公正地解决农民问题。这是不能
实现的希望，车尔尼雪夫斯基几乎比任何人都更早地抛
弃了这种希望。如果说在理论上他后来也没有清楚地看
到经济和政治的联系，那么他在实践活动中(讲到这一点
时我们所指的是他作为**政论家**的活动)却是我国旧制度
的不可调和的敌人，尽管他的独特的讽刺手法继续使许
多自由派读者在这一点上搞不明白。在行动上(如果不
是在理论上)他成了进行不可调和的政治斗争的人，而且
对斗争的渴望几乎在 **1861** 年，特别是在他遭遇不幸的
1862 年所写的每篇文章的每一行里都表现出来。

注意

载于 1958 年《列宁全集》　　　　　译自《列宁全集》俄文第 5 版
俄文第 4 版第 38 卷　　　　　　　第 29 卷第 534—571 页

尤·米·斯切克洛夫
《尼·加·车尔尼雪夫斯基的
生平和活动(1828—1889)》一书批注[228]

(1909 年 10 月和 1911 年 4 月之间)

尤·米·斯切克洛夫
《尼·加·车尔尼雪夫斯基的
生平和活动(1828 — 1889)》

1909 年圣彼得堡版

第 1 章
车尔尼雪夫斯基的
青年时代——大学——婚姻

[第 11 页] 我们在下文中将看到,车尔尼雪夫斯基以独特的方式融会贯通了空想社会主义的原理。他试图把这些原理同黑格尔的结论、唯物主义世界观以及对现存经济关系的批判结合起来,因而独立地走上了一条使他接近于制定科学社会主义体系的道路。但是,他没有能够创立这样一个完整的体系。一方面,他因被捕和流放而被迫中断的自己著书立说的活动,妨碍他这样做;另一方面,当时俄国不发达的社会关系像沉重的包袱一样压抑着他,使他不可能合乎逻辑地彻底发展自己的观点。比车尔尼雪夫斯基早三年(1843 年)着手研究社会制度的卡尔·马克思,生活在另一种环境中,而且能够做到车尔尼雪夫斯基注定做不到的事。被马克思称为"俄国伟大的学者和

批评家"的车尔尼雪夫斯基,就其聪明才智和学识渊博而论,未必逊于科学社
会主义的奠基者……

第 2 章
车尔尼雪夫斯基著述活动的概况

[第 30—35 页]　……　一个温顺的诗人从来都
不可能像那个人那样拥有如此狂热的崇拜者。那个人
同果戈理一样,对一切低劣的、庸俗的、极其有害的行
径满怀愤恨,通过对一切卑鄙勾当的无情痛斥来宣扬
对善和真理的热爱。"对一切人和事都逢迎顺从的人,
除了自己而外不会爱任何人和事;人人都满意的人,不
会有善行,因为没有对恶行的鞭挞,就不可能有善行。
谁都不憎恨的人,谁也不会对他感激备至……"

说得好!

　　农奴制度的废除日益迫近,农民问题提上了议事
日程。上层阶级的利益得到政府、贵族集团和大多数
出版物的保护;只有农民群众的利益找不到真诚而无
私的捍卫者。于是,车尔尼雪夫斯基奋不顾身,投入了
战斗,既要同农奴主利益的公开的和伪善的捍卫者战
斗,又要同新生的资产阶级思潮的代表战斗……

?

注意

　　为此目的,车尔尼雪夫斯基撰写了一系列卓越的
论著,其中有《经济活动和立法》、《资本与劳动》、《七月
王朝》、《卡芬雅克》等文章。就在这些文章和其他一系
列文章中,车尔尼雪夫斯基大力揭露资产阶级自由主
义,并且指出它甚至没有能力把自己对专制制度和封
建制度残余的斗争进行到底;它同倾向于民主的劳动
群众的利益根本对立,因而实质上是大私有者利益的
代表……

注意

　　为了给正在形成的年轻的俄国民主主义世界观奠
定基础,车尔尼雪夫斯基利用了新出版的拉甫罗夫的
小册子《实践哲学问题概论》,并且自己撰写了一篇出

注意

色的论文《哲学中的人本主义原则》。他在文章中阐述了费尔巴哈唯物主义的基本论点,无情地批判了唯心主义世界观……

可以毫不夸张地说,没有一个使俄国社会关注的重大政治问题,车尔尼雪夫斯基不曾以自己睿智而有权威的言论作出迅速的反应…… 鲁萨诺夫[1]中肯地称他为俄国革命的普罗米修斯,他在捍卫祖国人民的幸福和为后来的战士开辟道路时是不惜牺牲自己的……

不完全!

注意

[第37—38页] 敌视妇女解放、同样也敌视个性解放的反动派诽谤说,似乎车尔尼雪夫斯基在《怎么办?》一书中鼓吹所谓"自由恋爱"[2]。当然,这是一种诬蔑,或者说,是根本不理解新型的自由人的心理……

我们知道,车尔尼雪夫斯基曾经向往学术研究工作。但是他很快就确信,另一种事业对于俄罗斯人民更为有益。这位信念坚定的民主主义者和满怀激情的战士,在生活到处已经沸腾起来,并且使人感到有必要向俄国社会广泛的阶层阐明他们周围已经发生和正在酝酿着的各种事件的意义的时候,是不会躲到学院科学的寒冷的高峰上去的……

注意

[第42页] 从莱辛的活动开始到席勒去世为止这50年间,欧洲最伟大的民族之一的发展,从波罗的海到地中海,从莱茵河到奥得河一带的各国的前途,取决于文学运动。几乎所有其他社会因素都不能促进德

---

① 尼·鲁萨诺夫——《西欧和俄国的社会主义者》1908年圣彼得堡版第286页。

② 例如,参看敖德萨大学教授彼·巴·齐托维奇在1879年出版的一本卑劣的小册子,标题为《〈怎么办〉?这部小说中是怎么办的》。——这位谤书作者所写的一套反对"虚无主义"、充满造谣中伤的小册子引起了政府对他的注意,1880年政府资助他出版反革命报纸《岸》。作为《俄国报》和《俄国旗帜报》两刊的前身的这家报纸没有获得丝毫成功,很快就因经营失败、似乎还因滥用公款而停刊。——遗憾的是,这本小册子的摘录是很不完整的,见 **H.杰尼修克**的著作《关于尼·加·车尔尼雪夫斯基著作的评论文献》1908年莫斯科版。

注意

意志民族的发展。只有文学能够在与重重困难作斗争中引导这个民族向前进。

在这方面,车尔尼雪夫斯基表现为一个启蒙思想家。在他身上对理性的威力和知识的力量的信念所占的比重超过社会学的唯物主义观点。车尔尼雪夫斯基所以特别器重典型的启蒙思想家莱辛,还因为莱辛在很多方面使他想起别林斯基;而莱辛所处的时代使他想起 40 年代和 50 年代的俄国历史。这些年代都是"狂飙突进时期",因而,一个启蒙思想家对另一些启蒙思想家心向神往,是完全无可非议的①……

[第 45 页]　为了弄清车尔尼雪夫斯基的世界观,不得不(或许有点勉强地)把他由于种种原因而在零散的文章和评论中所表述的,因而有时是彼此矛盾的或未经严密思考的各种见解和思想加以综合。但是,认真研究车尔尼雪夫斯基的全部著作,就能够使我们深信他具有相当完整的唯物主义世界观。他在讨论包括理论上和实践中的一切问题时,都力图贯彻这一世界观……

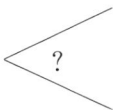

第 3 章

车尔尼雪夫斯基的哲学观点。
——合乎理性的利己主义道德

[第 47—50 页]　在西欧,黑格尔左派演变的结果是费尔巴哈的出现,他奠定了唯物主义哲学的基础。车尔尼雪夫斯基说:"德国哲学的发展就这样完成了。

---

① 在这一方面,车尔尼雪夫斯基有时到了夸张的地步,而这不是他的一向严格的现实主义所固有的。例如,他把官吏们反对民众的清醒见识的行为解释为:"他们教育不良和很少学习。"(《车尔尼雪夫斯基全集》第 4 卷第 396 页)。不过,这种论断在他那里是很少见的。

参看恩格斯费尔巴哈与一般结论的关系[229]

它现在第一次获得了积极的成果,抛掉了自己过去的<u>形而上学先验性</u>具有的经院哲学形式,并承认自己的成果和<u>自然科学学说的同一</u>,从而同自然科学的一般理论及人本学结合起来。"[1]

这段话表明,车尔尼雪夫斯基完全明确地向费尔巴哈的"人本主义原则"和"人道主义"靠拢。

不确切!

注意参看费尔巴哈[230]

思维和存在之间的关系问题是哲学的基本问题。唯心主义认为精神 先于 自然界,唯物主义确认自然界或物质先于精神。在这方面,费尔巴哈接受唯物主义,摒弃黑格尔的唯心主义及其绝对观念[2]……

[第53页]　车尔尼雪夫斯基说:以往的道德科学理论,由于忽视人本主义原则,没有任何科学意义。人本主义原则究竟是什么呢? 车尔尼雪夫斯基回答说:"人本学是这样一门科学,它无论涉及到人的生命过程的哪一部分,一贯牢记整个这一过程及其每一部分都发生在**人的机体**之中,这个机体就是产生它所考察的现象的质料;**现象的质由质料的特性**所制约;而现象据以发生的规律,仅仅是自然界规律作用的特殊的局部情况……"(黑体是我们用的)

注意

[第58—60页]　这就是这篇著名的文章,它第一次在俄国出版物中明确地阐述了由车尔尼雪夫斯基引申出非常合乎逻辑的结论的费尔巴哈唯物主义的基本原理……　这篇文章是"新人"即平民知识分子的哲学宣言——革命民主派的敌人也是这样看的……

注意

《祖国纪事》把尤尔凯维奇反对车尔尼雪夫斯基的

① 《俄国文学果戈理时期概观》,《车尔尼雪夫斯基全集》第2卷第162页。
② **朗格**想证明费尔巴哈不是一个唯物主义者(《唯物主义史》1899年圣彼得堡版第2卷第394页及以下各页),那是经不起批评的。参看**普列汉诺夫**:《马克思主义的基本问题》1908年圣彼得堡版第7页及以下各页;《二十年来》1909年圣彼得堡版第3版第271页及以下各页。

意见作了分类。① 它们被归结为如下几点:(1)车尔尼
雪夫斯基不懂得哲学;(2)他把<u>自然科学</u>方法在心理
现象研究中的<u>运用</u>同<u>对精神现象的解释本身</u>混淆起
来;(3)他不理解内省作为心理认识的特殊源泉所具
有的重要性;(4)他"搅混了〈?〉关于物质统一性的形
而上学的学说";(5)他设想量的差别转化为质的差
别的可能性;(6)最后,"您设想,任何观点都已经是
科学事实,这样一来,就取消了人类生活和动物生活
的区别。您取消了人的道德个性,只承认动物的利
己动机"。②

　　对此,车尔尼雪夫斯基回答说:尤尔凯维奇在他
身上所揭示的致命的罪状,就是正教中学笔记本所揭
示的亚里士多德、培根、伽桑狄、洛克等人的罪状,总
之,就是一切无缘跻身于唯心主义行帮的那些哲学家
的罪状……

　　[第 63 页]　<u>唯心主义就其本质来说是直观的</u>;唯
物主义则是与社会上升的各个时期和具有革命情绪的
各阶级相适应的、<u>能动的</u>体系。车尔尼雪夫斯基同自
己的整整一代人自然地都持唯物主义一元论的观
点……

　　[第 66 页]　车尔尼雪夫斯基把哲学世界观和一
定的实践追求联系起来,他懂得<u>现代唯物主义是工人
阶级的哲学</u>……

　　[第 71 页]　车尔尼雪夫斯基的伦理学与费尔
巴哈的伦理学极为相似;因此,我们讲一讲后者的

右侧旁注:注意

右侧旁注:?

右侧旁注:注意

---

① 基辅神学院"温良谦恭"的教授尤尔凯维奇由于写了反对车尔尼雪夫斯基的
　文章而官运亨通:卡特柯夫和列昂季耶夫很快就把他调到莫斯科担任哲学教
　授。同时,这个倒霉的人也因此而名声不朽。这种不朽难道值得羡慕吗?
② 下面我们将看到,几乎过了 40 年以后,伊万诺夫先生在其《俄国批判史》中列
　举了类似的论据。不坏吧?

伦理学。正如恩格斯①指出的那样,费尔巴哈的伦理学,就形式而言是现实的,就其本质而言则完全是抽象的……

[第74页] 车尔尼雪夫斯基继续自己的论证。一周又一周地陪伴在病友床边的人,为了**自己的**友情而牺牲自己的时间和自己的自由;这种"自己的"感情在他身上是如此强烈,满足了这种感情,他所感到的愉快就比从任何其他娱乐、甚至从自由所感到的愉快都要大得多;而违背这种感情,不去满足这种感情,他所感到的不愉快就大于因一时束缚自己的自由而多少感到的不愉快。对于为科学事业而舍弃个人生活的科学家,或者对于"通常称为狂热分子"的政治活动家,按照车尔尼雪夫斯基的解释,也就是革命家,也可以这样讲……

注意

[第82页] 合乎理性的利己主义理论不应当把我们引入歧途。这个乍看起来是个人主义的学说,实际上完全贯穿着社会性。重要的不是"合乎理性的利己主义"的形式,而是它的内容;而且,正如我们在上面看到的,车尔尼雪夫斯基及其追随者是在社会意义上、在为社会的和全人类的利益服务的意义上解决有关的一切争论问题。合乎理性的利己主义道德观的基础是职责的观念,而且是自由人的职责观念,是与内在的、固有的高尚品质相适应的选择观念。"做被压迫者的保护者或者做压迫制度的捍卫者,这个选择对于一个诚实的人来说并不困难。"②合乎理性的利己主义理论,这也是**诚实人的道德**,是60年代的革命一代的道德……

? ✕

---

① **恩格斯**:《从古典唯心主义到辩证唯物主义》**231**第35页及以下各页——。恩格斯辛辣地嘲笑费尔巴哈的伦理学,指出,按照他的道德观,交易所就是最高的道德殿堂,只要投机得当。当然,这是辩论的手法,但他成功地揭示出费尔巴哈道德观的抽象性和非历史性。

② 《车尔尼雪夫斯基全集》第4卷第475页。

?

第 4 章

车尔尼雪夫斯基的美学和评论

　　[第 93 页]　开始从事历史性事业的**革命民主派**的充满力量和希望的代表，坚决摒弃把宇宙规律看做悲剧的唯心主义观点。在这里，他也企图采取"人本主义的"观点……

　　[第 104 页]　对于他来说，美学问题只是一个战场，在这个战场上，年轻的革命思想家同所仇恨的旧世界及其全部政治制度和经济制度、全部意识形态和道德进行了初次交锋。车尔尼雪夫斯基在自己的论文中，"在有些烦琐的形式下，迸发着对生活、工作、人间幸福的渴望"[①]。他作为平民知识分子的思想和情绪的代言人，当时（克里木战争以后）已经举着反抗的大旗勇敢地登上了历史舞台……

第 5 章

车尔尼雪夫斯基的历史哲学

　　[第 135 页]　如果回忆一下，车尔尼雪夫斯基生活在紧随着 1848—1849 年革命运动被镇压而来临的欧洲严峻的反动时期；拿破仑第三在法兰西取得胜利，奥地利恢复专制制度，普鲁士在封建反动势力的压榨下民不聊生，意大利徒劳无益地渴望得到解放，俄国刚刚考虑摆脱农奴制度；如果回忆一下，欧洲的政治气氛只是在 1859 年奥意战争之后才开始活跃起来，<u>正如我们将在下文看到的，车尔尼雪夫斯基当时并不相信俄国具备了巨大的革命力量</u>，那么，我们就会理解，他的客观主义常常使他陷入忧郁的悲观主义。尽管如此，

　　?

---

① 　**安德列耶维奇**：《俄国文学的哲学初探》1905 年圣彼得堡版第 249 页。

车尔尼雪夫斯基还是认为,有人格者的天职是不要向自己和自己的读者隐瞒全部真相,不管这种真相多么令人痛苦,并且他永远不承认这样的论点:"对我们进行吹捧的谎言比许许多多卑微的真理更为珍贵……"

[第145—147页] 于是,车尔尼雪夫斯基正是根据**工业趋势是我们时代历史发展的主要动力**这一点,提倡对生活抱乐观主义态度…… "……拿破仑在西班牙和德国的胜利给这些国家带来了某些好处,工厂主和工程师、商人和工艺师的胜利怎能不带来某些好处呢? 当工业发展时,进步就有保证。我们主要从**这一点出发,对我国工业进度的增长感到高兴**。"接着,车尔尼雪夫斯基兴奋地指出工业发展领域中的若干新事实:创办伏尔加河及其支流新的轮船公司,基辅的农业展览馆等等①……

|注意|

读了上面所讲的以后,当我们听到车尔尼雪夫斯基说社会的不满情绪通常是政治骚动的基础②时,自然就不感到奇怪了。他那句就像是从马克思1848年至1849年的一些小册子中采用的话,并不使我们感到诧异,他说:"各种不同的因素促使拿破仑王朝、波旁王朝和奥尔良王朝的覆灭"。③同样,我们在读到他有关罗马衰亡的原因的论断时也不感到惊讶。他继普林尼之后以土地关系的改变来解释罗马的衰亡:"大地产毁灭了意大利——latifundia perdidere Italiam……"④

|参看 普列汉 诺夫**232**|

[第152页] 车尔尼雪夫斯基在《资本与劳动》一

---

① 《现代评论》(1857年11月)。《车尔尼雪夫斯基全集》第3卷第561—562页。参看《期刊评论》(1856年11月),在这篇文章中,车尔尼雪夫斯基认为:"采取措施建设庞大的铁路网"是克里木战争以后"所有改进措施中最重要的一项"。《车尔尼雪夫斯基全集》第2卷第653页。

② 《七月王朝》,《车尔尼雪夫斯基全集》第6卷第63页。

③ 《卡芬雅克》,《车尔尼雪夫斯基全集》第4卷第33页。

④ 《资本与劳动》,《车尔尼雪夫斯基全集》第6卷第15页。

文中指出:阶级斗争构成古代历史的基础。他认为,在
雅典,纯粹的政治因素在这种斗争中占优势:世袭贵族
和平民几乎完全是围绕着争取或反对扩大平民群众的
政治权利而进行斗争。①在罗马,为经济利益而进行的
斗争则更突出地居于首位……

　　[第 154—155 页]　总之,车尔尼雪夫斯基很清
楚:现代社会各阶级是在生产过程中形成的:与生产的
三要素——土地、资本和劳动——相适应的是现代社
会三个基本阶级即土地占有者、资产阶级和工人。车
尔尼雪夫斯基在对穆勒著作的注释中明确地指出:总
的说来,对产品按地租、利润和工资这三项来划分制约
着这三个阶级的相互关系……

　　[第 157—160 页]　的确,在车尔尼雪夫斯基的著
作中可以碰到"无产阶级的溃疡"这个用语,但是,他只
是在和资产者——崇拜西欧的人辩论时才使用这个用
语,这些崇拜西欧的人倾向于把西欧几乎看成天堂,不
愿意对西欧关系中消极的方面持批评的态度②……
车尔尼雪夫斯基可能为了更可靠地保护村社土地占
有制而向俄国社会提出威胁人民的无产阶级化的警
告。然而,要知道,反对斯托雷平土地法的社会民主
党人也采用类似的论证(当然,不是就形式而是就实
质而言)……

＊＊＊＊＊＊＊＊＊＊＊＊

右侧批注：
？
参看马克思
《资本论》
第 3 卷,
第 7 篇[233]

假话!

----

①　很显然,车尔尼雪夫斯基在这里错了。但这个错误是偶然的,因为他历来证
　　明经济利益的冲突是政治斗争的基础。——不过,我们在恩格斯那里也见到
　　过这样的话:"至少在现代历史上,国家、政治制度是从属的因素,而市民社
　　会、经济关系领域才有决定意义。"(上引著作第 57 页)似乎只有"在现代历史
　　上"情况才是如此? 自然,这是失言。我们对车尔尼雪夫斯基的诸如此类的
　　失言就不要太苛刻了。
②　《期刊评论》(《俄罗斯谈话》和斯拉夫主义)1857 年 3 月,《车尔尼雪夫斯基全
　　集》第 3 卷第 151 页。——当时,车尔尼雪夫斯基还指望被当局怀疑的斯拉
　　夫主义的"优秀代表"能够同民主党人在一些问题上(特别是在政治自由和保
　　证人民福利问题上)携手前进。但是,在这方面,他很快就大失所望。

但是,什么是无产者？或许车尔尼雪夫斯基指的是纯粹的穷人或者"平民百姓"？还是听听车尔尼雪夫斯基本人说的吧。维尔纳茨基说,在法国"许多无产者都有不动产",车尔尼雪夫斯基嗤笑了这句话,他写道:"我们冒昧地问一下,这种怪事究竟是怎样发生的？我们多次读过经济学家的著作,他们历来认为无产者指的是没有财产的人;这决不是单纯指穷人。是的,经济学家严格地区别这个概念:穷人是单纯指有微薄生活资料的人,而无产者则是没有财产的人。**穷人与富人相对立,而无产者与有产者相对立。**一个拥有 5 公顷土地的法国农民,如果他的土地贫瘠或者家庭人口特别多,他可能生活很拮据,但**他毕竟不是无产者**;相反,巴黎或里昂的某一个技术工人,同这个农民相比,可能住着比较温暖而舒适的居室,可能吃得比较好和穿得比较好,但只要他没有不动产,没有资本,而他的境遇全靠工资来决定,那他终究是一个无产者。"①这位民粹主义创始人所说的这番话表明,同民粹派的这样一些追随者,例如,同<u>至今还不愿理解穷人和无产者之间</u>的区别的<u>维·切尔诺夫</u>相比,他站得高得多。这些话还表明,为什么车尔尼雪夫斯基认为,"对于人民生活来说,无产……比一般贫穷是更为严重的溃疡"。车尔尼雪夫斯基指的是生存毫无保障,它使无产者在失业、生病或者年老的情况下注定要饿死……他说:"我们一点也不怀疑,这种痛苦将会被治愈;**这种疾病不是致命的,而是会康复的。**"②无产者在自己的要求没有得到满足时,是不会安定的。这就是为什么资本主义国家面临着比以前更为剧烈的新的骚乱。车尔尼雪夫斯基说:"另一方面,<u>无产者的数量不断增大</u>,而主要的是他们对于自身力量的认识在增长,对于自己的

注意

注意

① 《论土地占有制》,《车尔尼雪夫斯基全集》第 3 卷第 418 页(1857 年)。
② 《车尔尼雪夫斯基全集》第 3 卷第 303 页(1857 年)。

要求的理解在明确起来。"① 读者,请您坦率地回答,这
句话难道不能使您想起《共产党宣言》里的任何观
点吗?

　　[第 174—176 页]　我们的一部分有民粹主义情
绪的读者很少关心从车尔尼雪夫斯基接近于科学社会
主义的角度来分析他的世界观;他们很可能认为,确认
这种接近是对这位伟大的思想家的亵渎。相反地,在
大多数马克思主义者中间,对车尔尼雪夫斯基的看法
主要是认为:他是一位很讨人喜欢的作家,是在当时有
益、但离现代唯物主义世界观相去甚远的作家。由于
历史的作弄,这位客观主义者和唯物主义者成了民粹
主义的鼻祖,这就强烈地影响了上述人们对他的态
度。一般说来,大多数读者只知道车尔尼雪夫斯基是
空想主义小说《怎么办?》的作者,似乎他幻想通过少数
革命知识分子的密谋活动使俄国从村社立即过渡到社
会主义。

　　车尔尼雪夫斯基的真正科学面貌与这种臆造形象极少共同之处……

　　车尔尼雪夫斯基是以严格的客观主义者的观点来观察人类历史的。他
看出人类历史是通过矛盾、通过本身就是逐渐量变的结果的飞跃而发展的辩
证过程。这种不停顿的辩证过程的结果就形成由低级形式向高级形式的过
渡。历史上起作用的人物是社会各阶级,它们的斗争由经济原因制约。决定
着社会的政治关系和法律关系以及决定着意识形态的经济因素是历史进程
的基础。

　　能够否认这种观点接近马克思和恩格斯的历史唯
物主义吗? 车尔尼雪夫斯基的世界观同当代科学社
会主义创始人的体系的区别 仅仅 在于缺乏系统性和
某些术语的准确性。车尔尼雪夫斯基在历史哲学观
点上唯一严重的缺陷在于他没有能够明确地指出,作
为历史进程的基本因素的生产力发展所具有的决定
性意义……

注意

注意

过分

────────────

① 《论土地占有制》,《车尔尼雪夫斯基全集》第 3 卷第 455 页(1857 年)。

第 7 章
政治经济学和社会主义

注意

[第 275—280 页]　在车尔尼雪夫斯基关于这一点的论断中,我们再次碰到天才的洞见和空想主义倾向的怪诞的混合。这种混合,也像在其他一切情况下一样,是由我们不止一次地讲过的他的经济体系的一般性质造成的。

　　车尔尼雪夫斯基指责穆勒,是因为后者"对最主要的商品——劳动"只讲了两三点意见,可是"劳动对于极大多数人来说,是唯一的或者是最重要的商品"。①车尔尼雪夫斯基是这样说明这种情况的:穆勒的全部分析是从资本家的观点出发的,"这种产生了生产价值观念的观点,是生产者的观点,而且只是购买雇佣劳动者的劳动的生产者的观点"②。如果不提出关于这个"奇特商品"的根本问题,那么也就不必单独谈论关于它的交换价值:商品之作为商品,就在于它服从于供给和需求的平衡,仅此而已。"但是根本的问题在于:劳动是否应该成为商品、是否应该具有交换价值?"……

　　购买劳动和购买奴隶的区别仅仅在于出卖时间的长短,以及出卖者给予购买者支配自己的权力程度。这里基本特征是同样的:一个私人支配另一个人的经济力量的权力。"法律学家和行政领导人可以关心购买劳动和购买奴隶之间的区别;但政治经济学家却不必关心"……

注意

　　"劳动不是产品。它还只是生产力,它只是产品的源泉。它同产品的区别就像肌肉同靠肌肉举起的重物的区别,就像人同呢绒或面包的区别一样……"③

　　车尔尼雪夫斯基继古典经济学之后,区分了两种价值形态:内在价值和交换价值。他所说的内在价值

----

① 《穆勒著作评注》第 436 页及以下各页。
② 同上,第 492 页。
③ 同上,第 493 页。

是指使用价值。① 车尔尼雪夫斯基与资产阶级经济学
家的不同正在于他把主要的注意力集中于分析这种内
在价值。这是十分自然的，因为车尔尼雪夫斯基批判
资本主义制度，<u>与其说是从它的内部客观趋势的观点
出发，还不如说是从它与社会、人民、群众的利益相对
立的观点出发</u>……

注意

车尔尼雪夫斯基总结道："我们看到，交换价值就
其实质而言应当同内在价值一致，交换价值偏离内在
价值只是由于错误地把劳动当成商品，劳动无论如何
也不应当成为商品。因此，区分交换价值和内在价值
的可能性只能证明存在有二者之间差异的生活在经济
上不合乎要求。理论应当像看待奴役制、垄断、保护关
税政策那样来看待交换价值和内在价值的差别。理论
可以而且应当尽量详细地研究这些现象，但是不应当
忘记，<u>它在这里描述的是偏离正常秩序</u>。它能发现，要
排除经济生活的这些现象中的某一种现象，需要花费
很长的时间和付出很大的努力；但是，治愈经济病症中
的某一种病症无论需要多么长的时间，<u>它都必须明白，
事物的健全状态应该是怎样的</u>。"②

注意

注意

事物的健全状态——这就是社会主义制度。在社
会主义制度下，生产按照社会需求是有计划、有组织
的，劳动不再是商品，而"交换价值与内在价值相一
致"。在以交换为基础的生产体系中或者为销售而生
产时，生产力在各行各业之间的分配决定于社会购买
力的分配；而在"直接以生产者的需求"为基础的生产
体系中，它就决定于这些需求。在以封闭的小农经济

不是！

① "买主认为，一个物品要具有交换价值，它就必须……对他有一定的用处……
按照政治经济学的语言，这一点是这样表述的：只有具备内在价值的那些物
品才具有交换价值。"《穆勒著作评注》第 420 页。
② 《穆勒著作评注》第 440—441 页。

为特征的低级发展阶段上情况是这样,在以<u>有组织</u><u>的集体经济为主</u>的高级经济发展阶段上,情况将也是这样[1]……

注意

[第282—283页] 在这种体系下,"产品的交换价值是不予注意的;产品直接从属于人们的需求,只考察它的满足人的需求的适用性——即它的内在价值;产品取得交换价值被看做是偶然的、特殊的情况,因为大量的产品不是用于出售或者交换,而是直接为生产者的需要服务;如果有一部分产品用于和另一些生产者的产品进行交换,[2]那么交换价值也不是某种与内在价值不同的东西——内在价值直接变成交换价值,没有任何增加或者减少……"[3]

仅仅如此?[4]

[第295—296页] 读者从上面的论述中可以看到车尔尼雪夫斯基经济体系的性质,他的研究方法和研究目的。这个目的在于通过对现存的经济关系的批判来揭露资本主义对广大人民群众的危害,强调它的暂时性,并阐明未来社会主义制度的基本特征。同时,重心自然就转移到从行将到来的新事物的观点出发批

---

[1] 《穆勒著作评注》第449—450页。——现在已经懂得车尔尼雪夫斯基对穆勒关于价值的17条提纲所作的那些补充的含义(见上面,第232页);在这些补充中,他从两种价值形态之间对立的观点出发,把资本主义经济原则和社会主义经济原则对立起来。

注意

[2] 我们在这里看到,车尔尼雪夫斯基容许<u>在未来的社会中也有部分交换</u>。我们在下文中会看到,关键在于<u>他设想在资本主义和社会主义之间可能有一个过渡阶段。</u>

[3] 综观以上所述,很清楚,如果车尔尼雪夫斯基的价值观和蒲鲁东的价值观之间可以确定有某种最一般的相似之处,那么这种相似是纯粹形式上的。按照蒲鲁东的看法,他的"确定(或构成)价值"只能够在自由交换自己产品-商品的独立小生产者的社会中实现;而车尔尼雪夫斯基的价值"标准"恰恰相反,是以建立<u>在集体劳动和集体占有生产工具的基础上的、只准许把自己产品的极小部分投入交换的有组织的社会为前提的。车尔尼雪夫斯基的出发点是社会主义的观点</u>,而蒲鲁东的出发点是小资产阶级的、个体的观点。在前者的"价值标准"开始起作用的地方,后者的"确定价值"是没有地盘的。

?

[4] "仅仅如此?"这几个字,列宁写在该页左上角。——俄文版编者注

判现存事物以及描述未来制度(尽管是最一般的轮
廓)。由此可见,车尔尼雪夫斯基对现存经济关系的分
析有些逊色,并且,正像我们在上文已经看到的,从历
史的观点和辩证的观点来看,他对政治经济学的某些
基本概念所下的定义是经不起推敲的。

　　但是,如果说车尔尼雪夫斯基所采用的方法的某些缺点有损于他的体系
的一般意义,从而使这个体系缺乏持久的生命力,如果说这个体系虽然发挥
过一定的历史作用,可是现在必须认为它已经过时了,那么,这些一般的缺点
和那些个别定义的不准确并不妨碍我们这位作者对整个资本主义制度发表
一系列深刻的批判意见。而且,在这方面,十分出色地表现出我们这位作者
的才能和远见卓识……

　　[第320页]　车尔尼雪夫斯基的社会主义当然没
有摆脱某些空想主义的因素,但是我们不能仅仅根据　　　　))　注意
这个理由就认定他只不过是一个空想主义者。正像我
们已经说过的,车尔尼雪夫斯基处于从空想社会主义
到科学社会主义的中间阶段,在大多数情况下他接近
于后者……

　　[第324页]　我们再重复一次,谈到车尔尼雪夫斯基的空想主义,应当
留有余地。作为一个严肃的现实主义者,他主要地是从空想主义体系中撷取
它们对私有财产和资本主义制度的批判观点,以及关于未来制度的一般原
则,例如,工业和农业的联合、结合,生产组织等等;但是他清楚地看到了空想
主义体系的缺陷,并对它们的许多论点作了精彩的批判……

　　[第328—330页]　但是,这一切难道能够使我们有理由把车尔尼雪夫
斯基断然归入空想主义者的行列吗?我们绝不这样认为。

　　从上面整个论述中看得很清楚,不能把车尔尼雪夫斯基算做"小资产阶
级社会主义"的代表人物……

　　小资产阶级社会主义的这一切缺点同我们的车尔
尼雪夫斯基是根本不相干的。他丝毫没有把宗法的野　　　　<　?
蛮状态理想化;他坚决否定了小生产的生命力;他的积
极的纲领决不是归结为恢复小手工业或小农业,而是　　　　<　?
归结为按集体主义原则建立的有计划的社会生产

组织。

但是,有没有根据把我们的作者列为<u>批判的空想社会主义</u>的代表呢? 我们往下看……

马克思对待蒲鲁东和拉萨尔(后者曾是他的学生)等欧洲社会主义代表人物以及赫尔岑、巴枯宁和涅恰耶夫等俄国社会主义代表人物的著作和活动是如此严格,但是他对车尔尼雪夫斯基却怀着极大的敬意和深深的好感。科学社会主义的创始人要表示赞赏是极有分寸的,而且也不轻易给予很高的评语,他却承认我们这位作者是<u>精辟地揭示了资产阶级经济学的破产的伟大学者和批评家</u>。显然,这个很高的评语出自严格的马克思之口几乎是唯一的一次,总有某些<u>重要</u>的理由,——如果把这个评语同马克思对社会主义思想的其他重大代表人物的严格评语相比,就更其如此。这些理由无疑是存在的……

[第332—336页] 空想主义者的特征与车尔尼雪夫斯基完全不相干,只有一点例外:他同样认为建立生产协作社是一种证明协作经济比资本主义经济优越的方式,并且是一种宣传新思想的工具。但是,在这个问题上,他和空想主义者之间存在着多么巨大的差别! 首先,他从来没有宣称建立这种协作社是进行社会改造的**唯一**手段,他并不试图教条式地把这一个形式强加于工人阶级,也没有把它与工人运动的其他历史形式对立起来;其次,他不仅不否认无产阶级的政治斗争和政治任务,而且相反地,正如我们在前面(第5章和第6章)所看到的,他责难<u>一些社会主义者在实现</u>

注意

这些任务,特别是在<u>夺取政权和实行革命专政</u>的问题上所表现的<u>胆怯和不彻底性</u>。车尔尼雪夫斯基同那些妄想以自己天才的臆想施恩于愚昧的人类、并高高在上地观望愚民在急剧变化的历史旋涡中绝望挣扎的点金术大师、书斋思想家等的政治冷淡主义、狭隘的排外性,——总之,同宗派主义的妄自尊大和学究气是绝对不相容的。①

　　如果说在对资本主义进行科学批判方面,车尔尼
雪夫斯基是傅立叶、欧文和圣西门的学生,那么在实践
活动领域和政治斗争的方法方面,他更接近于布朗基
主义者和宪章派……

注意

　　不过,车尔尼雪夫斯基并不相信社会主义会近期
到来。在这一方面,他看问题比 40 年代末期的马克思
和恩格斯更现实一些。他在《经济活动和立法》(1859
年)一文中说过:我们离社会主义还很遥远,"可能不是
一千年,但或许比一百年或一百五十年更长"②。这就
是为什么不能把车尔尼雪夫斯基对村社所抱的希望
(他一时对村社还抱着这些希望)按这样的意思作解
释:似乎他认为可能有一个从文盲众多、使用木轱辘车
的俄国野蛮时期立即进入共产主义世纪的突然飞跃。
他认为,如果历史像"极其钟爱小孙子的奶奶"③那样
对俄罗斯人民特别有利,那么或许会出现某种类似我
们近几年称为"劳动共和国"那样的事物。而在这种情
况下,村社的保存会提供逐步过渡到使用机器的真正
的集体农业的可能性。

?

注意

注意
"现实主义"??

　　总之,车尔尼雪夫斯基是不相信社会主义会近期来临的,但他以为目前
就必须研究社会主义制度的基本原理,"否则我们将会迷路"④。如果现在全

---

　　① 顺便提一下,车尔尼雪夫斯基还指责圣西门主义者的政治冷淡主义以及朝拜
　　　　新耶路撒冷的宗派主义行径:"圣西门主义者庄严地开始实施新生活秩序是
　　　　在 1832 年 6 月 6 日,就是在这一天,由于拉马克送殡的队伍引发的共和党人
　　　　起义在巴黎的几个相邻的街区爆发了。在镇压为数不多的武装起义队伍的
　　　　隆隆炮声中,圣西门主义者若无其事地搞自己的内部组织,似乎表明,从事改
　　　　革社会的老激进党同他们毫不相干。他们认为老激进党所走的改造社会的
　　　　道路是错误的,甚至不懂得哪些改革对于社会是需要的。圣西门主义者在抛
　　　　弃旧世界的同时,甚至也抛弃了旧世界中比谁都更渴望为平民百姓造福的人
　　　　们"(《七月王朝》,上引著作第 146 页)。
　　② 《车尔尼雪夫斯基全集》第 4 卷第 450 页。
　　③ 同上,第 329 页。
　　④ 《穆勒著作评注》第 634 页及以下各页。

面地、最终地实现社会主义制度是不可想象的,那么部分地实现社会主义还
是可以想象的。车尔尼雪夫斯基说:"在自己的纯理论著作中一心关注其体
系的正确性和彻底性而阐发自己思想的思想家,能够只利用自己体系中容易
在当前实现的那一部分,仅就当前的实践活动提出自己的主张,难道不是有
这种情况吗?"这就是为什么车尔尼雪夫斯基认为,在保持自己的社会主义追
求的整体性时,"讲一讲当前现实中可能做到的事",不是没有益处的。以后,
车尔尼雪夫斯基在再次谈到仿照傅立叶和路易·勃朗制定他自己的关于生
产协作社的计划时,总是有保留地说:"这仅仅是一个考虑到现时代可能范围
之内的设想"①。

哦! **斯切克洛夫** **同志胡扯了** **??**	在这一点上,我们不能苛求车尔尼雪夫斯基。<u>想</u><u>一想,就连考茨基在他的《革命的翌日》这本小册子中</u><u>也谈到关于社会主义的逐步实现——当然,指的是无</u><u>产阶级夺取政权以后的事</u>。我们更不要忘记,在同车尔尼雪夫斯基比较接近的时期,在马克思本人影响之下召开的几次国际代表大会,<u>也承认在资产阶级制度</u><u>的范围内会有社会主义的这种局部实现</u>(它们把土地<u>国有化</u>,铁路、运河和矿山的国有化,及其向工人团体的转让等都列为这种局部实现)。

第 8 章
车尔尼雪夫斯基和当时的俄国社会

[第 340—354 页]　车尔尼雪夫斯基极其悲观地看待当时的俄国社会;

---

① 在这一方面,傅立叶关于保障制度是资本主义制度(文明制度)和社会主义制
度(协会制度、和谐制度)之间的过渡阶段的学说,无疑对车尔尼雪夫斯基产
生了影响。傅立叶的保障制度是这样一种社会结构,在这种结构中,在文明
制度中占统治地位的私人利益将从属于对社会利益的保障。私有制的绝对
权力将受到限制;股份公司事务所在协作原则下组织生产和贸易;将建立使
公民免于各种灾祸的广泛的国家保险系统;将组织对失业者的广泛的社会援
助,等等。总之,即使人类不能超越保障制度阶段而立即从文明制度过渡到
和谐制度,无限制的竞争制度也将消除,而国家对经济关系的干预将为了劳
动群众的利益而得到特别发展。

他认为俄国社会既没有进行坚决斗争的意愿,也没有能够把这场斗争进行到底的力量。他的中篇小说《低低的声音》中的主人公说道:"按照我们的信念来改造俄国社会的生活!在青年时代有各种各样离奇的幻想是自然的,但在我这样的年纪还保持幼稚的想法是丢人的……　我早已进入成年,早已看出我生活在一个怎样的社会里,我是怎样一个国家、怎样一个民族的儿子。为把我的信念运用到它的生活中去而奔走,就像努力向水牛灌输我们关于牛轭的概念一样。"①他觉得他生活在"一个社会昏睡不醒的"时代里②……

列维茨基是这样转述他同车尔尼雪夫斯基谈话的印象的③。

在他的话中,许多东西都显得太阴暗、太绝望。他的话激起了听者对当前的事物和当前的一切活动的极度鄙视。真诚的民主主义者不必因为我们的一切社会事务都是渺小的、荒谬的而着急。除了琐碎的小事,我们的社会没有干什么。例如现在④,它仅仅因为农奴制的废除而着急。**农奴制算什么东西? 小事一桩**。而奴役制在美国不是小事:南方各州的黑人劳动者和北方各州的白人劳动者之间在权利和福利方面有天壤之别;把奴隶同北方的劳动者对比一下是大有益处的。我们这里不是这么回事。自由的农民比农奴生活得更好吗? 他们的社会作用又能好多少呢? 差别是如此微小,以至于不值一提。既然土地仍然被贵族占有,那么农奴制的废除就是小事一桩。百分之一的农民从改革中得到好处,其他农民只会受到损失。实际上,这一切都是小事和废话。**在国家制度的一般性质面前,这些都是废话**。假定这种局部的改革会实现,那么下一步该是什么呢? 是陪审法庭吗?"这也是重要的东西,只要不是处在这样的一般国家制度的影响之下。在这种国家制度下,任何法庭形式的作用不见得比陪审法庭

① 《低低的声音》,《车尔尼雪夫斯基全集》第10卷第1部分第63页。
② 同上,第70页。
③ 《列维茨基日记》(《序幕》未完成的第2部分),《车尔尼雪夫斯基全集》第10卷第1部分第210页及以下各页。
④ 即50年代末期。

的作用坏得多。"两件小事,这就是在相当长的时期内,只要不发生什么特殊情况,俄国社会为之奔走和陶醉的整个纲领;而眼下还预见不到任何特殊情况⋯⋯

列维茨基(杜勃罗留波夫)不能赞同沃尔根(车尔尼雪夫斯基)的阴郁的结论,尽管在谈话时受到这种渊博而透彻的思想的强烈影响。他承认沃尔根是一个全心全意忠诚于人民利益的人,但是他也清楚地看到沃尔根的缺点:**他不相信人民**⋯⋯

我们从这本极有意思的日记(请不要忘记这是车尔尼雪夫斯基自己写的)中再援引一段能说明车尔尼雪夫斯基当时(50年代后半期)情绪的对话。住在偏僻的外省的列维茨基回忆起他同自己老师的谈话。"脑子里想着彼得堡,新闻界,我们的自由派,而沃尔根,他无精打采地嘲笑说:'唉,您呀! 得啦,同这种混蛋能搞出什么名堂?'而你反驳沃尔根说:'社会上何处何时没有成群的混蛋? 但同时,随时随地都有正派人在工作。'沃尔根继续他那无精打采的嘲讽:'自然,这是因为愚蠢;聪明人随时随地都干蠢事,弗拉基米尔·阿列克谢耶维奇。徒劳无益的事有什么值得高兴的? 历史并不按照聪明人的想法和行动前进,而是按照傻子和愚人的胡闹前进。聪明人没有必要插手,插手与己无关的事是愚蠢的,真的!'对此,你也回敬他:'问题不在于插手是否聪明,而在于是否能不插手? 我的身体由于寒冷而发抖,这是否聪明? 由于嗅到瓦斯而感到窒息,这是否聪明? 蠢话。对我来说,情况最好不是这样;但我的本性就是如此:由于寒冷就发抖,见到卑鄙的事情就愤慨。还有,如果没有什么东西可以打穿令人窒息的监狱的墙壁,那么我就用额头碰。尽管墙壁纹丝不动,即使撞得头破血流,我毕竟还是赢了。'我看到他无精打采地微笑,看到他摇头说:'唉,弗拉基米尔·阿列克谢耶维奇,自然,在这个意义上你

说得不错。但请相信, <u>不值得有这些感情</u>。'——你
回答说:'问题不在于值得不值得,而在于你有这些
感情。'"①

　　车尔尼雪夫斯基在《没有地址的信》中写道:为人们工作,而人们并不理
解工作的人,这对于工作的人很不舒服,而且对于工作的成效也很不利。**这
就是车尔尼雪夫斯基及其同时代人的悲剧**。当时,由于社会力量的对比,事
态的进程以注定失败之势径直朝着违背人民利益的方向发展……

　　而自由派呢? 车尔尼雪夫斯基根本没有把希望寄托在他们身上。在这
位革命者看来,对自由派不信任是必然的;因为自由派最不考虑人民的福利,
<u>而是追求纯粹的资产阶级利益</u>。但是,倘若自由派即使在追求本阶级的目的
时表现出哪怕一点点果断性和坚决性,倘若他们能理解,只要在俄国还完整
地保留着旧制度的基本特征,任何改良都是毫无意义的,那么,车尔尼雪夫斯
基就会宽恕他们的一半历史罪责……

?

　　车尔尼雪夫斯基说,在俄国社会里,没有男子汉。
一个男孩子不养成独立参加社会事务的习惯,不具备
公民感,长大了成为中年男人而后成为老年男人,然而
成不了男子汉,或者,至少不会成为有高尚性格的男子
汉。短浅的眼光和狭隘的利益会反映到人的性格和意
志上:"眼光有多远,决心就有多大"。这决定着俄罗斯
英雄人物的性格,正如车尔尼雪夫斯基指出的,这些俄
罗斯英雄人物在我们所有作家的笔下的所作所为都千
篇一律。"只要不谈行动,只要仅仅用空谈和幻想去充
塞空闲的时光、空虚的头脑和空虚的心灵,这样的人物
真是能说会道;但等事情到了要直截了当地表达自己
的情感和愿望的时候,大多数人物就开始动摇,并且觉
得舌头不灵活了。很少几个最最勇敢的人好歹还能竭
力用不听使唤的舌头表达关于他们思想的模糊概念。
但是,有谁想抓住他们的愿望,对他们说:'你们愿意这
样,我们非常高兴;你们就开始行动吧,我们支持你

————————

　　① 《列维茨基日记》(《序幕》未完成的第 2 部分),《车尔尼雪夫斯基全集》第 10
　　　卷第 1 部分第 239 页。

们'。——听了这一番话,最勇敢的人有一半就会晕倒;剩下的就开始很粗暴地责备您,说您使他们陷入了窘境,说没想到您会提出这样的建议,说他们的头脑全乱了,什么也想不出来了,因为'怎么能这样快呢','况且他们都是诚实的人',而且不仅是诚实的人,也是很温和的人。他们不愿给您找麻烦,再说,难道真的可以为那些闲着没事才谈谈的一切而去奔走吗,最好还是什么也别干,因为一切都同奔走与不便联在一起,并且眼下任何好处也不会有,因为,已经讲过,他们'无论如何没有想到也没有料到',等等。"①

车尔尼雪夫斯基写了一篇评屠格涅夫的小说《阿霞》的文章,是为了揭露"自由派的幻想"。他在自己所有的著作中一贯同这些幻想作斗争,同时揭露自由派的追求的狭隘性和阶级性。不言而喻,自由派因此报以刻骨的仇恨,把车尔尼雪夫斯基同格列奇、布尔加林、先科夫斯基相提并论。但是,车尔尼雪夫斯基及其同仁并不在乎自由派的诽谤,而是继续无情地揭露自由派的温情主义,揭露他们扬扬自得和目空一切地侈谈俄国的进步;他们证明,俄国进步的单桅帆船不仅没有全速前进,而是安稳舒适地停留在陈旧的历史泥潭中。在《同时代人》杂志的讽刺附刊上,即著名的《哨声》上,车尔尼雪夫斯基本人很少投稿(该刊由杜勃罗留波夫主持),但他对该刊的方向和内容都有巨大影响,无情地嘲讽自由派的兴高采烈、温和适中、循规蹈矩以及自由派心爱的"公开性"。

车尔尼雪夫斯基在长篇小说《序幕》中,十分清楚地表明了对俄国自由派的态度。至于对自由派的官僚们就更不必说了:他对他们极其蔑视,满腔仇恨,甚至比对公开的、顽固的反动分子有过之而无不及……

在 1859 年《钟声》杂志第 44 期上发表的赫尔岑题为《Very dangerous!》(《非常危险!》)的文章,矛头直接指向车尔尼雪夫斯基的同仁。赫尔岑写道:

---

① 《赴约会的俄国人》,《车尔尼雪夫斯基全集》第 1 卷第 90—91 页(1858 年)。

"最近一个时期,在我们新闻界开始吹来一股臭气,某种思想**堕落**。"赫尔岑否认车尔尼雪夫斯基和杜勃罗留波夫的观点是社会舆论的表现,而推测他们的文章是政府授意的……

在赫尔岑这篇声名狼藉的文章里,车尔尼雪夫斯基和杜勃罗留波夫几乎成了反动派的奸细和走狗,而斯坦尼斯拉夫则被预言为专制制度的未来牺牲品,这篇文章给《同时代人》的同仁们以极为恶劣的印象。车尔尼雪夫斯基 1859 年 6 月出国。在伦敦,他和赫尔岑就这个问题进行了一次对话。正如所预料的那样,这次对话没有产生任何结果;对话双方在当时各执一端。车尔尼雪夫斯基已经是革命民主主义的社会思想流派的代表,而赫尔岑那时还持开明自由派的观点,甚至还没有摆脱对自由派官僚制度的某些幻想……

注意

注意

赫尔岑在《多余的人和肝火旺的人》①这篇文章中把他同车尔尼雪夫斯基的会面叙述得非常偏颇、非常片面。照他的说法,俄国社会思想两大派别代表人物的全部谈话似乎都是围绕着对 30 年代和 40 年代历史的回顾……

毋庸置疑,事实上车尔尼雪夫斯基和赫尔岑之间的争论应该是关于对待**当时俄国自由派和对待 60 年代改革**的态度……

赫尔岑在同车尔尼雪夫斯基对话之后,不得不放弃自己对所谓按照政府旨意行动的激派派的诋毁。现在,他已经承认,他们是一些心地最善良、态度最光明磊落的人;但他又补充道,他们对话的语气足以使天使打架、使圣人咒骂。②而且,按照赫尔岑的说法,他们是如此自信地夸大世间的一切,这不是开玩笑,而是使人们不快,以致使好心的人们无法忍受。对于人们认为是"大瓶子"的东西,他们总是要阴郁地说:"不对,是能装 40 大桶的容器!"赫尔岑总是用这样一个希望来安慰自己:这类肝火旺的人长不了。他说,生活不能长久地容忍涅瓦河的丹尼尔之流的令人沮丧的面孔,他们总是阴郁地指责别人吃饭时为什么牙齿不出响声,为

---

① 《赫尔岑全集》第 5 卷第 241—248 页。

② 大家知道,当人们无力用更重要的论据反驳对方时,就只好议论对方的**语气**。

什么在欣赏图画和音乐时忘记这个世界上的一切痛苦。这些受容易激动的"<u>浓厚</u>"自尊心煎熬的无情的否<u>定者</u>,这些本领未能施展、天才一无成就的疑病症患者,应当由乐观和健康的新一代来<u>取代</u>。赫尔岑之流的老头想必会越过在肉体和精神上都不健康的、肝火旺的一代人,向新一代伸出自己的手。

注意

我们看到,甚至像赫尔岑这样真诚而又开明的自由派代表人物,都<u>根本不能理解第一代俄国革命民主</u><u>派</u>。①只听语气,他就看不出他们的追求的本质,只见树木,不见森林。自由派和民主派那时已经是如此互不相容。因为这里的问题不是两代人的冲突,或者更确切地说,与其说是两代人的冲突,不如说是<u>代表根本不</u>

注意

<u>同的、敌对的阶级利益的两种社会潮流、两个党派的冲</u><u>突</u>。②<u>自由派代表资产阶级和进步贵族的利益,车尔尼</u><u>雪夫斯基和他的同仁们捍卫劳动者的,或者用他的话</u><u>来说,平民的利益</u>,在当时的社会条件下,<u>工人阶级和</u><u>农民是混合在平民中间的</u>。同时,不应忽视农民在当

注意

注意

① 鲍古查尔斯基先生在《俄国社会的往事》(第 250 页)一书中叙述了这两个派别的冲突,他断言:"<u>十分清楚,车尔尼雪夫斯基在问题的实质上是错误的。</u>"诚然,他想明白后也回忆说:"关于这个问题(在伦敦的交谈),我们只有单方面的佐证材料。"但是,首先,对此必须先回忆起来,然后再作如此坚决的结论;其次,两位伟大作家的全部创作活动和社会活动都是关于这个问题的佐证材料。车尔尼雪夫斯基始终忠于自己的观点,<u>历史也证明了他对俄国自由</u><u>派的态度是正确的</u>;而赫尔岑不得不很快放弃自己的温情主义,并在很多问题上采纳车尔尼雪夫斯基的观点。那么为什么鲍古查尔斯基先生还认为车尔尼雪夫斯基"在问题的实质上是错误的"? 是在什么样的问题的什么样的实质上? 是不是指他对俄国自由派的态度? 还是指对自由派官僚制度的态度? <u>这就是所谓受过解放派-立宪民主派的熏陶!</u>

② 典型的事例是,屠格涅夫(当然,他是 40 年代的人)同激进的《同时代人》决裂,投奔卡特柯夫主办的《俄罗斯通报》杂志,当时卡特柯夫已经充分暴露自己的真正倾向。屠格涅夫的长篇小说《父与子》刊登在 1862 年的《俄罗斯通报》上,不论怎么说,这部小说旨在抨击虚无主义者(尽管由于作者的艺术上的真诚,巴扎罗夫这个虚无主义者还是比小说中其他一切人物更令人有好感)。与此同时,卡特柯夫在他的杂志上已经进行着反对民主派的告密活动。不久,又攻击赫尔岑(屠格涅夫的挚友),对他大肆污蔑。

стремленій, изъ-за деревьевъ онъ не замѣтилъ лѣса. На-
столько органически либералы и демократы были уже тогда
чужды другъ другу. Ибо здѣсь дѣло шло не о столкновеніи
двухъ поколѣній или, вѣрнѣе, не столько о столкновеніи
двухъ поколѣній, сколько о конфликтѣ двухъ обществен-
ныхъ теченій, двухъ партій, представлявшихъ существенно
различные и враждебные классовые интересы [1]. Либералы
представляли интересы буржуазіи и прогрессивнаго дво-
рянства, Чернышевскій и его кружокъ отстаивали интересы
трудящихся или, говоря его слогомъ, простонародья, въ ко-
торомъ по тогдашнимъ соціальнымъ условіямъ смѣшива-
лись воедино рабочій классъ и крестьянство. Не слѣдуетъ
при этомъ упускать изъ виду, что крестьянство составляло
тогда почти единственную массу трудящихся, изъ которой
пролетаріатъ не успѣлъ еще выдѣлиться настолько, чтобы
входить въ разсчеты демократовъ въ качествѣ серьезнаго
историческаго фактора. И вотъ почему въ разсчетахъ то-
гдашнихъ соціалистовъ вообще и Чернышевскаго въ част-
ности главную роль играетъ крестьянство, а о пролетаріатѣ
упоминается лишь глухо и слабыми намеками (напримѣръ,
швейныя мастерскія въ романѣ „Что дѣлать?“).

по этому поводу (разговоръ въ Лондонѣ) только одной стороны", во-во-
первыхъ, объ этомъ нужно было вспомнить прежде, чѣмъ дѣлать столь
рѣшительный выводъ, а во-вторыхъ, показаніями по этому поводу является
вся литературная и общественная дѣятельность обоихъ великихъ мыс-
лителей. Чернышевскій до конца остался вѣренъ своимъ взглядамъ—и исторія
показала справедливость его отношенія къ русскому либерализму, а вотъ
Герцену пришлось скоро отказаться отъ своего прекраснодушія и во мно-
гомъ стать на точку зрѣнія Чернышевскаго. Почему же г. Богучарскій
все-таки считаетъ Чернышевскаго по существу дѣла неправымъ? По
какому существу и какого дѣла? Въ его отношеніи къ россійскимъ либе-
раламъ, что ли? или къ либеральничающей бюрократіи? Вотъ что значитъ
пройти освобожденско-кадетскую школу!

Характерно, что Тургеневъ (конечно, человѣкъ 40-ыхъ годовъ), ра-
зорвавши съ радикальнымъ «Современникомъ», перебѣжалъ въ «Русскій
Вѣстникъ» Каткова, который къ тому времени успѣлъ уже достаточно
обнаружить свои настоящія тенденціи. Романъ Тургенева «Отцы и Дѣти»,
который, что бы тамъ ни говорили, направленъ былъ противъ «нигили-
стовъ» (хотя благодаря художественной искренности автора нигилистъ Ба-
заровъ вышелъ все-таки симпатичнѣе всѣхъ другихъ персонажей романа),
помѣщенъ былъ въ «Русск. Вѣстникъ» за 1862 г. А между тѣмъ Катковъ

列宁批注的尤·米·斯切克洛夫
《尼·加·车尔尼雪夫斯基的生平和活动》一书的一页
（按原版缩小）

时几乎是唯一的劳动群众,无产阶级还达不到被革命
民主派列为重要历史因素的程度而从劳动群众中分立
出来,这就是为什么当时一般的社会主义者,包括车尔
尼雪夫斯基在内,只以为农民在起主要作用,而对无产
阶级只是含糊其词和轻描淡写地提一下(例如,《怎么
办?》里的缝纫工场)。

在俄罗斯,正因为制度的基础是农奴制,一切公
正的和生气勃勃的事物都由于这个制度而窒息。所
以当政府通过第一批法令宣布它决心解放农民时,当
时俄国的先进人士是如此兴高采烈地表示欢迎这批
法令。甚至连我们的伟大的车尔尼雪夫斯基一时也
被大众的热情所感染,而且同赫尔岑说的"高卢人,你
胜利了!"这句话相对照,也在自己的文章《关于农村
生活的新条件》(<u>1858</u> 年《同时代人》<u>第 2 期</u>)的篇首
写了献给亚历山大二世的题词:"你喜爱正义,憎恨邪
恶;因此上帝选立了你,使你饱受喜乐(《诗篇》第 45
篇第 8 节)……"①

> 1858

俄国生活中一切缺陷的最主要的根源是农奴制。②"随着我们生活中这
一主要罪恶的消亡,其他每一种罪恶将减掉十分之九的力量。"农奴制使"政
府的一切关怀、许多个人为俄国利益所作的全部努力"都付诸东流;在农奴制
下,无论是公正的裁判、国家体制的正常发挥职能、井然有序的行政管理,还
是合理的预算方案、生产力的发展,都是不可能实现的。农民的强制劳动,首
先对地主本身不利。废除农奴制必将给全体人民和全国带来好处,但最多、
最先受益者是地主阶级,其次是商人和企业主:这就是为什么全国都应当为
农奴的解放付出代价。③但是只有在改革将深入而认真地进行,只有在向农
民提供他们所需要的全部土地并且只付少量赎金的情况下,所有这些积极的

---

① 《车尔尼雪夫斯基全集》第 4 卷第 50 页及以下各页。
② 正如我们所知道的,结果车尔尼雪夫斯基还是多少改变了自己的观点;农奴
　　制改革的失败迫使他更深入地探求失败的根本原因,并且,他在俄国的政治
　　体制中找到了这种原因,他也承认农奴制正是这种政治体制的一种表现。
③ 《车尔尼雪夫斯基全集》第 4 卷第 62、66、67、94、99、112、387 页。

方面才会表现出来。① 只要合理地解决农民问题,俄国就能大步前进,而且村社土地占有制将有助于俄国逐步地、健康地过渡到更高级的有组织的劳动形式。

正因为这样,政府在农民改革方面迈出的最初步伐使车尔尼雪夫斯基这样的兴奋,使他因这些美好的希望而鼓舞。也正因为这样,他大笔一挥,写出与作者的一般世界观不相称的、对亚历山大二世的溢美之词:"答应为温顺的良民祝福,将为亚历山大二世戴上欧洲任何一国君主都不曾戴过的幸福之冕,这种幸福属于一个开始着手并终于解放自己臣民的君主"。但是不久,也就在1858年,车尔尼雪夫斯基看清政府是为地主阶级的利益而歪曲了这场伟大的改革时,改变了自己对政府的态度。②

[第356—362页] 车尔尼雪夫斯基怀着苦闷和无能为力的愤慨心情看到,落入官僚和农奴主手中的农民改革,遭到彻底的歪曲并危害着人民的利益。无人过问人民的意愿,于是车尔尼雪夫斯基担负起表达农民观点的责任。他说,人民期望从改革中获得土地和自由,即不仅获得个人的解放,而且期望以适当的赎金获得所使用的全部土地(正如我们上面已指出的那样,在当时书报检查的条件下,关于不付赎金的解放,连提一下都不行)。他提醒政府,暂时保持强制关系和繁重的赎金会使人民觉得他们受骗了,在这种情况下,国家将面临最严重的考验。③ 车尔尼雪夫斯基看到农民改革被歪曲而满怀激愤,在这种心情的影响下,他开始倾向于这样一种思想,即不进行任何改革会更好些。沃尔说:"如果没有必要的条件使改革以令人满意的方式进行下去,那么我就不希望搞改革。"④

他在《序幕》的另一处还指出:"都在说我们要解放农民。干这件事情的力量在哪里呢? 这样的力量还没

注意 ‖

第 357 页 ⟩

1858 年
第 12 期 ⟩

① 实质上,车尔尼雪夫斯基主张完全剥夺地主,不付任何赎金,把土地转交给农民;鉴于书报检查的条件,他不能在自己的论著中公开地讲这一点。看看下面从他的长篇小说《序幕》(同索柯洛夫斯基的谈话)中引述的一段话。

② 在《对反村社土地占有制的哲学偏见的批判》这篇著名论文中,车尔尼雪夫斯基嘲笑自己曾一时沉浸在乐观的希望中。该文刊登在1858年《同时代人》杂志第12期上。

③ 《生活的方式》,《车尔尼雪夫斯基全集》第4卷第545—547页。

④ 《序幕》,上引著作第91、116、120、121页。

有。没有干这件事情的力量就着手干这件事是荒谬
的。你看结果怎样吧。着手做解放的事情。结果怎么
样呢？你们自己判断吧，干一件干不成的事情，会有什
么样的结果。自然是把事情弄坏，结果会闹出一场丑
事……　沃尔根沉默下去，皱起眉头，摇摇头。唉，我们
的解放者老爷，所有<u>你们的这些梁赞采夫之流！——
尽是吹牛家；尽是空谈家；尽是愚蠢的家伙！</u>——他又
摇头了。"沃尔根劝革命家索柯洛夫斯基（谢拉科夫斯
基）不要相信我们的自由派，应当怀疑他们关于重大改
革的空话，沃尔根断言，在他看来，<u>即使把解放农民的
事情交到地主党手里，也坏不到哪里去。区别不是大
得很，而是小得很。如果农民不付赎金而获得土地，那
区别就大得很</u>（**就是在这里，在西伯利亚写的长篇小说
中，车尔尼雪夫斯基和盘托出了自己的观点**；而在经书
报检查机关许可的论文中，关于这一点，他提都不能
提）。地主党的计划不同于进步派的计划的地方，只在
于简短些，因此甚至更好些。说句老实话，让农民**不要
土地而获得解放更好些**。"问题这样摆着，我找不出原
因去为农民是不是会被解放而焦急，更不会去为谁解
放他们，是自由派还是地主解放他们而着急。在我看
来，都一样。地主甚至还要好些。"①

　　为什么车尔尼雪夫斯基认为，解放农民而不给土
地更好些呢？因为在他看来，这是唤醒保守的农民群
众和激励他们投入彻底摧毁旧制度、使人民真正获得
土地和自由的运动的唯一手段。<u>在整个这一段时期
内，对于是否即将爆发农民革命，他一直在完全不抱希
望和寄予希望之间摇摆不定。</u>沃尔根在自由派举行的
宴会上用人民革命威胁反动地主；但过了一会，他又自
我嘲讽一番。用农民起义、农民革命进行威吓！"这岂
不是可笑？谁会相信这种事？谁听了不会哈哈大笑？
而且，用自己首先比别人更不相信的东西进行威吓，是

注意

注意

————————————
① 《序幕》，上引著作第 163—164 页。

不太诚实的……"①

车尔尼雪夫斯基举出了波兰的暴乱、俄国国内的农民骚动,革命传单(《大俄罗斯人》、《致青年一代》)的出现,彼得堡青年大学生中的动荡,贵族中的立宪运动。②

总之,尽管车尔尼雪夫斯基对俄国人民的觉悟和积极性抱悲观态度,看来,他在 1861 年底开始承认了广泛的农民运动的可能性。在这方面表现得特别明显的是《转变是否开始了?》一文。这篇文章是为了尼·瓦·乌斯宾斯基的短篇小说而写的,载于 1861 年《同时代人》第 11 期。车尔尼雪夫斯基指出:尼·乌斯宾斯基毫不夸张地描写了关于人民的真实情况,他的短篇小说没有关于人民生活的令人发腻的理想化,车尔尼雪夫斯基说明这种状况是由于俄国农民的心理状态发生了好的转变……

注意 "乌斯宾斯基先生毅然不用溢美之词来描写人民,这就说明情况起了相当大的变化,说明当前时期与不久以前大不一样了,那时还没有人下决心表现人民。……"

注意 在触及群众的切身利益和企望的伟大历史关头,人民是会起变化的。"您找一个最普通、最平凡、最软弱、最庸俗的人来看一下,不管他的生活过得多么平淡

注意 无味、庸庸碌碌,但在他的生活里总还有另一种色彩完全不同的时刻,**精神奋发、刚强果敢的时刻**。每一个民族的历史上都可以遇到同样的情况。"

于是,车尔尼雪夫斯基在文章的结尾号召知识分子到民间去。同人民接近,并不需要什么带有斯拉夫主义色彩的奇异的戏法,而只需要平易近人、毫不做作地和他们谈论他们的利益就够了。③

使人民接受民主思想和社会主义思想,——实现这一伟大历史任务的,

---

① 《序幕》,上引著作第 181 页。
② 《没有地址的信》,上引著作第 304 页。
③ 《转变是否开始了?》,《车尔尼雪夫斯基全集》第 8 卷第 339—359 页。

应当是在克里木战争时期旧制度被破坏以后登上历史舞台的新的青年一代。车尔尼雪夫斯基把全部希望都寄托在朝气蓬勃、勇敢无畏的这一代青年身上,他和杜勃罗留波夫为他们写文章,<u>号召他们到民间去</u>。车尔尼雪夫斯基在彼得保罗要塞的牢房里所写的长篇小说《怎么办?》,就是描绘这些新人的。他在这部小说的序言中对他们说:"善良而坚强、正直而能干的人们,你们开始出现在我们中间还没有多久,可是你们的人数已经不少,并且很快就会越来越多了。"当这些人十分多的时候,情况就会非常好……

这些人对社会主义的追求,对建立劳动王国的追求,是人的自然追求。他们的未婚妻,即自由和平等的女王,以具有魔力的语言提示他们,把一切心灵受创伤、被侮辱的人吸引到他们周围。他们影响着周围的人们,使他们"成熟起来",即启发他们要有人的尊严感,要爱护饱受苦难者(车尔尼雪夫斯基的特色在于:洛普霍夫为了使维拉·巴甫洛夫娜成熟起来,让她阅读**傅立叶**和**费尔巴哈**的著作)。<u>他们同自由派有着根本的区别;他们是民主主义的和社会主义的新思想的宣传者</u>:欧文对于他们来说,是"神圣的长者"。他们十分注重科学,对人本主义哲学、李比希的化学理论、历史发展的规律和现行政策问题都很关心,他们组织有若干手工业者、小商人、若干军官、中学教师和大学生参加的小组;按共产主义原则建立缝纫工场。但是,他们的理想实质上是小市民的幸福;他们的活动主要带有文化主义的性质;他们暂时还不参加直接的政治斗争,即不参加革命行动,甚至害怕这些斗争。

拉赫美托夫是新人的真正代表和人民战士的先驱,是车尔尼雪夫斯基所称的"特殊的人"。在拉赫美托夫身上结合了车尔尼雪夫斯基本人的严密逻辑和<u>车尔尼雪夫斯基显然缺乏的真正革命鼓动家的才能</u>。在这一点上,拉赫美托夫酷似车尔尼雪夫斯基的朋友、著名的波兰革命家谢拉科夫斯基,尼古拉·加甫里洛维奇以<u>索柯洛夫斯基</u>的名字把他写进《序幕》一书中;只

注意

注意

注意

是拉赫美托夫不像索柯洛夫斯基那样迷恋自由派。沃尔根说:"鼓动家令我感到可笑",但事实上,他崇拜他们,觉得他们具有真正的政治活动家的本能和为人民事业而斗争的战士的实践力量。①

[第365—367页] 如果说洛普霍夫和基尔萨诺夫是新的典型,那么可以说,拉赫美托夫是最新的典型,是俄国社会发展的最高水平。按照车尔尼雪夫斯基的说法,这种人是很少的;他迄今为止只碰到过八个这种类型的典范,其中有两名妇女。他在描写拉赫美托夫时作出这样的结论:"这类人很少,但他们使大家的生活变得丰富多彩;没有他们,生活会消沉下去、腐烂下去;这类人很少,但他们给所有的人带来空气,没有他们,人们将会窒息。正直而善良的人们为数众多,而这类人则很少;但他们在人们中,犹如茶中的茶

---

① 谢拉科夫斯基是《同时代人》同仁们的密友。有关他的传记材料,一部分载于长篇小说《序幕》,一部分载于沙甘诺夫根据尼古拉·加甫里洛维奇的口述写的小册子《尼·加·车尔尼雪夫斯基的苦役和流放生活》。1848年,当时还是大学生的谢拉科夫斯基在圣诞节假期回到了自己的故乡波多利斯克省。这时,由于风传加利西亚地区已经开始行动,当地的波兰小贵族就准备暴动。谢拉科夫斯基向那些头脑发热的人们建议,在他本人尚未去边境而且没有打听清楚情况之前,不要急于采取决定性行动。但是在途中他就被逮捕了,并以企图偷越国境的嫌疑被发配到奥伦堡军营当兵,这主要是由于他和军事侦察员坦率而大胆的谈话。在新沙皇即位时,他被提升为军官,前往彼得堡,进入军事学院,并以优异成绩毕业。随后,政府派他出国执行某种军事技术任务。在英国,他结识了帕麦斯顿,后者推荐他谒见了维多利亚女王。1863年,他参加了波兰的起义,成为科文诺地区革命部队的长官,以后被穆拉维约夫俘虏并被处以绞刑。——车尔尼雪夫斯基以索柯洛夫斯基的名字把这位杰出的人物写进《序幕》一书。车尔尼雪夫斯基一贯严格地要求自己,他在小说中略带善意地嘲笑热情的索柯洛夫斯基的乐观主义,他说:"我们同鲍列斯拉夫·伊万诺维奇真是可笑……指望在泥潭里掀起一场风暴。"但总的看来,他热爱和尊敬这位面色苍白、有着穿透灵魂的炽烈目光的热心人,这位无畏的和无可指责的义士,这位有实践能力的、既有火热的心又有冷静的头脑、在最危险的时刻都不惊慌失措、为人民的解放事业而随时准备牺牲自己生命的宣传鼓动家。用于描写索柯洛夫斯基的那些篇章在这部小说中最出色,富有惊人的艺术魅力。——在小说里,沃尔根不同索柯洛夫斯基接近,理由是后者精力充沛而富于自我牺牲精神,只会短时期陷于自由派的幻想,而且一定会卷入某些革命行动,和这样的人结识是有危险的。实际上,情况当然并非如此。但这是车尔尼雪夫斯基的特点,甚至在小说所描写的事件发生后很久,他在边远流放地写这部小说时还在保守自己的秘密。

碱,美酒的醇香;人们的力量和高尚品格来自他们;他们是优秀人物中的精 ‖
英,是动力的动力,是地球上出类拔萃的佼佼者。"①

① 人们以为,车尔尼雪夫斯基通过塑造拉赫美托夫的形象来描写一个叫巴赫梅
季耶夫的人,而赫尔岑对巴赫梅季耶夫的描述却完全是另外一个样子(《公共
基金》,《赫尔岑遗文集》1874 年日内瓦版第 181 页及以下各页)。1858 年赫
尔岑在伦敦碰到了他:就是在这个时间前后,车尔尼雪夫斯基所写的拉赫美
托夫到国外去了。在我们作者的笔下,拉赫美托夫出国是到费尔巴哈那里,
为的是向后者提供一笔钱出版其著作(顺便说一下,这再一次说明车尔尼雪
夫斯基多么推崇费尔巴哈这位"19 世纪欧洲最伟大的思想家、新哲学之父"。   ‖注意
《怎么办?》,上引著作第 194 页);而巴赫梅季耶夫则是到伦敦去找赫尔岑,为
的是向他提供自己的部分资金,用以资助俄国宣传活动。赫尔岑是这样描写
巴赫梅季耶夫的:
    "军校学生模样的青年人,腼腆而且很忧郁,外表特别,长得相当粗笨,像
个草原地带地主的第七或第八个小儿子。他非常不爱讲话,几乎总是沉默,
看样子,他心里有些什么话,但又没有能够说出来。我请他过两三天去吃饭,
然后就走了。在这之前,我曾在街上碰到他。
    ——可以和您一块儿走吗?——他问。
    ——当然可以。和您在一起对我没危险,而和我在一起对您有危险。不
过,伦敦是很大的。
    ——我不怕。——突然,他控制不住自己、很快地说起来:我永远也不回
俄国去了。不,不,我坚决不回俄国去……
    ——别那么想!您这样年轻。
    ——我爱俄罗斯,非常爱;但那里的人…… 在那里我生活不下去。我想
在完全的社会原则上建立移民区;我反复考虑这一切,现在就直接上那里去。
    ——究竟上哪里去?
    ——上马克萨斯群岛去。"
    巴赫梅季耶夫有 5 万法郎,他带 3 万法郎上马克萨斯群岛,用一块头巾
把这些钱包起来,"就像包一磅醋栗或核桃那样",另外 2 万法郎他留给赫尔
岑搞宣传活动;这些钱就是后来在俄国侨民中间引起那么多纠纷的"公共基
金"。巴赫梅季耶夫以后的命运就完全无人知道了:他消失得无影无踪。在
赫尔岑的笔下,他被描写成一个失去自制力的、几乎是个精神错乱的怪人;这
同拉赫美托夫的威严冷峻的形象很少有相似之处。而这也说明:赫尔岑根本
不能理解那个时期的俄国革命者;因此就发生了折磨着他的晚年生活的一切
误会。既然赫尔岑如此曲解作家车尔尼雪夫斯基和杜勃罗留波夫,那么他根
本不理解革命青年的棱角分明而严肃的代表人物又有什么可奇怪的呢?但
另一方面,也有可能是另外两种设想中的一种:或者巴赫梅季耶夫根本不是
拉赫美托夫的原型;或者车尔尼雪夫斯基把他过分理想化了,塑造了一个与
原型没有任何共同点的形象或把杜勃罗留波夫(有严肃的公民责任感)、巴枯
宁(曾走遍斯拉夫大地,凯尔西耶夫也是这样)、谢拉科夫斯基(接近一切阶
级)等人的特征结合在这一个形象身上。

这样,尽管车尔尼雪夫斯基对俄国社会持否定态度和不相信人民群众的主动性,他在自己的创作生涯的末期却开始承认农民对 1861 年改革的失望可能引起广泛的革命运动。另一方面,他能够肯定存在着新人,即知识分子中决心领导人民同剥削和压迫的王国进行斗争的革命者……

注意

从车尔尼雪夫斯基的观点来看,俄国的革命运动应该沿着什么样的道路前进呢?

我们从上面(第 6 章)已经看到,车尔尼雪夫斯基在一般政治观点上接近布朗基主义,接近布朗基主义不是指后来以至今天在口语中所使用的布朗基主义一词①,而是指马克思所理解的布朗基主义,即马克思认识到了布朗基主义者是革命无产阶级的真正代表…… 布朗基主义者持这样一种观点:少数人所以有力量,仅仅在于他们忠实地表达着即使不是大多数劳动者的追求,至少也是他们的利益。

注意

在人民群众具有消极性特征的时代,只可能有这种观点,看来车尔尼雪夫斯基也是持这种观点的。他明确地强调,没有人民群众参加,不可能取得重大的实际成果;他说过,只有得到广大群众的同情,才能保证某一种政治纲领获得成功;如果不激起群众的热情,革

注意

① 尼古拉耶夫先生对车尔尼雪夫斯基政治观点的论断是对布朗基主义持这种肤浅理解的典型。他说在车尔尼雪夫斯基服苦役时同他的一次谈话中,尼古拉·加甫里洛维奇曾经说出这样的思想:如果公开的贵族农奴主党派在农民改革中获胜,让农民不要土地而获得解放,那就会好得多,因为这样就会立刻发生灾变。由此,尼古拉耶夫先生得出结论说:"你们看,这是纯粹的布朗基主义:事情越坏就越好〈!〉。这完全不像我们的土生土长的马克思主义者的后期理论(顺便说一下,尼古拉耶夫先生们正是曾经把'事情越坏就越好'的原则强加于他们的,并且这些先生们正是把赞成剥夺农民土地的罪名强加于他们的。——尤·斯·)。不是进化,不是使农民逐步摆脱生产资料,不是让庄稼汉在工厂这个大熔炉中得到锻炼,不是使他逐步变成雇农,而是一下子完全剥夺他们的土地。我再重复一遍:不是尼·加·愤怒地〈?〉指责的进化,而是灾变。不是马克思主义,而是布朗基主义"(《个人回忆》第 21—22 页)。没说的,这一大段陈述是关于车尔尼雪夫斯基观点的最好的说明!

命的尝试不可避免地会一败涂地。但是我们知道,他
对于群众的积极性,对于群众具有广泛政治主动精神
的能力,是不大相信的。但是,他认为,在一些历史时
期,当这些群众的切身利益——主要是经济利益,特别
是对于他们切近的、敏感的和认识到的经济利益——
被触犯时,他们就能够投入运动,至少能够成为少数觉
悟的、有坚决的主动精神的人们的支柱……

车尔尼雪夫斯基在为捍卫村社原则而回击资产阶
级经济学家的非难的好几篇精彩文章中①,发展了那
些后来成为民粹派武器的所有论据,民粹派只是在字
面上,而不是在精神实质上理解伟大的导师……   注意

注意

在西方,由于农民的心理和习惯,社会主义的实现
是有困难的,尽管农民在一小块土地上过着贫困的生
活,但却紧紧抓住这点私有财产不放;在那里,为了按
集体主义原则组织国民经济,必须对"各国人民进行再
教育"。在我们俄国,只有十五分之一或二十分之一的   注意
土地为私人"全权所有",而绝大部分土地则或者按村
社原则分配给农民耕种使用,或者归国家即全民所
有。人民群众至今把土地看成是村社的财产……

车尔尼雪夫斯基的最精彩文章中的一篇,即《对反
村社土地占有制的哲学偏见的批判》,是分析这种过渡   ⊂1858 年第 12 期
在理论上的可能性的。其实,鉴于农民改革的转折,车
尔尼雪夫斯基在写这篇文章的时候,对于在实践中实
现这种过渡的可能性已经大失所望了……

但是,当车尔尼雪夫斯基深信,任何一个被他看做

---

① 这些文章中最重要的是:(1)《评契切林的〈俄国村社历史发展概述〉》,载于
1856 年《同时代人》第 4 期;(2)《斯拉夫主义者和村社问题》,载于 1857 年《同
时代人》第 5 期;(3)《哈克斯特豪森的〈考察〉》,载于 1857 年《同时代人》第 7
期;(4)《论土地占有制》,载于 1857 年《同时代人》第 9 期和第 11 期;(5)《对
反村社土地占有制的哲学偏见的批判》,载于 1858 年《同时代人》第 12 期;
(6)《迷信与逻辑规则》,载于 1859 年《同时代人》第 10 期。

进一步发展村社原则的必要前提的"最低"保证都不能付诸实现,当他看到旧的政治制度仍然原封不动,农民改革的实施权落到官僚和贵族手里,人民不但没有得到全部土地,甚至失去大部分原先经营的土地,而为了获得交付他们使用的土地还得付出昂贵的赎金,一句话,当他认识到这场"伟大的改革"不是改善人民群众的状况,而是使之恶化,不是解放,不是给予他们发挥其创造力的广阔天地,而是用更沉重的枷锁把他们锁起来的时候,他才承认他所抱的希望是没有根据的,他的理论是抽象的,至于任何有益于可能作为社会主义制度萌芽的村社的运动都是纯粹的误会。他由于为人诚实很快就公开承认了这一点。

车尔尼雪夫斯基借助于自己"喜欢用的说明问题的方式"说道:"假定说,我愿意设法保存您用来做饭的粮食。不言而喻,如果我是出于对您的好感才这样做的,那么我的这番热心是由于料到粮食是属于您的,并且用粮食做成的饭对您身体有好处,对您有益处。可是,我一旦知道粮食根本不属于您,用粮食做成的每一餐饭都要您拿钱去买,这笔钱不仅超过一餐饭本身的价值,而且您不拼命节俭就根本拿不出来,这时您可以想象我的感情会是怎样的呢?当我知道这样奇怪的发现时我会怎样想呢?'人是有自尊心的',我产生的第一个想法是同我自己有关的。'我这个人真蠢,居然为一件并没有条件来保证其好处的事情操心!除了蠢汉以外,谁会在事先还不能确信某人会得到一笔财产并且会按有利条件得到这笔财产以前,就为了使这笔财产保留在这人手里而操心呢?'我的第二个想法是关于您,即我所关心的对象,以及关于我很关心的那些情况中的一件事:'倒不如让这些只会使我亲爱的人受到害处的粮食完全丧失吧!倒不如让这种只会使您破产的事情完全失败吧!'为您而懊丧,为自己愚蠢而羞愧,——这就是我的感情!……"[1]

俄国村社能否在一定条件下越过资本主义这个中间阶段而直接进入高级阶段呢?

---

[1] 这段有寓意的话含义很清楚:土地问题要得到对群众有利的解决,必须以预先实现政治变革为前提。在 1861 年的改革之后,这个思想为一切具有民主情绪的人们所共有。

这是当时俄国生活中"无法解决的难题",是车尔尼雪夫斯基和他同时代的<u>社会主义者及民主主义者</u>倍加关注的难题……

[第 378—392 页] 依据当时现实的材料和基础勉强建立起自己的理论大厦的 <u>60 年代的社会主义者</u>,把自己的追求和希望寄托于将要来临的农民起义,<u>实质上反映了千百万农民群众的模糊的追求和愿望</u>,而提供给他们的,可以说,只是概括性的表述……

到 1861 年底,农民群众的这种起义已经被认为是可能的。抱这种希望的已经不只是热情的青年。农奴解放的条件看来造成了这种自发暴动的合适基础,并且,根据同时代人的见证,当时从政府到革命者、"虚无主义者",所有的人都认为农民反对当时的国家制度和统治阶级的总起义将要爆发。赫尔岑写道:"巴·〈巴枯宁〉相信在俄国可能爆发农民武装起义,我们也有点相信,**连政府自己也相信**,于是后来采取了一系列措施:官方授意的文章和官方下令的处决,人心的<u>紧张</u>,人心的<u>激动</u>是毋庸置疑的,谁也没有<u>预料</u>到自己会<u>转向疯狂的爱国主义</u>。"[1]关于这种情绪,当时参加革命运动的见证人隆·潘捷列耶夫说:"社会上的情绪(1861 年底)极为高涨;无论你走到那里,到处都是喧嚷、议论、激烈的争论,而主要的是<u>普遍期待着某一巨大的、甚至在不久的将来即将发生的事件</u>。"[2]

这里,起作用的甚至不单纯是俄国的条件。在整个欧洲,已经是一触即发之势。加里波第这位备受当时俄国激进分子崇拜的偶像,准备率领自己的十字军出征罗马。在普鲁士发生了立宪冲突,仿佛将引起革命的爆发。在奥地利,专制政体在 1859 年意大利战争中遭到失败以后,还没有恢复元气,而革命的骚动在匈牙利又重新开始了。被车尔尼雪夫斯基称之为"<u>欧洲火山</u>"

旁注:注意

注意
不仅如此

注意

---

① 《赫尔岑遗文集》第 212 页。——赫尔岑指的是在波兰起义时期,由于欧洲外交界企图干预此事而笼罩着俄国社会的沙文主义。

② 《往事回忆录》,1905 年圣彼得堡版第 1 册第 188、228 页。

的法国,政府不得不放松控制,自由党力量加强,出现了鼓动共和制的新征兆。波兰局势动荡,为了民族生存而准备再次举行起义。总而言之,在镇压1848年革命后,笼罩在欧洲上空的<u>反动的沉沉黑夜</u>,开始让位给新的黎明。

车尔尼雪夫斯基尽管持怀疑论,但他具有十分健全的感觉,所以他承认令人振奋的暴风雨可能降临,认为这次暴风雨也将席卷俄国。如果说欧洲所有以往的革命都在俄国边界碰壁,其结果只是加强了俄国内部的反动势力,那么现在,当俄国本土出现某些积极的革命因素的时候,而且主要是当广大的下层人民群众看来对自己的处境表示不满的时候,情况就势必发生变化。关于这一点,虽然不能十分有把握地说,但某种可能性是有的①。现在的局面是:一方面,存在着用尼古拉时期的传统教育出来的强大的、不愿与任何人分享权力的政府,另一方面,西方出现普遍的动荡,俄国农民群众和自由派团体暗中出现的不满,最后,俄国革命政党的最初萌芽。鉴于这种情况,进行尝试是必要的。其结局在很大程度上将取决于"权力因素的各种组合"②。如果革命政党能够利用政府的仓皇失措和广大群众的不满情绪,那么在整个欧洲爆发或多或少地带有社会主义色彩的革命的条件下,在俄国存在有村社土地占有制的情况下,俄国可能加速接近社会主义。如果革命政党来不及达到自己的目的,如果革命的结果只是争得政治自由,那么,即使在这种情况下,也是一大胜利。③

<u>注意</u>

① 尼古拉耶夫先生企图用下述一段话来说明车尔尼雪夫斯基当时的心情:"灾变即将来临是不可思议的(更确切的说法:可能性很小。——尤·斯·)。<u>但是,善于思考的而且一贯彻底的人的天职应该全力以赴,尽一切可能加速其来临。空话和理论少一些,**行动多一些**。</u>"(上引著作第23页)——这里,我们只是有点怀疑关于"理论"的说法:理论家车尔尼雪夫斯基未必会像尼古拉耶夫先生那样,如此轻蔑地对待理论。但是他确实宣传过毅力……既然需要采取行动。

② 沙甘诺夫:《车尔尼雪夫斯基的苦役和流放生活》第8页。

③ <u>1871年底</u>,车尔尼雪夫斯基在告别一起服苦役的青年难友时,向他们阐述了类似自己政治[第382页]信念的观点。<u>沙甘诺夫</u>是这样转述的:"他告诉我们,在法国从卢梭的时代起,随后在欧洲其他国家,民主党派习惯于把人民理想化,——在人民身上寄托这样的希望,这些希望是永远无法实现的,而且还会导致痛苦的失望。人民的专制政权只能导致把这个专制政权移交给拿破仑第一,而且在没有纠正这个错误的情况下,就多次通过公民表决把它移交给拿破仑第三。任何一个拥有军事力量的政党都能垄断人民的最高权力,使

总之,人民运动是可能的;运动的口号——**土地和
自由**;途径——革命者在人民群众的积极支持和同情
下夺取政权;结果——建立<u>劳动共和国</u>,而在革命者遭
到失败的情况下——人民的状况无论如何也会得到相
当的改善。这就是车尔尼雪夫斯基在他的同时代人面
前展示的纲领,这就是他邀集同时代人走的途径,或者
更确切些说,他以自己的论著推动他们走的途径。但
是,他本人是否亲自参加过当时的革命行动? 这是一
个有极大争议的问题,现在我们还不能给予肯定的回
答。假如这里有什么秘密的话,车尔尼雪夫斯基已经
把自己的秘密带进了坟墓。在这种情况下,真的应该
承认他是一个伟大的秘密工作者。尼·鲁萨诺夫引述

注意

之有利于自己,而且,由于玩弄巧妙的手腕,把自己打扮成似乎是人民的需要
的唯一代表和捍卫者,——打扮成主要是民粹派的政党。车尔尼雪夫斯基自
己知道,**问题的关键正在于人民**,在于人民的需要,忽视人民的需要,将会导
致人民——作为民族或者作为国家——本身的灭亡。不过至今任何人民都
没能自己拯救自己(别林斯基在逝世前不久也曾说出过这种思想。——尤·
斯·),甚至当人民在侥幸的时刻得到专制政权,也会把它立即转交给头号奸
猾的家伙。这个专制政权是转交出去的或者不是转交而是早就夺过去的,都
不会再轻易转让给别人。这个专制政权一旦成为自己人民的遗嘱执行人,就
会把人民当做死人来支配,并且随意侵吞人民的财产。谁要是企图唤醒这个
假死的人,干预他的经济事务,谁就会倒霉! 言论和良心都同时被扼杀,因为
这些事会给当局惹出各种祸害…… 因犯怎样能避开狱吏? 难道他不是首
先只能同狱吏打交道吗? 哪一个狱吏情愿让囚犯去号召毁掉监狱? 当然,形
式是不可靠的东西。可以用任何形式给热爱劳动的庄稼人筑起坚固的牢
笼。另一方面,形式不可靠或许也是件好事。靠这些形式随时可以有党派斗
争,可以有一个党对另一个党的胜利,——而在实践中,胜利总是有进步意义
的。**最可怕的是没有任何形式的怪物,吞噬一切的利维坦**。车尔尼雪夫斯基
早先就说过,在安娜女皇掌权时期,如果最高枢密院大臣的党获胜,那么我国
历史的进程就不会是这样。任何一个政党为了拯救自己,都不得不分享权
力……比起缺乏任何政治形式从而缺乏任何可能性去按一定方向做点事的
情况来说,在多党执政的情况下,毕竟有较多的可能性为人民利益做点事
情。"(上引**沙甘诺夫**的著作第28—29页)。——这不完全像持政治冷淡主义
和蔑视立宪形式的民粹派。

<u>舍尔古诺夫的话</u>说,经过长期动摇和仔细权衡赞成与反对的论据之后,车尔尼雪夫斯基认为,历史的冲突没有别的结局,人民事业胜利的某些机会是存在的,于是他<u>决定积极干预事件的进程</u>。[①]然而,鲁萨诺夫除了<u>指出《告领地农民书》这张传单可能出自车尔尼雪夫斯基的手笔之外,没有明确说出车尔尼雪夫斯基参加革命活动的具体表现何在</u>……

车尔尼雪夫斯基参加"<u>土地和自由</u>"社一事是值得怀疑的;至少对这一点没有任何直接的说明。众所周知,这个社产生于1861年底或1862年初。这个社的最初发起者的成员情况,我们至今不得而知;尼·谢尔诺-索洛维耶维奇可能是发起人之一。<u>在1862年有几个大学生参加了这个社,其中有尼·吴亭和潘捷列耶夫</u>,后者是撰写有关这个组织的很不全面的回忆录的作者。其实,很可能是,"土地和自由"社作为一个固定的组织,是在1862年春在吴亭家里举行的会议之后产生的,关于那次会议,潘捷列耶夫曾经谈到过[②]。会议的发起者是车尔尼雪夫斯基的一个老熟人("戴夹鼻眼镜的先生"),他向新同志宣布中央委员会的存在,但是很可能这不过是为了制造声势而杜撰的神话,根本就不存在任何委员会。无论如何,很典型的一件事是:在会议结束时,吴亭向潘捷列耶夫提出:"尼古拉·加甫里洛维奇担任委员会成员,你觉得如何?"潘捷列耶夫毫不犹豫地答道:"不予考虑,**他是个十足的书呆子。**"过了些时候,两位年青的革命信徒决定试探一下车尔尼雪夫斯基本人。他们没有向他直说自己加入了该社,而是转弯抹角地谈到有必要在青年中成立一些小组,而且是代表社会潮流的小组。车尔尼雪夫斯基虽然表示赞同这种计划,但他仍然让人捉摸不透,当时,他对"<u>戴夹鼻眼镜的先生</u>"有好评,并讲了一则关于熊的伊索寓言:熊断绝了和人的友谊,因为人有一次吹火是为了使火燃旺,而另一次吹火是为了使火熄灭。[③]

虽然,关于车尔尼雪夫斯基在"土地和自由"社可能起领导作用的想法大

---

① 《西欧和俄国的社会主义者》第294页。

② 《往事回忆录》第1册第252页及以下各页。

③ 潘捷列耶夫没有说明当时这个寓言是什么含义。大概车尔尼雪夫斯基想使青年们懂得,如果他以前劝阻他们不要搞秘密的革命活动,那么今后他不打算这样做了。

大"鼓舞了"该社的青年成员,但是,无论在当时或后来,这个社最积极的成员之一潘捷列耶夫并没有任何材料可以有把握地认为尼古拉·加甫里洛维奇加入了这个组织。

　　同样值得怀疑的是,车尔尼雪夫斯基曾经是立宪运动的秘密小报《大俄罗斯人》的作者之一。这张报纸在1861年7月和9月之间总共出了 (////
3期。……　有一种观点认为尼古拉·加甫里洛维奇大概就是《大俄罗斯人》的编辑,赞成这种观点的人多少应该拿出一些事实材料来证实自己的论点,但是至今没有这样做,而他们的推论都没有超出猜测的范围①……

　　对于用"中央革命委员会"署名发表《青年俄罗斯》②传单的扎伊奇涅夫

---

①　列姆克在《〈大俄罗斯人〉案件》(1906年《往事》杂志第7期)一文中引用斯塔赫维奇的见证来说明这个问题。斯塔赫维奇在60年代初由于其他政治案件被流放,并同车尔尼雪夫斯基在西伯利亚度过若干年。他说(1905年《外里海评论》第143期):"我发现,车尔尼雪夫斯基对于那几期以《大俄罗斯人》命名的不定期出版的小报显然抱同情态度;记得小报出了3期。听了尼古拉·加甫里洛维奇的谈吐,我有时发现,无论是他的思想内容还是思想表达方式都强烈地使我想到《大俄罗斯人》这些小报,于是我暗自断定,他是这几期宣扬立宪改革必要性的小报作者,或者,至少是作者之一。"潘捷列耶夫在这一点上说得相当谨慎。他提到一个叫扎哈林的人,此人"似乎按照某些指示直接参加了《大俄罗斯人》的工作"。他在注释中补充说明:"扎哈林和车尔尼雪夫斯基的密切关系使我有理由认为,尼古拉·加甫里洛维奇可能与《大俄罗斯人》的事情不是完全无关。况且,从与读者交谈这一方式来看,《大俄罗斯人》的笔锋很像尼·加·。已故的A.A.李希特尔在90年代对我说,据他所知,早已去世的卢吉宁曾是《大俄罗斯人》组织的主要成员之一。似乎车尔尼雪夫斯基以尼维津的名字把他写进《序幕的序幕》中"(《回忆录》第1册第327页)。因《大俄罗斯人》一案被判处服苦役的青年军官弗·奥勃鲁切夫曾同车尔尼雪夫斯基非常接近;据潘捷列耶夫说,他甚至是尼古拉·加甫里洛维奇最喜爱的人。根据上述引证的事实,库尔奇茨基先生坚决认为:"《大俄罗斯人》的发起者、编者和领导者不是别人,正是车尔尼雪夫斯基"(《革命运动史》第256页)。这个说法太大胆也太冒险了……

②　这份传单作为第二个附件刊载于瓦·巴济列夫斯基(鲍古查尔斯基)在国外出版的文集《俄国的国事罪》一书,《60年代俄国革命运动史资料》1905年巴黎版第56—63页;部分见于列姆克的《政治诉讼案件》第94—104页。

注意

注意

斯基和阿尔吉罗普洛的莫斯科"雅各宾党人"小组,车尔尼雪夫斯基持<u>直接否定态度</u>。尽管这个在当时甚嚣尘上的传单有反对资产阶级的内容,尽管它揭露赫尔岑和《大俄罗斯人》的自由主义幻想,绝不同现存的政治制度和经济制度作任何妥协,尽管它有着肯定的革命性质、甚至社会主义性质,然而,车尔尼雪夫斯基根本不喜欢它。车尔尼雪夫斯基大概是由于它的不严肃的态度、装腔作势的和凶狠的腔调而不满意;尤其是这张传单的出现与彼得堡大火是同一个时候,这就给民主的敌人以口实——指责革命者为挑起动乱而纵火。车尔尼雪夫斯基极其冷淡地接待了来访的莫斯科小组的代表,并拒绝接受他们请他散发的若干份传单。可是,过后他似乎懊悔,觉得自己把一些性格外向、易于冲动,但满腔热忱地忠于人民利益的、坚定的、在思想上和自己接近的人们拒之门外。他决定发表《致我们的好朋友》这样一张传单,以便消除他和莫斯科人之间的误解;但是,他很快被逮捕了,无法实现这个想法。潘捷列耶夫是根据尼·吴亭所说的情况这样叙述的。^①列姆克则根据谢·尤沙柯夫从莫斯科小组成员伊·哥尔茨-米勒那里听来的情况,声称车尔尼雪夫斯基<u>部分实现了自己的想法</u>。就是说,他把当时著名的革命活动家、"<u>土地和自由</u>"社的创建者之一亚·亚·<u>斯列普佐夫</u>^②派往莫斯科,以便说服委员会设法消除《青年俄罗斯》在社会上造成的极不好的印象。这位使者是否完成了自己的使命,确切情况不得而知,但可能车尔尼雪夫斯基的劝告对莫斯科人发生了影响。至少在搜查巴洛德住宅时找出了似乎为了满足车尔尼雪夫斯基的愿望而以《警告》为题的传单的手稿。然而,这张传单是否确实出自中央革命委员会活动家的手笔,至今无法查明^③。

　　车尔尼雪夫斯基对米·米哈伊洛夫的态度,特别是对他的革命活动,即对散布著名传单《致青年一代》一事的态度,也仍然是一个模糊不清的问题。这张传单的原文是由尼·舍尔古诺夫起草的,米哈伊洛夫在侨居伦敦的赫尔岑那里印刷了这份传单,并把它粘贴在手提箱底层带回俄国。车尔尼雪夫斯基是否知道舍尔古诺夫和米哈伊洛夫玩的花样,不清楚;但他<u>来到彼得堡时就得知这件事</u>,这是潘捷列耶夫断然肯定的……

---

①　《回忆录》第 1 册第 269—270 页。
②　潘捷列耶夫是不是用"<u>戴夹鼻眼镜的先生</u>"这个绰号来描述他? 参看《回忆录》第 1 册第 24 章:《土地和自由》社。
③　**列姆克**《政治诉讼案件》第 109 页及以下各页。

　　……至少有一点很清楚：即使车尔尼雪夫斯基本
人没有积极参加当时已经开始的各种形式的革命运
动，<u>他也是非常关心这一切，知道得很多的</u>①，甚至在思
想上指导了某些革命活动。

　　车尔尼雪夫斯基是不是《告领地农民书》的作者？<u>列姆克和鲁萨诺夫认
为是的</u>。②我们说：上帝啊，你明察秋毫！潘捷列耶夫根据米哈伊洛夫从舍尔
古诺夫那里听来的有关情况宣称：1861 年冬，车尔尼雪夫斯基起草了传单
《告人民书》；舍尔古诺夫改换笔迹抄写了这份传单并把它转交给米哈伊洛
夫，后者又把它转交给弗谢沃洛德·科斯托马罗夫（下面还要谈到他）去印
刷③。显然，这里谈的是传单《告领地农民书》。即使设想这张传单的前半部
是车尔尼雪夫斯基写的（尽管无论列姆克或鲁萨诺夫都没有任何直接的说
明；文笔及内容的相似不能证明任何东西，对此我们在上面已经讲过），——
总之，即使设想传单的前半部是车尔尼雪夫斯基写的，那么后半部大概就不
是他写的了。车尔尼雪夫斯基任何时候都不会允许自己向人民讲什么在法
国和英国（1861 年），上校和将军们在一个普通村长面前脱帽致敬，以及人民
撤换了他们不喜欢的皇帝；他不会讲英国人和法国人生活得很好，那儿的法
庭对一切人都是公正的、平等的，等等④。其实，鲁萨诺夫大概也是根据这些

注意

---

①　潘捷列耶夫讲的下面一件小事就足以证明，车尔尼雪夫斯基在这方面消息非
　　常灵通，"有一次，他使我大吃一惊，大概是在 4 月份（1862 年），他向我提了个
　　问题：问我出于什么考虑在 <u>1861 年 9 月</u>在大学生委员会中反对某些<u>过分尖</u>
　　<u>锐的提案</u>？"（《回忆录》第 2 册第 179 页）
②　列姆克《政治诉讼案件》第 194、335—336 页；上引鲁萨诺夫的著作第 327 页。
③　潘捷列耶夫《回忆录》第 2 册第 181 页。
④　<u>传单原文见上引列姆克的著作第 336—346 页</u>。——传单的开头是这样写的：
　　"领地农民们，关怀你们的人们向你们致意！你们盼望沙皇给你们自由，这就
　　是沙皇给你们的自由。"接着就是从农民利益的观点出发<u>对 1861 年的改革进
　　行毁灭性的批判</u>，逐步地使读者对专制制度这个给人民带来灾难的根本因素
　　的批判有思想准备。传单的作者运用事实，竭力破除"<u>沙皇的神话</u>"。<u>阐明了
　　政治自由的意义</u>以及为争取政治自由而进行斗争的必要性。再往下，论证了
　　农民各阶层（包括过去的农奴和国家农民）的利益是一致的，论证了人民和士
　　兵的利益是一致的，他们应当因革命而得到很大的好处。指出人民群众组织
　　起来的必要性："全体庄稼汉彼此之间必须协同一致，以便在时机到来的时
　　候，能够同心协力。"而这个时机尚未到来时，应该避免局部行动，以免无谓地
　　消耗力量……

想法推测《告领地农民书》不是全部出自车尔尼雪夫斯基的手笔。

?? 　　我们把所知道的关于车尔尼雪夫斯基的生平、性格和观点的一切情况
加以对照，最后终究还是<u>不能断然地</u>回答关于他是否<u>直接参加革命运动</u>的
（1）问题。更正确地说：他没有直接参加革命运动；但是，他<u>了解当时革命运动</u>
（2）的 ┃一切┃ 重要情况；革命运动的直接参加者经常和他商量问题，并且<u>尊重他</u>
（3）<u>的</u>指示；无论如何，他们从他的谈话和他的著作中<u>汲取</u>关于必需进行实践尝
（4）试的信念，而车尔尼雪夫斯基本人由于其习性优柔寡断和慢条斯理，由于他
脱离实际和书生气，要进行实践尝试大概是无能为力的[①]，<u>以上这些大概用</u>
注意 ┃ <u>不着怀疑</u>……　　不论车尔尼雪夫斯基是否愿意，是否像潘捷列耶夫说的那
　　┃ 样，放弃任何煽动工作，而利用每个适当时机强调革命者面临的困难以及敌
人的强大和狡诈，他的著作却唤醒人们的良知，有力地推动了人民解放的斗
┃ 争。在这个意义上可以说，<u>车尔尼雪夫斯基是当时革命运动的思想领袖和鼓</u>
┃ <u>舞者</u>。看来，政府倒还可以给他加上知情不报的罪名。他当然知道很多情
况，可能是知道一切情况。

第 9 章
车尔尼雪夫斯基的被捕、受审和流放

> 不要说："他忘了谨慎，
> 他本身将是他命运的原因。"
> 他和我们一样清楚，不牺牲自己，
> 要做好事也不可能。
> 但是他爱得更崇高，更宽阔，
> 在他的心里没有世俗的心计。
> 在世上可以仅仅为自己活着，
> 但也可以为别人死去。
> 他这样想，就觉得死神可爱可亲。

---

① 车尔尼雪夫斯基关于内克所说的话可能适用于他自己："他的目光越远大，他
就表现得越优柔寡断和惶恐不安：**优柔寡断是远见卓识的薄弱面**"（《杜尔
哥》，上引著作第 231 页）。

他不会说:生命有用,

他不会说:死亡无益,

因为他早已清楚自己的命运……

他暂时还没有被钉在十字架上,

但时辰一到,他会在十字架上死去。

愤怒和忧伤之神差遣他来,

提醒世上的奴隶想起基督。

涅克拉索夫[①]

[第 393—396 页] 政府把车尔尼雪夫斯基看做是刚开始的革命骚乱的主要思想领袖,甚至是实际的领导者。他不小心触犯了统治阶级的物质利益,可以说从这时起他注定要遭灭顶之灾。问题只在于,政府打算在什么时候加害于这位俄国社会主义的始祖。在 1861 年的学潮、在波兰发生的骚乱以及轰动一时的彼得堡大火之后,政府认为是采取行动的有利时机,于是在 1862 年 6 月 12 日,车尔尼雪夫斯基被捕了。

　　在这次逮捕之前,反动派的和自由派的报刊对车尔尼雪夫斯基的恶意中伤,使政府得以放手行动,唆使政府对"虚无主义者"的精神领袖采取镇压措施。卡特柯夫告发《同时代人》,说它是革命的温床,而《莫斯科新闻》在休金市场失火以后断言,这场火灾是车尔尼雪夫斯基指使波兰人和俄国虚无主义者干的。5 月大火以后,彼得堡反动气焰甚嚣尘上。昨天还赞颂车尔尼雪夫斯基的论著对农民有利的人们,都背叛了他,附和反动派共同的叫嚣:"把他钉在十字架上!"……

注意

　　人们都认为车尔尼雪夫斯基是一个在革命阵营中有着巨大影响的人。陀思妥耶夫斯基在他的《作家日记》中写道:他在 1862 年亲自访问了车尔尼雪夫斯基,并劝他对传单《致青年一代》的作者施加影响,制止他们采取极端的革命行动。车尔尼雪夫斯基自己在小说《序幕的序幕》中带着善意的讽刺意味说:他最平常的行为都被自由派造谣者(梁赞采夫—卡维林)说成是重要的革命举动(所谓派遣密使去见赫尔岑)。当局也是这样看待车尔尼雪夫斯基的……

---

　　① 涅克拉索夫为了应付书报检查机关,给这首诗加了《预言者》这个标题,而最初(1874 年)这首诗的标题就是《尼·加·车尔尼雪夫斯基》。见上引**列姆克**的书第 195 页。

[第 395—396 页]　除了文坛上的告密活动之外，车尔尼雪夫斯基还收到一些匿名恐吓信。其中有一封寄自一个地主的信，对"肮脏的民主"和"被科学公认为精神错乱者炮制的社会主义"的鼓吹者大肆进行恶毒的辱骂和威吓。惊慌失措的农奴主的发热的头脑把车尔尼雪夫斯基想象成一个挥舞着刀、双手沾满鲜血的人，这封信以下述值得注意的声明结尾："我们认为有必要向您，车尔尼雪夫斯基先生，指出，我们不愿意看到安东·彼得罗夫①这类人物登上宝座。如果真正发生了血腥的骚乱，我们会找您、伊斯坎德尔，或者您家族中任何一个成员。而且，大概您还没有来得及雇用保镖吧。"②

注意

原文如此！

　　不言而喻，除了文坛上的告密活动和恐吓信之外，还有许多对车尔尼雪夫斯基的告密信送进了第三处。1862 年 6 月 5 日送交第三处的一封匿名告密信，大概对车尔尼雪夫斯基的逮捕不无影响。我们且从这个稀奇的历史文献中引述几段："你们都做了些什么？要珍惜俄罗斯，珍惜沙皇！这是昨天我在教授们集会时听到的谈话。政府禁止刊登各种胡言乱语，却没有看到车尔尼雪夫斯基在传播什么样的思想；此人是青年的首领；他给身强力壮的青年指引方向；此人是狡诈的社会主义者；他亲自告诉我〈教授说〉：'我聪明得很，永远不会被揭穿'。你们由于一些无关紧要的事流放了巴甫洛夫，并干了其他许多失策的事，却容忍了这个有害的鼓动者。难道你们找不出办法把我们从这个穷凶极恶的人手中拯救出来！…… 所有极其自由主义的人们是如此明智，他们都意识到我们这里君主制存在的必要性，现在，看到车尔尼雪夫斯基的倾向已经不光在口头上，而且见诸行动，他们同他疏远了，并且坚信，如果你们不除掉他，那么将发生灾难——将要流血；在俄国没有他容身之地——他在任何地方都是危险分子，除非送到别廖佐沃或者吉日金斯克；这不是我说的，这是衷心盼望立宪的学者们、能人们说的③…… 而你们不去

---

①　农奴起义的领袖，起义失败后被政府处决。——编者注

②　**列姆克**《政治诉讼案件》第 198—199 页。应该指出，关于车尔尼雪夫斯基一案的原本材料，最先是曾在档案馆工作的列姆克先生公布的。

③　当然，这是卑鄙的告密者说的，不能相信这种人的报告的准确性。但是他确实看出了自由派对这位伟大的社会主义者的敌视态度。

避免流血,就会害了我们大家,——这是一伙疯狂的蛊惑家、亡命之徒,——这是《青年俄罗斯》通过自己的纲领向你们说出它的全部凶恶意图;可能他们会被消灭,但是为了他们将洒下多少无辜的鲜血! 在这里还听说,在沃罗涅日、萨拉托夫、坦波夫——到处都有由这类社会主义者组成的委员会,他们到处煽动青年…… 社会正面临危险,无家可归的流浪汉什么都敢做,你们不能丧失警惕;如果你们放纵他们而招致大屠杀,那将是你们的罪孽。而只要你们稍一放松警惕,或者满足于敷衍了事的办法,那么大屠杀就要临头……这一伙狂徒嗜血成性、铤而走险——不能对他们掉以轻心。为了共同的安宁,把我们从车尔尼雪夫斯基的手中拯救出来吧。"

这封告密信再一次提请政府注意车尔尼雪夫斯基,第三处早已对他另眼看待了……

[第398—400页] 根据访问过赫尔岑的一个密探的电报告密,韦托什尼科夫在边境上被捕,而且在他那里搜出赫尔岑的全部信件。对于第三处来说,只要有了前面提到的给谢尔诺-索洛维耶维奇的信中的附言,就可以在第二天即7月7日逮捕车尔尼雪夫斯基。车尔尼雪夫斯基的全部文稿和部分书籍被没收了,而他本人则被押送阿列克谢耶夫三角堡……

车尔尼雪夫斯基的被捕对具有民主思想的知识分子造成极其强烈的影响…… 革命青年因自己的思想领袖被捕当然感到震惊。反动派则得意扬扬,为自己最危险的敌人正像他们盼望的那样永远不能为害而兴高采烈。而自由派对于非常蔑视他们、无情地揭露了他们本来面目的车尔尼雪夫斯基的毁灭也是由衷的高兴。例如,当时的一位自由派领袖、车尔尼雪夫斯基的老熟人卡维林,在给赫尔岑的信中毫不掩饰自己的真实感情:"从我的观点来看,从俄国传来的消息并不那么坏…… 坦白地对你说,这次逮捕并不使我感到惊奇,也不觉得气愤…… 我非常地、非常地爱车尔尼雪夫斯基,但是像他这样的糊涂人,不知分寸的自负的人,我还从来没有见过。是什么事值得作出牺牲! 这场大火和传单有关,这一点现在毫无疑义。"①

注意

!

① 上引鲁萨诺夫的著作第276页。

<u>至今在我们"立宪民主派的"</u>资产者心目中仍有耀眼光环绕顶的<u>自由派</u>,<u>其背叛行径</u>就是如此。这些先生重复着<u>警察编造</u>的所谓彼得堡大火与革命传单有关的流言蜚语,从道义上为反动派对民主主义者的疯狂镇压进行辩护。然而,即使可以把当时连连出现的火灾同什么政治倾向联系起来,无论如何也不能同革命者的活动联系起来。过了两年,参议员日丹诺夫到伏尔加河流域<u>调查</u>萨拉托夫、辛比尔斯克等地所发生的<u>火灾情况</u>,结果表明,<u>这些火灾同当时的反动分子和农奴主的阴谋活动有关</u>,他们企图恐吓政府,威胁社会,从而阻挠改革……

注意

第三处不愿意从自己的魔爪中放走猎物。8月1日,波塔波夫向委员会提出了根据警察密探提供的情报所写的报告(顺便说一下,从这个报告可以发现,<u>从1861年秋天开始,车尔尼雪夫斯基就处于密探的密切监视之下</u>)……

注意

没有审讯车尔尼雪夫斯基。他在要塞中耐心地等待着,日复一日地等待着获释,因为他坚信,政府没有掌握他的任何重要罪证。他勤奋地工作,并和妻子通信。10月5日的一封信,委员会认为不能转交给他的妻子,而是把它存入案卷。信的结尾有一段在密探看来是可怕的话:"我们的生命是属于历史的;几百年后,人们已经忘掉几乎所有我们的同时代人,而我们的名字还会使人们感到亲切;人们还会怀着感激的心情回忆我们。因此,在那些将要研究我们的生活的人们面前,我们一定不能丧失自己的奋发的精神和品格"(下面接着是将来工作的计划,对此我们在第1章已经说过)。委员会认为车尔尼雪夫斯基的这些话表现了异乎寻常的自命不凡和不能容忍的傲慢。显然,<u>在智力和道义方面</u>,侦查委员会的成员们都<u>不逊于自由派卡维林</u>……

注意

[第402页]　科斯托马罗夫坐下来给亲人写信。丘尔科夫见到他有一封很厚的信,就读了这封信,——多么出人意料!——原来这封信和车尔尼雪夫斯基有直接关系。这封信很快被送到波塔波夫手里,波塔波夫立即电令丘尔科夫火速同科斯托马罗夫回彼得堡,一出喜剧就这样毫不费力地演出了。

　　这封信相当于由一个多印张构成的一整本小册子,其中夹杂着各种文字的引文,塞满了牵强附会的笑话和讨厌的胡言乱语,这封信里包含着第三处为了置车尔尼雪夫斯基于死地所需要的一切内容。科斯托马罗夫给自己虚构的收信人写道,他有机会时要谈谈车尔尼雪夫斯基的著述活动,"秘密的或公开的,以便向您说明,从哪里吹来的这股风,把这么多可怜的牺牲品送进俄罗斯要塞的单身囚室,经内务大臣和宪兵队长官协商后送往的好去处……　那时您会看到,<u>在神圣的自由旗帜上出现的那个可恶的口号来自何处</u>,以这个口号的名义,我们那<u>些不高明的鼓动家行动着</u>,<u>写出所有这些《大俄罗斯人》《青年俄罗斯》</u>,写出所有这些<u>用红色和蓝色印刷的无用的传单</u>"……

注意

　　[第405—406页]　但是,案卷中掌握的一切材料看来还太少,于是第三处决定采取最后的手段。7月2日,司法大臣扎米亚京向<u>参议院递交了一份显然是由密探炮制的大报告《关于车尔尼雪夫斯基的著述活动》</u>。在这个理应对法庭施加相当压力的报告里,车尔尼雪夫斯基被指控为唯物主义和共产主义的主要宣传家,对他的著作进行有倾向性的分析,并断定他的著作和当时出现的革命传单的内容有外在的相似之处。报告最后这样说:"传单就像是车尔尼雪夫斯基的文章的结论,而他的文章则是对这些传单的详尽解说……"

　　在西伯利亚和车尔尼雪夫斯基相识的斯塔赫维奇在回忆录中说,在车尔尼雪夫斯基被逮捕前很久,谢拉科夫斯基把自己和当时担任陆军部办公厅主任的考夫曼将军的谈话告诉了他。这位威武的将军认为车尔尼雪夫斯基由于对青年产生有害的影响,应该流放;后来政府就这样办了,把车尔尼雪夫斯基流放去服苦役,纯粹是由于这"有害的影响"。这同一个斯塔赫维奇还说，<u>在车尔尼雪夫斯基被捕前不久，苏沃洛夫公爵的副官曾经拜访了他并以公爵的名义劝他赶快出国</u>。当时车尔尼雪夫斯基提出一个问题：公爵为什么这样关心他？这位副官回答说："如果他们把您逮捕了，那就是要把您流放，而把您流放，实质上不是由于有任何罪过，而是由于您的文章，尽管这些文章都经过书报检查机关认可。因而公爵希望不要让流放无辜作家这样一个污点玷污国君、他个人的朋友。"但是，车尔尼雪夫斯基断然拒绝出国，昂首迎接自己的命运。再者，他不认为由于一个作家的文章已经书报检查机关批准而做出可能把作家流放的违法行径……

注意

[第411页] 赫尔岑就车尔尼雪夫斯基遭到令人愤慨的判决而诅咒一切级别的刽子手们，<u>鄙弃出卖灵魂的自由派</u>和保守派的报刊，他们以告密、中伤的办法让政府野蛮地迫害进步人士和革命者。

我们且从列姆克的书中摘录赫尔岑发表在 <u>1864 年《钟声》第 186 期上</u>的一篇文章中的一段话：

"车尔尼雪夫斯基被判处七年苦役和终身流放。这个无法无天的暴行倒使政府、社会、卑鄙无耻的卖身投靠的报刊受到诅咒；报刊惹出这次迫害并因搞人身攻击而扩大了迫害。它唆使政府在波兰屠杀战俘，在俄国批准参议院那帮粗野愚昧的家伙和国务会议那帮头发斑白的恶棍的训谕…… 而一些可鄙的人们、一文不值的人们、没有骨气的人们说：不应该谴责这帮统治我们的强盗、恶棍！…… 车尔尼雪夫斯基被你们绑在耻辱柱上示众一刻钟…… 而你们，而俄国要在耻辱柱上绑多少年！诅咒你们，诅咒——如果可能，就报仇雪恨！……"

载于 1959 年《文学遗产》第 67 卷

译自《列宁全集》俄文第 5 版
第 29 卷第 572—620 页

注　释

1　《马克思和恩格斯〈神圣家族〉一书摘要》是 1895 年列宁为同劳动解放社建立联系而第一次出国期间写的。摘要写在单独一册笔记本上,其中包含列宁手稿 45 页,原著摘录是用德文作的。摘要的具体时间列宁没有注明,很可能是 1895 年 8 月他在柏林皇家图书馆进行研究工作期间。他在这个图书馆读了马克思和恩格斯著作的一些稀有版本。

　　1895 年秋,列宁在《弗里德里希·恩格斯》这篇悼文中第一次提到《神圣家族》这本书,指出它奠定了"革命唯物主义的社会主义的基础"(见本版全集第 2 卷第 7 页)。《神圣家族》的一些论点,列宁曾在自己的著作中多次引用。——5。

2　《神圣家族,或对批判的批判所做的批判》是马克思和恩格斯合写的第一部著作。写于 1844 年 9—11 月,1845 年 2 月在美因河畔法兰克福出版(参看《马克思恩格斯全集》第 1 版第 2 卷)。"神圣家族"是对青年黑格尔派鲍威尔兄弟及其追随者的谑称,"批判的批判"是指他们的唯心主义哲学体系。青年黑格尔派鼓吹一种主观唯心主义的历史观,认为只有杰出人物,即"精神"或"纯粹的批判"的体现者才是历史的创造者,而群众、人民则是消极保守的,是历史发展的累赘。黑格尔哲学学派中的资产阶级民主主义左翼代表的这一理论,后来被俄国自由主义民粹派所采纳。

　　马克思和恩格斯在着手写书时,已完成从唯心主义和革命民主主义向唯物主义和共产主义观点的转变。这些观点在《神圣家族》一书中得到了进一步的发展。正如列宁在《马克思和恩格斯〈神圣家族〉一书摘要》中所指出的那样,在这里已接近生产方式在社会发展中起决定作用这一历史唯物主义的基本思想。书中论证了观念的实现必须有"实践力量"这一思想,提出了人民群众是人类历史的创造者,社会中发生的变革愈大,完成这些变革的群众就愈众多的原理。书中还含有几乎已经形成了的关于无产阶级的世界历史使命的观点。书中指出,共产主义不仅作为以往唯物主义哲学整个发展的结论在逻辑上是必然的,并且在历史上也是必然的,因为私有财产在自己的经济运动中自己使自己走向瓦解。

马克思和恩格斯在反对青年黑格尔派的同时,也批判了乔·威·弗·黑格尔本人的唯心主义哲学。《神圣家族》一书尽管是在费尔巴哈唯物主义哲学的相当大的影响下写成的,但书中同时也已含有对费尔巴哈哲学批判的成分。恩格斯后来在确定本书在马克思主义历史中的地位时写道:"对抽象的人的崇拜,即费尔巴哈的新宗教的核心,必定会由关于现实的人及其历史发展的科学来代替。这个超出费尔巴哈而进一步发展费尔巴哈观点的工作,是由马克思于1845年在《神圣家族》中开始的。"(见《马克思恩格斯文集》第4卷第295页)——5。

3 《文学总汇报》(«Allgemeine Literatur-Zeitung»)是青年黑格尔派布·鲍威尔主编的月刊,1843年12月—1844年10月在夏洛滕堡出版。——6。

4 《神圣家族》一书第3章谈的是发表于1844年5月《文学总汇报》第6期的《瑙威尔克先生和哲学系》一文。该文作者是德国政论家、青年黑格尔派恩·荣格尼茨,文章署名"J"(荣格尼茨的第一个字母)。——6。

5 在《神圣家族》第4章第4节里,马克思批评了埃·鲍威尔的《蒲鲁东》一文。鲍威尔的这篇文章评论了皮·约·蒲鲁东的著作《什么是财产?或关于法和权力的原理的研究》(1840年)。马克思在他的《论蒲鲁东(给约·巴·施韦泽的信)》(见《马克思恩格斯文集》第3卷)中对蒲鲁东的这部著作以及他的整个观点作了全面的评价。——6。

6 指马克思的评语:"蒲鲁东本人还没有把私有财产的各种进一步的形式,如工资、商业、价值、价格、货币等等,像《德法年鉴》那样看做私有财产的形式(见弗·恩格斯的《国民经济学批判大纲》)。"(《马克思恩格斯

文集》第 1 卷第 256 页)

　　《国民经济学批判大纲》(见《马克思恩格斯文集》第 1 卷)是恩格斯站在革命无产阶级立场上分析资产阶级社会的经济制度和资产阶级政治经济学的基本范畴的第一篇经济学著作。在《德法年鉴》上还刊登了恩格斯的另一篇文章《英国状况。评托马斯·卡莱尔的〈过去和现在〉》(参看《马克思恩格斯全集》第 1 版第 1 卷)以及马克思的著作《论犹太人问题》、《〈黑格尔法哲学批判〉导言》(见《马克思恩格斯文集》第 1 卷)。这些文章标志着马克思和恩格斯完成了从唯心主义向唯物主义、从革命民主主义向共产主义的转变。

　　《德法年鉴》杂志(«Deutsch-Französische Jahrbücher»)是马克思和阿·卢格合编的德文刊物,1844 年在巴黎出版。由于马克思和资产阶级激进派卢格之间有原则性的意见分歧,杂志只出了第 1—2 期合刊。——6。

7　指塞利加(青年黑格尔派弗兰茨·齐赫林斯基的笔名)发表在 1844 年 6 月《文学总汇报》第 7 期上的关于法国作家欧仁·苏的长篇小说《巴黎的秘密》的书评。——13。

8　指法国作家欧仁·苏的小说《巴黎的秘密》。这部小说用感伤主义的笔调写成,宣扬社会改良思想。小说于 1842—1843 年在巴黎出版,当时在法国和其他国家颇负盛誉。——14。

9　指青年黑格尔派茹尔·孚赫在 1844 年 6—8 月《文学总汇报》第 7—9 期上发表的《英国热点问题》一文。恩格斯写的《神圣家族》第 2 章批判了这篇文章。——15。

10　布鲁诺·鲍威尔的这句话,见他发表于 1843 年 12 月《文学总汇报》第 1 期的《犹太人问题的最新论文》一文。该文是鲍威尔针对报刊上对他的《犹太人问题》一书的批评所作的回答。——15。

11　指《巴黎革命》周报。

　　《巴黎革命》周报(«Révolutions de Paris»)是法国的一家报纸,1789

年7月—1794年2月在巴黎出版。1790年9月以前由政论家、民主主义者埃利泽·路斯达洛编辑。——16。

12　指乔·威·弗·黑格尔的著作《精神现象学》。该书于1807年出第1版，马克思写《神圣家族》时使用的版本是黑格尔全集本(《黑格尔全集》第2版第2卷，1841年柏林版)。《精神现象学》是黑格尔的第一部阐明他的哲学体系的巨著，马克思曾称之为"黑格尔哲学的真正诞生地和秘密"(见《马克思恩格斯文集》第1卷第201页)。1981年商务印书馆出版了该书的中译本。——16。

13　空论派是法国复辟时期(1815—1830年)的一批资产阶级政治活动家，他们是立宪君主主义者，敌视民主运动和革命运动，力图按照英国的式样在法国建立资产阶级和贵族的联盟。空论派中最著名的人物是历史学家弗·基佐和哲学家保·鲁瓦耶-科拉尔，后者的观点在哲学方面是对18世纪法国唯物主义和法国资产阶级革命的民主思想的反动。——17。

14　指马克思1844年在《德法年鉴》上发表的《论犹太人问题》(见《马克思恩格斯文集》第1卷)一文。这篇文章批驳了布鲁诺·鲍威尔在《犹太人问题》(1843年不伦瑞克版)一书中所阐述的观点。——18。

15　这句话是布鲁诺·鲍威尔在《犹太人问题的最新论文》第2篇文章中说的。该文载于1844年3月《文学总汇报》第4期。——20。

16　普遍人权是《人权和公民权宣言》所宣布的原则。在法国资产阶级革命初期的条件下由制宪议会制定并于1789年8月26日通过的《人权和公民权宣言》，阐明了新的资产阶级制度的政治原则，主要的一点就是宣布自由、财产等等是人的天赋的、不可剥夺的权利。法国1791年宪法包括了这篇宣言。18世纪法国启蒙运动思想家的哲学是这篇宣言的思想来源。——22。

17　雾月十八即1799年11月9日。拿破仑·波拿巴在这一天实行政变，推翻督政府而建立其军事专政。——24。

18 笛卡儿派唯物主义是指勒奈·笛卡儿的唯物主义物理学的信徒们的学说。文中提到的皮·让·若·卡巴尼斯的著作《人的肉体和精神的关系》于1802年在巴黎出版。——26。

19 伊壁鸠鲁唯物主义是公元前4—前3世纪古希腊唯物主义哲学家伊壁鸠鲁及其门徒的学说,他们的基本观点是承认世界的物质统一性,认为"事物的存在是在人的意识之外而且不依赖于人的意识"(列宁语,见本卷第254页)。

　　伊壁鸠鲁的唯物主义学说在古代得到广泛的传播,后来受到来自基督教教会和唯心主义哲学的猛烈攻击。皮埃尔·伽桑狄在近代恢复了伊壁鸠鲁在物理学和伦理学领域的唯物主义观点,继伊壁鸠鲁之后承认自然界只存在原子和虚空,论证了空间和时间的永恒性和无限性。但伽桑狄是一个不彻底的唯物主义者,他认为原子是上帝造的,其数量是有限的。马克思在自己的博士论文中写道,伽桑狄"竭力要使他的天主教的良心同他的异端知识相适应,使伊壁鸠鲁同教会相适应"(参看《马克思恩格斯全集》第1版第40卷第188页)。——26。

20 耶稣会派即耶稣会士。耶稣会是天主教修会之一,是天主教内顽固反对宗教改革运动的主要集团。1534年由西班牙人依纳爵·罗耀拉创立于巴黎,1540年获罗马教皇保罗三世批准。

　　这里说的其他派别是指詹森派(见《马克思恩格斯文集》第1卷第329页)。——26。

21 怀疑论是对客观世界和客观真理是否存在和能否认识表示怀疑的唯心主义哲学派别。怀疑论作为一个独立的哲学流派产生于公元前4—前3世纪古希腊奴隶制发生危机的时代,创始人是皮浪,最著名的代表是埃奈西德穆和塞克斯都·恩披里柯。古代怀疑论者从感觉论的前提出发,得出不可知论的结论。他们把感觉的主观性绝对化,认为人不能超出他自己的感觉范围,不能确定哪一种感觉是真的。他们宣称,对每一事物都可以有两种互相排斥的意见,即肯定和否定,因而我们关于事物的知识是不可靠的。他们要人们拒绝认识,对事物漠不关心,说这样就可以从怀疑中解脱出来,达到心灵恬静即"无感"的境界(参看本卷第

258—265页）。

在文艺复兴时代,法国哲学家米·蒙台涅、皮·沙朗和皮·培尔曾利用怀疑论来反对中世纪的经院哲学和教会。照马克思的说法,培尔"用怀疑论摧毁了形而上学,从而为在法国接受唯物主义和合乎健全理智的哲学作了准备",并宣告"**无神论社会**的来临"(见《马克思恩格斯文集》第1卷第330页）。相反,法国哲学家和数学家布·帕斯卡却用怀疑论反对理性认识,维护基督教。

18世纪,怀疑论在大卫·休谟和伊·康德的不可知论中得到复活,戈·恩·舒尔采则试图使古代怀疑论现代化。新怀疑论十分明确地声称达到科学认识是不可能的。马赫主义者、新康德主义者和19世纪中至20世纪初的其他唯心主义哲学流派都利用怀疑论的论据。——27。

22 唯名论来源于拉丁文 nomen 一词（意为名字,名称）,是中世纪经院哲学的一个派别。它与中世纪经院哲学中的实在论相反,认为一般概念（共相）只是各个事物的名称。实在论则认为,一般概念对具体事物说来是第一性的,它们不依赖于具体事物而"实在地"存在着。唯名论和实在论的斗争是唯物主义和唯心主义的斗争在中世纪哲学中的特殊表现。——27。

23 感觉论来源于拉丁文 sensus 一词（意为感觉）,是把感觉、知觉、情感等等看做是认识的唯一基础和源泉的哲学流派。感觉论的认识论是英国哲学家约翰·洛克在其《人类理智论》(1690年)中制定出来并加以论证的,这种认识论所依据的原则是:"凡是存在于理智中的,没有不是先已存在于感觉中的"。感觉论者中既有唯物主义信徒,如洛克、埃·博·孔狄亚克、克·阿·爱尔维修;也有唯心主义信徒,如乔治·贝克莱。列宁写道:"无论唯我论者即主观唯心主义者还是唯物主义者,都可以承认感觉是我们知识的泉源。贝克莱和狄德罗都渊源于洛克。"(见本版全集第18卷第126页）——28。

24 这里说的是埃·博·孔狄亚克的著作《体系论》(1749年)。——28。

25　巴贝夫主义者是1795—1796年法国"平等派"空想共产主义运动的领
　　袖格拉古·巴贝夫的拥护者。——28。

26　指路·费尔巴哈的著作《未来哲学原理》(1843年)。它是费尔巴哈的
　　《关于哲学改革的临时纲要》(1842年)中的要义的继续阐发。在这些
　　著作中,费尔巴哈阐述了他的唯物主义哲学的原理并批判了黑格尔的
　　唯心主义哲学(参看《费尔巴哈哲学著作选集》1984年商务印书馆版上
　　卷第120—186页和第101—119页)。——30。

27　玛丽花是欧仁·苏的小说《巴黎的秘密》中的女主人公。下面提到的鲁
　　道夫是该小说中的男主人公。——31。

28　马克思在这里摘引了沙·傅立叶的以下著作:《关于四种运动和普遍命
　　运的理论》(1808年)、《经济的和协作的新世界》(1829年)和《普遍统一
　　论》(1822年)。列宁在下面提到了这些引文(见本卷第34—35页)。
　　——32。

29　指《布·鲍威尔、路·费尔巴哈、弗·科本、卡·瑙威尔克、阿·卢格和
　　几位匿名作者的德国现代哲学和政论界轶文集》。这是书报检查机关
　　不准在德国杂志上发表的一些文章的汇集,于1843年由卢格在苏黎世
　　出版。文集收载了马克思最初的政论文章《评普鲁士最近的书报检查
　　令》(参看《马克思恩格斯全集》第1版第1卷)。——33。

30　"行动上的软弱无力"是沙·傅立叶的话。他在《关于四种运动和普遍
　　命运的理论》一书第二部分的《结语》中讲到道德的改造时说,道德在科
　　学体系中是无足轻重的,在行动上是软弱无力的。——35。

31　托利党慈善家是指参加了19世纪40年代初建立的"青年英国"社的一
　　些英国政治活动家和著作家(本·迪斯累里、彼·波尔斯威克、威·弗
　　兰德等人)。托利党慈善家表达了土地贵族对于资产阶级经济和政治
　　实力增强的不满。他们企图用蛊惑手段和小恩小惠把工人阶级置于自
　　己的影响之下,利用它来反对资产阶级。马克思和恩格斯在《共产党宣
　　言》中把这个集团的观点评价为"封建的社会主义"。

十小时工作日法案是指英国议会于 1847 年通过的只适用于未成年工和女工的十小时工作日法案。关于把童工和少年工的工作日限制到十小时的法案,是 1831 年提出的。土地贵族的代表力求在反对工业资产阶级的斗争中利用这一深得人心的口号,因此在议会中积极维护十小时工作日法案,托利党慈善家安·库·阿什利勋爵是拥护这一法案的首要人物。参看恩格斯《英国的十小时工作日法》(《马克思恩格斯全集》第 1 版第 7 卷)。——36。

32 《费尔巴哈〈宗教本质讲演录〉一书摘要》写在对折成笔记本形状的一些单张纸上,写于何时尚无确切材料可以说明。列宁于 1909 年 1—6 月曾在巴黎国立图书馆进行研究工作,因此摘要很可能是那时写的。但列宁在巴黎一直住到 1912 年 6 月,而他最后一次去巴黎是在 1914 年 1月,所以摘要的写作时间也可能晚于 1909 年。按摘要的内容无法确定写作日期,但有一点可以比较有把握地肯定:列宁将这篇摘要列入了题为《哲学笔记本。黑格尔、费尔巴哈及其他》的一套笔记本内。这样说的根据是:这套笔记本的其他笔记里有引用《宗教本质讲演录》的地方;和其他笔记本的标题相类似,在摘要第 1 页上也有显然是后来用蓝铅笔补写的"费尔巴哈。第 8 卷"的字样。

《哲学笔记本。黑格尔、费尔巴哈及其他》一套笔记本包含在性质和重要性上不尽相同的各种材料。列宁大概是在 1914 年 9 月从波罗宁迁居伯尔尼以后开始研究这些材料的。他主要是在伯尔尼图书馆的阅览室里阅读哲学书籍并作摘要,手稿上的书号和现存的图书馆索书卡都说明了这一点。

列宁在 1913 年底仔细研究了《马克思和恩格斯通信集》并作了提要(见本版全集第 58 卷)。这部通信集对列宁选择他要作摘要的主要著作有明显影响。列宁在概括通信集的内容时写道:它的"焦点,即其中所抒发所探讨的错综复杂的思想汇合的中心点"就是辩证法(见本版全集第 24 卷第 279 页)。列宁在 1914—1915 年所写的摘要、札记中也把注意力主要集中于辩证法。他在《哲学笔记本》中研究了唯物主义辩证法的一些基本问题,这对于他用马克思主义观点分析第一次世界大战的性质,制定关于帝国主义的理论,发展社会主义革命理论、国家学说以及党的战略和策略,都有重大的意义。

在这些笔记中,除了列宁自己注明《逻辑学》一书摘要完成的日期为 1914 年 12 月 17 日以及根据现存的伯尔尼图书馆索书卡可以判明彼·盖诺夫著作札记的日期以外,其他笔记的确切写作日期都还难以确定。下面是按可能的写作时间顺序排列的《笔记本》目录(费尔巴哈论莱布尼茨哲学一书的摘要除外,见注 54):

	1.《费尔巴哈〈宗教本质讲演录〉一书摘要》。
《费尔巴哈》笔记本	2.《费尔巴哈〈对莱布尼茨哲学的叙述、阐发和批判〉一书摘要》。
《黑格尔〈逻辑学〉。I》笔记本	3.《黑格尔〈逻辑学〉一书摘要》。开始。
《黑格尔〈逻辑学〉。II》笔记本	4.《黑格尔〈逻辑学〉一书摘要》。续。
《黑格尔〈逻辑学〉。III》笔记本	5.《黑格尔〈逻辑学〉一书摘要》。完。
	6.《关于论述黑格尔的最新文献》札记。
	7.让·佩兰《物理化学论文。原理》一书书评的札记。
《(其他+)黑格尔》笔记本	8.彼·盖诺夫《费尔巴哈的认识论和形而上学》一书札记。
	9.保·福尔克曼《自然科学的认识论原理》一书札记。
	10.麦·费尔伏恩《生物起源假说》一书札记。
	11.《黑格尔〈哲学史讲演录〉一书摘要》。开始。
《黑格尔》笔记本	12.《黑格尔〈哲学史讲演录〉一书摘要》。完。
《黑格尔》笔记本	13.《黑格尔〈历史哲学讲演录〉一书摘要》。

《哲学》笔记本

14. 弗·丹奈曼《我们的世界图像是怎样构成的?》一书札记。

15. 路·达姆施泰特《自然科学和技术历史指南》一书札记。

16. 拿破仑《思想》一书札记。

17.《诺埃尔〈黑格尔的逻辑学〉一书摘要》。

18.《黑格尔辩证法(逻辑学)的纲要》。

19. 阿·埃·哈斯《现代物理学中的希腊化时代精神》一书书评的札记。

20. 泰·利普斯《自然科学和世界观》一书札记。

21.《拉萨尔〈爱非斯的晦涩哲人赫拉克利特的哲学〉一书摘要》。

22.《谈谈辩证法问题》。

23.《亚里士多德〈形而上学〉一书摘要》。

在本卷中,《哲学笔记本》的材料编为两部分:1.摘要和短文(第37—319页);2.关于书籍、论文和书评的札记(第321—356页)。两部分都按照文献的可能的写作时间顺序排列,如上所述,只有费尔巴哈论莱布尼茨哲学一书的摘要除外。——37。

33　《宗教本质讲演录》是路·费尔巴哈于1848年12月1日—1849年3月2日在海德堡讲学的讲稿,以1845年出版的《宗教的本质》一书为基础。由于大学当局不允许他在大学里面讲课,讲学是在市政厅大厦进行的。《宗教本质讲演录》于1851年第一次出版。——37。

34　指路·费尔巴哈的著作:《近代哲学史——从维鲁拉姆男爵培根到贝奈狄克特·斯宾诺莎》(1833年)和《对莱布尼茨哲学的叙述、阐发和批判》(1837年)。列宁对后一本著作所作的摘要见本卷第60—70页。下面列宁作第二讲的摘要时一开始提到的是费尔巴哈的著作《皮埃尔·培尔》(1838 年)。——38。

35　指路·费尔巴哈 1830 年匿名出版的《关于死和不死的思想》一书。这部书的主要内容是违背官方基督教教义的,它否定了个人的不死。在查明作者是谁以后,书被没收,费尔巴哈遭到了迫害,并被埃朗根大学免去了他从 1828 年起担任的该大学讲师的职务。——38。

36　《基督教的本质》是路·费尔巴哈的主要哲学著作,1841 年在莱比锡出第 1 版。这本书"使唯物主义重新登上王座"(恩格斯语,见《马克思恩格斯文集》第 4 卷第 275 页),对德国的和德国以外的先进知识分子的思想发展,都有很大的影响。——38。

37　列宁把路·费尔巴哈对哲学的基本问题所下的定义同马克思和恩格斯所下的定义对比。下面(本卷第 41—42 页和第 45 页)列宁直接引证了恩格斯《路德维希·费尔巴哈和德国古典哲学的终结》一书中关于哲学基本问题的著名表述(见《马克思恩格斯文集》第 4 卷第 277—280 页)。——39。

38　指路·费尔巴哈下面的这段话:"我所说的利己主义,乃是人对自己的爱,即对人的本质的爱,这种爱就是满足和发展一切欲望和才干的动因,没有这种满足和发展,人就不是而且不可能是真正的完善的人。"(参看《费尔巴哈哲学著作选集》1984 年商务印书馆版下卷第 551 页)。——40。

39　在这句话前面,路·费尔巴哈写道:"每个感官都只神化了自己。总而言之,自然宗教的真理仅仅建立在感性的真理上面。"(参看《费尔巴哈哲学著作选集》1984 年商务印书馆版下卷第 589 页)费尔巴哈关于"感性"是自然现象神化的基础的思想,已包含在《未来哲学原理》(1843 年)一书中,而在《宗教的本质》(1845 年)中则得到了充分的发挥。——41。

40　指恩格斯在《路德维希·费尔巴哈和德国古典哲学的终结》一书中对哲学基本问题所下的定义(见《马克思恩格斯文集》第 4 卷第 277 —280

页）。第45页上所指的也是这个地方。——42。

41 不可知论这个术语是英国博物学家托·赫胥黎于1869年首先使用的。列宁在《纪念约瑟夫·狄慈根逝世二十五周年》(1913年)一文中,对这个名词的含义解释如下:"不可知论(来自希腊文,'α'是**不**的意思,'γιγνωσκω'是**知**的意思)是在唯物主义和唯心主义之间摇摆,实际上也就是在唯物主义科学和僧侣主义之间摇摆。康德的拥护者(康德主义者)、休谟的拥护者(实证论者、实在论者等等)和现代的'马赫主义者'都属于不可知论者。"(见本版全集第23卷第152页)——46。

42 列宁在这里把唯物主义者路·费尔巴哈和主观唯心主义者恩·马赫对自然科学的态度相对比。列宁在《唯物主义和经验批判主义》(见本版全集第18卷)一书中评述了马赫哲学对自然科学的态度。——46。

43 约·狄慈根发展了类似的思想。例如,他在《人脑活动的实质》一书《精神和物质》一节中写道:"特别是从基督教时代以来,人们习惯于轻蔑地谈论那种会被虫子咬坏和锈坏的物质的、感性的、肉体的东西。"(参看《狄慈根哲学著作选集》1978年生活·读书·新知三联书店版第60页)——47。

44 此处摘自《宗教本质讲演录》第17讲,整句话是:"事实上,像有神论者所了解的那种精神,本是不能拿自然界来解释的;因为,这种精神本是很晚期的产物,而且是人类幻想和抽象的一种产物,所以不能导源于自然界,至少不能直接导源于自然界,譬如一个少尉、一个教授、一个枢密官,虽然是人,却不能直接由自然界来解释。"(参看《费尔巴哈哲学著作选集》1984年商务印书馆版下卷第655—656页)——47。

45 列宁在这里把路·费尔巴哈关于"精神的活动也是有形体的"这一错误说法同约·狄慈根一系列著作中的类似思想加以比较。狄慈根反对唯心主义把思维同它的物质实体即大脑割裂开来,同时却错误地试图"扩大"物质概念,把思维也包括到物质中去。马克思读了《人脑活动的实质》的手稿以后,在他1868年12月5日给路·库格曼的信中曾指出狄慈根有某些概念混乱之处(参看《马克思恩格斯全集》第 1 版第 32 卷第 566—567 页)。列宁在阅读狄慈根的《短篇哲学著作集》时,也标出了他在基本哲学范畴上的混淆(见本卷第 372—373、374—375、377—378 页以及其他各页)。在《唯物主义和经验批判主义》一书中,列宁曾指出狄慈根想扩大物质概念是没有道理的(见本版全集第 18 卷第 255—261 页)。列宁写道:"说不论思想或物质都是'现实的',即存在着的,这是对的。但是把思想叫做物质的,这就是向混淆唯物主义和唯心主义方面迈了错误的一步。实质上,这多半是狄慈根用语不确切……"(同上书,第 255 页)——47。

46　列宁在这里和下面(见本卷第 52 页)指出的路·费尔巴哈著作中的历史唯物主义的"萌芽"、"胚芽",在其本人的哲学中没有得到进一步的发展。正如恩格斯所指出的,费尔巴哈对社会生活的理解"没有摆脱传统的唯心主义的束缚,这一点他自己也是承认的,他说:'向后退时,我同唯物主义者是一致的;但是往前进时就不一致了。'"(见《马克思恩格斯文集》第 4 卷第 284 页)——48。

47　格·瓦·普列汉诺夫在《尼·加·车尔尼雪夫斯基》一书中也谈到了车尔尼雪夫斯基思想中的历史唯物主义的胚芽。列宁在读这本书时标出了相应的地方(例如,见本卷第 550 页)。——52。

48　《共产党宣言》写于 1847 年底,1848 年 2 月出版。列宁对《共产党宣言》的意义评价如下:"这部著作以天才的透彻而鲜明的语言描述了新的世界观,即把社会生活领域也包括在内的彻底的唯物主义、作为最全面最深刻的发展学说的辩证法以及关于阶级斗争和共产主义新社会创造者无产阶级肩负的世界历史性的革命使命的理论。"(见本版全集第 26 卷第 50 页)

　　《新莱茵报》(《Neue Rheinische Zeitung》)是德国和欧洲革命民主派中无产阶级一翼的日报,1848 年 6 月 1 日—1849 年 5 月 19 日在科隆出版。马克思任该报的主编,编辑部成员恩格斯、恩·德朗克、斐·沃尔弗、威·沃尔弗、格·韦尔特、费·弗莱里格拉特等都是共产主义者同盟的盟员。

《英国工人阶级状况》一书于1845年出版(参看《马克思恩格斯全集》第1版第2卷,节选收入《马克思恩格斯文集》第1卷)。恩格斯在这本书中研究了工业无产阶级产生和发展的条件,指出他们日益加剧的贫困化,清楚地描述了经济危机,揭示了无产阶级在推翻资本主义制度方面所起的世界历史性作用。列宁在评述这本书的基本原理时写道:"恩格斯**第一个**指出,无产阶级**不只**是一个受苦的阶级,正是它所处的那种低贱的经济地位,无可遏止地推动它前进,迫使它去争取本身的最终解放。而战斗中的无产阶级是能够**自己帮助自己**的。工人阶级的政治运动必然会使工人认识到,除了社会主义,他们没有别的出路。"(见本版全集第2卷第7页)——53。

49　指路·费尔巴哈的这样一段话:"……可以说,神是由两部分构成的,其中一部分属于人的幻想,另一部分属于自然界。一部分,即和自然界有区别的神说:祈祷吧!另一部分,即和自然界没有区别而只表现自然界的本质的神说:工作吧!因为自然界是工蜂,而神则是雄蜂。"(参看《费尔巴哈哲学著作选集》1984年商务印书馆版下卷第822页)——53。

50　指路·费尔巴哈引用皮·伽桑狄的著作《对亚里士多德的异议》(1624年)中的一段话(参看《费尔巴哈哲学著作选集》1984年商务印书馆版下卷第842—843页)。——57。

51　人本主义原则是路·费尔巴哈哲学的一个基本原理。根据这个原理,人被看做自然界的一部分,看做自然的、生物学上的有生命的东西。人本主义原则旨在反对宗教和唯心主义。但是,它脱离具体历史的社会的关系来考察人,因而不能揭示人的现实的社会本性,并导致对历史发展规律的唯心主义的理解。尼·加·车尔尼雪夫斯基在反对唯心主义的斗争中也是从人本主义原则出发的。他专门写了《哲学中的人本主义原则》来谈这一问题(见《车尔尼雪夫斯基全集》1950年俄文版第7卷第222—295页)。——58。

52　此处摘自《宗教本质讲演录》中《对注释〈27〉的注释》。路·费尔巴哈在那里指出,激烈攻击个别意志、个别倾向、个别观念或个别思想的"思辨哲学"正是来自耶稣会团体。"为了确信耶稣会派乃是我们的思辨哲学家们的无意识的原型与理想…… 我们就让耶稣会士自己来讲话吧。在耶稣会的会章里面宣称,耶稣会士抵制一切人自然而然滋生出来的**属自然的**倾向,这倾向便是:要具有自己的判断,要遵循自己的判断……;他必须用盲目的顺从来抛弃自己的一切主张和信念;他必须好比一块木头,它是我们手的无意志的产物,他又必须好比一具尸体,对它可以为所欲为。"(参看《费尔巴哈哲学著作选集》1984 年商务印书馆版下卷第 863—864 页)——58。

53　路·费尔巴哈在《古典的、犹太的和基督教的古代文献中的诸神世系学》一书中研究了关于神的概念的起源。列宁所提出的第 34 节和 36 节,标题分别为《"基督教的"自然科学》和《有神论的理论基础》。——59。

54　《费尔巴哈〈对莱布尼茨哲学的叙述、阐发和批判〉一书摘要》写在单独一册笔记本中,笔记本封面上写着《费尔巴哈》。摘要是根据《费尔巴哈全集》德文第 2 版第 4 卷作的。列宁主要关心的是路·费尔巴哈对莱布尼茨哲学体系的叙述。列宁在分析这一哲学体系时,指出它的唯心主义性质,同时也指出这位哲学家的深刻的辩证法思想。列宁在《摘要》开始部分把该书正文和 1847 年的补充作了比较。把《摘要》的这一部分和《卡尔·马克思》一文的开始部分(其中谈到费尔巴哈思想的演变,见本版全集第 26 卷第 48 页)对比一下,就有理由认为,摘要是在《卡尔·马克思》一文脱稿前写的,而《卡尔·马克思》一文的手稿是 1914 年 11 月 4 日(17 日)从伯尔尼寄往俄国(格拉纳特百科词典编辑部)的。在《列宁全集》俄文第 5 版中,费尔巴哈关于莱布尼茨哲学一书的摘要列在《黑格尔〈逻辑学〉一书摘要》之前,尽管前者的写作时间显然晚于后者(见注 32)。这样做是为了使费尔巴哈两部著作的摘要连接起来,同时也不破坏黑格尔著作摘要的连贯性。费尔巴哈关于莱布尼茨哲学的著作写于 1836 年,而补充则写于 1847 年(该书 1837 年出德文第 1 版,增订版于 1848 年出版,收入《费尔巴哈全集》德文第 1 版第 5 卷)。——60。

55 路·费尔巴哈的原话是："斯宾诺莎的哲学是把遥远得看不见的事物映入人们的眼帘的望远镜；莱布尼茨的哲学是把细小得看不见的事物变成可以看得见的事物的显微镜。"（见《费尔巴哈全集》1910 年版第 4 卷第 34 页）——61。

56 马克思在 1870 年 5 月 10 日给恩格斯的信中谈到他自己"佩服莱布尼茨"（参看《马克思恩格斯全集》第 1 版第 32 卷第 489 页）。在列宁的《〈马克思和恩格斯通信集〉提要》中标出了这个地方（见本版全集第 58 卷第 145 页）。——61。

57 隐德来希（希腊文entelécheia的音译，意为"完成"）是古希腊哲学家亚里士多德的用语，含义是将潜能变为现实的能动本源。——63。

58 指路·费尔巴哈这样一段话："前定和谐虽然是莱布尼茨的宠儿，却是他的弱点…… 从对单子的纯属外在的意义上来理解的前定和谐，是和莱布尼茨哲学的精神根本矛盾的。"（见《费尔巴哈全集》1910 年版第 4 卷第 95 页）

　　前定和谐是德国唯心主义哲学家哥·威·莱布尼茨使用的一个神学概念。莱布尼茨使用这一概念是为了说明：为什么每一单子是单个的，并且只遵循自己内部发展的规律，而众单子却可以同时在每一特定时刻都处于彼此完全适应与和谐之中。按照莱布尼茨的意思，这是因为上帝在造单子时，已经保证了它们的统一，预先确定了它们的和谐。——64。

59 偶因论来自拉丁文 occasio（意为机缘），是 17 世纪哲学中的一种宗教唯心主义学说，以勒·笛卡儿的精神肉体二元论思想为基础，主要代表有德国哲学家约·克劳贝格、荷兰哲学家阿·海林克斯和法国哲学家尼·马勒伯朗士。这种学说认为精神和肉体都是特殊的独立的实体，如果没有上帝在每个一定的机缘进行直接干预，它们之间的相互作用在原则上是不可能的。——64。

60 《神正论》是哥·威·莱布尼茨的著作《论神的慈善、人的自由和恶的起源的神正论论文》的简称。该书于 1710 年在阿姆斯特丹出版。——64。

61　关于上帝存在的本体论论证法是神学中最流行的一种论证方法，它试图从逻辑上证明上帝的存在，从而论证对上帝的信仰是合理的。这种论证法由教父哲学的代表奥古斯丁（354—430）最先提出，后经中世纪神学家、经院哲学家、坎特伯雷大主教安瑟伦（1033—1109）加以发展。恩格斯写道："这种论证法说：当我们思考着上帝时，我们是把他作为一切完美性的总和来思考的。但是，归入一切完美性的总和的，首先是存在，因为不存在的东西必然是不完美的。因此我们必须把存在算在上帝的完美性之内。因此上帝一定存在。"（见《马克思恩格斯文集》第 9卷第 46 页）不论是在中世纪还是在近代都有许多哲学家（其中包括约·洛克、伏尔泰等人）批判过本体论的论证法。唯物主义哲学彻底驳倒了关于神的存在的本体论论证法和其他论证法。用马克思的话说，这种论证法"不外是**空洞的同义反复**"（参看《马克思恩格斯全集》第 1版第 40 卷第 284 页）。——64。

62　哥·威·莱布尼茨的著作《人类理智新论》（1764 年）是针对约·洛克的《人类理智论》（1690 年）写的。洛克在书中发展了感觉论的认识论。莱布尼茨是捍卫唯理论的，便对"凡是存在于理智中的，没有不是先已存在于感觉中的"这一感觉论的基本论点加以补充，说"理智本身除外"。——64。

63　指伊·康德的下述论点：只有先验的、不依赖于经验的知识才是必然的、绝对的、真实的。这是康德的唯心主义认识论的基本论点之一。下面列宁指出了路·费尔巴哈对哥·威·莱布尼茨和康德的主要著作所作的对比（见本卷第 66 页）。——64。

64　白板是拉丁文 tabula rasa 的意译，即未经刻写的涂蜡的板。古代希腊人和罗马人用这种蜡板记事，用完熨平，仍可重新使用。后来人们用白板比喻没有受到外界影响的心灵和事物。——65。

65　指德国哲学家、笛卡儿主义者约·克劳贝格的著作《捍卫笛卡儿主义》

（1652年阿姆斯特丹版）。——66。

66　指路·费尔巴哈为了获得在埃朗根大学讲课的权利而于1828年用拉丁文写的学位论文。这一著作译成德文题为《论理性；它的统一性、普遍性、无限性》，刊载于《费尔巴哈全集》1910年版第4卷。——69。

67　指1843年路·费尔巴哈给马克思的信。费尔巴哈在信中批判了谢林的哲学（见《费尔巴哈全集》1910年版第4卷第434—440页）。费尔巴哈的信是对马克思1843年10月3日给他的信（见《马克思恩格斯文集》第10卷第10—12页）的答复。——70。

68　《黑格尔〈逻辑学〉一书摘要》写在3册笔记本中，这3册笔记本编有总页码（第1—115页），并分别标明《黑格尔〈逻辑学〉。I》、《黑格尔〈逻辑学〉。II》和《黑格尔〈逻辑学〉。III》。列宁还在第1册笔记本的封面上写了整套笔记本的总标题《哲学笔记本。黑格尔、费尔巴哈及其他》，在封里上写了《黑格尔全集》各卷的内容。手稿前4页写在粘贴于笔记本上的方格纸上，它们比笔记本的幅面小些，但和写着《费尔巴哈全集》和《黑格尔全集》卷目札记的那张纸（见本卷第335—336页）一样大。这说明《黑格尔〈逻辑学〉。I》笔记本比1914—1915年的其他《哲学笔记本》（见注32）开始得早。在第2册笔记本的封面上标有："注意第76页"（在这一页上开始了《概念论》第3篇《观念》的摘要——见本卷第162页）。在第111页末尾（第3册笔记本）标列宁写完摘要的日期："《逻辑学》完。1914年12月17日"。摘要在第115页上结束，接着是几张空白纸，而在《黑格尔〈逻辑学〉。III》笔记本最后两页上写了《关于论述黑格尔的最新文献》札记（见本卷第336—340页）。在作《逻辑学》摘要的同时，列宁还摘记了《哲学全书纲要》第1部的若干章节。

　　乔·威·弗·黑格尔《逻辑学》的摘要在列宁1914—1915年的哲学笔记中占中心地位。列宁在摘要中揭示了黑格尔逻辑学的唯心主义和历史局限性，同时指出黑格尔是以神秘的形式探讨"客观世界的运动在概念的运动中的反映"（见本卷第149页）。列宁考察了辩证法的一切基本规律、范畴、要素，它和实践的联系，辩证法、逻辑学和认识论的相互关系，哲学、自然科学和技术发展的辩证性质。在摘要中还包括列宁的一段关于辩证法的要素的重要论述(见本卷第 190—191 页)。
——71。

69　指《黑格尔全集》第 1 版。这一版全集的第 1—18 卷于 1832—1845 年
出版;第 19 卷为补卷,分两册,于 1887 年出版。列宁把这些卷的内容
写在笔记本《黑格尔〈逻辑学〉。Ⅰ》的封里上(见本卷第 71 页)。
——72。

70　《逻辑学》是乔·威·弗·黑格尔的主要著作,后人称之为《大逻辑》,以
区别于黑格尔《哲学全书纲要》第 1 部《逻辑学》(即《小逻辑》)。此书根
据唯心主义的存在和思维的同一性原则,研究了作为绝对观念的诸环
节的各个逻辑范畴,而绝对观念则被黑格尔视为现实的本质。在《逻辑
学》一书中,以概念自我发展的形式系统地阐述了黑格尔的唯心主义辩
证法。这一著作在纽伦堡出版,共分 3 编:第 1 编《存在论》于 1812 年
初出版,第 2 编《本质论》于 1813 年出版,第 3 编《概念论》于 1816 年出
版。1831 年黑格尔着手准备出新版本,但他只修订了第 1 编和写完第
2 版的序言(注明日期为 1831 年 11 月 7 日)便于 1831 年 11 月 14 日逝
世。——72。

71　《巴门尼德篇》是柏拉图的一篇对话,以埃利亚学派(见注 108)的主要
代表人物巴门尼德的名字为题。柏拉图在这篇对话中阐发了唯心主义
辩证法,并把它运用于他自己的理念学说。在《哲学史讲演录》里(列宁
记下了这一处,见本卷第 268 页)黑格尔把这篇对话称为"柏拉图辩证
法的最著名的杰作",同时还指出,在《巴门尼德篇》里,柏拉图的辩证法
与其说具有肯定的性质,不如说具有否定的性质,因为,这位哲学家在
谈论矛盾时,没有充分强调矛盾的统一性。——82。

72　指伊·康德在《纯粹理性批判》一书中说的一句名言:"我本应扬弃知
识,以便给信仰留下地盘。"这个说法表明了康德体系的矛盾性,康德要
把信仰和知识、科学和宗教这种不可调和的东西调和起来的愿望。列
宁在摘要中写道:"康德贬低知识,是为了给信仰开辟地盘。"(见本卷第
142—143 页)——84。

73 黑格尔在谈存在这一范畴时并非偶然地想起了埃利亚派。如果说黑格尔把逻辑看做是纯粹形态的绝对观念的发展,那么哲学史就被他看成是这个发展的历史过程。因此,按黑格尔的意思,每一逻辑范畴在历史上必定要由一定的哲学体系来表现(存在由埃利亚学派来表现,"无"由佛教来表现,变易由赫拉克利特来表现,等等)。他写道:"在科学上是最初的东西,也一定表现为历史上最初的东西。"列宁在摘录了这一论点以后指出:"听起来倒是挺唯物主义!"而在另一处写道:"看来,黑格尔是把他的概念、范畴的自身发展和全部哲学史联系起来了。这给整个逻辑学提供了又一个**新的**方面。"(见本卷第 88 页和第 97 页)——87。

74 列宁在《唯物主义和经验批判主义》一书中发展了关于物质和对物质的认识过程的无限性的思想(见本版全集第 18 卷第 271 — 275 页)。——95。

75 "过分的"一词列宁写的是德文 überschwenglich,也可译为"过度的"、"无限的"、"过火"等等。这个词是约·狄慈根在分析绝对真理和相对真理、物质和精神等等之间的关系时使用的一个字眼(例如,见本卷第419—420、423 页)。列宁也在自己的一些著作中使用它来揭示对概念的唯物辩证法的理解。例如,在《唯物主义和经验批判主义》中,列宁发展了恩格斯对哲学基本问题所作的表述,他写道:"狄慈根在《漫游》中重复说,物质这个概念也应当包括思想。这是糊涂思想。因为这样一来,狄慈根自己所坚持的那种物质和精神、唯物主义和唯心主义在认识论上的对立就会失去意义。至于说到这种对立不应当是'无限的'、夸大的、形而上学的,这是不容争辩的(强调这一点是辩证唯物主义者狄慈根的巨大功绩)。这种相对对立的绝对必要性和绝对真理性的界限,正是确定认识论研究的**方向**的界限。如果在这些界限之外,把物质和精神即物理的东西和心理的东西的对立当做绝对的对立,那就是极大的错误。"(见本版全集第 18 卷第 257 页)列宁在《共产主义运动中的"左派"幼稚病》中也谈到真理的辩证性质(见本版全集第 39 卷第 42 页)。——97。

76　列宁在《费尔巴哈〈对莱布尼茨哲学的叙述、阐发和批判〉一书摘要》中
　　　也谈到了莱布尼茨的单子(见本卷第61—64页)。——97。

77　二律背反是指双方各自依据普遍承认的原则建立起来的、公认为正确
　　　的两个命题之间的矛盾。伊·康德认为,当人类理性试图越出感性经
　　　验的范围去认识世界整体时,必然会陷入二律背反,陷入自相矛盾之
　　　中。他在《纯粹理性批判》一书中举出四组二律背反:(1)正题:世界在
　　　时间上有开端,在空间上有限;反题:世界在时间上和空间上无限。(2)
　　　正题:世界上的一切都是由单一的东西构成的;反题:没有单一的东西,
　　　一切都是复合的。(3)正题:世界上有自由;反题:没有自由,一切都只
　　　服从于自然规律。(4)正题:存在着作为世界的一部分和原因的某个必
　　　然的存在物(上帝);反题:不存在任何绝对必然的存在物。这些二律背
　　　反是康德不可知论的重要论据。因为根据康德的意见,这些二律背反
　　　给理性指出了它的能力的界限,从而保护信仰不受理性侵犯。同时,康
　　　德在二律背反学说中确认了思维过程中矛盾的客观性,促进了辩证法
　　　的进一步发展。黑格尔批判了康德的二律背反,指出了它们的形式性
　　　和局限性。唯物主义辩证法科学地阐明了人的认识,指出了二律背反
　　　在认识客观真理的过程中是如何解决的。——98。

78　看来是指恩格斯在《反杜林论》中关于数学的无限性和高等数学中证明
　　　的辩证性质的论述(见《马克思恩格斯文集》第9卷第54—55、142—
　　　143页)。——99。

79　说的是弗·席勒讽刺诗《哲学家》中的二行诗《权利问题》:
　　　　　"我早就用自己的鼻子嗅东西,
　　　　　我能否证明自己对鼻子的权利?"——99。

80　显然是指恩格斯在《反杜林论》中关于微分和积分的论述(见《马克思恩
　　　格斯文集》第9卷第92—93、125—127、142—143、144—145、149—
　　　150页)。——99。

81　指路·费尔巴哈在《关于哲学改革的临时纲要》(1842年)中提出的一

个意见:"哲学家应当把人的本质的那个**不谈哲理、甚至反对哲学、反对**抽象思维的方面,即那个被黑格尔贬为**注释**的东西,包括到哲学的**正文**里来。"(参看《费尔巴哈哲学著作选集》1984 年商务印书馆版上卷第111 页)——103。

82 "拯救"一词列宁写的是德文 hinüberretten,出自《反杜林论》第 2 版序言。恩格斯在那里写道:"马克思和我,可以说是唯一把自觉的辩证法从德国唯心主义哲学中拯救出来并运用于唯物主义的自然观和历史观的人。"(见《马克思恩格斯文集》第 9 卷第 13 页)列宁在《卡尔·马克思》一文中引用了这句话(见本版全集第 26 卷第 55 — 56 页)。——118。

83 列宁指的是下面三部著作的问世:乔·威·弗·黑格尔的《逻辑学》(前两册于 1812 年和 1813 年出版),马克思和恩格斯的《共产党宣言》(1847 年底写成,1848 年 2 月出版)和查·达尔文的《物种起源》(1859年发表)。——118。

84 目的论是一种唯心主义的学说。按照这一学说,自然界的一切过程和现象都具有某种目的性;目的或者是由神确定的(外在的目的论),或者是自然界的内在原因(内在的目的论)。——120。

85 这个地方在《精神现象学》第 3 章《力和知性;现象和超感官世界》中。见该书 1981 年商务印书馆版第 106 页及以下各页。——128。

86 列宁在《唯物主义和经验批判主义》(见本版全集第 18 卷)一书中对卡·毕尔生的观点和这里提到的《科学入门》(1892 年)一书作了评述。——129。

87 看来是指路·费尔巴哈在《宗教本质讲演录》中把上帝看做"抽象的"自然界即"离开它的物质性和形体性的"自然界的那些话。列宁在该书摘要中摘录了这些话(见本卷第 44 页)。——130。

88 《小逻辑》是人们对乔·威·弗·黑格尔《哲学全书纲要》第 1 部《逻辑

学》的通常叫法，以区别于他的巨著《逻辑学》(《大逻辑》)。恩格斯在1874年9月21日给马克思的信中曾谈到黑格尔《哲学全书纲要》的通俗性。列宁在读德文版四卷本《马克思和恩格斯通信集》时，作了这封信的提要，并且摘录了有关的地方(见本版全集第58卷第162—163页)。库·费舍在其《近代哲学史》第8卷《黑格尔的生平、著述和学说》里叙述了黑格尔的逻辑学。列宁指出了他的叙述的缺点(见本卷第147页)。——132。

89 指格·瓦·普列汉诺夫《纪念黑格尔逝世六十周年》一文(见《普列汉诺夫哲学著作选集》1961年生活·读书·新知三联书店版第1卷第470—501页)。——135。

90 关于自己"模仿黑格尔"，马克思在《资本论》第1卷第2版跋中写道：为了回答当时"德国知识界"对黑格尔的鄙视，他"公开承认自己是这位大思想家的学生，并且在关于价值理论的一章中，有些地方甚至卖弄起黑格尔特有的表达方式"(见《马克思恩格斯文集》第5卷第22页)。在下面(见本卷第151页)列宁强调指出黑格尔逻辑学对理解马克思的《资本论》十分重要。——148。

91 列宁是拿辩证的运动观与维·米·切尔诺夫的形而上学的观点相对比，这些观点列宁在《唯物主义和经验批判主义》(见本版全集第18卷)一书中曾加以批判。这里是指切尔诺夫在《马克思主义和先验哲学》一文中关于机械运动的实质的议论，他在那里就这个问题反驳恩格斯(见维·米·切尔诺夫《哲学和社会学论文集》1907年莫斯科版第65—66页)。列宁在《黑格尔〈哲学史讲演录〉一书摘要》里指出了切尔诺夫的这种反驳是站不住脚的(参看本卷第218—219页)。——170。

92 关于实践和技术在认识过程中的作用，是在《逻辑学》前一篇的摘要中谈到的(见本卷第157—161页)。——170。

93 卡·弗·高斯是在他的《算术研究》(1801年)这部著作中解这一方程式的。——179。

94 指乔·威·弗·黑格尔的一条注释,其中有引自克·沃尔弗的两本著作《建筑学原理》和《筑城学原理》中的例子(见《逻辑学》1976年商务印书馆版下卷第519页)。——180。

95 马克思在《关于费尔巴哈的提纲》中指出了从前的唯物主义的直观性,他写道:"和唯物主义相反,唯心主义却把**能动的**方面发展了,但只是抽象地发展了,因为唯心主义当然是不知道现实的、感性的活动本身的。"(见《马克思恩格斯文集》第1卷第503页)——181。

96 在列宁的手稿中,(11)和(12)原来是一条,后来列宁把该条的后半部分单列为(12),两条之间用分号断开。此处是按手稿翻译的(见本卷第192页和第193页之间的插页)。——191。

97 第欧根尼·拉尔修在其《名哲言行录》第3篇中谈到柏拉图如何深入研究辩证法。这个文集共10篇,是研究古希腊哲学家观点的重要资料。——192。

98 指昔尼克学派的代表锡诺普的第欧根尼。他因采取乞丐般的生活方式和对社会道德要求持鄙视态度而得到"犬儒"绰号。——193。

99 即光速——任何可能的运动的极限速度。列宁在关于路·达姆施泰特《自然科学和技术历史指南》的札记中谈到测定光速的一些方法(见本卷第348页)。——197。

100 指《资本论》第1卷第5章注释2(《马克思恩格斯文集》第5卷第209页)。马克思从乔·威·弗·黑格尔的《哲学全书纲要》中引了一段话:"理性何等强大,就何等狡猾。理性的狡猾总是在于它的起中介作用的活动,这种活动让对象按照它们本身的性质互相影响,互相作用,它自己并不直接参与这个过程,而只是实现自己的目的。"(见黑格尔《哲学全书纲要》第1部《逻辑学》,1840年柏林版第382页)。——203。

101 《黑格尔〈哲学史讲演录〉一书摘要》写于《黑格尔〈逻辑学〉一书摘要》结束之后,大概是在1915年初。摘要写在两册笔记本中。这两册笔记本

分别加有《(其他＋)黑格尔》和《黑格尔》的标题。第 1 册笔记本的头 3
页写的是关于彼·盖诺夫、保·福尔克曼、麦·费尔伏恩的著作的札记
(见本卷第 341—345 页);而在这本笔记本的一开头是用彩色铅笔写的
批语:"见第 4 页",《黑格尔〈哲学史讲演录〉一书摘要》就是从第 4 页开
始的。

　　列宁在写这一摘要时,强调指出了黑格尔的哲学史方法的这样一
些特点,如历史和逻辑的联系,"严格的历史性"的要求,着重探索辩证
法的历史等。与此同时,列宁批评了黑格尔哲学史观的唯心主义前提,
指出黑格尔在叙述哲学史时如何轻视或伪造唯物主义的发展。
——207。

102　《哲学史讲演录》是乔·威·弗·黑格尔逝世后于 1833—1836 年首次
　　　出版的,共 3 卷,由他的门人卡·路·米希勒根据黑格尔本人的讲稿和
　　　听课者的笔记整理而成。黑格尔在《讲演录》中,第一次试图把哲学史
　　　说成是向着绝对真理前进的运动的合乎规律的过程。马克思和恩格斯
　　　对黑格尔的《哲学史讲演录》给以高度评价。恩格斯在提到黑格尔所指
　　　出的逻辑范畴和哲学史的联系时,把《讲演录》称做"最天才的著作之
　　　一"(见《马克思恩格斯文集》第 10 卷第 623 页)。——207。

103　毕达哥拉斯派是指古希腊哲学家毕达哥拉斯的客观唯心主义学说的信
　　　徒。这些人结成一个反对奴隶主民主派的政治和宗教哲学的联盟,公
　　　元前 6 世纪在意大利南部的许多城市都有其分支机构。毕达哥拉斯派
　　　认为组成某种"宇宙秩序"(贵族社会"秩序"的原型)的数是自然现象的
　　　本质。他们把数看成是独立的实体,并加以绝对化、神化。例如,他们
　　　认为 10 这个数是神圣的,是计算的基础和宇宙的形象。——209。

104　《天论》是亚里士多德的自然哲学著作之一,共 4 篇。——210。

105　《论灵魂》是亚里士多德的自然哲学著作之一,共 3 篇,每篇分若干章。
　　　亚里士多德在评述毕达哥拉斯派关于灵魂的概念时写道:"他们中间某
　　　些人说,空气中飘荡的尘埃形成灵魂,另一些人则说,灵魂是使尘埃运
　　　动的东西。"(亚里士多德《论灵魂》)下面列宁摘出的灵魂和天宇的对比

是亚里士多德从柏拉图的对话《蒂迈欧篇》(见注141)引来的。
——210。

106 《形而上学》是亚里士多德关于"第一哲学"的文章的汇编。"第一哲学"
所考察的是本来的存在,事物的始因和本原。亚里士多德著作的编纂
者和注释者罗得岛的安德罗尼克(公元前1世纪)将这组文章编在物理
学著作后面,这组文章后来因此被称为《Metaphysik》(直译为《物理学
之后的著作》,意译为《形而上学》,这是按照《易·系辞上》中"形而上者
谓之道,形而下者谓之器"这句话的含义翻译的)。列宁在摘录《形而上
学》的要点时,着重指出该书对柏拉图的唯心主义理念学说的批判的意
义,突出亚里士多德的"探索、寻求"以及他向唯物主义和辩证法的接近
(见本卷第313—315页)。——211。

107 关于以太的猜测是古希腊哲学家提出的。17世纪人们重新提出以太
说,用它来解释光的传播和电磁、引力的相互作用等现象。当时认为,
光是一种机械的弹性波,但由于光可以通过真空传播,所以必须假设存
在着一种尚未经实验发现的介质,这种介质可借以传播光波,这就是以
太。以太这一概念直到19世纪仍为人们所接受。到了20世纪初,随
着相对论的建立和对场的进一步研究,以太成为过时的概念而不为采
用。——211。

108 埃利亚学派(公元前6世纪末至公元前5世纪)是古希腊哲学的一个派
别,因产生于意大利南部希腊人居留地埃利亚城而得名。该学派创始
人色诺芬尼的观点中有唯物主义的因素,可是这个学派的主要代表巴
门尼德及其学生埃利亚的芝诺的观点却基本上是唯心主义的。埃利亚
学派同古希腊的一些哲学家、尤其是赫拉克利特关于万物的可变基原、
关于自然界发展的矛盾性的辩证观点相对立,提出关于统一的、不动
的、不变的、均一的、非间断的、永恒的存在物的学说。巴门尼德断言:
"只有存在,没有非存在";他否认感觉作为知识的源泉的意义。同时,
埃利亚学派的某些论点,特别是芝诺所提出的关于运动的矛盾性的证
明(所谓芝诺四悖论,参看本卷第216—220页)虽然其结论是错误的、
形而上学的,但是由于提出了用逻辑概念来表达运动过程的矛盾性的

问题,对古代辩证法的发展起了积极的作用。——212。

109　规定是关于对象的全面概念,它表明对象的本质方面、对象同周围世界的联系以及对象的发展规律。定义在这里是抽象的形式逻辑的规定,只考虑到对象的外部特征。——212。

110　列宁引用的是恩格斯《反杜林论》第 2 版序言中的话(见《马克思恩格斯文集》第 9 卷第 17 页),下面列宁对此作了更详细的阐述(见本卷第 223 页)。——213。

111　指第欧根尼·拉尔修的著作《名哲言行录》(见注 97)第 6 篇第 39 节和塞克斯都·恩披里柯的著作《皮浪的基本原理》第 3 篇第 8 节。在黑格尔《哲学史讲演录》第 2 版里,这个轶闻的下文被删去了。——216。

112　指皮·培尔的《历史批判辞典》。该书于 1697 年出第 1 版。——217。

113　指泰·龚佩茨的《希腊思想家》第 1 卷(1896 年)的法译本。——218。

114　列宁指的是维·米·切尔诺夫的著作《马克思主义和先验哲学》的第 1 节(参看注 91)。——218。

115　赫拉克利特(约公元前 540—前 480 年)早于埃利亚的芝诺(约公元前 490—前 430 年),乔·威·弗·黑格尔却把他放在埃利亚学派之后来考察,这是因为赫拉克利特的哲学,特别是他的辩证法高于埃利亚学派的辩证法,包括芝诺的辩证法。按照黑格尔的意见,如果埃利亚学派的哲学中体现了存在范畴,那么赫拉克利特的哲学是更高的、更具体的、更真实的变易范畴的历史表现。这是黑格尔把哲学史"硬塞到"自己的逻辑学范畴中去的例子之一。但同时,他在这里看到了哲学史这门科学的真实规律性。在研究现代哲学知识的某一方面即某一范畴的形成历史时,出现这种年代的错位是完全有道理的,因为在这里,它的发展过程是以摆脱了历史的偶然性的状态而表露出来的。列宁在《谈谈辩证法问题》一文中谈到哲学上的"圆圈"时写道:"古代:从德谟克利特到柏拉图以及赫拉克利特的辩证法",并指出:"是否一定要以**人物**的年代先后为顺序呢？不！"(见本卷第308页)——220。

116　收入亚里士多德著作集的《宇宙论》，是亚里士多德死后由一位不知名的作者在公元1世纪末或2世纪初写的。——221。

117　《会饮篇》是关于爱的本质问题的一篇对话，就其艺术价值来说是柏拉图的最优秀的著作之一。在对话中除其他一些哲学问题外，还发展了客观唯心主义的理念学说，认为理念是不动的、不变的、绝对的精神本质，理念的世界是和可变的、易逝的感性事物的世界相对立的。柏拉图在对话中通过一位发言者——埃利克西马胡斯医生之口来反对赫拉克利特的辩证观点。——221。

118　塞克斯都·恩披里柯的《反对数学家》一书共11篇，其中6篇是批判语法学、修辞学、几何学、算术、天文学和音乐的，5篇（《反对独断论者》）是批判逻辑学、物理学和伦理学的。——226。

119　列宁在《唯物主义和经验批判主义》(见本版全集第18卷)第1章第1节和第2节中批判了恩·马赫的主观唯心主义的感觉学说。——227。

120　同素体这一术语，据亚里士多德说曾被阿那克萨哥拉用来表示最小的物质元素。这些元素由无限多的更小的粒子组成，自身包含着一切存在着的质的无限性("一切中的一切")。元素本身是惰性的，奴斯(智慧、理性)使它们运动，而奴斯则被阿那克萨哥拉设想为某种薄而轻的物质。他用元素的结合和分离来解释一切发生和消灭。在保存下来的阿那克萨哥拉的著作片段中，这些元素被称为"种子"或"物"；首次用"同素体"这个术语来称呼它们的是亚里士多德。——228。

121　诡辩学派也称智者派，是对公元前5世纪下半叶至公元前4世纪古希腊的职业哲学家、哲学和雄辩术教师的称呼。诡辩学派并没有组成一个统一的学派，他们共同的主要特点是确信人类的一切观念、伦理准则和道德评价都是相对的。这一点由普罗塔哥拉表述在"人是万物的尺度"这一名言中，诡辩学派中有些人故意使用虚伪的、欺骗性的论据(诡辩)，把人引入迷途。公元前4世纪上半叶，诡辩术已经蜕变为一种无益的逻辑概念的游戏。——230。

122　现象论是主观唯心主义的一个变种,它把现象和本质分割开来,认为现象只是人的感觉的总和。例如,马赫主义者就是现象论者。列宁在《唯物主义和经验批判主义》(见本版全集第18卷)一书中用马克思主义观点对现象论进行了批判。——231。

123　指路·费尔巴哈的下述论点:"在现象学的开端,我们径直碰到**词**和**物**的矛盾,前者代表某种一般的东西,而后者总是单个的。"(见费尔巴哈《未来哲学原理》,《费尔巴哈哲学著作选集》1984年商务印书馆版上卷第158页)——233。

124　《曼诺篇》是柏拉图反对诡辩学派的一篇对话。在这篇对话中考察了美德概念,初步拟定了神秘主义的"回忆说"(所谓人们关于理念的知识是通过回忆得到的,这些知识在自己生前就有而在出生后被忘却)。——235。

125　指格·瓦·普列汉诺夫的以下哲学著作:《论一元论历史观之发展》(1895年)、《战斗的唯物主义。答波格丹诺夫先生》(1908—1910年);反对康德主义者的文章:《伯恩施坦与唯物主义》(1898年)、《康拉德·施米特反对卡尔·马克思和弗里德里希·恩格斯》(1898年)、《Cant反对康德或伯恩施坦先生的精神遗嘱》(1901年)以及后来收入《对我们的批判者的批判》(1906年圣彼得堡版)文集中的其他文章;《马克思主义的基本问题》(1908年)(参看《普列汉诺夫哲学著作选集》生活·读书·新知三联书店版第1卷(1961年)第567—809页,第3卷(1962年)第220—335页,第2卷(1961年)第389—404、453—474、571—718页,第3卷第134—214页)。——236。

126　指色诺芬的著作《苏格拉底的辩护》。它以回忆录的形式记述了苏格拉底受审前、受审中和受审后的行为。苏格拉底被指控"不承认国家承认的诸神,引入新神,毒害青年",并被判处死刑。色诺芬写这部著作的目的是宣告苏格拉底无罪。苏格拉底在法庭上的发言,在柏拉图的著作

《苏格拉底的辩护》中也有所记述。——236。

127　昔勒尼学派是古希腊的一个哲学学派,公元前5世纪由亚里斯提卜在北非的昔勒尼创立。昔勒尼学派承认事物的客观存在,但认为事物是不可认识的,断言只有主观感觉才谈得上可靠。在昔勒尼学派那里,感觉论的认识论为感觉论的伦理学所补充,这种伦理学认为感觉上的快乐是人们行为的基础。昔勒尼学派中出了几个古代无神论的代表人物。——238。

128　指经麦·海因策修订过的弗·宇伯威格《哲学史概论》(1909年)一书第一部分的一节《亚里斯提卜和昔勒尼学派或享乐主义学派》。

　　《泰阿泰德篇》是柏拉图主要对话中的一篇。在这篇对话中,柏拉图发展了自己的神秘主义的认识论,批判了赫拉克利特、德谟克利特等古希腊唯物主义者的观点,歪曲他们对认识过程的理解,硬说他们把知识和感觉等同起来,主张绝对的相对主义等等。在对话中,有一个对话者是昔勒尼学派的代表、数学家费奥多尔。柏拉图为他的老师苏格拉底被处死而外出游历期间曾在费奥多尔那里学习过数学。——238。

129　柏拉图反对古代民主制,包括雅典民主制,维护并企图从理论上论证贵族的奴隶主国家形式。根据柏拉图的看法,在"理想国"里社会应该划分为三个等级:哲学家或掌握全部国家政权的统治者,卫士(军人),农民和手工业者。马克思在《资本论》第1卷里写道:"在柏拉图的理想国中,分工被说成是国家的构成原则,就这一点说,他的理想国只是埃及种姓制度在雅典的理想化。"(见《马克思恩格斯文集》第5卷第424页)——238。

130　《斐多篇》是柏拉图的一篇对话。这篇对话描写了苏格拉底的临终时刻和他的死,并阐述了柏拉图的理念学说("回忆说")和灵魂不死学说。对话的写作时间是公元前4世纪80—70年代,当时柏拉图已经研究了毕达哥拉斯的哲学,它的影响在对话中已有反映。——239。

131　《智者篇》是柏拉图的一篇对话。在这篇对话中,柏拉图批评了诡辩学派和埃利亚学派的观点,发展了客观唯心主义的辩证观及其神秘主义的理念学说。——240。

132　黑格尔的"凡是现实的都是合乎理性的,凡是合乎理性的都是现实的"这一论点,是在《法哲学原理》一书序言中阐发的。恩格斯在《路德维希·费尔巴哈和德国古典哲学的终结》这部著作中对这一论点作了考察(见《马克思恩格斯文集》第4卷第268—274页)。——242。

133　列宁还在自己的《亚里士多德〈形而上学〉一书摘要》(见本卷第312—319页)中考察了亚里士多德对柏拉图理念学说的批判。——242。

134　指恩格斯在《反杜林论》一书中关于思维和意识的起源问题的提法(见《马克思恩格斯文集》第9卷第37—40页)。——246。

135　斯多亚派是公元前3世纪初由基齐昂的芝诺在雅典创立的一个哲学派别,得名于"斯多亚"(意为画廊,因该派讲学场所通常在雅典集市的画廊)。这一学派流传时间很长,一直存在到公元2世纪,故又有早期、中期、晚期之分。斯多亚主义的自然观点是在赫拉克利特学说的影响下,也是在亚里士多德学说和部分地在柏拉图学说影响下形成的。斯多亚派把世界分成两个本原:受动的本原即无质的物质和能动的本原即理性、逻各斯、神、贯穿在整个物质中的"创造之火"。斯多亚派的认识论从感觉论的前提出发,认为感性表象是一切知识的来源,而"把握事物的"表象是真实知识的准绳。斯多亚派以宿命论和目的论的精神来理解事件的因果制约性,这在很大程度上表现在他们的伦理学说中,这一学说把义务概念提到首位,认为德行,亦即与自然界、"普遍理性"相协调的生活,是最高的幸福。斯多亚派的保守的,要求跟现实妥协的伦理学,对基督教的产生起了重大作用。——251。

136　列宁把伊壁鸠鲁的思想同路·费尔巴哈在一系列著作中谈到的一个论点相比较,这个论点是:神的本质不过是神化了的人的本质。类似的思想列宁在《〈宗教本质讲演录〉一书摘要》中也指出过(见本卷第50页)。——258。

137 论式是古希腊罗马怀疑论者试图用来证明感性知觉的完全相对性和事物的不可知性的论据。前10种论式大概是古希腊怀疑论者克诺索斯的埃奈西德穆(公元前1世纪末—公元1世纪初)提出的。古罗马哲学家阿格利巴(公元1—2世纪)补充提出5种新的论式。关于怀疑论,见注21。——262。

138 新柏拉图派是以柏拉图的唯心主义为基础的一种神秘主义哲学学说的信徒。在公元3—5世纪之间发展起来的新柏拉图主义,是斯多亚派、伊壁鸠鲁派和怀疑论派的学说同柏拉图和亚里士多德的哲学内容的结合(参看《马克思恩格斯全集》第1版第3卷第149页)。新柏拉图主义的最重要的代表是普罗提诺,他提出了"流溢说",认为从精神的泉源"神"流出"理性"("奴斯"),从"理性"流出"灵魂",再从"灵魂"流出物质世界;宣称人通过直觉的作用可与神合而为一。在中世纪,新柏拉图主义的影响极为强烈。这种影响反映在中世纪的一些最著名的神学家的学说中以及现代资产阶级哲学的某些流派中。——266。

139 喀巴拉(希伯来文"传授的教义"的音译)是一种宗教神秘主义学说,诺斯替教、毕达哥拉斯主义和新柏拉图主义的混合物,公元2世纪在最狂热的犹太教徒中产生,在中世纪的基督教徒和伊斯兰教徒中广泛流传。它以神秘主义来理解新柏拉图主义的宇宙起源学说,否定"理性";在毕达哥拉斯灵魂不灭学说影响下,提出"灵魂移植论",认为灵魂能摆脱肉体移植于他物,最终通过神秘途径摆脱物质世界,与神合为一体;强调精神能制胜欲念,渲染《圣经》中的秘义,注重巫术。——267。

140 诺斯替教派是公元1—2世纪的一种折中主义的宗教哲学流派。该教派把一种通过启示得来的知识的神秘学说作为自己的基础,认为物质和肉体都是罪恶的,只有领悟神秘的诺斯(意为"真知"),才能使灵魂得救。诺斯替教派的学说同基督教教义相矛盾,遭到基督教教会的反对和迫害。诺斯替教因此逐渐失去自己的影响。——267。

141 列宁的这段笔记原文为德文,用铅笔写在《黑格尔〈历史哲学讲演录〉一书摘要》这册笔记本的封里上。

《斐里布篇》是柏拉图晚期对话中的一篇，主题是研究幸福思想。在《蒂迈欧篇》中，柏拉图阐发他的神秘主义自然学说。关于《智者篇》和《巴门尼德篇》，分别见注131和注71。——267。

142 《黑格尔〈历史哲学讲演录〉一书摘要》大概写于1915年上半年，在《黑格尔〈哲学史讲演录〉一书摘要》完成以后。这个摘要写在单独一册笔记本中，笔记本封面标题为《黑格尔》。

《黑格尔〈历史哲学讲演录〉一书摘要》比前面两个摘要短得多。摘要作得最详细的是此书的《绪论》，按列宁的话说，其中"在问题的**提法**上有许多精彩的东西"（见本卷第277页）。列宁没有详细考察黑格尔的唯心主义的历史发展观点，因为黑格尔在这里"已经老了，成了古董"（同上）。他主要指出黑格尔的"历史唯物主义的胚芽"以及对一系列历史事件（德国的宗教改革，法国大革命等等）的评价。——269。

143 《历史哲学讲演录》是在乔·威·弗·黑格尔逝世后于1837年第一次出版的，由爱·甘斯根据黑格尔本人的讲稿（包括他在1830年写了一大半的绪论）和听课者的笔记整理而成。黑格尔的儿子卡尔·黑格尔在1840年出版了《讲演录》增订第2版。列宁作摘要用的是第1版。

黑格尔在《讲演录》中指出必须揭示历史过程的规律性，但他本人把历史过程的实质唯心主义地理解成自由意识的进步。列宁在《摘要》中对《讲演录》作了总的评价（见本卷第277页）。——269。

144 大概是指恩格斯的著作《路德维希·费尔巴哈和德国古典哲学的终结》中的有关论述（见《马克思恩格斯文集》第4卷第301—305页）。——271。

145 指格·瓦·普列汉诺夫在一些著作中谈到的关于地理环境对生产力发展的影响的意见。例如，列宁在阅读普列汉诺夫的《马克思主义的基本问题》时指出了相应的地方（见本卷第447页）。——272。

146 看来是指乔·威·弗·黑格尔和路·费尔巴哈从相反立场来观察宗教起源问题，但看法上有某种吻合。例如，见本卷第50页。还可参看费尔巴哈的下述论点:"他(即人。——编者注)只是使自己的本质对象化为神的本质。"(费尔巴哈《宗教本质讲演录》。参看《费尔巴哈哲学著作选集》1984年商务印书馆版下卷第774页)——274。

147 指马克思《法兰西内战》一书中的下述原理:"普选权不是为了每三年或六年决定一次由统治阶级中什么人在议会里当人民的假代表,而是为了服务于组织在公社里的人民……"(见《马克思恩格斯文集》第3卷第156页)这个原理,列宁曾在他的《新的参议院说明》、《论无产阶级民兵》、《国家与革命》等著作中引用过(见本版全集第14卷第140—141页,第29卷第286页,第31卷第42—43页)。——276。

148 《诺埃尔〈黑格尔的逻辑学〉一书摘要》写在1914—1915年《哲学笔记本》中的最后一册,这册笔记本标题为《哲学》。摘要的前面是路德维希·达姆施泰特《自然科学和技术历史指南》一书的札记(见本卷第348页)。——279。

149 《形而上学和道德问题评论》杂志(«Revue de Métaphysique et de Morale»)是法国的哲学刊物,1893年起在巴黎出版。——279。

150 《黑格尔辩证法(逻辑学)的纲要》写在《哲学》笔记本里,在《诺埃尔〈黑格尔的逻辑学〉一书摘要》与关于阿·埃·哈斯《现代物理学中的希腊化时代精神》的书评的札记(见本卷第349—350页)之间。

《纲要》是列宁在1914—1915年研究哲学问题的结束阶段写的,它包含着辩证唯物主义认识论的最重要的原理(特别是关于辩证法、逻辑学和认识论的相互关系的原理)。列宁后来显然重读过这个《纲要》,他在手稿上所作的一些增补证明了这一点。——286。

151 《拉萨尔〈爱非斯的晦涩哲人赫拉克利特的哲学〉一书摘要》写在《哲学》笔记本里,在泰·利普斯《自然科学和世界观》一书札记(见本卷第350页)和《谈谈辩证法问题》(见本卷第305—311页)之间。

列宁在摘要中批评了斐·拉萨尔这一著作的缺点,指出他的哲学唯心主义以及"抄袭和盲目重复黑格尔"(见本卷第293页),同时详细地考察了赫拉克利特的辩证法思想,这些思想,用列宁的话说,是"对辩证唯物主义原理的绝妙的说明"(见本卷第299页)。在摘要中列宁还论述了"认识论和辩证法应当从中形成的知识领域"(见本卷第302页)。——292。

152 指马克思1858年2月1日给恩格斯的信(见《马克思恩格斯文集》第10卷第144—147页)。列宁在读德文版四卷本《马克思和恩格斯通信集》时对这封信作了摘录(见本版全集第58卷第36—39页)。——292。

153 斐·拉萨尔援引的普卢塔克的一段话,其俄译文载于《列宁文集》俄文版第12卷第320页。——295。

154 奥尔穆兹德和阿利曼是古波斯琐罗亚斯德教教义中的善恶两本原阿胡拉·玛兹达和安格拉·曼纽的希腊语称呼。它们之间进行着永远不可调和的斗争。——298。

155 《阿维斯陀》即《波斯古经》,是古波斯的宗教经典,最早版本在公元前4世纪编成,后被毁,公元3—7世纪重新搜集、整理和编纂。《曾德—阿维斯陀》即现存的《阿维斯陀注释》,是9世纪以后用中古波斯文翻译和写作的,由若干分散的经典汇集而成。——298。

156 列宁在这里把斐·拉萨尔的唯心主义的真理标准的观点同马克思的观点相对比。马克思在《关于费尔巴哈的提纲》中表述了对认识的真理性标准的辩证唯物主义观点。他说:"人的思维是否具有客观的真理性,这不是一个理论的问题,而是一个**实践的**问题。人应该在实践中证明自己思维的真理性,即自己思维的现实性和力量,自己思维的此岸性。"(见《马克思恩格斯文集》第1卷第503—504页)——301。

157 这里说的是柏拉图的一篇反对诡辩学派的对话《克拉底鲁篇》。下面(见本卷第303页)列宁谈了柏拉图把赫拉克利特的学说同诡辩学派的观点无端地混同起来和斐·拉萨尔对此采取的非批判的态度。——302。

158 《谈谈辩证法问题》一文写在《哲学》笔记本里,在《拉萨尔〈爱非斯的晦

涩哲人赫拉克利特的哲学〉一书摘要》和《亚里士多德〈形而上学〉一书
摘要》之间；由于其中有引自《形而上学》的引文，所以有理由认为它是
在列宁读过亚里士多德的这一著作以后写的。因此，《谈谈辩证法问
题》是1914—1915年列宁研究哲学问题的独特总结。

　　列宁在这篇文章中分析了对立面的统一和斗争的辩证规律，形而
上学的和辩证的发展观；分析了绝对和相对，抽象和具体，一般、特殊和
个别，逻辑和历史等等范畴；揭示了认识过程的辩证性质；指出了唯心
主义的认识论根源和阶级根源。——305。

159　伊万是俄国最常见的人名。茹奇卡是俄语中看家狗的常用名字。
　　——307。

160　此处见保·福尔克曼的《自然科学的认识论原理及其与当代精神生活
的联系》一书第2版第35页。列宁关于该书的札记，见本卷第343—
344页。列宁在作黑格尔《哲学史讲演录》摘要时，也指出了类似的地
方（见本卷第207、219—220页）。——308。

161　见注75。——311。

162　《亚里士多德〈形而上学〉一书摘要》是列宁于1915年在伯尔尼图书馆
阅览室作的。该书由阿·施韦格勒于1847年用希腊文出版，附有德译
文和注释。摘要写在《哲学》笔记本里，是这本笔记的最后一篇。

　　列宁在作《形而上学》一书摘要时说，这部著作"触及一切、一切范
畴"（见本卷第313页）。他强调其中对柏拉图的唯心主义理念学说的
批评的意义，指出亚里士多德的"探索、寻求"以及他向唯物主义和辩证
法的接近。列宁在摘要中还比较了哲学唯心主义的不同形式，揭露了
唯心主义的认识论根源，同时指出了幻想"在最精确的科学中"的作用
（见本卷第317页）。关于《形而上学》一书，见注106。——312。

163　此处见德·伊·皮萨列夫《幼稚想法的失策》一文（《皮萨列夫全集》
1956年俄文版第3卷第147—151页）。列宁在《怎么办？》一书中引用
了皮萨列夫的这一思想和他的著作中相应的地方（见本版全集第6卷

第 163—164 页）。——317。

164 关于弗·宇伯威格《哲学史概论》(1876—1880 年)一书的札记写在单独一册笔记本里,前后都是一些经济学书籍的笔记。札记是 1903 年在日内瓦作的。——323。

165 关于弗·保尔森《哲学引论》(1899 年)一书的札记同关于弗·宇伯威格《哲学史概论》一书的札记写在同一册笔记本内。在关于保尔森著作的札记后面,是《谈谈〈新火星报〉的立场》这篇短评(见本版全集第 8 卷)。——324。

166 关于恩·海克尔《生命的奇迹》(1904 年)和《宇宙之谜》(1899 年)两书的书评的札记写在单独一张纸上。书评是 E.泰希曼写的,题为《生物学新著杂谈》,载于 1904 年 12 月 15 日《法兰克福报》第 348 号。列宁在《唯物主义和经验批判主义》一书中对海克尔的《宇宙之谜》作了评价(见本版全集第 18 卷第 363—373 页)。

《法兰克福报》(«Frankfurter Zeitung»)是德国交易所经纪人的报纸(日报),1856—1943 年在美因河畔法兰克福出版。——327。

167 关于索邦图书馆中的自然科学和哲学书籍的札记是用铅笔写在两张单页纸上的,写于 1909 年上半年。在手稿中,书名是用原文写的。——328。

168 《科学的哲学季刊》(«Vierteljahrsschrift für wissenschaftliche Philosophie»)是经验批判主义者(马赫主义者)的杂志,1876—1916 年在莱比锡出版(1902 年起改名为《科学的哲学和社会学季刊》)。理·阿芬那留斯是该杂志的创办者和编辑。1896 年阿芬那留斯逝世后,由恩·马赫协助出版。杂志的撰稿人有威·冯特、阿·黎尔、威·舒佩等。

列宁在《唯物主义和经验批判主义》一书中对该杂志作了评价(见本版全集第 18 卷第 331 页)。——329。

169 《哲学文库》(«Archiv für Philosophie»)是德国的唯心主义派别的哲学杂志,新康德主义者和马赫主义者的刊物。1895—1931 年以两个分刊同时在柏林出版：一个是路·施泰因编辑的《哲学史文库》；另一个是保·格·纳托尔普编辑的《系统哲学文库》。1925年起该杂志改名为《哲学和社会学文库》。——329。

170　维·诺施特勒姆的文章《素朴的和科学的世界观》的第一部分载于1907年《系统哲学文库》第3期。

　　　　《系统哲学文库》（«Archiv für systematische Philosophie»）是唯心主义派别的杂志《哲学文库》的两个独立的分刊之一，1895—1931年在柏林出版，第一任编辑是保·格·纳托尔普。1925年起改名为《系统哲学和社会学文库》。该杂志用德文、法文、英文和意大利文刊载各国哲学思想代表人物的文章。——330。

171　关于弗·拉布和让·佩兰的著作的札记写在名为《奥地利农业统计及其他》的笔记本中，写这一札记的时间不早于1913年。——331。

172　关于约·普伦格《马克思和黑格尔》（1911年）一书书评的札记写在《奥地利农业统计及其他》这册笔记本里，写于1913年。札记前后都是各种问题的书目摘录。书评是奥·鲍威尔写的，载于1913年《社会主义和工人运动历史文汇》第3期。列宁读普伦格这本书的时间要晚一些（见本卷第353—356页）。

　　　　《社会主义和工人运动历史文汇》（«Archiv für die Geschichte des Sozialismus und der Arbeiterbewegung»）是奥地利经济学家和历史学家、社会民主党人卡·格律恩贝格编辑出版的杂志，于1910—1930年在莱比锡出版，共出了15卷。该杂志的特点是不同流派、不同观点的论著兼收并蓄。——331。

173　关于拉·巴·佩里《现代哲学倾向》的书评的札记写在《奥地利农业统计及其他》这册笔记本里，写于1913年4月以后。书评是斐·坎·司·席勒写的。载于1913年4月《思想》杂志第22卷第86期。

　　　　《思想》杂志（«Mind»）是英国的唯心主义派别的刊物（月刊），研究哲学和心理学问题，1876年起先后在伦敦和爱丁堡出版。该杂志的第一任编辑是罗伯逊教授。——332。

174 关于安·阿利奥塔《唯心主义对科学的反动》的书评的札记写在《奥地利农业统计及其他》这册笔记本的末尾,写于 1913 年。书评是约·塞贡写的,刊载于 1912 年《哲学评论》杂志第 12 期。

《哲学评论》杂志即《法国和外国哲学评论》杂志(《Revue philosophique de la France et de l'étranger》),是法国心理学家泰·阿·里博创办的刊物,1876 年起在巴黎出版。——333。

175 关于《费尔巴哈全集》(威·安·博林和弗·约德尔出版)和《黑格尔全集》(德文第 1 版)卷目的札记用德文写在单独一张纸上,这张纸的纸质和大小同写着《黑格尔〈逻辑学〉一书摘要》的开头部分、后来粘贴在《黑格尔〈逻辑学〉。I)这册笔记本里的几张纸完全相同。因而有根据认为,关于《费尔巴哈全集》和《黑格尔全集》的卷目札记是列宁着手作《逻辑学》摘要之前,即在 1914 年 9 月写的。——335。

176 《关于论述黑格尔的最新文献》写在《黑格尔〈逻辑学〉。III》这册笔记本的末尾,从笔记本最后一页起,下接倒数第 2 页。在《逻辑学》一书摘要的末尾和这篇札记之间还有几页空白。由此看来这篇札记可能是列宁在《逻辑学》一书摘要结束之前开始写的。——336。

177 列宁把弗·布拉德莱,显然还有爱·凯尔德称做英国新黑格尔主义(或称"英国黑格尔主义")的代表。他们和托·格林、约翰·凯尔德等人利用黑格尔的绝对唯心主义从理论上论证宗教,反对唯物主义和自然科学,特别是反对达尔文主义。

19 世纪下半叶,在一些欧洲国家和美国的哲学发展中,出现了某种"转向黑格尔"(列宁语)的趋向。在英国,这种趋向是从 1865 年詹·哈·斯特林的《黑格尔的秘密》一书问世开始的。在垄断前资本主义转变为帝国主义时期,经验论哲学(耶·边沁、约·斯·穆勒、赫·斯宾塞)及其伦理个人主义的原则已经不符合英国资产阶级保守派的利益。黑格尔的绝对唯心主义便引起了资产阶级思想家们的注意。"英国黑格尔主义者"利用黑格尔学说的反动方面,特别是它的绝对精神的概念,而在乔治·贝克莱、大卫·休谟的主观唯心主义传统的影响下,抛弃黑格尔的唯理论和发展思想。黑格尔辩证法的要素仅仅被他们用来为不可知论进行诡辩式的辩护。在社会学领域,新黑格尔主义者论证建立强有力的中央集权国家的必要性,认为公民的利益要完全服从于国家。——336。

178 指1894年在牛津出版的黑格尔《哲学全书纲要》第3部《精神哲学》的英译本。该书德文第1版是1817年出版的。——337。

179 指《哲学和哲学批判杂志》。

《哲学和哲学批判杂志》(《Zeitschrift für Philosophie und philoso-phische Kritik»)是德国的哲学刊物,由德国唯心主义哲学家伊·赫·费希特创办,德国唯心主义哲学派别的一批教授担任编辑,1837—1918年先后在哈雷、莱比锡出版。1846年前称为《哲学和思辨神学杂志》。——337。

180 《哲学评论》杂志(《Rivista di Filosofia»)是意大利哲学协会的机关刊物,1870—1943年先后在佛罗伦萨、罗马、热那亚等城市出版(1909年起用此名称)。1945年复刊。——337。

181 此处引自对亚·基阿佩利《现代多元论和一元论》一书的评论,见1911年《法国和外国哲学评论》第9期第333页。——337。

182 这篇书评的作者是L.维贝尔。——337。

183 《普鲁士年鉴》(《Preußische Jahrbücher»)是德国保守派的政治、哲学、历史和文学问题杂志(月刊),1858—1935年在柏林出版。——338。

184 指约·普伦格的《马克思和黑格尔》(1911年)一书。列宁关于这本书的札记,见本卷第353—356页。——338。

185 关于让·佩兰《物理化学论文。原理》(1903年)一书书评的札记,写在《黑格尔〈逻辑学〉。III》这册笔记本的末尾。书评是阿·莱伊写的,载于1904年《法国和外国哲学评论》杂志第4期。这篇札记在关于论述黑格尔〈逻辑学〉的著作的书评札记中间,它前面是同一期杂志上的关于约·格·希本著作的书评的札记(见本卷第337—338页)。——340。

186 关于彼得·盖诺夫《费尔巴哈的认识论和形而上学》(1911 年)一书札记写在《〈其他＋〉黑格尔》这册笔记本的第 1 页。列宁借阅该书时填写的伯尔尼图书馆阅览室索书卡还保存着。索书卡上注明借书日期是 1914 年 12 月 29 日,归还日期为 12 月 30 日。

　　这册笔记本第 2—3 页上写的是保·福尔克曼《自然科学的认识论原理》(1910 年)和麦·费尔伏恩《生物起源假说》(1903 年)两书的札记,从第 4 页开始写《黑格尔〈哲学史讲演录〉一书摘要》。——341。

187 收入《费尔巴哈全集》第 2 版第 2 卷和第 10 卷的这 4 部作品全称是:《关于哲学改革的临时纲要》(1842 年)、《未来哲学原理》(1843 年)、《驳躯体和灵魂、肉体和精神的二元论》(1846 年)和《论唯灵论和唯物主义,特别是从意志自由方面着眼》(1863—1866 年)(参看《费尔巴哈哲学著作选集》1984 年商务印书馆版上卷第 101—119、120—186、193—219、410—534 页)。——341。

188 指弗·阿·朗格《唯物主义史及当代对唯物主义意义的批判》(1866 年)一书。该书伪造唯物主义哲学史。——342。

189 指卡尔·格律恩出版的路·费尔巴哈遗著两卷本《路德维希·费尔巴哈的书简、遗稿及其哲学特征的阐述》第 1 卷,以及《费尔巴哈全集》第 2 版第 2 卷。——342。

190 “酵素”是“酶”的旧称。麦·费尔伏恩在其著作第 9 页上对“酵素”的概念下了一个定义:“酵素是活的实体的产物,其特点是能分解大量的一定的化学化合物,而本身却不受到破坏。”——344。

191 关于弗·丹奈曼《我们的世界图像是怎样构成的?》(1912 年)一书的札记,写在《哲学》笔记本的第 1 页上;在这一页上还有路·达姆施泰特《自然科学和技术历史指南》(1908 年)一书的摘录。从这册笔记本的第 2 页起,是《诺埃尔〈黑格尔的逻辑学〉一书摘要》(见本卷第 279—285 页)。——346。

192 关于拿破仑《思想》(1913 年)一书的札记,写在《哲学》笔记本的第 2 页的末尾。从这一页开始是《诺埃尔〈黑格尔的逻辑学〉一书摘要》(见本卷第279—285页)。——349。

193 关于阿·埃·哈斯《现代物理学中的希腊化时代精神》(1914年)一书书评的札记,写在《哲学》笔记本中《黑格尔辩证法(逻辑学)的纲要》(见本卷第286—291页)之后。书评是B.鲍赫写的,载于1914年《康德研究》杂志第3期。同一页上还有关于泰·利普斯《自然科学和世界观》(1906年)一书的札记,下一页起是《拉萨尔〈爱非斯的晦涩哲人赫拉克利特的哲学〉一书摘要》。

《康德研究》杂志(《Kantstudien》)是德国新康德主义者的刊物,由汉·费英格创办,1897—1944年先后在汉堡、柏林、科隆出版(有间断),1954年复刊。解释和研究康德哲学著作的文章在该杂志上占有大量篇幅。新康德主义者和其他唯心主义派别的代表人物都给这个杂志撰稿。——349。

194 《苏黎世州立图书馆中的部分哲学书籍》札记写在关于帝国主义的第1本笔记(笔记"α")中,写于1915年。——351。

195 莫希干人一语出自美国作家詹·菲·库柏的小说《最后一个莫希干人》。小说描写北美印第安土著中的莫希干人在欧洲殖民主义者奴役和欺骗下最终灭绝的故事。此处的"莫希干人"是最后代表的意思。——352。

196 关于约·普伦格《马克思和黑格尔》(1911年)一书的札记写在关于帝国主义的第2本笔记(笔记"β")中,写作时间不晚于1916年6月;奥·鲍威尔关于此书的书评,列宁是在1913年阅读的(见本卷第331页)。——353。

197 帝国主义经济主义者是第一次世界大战期间在一些国家的社会民主党内出现的一种机会主义派别。在俄国社会民主工党内,这一派别的代表人物是尼·伊·布哈林、格·列·皮达可夫和叶·波·博什。1915年春,布哈林在俄国社会民主工党国外支部代表会议上提出一个关于无产阶级的任务和策略的提纲。1915年11月,布哈林和皮达可夫等人又在斯德哥尔摩向俄国社会民主工党中央委员会提出了《论民族自决权口号》这一提纲。在这些文件里,他们反对民族自决权,反对俄国社会民主工党纲领中为争取民主改革而斗争的全部最低纲领。他们认为,帝国主义既然否定民主,民主在帝国主义条件下就是不能实现的,谈论权利(即民主)是无用的,能够同帝国主义战争相抗衡的只有社会主义,在党的最低纲领中提民主口号就是一种欺骗和幻想。从否认政治斗争这一点来说,这种思想观点和历史上的经济主义相似,所以列宁把它称为"帝国主义经济主义"。这一类思想在荷兰社会民主党、美国社会主义工人党及其他一些党内也出现过。列宁在《论正在产生的"帝国主义经济主义"倾向》、《对彼·基辅斯基(尤·皮达可夫)〈无产阶级和金融资本时代的"民族自决权"〉一文的回答》和《论面目全非的马克思主义和"帝国主义经济主义"》(见本版全集第28卷)这三篇著作中对帝国主义经济主义作了详细的分析和批判。——353。

198　《莱茵报》即《莱茵政治、商业和工业日报》(«Rheinische Zeitung für Politik, Handel und Gewerbe»),是德国的一家日报,青年黑格尔派的喉舌,1842年1月1日—1843年3月31日在莱茵地区资产阶级自由派的支持下在科隆出版;创办人是伯·腊韦,编辑是伯·腊韦和阿·鲁滕堡,发行负责人是路·舒尔茨和格·荣克。1842年4月马克思为该报撰稿,同年10月成为报纸编辑。《莱茵报》也发表过许多恩格斯的文章。在马克思担任编辑期间,该报日益具有明显的革命民主主义的性质并成为德国最重要的反对派报纸之一。普鲁士政府对该报进行了特别严格的检查,1843年4月1日将其查封。

下面是约·普伦格不确切地引用刊登在《莱茵报》附刊上的马克思的文章《第179号〈科隆日报〉社论》(参看《马克思恩格斯全集》第1版第1卷)。——355。

199　《短篇哲学著作集》是约·狄慈根的一个文集,1903年由狄茨出版社在斯图加特出版。文集收入狄慈根1870—1878年发表在德国《人民国家报》和《前进报》上的7篇文章以及他在1887年出版的一本小册子《一个社会主义者在认识论领域中的漫游》。

列宁在该文集上的批语和记号是用不同颜色的铅笔写的，因而显然不是同一时期所作。列宁的批语大部分是在撰写《唯物主义和经验批判主义》(见本版全集第18卷)一书期间写的，并且在该书中被大量采用。1913年，大概由于写《纪念约瑟夫·狄慈根逝世二十五周年》(见本版全集第23卷)一文，列宁重读了狄慈根的书。在许多场断，列宁把狄慈根的正确思想用字母"α"标出，而把文集中背离辩证唯物主义的地方用字母"β"标出。列宁把狄慈根对哲学的党性、哲学与自然科学的关系、哲学的对象、哲学的基本范畴、世界的可知性问题的论述，对伊·康德，乔·威·弗·黑格尔、路·费尔巴哈的评价，对马克思和恩格斯的态度以及狄慈根的战斗的无神论全部用记号标出。与此同时，列宁指出了狄慈根在哲学范畴方面的混乱，他企图"扩大"物质概念，把"现实界的一切现象"包括进去，从而也把"我们的认识能力和说明能力"包括进去(参看注45和注75)。——359。

200 约·狄慈根引用的是恩格斯的《论住宅问题》中的一段话，但不很准确(参看《马克思恩格斯文集》第3卷第318页)。——360。

201 列宁在《唯物主义和经验批判主义》一书中引用了这段话，并在"它的基础是在外界"这句话后面用括号注明"〈即在个人之外〉"(见本版全集第18卷第256页)。——373。

202 看来是指第一国际海牙代表大会(1872年)。这次代表大会从理论上、组织上揭露和清算了巴枯宁派反对无产阶级革命、破坏国际工人运动的种种活动，并把该派首领米·亚·巴枯宁和詹·吉约姆开除出国际(大会决议见《马克思恩格斯全集》第1版第18卷第173—175页)。——374。

203 显然引自马克思1868年5月9日给约·狄慈根的信(原信未保存下来，《马克思恩格斯文集》第10卷收入了狄慈根引用的该信摘录)。马克思在这封信里还建议狄慈根给《资本论》第1卷写一篇书评。狄慈根在他给马克思的一封信里也提到马克思打算写《辩证法》这件事(见

1958 年苏联《哲学问题》杂志第 3 期第 141 页）。马克思在 1858 年 1 月
16 日给恩格斯的信中谈到了类似的想法："如果以后再有工夫做这类
工作的话，我很愿意用两三个印张把黑格尔所发现、但同时又加以神秘
化的方法中所存在的**合理的东西**阐述一番，使一般人都能够理解。"（见
《马克思恩格斯文集》第 10 卷第 143 页）——383。

204　约·狄慈根转述恩格斯的思想不够确切。在《英国工人阶级状况》一书
的序言中，恩格斯说的是"费尔巴哈对黑格尔思辨的克服"（见《马克思
恩格斯文集》第 1 卷第 386 页）。——383。

205　指恩格斯在《路德维希·费尔巴哈和德国古典哲学的终结》一文中对
约·狄慈根《人脑活动的实质》一书的高度评价。恩格斯写道："值得注
意的是，不仅我们发现了这个多年来已成为我们最好的工具和最锐利
的武器的唯物主义辩证法，而且德国工人约瑟夫·狄慈根不依靠我们，
甚至不依靠黑格尔也发现了它。"（见《马克思恩格斯文集》第 4 卷第
298 页）——415。

206　见《马克思恩格斯文集》第 9 卷第 28 页。此处约·狄慈根引用时，在
"形而上学的"之后漏掉了"完全机械的"一词；下面他完整地引用了这
一处。——420。

207　此处约·狄慈根显然是转述乔·威·弗·黑格尔为《哲学全书纲要》第
2 版写的序言里的一句话，但转述得不准确。序言里的那句话是："莱
辛曾经说过，人们对待斯宾诺莎就像对待死狗一样。"——432。

208　卡普秦修会（亦译嘉布遣小兄弟会）是天主教方济各会的一支。该会持
守安贫节欲的方济各会精神和严格的生活方式。——439。

209　这几行字写在约·狄慈根《短篇哲学著作集》一书的封面上，其中的页
码是该书页码（见本卷第 383、438、434 页）。——444。

210　格·瓦·普列汉诺夫的著作《马克思主义的基本问题》写于 1907 年
11—12 月，1908 年 5 月由我们的生活出版社出版。列宁在《卡尔·马

克思(传略和马克思主义概述)》一文的参考书目中,称它是对马克思主义哲学及历史唯物主义作了最好的论述的著作之一(见本版全集第 26 卷第 89 页)。——445。

211 弗·米·舒利亚季科夫的著作《西欧哲学(从笛卡儿到恩·马赫)对资本主义的辩护》(1908 年莫斯科书籍出版社版),是对 250 多年间主要哲学体系历史的简述。作者认为自己的任务是"对哲学概念和体系进行社会起源的分析",指出哲学对"阶级背景"的依赖关系。可是他从庸俗唯物主义、机械论的立场出发来对待哲学史,结果如列宁所说,既歪曲了历史,也"把哲学史庸俗化"了(见本卷第 453 页)。这本书在方法论方面的主要缺点之一,是企图直接从生产组织形式推演出意识形态现象(其中包括哲学)的发展。列宁在批注中对该书作了总的评价(见本卷第 464 页)。

根据列宁在舒利亚季科夫的书上所作的批注内容,可以推断批注是在《唯物主义和经验批判主义》一书快要完稿或完稿(1908 年 10 月)以后作的。批注对反对把历史唯物主义和哲学史庸俗化具有重要的意义。——449。

212 马克思在《资本论》第 1 卷第 1 章和第 13 章第 89 注中谈到宗教观点对生产方式发展的依赖关系(见《马克思恩格斯文集》第 5 卷第 97 页和第 428—429 页)。——452。

213 看来是指这些作者的以下著作:鲁·维利《反对学院智慧》(1905 年)、约·彼得楚尔特《纯粹经验哲学引论》(1900—1904 年)和汉·克莱因佩特《现代自然科学的认识论》(1905 年)。威·冯特在《论素朴实在论和批判实在论》(1895—1897 年)一文中说过,经验批判主义的一些论点与公开的唯心主义内在论哲学相近,另一些论点(如关于"经验的独立系列"学说)则与唯物主义相近。这些作者在上述著作里都对冯特进行了批评。弗·卡斯坦宁是在《经验批判主义——兼答威·冯特的论文》(1898 年)一文中第一个出来反对冯特的。关于这一点,可参看列宁《唯物主义和经验批判主义》(本版全集第 18 卷)一书。——461。

214 列宁曾在《唯物主义和经验批判主义》(本版全集第18卷)中批判阿·莱伊的《现代物理学家的物理学理论》(1907年)一书中的观点。他在莱伊的《现代哲学》(1908年)一书上作的批注，是这种批判的直接继续。——465。

215 列宁对唯能论及其主要代表威·奥斯特瓦尔德的批判，见《唯物主义和经验批判主义》(本版全集第18卷)一书。阿·莱伊把唯物地解释基本物理现象的物理学家称做"机械论者"(同上书，第269—270、276—278页)。——485。

216 指恩格斯在《路德维希·费尔巴哈和德国古典哲学的终结》这部著作中对不可知论下的著名评语。恩格斯说："如果新康德主义者企图在德国复活康德的观点，而不可知论者企图在英国复活休谟的观点(在那里休谟的观点从来没有绝迹)，那么，鉴于这两种观点在理论上和实践上早已被驳倒，这种企图在科学上就是开倒车，而在实践上只是一种暗中接受唯物主义而当众又加以拒绝的羞羞答答的做法。"(见《马克思恩格斯文集》第4卷第280页)——488。

217 这段笔记写在阿·莱伊书中所附的新书出版广告的页边上。笔记中的页码是该书页码。——515。

218 阿·莫·德波林《辩证唯物主义》一文载于1909年彼得堡出版的文集《在分界线上》。——516。

219 此处引自恩格斯的《路德维希·费尔巴哈和德国古典哲学的终结》，但不够确切。正确引文应为："……把世界理解为一种过程，理解为一种处在不断的历史发展中的物质"(见《马克思恩格斯文集》第4卷第282页)。——519。

220 格·瓦·普列汉诺夫的著作《尼·加·车尔尼雪夫斯基》最初于1890—1892年以论文形式发表在文学政治评论集《社会民主党人》第1—4集上，随后于1894年在斯图加特用德文出版了增订的单行本。列宁在《俄国社会民主党中的倒退倾向》一文中谈到这个增订本时说：

"普列汉诺夫在论车尔尼雪夫斯基的那本书(由《社会民主党人》文集中的几篇文章编成,用德文出版的单行本)中,充分评价了车尔尼雪夫斯基的作用,并且阐明了他对马克思和恩格斯的理论的态度。"(见本版全集第4卷第226页)

1909年10月,这本书经普列汉诺夫作了相当大的修订和增补后,由野玫瑰出版社在彼得堡出版了俄文版。普列汉诺夫这时已经转到了孟什维主义的立场上,因此这个修订本在许多最重要的论点上背离了他过去对车尔尼雪夫斯基的评价,淡化了车尔尼雪夫斯基的革命民主主义思想以及为反对自由主义、支持农民革命而进行的不调和的斗争。

列宁在1909年10月到1911年4月之间读了这本书,在正文中和页边上作了许多记号和批注。列宁把这本书同刊登在《社会民主党人》评论集第1集上的普列汉诺夫论车尔尼雪夫斯基的第1篇文章进行了仔细的核对,标出了与文章相比没有变动的和作了变动的一些重要提法。列宁的批注对于说明普列汉诺夫的演变具有重大意义。

列宁在普列汉诺夫书上所作的批注同他在尤·米·斯切克洛夫的《尼·加·车尔尼雪夫斯基的生平和活动(1828—1889)》一书上所作的批注(见本卷第560—610页)以及他关于车尔尼雪夫斯基的许多意见有联系,这些意见有的发表在他读普列汉诺夫的这本书之前的著作中(《什么是"人民之友"以及他们如何攻击社会民主党人?》、《我们拒绝什么遗产?》、《论〈路标〉》、《唯物主义和经验批判主义》),有的发表在他读这本书以后的著作中(《"农民改革"和无产阶级-农民革命》、《纪念赫尔岑》、《俄国工人报刊的历史》等)。——523。

221　《社会民主党人》(《Социал-Демократ》)是俄国文学政治评论集,由劳动解放社于1890—1892年在伦敦和日内瓦用俄文出版,总共出了4集。第1、2、3集于1890年出版,第4集于1892年出版。参加《社会民主党人》评论集工作的有格·瓦·普列汉诺夫、帕·波·阿克雪里罗得和维·伊·查苏利奇等。这个评论集对于马克思主义在俄国的传播起了很大作用。

列宁在此处和以下多处把普列汉诺夫的书同刊登在《社会民主党人》评论集第1集上的普列汉诺夫评述尼·加·车尔尼雪夫斯基世界

观的第 1 篇文章作比较。他在读普列汉诺夫的书时,很注意书中说的这篇文章"是在车尔尼雪夫斯基逝世的消息印象犹新的情况下写的,在这一版完全改写了一遍"这句话(见本卷第 531 页)。普列汉诺夫的这篇文章已收入《普列汉诺夫哲学著作选集》第 4 卷,中译本由生活·读书·新知三联书店于 1974 年出版。为便于读者查阅,现将列宁提到的《社会民主党人》第 1 集的页码与《普列汉诺夫哲学著作选集》第 4 卷中译本中相应的页码开列如下(括号内为《普列汉诺夫哲学著作选集》第 4 卷中译本页码):124(72—73)、143—144(96—100)、152(108—110)、157—158(115—118)、161—166(120—128)、173—174(137—139)。——524。

222　《哨声》(《Свисток》)是《同时代人》杂志的附刊,期数单列,1859—1863 年共出了 9 期。这一附刊的创办人和主要作者是尼·亚·杜勃罗留波夫,参加撰稿的有尼·阿·涅克拉索夫、尼·加·车尔尼雪夫斯基和米·叶·萨尔蒂科夫-谢德林。《哨声》根据《同时代人》的文学和政治纲领揭露蒙昧主义者和农奴主,嘲笑"进步"自由派,鞭挞"纯艺术"。——525。

223　列宁在此处写的数码是指格·瓦·普列汉诺夫这本书第 72 页的行数。——528。

224　这是列宁从《社会民主党人》评论集第 1 集摘录的格·瓦·普列汉诺夫对于尼·加·车尔尼雪夫斯基对俄国自由主义的评论的评价。这一评价在 1909 年版中被删去了。——542。

225　列宁在这里和下面指出,与《社会民主党人》评论集中的文章相比较,格·瓦·普列汉诺夫在 1909 年版里降低了调子,冲淡了尼·加·车尔尼雪夫斯基对俄国自由主义的批评,例如,普列汉诺夫删去了这句话:"要知道俄国自由主义者自从《同时代人》杂志对他们大加嘲讽以来很少有所改变。"(见《普列汉诺夫哲学著作选集》1974 年生活·读书·新知三联书店版第 4 卷第 99 页)——550。

226　这段话的前三句在《社会民主党人》评论集里是这样写的:"车尔尼雪夫斯基向青年暗示必须采取革命的行动方式,同时他也向青年说明,一个革命者为了达到他的目的,往往不得不处于一个追求纯个人目标的正直的人所永远不许自己陷入的那种境地。"(见《普列汉诺夫哲学著作选集》1974 年生活・读书・新知三联书店版第 4 卷第 122 页)——556。

227　列宁指的是格・瓦・普列汉诺夫在 1909 年版中删去了下面的话:"在对俄国政府的态度上,车尔尼雪夫斯基的口气是越来越带挑衅性了。"在《社会民主党人》评论集里,这句被删去的话在这段话的开头(见《普列汉诺夫哲学著作选集》1974 年生活・读书・新知三联书店版第 4 卷第 122 页)。——556。

228　列宁在尤・米・斯切克洛夫《尼・加・车尔尼雪夫斯基的生平和活动(1828—1889)》(1909 年版)一书上的批注写于 1909 年 10 月—1911 年 4 月之间,显然晚于他在格・瓦・普列汉诺夫论车尔尼雪夫斯基的书上作批注的时间。列宁对这本书总的说是肯定的,他在给马・高尔基的信中曾称斯切克洛夫是"一本论车尔尼雪夫斯基的好书"的作者(见本版全集第 46 卷第 25 号文献)。但是从批注里可以看到,书中有些论点列宁是不同意的,这首先涉及斯切克洛夫想抹去车尔尼雪夫斯基学说和马克思主义之间的界限。例如,斯切克洛夫说:"车尔尼雪夫斯基的世界观同当代科学社会主义创始人的体系的区别仅仅在于缺乏系统性和某些术语的准确性。"列宁在这句话下面画了着重线,在"仅仅"这个词旁边打了一个问号,并在页边批注:"过分"(见本卷第 571 页)。——560。

229　看来列宁在这里把尼・加・车尔尼雪夫斯基所叙述的路・费尔巴哈对哲学发展进程的看法同恩格斯的思想相比较,而恩格斯当然决不认为,从费尔巴哈起,哲学就"同自然科学的一般理论及人本学结合起来"。关于这个问题,恩格斯在《反杜林论》里说:"……现代唯物主义本质上都是辩证的,而且不再需要任何凌驾于其他科学之上的哲学了。一旦对每一门科学都提出要求,要它们弄清它们自己在事物以及关于事物的知识的总联系中的地位,关于总联系的任何特殊科学就是多余的了。

于是,在以往的全部哲学中仍然独立存在的,就只有关于思维及其规律的学说——形式逻辑和辩证法。其他一切都归到关于自然和历史的实证科学中去了。"(见《马克思恩格斯文集》第 9 卷第 28 页)——564。

230 显然是指恩格斯在《路德维希·费尔巴哈和德国古典哲学的终结》一书中对唯物主义和唯心主义的区别所下的定义(见《马克思恩格斯文集》第 4 卷第 277—279 页)。——564。

231 恩格斯的《路德维希·费尔巴哈和德国古典哲学的终结》曾以《从古典唯心主义到辩证唯物主义》这个书名于 1905 年在敖德萨出版。——566。

232 格·瓦·普列汉诺夫在自己的《尼·加·车尔尼雪夫斯基》一书中也谈到了车尔尼雪夫斯基关于罗马衰亡的原因的论述(见 1890 年在伦敦出版的《社会民主党人》评论集第 1 集第 109 页和上述书 1909 年版第 164 页(本卷第 537 页))。——568。

233 指《资本论》第 3 卷第 7 篇《各种收入及其源泉》(见《马克思恩格斯文集》第 7 卷)。在这一篇的最后一章的开头,马克思写道:"单纯劳动力的所有者、资本的所有者和土地的所有者——他们各自的收入源泉是工资、利润和地租——,也就是说,雇佣工人、资本家和土地所有者,形成建立在资本主义生产方式基础上的现代社会的三大阶级。"(同上书,第 1001 页)——569。

人 名 索 引

A

阿尔吉罗普洛,佩里克尔·埃马努伊洛维奇(Аргиропуло, Перикл Эммануилович
1839—1862)——俄国革命者,原系希腊人。莫斯科大学学生小组的组织
者之一。1861年因进行革命宣传被捕,死于狱中。——601—602。

阿芬那留斯,理查(Avenarius, Richard 1843—1896)——德国哲学家,主观唯
心主义者,经验批判主义创始人之一。——333、459、460—464。

阿里斯塔克(萨摩斯岛的)(Aristarchos Sámios 约公元前320—前250)——
古希腊天文学家和数学家,在哲学上持毕达哥拉斯主义观点。——347。

阿利奥塔,安东尼奥(Aliotta, Antonio 生于1881年)——意大利哲学家。写
有实验心理学和美学的著作;对经验批判主义和实用主义持批判态度。
——333—334。

阿那克萨哥拉(克拉左门的)(Anaxagoras of Klazomenae 约公元前500—前
428)——古希腊唯物主义哲学家。——227—228。

阿那克西曼德(米利都的)(Anaximander of Miletus 约公元前610—前
546)——古希腊唯物主义哲学家,伊奥尼亚学派的代表人物。——209。

埃宾豪斯,赫尔曼(Ebbinghaus, Hermann 1850—1909)——德国心理学家,
实验心理学的主要代表之一。——342。

埃德加——见鲍威尔,埃德加。

埃拉托色尼(Eratosthenes 约公元前276—前194)——古希腊数学家、天文
学家、地理学家。他最早近似地测定了地球经线的弧度。——346。

埃奈西德穆(克诺索斯的)(Aenesidemus of Knossos 公元前1世纪)——古希
腊晚期怀疑论代表人物之一。——262。

爱尔维修,克劳德·阿德里安(Helvétius, Claude-Adrien 1715—1771)——法

国唯物主义哲学家和无神论者,18 世纪法国的革命资产阶级的思想家之

一。——27、28、29、535。

安德列耶维奇——见索洛维约夫,叶夫根尼·安德列耶维奇。

奥勃鲁切夫,弗拉基米尔·亚历山德罗维奇(Обручев, Владимир Александрович

1836—1912)——俄国 19 世纪 60 年代革命民主主义运动参加者,政论家。

1861 年因散发秘密传单《大俄罗斯人》被捕,1862 年被判处到西伯利亚服

苦役。——601。

奥斯特瓦尔德,威廉·弗里德里希(Ostwald, Wilhelm Friedrich 1853 —

1932)——德国自然科学家,唯心主义哲学家,唯能论的创始人。——329、

333、464、479、482、495。

B

巴贝夫,格拉古(**巴贝夫,弗朗索瓦·诺埃尔**)(Babeuf, Gracchus (Babeuf,

François-Noël)1760 — 1797)——法国革命家,空想平均共产主义的代表人

物,平等派运动的领导人。——24。

巴尔福,阿瑟·詹姆斯(Balfour, Arthur James 1848 — 1930)——英国国务活

动家,保守党领袖之一。在哲学著作中批判黑格尔的观点。——338。

巴尔泰斯,保尔·约瑟夫(Barthez, Paul Joseph 1734 — 1806)——法国医生和

生理学家,活力论者。——490。

巴赫梅季耶夫(**巴赫梅捷夫**),帕维尔·亚历山德罗维奇(Бахметьев

(Бахметев), Павел Александрович 生于 1828 年)——593。

巴克尔,亨利·托马斯(Buckle, Henry Thomas 1821 — 1862)——英国历史学

家,实证论社会学家。——343。

巴枯宁,米哈伊尔·亚历山德罗维奇(Бакунин, Михаил Александрович

1814—1876)——俄国无政府主义和民粹主义创始人和理论家之一。

——576、593、597。

巴洛德,彼得·达维多维奇(Баллод, Петр Давыдович 1839—1918)——俄国

革命者。——602。

巴门尼德(埃利亚的)(Parmenides 公元前 6 世纪末—前 5 世纪初)——古希

腊埃利亚学派哲学家,色诺芬尼的学生。——87、88、518。

保尔森，弗里德里希（Paulsen，Friedrich 1846—1908）——德国新康德主义哲学家，教育家。1878 年起任柏林大学哲学和教育学教授。——324—326、352。

鲍古查尔斯基（雅柯夫列夫，瓦西里·雅柯夫列维奇）（Богучарский（Яковлев，Василий Яковлевич）1861—1915）——俄国革命运动史学家。早年同情民意党人，19 世纪 90 年代倾向合法马克思主义，后来成为自由派资产阶级的积极活动家。——584、601。

鲍威尔，埃德加（Bauer，Edgar 1820—1886）——德国政论家，青年黑格尔派。1848—1849 年革命后流亡英国，1861 年大赦后为普鲁士官员。——8、11—12、13。

鲍威尔，奥托（Bauer，Otto 1882—1938）——奥地利社会民主党和第二国际领袖之一，"奥地利马克思主义"理论家。——331。

鲍威尔，布鲁诺（Bauer，Bruno 1809—1882）——德国唯心主义哲学家，青年黑格尔派的主要代表人物，资产阶级激进派。否定黑格尔的绝对观念，宣称自我意识是绝对的，认为"批判的个人"的脑力活动是历史的动力。在基督教史方面著作甚多。——5—6、11、15、17—18、20—21、22、23、25、29、30、33、34。

贝克莱，乔治（Berkeley，George 1685—1753）——英国哲学家，主观唯心主义者，英国教会主教。否认物质即"有形实体"的客观存在，认为物是"感觉的组合"。——308、456、462、463、500、517。

贝拉察，奥雷利乌斯（Pelazza，Aurelius 1878—1915）——意大利哲学家。——330。

贝利，詹姆斯·布莱克（Baillie，James Black 1872—1940）——英国新黑格尔主义代表人物，黑格尔《精神现象学》英文版译者，写有论黑格尔逻辑学的著作。——336。

贝纳尔，沙尔（Bénard，Charles 1807—1898）——法国哲学家，曾将黑格尔的一些著作译成法文出版。——285。

比德曼，阿洛伊斯·埃曼努埃尔（Biedermann，Alois Emanuel 1819—1885）——瑞士基督教新教牧师，1850 年起任苏黎世大学神学教授。受黑格尔宗教哲学影响，竭力为基督教寻找论据，认为基督教是"无限精神"和"有限精神",即神和人之间的联系。——385、387。

彼得楚尔特,约瑟夫(Petzoldt, Joseph 1862—1929)——德国哲学家,主观唯心主义者,恩·马赫和理·阿芬那留斯的门徒。否认唯物主义这一哲学派别,企图用先验的"一义规定性"原则来偷换因果性,反对科学社会主义。——461。

彼得罗夫,安东(**西多罗夫,安东·彼得罗维奇**)(Петров, Антон (Сидоров, Антон Петрович) (1824—1861)——俄国喀山省斯帕斯克县别兹德纳村的农奴,曾领导当地农民起义,以抗议1861年的"农民改革"。——606。

俾斯麦,奥托·爱德华·莱奥波德(Bismarck, Otto Eduard Leopold 1815—1898)——普鲁士和德国国务活动家和外交家。普鲁士容克的代表。主张在普鲁士领导下"自上而下"统一德国。——372。

毕达哥拉斯(Pythagoras 公元前571 前后—前497)——古希腊数学家和哲学家,客观唯心主义者,奴隶主贵族的思想家,认为宇宙的根本是数,相信灵魂转生。——99、209—211、316、347。

毕尔生,卡尔(Pearson, Karl 1857—1936)——英国数学家、生物学家和唯心主义哲学家。在哲学上是马赫主义者,否认自然规律的客观性,反对唯物主义世界观。——129。

毕希纳,弗里德里希·卡尔·克里斯蒂安·路德维希(Büchner, Friedrich Karl Christian Ludwig 1824—1899)——德国生理学家和哲学家,庸俗唯物主义代表人物,资产阶级改良主义者;职业是医生。——150、301、326。

边沁,耶利米(Bentham, Jeremy 1748—1832)——英国社会学家、哲学家和经济学家,功利主义理论的主要代表。——28、29。

别尔托夫——见普列汉诺夫,格奥尔吉·瓦连廷诺维奇。

别林斯基,维萨里昂·格里戈里耶维奇(Белинский, Виссарион Григорьевич 1811—1848)——俄国革命民主主义者,文学批评家和政论家,唯物主义哲学家;对俄国社会思想的进一步发展和解放运动产生了巨大影响。——524、525、541、563。

波格丹诺夫,亚·(**马林诺夫斯基,亚历山大·亚历山德罗维奇**)(Богданов, А.(Малиновский, Александр Александрович) 1873—1928)——俄国社会民主党人,哲学家,社会学家,经济学家;职业是医生。在哲学上宣扬经验一元论。1918年是无产阶级文化派的思想家。——236、450—451、452。

弗拉萨克，鲁道夫（Wlassak, Rudolf 1865 — 1930）——奥地利生理学家。
　——462。

弗里斯，胡戈·德（Vries, Hugo de 1848 — 1935）——荷兰植物学家，反达尔
　文主义者，泛生论和突变论的创立者。——492。

伏尔泰（**阿鲁埃，弗朗索瓦·玛丽**）（Voltaire（Arouet, François-Marie）1694 —
　1778）——法国自然神论哲学家、历史学家和作家，18 世纪法国资产阶级
　启蒙运动的领袖之一，反对专制制度和天主教。——26。

孚赫，茹尔（**尤利乌斯**）（Faucher, Jules（Julius）1820 — 1878）——德国政论家，
　青年黑格尔派。——15。

福尔克曼，保尔（Volkmann, Paul 1856 — 约 1938）——德国理论物理学教授，
　在哲学上是折中主义者，反对唯物主义，维护新教教会。—— 308、343 —
　344、350。

福格特，卡尔（Vogt, Karl 1817 — 1895）——德国自然科学家，庸俗唯物主义
　主要代表之一，小资产阶级民主主义者。写过一些动物学、地质学和生理
　学方面的著作。——368。

福雷尔，奥古斯特（Forel, August 1848 — 1931）——瑞士神经病理学家，精神
　病学家和昆虫学家。——342。

傅科，让·贝尔纳·莱昂（Foucault, Jean-Bernard-Leon 1819 — 1868）——法
　国物理学家。他通过摆锤实验证明地球的自转；他还用迅速旋转镜子的方
　法测定空气和水中的光速。——348。

傅立叶，沙尔（Fourier, Charles 1772 — 1837）——法国空想社会主义者。——
　15、17、28、32、34、35、529、530、577、578、591。

G

盖诺夫，彼得（Генов, Петр）——保加利亚哲学史家。——341 — 342。

盖伊，茹尔（Gay, Jules 1807 — 1876 以后）——法国空想共产主义者。
　——28。

甘斯，爱德华（Gans, Eduard 1798 — 1839）——德国法学家和哲学家，黑格尔
　主义者；黑格尔死后出版的《黑格尔全集》中的《法哲学原理》和《历史哲学
　讲演录》是他编的。——32、72、269、278。

神秘主义者,叔本华的信徒。——329。

海尔维格,格奥尔格(Herwegh,Georg 1817—1875)——德国 1848—1849 年资产阶级革命准备时期的著名诗人,小资产阶级民主主义者。——370。

海克尔,恩斯特(Haeckel,Ernst 1834—1919)——德国自然科学家,著名生物学家,达尔文主义者。反对自然科学中的唯心主义,积极同神秘主义和僧侣主义作斗争。——327、343、428、434—435、436。

海姆,鲁道夫(Haym,Rudolf 1821—1901)——德国哲学史家和文学史家。——69、432。

海涅,亨利希(Heine,Heinrich 1797—1856)——德国诗人和作家。——394、415。

海因策,麦克斯(Heinze,Max 1835—1909)——德国哲学史家,莱比锡大学哲学教授(1875 年起)。曾修订并出版弗·宇伯威格的《哲学史概论》(5—9 版)。——218、238、323。

亥姆霍兹,海尔曼·路德维希·斐迪南(Helmholtz,Hermann Ludwig Ferdinand 1821—1894)——德国自然科学家。在物理学和生理学的各个领域都写有一些有重大价值的著作。在哲学上是自发的、不彻底的唯物主义者。——477、486。

荷马(Homeros 约公元前 8 世纪)——传说中的古希腊叙事诗诗人,《伊利亚特》和《奥德赛》的作者。——272、346。

赫尔巴特,约翰·弗里德里希(Herbart,Johann Friedrich 1776—1841)——德国唯心主义哲学家,心理学家和教育家。——69。

赫尔岑,亚历山大·伊万诺维奇(伊斯坎德尔)(Герцен, Александр Иванович (Искандер)1812—1870)——俄国革命民主主义者,作家和哲学家。——524、529、537、576、582—584、587、593、597、602、605、606—607、610。

赫夫丁,哈拉尔(Hoffding,Harald 1843—1931)——丹麦资产阶级哲学家和心理学家,实证论者。——461。

赫格西亚(Hegesias 公元前 4 世纪末—前 3 世纪初)——古希腊昔勒尼学派或享乐主义学派哲学家。——238。

赫拉克利特(Herakleitos 约公元前 540—前 480)——古希腊唯物主义哲学家,辩证法的奠基人之一。——87、220—224、228、292—304、305、308、

J

基阿佩利,亚历山大(Chiapelli, Alexander 1857—1931)——意大利新康德主义哲学家,写有哲学史、文学史、艺术史和宗教史方面的著作;反对科学社会主义。——334。

基尔希曼,尤利乌斯·海尔曼(Kirchmann, Julius Hermann 1802—1884)——德国法学家、哲学家和政论家,国家社会主义理论家洛贝尔图斯的志同道合者。——384。

基佐,弗朗索瓦·皮埃尔·吉约姆(Guizot, François-Pierre-Guillaume 1787—1874)——法国历史学家和国务活动家,是资产阶级阶级斗争理论的创立者之一。——537。

吉布斯,约瑟亚·威拉德(Gibbs, Josiah Willard 1839—1903)——美国理论物理学家,热力学和统计力学创始人之一。——477。

济贝耳,亨利希(Sybel, Heinrich 1817—1895)——德国历史学家和政治活动家,民族主义的普鲁士小德意志派的代表人物。——390、439。

加里波第,朱泽培(Garibaldi, Giuseppe 1807—1882)——意大利民族英雄,意大利统一时期民族解放运动的著名军事家,资产阶级民主派领袖之一。——597。

伽利略,伽利莱(Galilei, Galileo 1564—1642)——意大利物理学家和天文学家,力学原理的创始人,哥白尼学说的拥护者。——103、347、477、506。

伽桑狄,皮埃尔(Gassendi, Pierre 1592—1655)——法国唯物主义哲学家,物理学家,数学家和天文学家。发展了伊壁鸠鲁的原子论和伦理学思想,写有天文学、数学、力学和科学史方面的著作。——26、57、308、534、565。

杰尼修克,Н.(Денисюк, Н.)——562。

君特,康拉德(Guenther, Konrad 1874—1955)——德国动物学家。——330。

K

卡巴尼斯,皮埃尔·让·若尔日(Cabanis, Pierre-Jean-Georges 1757—1808)——法国医生,唯物主义哲学家。——26。

卡贝,埃蒂耶纳(Cabet, Étienne 1788—1856)——法国小资产阶级政论家,和平空想共产主义的代表人物。——28。

卡诺,拉扎尔·尼古拉(Carnot, Lazare-Nicolas 1753—1823)——法国数学家,政治和军事活动家,资产阶级共和党人。——100。

卡诺,尼古拉·莱奥纳尔·萨迪(Carnot, Nicolas-Léonard-Sadi 1796—1832)——法国物理学家和工程师,热力学创始人之一。——486。

卡斯坦宁,弗里德里希(Carstanjen, Friedrich)——瑞士哲学家,1896年起任苏黎世大学哲学教授,马赫主义者,阿芬那留斯的学生。——461。

卡特柯夫,米哈伊尔·尼基福罗维奇(Катков, Михаил Никифорович 1818—1887)——俄国地主,政论家。开始政治活动时是温和的贵族自由派的拥护者。1851—1855年编辑《莫斯科新闻》,1856—1887年出版《俄罗斯通报》杂志。——565、584、605。

卡维林,康斯坦丁·德米特里耶维奇(Кавелин, Константин Дмитриевич 1818—1885)——俄国资产阶级自由派政论家,历史学家和实证论哲学家。——524、605、607、608。

开普勒,约翰奈斯(Kepler, Johannes 1571—1630)——德国天文学家,近代天文学的奠基人之一。发现行星运动规律(开普勒定律)。——103、347。

凯尔德,爱德华(Caird, Edward 1835—1908)——英国哲学家,新黑格尔主义者。——336、337。

凯尔西耶夫,瓦西里·伊万诺维奇(Кельсиев, Василий Иванович 1835—1872)——俄国革命者,1859年起侨居国外。——593。

凯撒,盖尤斯·尤利乌斯(Caesar, Gaius Julius 公元前100—前44)——古罗马统帅,国务活动家和著作家。——274—275。

康德,伊曼努尔(Kant, Immanuel 1724—1804)——德国哲学家,德国古典唯心主义哲学奠基人。——32、64—66、76、80、82、84、96、98、99、101、108—109、111、140—145、149、150、156、162—163、174—179、180、192、194、200—201、204、219—220、230、231、232、234、237、243、246、279、281—282、283、284、308、317、324、339、351、359、375、392、393—395、403、405、409、410、414、418、420、421—422、437、439、440—441、460、463、467、471、517、518、520。

考茨基,卡尔(Kautsky, Karl 1854—1938)——德国社会民主党和第二国际的领袖和主要理论家之一。1881 年与马克思和恩格斯相识后,在他们的影响下逐渐转向马克思主义。1910 年以后逐渐转到机会主义立场,成为中派领袖。——452、578。

考尔德,威廉(Coward,William 1656 前后—1725)——英国医生,自然神论哲学家。——28。

考夫曼,康斯坦丁·彼得罗维奇(Кауфман,Константин Петрович 1818—1882)——俄国将军。1861 年起任陆军部办公厅主任,1867 年起任土耳其斯坦总督和军区司令,对中亚推行殖民政策。——609。

柯亨,赫尔曼(Cohen,Hermann 1842—1918)——德国唯心主义哲学家,数学家,新康德主义马堡学派创始人。——333。

柯林斯,约翰·安东尼(Collins,John Anthony 1676—1729)——英国自然神论哲学家。——28。

柯罗齐,贝奈戴托(Croce,Benedetto 1866—1952)——意大利唯心主义哲学家、历史学家、文学评论家和政治活动家,意大利新黑格尔主义和资产阶级自由主义的代表人物。——333。

科尔夫,莫杰斯特·安德列耶维奇(Корф,Модест Андреевич 1800—1876)——俄国国务活动家,历史学家。曾任国务秘书、国务会议法律局局长。——556。

科尔尼,玛丽·阿尔弗勒德(Cornu,Marie-Alfred 1841—1902)——法国物理学家,1878 年起为法兰西科学院院士。写有大量光学、晶体物理学和摄谱仪学著作。在哲学上是自然科学的唯物主义者。——348。

科斯托马罗夫,弗谢沃洛德·德米特里耶维奇(Костомаров,Всеволод Дмитриевич)——作家,著有《古代和近代文学史》。——603、609。

克拉底鲁(Kratylos 公元前 5 世纪)——古希腊唯心主义哲学家,赫拉克利特的学生。——296、302。

克莱因佩特,汉斯(Kleinpeter,Hans 1869—1916)——奥地利哲学家,主观唯心主义者,马赫主义传播者。——461。

克劳贝格,约翰(Clauberg,Johann 1622—1665)——德国哲学家,笛卡儿主义者,接近偶因论。——66。

克劳修斯,鲁道夫(Clausius,Rudolf 1822—1888)——德国物理学家,热力学

L

哲学学会会长,《形而上学和道德问题评论》杂志的编辑。写有一些关于费希特哲学的著作。——279。

莱布尼茨,哥特弗里德·威廉(Leibniz,Gottfried Wilhelm 1646—1716)——德国自然科学家、数学家和唯心主义哲学家。——25、27、28、60—70、92、97、100、108—109、120、131、282、359、456。

莱辛,哥特霍尔德·埃夫拉伊姆(Lessing,Gotthold Ephraim 1729—1781)——德国启蒙运动时期的剧作家,艺术理论家和文学评论家,德国古典文学的奠基人。——432、562—563。

莱伊,阿贝尔(Rey,Abel 1873—1940)——法国实证论哲学家,1919 年起任巴黎大学(索邦)教授。在自然科学上是不彻底的自发的唯物主义者。——340、465—515。

兰金,威廉·约翰(Rankine,William John 1820—1872)——苏格兰工程师,物理学家,工程热力学创始人之一。——479。

兰珀——394。

朗格,弗里德里希·阿尔伯特(Lange,Friedrich Albert 1828—1875)——德国哲学家和经济学家,新康德主义创始人之一。——342、351、438—439、440—444、564。

劳,阿尔布雷希特(Rau,Albrecht 1843—1920)——德国哲学家和自然科学家,费尔巴哈的追随者。——351。

勒邦,古斯塔夫(Le Bon,Gustave 1841—1931)——法国医生,心理学家和社会学家,唯心主义者。——487。

勒鲁瓦,爱德华(Le Roy,Edouard 1870—1954)——法国唯心主义哲学家,昂·柏格森直觉主义的信徒,实用主义者和新实证论者。——501。

勒鲁瓦,昂利(Le Roy,Henri 1598—1679)——荷兰医生和哲学家,机械唯物主义的早期代表人物。——26。

勒南,约瑟夫·厄内斯特(Renan,Joseph-Ernest 1823—1892)——法国宗教史学家,唯心主义哲学家,1879 年起为法兰西科学院院士。——513。

雷努维埃,沙尔·贝尔纳(Renouvier,Charles Bernard 1815—1903)——法国哲学家,唯心主义者和折中主义者,新批判主义哲学学派的主要代表。——285、333、464。

黎尔,阿洛伊斯(Riehl,Alois 1844—1924)——德国新康德主义哲学家。
　　——333、339。

李比希,尤斯图斯(Liebig,Justus 1803—1873)——德国化学家,农业化学和
　　土壤学的创始人之一,确定了土壤中有机物和矿物质的"肥力恢复律"。
　　——46、591。

李嘉图,大卫(Ricardo,David 1772—1823)——英国经济学家,资产阶级古典
　　政治经济学最著名的代表人物。——7。

李凯尔特,亨利希(Rickert,Heinrich 1863—1936)——德国哲学家和社会学
　　家,新康德主义巴登(弗赖堡)学派的主要代表之一。——333。

李希特尔,劳尔·赫尔曼(Richter,Raul Hermann 1871—1912)——德国唯
　　心主义哲学家,威·冯特的学生。——329。

里博,泰奥杜尔·阿尔芒(Ribot,Theodule Armand 1839—1916)——法国哲
　　学家和心理学家,巴黎大学和法兰西学院教授,法国《哲学评论》杂志的创
　　办人和编辑。——333。

里凯,爱德华(Riecke,Edward 1845—1915)——德国物理学家。——328。

里特尔,亨利希(Ritter,Heinrich 1791—1869)——德国哲学家,有神论者,哲
　　学史家。——297。

利普斯,泰奥多尔(Lipps,Theodor 1851—1914)——德国心理学家和哲学
　　家,主观唯心主义者,现象论的拥护者。——350。

梁赞采夫(Рязанцев)——605。

列昂季耶夫,帕维尔·米哈伊洛维奇(Леонтьев,Павел Михайлович 1822—
　　1874)——俄国新闻记者,莫斯科大学希腊语教授,《俄罗斯通报》杂志和
　　《莫斯科新闻》的第二编辑。——565。

列姆克,米哈伊尔·康斯坦丁诺维奇(Лемке,Михаил Константинович
　　1872—1923)——俄国历史学家。写有俄国革命运动史和俄国书报期刊
　　史方面的著作。——525、601、602、603、605—606、610。

留基伯(Leukipp 公元前 5 世纪)——古希腊唯物主义哲学家,原子论创始人
　　之一。——220、224—226、243、316。

卢吉宁,弗拉基米尔·费多罗维奇(Лугинин,Владимир Федорович 1834—
　　1911)——俄国热化学家。19 世纪 60 年代曾参加革命运动。——601。

出了基本上是唯物主义的感觉认识论,认为经验是知识的唯一来源,感觉是外部世界作用于感官的结果。——26、27、28、64、203、255、282、456、534、565。

洛里亚,阿基尔(Loria,Achille 1857—1943)——意大利社会学家和经济学家,庸俗政治经济学的代表人物。——456。

M

马尔海奈凯,菲力浦·康拉德(Marheineke,Philipp Konrad 1780—1846)——德国新教神学家和基督教史学家,黑格尔主义者;黑格尔死后出版的《黑格尔全集》中的《宗教哲学讲演录》是他编的。——72。

马赫,恩斯特(Mach,Ernst 1838—1916)——奥地利物理学家和哲学家,主观唯心主义者,经验批判主义创始人之一。——46、227、231、238、328、330、333、343、459、462、463、464、468、472、474、478—480、482、483、495—496、515。

马克思,卡尔(Marx,Karl 1818—1883)——科学共产主义的创始人,世界无产阶级的领袖和导师。——5—36、39、53、61、70、118、122、148—149、151、181、203、243、274、276、277、290、292、293、295、301、304、307、308、338、353—356、360、381、383、412、415—416、426、444、446—447、452、538、539、560、568、569、571、576—577、578、594。

马勒伯朗士,尼古拉(Malebranche,Nicolas 1638—1715)——法国唯心主义哲学家,形而上学者,偶因论的主要代表人物之一。——25、27、28。

马里安诺,拉斐尔(Mariano,Raffaello 1840—1912)——意大利政论家和哲学家,黑格尔主义者。——285、339。

迈耶尔,尤根·博纳(Meyer,Jurgen Bona 1829—1897)——德国哲学家,主观唯心主义者。——390—391、392—393、439。

麦克斯韦,詹姆斯·克拉克(Maxwell,James Clerk 1831—1879)——英国物理学家。总结迈·法拉第研究电磁现象的实验时,创立了电磁场理论和光电磁理论。在哲学上是机械的、不彻底的唯物主义者。——333。

麦克塔格特,约翰·埃利斯(McTaggart,John Ellis 1866—1925)——英国哲学家,新黑格尔主义者。——338。

N

拿破仑第三（**波拿巴，路易**）（Napoléon Ⅲ（Bonaparte, Louis）1808—1873）
　　——法国皇帝（1852—1870），拿破仑第一的侄子。——567、568、598。

奈恩斯特，瓦尔特·赫尔曼（Nernst, Walter Herman 1864—1941）——德国
　　物理学家和物理化学家。——488、489。

奈麦西（Nemesios 约4世纪）——腓尼基的埃米萨主教。他在《论人的本性》
　　一著中企图把新柏拉图主义同基督教关于灵魂不死、意志自由、天意的学
　　说结合起来。——296、303。

耐格里，卡尔·威廉（Nägeli, Carl Wilhelm 1817—1891）——德国植物学家，
　　达尔文主义的反对者，不可知论者和形而上学者。——408—411。

瑙威尔克，卡尔（Nauwerk, Karl 1810—1891）——德国政论家，曾参加柏林
　　青年黑格尔派的"自由人"小组。——6。

内克，雅克（Necker Jacques 1732—1804）——法国财政大臣和政治活动家。
　　——604。

尼采，弗里德里希（Nietzsche, Friedrich 1844—1900）——德国哲学家，唯意
　　志论者和非理性主义者，"生命哲学"的创始人之一。——329、501。

尼古拉耶夫，彼得·费多罗维奇（Николай, Петр Федорович 1844—
　　1910）——俄国革命者和政论家。1866年被捕，流放西伯利亚，1867—
　　1872年在亚历山德罗夫工厂服苦役，与尼·加·车尔尼雪夫斯基有过交
　　往；后加入社会革命党。——594、598。

涅克拉索夫，尼古拉·阿列克谢耶维奇（Некрасов, Николай Алексеевич
　　1821—1878）——俄国诗人，革命民主主义者。——605。

涅恰耶夫，谢尔盖·格纳迪耶维奇（Нечаев, Сергей Геннадиевич 1847—
　　1882）——俄国无政府主义者，巴枯宁主义者。——576。

牛顿，伊萨克（Newton, Isaac 1642—1727）——英国物理学家、天文学家和数
　　学家，确立了经典力学的基本定律。在哲学观点上是自发的唯物主义者。
　　——63、100、347、482。

诺埃尔，乔治（Noël, Georges）——法国唯心主义哲学家。——279、282、
　　284—285、338。

诺施特勒姆，维塔利（Norström, Vitalis 1856—1916）——瑞典哲学家，主观
　　唯心主义者。——330。

O

欧拉,莱昂哈德(Euler,Leonhard 1707—1783)——数学家、物理学家和天文学家,彼得堡科学院和柏林科学院院士。瑞士人,大半生在俄国度过。——100。

欧文,罗伯特(Owen,Robert 1771—1858)——英国空想社会主义者。——17、28、529、577、591。

P

帕麦斯顿,亨利·约翰(Palmerston,Henry John 1784—1865)——英国外交大臣(1830—1834、1835—1841、1846—1851),首相(1855—1858、1859—1865),辉格党领袖。——592。

帕斯托里,汉尼拔(Pastore,Hannibal 1868—1956)——意大利哲学家,研究数理逻辑问题。——333。

潘捷列耶夫,隆金·费多罗维奇(Пантелеев,Лонгин Федорович 1840—1919)——俄国作家,政论家和社会活动家,19世纪60年代革命运动的参加者。后加入立宪民主党,为该党许多定期刊物撰稿。——597、600、601、602—603、604。

庞勒维,保尔(Painlevé,Paul 1863—1933)——法国数学家。——506。

培尔,皮埃尔(Bayle,Pierre 1647—1706)——法国政论家和怀疑论哲学家,早期启蒙思想家之一;曾批判宗教信条。——27、217—218。

培根,弗兰西斯(Bacon,Francis 1561—1626)——英国哲学家,自然科学家,历史学家和国务活动家,英国唯物主义的创始人。——27、28、534、565。

佩兰,让·巴蒂斯特(Perrin,Jean Baptiste 1870—1942)——法国物理学家和物理化学家。主要著作阐述布朗运动的实验研究。——331、340。

佩里,拉尔夫·巴顿(Perry,Ralph Barton 1876—1957)——美国唯心主义哲学家,新实在论者。——332。

佩罗丹,昂利·约瑟夫·阿纳斯塔斯(Perrotin,Henri Joseph Anastac 1845—1904)——法国天文学家。因观察火星上的"运河"和土星的光环而闻名。——348。

——297。

施米特，斐迪南·雅科布（Schmidt, Ferdinand Jacob 1860—1939）——德国哲学家和教育家，信仰主义者。在认识论上接近新康德主义的马堡学派和内在论者。——338。

施米特，欧仁·亨利希（Schmitt, Eugene Heinrich 1851—1916）——《黑格尔辩证法的秘密》的作者。这篇著作为响应柏林黑格尔哲学会发起的黑格尔方法论有奖征文而作，因其中有"唯物主义和感觉论"的内容而没有获奖。后转到神秘主义和诺斯替教派立场。——333、340。

施泰因，路德维希（Stein, Ludwig 1859—1930）——德国社会学家和哲学家，《哲学史文库》杂志编辑，写有哲学史著作。——329。

施特拉赫，胡戈（Strache, Hugo 1865—1925）——奥地利化学家和工程师。——330。

施特劳斯，大卫·弗里德里希（Strauß, David Friedrich 1808—1874）——德国哲学家和政论家，黑格尔的学生，《耶稣传》（1835）和《基督教教义》（1840）的作者。——29。

施韦格勒，阿尔伯特（Schwegler, Albert 1819—1857）——德国神学家、哲学家、语文学家和历史学家。——307、312、316、318。

叔本华，阿尔图尔（Schopenhauer, Arthur 1788—1860）——德国主观唯心主义哲学家。——460。

舒尔采，戈特利布·恩斯特（Schulze, Gotlieb Ernst 1761—1833）——德国唯心主义哲学家，大卫·休谟的追随者，教授。由于他的一部主要哲学著作以古希腊怀疑论哲学家埃奈西德穆为名，所以在哲学史上被称为舒尔采-埃奈西德穆。——261、262。

舒尔采，约翰（Schulze, Johann 1786—1869）——德国教育家，黑格尔主义者，黑格尔死后出版的《黑格尔全集》中的《精神现象学》是他编的。——72。

舒利亚季科夫，弗拉基米尔·米哈伊洛维奇（Шулятиков, Владимир Михайлович 1872—1912）——俄国文学评论家，布尔什维克；从庸俗社会学的立场出发反对唯心主义，从而歪曲马克思主义。——449—464。

舒佩，威廉（Schuppe, Wilhelm 1836—1913）——德国哲学家，主观唯心主义者，内在论学派首脑。——333。

作。——339。

斯托贝,约翰(Stobaeus,Johannes 约 5 世纪)——希腊作家,古代作家作品的
　　编纂者。——297。

苏,欧仁(Sue,Eugène 1804—1857)——法国作家,写有以社会问题为题材的
　　小市民感伤主义的小说。——14、31—32、34—36。

苏格拉底(Sokrates 公元前 470—前 399)——古希腊唯心主义哲学家,奴隶
　　主贵族的思想家。——122、192、234—236、421、500、535。

苏沃洛夫(Суворов)——610。

索洛维约夫,叶夫根尼·安德列耶维奇(Соловьев,Евгений Андреевич 1866—
　　1905)——俄国文学评论家和文学史家。——567。

T

塔尔德,加布里埃尔(Tarde,Gabriel 1843—1904)——法国社会学家、刑事
　　侦查学家和心理学家。——499。

塔格特——见麦克塔格特,约翰·埃利斯。

泰恩,伊波利特·阿道夫(Taine,Hippolyte-Adolphe 1828—1893)——法国
　　文艺学家、艺术学家、历史学家和实证论哲学家。——474、476。

泰勒斯(米利都的)(Thales of Miletus 公元前 624—前 547)——古希腊唯物
　　主义哲学家,米利都(伊奥尼亚)学派的创始人。——192、208。

汤姆生,约瑟夫·约翰(Thomson,Joseph John 1856—1940)——英国物理学
　　家,教授。以电学和磁学方面的著作而闻名;在哲学观点上是自发的唯物
　　主义者。——329、350。

特赖奇克,亨利希(Treitschke,Heinrich 1834—1896)——德国历史学家和政
　　论家,普鲁士主义、沙文主义和种族主义的思想家和宣传者。——390。

特伦德伦堡,弗里德里希·阿道夫(Trendelenburg,Friedrich Adolf 1802—
　　1872)——德国哲学家和逻辑学家,唯心主义者。对黑格尔哲学,特别是他
　　的辩证法持批判态度。——338。

屠格涅夫,伊万·谢尔盖耶维奇(Тургенев,Иван Сергеевич 1818—1883)——
　　俄国作家。——524、582、584。

托勒密,克劳狄乌斯(Ptolemaeus,Claudius 约 90—160)——古希腊数学家、

伊壁鸠鲁(Epikouros 公元前 342—前 270)——古希腊唯物主义哲学家,无神
论者,德谟克利特的追随者。——26、251—258、296、533。

伊斯坎德尔——见赫尔岑,亚历山大·伊万诺维奇。

伊索(Aisopos 公元前 6 世纪)——古希腊寓言作家。——600。

伊万诺夫(Иванов)——565。

尤尔凯维奇,帕姆菲尔·丹尼洛维奇(Юркевич, Памфил Данилович 1826—
1874)——俄国乌克兰宗教哲学家。——532、534、564—565。

尤沙科夫,谢尔盖·尼古拉耶维奇(Южаков, Сергей Николаевич 1849—
1910)——俄国政论家和社会学家,自由主义民粹派思想家。——602。

宇伯威格,弗里德里希(Ueberweg, Friedrich 1826—1871)——德国哲学家和
哲学史家,在哲学观点上接近唯物主义。——218、238、323。

约德尔,弗里德里希(Jodl, Friedrich 1849—1914)——德国哲学家,路·费尔
巴哈的追随者。与安·博林一起编辑了《费尔巴哈全集》第 2 版。——
341、342。

Z

扎米亚京,德米特里·尼古拉耶维奇(Замятин, Дмитрий Николаевич 1805—
1881)——俄国国务活动家,1862 年任司法大臣。——609。

扎伊奇涅夫斯基,彼得·格里戈里耶维奇(Зайчневский(Заичневский), Петр
Григорьевич 1842—1896)——俄国革命家。1861 年被捕,在狱中写了《青
年俄罗斯》传单;被判处苦役和流放到西伯利亚;从流放地返回后,继续从
事革命工作。——601—602。

詹姆斯,威廉(James, William 1842—1910)——美国哲学家和心理学家,主
观唯心主义者,实用主义创始人之一。——329、333、495—496、499、501、
503、505、511。

张伯伦,豪斯顿·斯图亚特(Chamberlain, Houston Stewart 1855—1927)
——新康德主义哲学家,社会学家,种族主义者,法西斯思想的主要先驱之
一。——329。

芝诺(埃利亚的)(Zēnōn Eleátēs 约公元前 490—前 430)——古希腊埃利亚学
派哲学家,巴门尼德的学生。——214、216—220。

文 献 索 引

B.［Рецензия на книгу:］Haas, A. E. Der Geist des Hellenentums in der modernen Physik. Antrittsvorlesung, gehalten am 17. Januar 1914 in der Aula der Universität Leipzig. Verlag von Veit und Comp., Leipzig 1914. (32 S.).—«Kantstudien», Berlin, 1914, Bd. 19, Hft. 3, S. 391—392, в отд.: Rezensionen)——349。

鲍 威 尔, 埃·《蒲鲁东》(Bauer, E. Proudhon.—«Allgemeine Literatur-Zeitung», Charlottenburg, 1844, Bd. 1, Hft. V, April, S. 37—52)——6、8、11—12、13。

—《［书评:］〈工人的联合〉》(［Рецензия на книгу:］Union ouvrière. Par Mme. Flora Tristan. Edition populaire. Paris. 1843.—«Allgemeine Literatur-Zeitung», Charlottenburg, 1844, Bd. 1, Hft. V, April, S. 18—23)——6。

鲍威尔, 奥·《［书评:］约翰·普伦格博士〈马克思和黑格尔〉》(Bauer, O. ［Рецензия на книгу:］Dr. Johann Plenge, Marx und Hegel. Tübingen, Laupp 1911. 8°. 184 S. (4 M.).—«Archiv für die Geschichte des Sozialismus und der Arbeiterbewegung», Leipzig, 1913, Bd. 3, Hft. 3, S. 528—530, в отд.: Literaturbericht)——331。

鲍威尔, 布·《不来梅维护福音真理反对现代虔诚主义的杂志》(Bauer, B. Bremisches Magazin für evangelische Wahrheit gegenüber dem modernen Pietismus.—In: Anekdota zur neuesten deutschen Philosophie und Publicistik von B. Bauer, L. Feuerbach, F. Köppen, K. Nauwerck, A. Ruge u. einigen Ungenannten. Hrsg. von A. Ruge. Bd. 2. Zürich—Winterthur, Literarisches Comptoir, 1843, S. 113—134)——33。

—《目前什么是批判的对象?》(Was ist jetzt der Gegenstand der Kritik? — «Allgemeine Literatur-Zeitung», Charlottenburg, 1844, Bd. 2, Hft. VIII, Juli, S. 18—26)——23—24。

—《［书评:］欣里克斯〈政治讲义〉》(［Рецензия на книгу:］Hinrichs, politische Vorlesungen. Zweiter Band. Halle, 1843. 489 S.—«Allgemeine Literatur-Zeitung», Charlottenburg, 1844, Bd. 1, Hft. V, April, S. 23—25)——19。

—《犹太人问题》(Die Judenfrage. Braunschweig, Otto, 1843. 115 S.)——18、20—21。

—《犹太人问题的最新论文》(1843 年)(Von den neuesten Schriften über die Judenfrage.—«Allgemeine Literatur-Zeitung», Charlottenburg, 1843, Bd. 1, Hft. I, Dezember, S. 1—17)——15、16、17、18。

—《犹太人问题的最新论文》(1844 年)(Neueste Schriften über die Judenfrage.—«Allgemeine Literatur-Zeitung», Charlottenburg, 1844, Bd. 1, Hft. IV, März, S. 10—19)——20。

贝拉察，奥·《理·阿芬那留斯和经验批判主义》(Pelazza, A. R. Avenarius e l'empiriocriticismo. Torino, Bocca, 1909. 129 p.)——330。

贝利，詹·布·《黑格尔逻辑学的起源和意义，黑格尔体系概论》(Baillie, J. B. The Origin and Significance of Hegel's Logik, a General Introduction to Hegel's System. London, Macmillan, 1901. XVIII, 375p.)——336。

彼得楚尔特，约·《纯粹经验哲学引论》(第 1—2 卷)(Petzoldt, J. Einführung in die Philosophie der reinen Erfahrung. Bd. 1—2. Leipzig, Teubner, 1900—1904. 2 Bde.)——461。

毕尔生，卡·《科学入门》(Pearson, K. The Grammar of Science. London, Scott, 1892. XVI, 493 S.)——129。

毕希纳，路·《〈力和物质〉一书前言》(Büchner, L. Vorwort [zum Buch: «Kraft und Stoff»].—In: Büchner, L. Kraft und Stoff. Empirisch-naturphilosophische Studien. In allgemein-verständlicher Darstellung. Frankfurt a. M., Meidinger, 1855, S. VII—XVI)——301。

边沁，耶·《惩罚和奖赏的理论。耶利米·边沁先生的手稿摘要》(Bentham, J. Théorie des peines et des récompenses, ouvrage extrait des manuscrits de M. Jérémie Bentham. Par E. Dumont. T. II. 3 ed. Paris, Bossange, 1826. XI, 429 p.)——28。

波格丹诺夫，亚·《权威的思维》(Богданов, А. Авторитарное мышление.—В кн.: Богданов, А. Из психологии общества. (Статьи 1901—1904 г.). Спб., Дороватовский и Чарушников, 1904, стр. 95—156)——450。

玻耳兹曼，路·《科学论文》(Boltzmann, L. Wissenschaftliche Abhandlungen.

——《低低的声音》(Чернышевский, Н. Г. Тихий голос. История одной девушки.— Там же, т. X, ч. 1, стр. 33 — 133. Подпись: Н. Маврикиев)——579。

——《地主农民的生活方式》(Устройство быта помещичьих крестьян. № XI. Материалы для решения крестьянского вопроса.—Там же, т. IV, стр. 526 — 564)——588。

——《对反村社土地占有制的哲学偏见的批判》(全集第 4 卷) (Критика философских предубеждений против общинного владения.—Там же, т. IV, стр. 304 — 333)—— 548。

——《对反村社土地占有制的哲学偏见的批判》(《同时代人》杂志第 72 卷) (Критика философских предубеждений против общинного владения.— «Современник», Спб., 1858, т. LXXII, № 12, стр. 575 — 614)——588、595。

——《俄国文学果戈理时期概观》(Очерки гоголевского периода русской литературы.—В кн.: Чернышевский, Н. Г. Полное собрание сочинений в 10 томах... Т. II. Спб., скоропечат. Яблонского, 1906, стр. 1 — 276)—— 541、564。

——《法国书刊出版法》(Французские законы по делам книгопечатания.—Там же, т. IX, стр. 128 — 156)——557。

——《告领地农民书》(Воззвание к барским крестьянам. Барским крестьянам от их доброжелателей поклон! — В кн.: Лемке, М. К. Политические процессы М. И. Михайлова, Д. И. Писарева и Н. Г. Чернышевского. (По неизд. документам)...Спб., Попова, 1907, стр. 336 — 346)——600、603。

——《关于农村生活的新条件》(О новых условиях сельского быта.— «Современник», Спб., 1858, т. LXVII, стр. 393 — 441. Подпись: Современник)——587。

——《关于西班牙的通信》(Письма об Испании. В. П. Боткина. Спб., 1857 г.— В кн.: Чернышевский, Н. Г. Полное собрание сочинений в 10 томах... Т. III, стр. 25 — 46, в отд.: Критика)——536。

——《经济活动和立法》(Экономическая деятельность и законодательство.— Там же, т. IV. Спб., тип. Тиханова, 1906, стр. 422 — 463)——577。

——《路易十八和查理十世时期法国的党派斗争》(Борьба партий во Франции

при Людовике XVIII и Карле X.—Там же, т. IV, стр. 154 — 219）
——549。

—《论土地占有制》（О поземельной собственности.—Там же, т. III. Спб. , тип.
Вайсберга и Гершунина, 1906, стр. 405 — 504）——570。

—《罗马衰亡的原因（仿孟德斯鸠）》（О причинах падения Рима（подражание
Монтескьё）.—«Современник», Спб. , 1861, т. LXXXVII, №5, стр. 89 —
117, в отд. : Русская литература）——537、548。

—《没有地址的信》（Письма без адреса.—В кн.: Чернышевский, Н. Г.
Полное собрание сочинений в 10 томах... Т. X, ч. 2, стр. 293 — 318）
——590。

—《七月王朝》（Июльская монархия.—Там же, т. VI, стр. 53 — 150）
——546。

—《期刊评论》（1857 年 3 月）（Заметки о журналах. Март 1857.—Там же,
т. III, стр. 148—158）——569。

—《期刊评论》（1857 年 4 月）（Заметки о журналах. Апрель 1857.—Там
же, т. III. Спб. , тип. Вайсберга и Гершунина, 1906, стр. 180 — 200）
——548。

—《［书评：］〈国民经济的基础〉》（［Рецензия на книгу:］Начала народного
хозяйства. Руководство для учащихся и для деловых людей Вильгельма
Рошера. Перевод И. Бабста... Т. I. Отделение первое. Москва. 1860 г.—
«Современник», Спб. , 1861, т. LXXXVI, №4, стр. 419—435, в отд. : Новые
книги）——537。

—《现代评论》（Современное обозрение.—В кн.: Чернышевский, Н. Г. Полное
собрание сочинений в 10 томах... Т. III. Спб. , тип. Вайсберга и Гершунина,
1906, стр. 555—563）——568。

—《序幕》（Пролог. Роман из начала шестидесятых годов.—Там же, т. X, ч.
1, стр. 1—312）——527、528、579 — 582、588 — 589、590、592、601、605。

—《学会了吗?》（Научились ли? — Там же, т. IX. Спб. , скоропечат. Яблонского,
1906, стр. 174—185）——557、559。

—《1859 年 1 月》（Январь 1859.—Там же, т. V, стр. 484—526）——555。

——《1859 年 6 月》(Июнь 1859.—Там же, т. V, стр. 209—250)——549。

——《怎么办?》(Что делать?)——528、529、530、531、591、592—593。

——《哲学中的人本主义原则》(Антропологический принцип в философии.—В кн.: Чернышевский, Н. Г. Полное собрание сочинений в 10 томах... Т. VI. Спб., тип. Тиханова, 1906, стр. 179—239)——58、564、565。

——《政治》(1862 年 3 月)(Политика. Март 1862.—Там же, т. IX, стр. 225—234)——550。

——《政治》(1862 年 4 月)(Политика. Апрель 1862.—Там же, т. IX, стр. 235—246)——553、554。

——《政治经济学论丛(评穆勒)》(Очерки из политической экономии (по Миллю).—Там же, т. VII, стр. 305—664)——572—574。

——《致谢》(В изъявление признательности. Письмо к Г. З—ну.—Там же, т. IX. Спб., скоропечат. Яблонского, 1906, стр. 100—104)——524。

——《转变是否开始了?》(Не начало ли перемены? (Рассказы Н. В. Успенского. Две части. Спб., 1861 г.).—Там же, т. VIII, стр. 339—359)——544、590。

——《资本与劳动》(Капитал и труд.—Там же, т. VI, стр. 1—50)——568。

达尔文, 查·《根据自然选择即生存斗争中适者保存的物种起源》(Darwin, Ch. On the Origin of Species by Means of Natural Selection, or the Preservation of Favoured Races in the Struggle for Life. London, Murray, 1859. IX, 502 S.)——118。

达姆施泰特, 路·《自然科学和技术历史指南》(Darmstaedter, L. Handbuch zur Geschichte der Naturwissenschaften und der Technik. In chronologischer Darstellung. 2., umgearb. und verm. Aufl. Unter Mitwirkung von R. du Bois-Reymond und C. Schaefer hrsg. von L. Darmstaedter. Berlin, Springer, 1908. X, 1263 S.)——348。

丹奈曼, 弗·《我们的世界图像是怎样构成的?》(Dannemann, F. Wie unser Weltbild entstand. Die Anschauungen vom Altertum bis zur Gegenwart über den Bau des Kosmos. Mit einem Titelbild nach der Rembrandtschen Radierung «Der Astrolog» u. vielen Textbildern. Stuttgart, Franckhsche Verlagsh., [1912]. 99 S.)——346—347。

——《自然科学的发展和相互联系》(Die Naturwissenschaften in ihrer Entwicklung und in ihrem Zusammenhange. Dargest. von F. Dannemann. Bd. 1—4. Leipzig—Berlin, Engelmann, 1910—1913. 4 Bde.)——346。

德波林，阿·莫·《辩证唯物主义》(Деборин, А. М. Диалектический материализм. — В кн.: На рубеже. (К характеристике современных исканий). Критический сборник. Спб., « Наше Время », 1909, стр. 38 — 75) —— 516—522。

德鲁日宁，亚·瓦·《波莲卡·萨克斯》(Дружинин, А. В. Полинька Сакс) ——529。

狄慈根，约·《不可理解的东西》(Dietzgen, J. Das Unbegreifliche. Ein Hauptstück aus der sozialdemokratischen Philosophie. (Vorwärts 1877). — In: Dietzgen, J. Kleinere philosophische Schriften. Eine Auswahl. Stuttgart, Dietz, 1903, S. 143—150)——402—403。

——《短篇哲学著作集》(Kleinere philosophische Schriften. Eine Auswahl. Stuttgart, Dietz, 1903. 4, 272 S.)——359—444。

——《科学社会主义》(Der wissenschaftliche Sozialismus. (Volksstaat 1873). — In: Dietzgen, J. Kleinere philosophische Schriften. Eine Auswahl. Stuttgart, Dietz, 1903, S. 1—11)——359—361。

——《人脑活动的实质》(Das Wesen der menschlichen Kopfarbeit. Dargest. von einem Handarbeiter. Eine abermalige Kritik der reinen und praktischen Vernunft. Hamburg, Meißner, 1869. VIII, 129 S.)——47。

——《认识的界限》(Die Grenzen der Erkenntnis. (Vorwärts 1877). — In: Dietzgen, J. Kleinere philosophische Schriften. Eine Auswahl. Stuttgart, Dietz, 1903, S. 151—161)——404—407。

——《社会民主党的道德》(Die Moral der Sozialdemokratie. Zwei Kanzelreden. (Volksstaat 1875). — Ibid., S. 77—93)——379—380。

——《社会民主党的哲学》(Sozialdemokratische Philosophie. Sieben Kapitel. (Volksstaat 1876). — Ibid., S. 94—142)——381—401。

——《社会民主党的宗教》(Die Religion der Sozialdemokratie. Sechs Kanzelreden. (Volksstaat 1870 bis 1875). — Ibid., S. 12—76)—— 362—378。

——《我们的主张认识有界限的教授们》(Unsere Professoren auf den Grenzen der Erkenntnis. (Vorwärts 1878).—Ibid., S. 162 — 178)——408—411。

——《一个社会主义者在认识论领域中的漫游》(Streifzüge eines Sozialisten in das Gebiet der Erkenntnistheorie. (Sozialdemokratische Bibliothek, Hottingen—Zürich 1887).—Ibid., S. 179—272)——412—444。

第欧根尼·拉尔修《名哲言行录》(Diogenes Laertius. De vitis, dogmatibus et apophthegmatibus clarorum philosophorum)——192、216、226、253—254、258、261。

蒂德曼, 迪·《从泰勒斯到苏格拉底的思辨哲学的精神实质》(Tiedemann, D. Geist der spekulativen Philosophie von Thales bis Sokrates. Bd. 1. Marburg, Neue Akademische Buchh., 1791. XL, 392 S.)——231。

杜布瓦-雷蒙, 埃·《论自然科学认识的界限》(Du Bois-Reymond, E. Über die Grenzen des Naturerkennens. Ein Vortrag in der zweiten offentlichen Sitzung der 45. Versammlung deutscher Naturforscher und Ärzte zu Leipzig, am 14. August 1872. Leipzig, Veit, 1872. 39 S.)——408、409。

恩格尔, B. C.《[书评:]哈马赫尔, 埃·〈黑格尔哲学的意义〉》(Engel, B. C. [Рецензия на книгу:]Hammacher, E. Die Bedeutung der Philosophie Hegels. VIII u. 92 S. Leipzig, 1911. Duncker und Humblot.—«Zeitschrift für Philosophie und Philosophische Kritik», Bd. 148, Leipzig, 1912, S. 95—97)——339。

恩格斯, 弗·《从古典唯心主义到辩证唯物主义》(Энгельс, Ф. От классического идеализма к диалектическому материализму. С прил. 11 тезисов К. Маркса. Пер. с нем. А. Горовиц и С. Клейнер, просмотр. С. Алексеевым. Одесса, Алексеева, 1905. VII, 72 стр.)——566。

——《反杜林论》(Анти-Дюринг. Переворот в науке, произведенный господином Евгением Дюрингом. Сентябрь 1876 —июнь 1878 г.)——99、245—246、564。

——[《给卡·马克思的信》](1874 年 9 月 21 日)(Engels, F. [Brief an K. Marx]. 21. September 1874.—In: Der Briefwechsel zwischen Friedrich Engels

und Karl Marx. 1844 bis 1883. Hrsg. von A. Bebel und E. Bernstein. Bd. 4.
Stuttgart, Dietz, 1913, S. 366—369）——132。

——《国民经济学批判大纲》（Umrisse zu einer Kritik der Nationalökono-
mie.—«Deutsch-Französische Jahrbucher», Paris, 1844, Lfrg. 1—2, S.
86—114）——6。

——《路德维希·费尔巴哈和德国古典哲学的终结》（1886 年版）（Ludwig
Feuerbach und der Ausgang der klassischen deutschen Philosophie.—
«Die Neue Zeit», Stuttgart, 1886, Jg. 4, Nr. 4, S. 145—157；Nr. 5, S. 193—
209）——415。

——《路德维希·费尔巴哈和德国古典哲学的终结》（1888 年版）（Ludwig
Feuerbach und der Ausgang der klassischen deutschen Philosophie. Revi-
dierter Sonderabdr. aus der «Neuen Zeit». Mit Anhang：Karl Marx über
Feuerbach vom Jahre 1845. Stuttgart, Dietz, 1888. VII, 72 S.）——41—
42、45、86、90、141、202、271、488、564。

——《论住宅问题》（Zur Wohnungsfrage. Separatabdruck aus dem
«Volksstaat». ［Hft. 1—3］. Leipzig, Exped. des «Volksstaat», 1872. 23, 32,
24 S.）——360。

——《欧根·杜林先生在科学中实行的变革》（1878 年版）（Herrn Eugen
Dühring's Umwälzung der Wissenschaft. Philosophie. Politische
Ökonomie. Sozialismus. Leipzig, Genossenschaft—Buchdruckerei, 1878.
VIII, 274 S.）——420。

——《欧根·杜林先生在科学中实行的变革》（1894 年版）（Herrn Eugen
Dühring's Umwälzung der Wissenschaft. 3., durchges. und verm. Aufl.
Stuttgart, Dietz, 1894. XX, 354 S.）——446。

——《［〈欧根·杜林先生在科学中实行的变革〉一书］第二版序言》（Vorwort
zur zweiten Auflage［des Buches：«Herrn Eugen Dühring's Umwälzung
der Wissenschaft»］.—In：Engels, F. Herrn Eugen Dühring's Umwälzung
der Wissenschaft. 2. Aufl. Hottingen—Zürich, Verl. der Volksbuchh.,
1886, S. IX—XVI）——117、213、223。

——《英国工人阶级状况》（Die Lage der arbeitenden Klasse in England. Nach eigner Anschauung und authentischen Quellen. Leipzig, Wigand, 1845. 358 S.)——53、383。

—《[〈英国工人阶级状况〉一书]序言[(1845 年 3 月 15 日)]》(Vorwort[zur Arbeit: «Die Lage der arbeitenden Klasse in England». 15. März 1845].—In: Engels, F. Die Lage der arbeitenden Klasse in England. Nach eigner Anschauung und authentischen Quellen. Leipzig, Wigand, 1845, S. 7—10)——383。

—《英国状况》(Die Lage Englands. Past and Present by Thomas Carlyle. London 1843.—In: Aus dem literarischen Nachlaß von K. Marx, F. Engels und F. Lassalle. Hrsg. von F. Mehring. Bd. I. Gesammelte Schriften von K. Marx und F. Engels. Von März 1841 bis März 1844. Stuttgart, Dietz, 1902, S. 461—490)——446。

费尔巴哈, 路·《驳躯体和灵魂、肉体和精神的二元论》(Feuerbach, L. Wider den Dualismus von Leib und Seele, Fleisch und Geist.—In: Feuerbach, L. Sämtliche Werke. Neu hrsg. von W. Bolin u. F. Jodl. Bd. 2. Philosophische Kritiken und Grundsätze. Durchges. und neu hrsg. von F. Jodl. Stuttgart, Frommann, 1904, S. 326—357)——245、341。

—《对〈基督教的本质〉的补充》——见《关于〈基督教的本质〉的书评》。

—《对莱布尼茨哲学的叙述、阐发和批判》(Darstellung, Entwicklung und Kritik der Leibnizschen Philosophie. Ausbach, 1837. 295 S.)——60、64。

—《〈反黑格尔〉批判》(Kritik des «Antihegel». 1835.—Ibid., Bd. 2, S. 17—80)——342。

—《费尔巴哈全集》(第 1—10 卷, 博林和约德尔编, 1903—1911 年)(Sämtliche Werke. Neu hrsg. von W. Bolin u. F. Jodl. Bd. 1—10. Stuttgart, Frommann, 1903—1911. 10 Bde.)——335、341。

第 1 卷(Bd. 1. Gedanken über Tod und Unsterblichkeit. Durchges. und neu hrsg. von. F. Jodl. XV, 375 S.)——335、342。

第 2 卷(Bd. 2. Philosophische Kritiken und Grundsätze. Durchges. und neu hrsg. von F. Jodl. 1904. XI, 412 S.)——103、245、335、341、342。

第 3 卷（Bd. 3. Geschichte der Neueren Philosophie von Bacon von Verulam bis Benedikt Spinoza. Durchges. und neu hrsg. von F. Jodl. 1906. XI, 388 S.）——335。

第 4 卷（Bd. 4. Darstellung, Entwicklung und Kritik der Leibnizschen Philosophie. Zur neueren Philosophie und ihrer Geschichte. Durchges. und neu hrsg. von F. Jodl. 1910. XII, 448 S.）——60—70、335、341—342。

第 5 卷（Bd. 5. Pierre Bayle. Ein Beitrag zur Geschichte der Philosophie und Menschheit. Mit einer Biogr. Bayles vom Hrsg. Neu hrsg. und biogr. eingeleitet von W. Bolin. 1905. X, 436 S.）——335。

第 6 卷（Bd. 6. Das Wesen des Christentums. Durchges. und neu hrsg. von W. Bolin. 1903. X, 411 S.）——335、342。

第 7 卷（Bd. 7. Erläuterungen und Ergänzungen zum Wesen des Christentums. Durchges. und neu hrsg. von W. Bolin. 1903. XII, 521 S.）——335、341、342。

第 8 卷（Bd. 8. Vorlesungen über das Wesen der Religion. Nebst Zusätzen und Anmerkungen. Durchges. und neu hrsg. von W. Bolin. 1908. VIII, 459 S.）——258、274、335、341、342。

第 9 卷（Bd. 9. Theogonie nach den Quellen des klassischen, hebräischen und christlichen Altertums. Durchges. und neu hrsg. von W. Bolin. 1907. IX, 417 S.）——335。

第 10 卷（Bd. 10. Schriften zur Ethik und nachgelassene Aphorismen. Durchges. und neu hrsg. von F. Jodl. 1911. X, 385 S.）——335、341。

——《费尔巴哈全集》（第 4—6、8—10 卷，1847—1866 年）（Sämtliche Werke. Bd. 4—6、8—10. Leipzig, Wigand, 1847—1866. 6 Bde.）

第 4 卷（Bd. 4. Geschichte der neuern Philosophie von Bacon von Verulam bis Benedict Spinoza. 1847. 392 S.）——38。

第 5 卷（Bd. 5. Darstellung, Entwicklung und Kritik der Leibnizschen

Philosophie.1848.X,291 S.)——38。

第 6 卷（Bd. 6. Pierre Bayle. Ein Beitrag zur Geschichte der Philosophie und Menschheit.2.,umgearb. und verm. Aufl.1848. VIII,308 S.)——38。

第 8 卷（Bd. 8. Vorlesungen über das Wesen der Religion. Nebst Zusätzen und Anmerkungen. 1851. VIII, 463 S.)—— 37 — 59、130。

第 9 卷（Bd. 9. Theogonie nach den Quellen des classischen, hebräischen und christlichen Altertums.1857.447 S.)——59。

第 10 卷（Bd.10.Gottheit,Freiheit und Unsterblichkeit vom Standpunkte der Anthropologie. Leipzig,Wigand,1866. VIII,293 S.) ——445—446。

——《〈费尔巴哈全集〉第 8 卷序言》(Vorwort[zu 8.Bd.der Sämtlichen Werken]. 1. Januar 1851.—In：Feuerbach, L. Sämtliche Werke. Bd. 8. Vorlesungen über das Wesen der Religion.Nebst Zusätzen und Anmerkungen.Leipzig, Wigand,1851,S.V—VIII)——37、53。

——《关于〈基督教的本质〉的书评》(Zur Beurteilung der Schrift：«Das Wesen des Christentums».1842.—Ibid.,Bd.7,S.265—275)——342。

——《关于死的思想》(Todesgedanken. 1830.—In：Feuerbach, L. Sämtliche Werke.Neu hrsg. von W.Bolin u.F.Jodl.Bd.1,S.1—90)——342。

——《关于死和不死的思想》(Die Gedanken über Tod und Unsterblichkeit aus den Papieren eines Denkers,nebst einem Anhang theologisch-satyrischer Xenien,hrsg. von einem seiner Freunde. Nürnberg, Stein, 1830. VIII, 248 S.)——38。

——《关于哲学改革的临时纲要》(Vorläufige Thesen zur Reform der Philosophie.1842.—In：Feuerbach,L.Sämtliche Werke.Neu hrsg. von W.Bolin u. F.Jodl.Bd.2,S.222—244)——103、341、342。

——《和黑格尔的关系》(Verhältnis zu Hegel.1840,mit späteren Zusätzen.— Ibid.,Bd.4,S.417—424)——69。

——《黑格尔哲学批判》(Zur Kritik der Hegelschen Philosophie. 1839.—

Ibid.,Bd.2,S.158—204）——342。

—《基督教的本质》（Das Wesen des Christentums. Leipzig, Wigand, 1841. XII, 450 S.）——38、39、341。

—《论理性；它的统一性、普遍性、无限性》（Über die Vernunft；ihre Einheit, Allgemeinheit, Unbegrenztheit. Dissertation zur Erlangung des philosophischen Doktorates.—In：Feuerbach, L. Sämtliche Werke. Neu hrsg. von W. Bolin u. F. Jodl. Bd. 4, S. 299—356）——69。

—《论唯灵论和唯物主义，特别是从意志自由方面着眼》（1866 年版）（Über Spiritualismus und Materialismus, besonders in Beziehung auf die Willensfreiheit.—In：Feuerbach, L. Sämtliche Werke. Bd. 10, Gottheit, Freiheit und Unsterblichkeit vom Standpunkte der Anthropologie. Leipzig, Wigand, 1866, S. 37—204）——446。

—《论唯灵论和唯物主义，特别是从意志自由方面着眼》（1911 年版）（Über Spiritualismus und Materialismus, besonders in Beziehung auf die Willensfreiheit. 1863—1866.—In：Feuerbach, L. Sämtliche Werke. Neu hrsg. von W. Bolin u. F. Jodl. Bd. 10. Schriften zur Ethik und nachgelassene Aphorismen. Durchges. und neu hrsg. von F. Jodl. Stuttgart, Frommann, 1911, S. 91—229）——341。

—《斯宾诺莎和赫尔巴特》（Spinoza und Herbart. 1836.—Ibid., Bd. 4, S. 400—416）——69。

—《未来哲学原理》（1843 年版）（Grundsätze der Philosophie der Zukunft. Zürich u. Winterthur, Literarisches Comptoir, 1843. IV, 84 S.）——30、41、233。

—《未来哲学原理》（1904 年版）（Grundsätze der Philosophie der Zukunft. 1843.—In：Feuerbach, L. Sämtliche Werke. Neu hrsg. von W. Bolin u. F. Jodl. Bd. 2. Philosophische Kritiken und Grundsätze. Durchges. und neu hrsg. von F. Jodl. Stuttgart, Frommann, 1904, S. 245—320）——341、342。

—《谢林先生》（Herr von Schelling. 1843. Brief an K. Marx. （Nach dem Brouillon).—Ibid., Bd. 4. Darstellung, Entwicklung und Kritik der Leibnizschen Philosophie. Zur neueren Philosophie und ihrer Geschichte.

Durchges. und neu hrsg. von F. Jodl. Stuttgart, Frommann, 1910, S. 434 —
440)——70。

——《宗教的本质》(Das Wesen der Religion. 1845. —Ibid., Bd. 7. Erläuterungen
und Ergänzungen zum Wesen des Christentums. Durchges. und neu hrsg.
von W. Bolin. Stuttgart, Frommann, 1903, S. 433—505)——41、341、342。

——《作家和人》(Der Schriftsteller und der Mensch. Eine Reihe humoristisch-
philosophischer Aphorismen. 1834. —Ibid., Bd. 1, S. 263—366)——342。

费尔伏恩, 麦·《普通生理学》(Verworn, M. Allgemeine Physiologie. Ein
Grundriß der Lehre vom Leben. Jena, Fischer, 1895. XI, 584 S.)——345。

——《生物起源假说》(Die Biogenhypothese. Eine kritisch-experimentelle
Studie über die Vorgänge in der lebendigen Substanz. Jena, Fischer, 1903.
IV, 114 S.)——344—345。

——《[〈生物起源假说〉一书]序言》(Vorwort[zur Arbeit: «Die Biogenhypoth-
ese »]. —In: Verworn, M. Die Biogenhypothese. Eine kritisch-
experimentelle Studie über die Vorgänge in der lebendigen Substanz.
Jena, Fischer, 1903, S. III—IV)——345。

费舍, 弗·《从经验论观点阐述的形而上学》(Fischer, F. Die Metaphysik, von
empirischem Standpunkte aus dargestellt. Zur Verwirklichung der Aris-
totelischen Metaphysik. Basel, Schweighauser' sche Buchh., 1847. VIII,
152 S.)——318。

费舍, 库·《黑格尔的生平、著述和学说》(Fischer, K. Hegels Leben, Werke
und Lehre. Th. 1. Mit dem Bildnis des Verfassers in Heliogravüre. Heidel-
berg, Winter, 1901. XX, 576 S. (Geschichte der neuern Philosophie von K.
Fischer. Jubiläumsausgabe. 8. Bd.))——132、147。

冯特, 威·《论素朴实在论和批判实在论》(Wundt, W. Über naiven und kritis-
chen Realismus. —«Philosophische Studien», Leipzig, 1895—1896, Bd.
12, Hft. 3, S. 307—408; 1896—1897, Bd. 13, Hft. 1, S. 1—105; Hft. 3, S.
323—433)——460、461。

——《哲学体系》(Вундт, В. Система философии. Пер. с нем. А. М. Водена. Спб.,
Пантелеев, 1902. VIII, 436 стр.)——458—460。

孚赫，茹·《英国热点问题》(Faucher, J. Englische Tagesfragen.—«Allgemeine Literatur-Zeitung», Charlottenburg, 1844, Bd. 2, Hft. VII, Juni, S. 1—8; Hft. VIII, Juli, S. 28—38; Hft. IX, August, S. 30—32)——6、15。

福尔克曼，保·《自然科学的认识论原理及其与当代精神生活的联系》(Volkmann, P. Erkenntnistheoretische Grundzüge der Naturwissenschaften und ihre Bezeihungen zum Geistesleben der Gegenwart. Allgemein wissenschaftliche Vorträge. 2., vollst. umgearb. und erw. Aufl. Leipzig—Berlin, Teubner, 1910. XXIII, 454 S. (Wissenschaft und Hypothese. IX))——308、343。

福雷尔，奥·《脑和灵魂》(Forel, A. Gehirn und Seele. Vortrag gehalten bei der 66. Versammlung deutscher Naturforscher und Ärzte in Wien am 26. September 1894. 10. Aufl. Stuttgart, Kröner, 1907. 45 S.)——342。

傅立叶，沙·《关于四种运动和普遍命运的理论》(Fourier, Ch. Théorie des quatre mouvemens et des destinées générales. Prospectus et annonce de la découverte. Leipzig, 1808. [4], 425, 3 p.)——32、34、35。

——《经济的和协作的新世界，或按情欲分类的引人入胜的和合乎自然的劳动方式的发现》(Le nouveau monde industriel et sociétaire, ou invention du procédé d'industrie attrayante et naturelle distribuée en séries passionnées. Paris, Bossange et Mongie, 1829. XVI, 576 p.)——32、34。

——《论家务农业协作》(Traité de l'association domestique-agricole. T. 1—2. Paris—Londres, Bossange et Mongie, 1822. 2 vol.)——32、34。

盖诺夫，彼·《费尔巴哈的认识论和形而上学》(Genoff, P. Feuerbachs Erkenntnistheorie und Metaphysik. Inaugural-Dissertation zur Erlangung der Doktorwürde der hohen philosophischen Fakultät der Universität Bern vorgelegt von P. Genoff. Zürich—Selnau, Leemann, 1911. 89 S.)——341—342。

甘斯，爱·《[黑格尔〈历史哲学讲演录〉一书]编者前言》(Gans, E. Vorrede des Herausgebers[zum Buch von G. W. F. Hegel«Vorlesungen über die Philosophie der Geschichte»]. 8. Juni 1837.—In: Hegel, G. W. F. Werke. Vollst. Ausg. durch einen Verein von Freunden des Verewigten: Ph. Marheineke

u. a. Bd. 9. Vorlesungen über die Philosophie der Geschichte. Hrsg. von E. Gans. Berlin, Duncker u. Humblot, 1837, S. V—XXII)——278。

高斯,卡・弗・《算术研究》(Gauss, C. F. Disquisitiones arithmeticae. Lipsiae, 1801. 478 S.)——179。

格律恩,卡・《路德维希・费尔巴哈的书简、遗稿及其哲学特征的阐述》(Grün, K. Ludwig Feuerbach in seinem Briefwechsel und Nachlaß sowie in seiner Philosophischen Charakterentwicklung. Bd. 1—2. Leipzig—Heidelberg, Winter, 1874. 2 Bde.)——342。

龚佩茨,泰・《希腊思想家》(Gomperz, Th. Les penseurs de la Grèce. Histoire de la philosophie antique. Ouvrage traduit de la deuxième éd. allemande par A. Reymond...et précédé d'une préface de M. A. Croiset. Vol. 1. Paris, Alcan, 1904. XVI, 545 p.)——218。

哈马赫尔,埃・《黑格尔哲学对现代的意义》(Hammacher, E. Die Bedeutung der Philosophie Hegels für die Gegenwart. Leipzig, Duncker u. Humblot, 1911. VIII, 92 S.)——339。

哈斯,阿・埃・《现代物理学中的希腊化时代精神》(Haas. A. E. Der Geist des Hellenentums in der modernen Physik. Antrittsvorlesung, gehalten am 17. Januar 1914 in der Aula der Universität Leipzig. Leipzig, Veit, 1914. 32 S.)——349。

海尔维格,格・《仇恨之歌》(Herwegh, G. Das Lied vom Hasse)——370。

海克尔,恩・《生命的奇迹》(Haeckel, E. Die Lebenswunder. Gemeinverständliche Studien über biologische Philosophie. Ergänzungsband zu dem Buche über die Welträtsel. Stuttgart, Kröner, 1904. XIV, 568 S.)——327。

——《宇宙之谜》(Die Welträtsel, gemeinverständliche Studien über monistische Philosophie. Bonn, Strauss, 1899. X, 473 S.)——327。

赫尔岑,亚・伊・《多余的人和肝火旺的人》(Герцен, А. И. Лишние люди и желчевики.—В кн.: Герцен, А. И. Сочинения и переписка с Н. А. Захарьиной. В 7-ми т. С примеч., указателем и 8 снимками. Т. V. Спб., Павленков, 1905, стр. 341—348)——524、583。

第 3 卷(Bd.3.Wissenschaft der Logik.Hrsg.von L.von Henning.Th.
　　1.Die objektive Logik.Abt.1.Die Lehre vom Sein.1833.VIII,468
　　S.)——71,72—105,106,139,151,308,336。

第 4 卷(Bd.4.Wissenschaft der Logik.Hrsg.von L.von Henning.Th.
　　1.Die objektive Logik.Abt.2.Die Lehre vom Wesen.1834,VIII,
　　244 S.)——71,106—138,139,151,308,336,337。

第 5 卷(Bd.5.Wissenschaft der Logik.Hrsg.von L.von Henning.Th.
　　2.Die subjektive Logik,oder:die Lehre vom Begriff.1834.VIII,
　　354 S.)——71,139—151,155—161,162—165,171—203、
　　204,206,308,336。

第 6 卷(Bd.6.Enzyklopädie der philosophischen Wissenschaften im
　　Grundrisse.Th.1.Die Logik.Hrsg.und nach Anleitung der vom
　　Verfasser gehaltenen Vorlesungen mit Erläuterungen und
　　Zusätzen versehen von L.von Henning.1840.XL,416 S.)——
　　71,132,133,137,146,147,151—154,162,165—170,171,172、
　　178,202—206,286—291。

第 7 卷第 1 部分(Bd.7.Abt.1.Vorlesungen über die Naturphilosophie,
　　als der Enzyklopädie der philosophischen Wissenschaften im
　　Grundrisse.Th.2.Hrsg.von K.L.Michelet.1842.XXX,2,696 S.)
　　——71。

第 7 卷第 2 部分(Bd.7.Abt.2.Enzyklopädie der philosophischen
　　Wissenschaften im Grundrisse.Th.3.Die Philosophie des
　　Geistes.Hrsg.von L.Boumann.1845.X,470 S.)——71。

第 8 卷(Bd.8.Grundlinien der Philosophie des Rechts,oder
　　Naturrecht und Staatswissenschaft im Grundrisse.Hrsg.von E.
　　Gans.1833.XX,440 S.)——71。

第 9 卷(Bd.9.Vorlesungen über die Philosophie der Geschichte.
　　Hrsg.von E.Gans.1837.XXIV,446 S.)——71,269—278。

第 10 卷(Bd.10.Vorlesungen über die Ästhetik.Hrsg.von H.G.
　　Hotho)

第 1 部分（Abt.1.Bd.1.1835.XX,548 S.）——71。

第 2 部分（Abt.2.Bd.2.1837.X,466 S.）——71。

第 3 部分（Abt.3.Bd.3.1838.VIII,582 S.）——71。

第 11 卷（Bd. 11. Vorlesungen über die Philosophie der Religion. Nebst einer Schrift über die Beweise vom Dasein Gottes.Hrsg. von Ph.Marheineke.Bd.1.1832.XVI,376 S.）——71。

第 12 卷（Bd. 12. Vorlesungen über die Philosophie der Religion. Nebst einer Schrift über die Beweise vom Dasein Gottes.Hrsg. von Ph.Marheineke.Bd.2.1832.VI,483 S.）——71。

第 13 卷（Bd. 13. Vorlesungen über die Geschichte der Philosophie. Hrsg. von K.L.Michelet.Bd.1.1833.XX,419 S.）——71、207—229、292。

第 14 卷（Bd. 14. Vorlesungen über die Geschichte der Philosophie. Hrsg. von K. L. Michelet. Bd. 2. 1833. VI, 586 S.）——71、230—265。

第 15 卷（Bd. 15. Vorlesungen über die Geschichte der Philosophie. Hrsg. von K. L. Michelet. Bd. 3. 1836. VIII, 692 S.）——71、266—268。

第 16 卷（Bd.16.Vermischte Schriften.Hrsg. von F.Förster u.L.Boumann.Bd.1.1834.VI,506 S.）——71。

第 17 卷（Bd.17.Vermischte Schriften.Hrsg. von F.Förster u.L.Boumann.Bd.2.1835.VI,470 S.）——71。

第 18 卷（Bd. 18. Philosophische Propädeutik. Hrsg. von K. Rosenkranz. 1840.XXII,2,205 S.）——71。

第 19 卷（Bd.19.Briefe von und an Hegel.Hrsg. von K.Hegel.Th.1. 1887.XII,430 S.；Th.2.1887.399 S.）——71、336。

—《黑格尔全集》（第 2 卷）（Werke.Vollst.Ausg.durch einen Verein von Freunden des Verewigten：Ph. Marheineke u. a. 2. unveränd. Aufl. Bd II. Phänomenologie des Geistes.Hrsg. von J.Schulze.Berlin,Dunker u.Humblot,1841.XII,591 S.）——9—10、16、30、31、32—33。

——《精神现象学》(Phänomenologie des Geistes. Mit einer Einleitung und einigen erläuternden Anmerkungen am Fusse der Seiten für den akademischen Gebrauch hrsg. von G. J. P. J. Bolland. Leiden, Adriani, 1907. XXXVIII,[2],752 S.)——351。

——《精神哲学》(Philosophie de l'esprit. Trad. pour la première fois et accompagnée de deux introd. et d'un comment. perpétuel par A. Véra. T. 1—2. Paris, Baillière, 1867—1869. 2 vol.)——285。

——《[〈历史哲学讲演录〉一书]序言》(Einleitung[zum Buch:«Vorlesungen über die Philosophie der Geschichte»]. —In: Hegel, G. W. F. Werke. Vollst. Ausg. durch einen Verein von Freunden des Verewigten: Ph. Marheineke u. a. Bd. 9. Vorlesungen über die Philosophie der Geschichte. Hrsg. von E. Gans. Berlin, Duncker u. Humblot, 1837, S. 3 — 74)—— 269 — 272、277—278。

——《逻辑学》(Wissenschaft der Logik. Bd. 1. Die objektive Logik. Buch 1—2. Nürnberg, Schrag, 1812—1813. 2 Bde.)——118。

——《[〈逻辑学〉一书]导言》(1833 年版)(Einleitung [zur Arbeit: «Wissenschaft der Logik»]. —Ibid., Bd. 3. Wissenschaft der Logik. Hrsg. von L. von Henning. Th. 1. Die objektive Logik. Abt. 1. Die Lehre vom Sein. Berlin, Duncker u. Humblot, 1833, S. 26—48)——80—84。

——《[〈逻辑学〉一书]第一版序言》(Vorrede zur ersten Ausgabe[der Arbeit: «Wissenschaft der Logik»]. 22. März 1812. —Ibid., Bd. 3. Wissenschaft der Logik. Hrsg. von L. von Henning. Th. 1. Die objektive Logik. Abt. 1. Die Lehre vom Sein. Berlin, Duncker u. Humblot, 1833, S. 3—9)——72—73。

——《[〈逻辑学〉一书]第二版序言》(Vorrede zur zweiten Ausgabe [der Arbeit:«Wissenschaft der Logik»]. 7. November 1831. —Ibid., S. 10—25) ——74—79。

——《[〈逻辑学〉一书]序言》(1834 年版)(Vorbericht [zur Arbeit: «Wissenschaft der Logik»]. 21. Juli 1816. —In: Hegel, G. W. F. Werke. Vollst. Ausg. durch einen Verein von Freunden des Verewigten: Ph. Marheineke u. a. Bd. 5. Wissenschaft der Logik. Hrsg. von L. von Henning. Th. 2.

Die subjektive Logik, oder: die Lehre vom Begriff. Berlin, Duncker u. Humblot, 1834, S. 3—4) ——159。

——《美学教程》(Cours d'esthétique. Analysé et trad. en partie, par. Ch. Bénard. T. 1—3. Paris—Nancy, 1840—1848. 3 vol.) ——285。

——《自然哲学》(Philosophie de la nature. Trad. pour la première fois et accompagnée d'une introd. et d'un comment. perpétuel par A. Véra. T. 1. Paris, Ladrange, 1863. XII, 628 p.) ——285。

——《宗教哲学》(Philosophie de la religion. Trad. pour la première fois et accompagnée de plusieurs introd. et d'un comment. perpétuel par A. Véra. T. 1—2. Paris, Baillière, 1876—1878. 2 vol.) ——285。

华莱士, 威·《黑格尔哲学特别是他的逻辑学入门》(Wallace, W. Prolegomena to the Study of Hegel's Philosophy and Especially of his Logic. 2-d ed., rev. and augm. Oxford, Clarendon Press, 1894. XVI, 366 p.) ——336。

霍尔巴赫, 保·昂·《社会体系, 道德与政治的自然原则》(Holbach, P.-H. Système social, ou Principes naturels de la morale et de la politique... T. 1—2. Paris, Niogret, 1822. 2 vol.) ——29。

伽桑狄, 皮·《对亚里士多德的异议》(Gassendi, P. Exercitationum paradoxicarum adversus Aristoteleos libri septem, in quibus praecipua totius peripateticae doctrinae fundamenta excutiuntur, opiniones verò aut Novae, aut ex vetustioribus obsoletae stabiliuntur, authore Petro Gassendo... Gratianopoli, ex typ. P. Verdirii, 1624. 220 p.) ——57。

杰尼修克, H.《关于车尔尼雪夫斯基著作的评论文献》(Денисюк, Н. Критическая литература о произведениях Н. Г. Чернышевского. С портр., биогр. очерком и примеч. Н. Денисюк. Вып. 1. М., Панафидина, 1908. IX, 336 стр.) ——562。

君特, 康·《从原始动物到人》(Guenther, K. Vom Urtier zum Menschen. Ein Bilderatlas zur Abstammungs-und Entwicklungsgeschichte des Menschen. Zugest. und erläutert von K. Guenther. Bd. 1—2. Stuttgart, Deutsche Verlags-Anstalt, 1909. 2 Bde.) ——330。

卡巴尼斯, 皮·让·若·《人的肉体和精神的关系》(Cabanis, P.-J.-G. Rapports

du physique et du morale de l'homme. T. 1 — 2. Paris, Crapart, 1802. 2 vol.)——26。

卡诺,拉·尼·《关于微积分的形而上学的探索》(Carnot, L.-N. Réflexions sur la Métaphysique du calcul infinitésimal. Paris, Duprat, 1797. 80 p.)——100。

卡斯坦宁,弗·《经验批判主义——兼答威·冯特的论文》(Carstanjen, F. Der Empiriokritizismus, zugleich eine Erwiderung auf W. Wundts Aufsätze: «Der naive und kritische Realismus» II u. III.—«Vierteljahrsschrift für wissenschaftliche Philosophie», Leipzig, 1898, Jg. 22, Hft. 1, S. 45 — 95; Hft. 2, S. 190—214; Hft. 3, S. 267—293)——460。

康德,伊·《纯粹理性批判》(Kant, I. Kritik der reinen Vernunft. 2. hin und wieder verbesserte Aufl. Riga, Hartknoch, 1787. XLIV, 884 S.)—— 66、84、145、393、403、421、437。

—《[〈纯粹理性批判〉一书]第二版序言》(Vorrede zur zweiten Auflage[der Arbeit: «Kritik der reinen Vernunft»].—In: Kant, I. Kritik der reinen Vernunft. 2. hin und wieder verbesserte Aufl. Riga, Hartknoch, 1787, S. VII—XLIV)——84、393、403、421、437。

—《判断力批判》(Kritik der Urteilskraft. 3. Aufl. Berlin, Lagarde, 1799. LX, 482 S.)——111。

考茨基,卡·《社会革命》(Каутский, К. Социальная революция. I. Социальная реформа и социальная революция. II. На другой день после социальной революции. С двумя прил. Пер. с нем. Н. Карпова. Под ред. Н. Ленина. Изд. Лиги русск. рев. социал-демократии. Женева, тип. Лиги, 1903. 204, 4 стр. (РСДРП))——578。

克莱因佩特,汉·《现代自然科学的认识论》(Kleinpeter, H. Die Erkenntnistheorie der Naturforschung der Gegenwart. Unter Zugrundelegung der Anschauungen von Mach, Stallo, Clifford, Kirchhoff, Hertz, Pearson und Ostwald. Leipzig, Barth, 1905. XII, 156 S.)——461。

克劳贝格,约·《捍卫笛卡儿主义》(Clavbergii, J. Defensio cartesiana. Amstelodami, Elzevirius, 1652. [12], 631 p.)——66。

［克雷门斯］《亚历山大里亚的克雷门斯歌剧集》（［Clemens, A.］Clementis Alexandrini opera. Ex recensione Gulielmi Dindorfii. Vol. III. Stromatum V—VIII. Scripta minora. Fragmenta. Oxonii，e typ. Clarendoniano，1869. 694 p.）——299、301。

库尔奇茨基，Л.《俄国革命运动史》（Кульчицкий，Л. История русского революционного движения. В 2-х т.，с портр. русск. революционных деятелей. Пер. с рукописи，перераб. авт. для русск. изд.，Л. Б—ского. Т. 1.（1801—70 гг.）. Спб.，1908. 395 стр. Перед загл.：Л. Кульчицкий（Мазовецкий））——601。

拉布，弗·《理查·阿芬那留斯的哲学》（Raab，F. Die Philosophie von Richard Avenarius. Systematische Darstellung und immanente Kritik. Leipzig，Meiner，1912. IV，164 S.）——331。

拉格朗日，约·路·《关于解数值方程》（Lagrange，J.-L. Traité de la résolution des équations numériques de tous les degrés… Nouv. éd.，rev. et augm. par l'auteur. Paris，Courcier，1808. XII，312 p.）——100。

—《解析函数论。微分运算原理》（Théorie des fonctions analytiques，conten. 1es principes du calcul differentiel… 3 éd.. rev. et suiv. d'une note，par J.-A. Serret. Paris，Bachelier，1847. XII，399 p.）——100。

拉萨尔，斐·《爱非斯的晦涩哲人赫拉克利特的哲学》（Lassalle，F. Die Philosophie Herakleitos des Dunklen von Ephesos. Nach einer neuen Sammlung seiner Bruchstücke und der Zeugnisse der Alten dargestellt. Bd. 1—2. Berlin，Duncker，1858. 2 Bde.）——292—304、305。

—《［〈爱非斯的晦涩哲人赫拉克利特的哲学〉一书〕序言》（Vorwort［zur Arbeit：«Die Philosophie Herakleitos des Dunklen von Ephesos»］. August 1857.—In：Lassalle，F. Die Philosophie Herakleitos des Dunklen von Ephesos. Nach einer neuen Sammlung seiner Bruchstücke und der Zeugnisse der Alten dargestellt. Bd. 1. Berlin，Duncker，1858，S. III—XV. Подпись：Der Verfasser）——293、294。

莱布尼茨，哥·威·《论神的慈善、人的自由和恶的起源的神正论论文》（Leibniz，G. W. Essais de Théodicée sur la bonté de Dieu, la liberté de l'homme, et l'origine du mal. Amsterdam, Troyel, 1710. 854 p.)——64。

——《人类理智新论》(Nouveaux essais sur l'entendement humain par. l'auteur du système de l'harmonie préetablie.—In: Leibniz, G. W. Oeuvres philosophiques en latin et en français, tirées de ses manuscrits et publiées par M. Rud. Éric Raspe, avec une préface de Kaestner. Hanovre, Pockwitz, 1764, p. 1—496)——64、66、67。

莱伊,阿·《物理化学的哲学原理》(Rey, A. Les principes philosophiques de la chimie physique.—«Revue philosophique de la France et de l'étranger», Paris, 1904, T. LVII, avril, p. 393—409, в отд.: Revue critique)——340。

——《现代哲学》(La Philosophie Moderne. Paris, Flammarion, 1908. 372 p. (Bibliothèque de philosophie scientifique))——465—515。

赖夏尔特,C.《论赤贫》(Reichardt, C. Schriften über den Pauperismus.—«Allgemeine Literatur-Zeitung», Charlottenburg, 1843, Bd. 1, Hft. I, December, S. 17—29; 1844, Bd. 1, Hft. II, Januar, S. 1—23)——6。

朗格,弗·阿·《唯物主义史及当代对唯物主义意义的批判》(Lange, F. A. Geschichte des Materialismus und Kritik seiner Bedeutung in der Gegenwart. Iserlohn, Baedeker, 1866. XVI, 564 S.)——342、351、438—441。

劳,阿·《弗里德里希·保尔森论恩斯特·海克尔》(Rau, A. Friedrich Paulsen über Ernst Haeckel. Eine kritische Untersuchung über Naturforschung und moderne Kathederphilosophie. 2. Aufl. Berlin, Breitenbach u. Brackwede, 1907. 48 S. (Flugschriften des Deutschen Monistenbundes. Hft. 3))——351—352。

勒邦,古·《力的演进》(Le Bon, G. L'Évolution des forces. Avec 42 fig. photographiées au laboratoire de l'auteur. Paris, Flammarion, 1907. 386 p. (Bibliothèque de philosophie scientifique))——487。

——《物质的演进》(L'Évolution de la matière. Avec 62 fig. photographiées au laboratoire de l'auteur. Paris, Flammarion, 1905. 389 p. (Bibliothèque de philosophie scientifique))——487。

李希特尔,劳·《[书评:]路德维希·施泰因〈现代哲学派别〉》(Richter, R.

［Рецензия на книгу：］Stein，Ludwig. Philosophische Strömungen der Gegenwart. Stuttgart，1908，Verlag von Enke. XVI und 452 S.—«Vierteljahrsschrift für wissenschaftliche Philosophie und Soziologie»，Leipzig，1909，Jg. 33，Hft. 1，S. 105—110)——329。

里凯，爱·《供个人研究和讲学使用的物理学教科书》(Riecke，E. Lehrbuch der Physik zu eigenem Studium und zum Gebrauche bei Vorlesungen. Bd. 1—2. 4.，verb. u. verm. Aufl. Leipzig，Veit，1908. 2 Bde.)——328。

——《物理学手册》——见《供个人研究和讲学使用的物理学教科书》。

里特尔，亨·《伊奥尼亚哲学史》(Ritter，H. Geschichte der Jonischen Philosophie，Berlin，Trautwein，1821，VII，326 S.)——297。

利普斯，泰·《自然科学和世界观》(Lipps，T. Naturwissenschaft und Weltanschauung. Vortrag gehalten auf der 78. Versammlung deutscher Naturforscher und Ärzte in Stuttgart. Heidelberg，Winter，1906. 40 S.)——350。

列姆克，米·康·《〈大俄罗斯人〉案件》(Лемке，М. К. Процесс «Великорусцев». 1861 г. (По неизданным источникам). —«Былое»，Спб.，1906，№7，стр. 81—103)——601。

——《米·拉·米哈伊洛夫、德·伊·皮萨列夫和尼·加·车尔尼雪夫斯基的政治诉讼案件》(Политические процессы М. Л. Михайлова，Д. И. Писарева и Н. Г. Чернышевского. (По неизд. документам)…Спб.，Попова，1907. 421，[2]стр.)——601、602、603、606、607、610。

列宁，弗·伊·《黑格尔〈哲学史讲演录〉一书摘要》(Ленин，В. И. Конспект книги Гегеля «Лекции по истории философии». 1915 г.)——292。

——《谈谈辩证法问题》(К вопросу о диалектике. 1915 г.)——312。

卢卡斯，理·《关于放射性物质的书目》(Lucas，R. Bibliographie der radioaktiven Stoffe. Hamburg—Leipzig，Voss，1908. 92 S.)——328。

鲁萨诺夫，尼·谢·《西欧和俄国的社会主义者》(Русанов，Н. С. Социалисты Запада и России. Спб.，тип. Стасюлевича，1908. IV，393 стр. Перед загл. авт.：Н. С. Русанов (Н. Е. Кудрин))——562、600、603、607。

罗塔，帕·《黑格尔的复兴和永恒哲学》(Rotta，P. La rinascita dell'Hegel e la filosofia perenne. —«Rivista di Filosofia»，Genova，Anno III，1911， giugno, p. 387—401)——337。

马赫, 恩·《德国高等学校物理学概论》(Mach, E. Grundriß der Physik für die höheren Schulen des Deutschen Reiches bearb. von F. Harbordt und M. Fischer. T. 1—2. 2. Aufl. Leipzig—Wien, Freytag—Tempsky, 1905—1908. 2 Bde.)——328。

马克思, 卡·《第 179 号〈科隆日报〉社论》(Marx, K. Der leitende Artikel in Nr. 179 der Kölnischen Zeitung.—«Rheinische Zeitung für Politik, Handel und Gewerbe», Köln, 1842, Nr. 191, 10. Juli. Beiblatt zu Nr. 191 der Rheinischen Zeitung, S. 1; Nr. 193, 12. Juli. Beiblatt zu Nr. 193 der Rheinischen Zeitung, S. 2; Nr. 195, 14. Juli. Beiblatt zu Nr. 195 der Rheinischen Zeitung, S. 1—2)——355。

——《法兰西内战》(Маркс, К. Гражданская война во Франции. Воззвание Генерального Совета Международного Товарищества Рабочих. Апрель—май 1871 г.)——276.

——[《给弗·恩格斯的信》](1858 年 2 月 1 日)([Brief an F. Engels]. 1. Februar 1858.—In: Der Briefwechsel zwischen Friedrich Engels und Karl Marx. 1844 bis 1883. Hrsg. von A. Bebel und E. Bernstein. Bd. 2. Stuttgart, Dietz, 1913, S. 241—243)——292、304。

——[《给弗·恩格斯的信》](1870 年 5 月 10 日)([Brief an F. Engels]. 10. Mai 1870.—Ibid., Bd. 4, S. 283—284)——61。

——《论犹太人问题》(Zur Judenfrage.—«Deutsch-Französische Jahrbücher», Paris, 1844, Lfrg. 1—2, S. 182—214)——18、20、22。

——《马克思论费尔巴哈(1845 年春写于布鲁塞尔)》(Marx über Feuerbach (niedergeschrieben in Brüssel im Frühjahr 1845).—In: Engels, F. Ludwig Feuerbach und der Ausgang der klassischen deutschen Philosophie. Revidierter Sonderabdr. aus der «Neuen Zeit». Mit Anhang: Karl Marx über Feuerbach vom Jahre 1845. Stuttgart, Dietz, 1888, S. 69—72)——181、301、539。

——《政治经济学批判》(Zur Kritik der politischen Ökonomie. Hft. 1. Berlin, Duncker, 1859. VIII, 170 S.)——415。

—《［〈政治经济学批判〉］序言》（Vorwort［zur Arbeit：«Zur Kritik der politischen Ökonomie»］.—In：Marx，K.Zur Kritik der politischen Ökonomie. Hft.1.Berlin，Duncker，1859，S.III—VIII）——415。

—《〈资本论〉第 1 卷德文第 2 版〉跋》（Nachwort［zur 2.Auflage des 1.Band «Des Kapitals»］.—In：Marx，K. Das Kapital. Kritik der politischen Ökonomie. Bd. I. Buch I：Der Produktionsprozeß des Kapitals. 2. verbesserte Aufl.Hamburg，Meißner，1872，S.813—822）——148、560。

—《资本论》（第 3 卷）（Das Kapital.Kritik der politischen Ökonomie.Bd.III. T.2.Buch III：Der Gesamtprozeß der kapitalistischen Produktion.Kapitel XXIX bis LII.Hrsg. von F. Engels. Hamburg，Meißner，1894.IV，422 S.）——569。

—《资本论》（俄文版第 1 卷）（Капитал. Критика политической экономии，т. I.1867 г.）——203—204、452。

—《资本论》（俄文版第 1 — 3 卷）（Капитал. Критика политической экономии.T.I—III.1867—1894 гг.）——83、122、151、290、307。

马克思，卡·和恩格斯，弗·《共产党宣言》（Marx，K.u.Engels，F.Manifest der Kommunistischen Partei. Veröffentlicht im Februar 1848. London，«Bildungs-Gesellschaft für Arbeiter»，1848.30 S.）——53、118、415、571。

—《关于同盟的决议》（Résolutions relatives à l'Alliance.—In：Résolutions du congrès général tenu à la Haye du 2 au 7 septembre 1872. Londres，Graag，1872，p. 12 — 14.（Association internationale des travailleurs））——374。

—《神圣家族，或对批判的批判所做的批判》（Die heilige Familie，oder Kritik der kritischen Kritik.Gegen Bruno Bauer und C⁰.Frankfurt a.M.，Literarische Anstalt（J.Rütten），1845.VIII，336 S.）——5—36。

—《［〈神圣家族，或对批判的批判所做的批判〉一书］序言》（Vorrede［zur Arbeit：«Die heilige Familie，oder Kritik der kritischen Kritik»］. September 1844.—In：Marx，K. u. Engels，F. Die heilige Familie，oder Kritik der kritischen Kritik.Gegen Bruno Bauer und C⁰.Frankfurt a.M.，Literarische Anstalt（J.Rütten），1845，S.III—IV）——5。

马里安诺,拉 •《意大利的现代哲学》(Mariano, R. La philosophie contemporaine en Italie. Essai de philosophie hégélienne... Paris—Londres—New York, Baillière, 1868. VIII, 162, 12 p.)——285。

麦克塔格特,约 •《黑格尔辩证法研究》(McTaggart, J. E. Studies in the Hegelian Dialektik. Cambridge, at the University Press, 1896. XVI, 259 p.)——338。

米希勒,卡 • 路 • 和黑林,格 • 亨 •《黑格尔的辩证方法的历史辨析》(Michelet, K. L. u. Haring, G. H. Historisch-kritische Darstellung der dialektischen Methode Hegels. Leipzig, Duncker u. Humblot, 1888. XVI, 174 S.)——340。

拿破仑《拿破仑的思想》(Napoléon. Pensées de Napoléon. Paris, Payot, [1913]. 120 p. (Bibliothèque miniature. 14))——349。

奈恩斯特,瓦 •《普通化学和物理化学的发展》(Nernst, W. Le développement de la chimie générale et de la chimie physique.—«Revue générale des Sciences pures et appliquées», Paris, 1908, N 5, 15 mars, p. 180 — 184. Под общ. загл.: Les Progrès les plus importants des disciplines chimiques dans les quarante dernières années)——489。

耐格里.卡 • 威 •《自然科学认识的界限》(Nägeli, C. W. Die Schranken der naturwissenschaftlichen Erkenntnis. Vortrag..., gehalten in der zweiten allgemeinen Sitzung.—In: Tageblatt der 50. Versammlung deutscher Naturforscher und Ärzte in München 1877. Beilage. München, September 1877, S. 3 — 18)——408。

尼古拉耶夫,彼 • 费 •《关于尼古拉 • 加甫里洛维奇 • 车尔尼雪夫斯基的苦役生活的个人回忆》(Николаев, П. Ф. Личные воспоминания о пребывании Николая Гавриловича Чернышевского в каторге. (В Александровском заводе). 1867 — 1872 гг. М., «Колокол», 1906. 52 стр. (Вторая б-ка... №9))——594、598。

涅克拉索夫,尼 • 阿 •《尼 • 加 • 车尔尼雪夫斯基》(Некрасов, Н. А. Н. Г. Чернышевский)——605。

牛顿,伊 •《自然哲学的数学原理》(Newton, I. Principes mathématiques de la

philosophie naturelle. T. 1 — 2. Paris, Desaint et Saillant, Lambert, 1759. 2 vol.)——100。

诺埃尔,乔·《黑格尔的逻辑学》(Noël, G. La logique de Hegel.—«Revue de Métaphysique et de Morale», Paris, 1894, t. II, p. 36 — 57, 270 — 298, 644—675；1895, t. III, p. 184 — 210, 503 — 526；1896, t. IV, p. 62 — 85, 585—614)——279。

——《黑格尔的逻辑学》(La logique de Hegel. Paris, Alcan, 1897. VIII, 189 p.) ——279—285。

——《[书评:]威廉·华莱士〈黑格尔的精神哲学〉》([Рецензия на книгу:] William Wallace. Hegel's Philosophy of Mind. Transl. from the Encyclo-paedia of the Philosophical Sciences with five Introductory Essays. Oxford, at the Clarendon Press, 1894；Henry Frowde, London.—«Revue philosophique de la France et de l'étranger», Paris, 1894, T. XXXVIII, novembre, p. 540. Подпись: G. N.)——337。

——《[书评:]威廉·华莱士〈黑格尔哲学特别是他的逻辑学入门〉》([Рецензия на книгу:] William Wallace. Prolegomena to the Study of Hegel's Philo-sophy and Especially of his Logic. Oxford, at the Clarendon Press, 1894；London, Henry Frowde.—«Revue philosophique de la France et de l'étranger», Paris, 1894, T. XXXVIII, novembre, p. 538 — 540)——336。

诺施特勒姆,维·《素朴的和科学的世界观》(Norström, V. Naives und wis-senschaftliches Weltbild.—«Archiv für systematische Philosophie», Berlin, 1907, Bd. XIII, Hft. 3, S. 491 — 510；1908, Bd. XIV, Hft. 4, S. 447 — 496)——330。

欧拉,莱·《微分学原理》(Euler, L. Institutiones calculi differentialis cum eius usu in analysi finitorum ac doctrina serierum. Vol. 1 — 2. Ticini, typ. Galeatii, 1787. 2 vol.)——100。

潘捷列耶夫,隆·费·《往事回忆录》(Пантелеев, Л. Ф. Из воспоминаний прошлого. Спб., тип. Меркушева, 1905. IV, 340 стр.)——597、600—603。

培尔,皮·《历史批判辞典》(Bayle, P. Dictionnaire historique et critique. T. 1 — 2. Rotterdam, chez Reiner Leers, 1697. 3 vol.)——217。

佩兰,让·《物理化学论文。原理》(Perrin, J. Traité de chimie physique. Les principes. Paris, Gauthier—Villars, 1903. XXVI, 300 p.)——340。

——《原子》(Les atomes. Avec 13 fig. Paris, Alcan, 1913. XVI, 296 p. (Nouvelle collection scientifique))——331。

佩雷斯,J.《〈哲学评论〉(1911 年 1—6 月)》(Pérès, J. Rivista di Filosofia. 1911, janvier—juin.—«Revue philosophique de la France et de l'étranger», Paris, 1911, T. LXXII, septembre, p. 332—335)——337。

佩里,拉·巴·《现代哲学倾向：评自然主义、唯心主义、实用主义和实在论，兼论威廉·詹姆斯的哲学》(Perry, R. B. Present Philosophical Tendencies: a Critical Survey of Naturalism, Idealism, Pragmatism und Realism, together with a Synopsis of the Philosophy of William James. London—New York, Longmans a. Green, 1912. XV, 383 p.)——332。

彭加勒,昂·《科学和假说》(Poincaré, H. La Science et l'hypothèse. Paris, Flammarion [1902]. 284 p. (Bibliothèque de philosophie scientifique))——470。

皮萨列夫,德·伊·《幼稚想法的失策》(Писарев, Д. И. Промахи незрелой мысли)——317。

蒲鲁东,皮·约·《什么是财产？或关于法和权力的原理的研究》(Proudhon, P.-J. Qu'est-ce que la propriété? ou Recherches sur le principe du droit et du gouvernement. 1-er mémoire. Paris, Brocard, 1840. 244 p.)——6、8、9、11—13。

普弗劳姆,Ch. D.《关于 1905 年意大利哲学文献的报告》(Pflaum, Ch. D. Bericht über die italienische philosophische Literatur des Jahres 1905.—«Zeitschrift für Philosophie und Philosophische Kritik», Bd. 129, Leipzig, 1906, S. 94—105)——339。

普朗克,麦·《能量守恒原理》(Planck, M. Das Prinzip der Erhaltung der Energie. 2. Aufl. Leipzig—Berlin, Teubner, 1908. XVI, 280 S. (Wissenschaft und Hypothese. VI))——328。

普朗特尔,卡·《弗里德里希·费舍》(Prantl, K. Fischer Friedrich.—In: Allgemeine Deutsche Biographie. Bd. 7. Leipzig, Duncker u. Humblot, 1878, S.

66—67)——319。

普列汉诺夫，格·《伯恩施坦与唯物主义》(Plechanow, G. Bernstein und der Materialismus.—«Die Neue Zeit», Stuttgart, 1897—1898, Jg. XVI, Bd. II, Nr. 44, S. 545—555)——236。

——《答波格丹诺夫先生》(第三封信)([Плеханов, Г. В.] Ответ г. А. Богданову. (Письмо третье).—В кн.: Плеханов, Г. В. От обороны к нападению. Ответ г. А. Богданову, критика итальянского синдикализма и другие статьи. М., [1910], стр. 70—111)——236。

——《对我们的批判者的批判》(Критика наших критиков. Спб., 1906. VII, 400 стр.)——236。

——《纪念黑格尔逝世六十周年》(Zu Hegel's sechzigstem Todestag.—«Die Neue Zeit», Stuttgart, 1891—1892, Jg. X, Bd. I, Nr. 7, S. 198—203; Nr. 8, S. 236—243; Nr. 9, S. 273—282)——135。

——《Cant 反对康德或伯恩施坦先生的精神遗嘱》(Cant против Канта или Духовное завещание г. Бернштейна.—«Заря», Stuttgart, 1901, №2—3, декабрь, стр. 204—225)——236。

——《康拉德·施米特反对卡尔·马克思和弗里德里希·恩格斯》(Konrad Schmidt gegen Karl Marx und Friedrich Engels.—«Die Neue Zeit», Stuttgart. 1898—1899, Jg. XVII, Bd. I, Nr. 5, S. 133—145)——236。

——《论一元论历史观之发展》(К вопросу о развитии монистического взгляда на историю. Ответ гг. Михайловскому, Карееву и комп. Спб., тип. Скороходова, 1895. 288 стр. Перед загл. авт.: Н. Бельтов)——236。

——《马克思主义的基本问题》(Основные вопросы марксизма. Спб., «Наша Жизнь», 1908. 107 стр.)——236、272、445—448。

——《尼·加·车尔尼雪夫斯基》(第 1 篇文章)(Н. Г. Чернышевский. (Статья первая).—«Социал-Демократ», Лондон, 1890, кн. 1, февраль, стр. 88—175)——524、525—528、530、531、541—542、550、553、556、557、558—559。

——《尼·加·车尔尼雪夫斯基》(1910 年版)(Н. Г. Чернышевский. Спб., «Шиповник», [1909]. 537 стр. На тит. л. год изд.: 1910)——272、523—

559、568。

——《唯物主义还是康德主义?》》(Materialismus oder Kantianismus? —«Die Neue Zeit», Stuttgart, 1898 — 1899, Jg. XVII, Bd. I, Nr. 19, S. 589 — 596; Nr. 20, S. 626 — 632)——236。

——《战斗的唯物主义》(答波格丹诺夫先生)(第一封信)(Materialismus militans. Ответ г. Богданову. (Письмо первое). —«Голос Социал-Демократа», [Женева], 1908, №6 — 7, май—июнь, стр. 3 — 14)——236。

——《战斗的唯物主义》(答波格丹诺夫先生)(第二封信)(Materialismus militans. Ответ г. Богданову. Письмо второе. —«Голос Социал-Демократа», [Женева], 1908, №8 — 9, июль—сентябрь, стр. 3 — 26)——236。

普伦格,约·《马克思和黑格尔》(Plenge, J. Marx und Hegel. Tübingen, Laupp, 1911. 184 S.)——331、338、353 — 356。

——《[〈马克思和黑格尔〉一书]序言》(Vorwort [zur Arbeit: «Marx und Hegel». 18. Januar 1911]. —In: Plenge, J. Marx und Hegel. Tübingen, Laupp, 1911, S. 3 — 6)——353。

[齐赫林斯基,弗·]《欧仁·苏:巴黎的秘密》([Zychlinski, F.]Eugen Sue: die Geheimnisse von Paris. Kritik von Szeliga. —«Allgemeine Literatur-Zeitung», Charlottenburg, 1844, Bd. 2, Hft. VII, Juni, S. 8 — 48)——13 — 14、34 — 35。

切尔诺夫,维·米·《马克思主义和先验哲学》(Чернов, В. М. Марксизм и трансцендентальная философия. —В кн.: Чернов, В. М. Философские и социологические этюды. М., «Сотрудничество», 1907, стр. 29 — 72)——170。

——《哲学和社会学论文集》(Философские и социологические этюды. М., «Сотрудничество», 1907. 380 стр.)——170、219。

荣格尼茨,恩·《瑙威尔克先生和哲学系》([Jungnitz, E.]Herr Nauwerk und die philosophische Facultät. —«Allgemeine Literatur-Zeitung», Charlottenburg, 1844, Bd. 1, Hft. VI, Mai, S. 17 — 20. Подпись: J.)——6。

萨林亚克,弗·《普通物理学和天文学问题》(Salignac, F. Questions de physique générale et d'astronomie. Toulouse, Privat, 1908. 62 p.)

kleitos der dunkle, von Ephesos, dargestellt aus Trümmern seines Werkes und den Zeugnissen der Alten.—In: Museum der Alterthums-Wissenschaft. Hrsg. von F. A. Wolf u. Ph. Buttmann. Bd. 1. Berlin, Realschulbuchh., 1807, S. 313—533)——297。

施米特，斐·雅·《黑格尔和马克思》(Schmidt, F. J. Hegel und Marx.—«Preußische Jahrbücher», Berlin, 1913, Bd. 151, Hft. 3, S. 415—436)——338。

施米特，欧·亨·《黑格尔辩证法的秘密》(Schmitt, E. H. Das Geheimnis der Hegelschen Dialektik, beleuchtet vom konkretsinnlichen Standpunkte. Halle a. S., Pfeffer, 1888. XIV, 144 S.)——340。

施泰因，路·《现代哲学派别》(Stein, L. Philosophische Strömungen der Gegenwart. Stuttgart, Enke, 1908. XVI, 456 S.)——329。

施特拉赫，胡·《物质、宇宙以太和自然力的统一》(Strache, H. Die Einheit der Materie des Weltäthers und der Naturkräfte. Wien, Deuticke, 1909. XIII, 142 S.)——330。

舒利亚季科夫，弗·米·《阶级斗争的理论和实践》(Шулятиков, В. М. Из теории и практики классовой борьбы. М., Дороватовский и Чарушников, 1907. 80 стр.)——451。

——《西欧哲学(从笛卡儿到恩·马赫)对资本主义的辩护》(Оправдание капитализма в западноевропейской философии. От Декарта до Э. Маха. М., «Московское кн-во», 1908. 151 стр.)——449—464。

斯巴芬达，贝·《从欧洲哲学看意大利哲学》(Spaventa, B. La filosofia italiana nelle sue relazioni con la filosofia europea. Nuova ed. con note e appendice di documenti a cura di G. Gentile. Bari, Laterza, 1908. XXII, 317 p.)——330。

——《从苏格拉底到黑格尔》(Da Socrate a Hegel. Bari, Laterza, 1905. XVI, 432 S. (Biblioteca di cultura moderna. N. 17))——339。

斯皮克尔，吉·《论自然科学与哲学的关系》(Spicker, G. Über das Verhältnis der Naturwissenschaft zur Philosophie. Mit besonderer Berücksichtigung der Kantischen Kritik der reinen Vernunft und der Geschichte des Materialismus von Albert Lange. Berlin, Duncker, 1874. 94 S.）——351、438。

斯切克洛夫，尤·米·《尼·加·车尔尼雪夫斯基的生平和活动》（Стеклов，Ю. М. Н. Г. Чернышевский, его жизнь и деятельность.（1828—1889）. Спб., тип. «Общественная Польза», 1909. 427 стр.）——560—610。

斯特林，詹·哈·《黑格尔的秘密》（Stirling, J. H. The Secret of Hegel: being the Hegelian System in Origin, principle, Form and Matter. Vol. I—II. London, Longmanns, Green..., 1865. 2 vol.）——339。

苏，欧·《巴黎的秘密》（Sue, E. Les mystères de Paris）——14、31—32、34—35。

［索洛维约夫，叶·安·］《俄国文学的哲学初探》（［Соловьев, Е. А.］Опыт философии русской литературы. Спб., «Знание», 1905. XI, 535, II стр. Перед загл. авт.: Андреевич）——567。

泰希曼，E.《生物学新著杂谈》（Teichmann, E. Betrachtungen zu einigen neuen biologischen Werken.—«Frankfurter Zeitung», Frankfurt a. M., 1904, Nr. 348. 1. Morgenblatt, 15. Dezember, S. 1—3, в отд.: Feuilleton）——327。

汤姆生，约·约·《物质微粒论》（Thomson, J. J. Die Korpuskulartheorie der Materie. Autoris. Übers. von G. Siebert. Braunschweig, Vieweg, 1908. VII, 166 S.（Die Wissenschaft. Sammlung naturwissenschaftlicher und mathematischer Monographien. Hft. 25））——329。

陀思妥耶夫斯基，费·米·《作家日记》（Достоевский, Ф. М. Дневник писателя）——605。

微耳和，鲁·《现代国家中的科学自由》（Virchow, R. Die Freiheit der Wissenschaft im modernen Staat. Rede, gehalten in der dritten allgemeinen Sitzung der fünfzigsten Versammlung deutscher Naturforscher und Ärzte zu München am 22. September 1877... Berlin, Wiegandt, Hempel u. Parey, 1877. 32 S.）——410—411。

维贝尔，L.《［书评:］约·格·希本〈黑格尔逻辑学释义〉》（Weber, L.［Рецензия на книгу:］J. Grier Hibben. Hegel's Logic, an Essay in Interpretation, 313 p., Scribner's Sons, New York, 1902.—«Revue philosophique de la France et de l'étranger», Paris, 1904, T. LVII, avril, p.

430—431）——337。

维拉，奥・《黑格尔哲学入门》（Véra，A. Introduction à la philosophie de Hegel. Paris—Londres，Franck，Jeff，1855. VII，306 p.）——285。

维利，鲁・《反对学院智慧》（Willy，R. Gegen die Schulweisheit. Eine Kritik der Philosophie. München，Langen Verl. für Literatur u. Kunst，1905. 219 S.）——461。

文德尔班，威・《古代哲学史》（Windelband，W. Geschichte der alten Philosophie.—In: Geschichte der antiken Naturwissenschaft und Philosophie. Bearb. von S. Günther und W. Windelband. Nördlingen，Beck，1888，S. 115—337.（Handbuch der klassischen Altertums-Wissenschaft in systematischer Darstellung mit besonderer Rücksicht auf Geschichte und Methodik der einzelnen Disziplinen，Hrsg. I. Müller. Bd. 5，Abt. 1））——315。

沃尔弗，克・《建筑学原理》（Wolf，Ch. Anfangsgründe der Baukunst）——180。

—《筑城学原理》（Anfangsgründe der Fortifikation）——180。

乌耳里齐，赫・《［书评:］〈从康德到黑格尔的发展，附有宗教哲学的篇章〉》（Ulrici，H.［Рецензия на книгу:］The Development from Kant to Hegel with Chapters on the Philosophy of Religion. By A. Seth. Published by the Hibbert Trustees. London，Williams a. Norgate，1882.—«Zeitschrift für Philosophie und Philosophische Kritik»，Bd. 83，Halle，1883，S. 145—150）——339。

西蒙，T. C.《［书评:］斯特林，詹・哈・〈黑格尔的秘密〉》（Simon，T. C.［Рецензия на книгу:］Stirling，J. H. The Secret of Hegel: being the Hegelian System in Origin，Principle，Form and Matter.—«Zeitschrift für Philosophie und Philosophische Kritik»，Bd. 53，Halle，1868，S. 268—270，in: Simon，C. Über den gegenwärtigen Zustand der metaphysischen Forschung in Britannien）——339。

西塞罗，马・《关于天命》（Cicero，M. De fato）——304。

希本，约・格・《黑格尔逻辑学释义》（Hibben，J. G. Hegel's Logic，an Essay in

Interpretation. New York, Scribner, 1902. 313 p.）——337。

席勒,斐·坎·司·《[书评:]〈现代哲学倾向:评自然主义、唯心主义、实用主义和实在论,兼论威廉·詹姆斯的哲学〉》（Schiller, F. C. S.［Рецензия на книгу:] Present Philosophical Tendencies: a Critical Survey of Naturalism, Idealism, Pragmatism and Realism, together with a Synopsis of the Phylosophy of William James. By Ralph Barton Perry. New York and London: Longmans, Green and C⁰, 1912. Pp. XV, 383. —«Mind», London, 1913, vol. XXII, No. 86, April, p. 280 — 284, в отд.: Critical Notices)——332。

席勒,弗·《哲学家》（Шиллер, Ф. Философы)——99。

欣茨,麦·《现代宗教哲学代表所认为的宗教真理》（Schinz, M. Die Wahrheit der Religion nach den neuesten Vertretern der Religionsphilosophie. Dargest. und beurteilt von M. Schinz. Zürich, Leehmann, 1908. XI, 307 S.) ——330。

雅奈,保·《柏拉图和黑格尔的辩证法》（Janet, P. Études sur la dialectique dans Platon et dans Hégel. Paris, Ladrange, 1861. LVI, 396 p. На обл. год изд.: 1860)——285。

亚里士多德《论灵魂》（Aristoteles. De anima)—— 210、211、227、247、248、249、250。

—《天论》（De coelo)——210。

—《形而上学……》（Die Metaphysik... Grundtext, Übersetzung und Commentar nebst erläuternden Abhandlungen von A. Schwegler. Bd. 1 — 4. Tübingen, Fues, 1847 — 1848. 4 Bde.) —— 75、211、243、305、307、312—319。

宇伯威格,弗·《哲学史概论》（麦·海因策修订）（Ueberweg, F. Grundriß der Geschichte der Philosophie fortgeführt von M. Heinze. T. 1. Das Altertum. 10., mit Namen-und Sachverzeichnis versehene Aufl., bearb. und hrsg. von K. Praechter. Berlin, Mittler, 1909. XV, 362, 178 S.)——218、238。

—《哲学史概论》（Grundriß der Geschichte der Philosophie. T. 1 — 3. 5., mit einem Philosophen-und Literaturen-Register versehene Aufl., bearb. und hrsg. von M. Heinze. Berlin, Mittler, 1876—1880. 3 Bde.)——323。

约德尔，弗·《心理学教科书》(Jodl, F. Lehrbuch der Psychologie. Stuttgart, Cotta, 1896. XXIV, 768 p.)——342。

*　　　*　　　*

《巴黎革命》周报(巴黎)(«Révolutions de Paris», Paris)——16。

《布·鲍威尔、路·费尔巴哈、弗·科本、卡·瑙威尔克、阿·卢格和几位匿名作者的德国现代哲学和政论界轶文集》(Anekdota zur neuesten deutschen Philosophie und Publicistik von B. Bauer, L. Feuerbach, F. Köppen, K. Nauwerck, A. Ruge u. einigen Ungenannten. Hrsg. von A. Ruge. Bd. 2. Zürich—Winterthur, Literarisches Comptoir, 1843. IV, 288 S.) ——33。

《大俄罗斯人》(«Великорус», б. м., 1861, No No 1 — 3, июль—сентябрь) —— 525、590、601、602、609。

《德法年鉴》杂志(巴黎)(«Deutsch-Französische Jahrbücher», Paris, 1844, Lfrg. 1—2, S. 86—114, 182—214)——6、18、20、21、22。

《法国和外国哲学评论》杂志(巴黎)(«Revue philosophique de la France et de l'étranger», Paris, 1894, T. XXXVIII, novembre, p. 538—540)——336、337。

—1902, T. LIV, septembre, p. 312—314.——336。

—1904, T. LVII, avril, p. 393—409, 430—431.——337、340。

—1911, T. LXXII, septembre, p. 332—335.——337。

—1912, T. LXXIV, décembre, p. 644—646.——333—334。

《法兰克福报》(美因河畔法兰克福)(«Frankfurter Zeitung», Frankfurt a. M., 1904, Nr. 348. 1. Morgenblatt, 15. Dezember, S. 1—3)——327。

《福音书》(Евангелие)——275。

[《给〈文学总汇报〉编辑部的信》(1844 年 2 月)]([Der Brief an die Redaktion der «Allgemeinen Literatur-Zeitung». Februar 1844].—«Allgemeine Literatur-Zeitung», Charlottenburg, 1844, Bd. 1, Hft. VI, S. 23 — 26. Под общ. загл.: Correspondenz aus der Provinz. 4)——30。

《古代自然科学史和哲学史》（Geschichte der antiken Naturwissenschaft und Philosophie. Bearb. von S. Günther und W. Windelband. Nördlingen, Beck, 1888. VII, 337 S. (Handbuch der klassischen Altertums-Wissenschaft in systematischer Darstellung mit besonderer Rücksicht auf Geschichte und Methodik der einzelnen Disziplinen. Hrsg. von I. Müller. Bd. 5, Abt. 1))——315。

《康德研究》杂志（柏林）（«Kantstudien», Berlin, 1914, Bd. 19, Hft. 3, S. 391—392)——349。

《科学的哲学和社会学季刊》（莱比锡）（«Vierteljahrsschrift für wissen-schaftliche Philosophie und Soziologie», Leipzig)——329。

　　—1898, Jg. 22, Hft. 1, S. 45—95; Hft. 2, S. 190—214; Hft. 3, S. 267—293.——460。

　　—1909, Jg. 33, Hft. 1, S. 105—110.——329。

《莱茵政治、商业和工业日报》（科隆）（«Rheinische Zeitung für Politik, Handel und Gewerbe», Köln, 1842, Nr. 191, 10. Juli. Beiblatt zu Nr. 191 der Rhei-nischen Zeitung, S. 1; Nr. 193, 12. Juli. Beiblatt zu Nr. 193 der Rheinischen Zeitung, S. 2; Nr. 195, 14. Juli. Beiblatt zu Nr. 195 der Rheinischen Zeitung, S. 1—2)——355。

《理论科学和实用科学总评》杂志（巴黎）（«Revue générale des Sciences pures et appliquées», Paris, 1908, N 5, 15 mars, p. 180—184)——489。

《普鲁士年鉴》（柏林）（«Preußische Jahrbücher», Berlin)——338。

　　—1913, Bd. 151, Hft. 3, S. 415—436.——338。

《青年俄罗斯》（圣彼得堡）（«Молодая Россия». [Прокламация]. Спб., 1862)——601、602、607、609。

《全德人物志》（Allgemeine Deutsche Biographie. Bd. 7. Leipzig, Duncker u. Humblot, 1878. 796 S.)——319。

《人民报》（柏林）（«Volkszeitung», Berlin, 1876, 13. Januar)——384。

《人权和公民权宣言》（Déclaration des Droits de l'homme et du citoyen. 27 août 1789)——22、24。

《哨声》（圣彼得堡）（«Свисток», Спб.)——525。

《社会民主党人》(伦敦)(«Социал-Демократ», Лондон, 1890, кн. 1, февраль, стр. 88—175)——524、525—528、530、531、541—542、549、550、553、556、557、558—559。

《社会民主党人呼声报》(日内瓦)(«Голос Социал-Демократа», [Женева], 1908, №6—7, май—июнь, стр. 3—14)——236。

——1908, №8—9, июль—сентябрь, стр. 3—26.——236。

《社会主义和工人运动历史文汇》(莱比锡)(«Archiv für die Geschichte des Sozialismus und der Arbeiterbewegung», Leipzig, 1913, Bd. 3, Hft. 3, S. 528—530)——331。

《曙光》杂志(斯图加特)(«Заря», Stuttgart. 1901, №2—3, декабрь, стр. 204—225)——236。

《思想》杂志(伦敦)(«Mind», London, 1913, vol. XXII, No. 86, April, p. 280—284)——332。

《同时代人》杂志(圣彼得堡)(«Современник», Спб.)——550。

——1858, т. LXVII, стр. 393—441.——587。

——1858, т. LXXII, №12, стр. 575—614.——588、595。

——1861, т. LXXXVI, №4, стр. 419—435.——537。

——1861, т. LXXXVII, №5, стр. 89—117.——537、548。

《往事》杂志(圣彼得堡)(«Былое», Спб., 1906, №7, стр. 81—103)——601。

《文学总汇报》月刊(夏洛滕堡)(«Allgemeine Literatur-Zeitung», Charlottenburg, Dezember 1843—Juli 1844, Bd. 1—2, Hft. I—VIII)——6、8、20、31。

——1843, Bd. 1, Hft. I, Dezember, S. 1—17, 17—29; 1844, Hft. II, Januar, S. 1—23.——6、15、16、17、18。

——1843—1844, Bd. 1, Hft. IV, März, S. 10—19.——20。

——1844, Bd. 1, Hft. V, April, S. 18—23, 23—25, 37—52.——6、8、11—12、13、19。

——1844, Bd. 1, Hft. VI, Mai, S. 17—20, 23—26, 26—28.——6、30、31。

——1844, Bd. 2, Hft. VII, Juni, S. 1—8, 8—48; Hft. VIII, Juli, S. 18—26, 28—38; Hft. IX, August, S. 30—32.——6、13—14、15、23—24、34—35。

[《〈文学总汇报〉编辑部的答复》]([Die Antwort der Redaktion der《Allge-
　　meinen Literatur-Zeitung》].—《Allgemeine Literatur-Zeitung》,Charlot-
　　tenburg,1844,Bd.1,Hft.VI,Mai,S.26—28)——30、31。

《系统哲学文库》(柏林)(《Archiv für systematische Philosophie》,Berlin)
　　——329。

　　—1907,Bd.XIII,Hft,3,S.491—510;1908,Bd.XIV,Hft.4,S.447—496.
　　　——330。

《新莱茵报》(科隆)(《Neue Rheinische Zeitung》,Köln)——53。

《新时代》杂志(斯图加特)(《Die Neue Zeit》,Stuttgart,1886,Jg.4,Nr.4,S.
　　145—157;Nr.5,S.193—209)——415。

　　—1891—1892,Jg.X,Bd.I,Nr,7,S.198—203;Nr.8,S.236—243;Nr.9,S.
　　273—282.——135.

　　—1897—1898,Jg.XVI,Bd.II,Nr.44,S.545—555.——236。

　　—1898—1899,Jg.XVII,Bd.I,Nr,5,S.133—145.——236。

　　—1898—1899,Jg.XVII,Bd.I,Nr.19,S.589—596;Nr.20,S.626—632.
　　　——236。

《形而上学和道德问题评论》杂志(巴黎)(《Revue de Métaphysique et de Mo-
　　rale》,Paris)——279。

　　—1894,t.II,p.36—57,270—298,644—675;1895,t.III,p.184—210,503—
　　526;1896,t.IV,p.62—85,585—614.——279。

《学习还是不学习?》(Учиться или не учиться?—《С.-Петербургские
　　Ведомости》,1861)——557。

《宇宙论》(De mundo)——221。

《曾德—阿维斯陀》(Зенд-Авеста)——298。

《哲学和哲学批判杂志》(哈雷)(《Zeitschrift für Philosophie und philosophische
　　Kritik》,Bd.53,Halle,1868,S.268—270)——339。

　　—Bd.83,Halle,1883,S.145—150.——339。

　　—Bd.111,Leipzig,1898,S.205—213.——337。

　　—Bd.119,Leipzig,1902,S.182—204.——338。

　　—Bd.129,Leipzig,1906,S.94—105.——339。

　　—Bd.148,Leipzig,1912,S.95—97.——339。

《哲学评论》杂志(热那亚)(«Rivista di Filosofia»,Genova,Anno III,1911,gi-
　　ugno,p.387—401)——337。

《哲学文库》(第 2 分刊)——见《系统哲学文库》。

《哲学研究》杂志(莱比锡)(«Philosophische Studien»,Leipzig,1895—1896,
　　Bd.12,Hft.3,S.307—408;1896—1897,Bd.13,Hft.1,S.1—105;Hft.3,
　　S.323—433)——460、461。

《致青年一代》(К молодому поколению.[Прокламация].Спб.,сентябрь 1861)
　　——590、602、605。

《钟声》杂志(伦敦)(«Колокол»,Лондон,1859,№44,1 июня,стр.363—364)
　　——524、582。

　　—1864,№186,15 июня,стр.1.——610。

名 目 索 引

A

B

—辩证唯物主义和黑格尔——237、264、290。

—辩证唯物主义和亚里士多德——315—316。

—辩证唯物主义和自然科学——344—345。

—几乎紧紧地接近辩证唯物主义(伊壁鸠鲁的)——257。

表象——65、140、474。

—表象和常识——193。

—表象和概念——149、162、175—176、244。

—表象和感觉——250、252。

—表象和矛盾——116—119。

—表象和思维——76、118—119、194、197、253。

—表象和真理——244、251。

不动心——261—262。

不可知论——46、128、150、266、333、402。

—阿·莱伊的不可知论——484、500、515。

—不可知论和实证论——284。

—不可知论是"羞羞答答的唯物主义"——488。

—康德的不可知论——见康德和康德主义。

—新康德主义者的不可知论——150、339。

—自然科学家的不可知论——408—411、435、469。

部分——见整体和部分。

C

差别——83、112—113、189、290。

—差别和矛盾——115—116。

—只有那上升到矛盾顶峰的多样性才成为活跃的——119。

—差别、两极性的斗争——82。

—科学的考察要求指出差别、联系、过渡——196。

常识——231。

—常识的独断论——264。

—常识和感性的明显性——193。

——存在和非存在的统一（同一）——244、313。

——存在和非存在是"消逝着的环节"——232、240。

——一般存在——是这样的不规定性，以致存在＝非存在——90。

—存在和思维——31、44、57、59、101、142—143、153—154、169、197、212、215、220、316、318、382、406、442、445—446。

—存在和意识——11、26、68、229、231。

——事物的存在是在人的意识之外而且不依赖于人的意识——254。

——现实的历史是意识所追随的基础、根据、存在——224。

—存在和自在之物——124—125。

—定在——13、87、89、95、174。

—具体的存在和辩证方法——201。

—人的存在——172、538。

—自为的存在——180—184。

并见现实，世界，客观的东西（客观性），实在（实在的东西）。

D

达尔文主义——118、428、430、435—436、444。

单一、特殊和普遍——见个别、特殊和一般。

—普遍性和必然性——65—66、224。

单子论（莱布尼茨的）——62—64、97、109、117。

—单子＝特种的灵魂——61—65、97、117。

导因——见原因（因果性）。

道德——35、105、167、192、272、285、379—380、501、566。

—道德和利己主义（费尔巴哈所说的）——52。

—基督教的道德——49。

笛卡儿主义——25—28。

—笛卡儿主义和康德——66。

电——121、305、489。

电子——62、95、255、486—487。

电子学说——486、522。

E

—偶然性和必然性——136、307—308。

—偶然性和可能性——275。

偶因论——64。

P

判断——见形式逻辑。

平等——11—12。

Q

前定和谐——16、64。

青年黑格尔派——见马克思和恩格斯。

R

人——29、31、118、130、167、173、230、236、541—542。

—费尔巴尔哲学中的人——41、44、51—52、58。

—黑格尔哲学中的人——29。

—人的存在——172、539。

—人的繁衍——172—173。

—人的有目的的活动——157—161、183、187。

—人的目的是客观世界所产生的,是以它为前提的——159。

—人的自我异化——9—11、12—13。

—人的自我意识——12、33。

—人和人脑是精神的最高发展——325。

—人和自然界——38—39、41—42、46、122、157—158、160—161、172、182—183、274、409。

—本能的人,即野蛮人,没有把自己同自然界区分开来——78。

—人和宗教——38—39、42—43、45—46、49、50、53—54、258、274。

—人以客观世界为转移,以它来规定自己的活动——157。

—在私有财产关系中合乎人性的外观——7—11。

—资产阶级社会中的人——22。

T

Y

Z

中介,间接的东西——见直接的东西和间接的东西,关系,联系。

主观的东西(主观性)——见客观的东西(客观性)。

主观主义——80、125、140、177。

　—反对主观主义和片面性——180。

　—主观主义和康德的怀疑论——见康德和康德主义。

　—主观主义(怀疑论和诡辩论)和辩证法的区别——306—307。

　—主观主义是客观主义的缺乏——230。

主体和客体——77、80、96、125、139、154、168、171、177、181—185、198、290、303、373、409、416、442。

　—认识向客体的运动从来只能辩证地进行——239。

主语和谓语——见形式逻辑。

资本主义——见社会。

资产阶级对马克思主义的批判——324—325、338、353—356。

自己发展——见发展。

自己运动——见运动。

自然界(自然)——29、47—48、61—62、63、68、111、121—122、152、222—226、256—257、281、436、493。

　—对自然界的认识——见认识。

　—黑格尔把自然界放逐到注释中去了(费尔巴哈)——103。

　—自然辩证法——92、104、113、129—130、166、172—173、177、215—216、305—307、308。

　　—矛盾的斗争——113、305—306。

　　—自然界和统一的原则——216。

　　—自然界中的飞跃——103。

　—自然规律——133、157—159、227、246、317、482。

　　—外部世界、自然界的规律是人的有目的的活动的基础——157。

　—自然界的必然性——48—50、156、304。

　—自然界和精神——74、85、141、174、202、350、494。

　—自然界和历史——272。

　—自然界和人——38—39、41—42、46、122、157—158、160—161、172、

《列宁全集》第二版第 55 卷编译人员

译文校订：顾锦屏　吴达琼
资料编写：郭值京　张瑞亭　王锦文
编　　辑：江显藩　李洙泗　许易森

《列宁全集》第二版增订版编辑人员

李京洲　高晓惠　翟民刚　张海滨　赵国顺　任建华　刘燕明
孙凌齐　门三姗　韩　英　侯静娜　彭晓宇　李宏梅　付　哲
戢炳惠　李晓萌

审　　定：韦建桦　顾锦屏　柴方国

本卷增订工作负责人：侯静娜　赵国顺

项目统筹：崔继新

责任编辑：曹　歌

装帧设计：石笑梦

版式设计：周方亚

责任校对：张　彦

图书在版编目（CIP）数据

列宁全集.第55卷/(苏)列宁著;中共中央马克思恩格斯列宁斯大林著作编译局编译.
　——2版(增订版)-北京:人民出版社,2017.3(2024.7重印)
ISBN 978-7-01-017116-6

Ⅰ.①列… Ⅱ.①列… ②中… Ⅲ.①列宁著作-全集 Ⅳ.①A2

中国版本图书馆CIP数据核字(2016)第316443号

书　　　名　**列宁全集**
　　　　　　　LIENING QUANJI
　　　　　　　第五十五卷

编　译　者　中共中央马克思恩格斯列宁斯大林著作编译局

出版发行　**人民出版社**
　　　　　　　(北京市东城区隆福寺街99号　邮编 100706)

邮购电话　(010)65250042　65289539

经　　销　新华书店

印　　刷　北京新华印刷有限公司

版　　次　2017年3月第2版增订版　2024年7月北京第2次印刷

开　　本　880毫米×1230毫米 1/32

印　　张　25.625

插　　页　6

字　　数　664千字

印　　数　3,001—6,000册

书　　号　ISBN 978-7-01-017116-6

定　　价　62.00元

ISBN 978-7-01-017116-6

9 787010 171166 >